千華數位文化
Chien Hua Learning Resources Network

考前充分準備　臨場沉穩作答

千華 Line@ 專人諮詢服務

☑ 有疑問想要諮詢嗎？
　歡迎加入千華 LINE @！

☑ 無論是考試日期、教材推薦、
　勘誤問題等，都能得到滿意的服務。

☑ 我們提供專人諮詢互動，
　更能時時掌握考訊及優惠活動！

公務人員
「高等考試三級」應試類科及科目表

高普考專業輔考小組◎整理

完整考試資訊

http://goo.gl/LaOCq4

★普通科目

1. 國文◎（作文80%、測驗20%）
2. 法學知識與英文※（中華民國憲法30%、法學緒論30%、英文40%）

★專業科目

類科	科目
一般行政	一、行政法◎　　二、行政學◎　　三、政治學 四、公共政策
一般民政	一、行政法◎　　二、行政學◎　　三、政治學 四、地方政府與政治
社會行政	一、行政法◎　　二、社會福利服務　　三、社會學 四、社會政策與社會立法　五、社會研究法　六、社會工作
人事行政	一、行政法◎　　二、行政學◎　　三、現行考銓制度 四、公共人力資源管理
勞工行政	一、行政法◎　　二、勞資關係　　三、就業安全制度 四、勞工行政與勞工立法
戶　政	一、行政法◎ 二、國籍與戶政法規（包括國籍法、戶籍法、姓名條例及涉外民事法律適用法） 三、民法總則、親屬與繼承編 四、人口政策與人口統計
教育行政	一、行政法◎　　二、教育行政學　　三、教育心理學 四、教育哲學　　五、比較教育　　六、教育測驗與統計
財稅行政	一、財政學◎　　二、會計學◎　　三、稅務法規◎ 四、民法◎
金融保險	一、會計學◎　　二、經濟學◎　　三、貨幣銀行學 四、保險學　　五、財務管理與投資學
統　計	一、統計學　　二、經濟學◎　　三、資料處理 四、抽樣方法與迴歸分析
會　計	一、財政學◎　　二、會計審計法規◎　　三、中級會計學◎ 四、政府會計◎
法　制	一、民法◎　　二、立法程序與技術　　三、行政法◎ 四、刑法　　五、民事訴訟法與刑事訴訟法

法律廉政	一、行政法◎　　二、行政學◎ 三、公務員法（包括任用、服務、保障、考績、懲戒、交代、行政中立、利益衝突迴避與財產申報） 四、刑法與刑事訴訟法
財經廉政	一、行政法◎　　二、經濟學與財政學概論◎ 三、公務員法（包括任用、服務、保障、考績、懲戒、交代、行政中立、利益衝突迴避與財產申報） 四、心理學
交通行政	一、運輸規劃學　二、運輸學　　　　　三、運輸經濟學 四、交通政策與交通行政
土木工程	一、材料力學　　二、土壤力學　　　　三、測量學 四、結構學　　　五、鋼筋混凝土學與設計 六、營建管理與工程材料
水利工程	一、流體力學　　二、水文學　　　　　三、渠道水力學 四、水利工程　　五、土壤力學
水土保持工程	一、坡地保育規劃與設計（包括沖蝕原理） 二、集水區經營與水文學 三、水土保持工程（包括植生工法） 四、坡地穩定與崩塌地治理工程
文化行政	一、文化行政與文化法規　　　　　　　二、本國文學概論 三、藝術概論 四、文化人類學
機械工程	一、熱力學　　　二、流體力學與工程力學　三、機械設計 四、機械製造學

註：應試科目後加註◎者採申論式與測驗式之混合式試題(占分比重各占50%)，應試
科目後加註※者採測驗式試題，其餘採申論式試題。

各項考試資訊，以考選部正式公告為準。

千華數位文化股份有限公司
新北市中和區中山路三段136巷10弄17號
TEL: 02-22289070　FAX: 02-22289076

公務人員

「普通考試」應試類科及科目表

高普考專業輔考小組◎整理

完整考試資訊

http://goo.gl/7X4ebR

✪普通科目

1. 國文◎（作文80%、測驗20%）
2. 法學知識與英文※（中華民國憲法30%、法學緒論30%、英文40%）

✪專業科目

一般行政	一、行政法概要※ 三、政治學概要◎	二、行政學概要※
一般民政	一、行政法概要※ 三、地方自治概要◎	二、行政學概要※
教育行政	一、行政法概要※ 三、教育行政學概要	二、教育概要
社會行政	一、行政法概要※ 三、社會政策與社會立法概要◎	二、社會工作概要◎
人事行政	一、行政法概要※ 三、公共人力資源管理	二、行政學概要※
戶　　政	一、行政法概要※ 二、國籍與戶政法規概要◎（包括國籍法、戶籍法、姓名條例及涉外民事法律適用法） 三、民法總則、親屬與繼承編概要	
財稅行政	一、財政學概要◎ 三、民法概要◎	二、稅務法規概要◎
會　　計	一、會計學概要◎ 三、政府會計概要◎	二、會計法規概要◎
交通行政	一、運輸經濟學概要 三、交通管理與行政概要	二、運輸學概要
土木工程	一、材料力學 三、土木施工學概要	二、測量學概要 四、結構學概要與鋼筋混凝土學概要
水利工程	一、水文學概要 三、水利工程概要	二、流體力學概要

水土保持工程	一、水土保持（包括植生工法）概要 二、集水區經營與水文學概要 三、坡地保育（包括沖蝕原理）概要
文化行政	一、本國文學概要　　　　　二、文化行政概要 三、藝術概要
機械工程	一、機械力學概要　　　　　二、機械設計概要 三、機械製造學概要
法律廉政	一、行政法概要※ 二、公務員法概要（包括任用、服務、保障、考績、懲戒、交代、行政中立、利益衝突迴避與財產申報） 三、刑法與刑事訴訟法概要
財經廉政	一、行政法概要※ 二、公務員法概要（包括任用、服務、保障、考績、懲戒、交代、行政中立、利益衝突迴避與財產申報） 三、財政學與經濟學概要

註：應試科目後加註◎者採申論式與測驗式之混合式試題(占分比重各占50%)，
　　應試科目後加註※者採測驗式試題，其餘採申論式試題。

各項考試資訊，以考選部正式公告為準。

千華數位文化股份有限公司
新北市中和區中山路三段136巷10弄17號
TEL: 02-22289070　FAX: 02-22289076

原來這樣會違規！

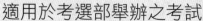

適用於考選部舉辦之考試

試場規則

扣考

若發生以下情形，應考人不得繼續應考，其已考之各科成績不予計分。

- 把小抄藏在身上或在附發之參考法條中夾帶標註法條條次或其他相關文字之紙張。

- 考試試題註明不可以使用電子計算器時，使用電子計算器(不論是否為合格型號)。

- 在桌子上、椅子、墊板、原子筆、橡皮擦、修正帶、尺、手上、腿上、或入場證背面等刻寫小抄。

- 電腦化測驗時，因為題目不會寫，憤而破壞電腦設備。

依試場規則第4條第1項第5、7、10款；第5條第1項第1、5款規定處理。

不予計分

- 混合式試題考試結束時誤將試卷或試卡夾在試題上攜出試場。

- 非外國文科目，使用外國文作答。（外國文科目、專有名詞及有特別規定者，不在此限）。

依試場規則第4條第2項、第10條規定處理。

-20分

- 考試開始45分鐘內或規定不得離場時間內，就繳交試卷或試卡，未經監場人員同意，強行離開試場。

- 電腦化測驗僅能用滑鼠作答，自行使用鍵盤作答。

依試場規則第5條第1項第1、6款規定處理。

−5分
視以下情節輕重，扣除該科目成績5分至20分。

- 坐錯座位因而誤用別人的試卷或試卡作答。

- 裁割或污損試卷（卡）。

- 在試卷或試卡上書寫姓名、座號或不應有文字。

- 考試時用自己準備的紙張打草稿。

- 考試前沒有把書籍、筆記、資料等文件收好，並放在抽屜或桌子或椅子或座位旁。

- 考試時，行動電話放在衣服口袋中隨身攜帶，或放在抽屜或桌子或椅子或座位旁。

- 考試開始鈴響前在試卷或試卡上書寫文字。

- 考試結束鈴聲響畢，仍繼續作答。

- 使用只有加減乘除、沒有記憶功能的陽春型計算器，但不是考選部公告核定的電子計算器品牌及型號。

依試場規則第6條第1、2、4、6、7、8、9款。

−3分
視以下情節輕重，扣除該科目成績3分至5分。

- 攜帶非透明之鉛筆盒或非必要之物品，經監場人員制止而再犯。

- 考試時間結束前，把試題、答案寫在入場證上，經監場人員制止，仍強行帶離試場。

依試場規則第6條第1、2、4、6、7、8、9款。

千華數位文化股份有限公司
新北市中和區中山路三段136巷10弄17號
TEL: 02-22289070 FAX: 02-22289076

千華會員享有最值優惠!

立即加入會員

會員等級	一般會員	VIP 會員	上榜考生
條件	免費加入	1. 直接付費 1500 元 2. 單筆購物滿 5000 元 3. 一年內購物金額累計滿 8000 元	提供國考、證照相關考試上榜及教材使用證明
折價券	200 元	500 元	
購物折扣	・平時購書 9 折 ・新書 79 折 (兩周)	・書籍 75 折　・函授 5 折	
生日驚喜		●	●
任選書籍三本		●	●
學習診斷測驗(5科)		●	●
電子書(1本)		●	●
名師面對面		●	

facebook

公職・證照考試資訊

專業考用書籍 ｜ 數位學習課程 ｜ 考試經驗分享

千華公職證照粉絲團

按讚送 E-coupon

Step1. 於FB「千華公職證照粉絲團」按 👍
Step2. 請在粉絲團的訊息，留下您的千華會員帳號
Step3. 粉絲團管理者核對您的會員帳號後，將立即回贈e-coupon 200元。

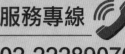

學習方法 系列

如何有效率地準備並順利上榜，學習方法正是關鍵！

榮登金石堂暢銷排行榜

連三金榜 黃禕

翻轉思考	適合的最好	一定學得會
破解道聽塗說	調整習慣來應考	萬用邏輯訓練

三次上榜的國考達人經驗分享！
運用邏輯記憶訓練，教你背得有效率！
記得快也記得牢，從方法變成心法！

作者在投入國考的初期也曾遭遇過書中所提到類似的問題，因此在第一次上榜後積極投入記憶術的研究，並自創一套完整且適用於國考的記憶術架構，此後憑藉這套記憶術架構，在不被看好的情況下先後考取司法特考監所管理員及移民特考三等，印證這套記憶術的實用性。期待透過此書，能幫助同樣面臨記憶困擾的國考生早日金榜題名。

最強校長 謝龍卿

榮登博客來暢銷榜

經驗分享＋考題破解
帶你讀懂考題的know-how!

open your mind！
讓大腦全面啟動，做你的防彈少年！

108課綱是什麼？考題怎麼出？試要怎麼考？書中針對學測、統測、分科測驗做統整與歸納。並包括大學入學管道介紹、課內外學習資源應用、專題研究技巧、自主學習方法，以及學習歷程檔案製作等。書籍內容編寫的目的主要是幫助中學階段後期的學生與家長，涵蓋普高、技高、綜高與單高。也非常適合國中學生超前學習、五專學生自修之用，或是學校老師與社會賢達了解中學階段學習內容與政策變化的參考。

目次

第一篇 教育概要重點精析

第1章 教育的基本概念

第2章 教育的演進

第3章 社會與教育

第**4**章　課程與教學

第**5**章　教育研究法

第二篇　教育哲學重點精析

第**1**章　教育哲學的基本概念

第**2**章　哲學中的根本問題與教育

第**3**章　西洋哲學思潮與教育理論

第**4**章　教師哲學

第**5**章　當代教育哲學的趨勢分析

第三篇　教育行政學重點精析

第5章　學校經營及學校效能

第6章　教育行政所面臨的環境挑戰及教育改革

第7章　教育政策理論及實務（含法規）

第四篇　比較教育重點精析

第1章　比較教育學之研究發展及理論取向

第2章　各國教育制度的比較

第五篇　教育心理學重點精析

第六篇 教育測驗與統計重點精析

第1章 教育測驗

第2章 教育統計導論

第七篇 最新試題及精選解析

前言

為了因應環境變遷及選用當前政府需要的治理人才，我國考試院積極針對教育行政高普特考等公務人員考試進行變革，例如：根據2023年3月7日修正的「公務人員高等考試三級考試暨普通考試規則」及同年5月25日修正的「特種考試地方政府公務人員考試規則」，公務人員教育行政高考及地方三等特考的教育專業科目維持教育行政學、教育心理學、教育哲學、比較教育、教育測驗與統計等五科，但教育行政普考及地方四等特考的教育專業科目則縮減為二科，包括：教育概要及教育行政學概要。

所以，「工欲善其事，必先利其器」，千華及筆者為了幫助您可以最有效率的方式通過教育行政人員高普特考，順利成為優秀的公務員及國家治理人才，本書係參考我國考試院所公布的公務人員教育專業科目命題大綱，分就教育概要、教育哲學、教育心理學、教育行政學（含概要）、比較教育、教育測驗與統計等科目，歸納歷年考古題命題重點及融入新興教育議題時事，進行各科精華重點編寫，且每章皆搭配自我評量及重點試題解析範例，進而幫助您快速提升教育科目專業知識及申論題作答技巧。另外，筆者提醒，以解釋名詞或是申論題形式出題的教育行政高普特考來說，解釋名詞與申論題並沒有 對正確的答案，只要考生自己呈現的答案具有教育專業基礎，且言之有物，即能獲得命題教授的青睞，進而得到高分，所以在這裡僅提供極具參考性的答案，而盡量不呈現從書中完整照抄式的解答，以求能幫各位考生建立自己的教育意識與答題特色。

最後，不論是在家自修準備考試或是有到補習班補習的考生，也不論您是即將畢業的在校學生或是欲轉換工作跑道的考生，只要選擇了本書，你就等於掌握了成為公務人員的敲門磚，在這金榜題名的路上，筆者已與多位考生共同走過，請您即刻起與我們攜手並進，共同享受未來的成功果實！

國考教育行政類教育專業科目高分技巧

一、準備原則

(一) **跳躍式學習**：不要想一次就把書的內容全部記起來，碰到不懂的章節，就暫時跳過去，等到一段時間再回來看，自然能夠理解。

(二) **認真唸書不代表是上榜的關鍵**：精確地說，認真唸書只是上榜的必要條件而已，要懂得把你會的東西在考試時寫出來，才能顯得有價值；換言之，若是你念了許多書，卻無法在正式考試時表達，那不就等同於沒唸書嗎！

(三) **寫考古題的迷思**：大家通常都會以「我的書還沒有念完，寫考古題也寫不出什麼東西」的想法來逃避寫考古題，其實，書是永遠不可能念的完的，而根據金榜題名者的成功經驗，寫考古題是最關鍵的成功因子。

(四) **主動積極的向專家學習**：只有主動積極的去向金榜題名者請教，才能夠得到更多幫助自己上榜的經驗，本書即為金榜題名者的心得精華。

(五) **準備筆記**：當你決定要準備自己筆記的時候，我的建議是把筆記整理成你答題的模式，也就是一個主題約600字左右，如此一來，也才可以強迫自己真正整理出所謂的重點，而非淪為抄書式的筆記。

(六) **蒐集資訊**：包括可能出題教授一年內出版之期刊文章、上課內容或其指導研究生正在進行中的論文題目、其學校辦的學術研討會等，都有可能是當年度公務人員考試的出題範圍。

二、答題技巧

(一) 多練習、多思考、多請教具成功經驗的考場高手。

(二) 申論題為條列式陳述，而解釋名詞則為塊狀式回答。

(三) 要注意時間，以120分鐘的公務人員教育專業科目考試為例，通常申論題一題約30分鐘，而解釋名詞則為6分鐘，實際情況仍必須依各科目相關規定而有所調整，在平常練習考古題時，就必須將時間也列入模擬的情境條件中。

(四) **申論題的架構**：通常分為前言、主文與結語，三者比例為1：2：2；此外，句型要完整，寧缺勿濫；且最重要的是題目問什麼答什麼，切忌離題。而申論題內文標號架構如下：

```
一、題目
 （一）標題
   1.
    （1）
```

(五) **解釋名詞一般寫法**
1. 盡量採取塊狀式作答。
2. 寫作順序為（與申論題同）
　(1) 緣起、思想背景或提出者。　(2) 定義、內涵。
　(3) 優點。　(4) 限制。
　(5) 對教育的影響或啟示。　(6) 未來的理想展望。

(六) **範例**
1. **關鍵能力**
　答　關鍵能力係指一種可讓學生帶著走的能力，有助適應及改造社會，並可以建構美好生活世界及達成卓越教育願景之能力（定義內涵）；關鍵能力對各國教育之意義在於提升國家競爭力與教育品質，培育兼具全球視野及人文關懷的現代公民，並培養學生具備多元文化教育精神，以落實教育機會均等理想（對教育之影響）。在發展關鍵能力方面，我國教育行政單位應有之行政行為將發展關鍵能力納入國家重要政策之目標，且成立專責研究單位，以提出兼具國際化與本土化，且擁有理論與實務基礎的關鍵能力指標及內涵（未來教育展望）。

2. **斯普朗格**（E. Spranger）
　答　Spranger係為文化主義的代表者（思想背景），主張教育本質為文化價值的選擇、保存、延續與創造，強調在教育上應該慎選文化材作為教育材，以傳遞人類精華知識給予學生，並提出「教育愛」作為教育的核心價值（教育主張）。故在教育上，理想教師人格特質必須具有教育愛，且教育愛的施予對象沒有個別差異（教育影響）。

(七) **其他注意事項**

1. 堅持每一題，絕不放棄。

2. 字多優於字少，但關鍵字一定要出現。

3. 每題份量盡量均分，注意時間分配。

4. 若看到不會的題目，切忌用錯誤的東西代入（即使是背的很熟），而應該用自己的觀點去闡釋題意。

5. 絕對要切中題意回答。

(八) **答題思考面向**

1. 教育目的、宗旨、目標。

2. 課程（發展、設計、管理、教材、科目等）。

3. 教學（策略、情境、設計、歷程、活動、信念等）。

4. 教師角色、學校角色。

5. 師生關係、班級經營。

6. 教育行政（計畫、組織、溝通、領導、經費、法規、評鑑、視導等）。

7. 教育評量。

8. 教育研究。

9. 教育改革。

10. 教育制度、組織結構與文化。

三、必備用書

(一) **教育概要**

1. 吳清山。教育概論。五南。

2. 艾育。國考教育行政類專業科目重點精析。千華。

(二) **教育哲學**

1. 伍振鷟、林逢祺、黃坤錦、蘇永明。教育哲學。五南。

2. 吳靖國。教育理論。師苑。

3. 艾育。國考教育行政類專業科目重點精析。千華。

(三) **教育心理學**

1. 張春興。教育心理學－三化取向。東華。

2. 艾育。國考教育行政類專業科目重點精析。千華。

(四) 教育行政學（含概要）

1.吳清基、顏國樑、范熾文等。教育行政學新論。五南。

2.艾育。國考教育行政類專業科目重點精析。千華。

(五) 比較教育

1.楊思偉。比較教育。心理。

2.沈姍姍、洪雯柔。新比較教育學：理論與研究。元照。

3.艾育。國考教育行政類專業科目重點精析。千華。

(六) 教育測驗與統計

1.余民寧。心理與教育統計學。三民。

2.余民寧。教育測驗與評量。心理。

3.艾育。國考教育行政類專業科目重點精析。千華。

本書參考書目

本書參考書目，除書中引註之外，茲臚列如下，建議各位同學加以購買閱讀：

1.陳培林，教育基礎理論主題式重點整理＋模擬題庫，千華。

2.陳培林，教育行政學經典歷年試題詳解，千華。

3.劉宇宏，課程與教學，高點。

4.郭為藩，轉變中的大學－傳統、議題與前景，高等。

5.劉宇宏，教育行政學熱門題庫，高點。

6.艾育，教育專業科目通關寶典，千華。

7.陳培林，教育學大意題庫＋歷年試題，千華。

8.陳培林，教育法規大意題庫＋歷年試題，千華。

9. 黃乃熒，後現代教育行政哲學，學富。

10. 伍振鷟編，教育行政，五南。

11. 潘慧玲，教育研究取徑，高等。

12. 伍振鷟等，教育哲學，五南。

13. 秦夢群，教育概論，高等。

14. 王文科，教育概論，五南。

15. 朱敬先，教育心理學-教學取向，五南。

16. 謝文全，比較教育行政，五南。

17. 邱兆偉主編，教育哲學，師大書苑。

18. 歐陽教，教育哲學導論，文景。

19. 張春興，現代心理學，東華。

20. 戴曉霞，高等教育的大眾化與市場化，揚智。

21. 教育圓夢網，97-102年教育行政高普特考解析，教育圓夢網。

22. 林逢祺、洪仁進主編，教育哲學述評，師大書苑。

23. 黃昆輝，教育行政學，東華。

24. 陳伯璋主編，新世紀高等教育政策與行政，高等。

25. 馮朝霖，教育哲學專論，高等教育。

26. 邱兆偉主編，當代教育哲學，師大書苑。

27. 簡成熙譯，教育哲學導論，五南。

28. 林清山，教育心理學-認知取向，遠流。

29. 歐陽教主編，教育哲學，麗文。

30. 林生傳，教育心理學，五南。

31. 洪蘭譯，心理學（上、下），遠流。

32. 謝文全，教育行政學，高等。

33. 張鈿富，教育行政理念與創新，五南。

34. 林逢祺，教育規準論，五南。

35. 張明輝，學校教育與行政革新研究，師苑。

36. 張建成，批判的教育社會學研究，學富。

37. 吳清基，學校行政新論，師苑。

38. 賈馥茗著，中西重要教育思想家，空大。

39. 秦夢群，教育行政－實務部份，五南。

40. 秦夢群，教育行政－理論部份，五南。

41. 林天祐，教育行政，心理。

42. 王如哲、楊思偉，比較教育，空大。

43. 蘇永明，主體的爭議與教育：以現代和後現代的哲學為範圍，心理。

44. 王如哲，教育行政學，五南。

45. 王如哲、林明地、張志明、黃乃熒、楊振昇，教育行政，麗文。

46. 王如哲，比較教育，五南。

47. 吳清山、林天祐，教育小辭書，五南。

48. 吳清山、林天祐，教育新辭書，高等。

49. 吳清山、林天祐，教育e辭書，高等。

50. 教育圓夢網，各國教育政策時事整理，教育圓夢網。

51. 張春興，心理學概要，東華。

52. 郭生玉，教育測驗與評量，菁華。

53. 楊國賜主編，新世紀的教育學概論-科技整合導向，學富。

54. 周愚文，中國教育史綱，正中。

55. 張春興，教育心理學-三化取向，東華

56. 各期教育研究集刊，高等。

57. 各期教育研究月刊，高等。

58. 李茂興，諮商與心理治療的理論與實施，揚智。

59. 張明輝，學校經營與管理研究，學富。

60. 葉重新，心理學，心理。

61. 郭生玉，心理與教育研究法，精華。

62. 徐宗林、周愚文，教育史，五南。

63. 林玉体，西洋教育思想史，三民。

64. 林玉体，西洋教育史，文景。

65. 國立編譯館，教育史，正中。

66. 江芳盛、鍾宜興，各國教育行政制度比較，五南。

67. 謝文全，教育行政-理論與案例，五南。

68. 林建福，教育哲學-情緒層面的特殊關照，五南。

69. 陳奎憙，教育社會學導論，師苑。

70. 沈珊珊，國際比較教育學，正中。

71. 彭達山，教育哲學，高點。

72. 吳靖國，教育理論，師苑。

73. 張文哲，教育心理學，學富。

74. 方永泉，當代思潮與比較教育研究，師苑。

75. 余民寧，心理與教育測驗，心理。

76. 林清山，心理與教育統計，東華。

77. 余敏賢，教育測驗與統計，高點。

78. 歐陽教，教育概論，師苑。

79. 莊懷義，教育概論，空大。

第一篇　教育概要重點精析

第*1*章　教育的基本概念

頻出度C：依出題頻率分為：A頻率高、B頻率中、C頻率低

各考試出題排行榜　身障四等　地方四等
原民四等　普考

重點一　教育的意義

一　字義

東　方	1.首見於《孟子盡心篇》，孟子曾言「**得天下英才而教育之，三樂也**」。 2.《說文解字》：「教，上所施，下所效也；育，養子使作善也」。 3.《禮記學記篇》認為教育是「**長善救失**」（教也者，長善而救其失者也）的工作。 4.凡可以使人向善發展的價值性活動，都稱為教育。
西　方	1.西方教育一詞，英文為"education"，源於拉丁文"educare"。 2.西方教育的本意，有**引導、引出、教養、帶領、開展、陶冶**等義。
相同點	1.教育目的，皆在使人向善。 2.教育內容，皆包括智育、體育、德育等。 3.教育方法，皆重視啟發引導。
小　結	教育之所以被稱為教育，必須符合下列必要條件： 1.教與學的活動。 2.一種善意與價值導向的活動。 3.一種獲致成果的活動。

二　教育觀點

心理學觀點	1.教育是改變個體行為與習慣的歷程。 2.教育是個人進行**同化**與**調適**之認知歷程。 3.教育是使人**自我實現**與**自我超越**的歷程。
社會學觀點	1.教育是使人順利完成「**社會化**」及「**個性化**」的歷程，例如，過去高中階段會讓學生文理分組，以便準備大學入學考試，這是屬於教育的分化功能，以使學生達成個性化。 2.教育是**社會再製**與**文化再製**之中介機制。 3.教育可協助個人瞭解語言符號之互動意義。 4.教育可協助社會流動，例如：臨時工的子女，接受教育後找到好工作，並改善了家庭生活。
生物學觀點	1.教育是個人**消極順應生活環境**之歷程。 2.教育是個人**積極改造生活環境**之歷程。 3.例如：復演論、Ruediger、Hall等。
哲學觀點	1.教育可協助個人**開展理性，追求真知**。 2.教育是使人**向上、向善**的歷程。 3.教育可啟發個人之**批判反省能力**與**主體意識**。
文化學觀點	1.教育是**文化保存及傳遞**之歷程。 2.教育是**文化創生**之歷程。
經濟學觀點	1.教育是充分**展現人力資源效益**的歷程。 2.教育對經濟的貢獻，乃是教育的外在價值。

三　教育規準

(一)**提出者**：皮德思（R.S.Peters）

(二)**內涵**

合認知性	1.主要目的：**求真**。 2.所以，學校中的天文課程不能用紫微斗數來取代，地理課程不能以風水術來取代，心理學不能以面相星座解析來取代，這係因為後者多半為神祕的玄思，難以檢證其真假。
合價值性	1.主要目的：**求善**。 2.例如：《荀子修身篇》：「以善先人者謂之教。」

合自願性	1.主要目的：**求美**。 2.教育工作的進行要配合學習者身心發展的條件與能力，才易收到教育的效果。 3.例如：「師父領進門，修行在個人」。

四 教育的概念分析

(一)謝富樂（Scheffler）觀點

1. 提出者：謝富樂（Scheffler）
2. 內涵：
   (1)本質爭議性。　　　　　　　　(2)複合性。
   (3)多樣態的歷程。　　　　　　　(4)「工作－成就」的概念。
3. 謝富樂（Scheffler）提出教育的有機隱喻，認為教育如同生物細胞會進行新陳代謝，透過文化的傳遞與創造，來維持人類文化的生命發展。

(二)教育相關概念的比較

教育	1.教育係指一種使人向上向善的歷程。 2.教育中要達到人盡其才，需應用「個別化」教育原則。
教學	1.教學是教育的下位概念，包括教與學。 2.教師教學時，若一時無法回答學生所提出的問題，則應事後查明再告訴學生，才符合教育規準中的「合認知性」。
訓育	訓育最高原則：「其身正，不令而行；其身不正，雖令不從。」（孔子）。
訓練	偏重於方法和技術的指導和練習。
訓導	對於個人外在行為的規範。
灌輸	特徵為**動機邪曲、方法獨斷、內容悖理**與**效果閉塞**。
輔導	是一種專業的助人工作，它是一種科學化的助人方式，具有可靠的助人效果。

(三)教育的隱喻

1. 教育隱喻可增加教育口號的情緒感染力及說服力量。
2. 常見教育隱喻：
   (1)教育如接生。　　　　　　　　(2)教育如塑造。
   (3)教育如撞鐘。　　　　　　　　(4)教育如鑄劍。
   (5)教育如雕刻。

(6)教育如生長：

教育隱喻	代表學者
任其生長	Rousseau
助其生長	Locke、Bacon
導其生長	Dewey
助其生長	Spencer

重點二　教育的本質及目的

一　教育本質論

學說派別	代表學者	要點
文化說	Spranger、Litt	1.教育本質為**文化價值的選擇、保存、延續及創造**。 2.教育是引導個體接受文化陶養，進而使其個體主觀性客觀化的一種過程，所以應**慎選文化材作為教育材**。 3.個人精神生活的活動方向分為**理論型**（真）、**經濟型**（利）、**審美型**（美）、**社會型**（愛）、**政治型**（權）、**宗教型**（善）。 4.最佳教育應注重個人個性之發展，並使個人接受文化陶冶。 5.就教育作為文化活動的觀點而言，教育的本質在於「教人成人」，其中前一個「人」所指的是「自然人」。
自我實現說	Descartes、Maslow、Rogers	1.**我思故我在**，個人的自我存在具有必然性與必要性。 2.自我是一種實體，是一種存在的形式。 3.教育即是本能自我達到理想自我的動態歷程。
自然主義開展說	Comenius、Pestalozzi、Froebel	1.教育為個人由內向外開展本身潛能之歷程。 2.**真正的教育係讓兒童發展自由人格**。 3.重視啟發的教學方法。

學說派別	代表學者	要點
生長說	Dewey	1.人具備依賴性與可塑性,「依賴性」可以引發成人的教養責任感。 2.經驗具有繼續性與交互作用性。 **3.教育為傳遞與溝通經驗的歷程。**
社會化說	Durkheim、Natorp、Bergman	1.教育具有**社會化**的功能。 2.社會是教育的基礎,教育是社會的功能,是一種社會現象。 3.教育為一種使未成熟者達到成熟狀態的歷程。
生物學	Ruediger	**1.教育是幫助個人適應其生活環境。** **2.教育可發展個人的相關生活能力。**
理想主義說	Kant、Natorp	1.理性為人類與生俱來,但須透過教育加以啟發。 2.教育分為**衝動意志**、**選擇意志**及**理性意志**三個階段。

二 教育的目的

(一)中國教育目的之演變

時期	教育目的
傳統教育時期(光緒二十八年之前)	**1.注重倫理。** **2.涵養心性。** **3.修己善群。** **4.格物致知。**
新式教育時期(光緒二十八年之後)	1.光緒32年:「**忠君、尊孔、尚公、尚武、尚實。**」 2.民國元年:「**注重道德教育,以實利教育、軍國民教育輔之,更以美感教育完成其道德。**」 3.民國十八年:「中華民國之教育,根據三民主義,以充實人民生活,扶植社會生存,發展國民生計,延續民族生命為目的;務期民族獨立,民權普遍,民生發展,以促進世界大同。教育文化,應發展國民之民族精神,自治精神,國民道德,健全體格,科學及生活知能。」 4.民國三十六年,憲法第158條規定:「**教育文化,應發展國民之民族精神,自治精神,國民道德,健全體格,科學及生活知能。**」

(二)西方教育目的之演變

時期	教育目的
希臘時期	**自由民的教育目的**，強調培養理性、審美、創造等博雅能力。
羅馬時期	**雄辯家的教育目的**，強調培養邏輯、法律、辯才等實用能力。
中古世紀	**宗教的教育目的**，強調培養虔誠、服從、信仰等宗教性質的價值信念。
文藝復興時期	**人文主義的教育目的**，重視今生價值與希羅古典文藝的再生。
十七世紀-十九世紀	培根的唯實主義、盧梭的自然主義、英國斯賓塞的生活預備教育、德國費希特的國家主義教育、社會效率說
現代	公民訓練說、民主主義

(三)教育基本法第2條對「教育的目的」的規定

1. 教育之目的以培養人民健全人格、民主素養、法治觀念、人文涵養、愛國教育、鄉土關懷、資訊知能、強健體魄及思考、判斷與創造能力。
2. 並促進其對基本人權之尊重、生態環境之保護及對不同國家、族群、性別、宗教、文化之瞭解與關懷，使其成為具有國家意識與國際視野之現代化國民。

重點三　教育學之發展

一　教育學之歷史發展

(一)康德（Kant）首倡教育學科學化，為教育學之濫觴。
(二)「教育學之父」赫爾巴特（Herbart）從倫理學與心理學建構教育學體系。
(三)教育是一門應用科學，包含理論與實務兩個層面。
(四)**教育哲學**與**教育科學**都是**教育學**的一部分。

二　教育學發展模式

(一)**教育本位模式（德國）**：強調教育學是一門獨立的科學。
(二)**科技整合模式（美國）**：認為教育學是一門科技整合的學科。

(三)綜合發展模式（日本）：兼顧上述兩種教育學模式的發展。強調教育是一門獨立的學科。

自我評量

一、試分析教育三大規準：合認知性、合價值性、合自願性之意義，並舉出不符合上述三大規準的反教育例子。【92年普考】

二、試比較分析「教育」（education）、「教學」（teaching）、「訓練」（training）、「訓導」（disciplining）和「灌輸」（indoctrination）五個概念的異同。【92年高考】

三、試分別從個人、政治、經濟、社會與文化等層面說明教育的功能。【93年身心障礙四等特考】

四、教育學的主要內涵為何？教育學是否可以成為一獨立的學門？試說明之【96年地方四等特考】

五、「教育」（education）雖然是人類社會專屬的名詞，可是一般人對「教育」的意義，看法並不一致。請從生物學、心理學、社會學以及哲學等四個觀點，討論教育的意義。【97年普考】

六、「教育」一詞應有廣義與狹義兩種解讀方式，請分別說明其內涵，並加以比較之。【99年地方四等特考】

重點試題解析範例

一、「有教無類」與「因材施教」的意義為何？如何推動此一裡念，試說明之。【95年普考】

答：「有教無類」與「因材施教」都是現代教師所應具備的重要教學理念，茲依題意說明如下：

(一)「有教無類」與「因材施教」之意義

1. 「有教無類」是孔子的教育理念，其認為不管家境富貴或貧窮、個人天資聰明或愚笨等，人人都有受教育的權利。

2. 而「因材施教」亦是孔子的教育理念，其係指由於每一個人的資質不一樣，同一種方法絕對無法適用於每一個學生，因此必須依學生的個別差異，採用不同的方法，才能真正讓學生受益。

3. 換言之，「有教無類」與「因材施教」與現今所強調的「適性教學」、「多元智能」與「以學生為中心」等教育理念息息相關，也都是教育機會均等的核心精神之一。

(二)「有教無類」與「因材施教」之實踐策略

1. 每位教育工作者都必須要有「有教無類」與「因材施教」的教學理念，並有將其實踐於教學實境中的認知。

2. 政府應盡速以「有教無類」與「因材施教」之教學理念完善相關的教育法規，以求可以真正落實以「學生為主體」的教育願景。

3. 在學校編班上，亦應落實常態編班的規定，並且在課程與教學上，能夠根據每個學生的需求，進行銜接其生活經驗的適性教學，使學生獲得有意義學習。

4. 應採用多元評量理念來給予學生適時適性的回饋，以使學生得到全人發展。

參考書目：湯誌龍（2005），教育概論，五南。

秦夢群（2004），教育概論，高等。

教育圓夢網（2013），94至102年教育行政高普特考解析，教育圓夢網。

二、從全球化所激起的國力競爭中，教育扮演的角色愈形重要，面對此一挑戰，人才培育究竟以「知識」或以「能力」為重，試申己見。【96年普考】

答：在全球化趨勢中，教育對一個國家的競爭力，扮演重要的角色，茲依題意說明如下：

(一)以「知識」為本位的人才培育取向之相關論述

1. 以「知識」為本位的人才培育取向之理論為永恆主義、精粹主義等。

2. 認為人是理性的動物，且人類的理性具有共通性，所以教育應提供每一個學生相同的教育。

3. 教育活動應以教材為中心，教師是教室權威的主要來源，應對每位學生教授基本教材，以使學生認識普遍真理。

4. 學校最主要的工作就是教授基本知識。

(二) 以「能力」為本位的人才培育取向之相關論述

　　1. 以「能力」為本位的人才培育取向之理論有進步主義、建構主義等。

　　2. 教育過程中應以學生為本位，重視個人價值，並進而建構民主社會。

　　3. 課程內容應進行動態性、統整性的課程設計，且應銜接學生的生活經驗，並讓學生進行體驗學習。

　　4. 採取問題導向的教學策略，重視學生的學習動機與興趣，且兼重學生個性發展與群性陶冶。

(三) 兼重「知識」與「能力」的人才培育之教育觀點

　　1. 過去以知識為本位的教育目的，常被批評過度保守，忽視學生主動學習的可能性；而以能力為本位的教育目的，則被批評為軟式教育，學生素質低落。

　　2. 隨著知識經濟時代的來臨，現今的人才培育教育觀點，除了著重教導學生精粹過後的文化材，更要培養學生知識管理、轉化及創造之能力。

　　3. 而在課程設計上，亦必須明確訂出核心能力指標，依此安排銜接學生經驗脈絡的課程內容，並採用多元評量，瞭解學生真實能力，幫助學生獲得全人發展。

　　4. 再者，尚須透過批判思考能力，讓學生成為具自主自律性的行動主體，以主動建構本身的意義與價值體系。

參考書目： 莊懷義（2001），教育概論，空大。
　　　　　　黃光雄（2004），教育概論，師苑。
　　　　　　艾育（2013），教育專業科目通關寶典，千華。

第2章　教育的演進

頻出度 C：依出題頻率分為：A 頻率高、B 頻率中、C 頻率低

各考試出題排行榜

 1 普考　 3 原民四等

2 地方四等　4 身障四等

重點一　臺灣教育史

一　臺灣教育的發展歷程

(一)荷蘭統治時期

　　1.以**基督教**的教育方式，進行傳教與教化。

　　2.成立教會學校，引進《**世界圖解**》。

(二)明鄭統治時期

　　1.實施**傳統中國式**的科舉教育制度。

　　2.教育政策為培養明鄭的賢良文官。

　　3.教育內容重視**儒家經典**。

(三)清朝統治時期

　　1.藉由教育，培養臺灣人民具備**大清意識**。

　　2.成立儒學、書院、義學、社學等，教化臺灣人民。

　　3.劉銘傳任臺灣巡撫時，主張設置西式學堂，罷科舉，譯西書。

(四)日治時期

　　1.教育制度採取分化的雙軌制，日本人進入小學校就讀，臺灣人進入公學校就讀。

　　2.國民教育普及率大幅提升，透過教育將臺灣人改造成日本人。

　　3.對師資培育相當重視，

　　4.實施**皇民化政策**。

二 臺灣教育史的特色

(一)可作為比較教育的研究對象。

(二)充滿異質性、多元性與特殊性。

 重點二 中國教育史

一 中國教育制度及教育理念的演進簡表

	商代之前	周代	秦漢	魏晉南北朝	隋唐	宋	元	明	清代
學校制度	政教合一、官私合一	官私抗衡	官私兼備、學校復興	私學興盛	私學興盛	私學興盛	著重少數民族教育	控制書院	清朝末年開始產生新式學校
人才選拔	任命、推舉、禪讓	選拔	選舉	九品中正	科舉	科舉	科舉	科舉	科舉、新式學堂
學術思想	百家爭鳴	百家爭鳴	秦：法家；漢：道家、儒家	佛教、老莊	佛教、老莊	理學(新儒學)	回回學	理學	樸學

二 商代之前的教育思想與實施

(一)**歷史背景**

    1. **政治**：虞、夏、商的政治組織為部落型態，行禪讓政治。

    2. **經濟**：兼重農業與遊牧，商代時已有商業活動產生。

    3. **文化**：在曆制方面有重要成就，商代重視祭祀鬼神。

(二)**教育制度**

    1. 皆重視**教化**與**音樂**，而虞代的教育主管為「司徒」、「秩宗」等，夏代則為「樂正」、「司徒」與「秩宗」，商代則為「學戊」。

2.學校名稱：

	大學	小學
虞	上庠	下庠
夏	東序	西序
商	右學	左學

3.教育內容為生活教育，採取做中學的教學方式。

三 周代的教育思想與實施

(一)歷史背景

1.**政治**：行封建制度。

2.**經濟**：行井田制度。

3.**文化**：西周行宗法制度，階級分明、世襲制、重禮樂；東周則貴族沒落、禮制破壞與平民崛起。

(二)教育制度

1.**西周**

(1)教育行政：**司徒**負**教育全責，樂正**負**教化責任**。

(2)學校制度：

中央學校	辟雍、東序、成均、瞽宗、上庠
地方學校	古之教者，家有塾，黨有庠，術有序，國有學。

(3)課程教材：重視禮樂，兼教德藝。

國學課程	國學課程是德、行、藝、儀。
鄉學課程	鄉學課程是德、行、藝，「以鄉三物教萬民而賓興之」。

(4)幼稚教育：九歲之前接受家庭教育，先教導學童日常行為，然後分別男女，教導禮儀與曆數。

(5)女子教育：「男主外，女主內」。

2.**東周**

(1)傳統官學式微。　　　(2)私學興起。

(3)養士風氣盛行。　　　(4)學術發達。

(三)重要教育典籍

1.《大學》：

(1)教育宗旨為「**大學之道，在明明德，在新民，在止於至善**」。

(2)為學方法為「定」、「靜」、「安」、「慮」、「得」。

2.《中庸》：

(1)「**天命之謂性，率性之謂道，修道之謂教**」，教育功能為傳遞與創造文化（道）。

(2)為人處事與情緒表現都須符合禮節，對於情緒已有所討論，指出：「喜怒哀樂之未發，謂之中；發而皆中節，謂之和。」。

(3)中庸之道與「約之以禮」理念相通。

(4)「君子之道，造端乎夫婦，及其至也，察乎天地」之古訓，出自《中庸》。

3.《禮記學記篇》：

(1)教學相長，知識要從學習中獲得，從經驗中體會，

(2)要根據個人性格施行適才教育。

(3)教學方法為「**豫**」（準備）、「**時**」（宜）、「**遜**」（順）、「**摩**」（切磋）。

(4)《禮記學記篇》所謂「時過而後學，則勤苦而難成」，是指個體錯過了發展歷程上的關鍵期。

(5)「教也者，長善而救其失者也。」

(6)「師嚴而後道尊，道尊而後民知敬學。」係強調尊師重道的師道觀念。

(7)大學開學之初，學校成員要整肅衣冠祭奠先師，其理由為：表示重道。

(8)依據《禮記學記篇》的說法，我國古時的政治領導有一套教化人民的作法：「古之教者，家有塾、黨有庠、術有序、國有學，比年入學，中年考校，**一年視離經辨志、三年視敬業樂群、五年視博習親師、七年視論學取友**，謂之小成。**九年知類通達**，強立而不反，謂之大成。夫然后足以化民易俗，近者說服，而遠者懷之，此大學之道也。記曰：蛾子時術之，其此之謂乎？」。

(9)在學記中提出諸多概念與現今之教育原則頗為符合，與準備原則相近似者為「豫」；「不陵節而施之謂孫」意指不揠苗助長。

四　秦漢的教育思想與實施

(一)歷史背景

　　1.秦：

　　　(1)秦統一六國後，在政治上有許多改革，例如廢封建、設郡縣、行專制制度等

　　　(2)對於中國文教最大的貢獻在於**統一文字**（小篆、隸書）與發明兔毫筆。

　　2.漢：

　　　(1)政治上為中央集權，經過文景之治後，國內經濟充實，漢武帝時，「**罷黜百家，獨尊儒術**」，統一全國思想。

　　　(2)漢元帝則指定郡國設學官，置五經博士為教授，奉孔子為至聖先師。

(二)教育制度

　　1.秦：

　　　(1)設置學術專官，即博士，來負責教育學術的工作。

　　　(2)貫徹法家思想，**以吏為師**，目的在監督世人、宣傳法令與控制思想。

　　2.漢：

　　　(1)學校制度

性質	名稱	要點
中央官學	太學	太學學生稱博士弟子。 學生來源為太常直接從京師地方挑選，或是郡國縣邑選送。 儒家經典為最主要課程，修業年限無一定規定。 通常為一年一考，及格者賜與官職。
	鴻都門學	設立於東漢靈帝年間，入學資格為善於尺牘、辭賦及工書藝術者。 主要目的係東漢宦官欲培植與士人相抗衡的勢力。
	官邸學	官邸學即貴族學校，專為外戚樊、郭、陰、馬四姓子弟所設立，故又稱為四姓小侯學。 學校師資優於太學。
地方官學	學、校、庠、序	1.漢代地方官學始自蜀郡太守文翁首創，在漢平帝年間始確立漢代的地方學制。 2.學與校為中學性質，庠與序為小學性質。 3.明經與倫理為主要課程內容。 4.漢平帝時規定學校內要祭祀周公與孔子，此制迄於明末清初。

性質	名稱	要點
私學	**書館** （經館、 蒙館）	經館以學術研究為主，課程教材包括儒家經典與諸子百家之學，蒙館則側重生活知識之教導。 漢代私學相當發達，有助落實基本教育與社會教化。

(2)**選舉制度**：

　　A.漢初仍沿襲戰國養士之風，漢孝文帝始開選舉制度。

　　B.普通選舉：賢良方正、孝廉茂才、博士弟子。

(3)**公府辟舉**：漢代位居三公的大官，可以招羅天下賢士，彼此以賓主相見，只問賢能。

五　魏晉南北朝的教育思想與實施

(一)歷史背景

　1.東漢末期，連年戰亂，三國鼎立，曹丕以禪讓名義篡漢，改國號魏。

　2.司馬炎篡魏，改國號晉，是為西晉，後五胡亂華，晉元帝南遷，定都建康，稱為東晉。

　3.後劉裕篡東晉，形成南北朝對峙情勢，最後由隋朝統一。

(二)教育制度

　1.**學校教育方面**：

　　(1)魏蜀吳三國時代的教育，因長期動亂，導致**學校徒具表面形式**，而無實質功能。

　　(2)晉代：

國子學	貴族子弟的學校
太學	平民子弟的學校

　　(3)南北朝：

南朝	重文學	好佛老之學	學校功能不彰	創四學制「玄、史、文、儒」與五部學「儒、道、文、史、陰陽」
北朝	重經學	重經術，儒學發達	學校教育發達	孝文帝曾設國子學、小學與四門小學，至四門博士。

2.**選舉制度**：

　(1)東漢末年，選士靠鄉舉里評的辦法已經產生「**言論者記薄厚而吐詞，選舉者度親疏而舉筆**」的流弊。

　(2)魏文帝黃初元年，**陳群**定出「**九品官人制的辦法**」。

　(3)晉代的秀才試策不試經，孝廉則試經，開隋唐科舉之濫觴。

　(4)東晉初年，仍行九品中正法，造成「**上品無寒門，下品無士族**」之流弊。

六　隋唐的教育思想與實施

(一)歷史背景

　1.隋朝立國僅三十八年，但其在政治制度、取士方式與教育興革方面，卻有重大改革，奠定唐朝興盛基礎。

　2.唐朝擁有「貞觀之治」與「開元之治」兩大盛世，在中西文化交流與教育發展上都有極大建樹。

(二)教育制度

　1.**學校教育**：

　　(1)隋朝

　　　A.**中央**設**國子監**，掌管**教育行政權**。

　　　B.在太學之外，另設書學、算學、律學等。

　　(2)唐朝

　　　A.官學

性質	類型	要點
中央官學	國子學	設博士五人、助教四人
	太學	設博士六人、助教六人
	四門學	設博士六人、助教六人
	律學	隸屬於大理寺，唐改立國子監。
	書學	置博士二人，助教二人
	算學	置博士二人，助教二人

性質	類型	要點
特殊學校	崇文館	掌經籍圖書
	弘文館	掌校正圖籍
	崇玄館	研究老莊哲學
	醫學	研究醫學
	小學	貴族學校
地方學校	州府學校、縣學、京都學	設有經學、醫學和崇玄學。

　　　　B.私學：隋唐時代，私人講學發達。

　　2.科舉制度：
　　　(1)起源：**隋煬帝大業二年，設進士科。**
　　　(2)原因：
　　　　A.魏晉以來，學校形同虛設，選才功能不彰。
　　　　B.解決鄉舉里選產生無法真正辨別才德之士的流弊。
　　　　C.打破世族的門第制度。
　　　(3)唐科舉的科目種類：
　　　　A.生徒法　　　　B.貢舉法　　　　C.制舉法
　　　(4)唐科舉的考試方式：
　　　　A.口試　　　　　B.帖經　　　　　C.墨義
　　　　D.策問　　　　　E.詩賦

七　宋、元、明代的教育思想與實施

(一)**歷史背景**
　　1.宋朝軍事與政治積弱不振，在內政上力行重文輕武政策。
　　2.元朝時將全國人民分為蒙古人、色目人、漢人與南人，不重儒教。
　　3.明代以明太祖到明英宗時期為國力極盛時期，採八股取士制。
　　4.印刷術發展快速，促進教育發展推廣。

(二)學校教育

1.宋朝：

(1)中央官學：

學校類型	基本要點
國子監	管理學校機關或是教養生徒的場所。 國子學為國家最高學府。
太學	宋代以太學最為發達。 王安石曾頒布太學三舍法，分為外舍、內舍與上舍。 多以五經為課程教材，在神宗時曾短暫改為王安石的三經新義。 考課方式主要分為兩種，一為學行考察，二為學業試驗。
專科學校	包括算學、書學、畫學、醫學、律學、武學等。
短期大學	廣文館、四門學、外學。
小學及貴族學校	專供給王公貴族的後代就讀。

(2)地方學校：

A.分為州學與縣學。

B.各學均有學田，學校內並設孔子像祭祀。

C.縣學生可升入州學，由州學則可入太學。

(3)書院：

A.宋代著名書院包括**湖南岳麓書院、廬山白鹿洞書院、河南應天府書院和衡陽石鼓書院**等，是書院最發達的朝代。

B.地位介於官學與私學之間，書院制度保有一定程度的學術自由，促進理學傳播。

C.主持人多為品學兼優且深具名望者，重視學術研究和教學。

D.書院的功能為藏書、供祀與講學，並可幫助士人進德修業。

E.書院經費大部分取之於學田。

F.書院有學規，強調修身、齊家、治國、平天下。

G.宋朝**朱熹**著有《**白鹿洞書院揭示**》。

2.元朝：

(1)中央學校：包括蒙古國子學、回回國子學、國子學。

(2)地方學校：包括郡縣學、蒙古字學、醫學與陰陽學。

(3)私學：書院趨向官學化。

3.明朝：

　(1)中央官學：

　　A.明代中央學校設有國子監，屬於大學性質；此外，亦設有宗學，為貴冑性質。

　　B.國子監監生資格有舉監、貢監、蔭監、例監四種。

　(2)地方學校：

　　A.府學、州學與縣學，通稱儒學。

　　B.儒學學生都可以升入國子監，資格有三種，分別為廩膳生、增廣生與附學生。

　(3)其他學校：包括宗學與武學。

　(4)私學：明代私人講學與書院不如宋、元兩代發達。

(三)科舉制度

1.宋朝

　(1)科舉種類：分為制舉、常貢與學選。

　(2)貢舉手續：

　　A.秋試，及格者稱為舉人。

　　B.省試，及格者稱為進士。

　　C.殿試。

　(3)考試內容：包括墨義、詞賦、經義、策論等。

　(4)考試方法：糊名（彌封考卷）、謄錄（把考卷再抄錄一次）。

2.元朝

　(1)科舉程序：三年舉行一次，分為鄉試、會試與殿試三級。

　(2)考試內容：因種族不同而有所寬嚴。

　(3)科舉規定嚴密。

3.明朝

　(1)學校與科舉雖並行，然學校已淪為科舉之附庸。

　(2)科舉制度，只有進士一科，仍分為鄉試、會試與殿試三級。

　(3)考試內容可分為經義、詔誥律令、經史時務策。

　(4)「八股之害，等於焚書，而敗壞人才有甚於咸陽之郊」。

(四)宋代的三次興學運動

1.三次的教育改革興學：

第一次	第二次	第三次
1.時間：仁宗慶曆四年。 2.提倡者：范仲淹，欲興只重考試，不重教育之弊。 3.改革內容：州縣皆立學，考試內容罷帖經、墨義。	1.時間：神宗熙寧四年。 2.提倡者：王安石，欲實施新的人才培育措施。 3.改革內容：創立太學三舍法、命州郡設學、改革科舉制度、頒訂三經新義、辦理武學、醫學及律學等專業學校。	1.時間：徽宗崇寧元年。 2.提倡者：蔡京，主要是恢復並加強前兩次變法的相關措施。 3.改革內容：建立三級學校制度，分別為太學、州學與小學，廢除科舉。

2.三次教育改革興學的失敗因素：

(1)守舊派的反對，且改革派用人不當，操之過急。

(2)宋代政治制度設計不良，且人口壓力過大，無法取消科舉。

(3)經濟條件不足，無法大幅設立學校。

(4)傳統儒家觀念束縛。

八　清咸豐之前的教育思想與實施

(一)歷史背景

1.清朝統一中國後，初期採用籠絡懷柔政策，對漢文化表示認同，並大量任用漢人，期待達到以漢治漢的效果。

2.雍正年間採取閉關政策，導致中國與西方文化交流中斷，在道光年間，鴉片戰爭失利後，簽訂中國第一個不平等條約。

(二)學校制度

1.中央官學

(1)清代中央官學有國子監、宗學、旗學。

(2)**國子監**一方面為**國家最高的教育行政機關**，一方面為**中央最主要的學校**。

2.地方學校

(1)分為府學、州學與縣學，通稱為儒學。

(2)此外，社學與義學亦相當發達。

3.書院在清初受到壓制，而後則以官辦書院為主流。

(三)**科舉制度**

　　1.清代科舉可以分為特科、翻譯科與常科。

　　2.常科又分為文武兩科,共有鄉試、會試與殿試三個程序

九　清代末年的的教育思想與實施

(一)**歷史背景**

　　1.清朝末年政治腐敗,列強入侵中國,促使有識之士思考學習西方優點,
　　　對於中國傳統教育制度產生改革之訴求。

　　2.人口增加與太平天國之亂亦讓當時中國人見識到西洋科學的進步,也間
　　　接帶動改革中國傳統教育之風潮。

(二)**新教育**

　　1.新教育之萌芽始自英法聯軍打敗中國後,自同治元年至光緒二十年為第
　　　一期,自光緒二十一年至光緒二十七年為第二期。

　　2.第一期新教育之相關教育措施

　　　(1)設立新學校:外國語文學校、實業學校、海陸學校。

　　　(2)開始留學教育。

　　3.第二期新教育之相關教育措施

　　　(1)張之洞著勸學篇,主張京師設立大學堂,課程則中西並重。

　　　(2)設立新學校:天津中西學堂、南洋公學、湖南實務學堂、京師大
　　　　　學堂。

(三)**教育制度**

　　1.**欽定學堂章程**

　　　(1)光緒二十八年,由張百熙擬定,為**中國第一次正式新學制**。

　　　(2)教育系統分為三段(初等教育、中等教育與高等教育)七級,**但未
　　　　及實行,即又廢止**。

　　2.**奏定學堂章程（癸卯學制）**

　　　(1)光緒二十九年,由張百熙與張之洞擬定。

　　　(2)整個教育系統亦分為三段(初等教育、中等教育與高等教育)七級

　　　(3)我國**第一個付諸實行**的新學制。

(四)**教育思潮與教育宗旨**

　　1.**教育思潮**:「中學為體,西學為用」。

　　2.**教育宗旨**:「忠君、尊孔、尚公、尚武、尚實」。

➕ 民國成立後的的教育思想與實施

(一)學校制度

1.**壬子癸丑學制**

(1)較清末學制少兩年，為三段（初等教育、中等教育、高等教育）四級。

(2)此外，其廢止高等學堂，而以大學預科替代之。

(3)課程方面減少經典份量，且大學研究年限並不加以限制。

2.**教育行政組織**

(1)中央教育行政機關為教育部。

(2)省區教育行政機關為教育廳。

(3)縣區教育行政機關為勸學所。

3.**民國十一年的新學制：為仿美。**

4.**大清帝國第一位到「洋番」留學的學生是容閎。**

(二)教育思潮

1.軍國民教育思想。　　　　　　2.實利教育思想。

3.美感教育思想。　　　　　　　4.科學教育思想。

5.平民教育思想。

➕➖ 中國歷代教育人物及思想

(一)孔子（近似人本主義）

1.**生平背景：**

(1)孔子名丘，字仲尼，魯國人。

(2)少孤，十五歲立志讀書，曾問官制於郯子，學琴於師襄，問禮於老子，訪樂於萇弘。

2.**教育思想：**

(1)基本思想：孔子視天為自然，有時也視天為道德法則，在政治方面，孔子主張正名。

(2)知識論：孔子認為知識有先天者，亦有後天者，強調學、思並重。

(3)人性論：孔子認為主張「性相近，習相遠」，**人性相近，有善惡高下之分，關鍵在於「學」。**

(4)教育目的：孔子認為教育目的在於求道、求仁與求藝，而對於教育對象則主張因材施教。

(5)教育材料：詩、書、易、禮、樂、春秋。

(6)教育方法：主張「**學而不思則罔，思而不學則殆**」，重視學生興趣、適才教育、重視學生自動學習。

(二)孟子（近似人本主義）

1.生平背景

(1)孟子，名軻，鄒人。

(2)從學於子思門人，後人尊稱為亞聖，著有孟子七篇。

2.教育思想

(1)**仁義論**：「孔曰成仁，孟曰取義」，孟子認為義是人行為的最高準則。

(2)**性善論**：孟子認為人性有四種善的根源，分別為惻隱、羞惡、辭讓與是非之心，可以發展為仁、義、禮、智四個善端（但是孟子並不認為人性本善，要充分發展善的四端，才能達到最高的善）。

(3)強調教育功能。

(4)重視自動學習

(5)強調透過詰問，以一層層深入去闡明真理，並享受育才之樂

(三)荀子（近似人本主義）

1.生平背景

(1)荀子，名況，字卿，趙國人。

(2)荀子為戰國末年大儒，著名弟子有李斯、韓非等人。

2.教育思想

(1)**自然論**：荀子將天視為自然，係依照一定的規律運行，不為人力所操弄，所以人們應盡其在我，以自求多福。

(2)**性惡論**：荀子主張人性惡，但人心為善，認為若是順著人性去發展，便會成為惡，所以必須要經過「師友」的矯飾、環境的薰陶，以及良好的積習，才能夠化性起偽，使人知善惡與養成德行。

(3)**知識論**：若欲追求徹底的認知，人必須要擁有「虛」（虛心接受）、「壹」（不以一蔽之）、「靜」（冷靜），以解除各種心之敝端。

(4)主張「**師友**」有助指引我們學習正確方向與指正行為缺失，而「**禮樂**」可以幫助吾人解決紛亂、分辨利義與感化人心。

　　　(5)認為吾人在學習時，要專心一致、終始一貫與融會貫通，並且要能夠形成長久的習慣，以求變化氣質與改變行為。

　　　(6)荀子主張教育的目的乃在「化性起偽」。

(四)老子（近似自然主義）

1.生平背景：

　　(1)老子，姓李名耳，楚國人，著有老子一書。

　　(2)老子與莊子同為道家之代表人物。

2.教育思想：

　　(1)老子認為宇宙根本法則是道，也就是自然。

　　(2)政治理想為小國寡民。

　　(3)主張自然生長的教育觀，反對外在的人為標準，並強調直觀的學習方法。

　　(4)老子的教育主張：棄智、絕學、守愚。

(五)墨子（近似實用主義）

1.生平背景：

　　(1)墨子，名翟，魯國人。

　　(2)墨家學派的領袖，著有墨子一書。

2.教育思想：

　　(1)墨子認為「天」為知善知惡的人格神，故應「法天明鬼」。

　　(2)人與人之間，不分遠近國別，都應兼相愛與交相利，並且在日常生活中應節制用度。

　　(3)**義利並無二分**，所謂的「利」係指社會大眾之福利。

　　(4)重視教育價值與功效，在教育方法中，**強調環境的影響力**，並認為是非之抉擇應根據歷史的事實、經驗的證明與功利的價值。

(六)名家（近似觀念分析學派）

　　1.代表學者為惠施與公孫龍，強調為學應注重澄清觀念。

　　2.惠施強調異中求同，並且強調為學救世，公孫龍則主張同中求異，為辯論而辯論，故被視為詭辯。

(七)法家

　　1.代表學者有商鞅、管仲、韓非等人，「法家不別親疏，不殊貴賤，一斷於法」。

　　2.法家主張人心與人性皆為惡，並且皆認同應先滿足人類的基本需求，才能進行教育。

3.管仲主張階級世襲，個人從小受家庭環境薰陶教育，以承襲家業。

4.法家之教育觀，係以法律為教材，以官吏為教師，最終目標在實踐軍國民教育。

(八)董仲舒

1.西漢著名儒士，著《春秋繁露》。

2.主張滅絕異學，獨尊儒術，以統一全國思想。

3.**人性可以為善，亦可以為惡**，亦即人性具有為善為惡的可能性；其曾「以禾喻性，以米喻善」，亦曾「以繭與卵喻性，以絲與雛喻善」。

4.董仲舒認為**一個人若要向善成德，必須要依賴教育**。

5.「仁人者，正其誼不謀其利，明其道不計其功」，係為**純粹動機論的倫理觀**，主張人性的陶冶須藉由「民待王教而後化，性待教育而後善」。

6.「天人之際，合而為一」，倡**天人契合**之說。

(九)揚雄

1.生於西漢末年，思想融合儒道兩家，本體論多受道家影響，倫理思想則多受儒家影響。

2.抱持**善惡混的人性論**，所以教育的功能在於發揚人的善良本性，防止惡性發展。

3.主張為學應勤奮力行，且應有良師來加以指導，方可成功。

(十)王充

1.生於東漢初年，著有《論衡》一書，其具有強烈的創造與批判思想。

2.排斥迷信的宇宙論觀點，認為凡事皆應有日常經驗作為根據。

3.並不主張「法先王」認為古是今非的思想會妨礙進步。

4.王充《論衡・本性篇》：「孟軻言人之性善者，中人以上者也；荀卿言人性惡者，中人以下者也；揚雄言人性善惡混者，中人也」；主張「**性三品說**」，上品之人（極善）與下品之人（極惡）是後天不能改變的，只有中品之人，可以藉由教育來改變本性的善惡。

(十一)顏之推

1.顏之推字介，著有**顏氏家訓**一書。

2.**排斥奴化教育**、崇尚禮德教育。

3.強調教育意義最重要在於篤行，且**重視幼兒教育**，認為教育應從胎教做起。

4.相當重視教育功用，**注重勞動教育與環境影響**。

(十二)**韓愈**

1.生平：生於唐代宗大曆三年（西元七六八年），卒於穆宗長慶四年（西元八二四年），年五十七歲。

2.字退之，唐朝人，世稱韓昌黎，又稱韓文公。

3.**主張性三品論**，認為人性有上、中、下三品，但其更主張教育也可對上品與下品之人產生影響，此論點不同於王充。

4.發揚儒家學說，主張「師者，傳道、授業、解惑也」，且排斥佛老之學，強調發揚先王之教的教育。

5.散文以「載道」為主，後人尊為「唐宋古文八大家」之首。

(十三)**程顥**

1.程顥，字伯淳，諡號**明道先生，學說近似孟子**。

2.**性即氣，為陸王之學**的始祖。

3.教育目的為教人識仁，並且重視「**誠心養性**」的學習方法。

4.教學應先使學生立志，擇善固執。

(十四)**程頤**

1.程頤，字正叔，別號伊川，**學說近似荀子**。

2.主張理氣二元的宇宙論，認為性即理，為程朱之學的始祖。

3.教育目的為成聖人，並且重視「**主敬**」的學習方法。

4.做人處事應養氣寡欲，嚴分是非。

5.主張「**涵養須用敬，進學則在致知**」。

(十五)**朱熹**

1.朱熹，字元晦，號晦庵，曾建立**白鹿洞書院**。

2.主張理氣二元的宇宙論，並且強調**教育目的為成聖賢**。

3.反對科舉取向的教育，並相當**注重兒童教育**。

4.朱熹主張的「吾心之全體大用」與強調心靈之認知能力相通。

(十六)**陸九淵**

1.陸九淵，字子靜，世稱**象山先生**。

2.主張心即是理，**強調性善論**，認為教育目的在於讓人明理與做一個堂堂正正的人。

3.主張應先發現自己本心良知，再進行學習，也相當注重反省思考，主靜。

(十七)**王陽明**

1.王守仁，字伯安，號**陽明**，明朝大儒。

2.主張凡萬物之理皆包含於人心之中，認為人性善，所以教育目的在於成聖人。

3.強調**知行合一**的求學方法，當良知可以確實實踐時，每個人都可以成為聖人。

4.**注重兒童教育**，反對體罰，強調應重視兒童的興趣。

5.主張教育目的在「**致良知**」，也就是去掉因與外物接觸而所產生的各種障蔽，使「良知」功能完全展現；為學之道，主要是自省體察心中之理。

6.四句教：「**非善非惡心之體，有善有惡意之動，知善知惡為良知，為善去惡是格物**」。

(十八)**顧炎武**

1.顧炎武，字寧人，世人稱為亭林先生，著有**天下郡國利病書**。

2.反對八股取士，強調經世致用的教育實學。

3.對於任何事情現象都要加以研究，注重實地考察、真實證據與獨立判斷的能力。

4.主張**士人皆需知恥**。

(十九)**黃宗羲**

1.黃宗羲，字太沖，號梨洲。

2.教育目的在於致良知，但是反對空虛靜坐，主張求學應注重實用與實行。

3.**學校兼有政治功能，有監督政府的責任。**

(二十)**顏習齋**

1.顏元，字渾然，**號習齋**，明末清初人。

2.主張「由行得知」、「習事見理」、「反靜倡動」，**反讀書倡實習的教學方法。**

3.主張實利教育，且教學應依據學生個性加以因勢利導。

4.教育目的：明德親民、變化習染、謀利計功。

(二一)**張之洞**

1.提倡「**三綱五常**」，主張**中體西用**的教育思想。

2.中體係指以中學為學問的根本大體。

3.西用係指以西學中的西藝與西政作為治世之學。

(二二)蔡元培

1. 提倡中西融合的教育主張，民國初年提出**美育教育**的重要，並擔任我國第一位教育部長。

2. 教育理念分為**隸屬於政治範疇之教育**與**超軼政治範疇的教育**。

3. 隸屬於政治範疇之教育包括**軍國民教育**、**實利教育**與**公民道德教育**。

4. 超軼政治範疇之教育包括**美感教育**與**世界觀教育**。

5. 提出**教育獨立論**。

(二三)陶行知

1. 深受**杜威**思想影響，但主張「**生活即教育，社會即學校**」。

2. 批判傳統教育與社會生活切割，強調「**做中學**」的重要性。

3. 主張真理具有變動性。

 # 重點三 西洋教育史

一 希臘教育

(一)雅典教育

項目	基本概念
教育特色	1. 私人經營的教育制度。 2. 實施廣博、優雅、生活的教育。 3. 學校類型包括音樂學校、文字學校與體操學校。 4. 強調文字教育、音樂教育、體操教育與軍事訓練。 5. 雅典的教育沒有專業的教師；身分低賤，凡是不能從事勞力的工作者，稱之為教僕。
教育省思	1. 優點： 　(1)兼俱「智育」、「美育」、「體育」之全人教育。 　(2)強調個人的個性發展，並實施廣博教育，不求專精。 2. 缺點： 　(1)忽視女子教育。 　(2)教師地位低落。 　(3)不實施全民教育。 　(4)屬行體罰。

二 斯巴達教育

項目	基本概念
教育特色	1.主張軍事教育。 2.強調女子教育。 3.訓練服從意志。 4.重視體力鍛鍊。 5.熟練偷竊技藝。 6.國家價值高於個人價值。
教育省思	1.優點： 　(1)女子訓練與男子同，建立了兩性教育平等之始。 　(2)全體人民全心全力注重教育活動。 2.缺點： 　(1)只培養群性，而忽略個性發展。 　(2)學生只知道服從，而不懂權變。 　(3)重體力，輕智力。

三 希臘教育思想家

(一)**辯者**（sophists）：第一批專業性的教師，採取**收費教學**。
(二)代表學者

代表學者	重要主張
普洛塔哥拉斯 （Protagoras）	1.人是萬物的尺度。 2.「兩面論」：即「每一個論述，都有正反兩面的說法」。 3.「阻礙吾人認知的可能因素，其一是欲知的事物不清，其二是人生短暫，但知識卻無窮」。
哥寄亞 （Gorgias）	1.不可知論者，主張「以理服人」。 2.辯者教學最終目的，在於培養具有說服才能的人。 3.「萬物皆不存在；萬物即使存在，吾人也不可知；即使吾人知悉萬物，也無法傳達此種知識。」
艾蘇格拉底 （Isocrates）	1.建立辯說之理論基礎，主張口才的訓練應注重「品德」。 2.「辯說教育」應遺傳與環境並重。 3.修辭術是一種藝術，非人人都可學習。

代表學者	重要主張
蘇格拉底 （Socrates）	1.「知汝無知」，自認無知是學習的重要動力。 2.菁英是有知識及善良的人，「專家政治優於民主政治」。 3.知識即德性，智德合一，知行合一。 4.教育是一種「引出」、一種「回憶和發現」。 5.主智主義，「自認無知」是學生學習的動力。 6.主張教師不應將答案強加在學生身上，而是由學生自己去尋找比較合理的解答，此尋求過程可促使學生反覆檢討與澄清觀念。 7.在教育上提倡產婆法、啟發式、引出式的教學法，重視思考的誘導。 8.有教無類的教育信念。 9.反對辯者的收費教學，實施免費教學。
柏拉圖 （Plato）	1.柏拉圖創設Academy，《理想國》（The Republic）、「Symposium」是柏拉圖的重要著作。 2.柏拉圖主張人性有理智、意志與慾念，認為理想的城邦應由理智強的哲學家統治。 3.哲學理念： (1)心性及社會組織三分說： 身體部位／心性／相對應德行／地位／社會組織 頭部／理性／智慧／金／統治者、哲學王 胸部／意性／勇敢／銀／衛士、軍事人才 腹部以下／欲性／節制／鐵／農工商技藝等生產階級 (2)觀念主義：強調理性功能的重要性，理性功能中最重要的，就是想像與推理。 (3)主智主義（intellectualism）：主張教育的過程就是培養一位哲學王（治者）的過程，是一位有著理性的智慧人。 (4)開創唯心論傳統，主張菁英政治及共有的經濟制度。 (5)「洞穴」寓言。 4.教育主張： (1)未明言人性善惡，故人性發展有賴教育予以導正。 (2)兩性教育機會平等，在早期都應接受音樂及體育訓練。 (3)強調理性與品德的重要。 (4)創辦「學苑（Academy）」，重視數學、幾何的研究。 (5)完善教育計畫－哲學王的教育歷程。

柏拉圖哲學理念(1)心性及社會組織三分說表格：

身體部位	心性	相對應德行	地位	社會組織
頭部	理性	智慧	金	統治者、哲學王
胸部	意性	勇敢	銀	衛士、軍事人才
腹部以下	欲性	節制	鐵	農工商技藝等生產階級

代表學者	重要主張
亞里斯多德 （Aristotle）	1.亞里斯多德創設萊錫姆（Lyceum）學校。 2.亞里斯多德（Aristotle）提出「吾愛吾師，吾更愛真理」的名言。 3.哲學理念： 　(1)理性二分說：「實踐理性」與「理論理性」。 　(2)心性三分說：植物性、動物性、人性。 　(3)兼重感官世界與觀念世界，強調自然科學的觀察法。 　(4)人是政治的動物，也是理性的動物。 　(5)中庸取向的道德哲學，強調幸福為生命之自然目的，也是最高的善。 　(6)「演繹法」（Deductive）方法論。 　(7)四因說： 　　A. 質料因：蓋房子的材料。 　　B. 形式因：房子設計藍圖。 　　C. 動力因：建築工人。 　　D. 目的因：建造一個可供居住的處所 ＝＞最後形成房子（即實體）。 4.教育主張： 　(1)強調理性的啟發。 　(2)文雅教育之價值高於職業教育，。 　(3)自由民才享有教育權利。 　(4)品德教育為教育核心，實施中庸之道。 　(5)教育如同植物生長，教育之終極目的在於追求「幸福至善的生活」。 　(6)主張人性「亦善亦惡」的教育理論中，其教育方法已具備「教學、訓導與體育」三部分
伊比鳩魯 （Epicurus）	1.快樂主義學者，哲學目的在回答「幸福人生」之意義。 2.抱持宇宙係由物質組合而成的世界觀。 3.伊比鳩魯的倫理學被稱為快樂主義，主張「快樂即幸福之所在」。 4.追求幸福的方法在於節制地追求滿足與保持身心平靜。 5.重視個人自由，否認宗教靈魂觀念。 6.設立花園（Gardens）學校。
斯多葛學派 (Stoicism)	1.創始者為芝諾，比喻哲學像雞蛋，邏輯學是蛋殼，自然哲學是蛋白，倫理學是蛋黃。 2.決定論之世界觀。 3.幸福生活即自然生活。 4.克制情慾，以理性追求至善，理性支配的生活是最佳生活方式。 5.知識就是智慧，智慧就是最高的道德。 6.設立「學府」(Stoa)。

四 羅馬教育

(一)羅馬教育特色

1.**重視家庭教育，父親為教師**，兒童可透過家庭教育進行社會化。

2.兒童教育主要教材為十二銅表法。

3.學校盛行體罰。

4.偏重修辭學與演講術的傳授，重視實用價值。

5.學徒式的職業教育，並重視實用教育。

6.羅馬**七藝：文法、修辭、邏輯、幾何、天文、音樂、算術**。

(二)希羅文化之交流

1.**希臘文教對羅馬之影響**：

　(1)**荷馬**史詩取代十二銅表法。

　(2)羅馬學者紛紛學習希臘學術文化。

2.**希臘文教遭受羅馬人的反對**：

　(1)反對希臘的修辭辯說術：主要反對者為大加圖（M. P. Cato）。

　(2)反對不具實用價值的活動，例如：舞蹈。

　(3)排斥「快樂主義」。

3.**羅馬文教希臘化的結果**：

　(1)**文法**及**修辭教育**受到重視。

　(2)**雙語教育**成為主流。

(三)羅馬教育思想家

代表學者	重要主張
西塞洛 (Cicero)	1.羅馬人，斯多葛派的雄辯哲學家，定義雄辯家是「精於說話而又善良之人」，且通曉百科知識。 2.教育目的在於為社會培養適用人才，即品德良好的雄辯家。 3.教育內容應重視歷史，並關切社會問題。 4.教育方法主張透過適性教育，促進理性及德性發展

代表學者	重要主張
坤體良 (Quintilian)	1.西班牙人，雄辯教育家，所著《雄辯教育》是史上第一本完全討論教育的著作。 2.教育目的即在培養雄辯家，認為雄辯家是精於口才的善良之士。 3.實施希臘文與拉丁文並重的「雙語教學」，且應先學外語（希臘）再學母語（拉丁）。 4.重視兒童教育，認為學校教育優於家庭教育。 5.學生精通百科知識，尤重文法、音樂、幾何、體育。 6.重視師資素質，初等教師應是所有學校中最優秀者。 7.改善教學方法： 　(1)注重學習動機。 　(2)教師應嚴而不厲，和藹但不隨便，並靈活使用教學法。 　(3)承認個別差異，因材施教，兼具私人教育之優點。 　(4)禁用體罰。
辛尼加 (Seneca)	1.斯多葛學派之學者，幸福生活的來源為心靈的寧靜、沉著與節制。 2.教育目的應是「為生活而學習」。 3.重視修辭與雄辯。
普魯塔克 (Plutarch)	1.完美的教育應考慮天分、教學與練習。 2.強調家庭教育的重要性，主張家長應以兒童的立場衡量兒童。 3.注重教師能力，重視學習動機。 4.影響文藝復興運動、後自由主義及浪漫主義的發展。

五　西洋中世紀的教育活動

(一)在基督教早期的教育活動中，七藝之分類：

前三藝 ── 文法 ── 修辭 ── 辯證

後四藝 ── 算術 ── 幾何 ── 天文 ── 音樂

(二)基督教的教育蘊義

1.為來世生活作準備的教育目的。

2.**聖經**是所有教育活動的經典與準則。

3.原罪的觀念深植於基督教教徒的內心，**賦予體罰正當性**。

4.著重個人心靈的淨化，忽視個人身體需求的滿足。

(三)基督教的教育活動

教義問答學校	寺院	教區學校
1.設立目的： 　(1)讓大眾了解基督教教義。 　(2)感化異教徒。 　(3)培養教會領導人士。 2.依學生程度分為兩級： 　(1)初級教義問答學校。 　(2)高級教義問答學校。	1.創始者：聖本鐸。 2.教士必須「安貧」、「服從」、「貞潔」，每天工作至少7小時。 3.影響： 　(1)抄寫室成為之後的圖書館。 　(2)中世紀的教學中心。 　(3)傳抄書籍易發生字句錯誤，且教士可能會擅改書籍內容。	1.亦稱為唱遊學校，主要教授初級拉丁語文。 2.偏重記憶的教學方式。 3.使用體罰。 4.忽視體育。

(四)芳濟派及道明派的教學活動

　　1.**芳濟派**：

　　　(1)**柏拉圖**及**奧古斯汀路線**，強調神學理論不可能經由理性加以演繹。

　　　(2)理性功能表現在現象界、個體及經驗中。

　　　(3)重視自然科學。

　　2.**道明派**：

　　　(1)**亞里士多德路線**，主張理性的領域內，人可以自由處理所獲得材料。

　　　(2)在信仰上，必須服從天啟。

　　　(3)感官事實可以用來支持天啟，但仍以神的啟示為依歸。

(五)騎士教育（武士教育）

　　1.**騎士教育過程**：

　　　(1)**侍童**：七歲至十五歲。

　　　(2)**隨從**：十五歲至二十一歲。

　　　(3)**騎士**：隨從通過考驗，至二十一歲始能獲得騎士頭銜。

　　2.**騎士的信條**：

　　　(1)戰爭。　　　(2)宗教。　　　(3)敬愛婦女。

　　3.**騎士教育之特色**：

　　　(1)騎士不重知識教育，而**重生活教育**。

　　　(2)騎士要保衛婦女兒童，富有浪漫熱情風格。

　　　(3)開啟歐洲人「紳士」之培養風氣（其**為英國公學的主要教育目標**），形成西洋教育重要的一環。

(六)中世紀的教育思想家

代表學者	重要主張
奧古斯丁 (Augustine)	1.受Plato先天觀念與Socrates產婆術的影響，認為學習是一種「重新發現」的歷程，需依靠「感官」與「信仰上帝」重獲知識。 2.教父哲學的代表人物，主張保衛基督宗教的正統。 3.在上帝之城一書中，區分「聖史」和「俗史」，「地上之城」與「上帝之城」。 4.反對體罰，教學內容重在瞭解基督教教義。
多瑪斯 (Thomas Aquinas)	1.受Aristotle「潛能性 — 實現性」觀念的影響，認為學習活動就是將個體的理性潛力予以開展實現。 2.經院哲學（士林哲學）代表人物，天使博士，主張對基督教教義進行邏輯論證與概念分析。 3.強調抽象符號的教學。

六 歐洲的中世紀母大學時代

(一)藝徒教育之特色

1.**藝徒制度階段：**

(1)學徒。　　　(2)工頭。　　　(3)師傅。

2.**代表意義：**

(1)在文雅教育長久居優勢以來，**「技藝訓練」受到重視之濫觴**。

(2)著重技藝整體之訓練。

(3)教導學徒**兼重技藝及品德**。

(4)促進**行會組織的設立**。

(二)基爾特（行會組織）之特色

1.積極創辦學校，提升本身子女的受教權利。

2.訂定許多權利義務，對組織會員有約束力。

3.追思禮拜教育的盛行。

(三)教父哲學

1.為宗教信仰找到理性的基礎，使「宗教」成為「神學」。

2.透過三段論演繹，確定基督教教義的不可懷疑性。

3.**「實在性」之爭論：**

(1)**唯實論派**：共相是實在，殊相是幻影。

(2)**唯名論派**：共相是個名稱，殊相才是實在。

(3)**概念論派**：介於二者之中。

4.**教父哲學之影響**：
　　(1)對於「實在性」問題的爭論，成為西洋學術發展的論辯主題。
　　(2)神學研究重鎮巴黎，成為西洋方國家最早成立的中古大學。
(四)**中世紀母大學的成立背景**
　　1.**最早的母大學有三**：巴黎(Paris)、波隆納(Bologna)、沙列諾(Salerno)。
　　2.**中世紀母大學成立的共同因素**：
　　　(1)學者仿行會組織，組成**學者集團**。
　　　(2)均有**著名學者在當地任教**。
　　3.**中世紀母大學成立的個別因素**：
　　　(1)**巴黎大學**（神學大學）：除亞培拉執教當地外，巴黎早就是學者爭辯教父哲學的重鎮。
　　　(2)**波隆納**（法學大學）：當地少受蠻族侵略，保留了古代的羅馬法。
　　　(3)**沙列諾**（醫學大學）：當地少受蠻族侵略，且有名醫在當地行醫。
(五)**中世紀母大學的師生特權**
　　1.遷校自由。
　　2.免役免稅並享司法特權。在大學內受司法審判。
　　3.教授享有參政權及審訂教師資格權。
　　4.獲有大學學位者，擁有到處教學權。
(六)**中世紀母大學的課程、教學及學位**

課程	教學	學位
1.七藝為大學生的必修科。 2.四大學科：文、法、神、醫。	1.辯論。 2.評述。 3.讀課。	學生在學習一段時間後，如果能在重要的辯論場合中維護自己論點，則可以獲得學位。

七　文藝復興時期

(一)西方歷史上有三個以R為開頭的重要名詞，一個是**文藝復興**（Renaissance）、一個是**宗教改革**（Reformation），另一個則是**唯實主義**（Realism）。

(二)文藝復興（Renaissance）的起因及其特徵

起因	特徵	對教育的影響
1.佩脫拉克之提倡。 2.反「中世紀主義」。 3.發現希羅時期古籍。 4.時人的支持與捐助。 5.羅馬為「文藝復興的首都」。	1.入世生活觀，重視俗世生活的價值。 2.價值觀的移轉： 　(1)神本主義→人文主義。 　(2)注重來世→注重今生。 3.強調美的生活價值。 4.「再生」： 　(1)古文學的再生。 　(2)個人的再生。 　(3)理性思想的再生。 5.再生精神的表現方式： 　(1)繪畫。(2)文學之研讀與寫作。 6.以地方語言進行創作：但丁之神曲。	1.宗教改革。 2.產生人文主義教育思想。 3.古文學的研究。 4.教育內容不再侷限於七藝，開始注重體育、藝術、自然科學等教學。 5.人文學校的建立。

(三)人文學校的建立

人文學校	基本要點
法蘭西	1.法蘭西學校，1530年成立，重視古學研究： 　(1)注重三種古典語文（希伯來語文，希臘語文，拉丁語文）之研究。 　(2)開設醫藥、數學等科學課程。 　(3)君主具有審判法蘭西學校師生的權力，是政教分離的象徵。 2.1534年在南法波爾多設立奎恩學校，重視古學研究。
義大利	1.古學研究分為三類：拉丁語文，希臘語文，希伯來語文。 2.**維多利諾**在義大利創設「宮廷學校」： 　(1)學校為快樂之屋。 　(2)注重體育及遊戲活動。 　(3)受**坤體良**的影響，在教學上注重學生的學習動機，並認為良好學校環境是促進學生學習之必要條件。 　(4)宮廷學校重視希臘語文及拉丁語文之雙語學習。
英國	1.建立文法學校：**柯烈**（J. Colet）於1510年創立聖保羅學校，為英國公學之一。 2.英倫的學者及王室皆積極提倡古學研究。 3.1540年設立的「三一學院」（Trinity College）富有人文色彩。
日耳曼	1.**斯徒姆**於1537年接掌的古文學校，重視古學研究。 2.現今德國最重要的中等教育機構。

(四)文藝復興運動所引發的人文主義思潮

人文主義 之特點	1.文復興時期的人文教育思想家，皆曾在義大利接受人文教育。 2.人文學校名稱不一，但性質相近。
人文學者的 教育觀念	1.強調古文學（尤其是拉丁文學）對人生的重要價值。 2.教育目的：強調表達及實用的重要性。 3.教學方法： 　(1)注重記憶，記憶最佳途徑就是朗讀。 　(2)雙重翻譯：學習拉丁語言文字，可經由地方語言的翻譯入手；而學習希臘語文，也可以透過拉丁語文的翻譯。 　(3)布置良好的學習情境，增強學習效果。 　(4)管教不應太過嚴厲。非必要不得使用體罰。 　(5)注意個別差異的事實，以便因材施教。 3.教材方面，七藝中的文法地位大為提高，體育和歷史也頗受重視。
省　思	1.過度追求書本知識，貶低實物及生活經驗的價值。 2.培養具批判性思考的學者： 　(1)維拉。 　(2)伊拉斯莫。 3.產生形式主義（西賽洛主義）。

(五)文藝復興時期的教育思想家

代表學者	重要主張
伊拉斯莫 (Erasmus)	1.主張人性本善，頌揚人文教育的功能。 2.教育目的： 　(1)注重虔誠美德。 　(2)使學生熱愛學習博雅科目。 　(3)履行生活義務 　(4)培養溫文講理的習慣。 　(5)讓青少年具備未來責任 3.構成理想教育的三大因素：天性、訓練、實用練習。 4.施教時應以學生天賦為考量起點，反對體罰，注重學習趣味化。 5.主張應統一語言、教會、文化，統一歐洲。
維吉瑞奧 (Vergerio)	1.提倡博雅教育，為文藝復興時期第一位提出新教育看法的學者。 2.重視體育、自然教育之價值。
莫爾 (More)	1.著《烏托邦》，教育理念與Plato的《共和國》相似。 2.不同之處在於莫爾的教育有平民化的傾向，不同於Plato的菁英教育。

八　宗教改革與教育

(一)宗教改革的原因

　　1.教會分裂。

　　2.教皇與帝王產生權力衝突。

　　3.禁止教士及一般民眾研讀聖經。

　　4.教會人士生活墮落，一般平民生活窮苦。

(二)舊教的實際教育措施

小學校	耶穌社	兄弟會
1.創辦人是詹森，神學觀念源於奧古斯汀，主張禁欲及嚴肅。 2.人性本惡。 3.教育對象為社會中上階層，注重法語教學。 4.在教學上，強調懷疑、了解與想像。 5.反對耶穌社的教學主張。	1.耶穌社領導者稱「將軍」，階級分明。 2.設「初級學府」及「高級學府」。 3.在教材方面：在神學方面，以聖多瑪斯為依歸；哲學教材採亞里斯多德觀點，但須經過教會過濾；在文雅科目上，則取西塞洛之主張。 4.在教法上面，主張教師講解課文、學生定期複習、重視記憶、變化教學方式。 5.班級經營方面，實施「偵察制度」。 6.獨創兼重理論與實際的師資培育方式。	1.教育對象是貧家子弟及技藝工人，實施免費教學。 2.教育重點在於基本宗教知識灌輸上，注重讀、寫、算等基本能力的培養。 3.以法語進行教學，教學情境要嚴肅安靜。 4.所有同級學生都接受同樣的教學。

(三)新教的教育主張

　　1.**人性本惡**。

　　2.每個人都需識字，以研讀聖經。

　　3.普及教育及國語教學方式。

　　4.導致民族國家教育的產生。

(四)新教的實際教育措施

日耳曼地區	喀爾文派	英國國教
1.布肯哈根(J. Bugenhagen)的國民教育推廣活動。 2.梅蘭遜的教育活動。	1.成立「日內瓦學院」。 2.英倫清教徒。 3.長老教會。	1.政治意味大於宗教意味。 2.國家沒收寺院及教會的財產，將經費用來建立文法學校。 3.教會以英語傳布教義，聖經為英文版本。 4.1699年成立「基督教知識促進會」(SPCK)、1701年成立「海外福音宣揚社」(SPG)，目的皆是為了宣傳教義。

(五)馬丁路德（M. Luther,1483~1546）的教育主張

1.**人性本惡**，有賴教育感化，且透過教育可以健全心靈。

2.對當時學校教育之批評：

(1)學校像與世隔絕的監獄。

(2)學校教學方法枯燥刻板。

3.**普及教育之主張：**

(1)1524年發表「為建立基督學校致日耳曼所有市長及長老書」：要求建立一種免費且不受任何入學限制的學校體系。

(2)1530年發表「論家長有遣送子弟入學之義務」。

4.強調教師地位的重要性。

(六)喀爾文（J. Calvin,1509~1564）的教育主張

1.教育有助個人、社會及教會持續改進。

2.重視文雅科目的學習。

3.創設日內瓦學院。

4.**人性本惡**，故人類需要教育。

九 唯實主義與教育

(一)各派唯實主義（唯實論）之教育主張

人文唯實論	社會唯實論	感覺唯實論
1. 強調語言文字的重要性。 2. 由閱讀前人古籍來認知生活世界。 3. 注重各地方言的實用價值。	1. 個人能妥善面對及處理社會生活問題。 2. 社會即學校，生活即教育。 3. 注重實用教育。 4. 重視旅行教育，因為旅行能培養判斷力及獲得知識。 5. 反對體罰。 6. 強調衛生教育。	1. 以「感官」作為吸收真實知識的基礎，強調直觀教學。 2. 主張「自然教學法」(Natural Method)，重視感官經驗的歸納法。 3. 重要教學原則： (1)教學應重視相關概念之間的聯繫性。 (2)由易而難，由簡單至複雜，由具體到抽象，整體先於細節，一般先於特殊。 (3)彰顯科學精神，從歸納及經驗法則來獲取知識。 (4)反對使用體罰。 (5)重視體育及母語教學。

(二)唯實論對教育的直接影響

1. **科學研究機構**紛紛設立。
2. **哈列大學**的成立。
3. **唯實學校**（實科學校、學苑）的設立，為中學性質。
4. **國語小學**紛紛設立。
5. **弗蘭開教育機構**之建立。
6. **法蘭克學院**成立，為西方第一個教師培訓之學校組織。
7. 歐洲學校**雙軌制**成型。

(三)唯實論之教育思想

代表學者	重要主張
威夫斯 (Vives)	1. 教師應由國家支付教學薪水。 2. 反對中世紀教育與西塞洛主義，提倡實用教育。 3. 教師必須具備研究學生心理的能力知識。 4. 強調感官經驗對知識的重要性，以及地方語言的實用價值。 5. 強調學校教育的重要性（同坤體良），重視學校環境的清潔衛生。 6. 學習的途徑乃是由感官到想像，然後才到達心靈。

代表學者	重要主張
拉伯雷 （Rabelais）	1. 重要著作《父與子》，批評中世紀教育之教育弊病。 2. 強調教學歷程需與大自然結合，重視旅行教育與健康教育。 3. 注重宗教信仰、品德與身體保健。 4. 提倡全人教育的教學信念。
孟登 （Montaigne）	1. 亦翻譯為蒙泰登，曾引用Seneca，表達自己的思想主張：「只要心中知，文字自然出」。 2. 教育目的是讓學生成為自己的主人，亦即要具有自我判斷能力。 3. 學習應以「懷疑」為中心。 4. 提倡旅行教育。 5. 重視感官經驗，主張活用知識的實用教育。
培根 （F.Bacon）	1. 「知識即是力量」。 2. 螞蟻的學習方法，只是堆積資料；蜘蛛結網的學習方法，只是空想。學習應如「蜜蜂」，在外有所選擇的採集花粉，經過自己的內在消化與製造，再釀出蜂蜜（知識）。 3. 消除知識上的「四種偶像（idols）」障礙： 　(1)種族偶像：來自於「自我中心主義」。 　(2)洞穴偶像：以自己內心的特殊印象或部分表象，扭曲全貌。 　(3)市場偶像：用語中的混淆、曖昧，所引起的誤會。 　(4)劇場偶像：哲學教條或系統學說所引起的謬誤。 4. 知識如同一棵樹，記憶、理性、想像為知識樹的三大枝幹。 5. 演繹法與歸納法的比較：

工具	新工具
亞里斯多德	培根
演繹法：就既有信念推演。	**歸納法**：從觀察，將經驗事實歸成結論，發現新知識。
強調形式（三段論式），形成文字主義。	注重內容，不強調形式。
模仿自然。	瞭解自然、征服自然。

代表學者	重要主張
笛卡兒 （Decartes）	1.為第一個現代化的哲學家，提出「我思故我在」。 2.師生應勇於懷疑、精於批判。 3.懷疑態度和推理方法，主張演繹法。 4.重視數學，視為理性之光。 5.強調教育應提供學生發現自我，感覺並認知自我存在的思想家。

康米紐斯
（J. A. Comenius）
	1.西洋教育史上第一本有圖畫的教科書《世界圖解》（Orbis Pictus），主張泛智主義。
	2.提倡全民終生教育，是教育史上第一位明確指出「系統性學校制度」的教育學者。
	3.藉由國際性教育組織推動環球普及教育的構想，影響聯合國教科文組織之成立。
	4.提出六年為一階段的教育計畫，將一生的教育分為七個階段（七個學校）：
	  (1)出生學校（0~1歲）：注重胎教。
	  (2)母親學校（1~6歲）：母親即教師，家庭即學校，喻之為「春」。
	  (3)國語學校：七到十二歲的「全民」，一律接受國語學校的教育，喻之為「夏」。
	  (4)拉丁學校：教育對象為十三到十八歲時期的學生，側重七藝教學及判斷力培養，喻之為「秋」。
	  (5)大學：教育對象為十九到二十四歲的青年，但僅讓「精選的優秀份子」入學，喻之為「冬」。
	  (6)最後2個階段的教育，未做說明。
	5.教學原則：
	  (1)先母語，後外語的教學策略。
	  (2)由易而難，由簡單至複雜，由具體到抽象，一般先於特殊，重視實物教學。
	  (3)採蘇格拉底的「產婆術」，認為人性本善，教育應提供個人潛力「開展」的環境。
	6.在《大教授學》（The Great Didactic）提出教學方法：
	  (1)提倡教師地位的重要性。
	  (2)強調實物教學與感官經驗。
	  (3)反對體罰，強調快樂的學習經驗。
	  (4)大班教學，採「班長制」→為英國蘭卡斯特、貝爾所採用。

✚ 啟蒙運動與教育

(一)啟蒙運動的教育思想家共通點

　　1.以「**社會進步**」為追求目標，人類可藉由理性獲得真理（伏爾泰）。

　　2.**百科全書的知識觀點**，三權分立的政治論點。

　　3.攻擊權威、打破傳統、破除迷信。

　　4.在心理學上，主張**觀念與感覺的聯合論**。

　　5.在宗教上，提倡虔誠主義。

　　6.重視**大眾教育**及**自然教育**。

　　7.強調「現代性」（modernity），認為經濟成長和政治自主都是人類理性啟蒙的成果。

(二)**富蘭克林（Franklin）的教育主張**

　　1.倡導**實用性品德**，強調學習落實於實際行動之中。

　　2.重視科學實驗，以此培養誠實、虛心、寬容美德。

　　3.成立學術研究團體，研究百科知識，並成立公共圖書館。

　　4.成立「**學苑（Academy）**」，呼應歐洲唯實論思潮引發的唯實論學校運動。

　　5.注重社會教育。

(三)**傑佛遜（Jefferson）的教育主張**

　　1.提倡共和政體，**政教分離成為美國政治及教育之原則。**

　　2.倡導學術與宗教自由。

　　3.提倡普及教育。

　　4.**美國教育總統。**

(四)**洛克（Locke）的教育主張**

哲學思想	1.「經驗主義」知識論，一切知識都來自經驗。 2.人性如「白紙」，「染於蒼則蒼，染於黃則黃」，一切都是環境的影響。 3.教育過程是由外而內的灌注。
教育學說	1.著有《教育論叢》一書，教育目的為「寬嚴並濟，恩威並重」。 2.德是最高的教育目標，限制自由與約束衝動，是德的最高表現。 3.道德教育主張「依理行事」、「以理培德」。 4.重視體育的價值，要學生過自然生活。 5.智育： 　(1)提倡紳士的基本教育（貴族的教育）。 　(2)感官實物教學。 　(3)語言學習要不斷練習，而非只是熟記文法或修辭規則。

(五)盧梭（Rousseau）的教育主張

　1.哲學思想：

　　(1)**西方教育史上的哥白尼**。

　　(2)自然就是善，**人性本善**。

　　(3)社會契約說。

　　(4)**自然主義**，「出自造物主之手的東西都是好的，一經人手就全變壞了」。

　2.**教育學說**：

　　(1)自然教育就是**消極教育**，要解除成人賦予兒童的束縛，要瞭解兒童的自然天性，順其自然是教育的最高指導原則。

　　(2)自然教育就是**實物教學**，尊重學童價值。

　　(3)**自然懲罰說**，強調自然制裁的功能。

　　(4)**去除形式作風**，強調教育的重心是兒童。

　　(5)主張**男女教育應有所區別**，女子教育以服從、迎合男子為主，充滿性別不平權教育特質。

　3.**愛彌兒的教育構想**：

核心精神	人的教育來自三種途徑，分別是來自於人、自然及事物
教育階段	1.嬰兒期（出生至2歲）。 2.兒童期（3歲至12歲）：「理性睡覺期」。 3.青年前期（12歲至15歲）。 4.青年期（15歲至20歲）。 5.女子教育：男女教育內容不同，女子應以三從四德為座右銘。 6.國家教育：重視鄉土教育。

　4.**自然主義的相關概念**：

　　(1)係對於中世紀基督教教育及文藝復興重視希羅文學的教育之反動思潮。

　　(2)強調以**兒童為教育的中心**，重視兒童的個性差異與自然發展，以充分開展兒童能力。

　　(3)課程設計係立基於兒童的需要。

　　(4)限制則在於容易忽略社會實用價值。

十一 十九世紀的教育思想家

(一)十九世紀的重要思潮

1. **工業主義**：提高科學教育的價值，重視職業教育。
2. **資本主義**：教育具備經濟功能。
3. **民族主義**：強調民族認同、提升民族文化優越感。
4. **自由主義**：重視個人自由，追求大眾的最大幸福。
5. **社會主義**：強調社會集體意識的培養。
6. **民主主義**：自由、自主及獨立為普世價值。

(二)代表學者

代表學者	重要主張
裴斯塔洛齊 (Pestalozzi)	1.「平民教育之父」。以無窮無盡的「教育愛」來教育學生。 2.貧民教育就是平民教育，在新莊（New holf）建立貧民學校，倡導勞動教育，並收容貧苦兒童。 3.首開心理學的「兒童研究」，奠定教育心理化的基礎。 4.主張立基於實物觀察的感官教學（直觀教學）原則，作為開展兒童內在潛能的重要依據。 5.人性發展三階段： 　(1)生物的原始階段（兒童期）：自然我。 　(2)社會階段（青少年期）：社會我。 　(3)道德自由階段（成年期）：道德我。
福祿貝爾 (Froebel)	1.「幼稚教育之父」，萬物統一於神性中，教育就是讓人所具有的內在神性予以外在化的過程。 2.「教育之道無他，唯愛與榜樣而已」。 3.遊戲是「內在生活及活動的獨立外在表現」，且是強化力量最良好的「心靈洗澡」。 4.恩物（gifts）： 　(1)球：提供「連繫法則」的最佳恩物。 　(2)方形、菱形及立體圖形：提供「對立法則」的恩物。 　(3)寵物：喜愛並善待小動物，本是兒童天性。 　(4)自然景觀：投身於自然界，等於投入了上帝的懷抱。 5.教學主張： 　(1)心靈的自我活動（教學第一原則）。 　(2)教育即自我實現。 　(3)強調遊戲的價值。 　(4)學生主動參與學習。 　(5)透過手工活動，可以激發兒童內在神秘的創造力。

代表學者	重要主張
赫爾巴特 (Herbart)	1.「教育學之父」，西元1806年出版《教育學》，並將教育變成大學中的一門「學科」，係第一位將教育學科學化的學者。 2.教育學的基礎： 　(1)倫理學：教育目的的研究，屬應然面。 　(2)心理學：教育方法的研究，屬實然面。 3.教育有理論與實踐的部分，教育目的就是倫理規範的實踐。 4.心理學建立在經驗之上，但經驗來自於觀察，而非實驗。 5.興趣是學習的主要條件，可引導學習者進行學習，分為經驗的、思辨的、審美的、同情的、社會的及宗教的興趣。 6.個人必須具備五種觀念，以達成道德實踐： 　(1)內在自由的觀念。 　(2)完美的觀念。 　(3)善意的觀念。 　(4)權利的觀念。 　(5)平等的觀念。 7.系統教學法： 　(1)赫爾巴特提出明晰、聯合、系統、方法四步驟。 　(2)其弟子Ziller改良為「五段教學法」：準備、提示、比較、總括、應用。
曼恩 (Mann)	1.「美國國民教育之父」，1837年擔任麻州教育董事會首屆祕書長。 2.注重師資培育，1839年於麻州Lexington成立第一所師範學校。 3.積極普及國民教育，認為國民教育優先於高等教育。 4.教育以人道主義為中心，實踐裴斯塔洛齊的教育愛精神。 5.基於經濟實用與社會性理由，採用班級團體教學。 6.教育需保持「中立性」： 　(1)學校公有性質，不屬於任何宗教。 　(2)男女合校，鼓勵婦女當教師。 　(3)黑人及白人共同入學。
米爾 (Mill)	1.大學教育旨在培養有能力且有教養的人，非職業訓練所。 2.自學為大學教育的精神，且注重學術自由。 3.「功利主義」：幸福大小、苦樂有「質」、「量」之分；幸福即善，痛苦即惡。

代表學者	重要主張
斯賓塞 （Spencer）	1.「生活預備說」教育目的，「教育的目的，在於為個人將來過圓滿或完美生活的準備」。 2.以科學為主的課程來完成「完全幸福生活」。 3.主張自然懲罰說。 4.科學的「知識」價值（由高而低）： 　(1)與自我生存直接有關的活動：主張返回自然。 　(2)與自我生存間接有關的活動。 　(3)養育子女的教育。 　(4)參與社會與政治的活動。 　(5)休閒生活教育活動。
愛默生 (Emerson)	1.孩童需要敬重，但非放縱，應以愛心、耐心教導。 2.應從自然中得到學習。 3.重視學生的自我發展。 4.偏愛個別式的啟發思考教育。
巴納 (Barnard)	1.曾擔任美國中央聯邦政府教育部的首任教育總長。 2.編撰《美國教育雜誌》，成為美國史上最早也最具影響力的刊物。 3.首先提及校園環境的潛在教育價值。
奧文 (Owen)	1.環境萬能說。 2.順應自然，不重人為獎懲。 3.思想受到功利主義與幸福主義的影響，以多數人的最大幸福為終極目的。 4.以實用知識做為教育的重點，強調以理性為基礎的教育愛。
黑格爾 (Hegel)	在哲學上提出「正、反、合」辯證，認為世上之一切事物都在此辯證法之下發展。

十二　二十世紀的教育思想家

代表學者	重要主張
杜威 (Dewey)	1.思想背景 　(1)實用主義及實驗主義之代表學者。 　(2)〈民主與教育〉為其教育哲學名著。 　(3)影響進步教育運動。 2.教育主張 　(1)教育知識是變動實用的，以解決問題為目的。 　(2)「教育即生活」，教育是經驗累積、轉換、創造的連續歷程。 　(3)「做中學」的教學觀，學校教育應以「學校社會化」為指引方針。 　(4)主張反省性教學，且民主精神應融入於教學歷程。 　(5)教師教學應重視學生興趣及能力，落實以學生為中心的教學信念。
蒙特梭利 (Montessori)	1.生平背景 　(1)義大利女性教育家，羅馬第一位獲得醫學博士的女性教育學者。 　(2)利用醫學知識的基礎，進行兒童研究。 　(3)提倡科學教育，主張兒童中心的教育觀，認為自由是兒童教 　　育的象徵。 2.教育主張 　(1)教育目的為使兒童成為自己的主人，且教師應擔任兒童學習 　　經驗的協助者。 　(2)注重學生個性發展，強調適性教學與感官教學，並設計教具 　　輔助教學。 　(3)重視兒童自尊心，強調自由與自主學習的原則。 　(4)課程內容有四類： 　　A.動作教育　　　B.感覺教育 　　C.語文教育　　　D.學科教育。
尼采 (Nietzsche)	1.超人論的教育目的 　(1)主張主體應該超越人的本質與理性，以充分展現自我價值。 　(2)形成超人的動力在於「權力意志」，透過不斷的自我否定， 　　重新塑造自我價值。 2.教育理念 　(1)反對平頭式的教育平等，排斥集體化的教育作為。 　(2)個人的意識與知識都是非客觀性的，並且要重新彰顯個人在 　　教育中的價值。 　(3)教育要促使主體時時反省自我與超越自我。 　(4)主張菁英教育，屬於極端的個人主義者。 　(5)「不是學生適應學校，而是學校適應學生」。

代表學者	重要主張
懷海德 (Whitehead)	1.教育主張 (1)主張教育歷程在於使學生學會活用知識。 (2)學生應在生活情境中體驗各種經驗，以獲得生活的一般知識概念。 (3)「教育應該始於研究，且應該終於研究」。 2.教育節奏論 (1)浪漫時期（兒童期）：學生藉由好奇心的內在動機，探索自然生活環境中的一切事物，獲得精神與身體的成長。 (2)精確時期（青春期）：學生可以對客觀事物做出精確的分析，並學習文法與科學知識。 (3)一般化時期（青春期之後）：學生具備綜合能力，可以追尋現象的本質意義。
斯普朗格 (Spranger)	1.文化主義的代表學者，創見了文化教育學。 2.斯普朗格在其名著「人生之形式」中提出六種價值類型，來作為人格類型的理論基礎，分別為： (1)理論型：追求真。 (2)社會型：追求愛。 (3)政治型：追求權。 (4)宗教型：追求聖。 (5)藝術型：追求美。 (6)經濟型：追求利。 3.教育愛之要義：教育是基於對他人的精神施予心靈之愛的歷程，能夠使他人的全體價值受容性及價值形成能力從個人內部發展出來。 教育活動是一種精神的施予之愛，是一種文化創造之愛，其對象不是一個特定而完美的對象，而是一個由不好到好，由好到更好的價值創造歷程。 教育愛是人性創造的文化，透過教育愛的陶冶，能使個體成為一個文化人。 4.認為教育的主要任務在於研究文化與教育的相互依存關係，並主張從文化社會（Cultural Society）當中精選文化教材，建構教育基本原理及作為學校課程教材發展依據。

自我評量

一、人文主義的意義為何？並請說明此思想在西洋教育史演進的情形。【90年普考】

二、美國教育家杜威（John Dewey, 1859～1952）提倡「做中學」（learning by doing），何謂「做中學」？您如何將「做中學」的理念與精神落實在教育行政工作上？請提出具體的相關作法？【94年普考】

三、請分別從「道德教育的基礎」、「知識教育的方針」與「理想人格的標準」等三個層面，比較中西教育思想的異同。【97年普考】

四、斯賓塞（H. Spencer）認為「教育是生活的準備」，杜威（J. Dewey）認為「教育是生活的參與」，試舉例說明此兩項觀點之不同論據，並略述一己看法。【99年地方四等特考】

重點試題解析範例

一、何謂人文主義思想？如何融入教育工作中？【91年地方四等特考】

答：人文主義為西方重要之教育思潮，茲依題意說明如下：

(一)人文主義之意義

1. 人文主義係指以人為中心，重視人的存在意義與價值的一種哲學體系。

2. 人文主義的思想源於希臘三哲，當時所抱持的知識觀即是以人為主要探討的對象。到了希羅時期，由著名的坤體良與西塞洛等人，將人文主義的內涵轉移到文字形質之美，教導人應去追求文學的價值。

3. 歷經中古世紀的宗教哲學時期之沉澱，在14世紀，由Colet、Strum等人，追求人的價值再生、古文再生，創造了重視今世價值的文藝復興時期。

4. 而後到了18世紀後，由賀欽斯與黑格爾等人，開創了新人文主義，重視希臘文學的研究與博雅精神的傳承。

5. 到了當代，著名哲學家Dewey等人，所強調的進步主義教育哲學，也富含了人文主義的精神。

(二)人文主義思想融入教育工作之可行途徑：

1. 教師本身應培養以學生為主體的教育信念。

2. 就教育目的而言，應主張培養能為自己行為負責的整全主體。

3. 在課程安排上，應重視學生的生活經驗脈絡，並且營造「I-Thou」的師生關係。

4. 教師應扮演學生的輔導者，使學生則應具備主動學習的能力。

5. 應採取多元評量方式，給予學生適性回饋，使學生獲得知、情、意、行合一的全人發展。

參考書目： 林玉体（2005），西洋教育史，三民。

　　　　　黃光雄（1998），西洋教育思想史研究，師苑。

　　　　　教育圓夢網（2013），94至102年教育行政高普特考解析，教育圓夢網。

二、試說明日據時代臺灣的師範教育，並闡述國民政府來台後師資培育制度的演進。【99年普考】

答：隨著時代演進，我國師資培育制度也有許多變遷，茲依題意說明如下：

(一)日據時代的臺灣師範教育

1. 在日據時代，西元1896年，成立國語學校，並設立師範部，以培養師資，此為臺灣正式師範教育之濫觴。

2. 師範部之招收學生為日本人，之後，又增設台語科（日本人）與國語科（臺灣人）。

3. 1899年開始增設師範學校，但是學生多為日本人。

4. 當時的師範教育目的在於推動皇民化的同化教育，視為一切教育制度之基礎。

(二)國民政府來台後，師資培育制度之演進

1. 民國68年公布實施師範教育法，確立「封閉式」、「公費制度」、「一元化」、「計畫式」的師資培育制度。

2. 民國83年公告實施師資培育法，確立「師資培育以自費為主」、「師資培育管道多元化」、「儲備制」的師資培育。

3. 民國93年至民國94年，師資培育法多達六次的修正，除仍彰顯「師資培育以自費為主」、「師資培育管道多元化」之精神外，更符應國際潮流，增加設置師資培育審議機構，並實施教師資格檢定、進行半年制的教育實習、中小學師資培育合流、設立實習與就業輔導專責單位等。

參考書目：吳文星（1983），日據時期台灣師範教育之研究，國立台灣師範大學歷史研究所碩士論文，未出版，台北。

伍振鷟（民91），師資培育的政策與檢討，發表於教育研究的實務與對話：回顧與展望，國立臺灣師範大學。

蔡炳坤（民91），我國師資培育的過去、現在與未來，現代教育論壇，6，318-332。

艾育（2013），教育專業科目通關寶典，千華。

第**3**章　社會與教育

頻出度 B：依出題頻率分為：A 頻率高、B 頻率中、C 頻率低

各考試出題排行榜　原民四等　身障四等
　　　　　　　　　　地方四等　　　　　　普考

 重點一　教育社會學導論

一　教育社會學之意義

(一)連結教育學與社會學的邊際性學科。
(二)研究教育與社會之間交互關係之科學。
(三)兼具理論價值與應用價值。

二　教育社會學的研究內容

微觀分析	1.學校組織及學校文化。 2.班級社會體系。 3.教學社會學。
鉅觀分析	1.社會階級及教育。 2.社會流動及教育。 3.社會變遷及教育。
其　他	1.青少年文化。 2.重要教育政策分析（十二年國教、教育優先區等）。 3.教育與社會之關係（社區與學校、社會制度及教育等）。

三　教育社會學之發展

規範性的教育社會學 (Educational Sociology)	驗證性／新興教育社會學(Sociology of Education)	新的教育社會學 ("New" Sociology of Education)
1.時間：1900-1940。 2.代表學者：華德(Ward)、涂爾幹(Durkheim)、韋伯(Weber)、華勒(Waller)等。 3.特色及主張： 　(1)教育是促進個人社會化的歷程。 　(2)注重哲學思辯取向的規範性研究。 　(3)強調解決教育問題的應用性。	1.時間：1940-1960 2.代表學者：葛樂士(Gross)，班克斯(Banks)等。 3.特色及主張： 　(1)關注教育組織與制度的社會學分析。 　(2)注重實證取向的教育社會學研究。	1.時間：1970至今。 2.代表學者：楊格(Young)、馬克斯(Marx)、艾波(Apple)等。 3.特色及主張： 　(1)批判性的、詮釋派、現象學的、微觀的。 　(2)質疑教育機會並不均等。 　(3)將課程視為教育社會學研究的優先課題。

 重點二　教育社會學主要理論

一　和諧論（結構功能論）

(一)**代表學者**：涂爾幹（E. Durkheim）、帕森思（T. Parsons）、墨頓（R. K. Merton）等。

(二)**特色及主張**

　1.特色包括：**整合、穩定、結構、功能**及**共識**等。

　2.教育的目的在使個人**社會化**及**個性化**。

　3.學校的功能為**社會化**及**選擇**，學校是價值觀達成共識的場所，培養學生具有共同的信念與價值觀；例如：學校試探學生性向與能力，並輔導其進入不同升學進 。

　4.社會體系中每個人應善盡其角色義務，制度之功能即可充分發揮，社會亦能穩定發展。

　5.教室中師生的互動關係是建立在穩固的基礎上，以求得和諧關係的發展。

二 衝突論

(一)**代表學者**：馬克斯（Marx）、達連德夫（Dahrendorf）、包爾斯（S. Bowles）、金蒂斯（H. Gintis）、布迪爾（P. Bourdieu）、吉諾（H. Giroux）、艾波（M. Apple）、威里斯（P. Willis）等。

(二)**特色及主張**

　1.特色包括：**變革、對立、衝突、再製、疏離**及**強制**等。

　2.教育為**社會再製、文化再製、文化創生**及**霸權再製**的重要機制。

　3.關注教育過程中的階級意識。

　4.強調「**社會變遷及強制的普遍性**」為主要觀點。

　5.教育是社會再製與文化再製的合法化機制，而課程與教學中亦充滿不當的意識型態。

三 解釋論

(一)**代表學者**：楊格（Young）、伯恩斯坦（Bernstein）等。

(二)**特色及主張**：

　1.**微觀、非實證、意義詮釋、互動、磋商**及**主觀性**等。

　2.研究範圍包括班級社會學與知識社會學。

　3.主要理論基礎為**現象學、象徵互動論、知識社會學、俗民方法論**及**批判理論**等。

　4.解釋論的社會學又稱為**微觀社會學**，特別關注人與人之間互動情形與本質意義。

重點三　教育與社會變遷

一 社會變遷的基本概念

(一)**社會變遷**

　1.社會變遷是指社會生活方式或社會關係體系的變化，不涉及價值判斷。

　2.教育常為社會變遷的條件，「變遷」不等於「進步」，不等於「進化」。

3.「現代化」涵括「西方化」、「工業化」、「經濟效率的提升」、「都市化」、「科技進步」等概念，涵蓋了各種變遷。

4.社會學者博蘭坦因（Ballantine）認為社會變遷有四個層次，分別為文化層次、制度層次、組織層次與個人層次，其中牽涉到「社會態度與價值的改變」的是文化層次。

(二)社會化

1.社會化係指為讓個人在某一特定社會中發展自我觀念與學習該社會的生活方式，使其能履行社會角色之歷程。

2.換言之，其亦是社會影響個人，個人吸收社會文化價值，個人行為在社會因素下改變的歷程。

3.**社會化與教育的關係：**

(1)正式教育為社會化歷程的一部分。

(2)正式教育的實施受社會化過程的影響。

(3)社會化過程依賴正式教育的力量。

二 社會階層的基本概念

(一)社會階層

1.**社會階層**係指在一個社會之中，每個人因不同的學歷、聲望、影響力、權力等，形成高低不等的社會等級狀態。

2.**社會階層化**係指個人根據能力的強弱或出身的門第，而形成特定社會階層的歷程或現象。

3.**社會階層化對教育產生影響之中介因素：**

(1)物質條件及價值觀念。

(2)教育態度及語言型態。

(3)智力因素及成就動機。

(4)學習環境及教養方式。

4.**柏恩斯坦（B. Bernstein）**主張因為社會階層不同，使用語言類型也不同，因而發展出不同的認知結構；其中，「**精密型**」語言屬於社會中高階級的語言型態，「**抑制型**」語言屬於社會勞工階級的語言型態

(二)**社會流動**

1.教育有促進社會流動的功能，**社會流動**是指在社會階層體系中，各階層之間的成員改變階層位置的過程，亦即指的是「**社會中各階級間的流動**」。

2.社會流動之類型：

(1)**水平流動**：係指即使個人的職業改變，但是所屬的社會階層並不會改變，印度的種姓制度就是一種典型的水平性社會流動。

(2)**垂直流動**：在不同等級的社會階層中向上流動或向下流動。

(3)**代內流動**：一個人一生中社會階層的變動。

(4)**代間流動**：不同世代間的社會階層之變動比較。

(5)**競爭性流動**（美國）：個人社會階層的高低，係決定於個人的努力。

(6)**贊助式流動**（英國）：個人社會階層的高低，係源自個人出生而擁有的社會地位。

(7)**個人及群體之社會流動**。

3.現代社會的社會流動呈現**獲致性**（achieved）屬性。

4.**功績主義社會**係指以學業成就為基礎，使個人獲得社會領導地位的制度，促使個人的學歷最具價值，換言之，每個人都有公平機會去爭取自己在社會階層中應有的位置。

(三)**教育機會均等**

1.許多研究教育機會均等的人所經常引用的格言「**社會的不平等是萬惡之源，但也是眾善之門**」係Kant的名言。

2.**教育機會均等**係指每個人接受教育的機會、接觸的學習內容、所處的教育情境之均等。

3.消極方式為取消對學生就學機會的種種限制（性別、族群、宗教等），積極方式則透過補償教育、教育優先區等，促進立足點的平等。

4.公平概念：

(1)**水平公平**：具同等地位的人接受同等對待。

(2)**垂直公平**（積極的差別待遇）：不具同等地位的人接受不同對待。

5.美國**柯爾曼**（Coleman）**報告**指出影響學童學業成就的關鍵因素是**家庭社經地位**。

6.為實踐教育機會均等的理想而實施「**積極性差別待遇**」的教育政策包括：教育優先區、實施特殊教育。

7.促進教育機會均等的策略：

(1)延長國民教育年限。

(2)推展全面性的特殊教育。

(3)提供公平合理的入學管道。

重點四　教育與社會制度

一　教育及性別

(一)性別（gender）之概念

　　1.「**性**」（sex）是生物學的概念，「**性別**」則是社會學的概念。

　　2.「**性別**」是一種社會建構的結果，是一種社會化的現象。

　　3.「**性別階層化**」係以生物「性」為其社會「性別」地位的基礎。

(二)教育歷程中常見的性別偏見

　　1.教科書中的性別偏見、性別刻板印象等。

　　2.教育環境之安排。

　　3.教師教學行為的偏見。

二　教育及族群

(一)族群之概念

　　1.「**種族**」（race）係屬於人類學上的分類概念，族群則有多數族群及少
　　　數族群之分。

　　2.「**偏見**」是對其他族群的一種負面觀點，「歧視」是對其他族群的一種
　　　負面行為。

(二)少數民族教育成就之歸因理論

　　1.文化斷層理論。

　　2.結構不平等理論。

　　3.文化模式理論。

三　教育及政治

(一)教育之政治功能

　　1.政治社會化。

　　2.培養政治菁英人才。

　　3.養成容忍、尊重及接受不同立場的政治態度。

　　4.教育為政治服務，有利統治階層複製不公平的社會結構。

(二)教育人權

1.**憲法第21條**：「人民有受國民教育之權利與義務」，國民教育帶有強迫入學義務性質。

2.**「人權」內涵**：

(1)第一代：公民生存及遷徙自由。

(2)第二代：經濟、社會及文化的自由平等。

(3)第三代：和平、人道及健康之關注。

四 教育及經濟

(一)教育投資觀點

1.**傳統觀點認為教育是一種消費**。

2.蕭滋（Schultz）人力資本論主張**教育是一種投資**，學校教育與知識的進步，係提升經濟發展的主要因素。

3.**反對「教育是投資」之觀點**，認為教育對象為人，不應流於商業化的教育市場。

4.**教育成本**：

(1)**直接成本**：例如：學生在學期間所付出的學費。

(2)**間接成本**：例如：學生為了上學而放棄打工，所失去的機會成本。

(3)**機會成本**：學生就學所遭受的損失。

(4)**外部性社會成本**：某國鼓勵兒童學習電腦卻造成多數學生近視。

(二)知識經濟及教育

1.又稱為「新經濟」，係指以知識的生產、交流、分享及應用為基礎的經濟體系。

2.特徵：新觀念及新科技、健全資訊系統、政府支持、完善人力資源系統。

3.願景：高成長、高所得、低物價、低失業。

(三)在教育社會學的研究中，哈畢森和梅耶（Harbison & Mayer）以75個國家為樣本，研究教育與經濟的關係，發現一個國家教育的發展情形，可用人力資源發展指標來表示。

五 教育及文化

(一)文化之基本概念

1. 文化是一個複雜的整體觀念，包括知識、藝術、道德、風俗等物質與非物質層面。
2. 具有學習性、傳遞性、累積性、選擇性、更新性、創生性（可透過教育來達成）。
3. **同化**（assimilation）：強迫異族學習自身的文化。
4. **涵化**（acculturation）：學習異文化之過程（包含自願或強迫），清末所提的中體西用政策，從人類學的觀點來看，是一種涵化功能。
5. **濡化**（enculturation）：一個人學習本國之文化（本身文化的學習）。
6. **社會化**（socialization）：係指社會結構的共同價值加諸在主體上的歷程。

(二)文化之教育功能

1. 教育目的之決定基準。
2. 教育內容之取材來源。
3. 具有廣義的教育作用。

(三)多元文化及教育

1. 多元社會需要多元文化教育，多元文化教育是一種尊重不同族群文化的教育。
2. 多元文化教育最主要的精神在強調尊重差異與包容差異，並使每個文化都有均等發聲的權利。
3. 多元文化教育最終目標乃欲達成教育機會均等的理想，所涵蓋範圍包括：(1)種族（族群）；(2)性別；(3)弱勢階級及殘障者。

(四)文化再製

1. **布迪爾**（P. Bourdieu）提出文化資本可以轉換為經濟資本，社會的再製與符應現象，並不全是由經濟與政治決定，而是透過文化資本來進行社會控制。
2. 影響學生學習表現的關鍵因素是學校課程內容的知識型態，其反映社會統治階級的文化價值。

重點五　學校組織與學校文化

一 學校與社區

(一)學校教育促進社區發展，社區結構影響學校教育面貌。

(二)**社區總體營造**：以社區為本位，結合社區所有資源，形塑社區成員的在地意識。

(三)**學校社區化**：中小學社區化、社區學院、社區大學、回流教育。

(四)**社區學校化**：終身學習、學習型社區。

二 學校組織與學校文化

(一)**學校組織之特性**

　　1.具有目的取向的學校教育目標。

　　2.具有科層體制的組織結構。

　　3.重視校內外的溝通與調適。

(二)**學校組織的文化特徵**

　　1.符合教育規準。

　　2.承擔整體社會的根本功能（培養各階層人才）。

　　3.學校教育目標抽象複雜，無法立即有所成果。

　　4.「受養護性」的組織（過度受保護，不必擔心學生來源，不必擔心經費來源等）。

　　5.容易遭受社會大眾批評與介入。

　　6.以服務為宗旨，非營利取向。

　　7.存在科層文化與專業文化的衝突，這兩種文化各有其正向功能，但卻造成學校運作的緊張關係。

(三)**學校文化的內涵**

　　1.學校物質文化。　　　　2.教師文化。　　　　3.學生文化。

　　4.學校行政文化。　　　　5.學校制度文化。　　　6.社區文化。

重點六　課程與教學的社會學分析

一 課程社會學

(一)重要理論觀點

　　1.**包爾斯（Bowles）**：社會的經濟結構決定學校課程內容。

　　2.**布迪爾（Bourdieu）**：學校課程內容符應社會優勢階級的文化資本。

　　3.**楊格（Young）**：學校課程的意義及價值體系，係是社會建構的結果。

　　4.**伯恩斯坦（Bernstein）**：

　　　(1)「分類」帶有權力分配性質，「架構」蘊含控制原則。

　　　(2)聚集型課程：高分類，高架構，課程界線分明，以教師為中心。

　　　(3)統合型課程：低分類，低架構，課程統整，以學生為中心。

　　5.**艾波（Apple）**：以意識型態作為探討課程的主要概念。

(二)課程意識型態

　　1.性別意識型態。　　　　　　　2.族群意識型態。

　　3.政治意識型態。　　　　　　　4.階級文化意識型態。

　　5.宗教意識型態。

二 教學社會學

(一)華勒（Waller）教學社會學

　　1.學生與學生之間的關係（不受教師影響）。

　　2.教師與學生的關係。

　　3.教師與教師之間的關係。

　　4.社區與學校之間的關係。

(二)教學研究的社會學基礎

　　1.班級社會體系觀點。

　　2.衝突論觀點：以華勒（Waller）為代表。

　　3.符號互動論觀點：師生關係為一個磋商的歷程。

　　4.教育民族誌觀點：進入真實教學情境中，進行參與式觀察，關注教育現
　　　象的背後意義。

　　5.後現代主義觀點：多元的方法論。

(三)**不同獎勵之內涵**：

　　1. **物質性獎賞**：例如飲料、糖果等可吃的東西。

　　2. **活動性獎賞**：例如體育活動。

　　3. **操作性獎賞**：例如個人喜歡玩的球類等。

　　4. **擁有性獎賞**：使個人持有的東西，例如行為表現好就送他一顆球。

　　5. **社會性獎賞**：指個人所喜歡接受的語言或身體刺激，例如愛的鼓勵、擁抱等。

　　6. **符號性獎勵**：以貼紙、獎狀來獎勵學生。

三　班級社會體系

(一)**蓋則爾與夏倫（Getzels & Thelen）的社會體系理論**

　　1. 社會行為受到制度方面（團體規範）和個人方面（個人情意）的影響。

　　2. **人格社會化**：約束個人情意的傾向，以符合團體規範要求之歷程。

　　3. **角色人格化**：調整制度中的角色期望，以適應個人人格需要之歷程。

　　4. 教師的領導方式：

　　(1)注重團體規範。　(2)注重個人情意的方式。　(3)強調動態平衡。

　　5. 教學活動是一種介於角色和人格之間的一種動態歷程，且教育制度中的角色期望必須符合社會上的文化價值。

　　6. 教師必須了解教學過程中個人與制度兩方面的資源和限制。

　　7. 人格社會化是指教師調整個人人格來符應社會對教師的角色期待。

(二)**班級社會體系功能**

　　1. 選擇。　2. 社會化。　3. 照顧。

重點七　教師社會學

一　教師社會學之內涵

(一)教師角色衝突
1.角色與人格的衝突。　　　　2.角色與參照團體間的衝突。
3.角色內在衝突。　　　　　　4.角色間的衝突。
5.教室內外價值觀念衝突。

(二)帕森思模式變項
1.感情性-感情中性。　　　　2.廣布性-專門性。
3.普遍性-個別性。　　　　　4.成就-屬性。
5.自我導向-集體導向。

(三)教師文化
1.保守主義。　　　　　　　　2.個人主義。
3.即時主義（源於教學中的不確定性）。

(四)教師專業
1.**專業規準**：
　(1)不斷的在職進修。
　(2)擁有專業組織團體與倫理守則。
　(3)強調服務導向。
　(4)具有專業自主權,且為自己的決定負責。
　(5)受過長期的專業訓練,並能於工作時運用其專業能力。
2.**新專業主義**：
　(1)哈格里夫斯（Hargreaves）:「沒有教師的發展,就沒有顯著的學校發展;沒有學校的發展,就沒有顯著的教師發展」。
　(2)彰權益能之觀點。
3.影響教師職業聲望的主要因素是「教師的專業知能」。
4.教師對學生的權威,主要的來源為何:
　(1)專家權威、(2)傳統權威、(3)法理權威。
5.Giroux提出教師應成為一位轉化型知識份子（transformative intellectual）。

重點八　青少年文化

一　青少年文化之內涵

(一)次文化的意義

    1.**次文化**係指一個大社會體系中的某個次級群體成員所形成的一套特殊價值觀念與行為模式,與社會整體文化有關,卻又有其獨特的性質。

    2.**青少年文化**屬於一種次文化,係指青少年獨具有的思想、態度、習慣、行為與生活方式等。

(二)青少年文化之特徵

    1.對刻板社會生活的不滿。

    2.反對形式虛偽的成人生活。

    3.追求自我表現,尋求短暫快樂的價值取向。

    4.偶像崇拜與霸凌行為的產生。

二　青少年文化的形成原因

(一)青少年本身的人格與社會環境的交互作用。

(二)學校文化與氣氛。

(三)師生關係。

(四)同儕團體規範的影響。

(五)社會變遷的影響。

三　同儕團體

(一)同儕團體出於**自願組合**居多。

(二)同儕團體組成是一種**同類意識**(we feeling)。

(三)同儕團體的影響因年齡增長而加深。同儕團體有助於兒童進行社會化,但亦必須注意其產生的青少年次文化。

四　學生次文化

(一)學生次文化是個人與團體交互作用的結果,可視為學生對學校的適應方式。

(二)學生次文化是學校文化的一部分。

(三)學生次文化是構成潛在課程的重要內容。

重點九　教育機會均等課題

一 教育機會均等的概念分析

(一)教育機會均等的相關概念

1.**教育機會均等**：

(1)最早期，教育機會均等的概念是相信所有的人是平等的（equal），教育是人與生俱來的權利，不可被外力因素所剝奪，例如：重視學生入學機會的平等與保障。

(2)而後，教育機會均等的概念逐漸延伸到重視學生教育過程、內容及結果的均等。

(3)若根據科曼（Coleman）的觀點，教育機會均等係指無論學生的社經背景，都要提供學生相同課程的免費教育。

(4)教育機會均等是教育是否公平的指標之一，教育機會公平的概念範圍比教育機會均等要廣。

2.**教育機會公平**：

(1)在1960年代之後，教育機會公平的概念逐漸受到重視，其係指在教育過程中，應重視「**正義**」與「**公正**」的價值。

(2)換言之，教育機會公平帶有「**補償教育**」及「**教育優先區**」之概念，對於教育機會均等的概念演進，也產生了重大影響。

(3)**教育機會公平**係指任何人皆不因政治、經濟、社會與文化等因素差異，而有不同的發展和參與學習的機會。

3.**社會正義**（social justice）：

(1)強調**差異原則**，亦即一個合乎社會正義的社會，必須促使其處境最不利成員，獲得最大利益及資源。

(2)根據社會正義的觀點，進行教育行政運作時，必須關注及回應每個利害關係人的需求，透過教育資源的分配策略，達成社會正義的教育理想。

(3)社會公義涵蓋了均等及公平等概念，強調**差異性**，**關注資源分配、弱勢族群扶持**及**探討社會結構的壓迫及宰制**（楊深坑，2008）。

4.小結：

(1)教育機會均等原係指讓每個學生都具有相等機會接受基本國民教育，但是並不代表每個學生的學習結果會相同。

(2)教育機會公平的概念，賦予教育機會均等的積極性意涵，不只是消極保障每個學生的入學機會，更進一步讓每個學生在入學之後，透過「**適性教育**」、「**積極差別待遇**」等，獲得全人發展。

(3)教育機會均等多用量化方法進行實證研究，教育機會公平則多了價值判斷。

(4)過多的教育機會公平可能損及教育機會均等，**我們應該追求公平的教育機會不均等，以回應不同個體的需求。**

(二)**教育機會均等的探討課題**

1. **誰上學，例如：**教育基本法規定每個人都是教育主體，都具有國民教育階段的就學權利。

2. **如何上學，例如：**政府設立普及化的公立學校體系，確保所有學生都有平等的入學機會。

3. **教什麼，例如：**教科書內容是否僅反應社會的主流文化。

4. **如何教，例如：**教師是否使用與中上階級學生相同的精密型語言。

(三)**教育機會均等的分類**

1. **一種教育輸入面的平等：**

(1)柯爾曼（Coleman）於1968年提出的柯爾曼報告書（Coleman Report）屬之。

(2)政府提供足夠教育財政資源，確保所有學校的環境條件達到均等水準。

2. **一種教育過程面的平等：**

(1)屬於一種教育歷程的平等。

(2)不同群體學生在求學過程中，教師都能以適性教學，協助每個學生適性發展。

3. **一種教育結果的平等：**

(1)屬於一種教育輸出面的平等。

(2)不同群體的學生完成相同教育階段後，可以達成一定的學業成就，透過教育，弱勢教育學生成功的比例應和一般學生相同。

(四)**實踐教育機會均等理念的教育領導具體作為**

  1.**教育領導者本著正義與行善的義務感來實施領導**，冀求成員也能以為正義與行善來辦事做回應，真心為完成組織目標而努力。

  2.教育領導者透過魅力、關懷，激發鼓舞群眾，轉化成員捨小我為大我利益的觀念態度，**將成員的工作動機由交易式轉化到自我實現及道德層次**，促進組織的轉型、革新。

  3.透過語言邏輯的**教育政策論述辯證歷程**，解放教育政策中的意識型態，以重塑自由公義的教育實踐。

  4.教育領導者必須具備批判反省能力，並能進行立基於「**真理性**」、「**真誠性**」、「**正當性**」及「**可理解性**」的**多元參與決定**。

  5.在教育政策決定歷程中，應兼重「**正義倫理**」、「**關懷倫理**」、「**批判倫理**」、「**權利倫理**」等，以兼顧**程序正義**和**實質正義**。

  6.教育領導者應具備尊重差異，並讓**邊際論述有同等發聲權力**，且可質疑與解放存在於教育現象中的不當意識型態及權力結構。

教育機會均等和社會公義之實踐，資源分配固然是要件，但更應追本溯源去**消解社會結構及脈絡的壓迫與宰制**。

二 教育選擇權

(一)**規範「教育選擇權」的國際人權公約**

  1.國際兒童教育公約。

  2.聯合國兒童權利公約。

  3.世界人權宣言。

(二)**「教育選擇權」的相關概念**

  1.係指教育的權力分配問題，涉及層面包括政府、學校、教師、家長與學生等。

  2.通常在國內談到的教育選擇權係指家長的教育選擇權，也就是指家長與學生在義務教育階段中，自由選擇學校的權利。

  3.常見的**教育券、特許學校**等，都是「家長教育選擇權」之理念實踐。

(三)**家長教育選擇權的意義、實施情形和反思**

  1.家長教育選擇權指家長有權利為其子女選擇適當的教育方式；換言之，家長可跨越傳統學區的限制，來為其子女選擇適合學校就讀。

  2.在英、美等地，政府運用法令鬆綁或發放教育卷等方式，來開放家長的教育選擇權；而臺灣也正逐漸朝開放家長教育選擇權的方向發展。

3.家長教育選擇權的開放，雖符應了民主的教育潮流，卻也**容易忽略了弱勢族群的需求和權力**，而成為社會再製的工具。

(四)**英美兩國公立教育家長教育選擇權之比較分析**

1. **在教育目標方面：**

(1)英國重視辦學效能與教育品質的提昇。

(2)美國則強調全國教育競爭力的提昇。

2. **在教育政策衡量點上：**

(1)英國主張教育機會均等。

(2)美國則重視民主、卓越、均等與公平。

3. **在主要教育措施方面：**

(1)英國實行學校本位的經營管理、成立各類型學校、地方教育當局權力縮減、教育券計畫、補助入學計畫、注重國家考試等。

(2)美國則實施公辦民營學校、擴大學區範圍、成立不同類型的學校或計畫、改善公立學校的品質與效率、尊重個人選擇自由等。

4. **在選校類型方面：**美國和英國同時重視公立學校的選擇多樣化。

(五)**英美兩國公立教育家長教育選擇權對我國之啟示**

1.在學校選擇類型方面，應採漸進式地逐步開放家長選擇學校的範圍。

2.將教師、家長視為教育改革的專業夥伴，有助於公立教育家長教育選擇權政策的落實。

3.公立教育家長教育選擇權的政策要成功，必須**規劃充足的教育財政方案**，以支援該政策的實施。

(六)**家長教育選擇權和學校社區化間關係之分析**

1.學校社區化是指學校在衡量本身條件後，融入社區體系，使得學校和社區成為一生命共同體，換言之，學校能夠善用社區資源，也能夠提供服務予社區人士，使學校成為社區的一部分，共同達成永續經營發展的目標；**家長教育選擇權和學校社區化，在理念上是一種競爭性的關係；亦即家長教育選擇權不受地區的限制，而學校社區化卻有區域性。**

2.如就廣義的社區定義來看，社區重視的是群體的價值規範能夠一致，而地理環境的因素，並非首要的條件，也提供了家長教育選擇權利和學校社區化相輔相成的契機。

3.在教育上，透過家長教育選擇權的開放，可促使學校進行以消費者導向的發展；亦即學校會考量到如何建立自己的特色來獲得家長的認同。

4.家長教育選擇權可成為學校社區化的動力，亦即學校要放棄過往的養護性組織的角色，發揮學校本位管理的精神，結合社區資源，建立學校獨有特色，來獲得家長的支持。

5.故只要學校本身能夠結合社區建立獨有特色，且提升學校效能，自能獲得家長的信賴；家長也不會捨近求遠去追求明星學校；使得家長教育選擇權和社區化能相輔相成。

6.家長教育選擇權能夠提供國民學習權的保障，且也提供了學校組織革新的動力；而學校社區化則能成為學習型社會的基礎，吾人應使兩者能相輔相成，以創造美好的教育願景。

三 教育優先區

(一)教育優先區之相關內涵（此部分尚可參考教育部教育優先區之公告方案）

1.教育優先區係指被政府認定為經濟條件不利，需優先加以改善教育品質之地區。

2.換言之，教育優先區之理念係立基於**「教育機會均等」**之理想與「**社會正義原則」之精神**，針對文化資源不利地區及相對弱勢群體，擬訂適當的教育支援策略，提供「**積極差別待遇**」補助，以整體提升文化資源不利地區之教育水準。

3.教育優先區之目的

(1)規劃教育資源分配之優先策略，有效發揮各項資源之實質效益。

(2)改善文化不利地區之教育條件，解決城鄉失衡之國教特殊問題。

(3)提升處境不利學生之教育成就，確保弱勢族群學生之受教權益。

(4)提供相對弱勢地區多元化資源，實現社會正義與教育機會均等。

(5)促進不同地區之國教均衡發展，提升人力素質與教育文化水準。

4.教育優先區之指標

(1)原住民學生比例偏高之學校。

(2)低收入戶、隔代教養、單親家庭、親子年齡差距過大之學生比例偏高之學校。

(3)國中學習弱勢學生比例偏高之學校。

(4)中途輟學率偏高之學校。

(5)離島或偏遠交通不便之學校。

(6)教師流動率及代理教師比例偏高之學校。

(二)國內外教育優先區之作法比較

1.在教育優先區的實施對象方面：

(1)美國的教育優先區稱為補償教育，主要是針對文化不利的教育弱勢兒童。

(2)我國的教育優先區實施對象則較為多元，包括：離島、文化不利、低收入戶等學生。

2.在教育優先區的實施目標方面：

(1)美國的「補償教育」，主要希望可以提升學生的學習成就。

(2)我國的教育優先區實施目標則除了提升學生的學習成就外，更希望可以落實教育機會均等之理念。

四 補償性正義

(一)重要的正義概念之分析

1.**矯正正義**：以懲罰來矯正不正義的事物，例如：將偷竊的罪犯繩之於法。

2.**分配正義**：根據一定的標準，公平分配均等利益給眾人。

3.**程序正義**：

(1)純粹的程序正義：在不知結果的情形下，用一個符合公平的程序來處理，例如：抽籤。

(2)不純粹的程序正義：在已知結果的情形下，同意用公平的方式來處理。

4.**最後，補償性正義亦是相當重要的正義概念。**

(二)補償性正義的相關說明

1.補償性正義的基本假設在於認可每個社會成員都具有個別差異，所以必須要根據不同的標準來對每個人進行補償，以達到實質平等。

2.補償性正義的相關概念包括：積極性差別待遇、垂直公平、教育優先區、補償教育等。

(三)將補償性正義運用在我國後期中等教育階段升學制度改革的利和弊

1. 利：

(1)透過相關教育政策的實施，例如：獎助學金、教育券等，有助教育機會均等理念的實現。

(2)可以提升教育資源分配的合理性，並實踐社會正義之精神。

2. 弊：
　(1)每個成員的個別差異難以衡訂，補償的標準也難以規定，更不容易
　　對補償的結果進行評估。
　(2)在弱勢族群中，可能存在更為弱勢的團體，例如：高齡弱勢、性別
　　弱勢等。

 重點十　教育社會學重要學者及其主張

一　孔德（Comte）

(一)社會科學之父，把社會學區分為**社會動學**（重社會變遷）和**社會靜學**
　　（重安定與秩序）。
(二)**社會演化歷程**：神學⇨玄學⇨科學。

二　涂爾幹（Durkheim）

(一)和諧論代表學者，提出「**有機連帶**」及「**集體意識**」。
(二)教育目的在使個人「**社會化**」及「**個性化**」，並滿足社會需求。
(三)**有機連帶**（organicsolidarity）發生於分工體系精細分化的社會的情境。

三　帕森思（Parsons）

(一)社會體系四種作用：**模式維持**（pattern-maintenance）、**體系統整**
　　（integration）、**目標達成**（goal-attainment）、**適應作用**（adaptation）。
(二)提出「**社會行動**」當作社會學的分析單位。
(三)學校體系之功能為**社會化**及**選擇**。

四　馬克斯（Marx）

(一)**經濟決定論**，認為下層結構的經濟條件決定上層結構的社會生活。
(二)提出「**階級意識**」，主張階級鬥爭為社會變遷之本質與動力。
(三)提出「**異化**」概念，主張無產階級的共產社會。
(四)**普羅化**（proletarianization）概念意指「**被剝奪心智活動**」。

五　威利斯（Willis）

(一)著《**學習做勞工**》，認為勞工階級的小夥子有「反學校文化」。

(二)提出「**文化創生**」(cultural production)概念。

六　包爾斯（Bowles）、金蒂斯（Gintis）

(一)提出**社會再製論**，屬於「符應論」的觀點。

(二)學校教育是社會再製的機制，只為資本階級服務。

七　布迪爾（Bourdieu）

(一)提出**文化再製論**，透過文化資本的中介因素，學校成為社會再製的機制。

(二)學校的作用在於通過**文化專斷**（cultural arbitraries）、**霸權課程**（hegemonical curriculum）與**符號暴力**（symbolic violence）來傳遞統治階級的文化及進行文化資本（cultural capital）的分配。

(三)個人參與社會競爭的資本包括經濟資本及文化資本，導致勞動階級兒童學習失敗率較高的最重要因素，應是「**內化的文化資本**」。

八　楊格（Young）

(一)**知識社會學、班級社會學**之代表學者，質性及微觀取向的教育社會學研究。

(二)檢討學校教育背後的知識與權力之間的關係，**「課程」是社會所組織的知識**。

(三)學校課程的選擇、分類、傳遞與社會結構相關。

(四)發動教育系統內部的分析。

九　艾波（Apple）

(一)主張影響學校教育的因素包括「政治」、「經濟」、「文化」與「意識型態」等因素。

(二)提出**再技術**（re-skill）之觀點，意指使教師轉向心理學導向的技術效能。

(三)主張學校教育具有自主性，關注學校次文化的研究。

✚ 柏恩斯坦（B.Berstein）

(一)認為兒童的社會背景會影響語言類型，語言類型又影響認知表現模式，進而影響教育成就。

(二)換言之，教育語言型式可分為**精密型語言**（社會中上階級）與**抑制型語言**（社會中下階級）。而在學校中教師所呈現的往往是精密型語言，所以不利於社會中下階級兒童學習。

(三)an elaborated code指涉的是「中上階級的語言模式」。

自我評量

一、何謂「教育機會均等」？試舉出當前教育措施中維護教育機會均等的具體例子。【90年普考】

二、關於「原住民教育」政策，學術界一直有個爭論，原住民教育應以延續其固有文化特色及生活方式為主（如：歌唱和舞蹈)；或是培養其下一代具備現代社會之競爭力為主（如：語文、數學、職業技能)。請擬定一個兼容並蓄的原住民教育政策，以解決這兩個不同教育方向的矛盾和衝突。【92年地方四等特考】

三、在未來，我們政府、社會與家庭等方面，還有那些可以再努力，以縮短城市與鄉村教育的差距？【94年地方四等特考】

四、請從正向影響與負向影響的角度，說明教育與文化的雙向互動關係。【94年原住民四等特考】

五、教育與社會變遷的關係，是相當的複雜與不易釐清的，但是從事教育工作的時候，這兩者關係的釐清卻是必要的。請從意識形態、經濟發展與科技進步等三個方面，討論社會變遷與教育的關係。【97年普考】

六、學校文化的特質為何？學校文化具有那些內涵？又如何設計與塑造良好的學校文化？請討論之。【97普考】

七、試說明「社會資本」（social capital）的意義。教育行政機關或學校行政人員可以如何經營機構或組織社會資本，以促使教育行政機構之運作順暢成功？【97年高考】

重點試題解析範例

一、若推動「家長學校選擇權」，有何優點及缺點。【93年地方四等特考】

答：家長學校選擇權的概念最早起源於1950年代，由經濟學家Milton Friedman首創（educational voucher)的構想，茲依題意說明如下：

(一)家長學校選擇權之相關說明

　　1. 家長學校選擇權係教育選擇權的一種，其係指家長或學生在義務教育階段，有選擇學校的自由與權利。

　　2. 換言之，家長擁有為其子女自由選擇符合其性向、興趣及需要的學區與教育內容的權利。

(二)家長學校選擇權之優缺點分析：

　　1.優點：

　　　　(1)可以幫助學生得到適性發展，並落實教育機會均等之理想。

　　　　(2)能夠彰顯學生為教育主體之理念，並且塑造新的教育夥伴關係。

　　　　(3)可以透過教育券等經費補助，改善學校教育品質。

　　2.缺點：

　　　　(1)政府補助家長為子女選擇私立學校的教育費用，容易造成圖利某特定階級的情形。

　　　　(2)衝擊我國現有學區制，造成難以落實之困境。

　　　　(3)容易造成學校發展受到家長需求而改變的狀況，喪失教育之專業。

　　參考書目：鍾紅柱（2005），教育社會學，空大。
　　　　　　　　　艾育（2013），教育專業科目通關寶典，千華。

二、試闡述學校如何落實多元文化教育？【95年地方四等特考】

答：多元文化教育為我國教育發展之重點，茲依題意說明如下：

(一) 多元文化教育之相關概念：

　　1. 多元文化教育主要在透過教育促使學生了解自身文化的意義，肯定自己的文化，進而了解其他文化，尊重其他文化達到世界和平共榮之目的。

2. 多元文化教育具下列五項目標：
　　(1)不同文化強度和價值的提昇。
　　(2)尊重人權，並尊重與自己不同的他人。
　　(3)增進人類生活選擇的向度。
　　(4)主張機會均等及社會正義。
　　(5)促進各群體間權力分配的均等。

(二) 學校落實多元文化教育的可行策略：

　1. 課程設計以多元文化觀的教育哲學為核心，範圍包括種族、階級、性別、宗教與其他文化族群並進行多元參與的課程決定。

　2. 實施合作學習或角色扮演法，來增加不同文化背景學生的互相瞭解，並培養所有教育工作者具有多元文化教育的理念、態度與能力。

　3. 教師應採用多元教學評量，來瞭解多元文化教育的實施成效，並針對「低成就」的少數民族學生，提供充分的學習輔導，以提升其學業成就。

　4. 將母語教學納入正式課程中，將學習機會開放給所有的學生。

　5. 應提供發展多元文化教育的充分行政支持，並且在學校活動中，融入多元文化教育精神。

　6. 學校應走入社區，並和家長及社區人士，建立新教育夥伴關係，讓多元文化教育成為學校本位課程發展的核心之一。

參考書目： 艾育（2013），教育專業科目通關寶典，千華。
　　　　　　林生傳（2005），教育社會學，復文。
　　　　　　教育圓夢網（2013），94至102年教育行政高普特考解析，
　　　　　　教育圓夢網。

第**4**章　課程與教學

頻出度 B：依出題頻率分為：A 頻率高、B 頻率中、C 頻率低

各考試出題排行榜　身障四等　地方四等
　普考　　　　　原民四等

 重點一　課程的意義

一　課程的字義

(一)**中文：朱熹《朱子全書‧論學》**：「寬著期限，緊著課程」、「小立課程、大作功夫」。
(二)**西方**：curriculum，跑道、旅行，後引申為學習經驗。
(三)**國內學者之定義**

課程即學科	1.將課程視為一種教材、學習科目、班級日課表或學習領域，亦是學校教育相關人員的知覺課程。 2.換言之，課程就是課表中的國文、英文、數學、自然、社會等所組成。 3.例如：老師拿出班級日課表對家長說：「這就是我們這學期的課程。」
課程即計畫	1.課程是經由慎思決定後的學習計畫。 2.容易忽視課程的動態複雜因素。
課程即目標	1.課程是一連串行為目標所組成，為目標成果導向。 2.容易忽視學生的學習歷程。
課程即經驗	1.課程是每個學習者在不同教育情境下的學習活動與經驗，涵蓋的層面最為廣泛。 2.以學生為中心的課程概念。 3.將課程視為是學生與其周遭情境中的人事物產生交互作用的過程和結果。

課程即文本	1.代表學者：Pinar。 2.課程是人類所創造出來的一切事物。 3.課程理解方式包括：藝術、政治、種族、性別、神學、自傳等。
課程即研究 假設	1.L.Stenhouse倡導。 2.主張在課程發展歷程中，「教師即研究者」。

(四)課程定義之性質

1.**由具體至抽象之順序：**

學科 → 計畫 → 目標 → 經驗

2.**由學校中心至學生中心之順序：**

學科 → 計畫 → 目標 → 經驗

二　課程的層次

(一)Goodlad所提出的課程層次

課程層次	內　容
理念課程	政府根據本身意識型態設計的課程。
正式課程	政府機關所推動的課程。
知覺課程	1.教師所詮釋認定的課程。 2.教師所知覺到的課程。
運作課程	1.教師在班級教學時實際執行的課程。 2.教師在教室情境中的課程實施。
經驗課程	1.學生的學習經驗，與學生最直接有關。 2.學生從運作課程思索得到的內容

(二)Glatthorn將課程分為以下六種層次

1.建議課程（the recommended curriculum）。

2.支持課程（the supported curriculum）。

3.書面課程（the written curriculum）。

4.被教的課程（the taught curriculum）。

5.習得的課程（the learned curriculum）。

6.施測的課程（the tested curriculum）。

(三)Goodlad及Glatthorn課程層次之比較

層次	Goodlad	Glatthorn
社會〈全體〉	理念課程	建議的課程
機構〈學校〉	正式課程	書面的課程
教學〈老師〉	知覺課程	支持的課程
	運作課程	被教的課程
個人〈學生〉	經驗課程	習得的課程
		施測的課程

(四)Eisner的課程層次

1. **科技類課程**：重視課程設計的歷程。
2. **認知過程的課程**：關注學生認知能力的提升。
3. **學術化課程**：重視把人類智慧結晶教導給學生的方式。
4. **自我實現課程**：幫助每個學生自我實現。
5. **社會重建主義課程**：課程設計焦點重視社會的需求。

三 課程結構

(一)課程組成要素

1. 課程政策。　　2. 課程目的。　　3. 學習領域。　　4. 學習方案。
5. 學習科目。　　6. 學習單元。　　7. 課。

(二)課程結構的分類

正式課程	1. 顯著課程，依照排定授課時間表的學科，對於課程內容、授課節數等有較詳細規定，有確定的課程目標（七大學習領域）。 2. 以課程綱要、課程目標、教科書等形式出現的課程。
非正式課程	1. 顯著課程（explicit curriculum），在學校課表外，卻仍具有教育目的與意義的課程。 2. 例如：學校中的整潔活動、班會、朝會、學藝競賽、開學典禮、畢業典禮運動會、週會等。
潛在課程	1. 課程標準（或綱要）及日課表未列，不經課程設計的意圖而發展出的學習經驗，卻對學生能夠產生影響的課程。 2. 換言之，係指學生在學習環境中，所學習到非預期或非計畫性的知識、價值觀念、規範或態度，其存在於學校中的各種班級規約、儀式制度、組織氣氛與次級文化之中。

潛在課程	3.潛在課程的特性： (1)它比較是屬於情意方面的學習。 (2)它不限於在學校課程中產生。 (3)它比正式課程更有影響力。 4.包括：有意而善意的設計、有意而惡意的設計、無意的未經設計，但學生在潛移默化中獲得了學習經驗，又稱為「內隱課程」，例如：師生互動、學校的情境布置、學校物理環境（境教）、學校氣氛、教師期望、教師「身教」和教師人格特質、教科書中的意識形態 5.例如： (1)小忠認為林老師是位教學認真，能夠適時鼓勵讚美學生的好老師，因此他立志將來要成為一位老師。 (2)民主的師生關係可以使學生學到民主的生活方式，學校環境的開放安排可以形成學生開放的心態
懸缺課程 (null curriculum)	1.又稱為空無課程、虛無課程（早期甚至被翻譯成空白課程）。 2.提出者：Eisner《教育想像》認為學校教育較缺乏情意與鑑賞方面的課程；Apple認為科學及社會課程內容缺少衝突面的介紹。 3.意義： (1)學校應教導而未教導的，是「缺乏的」而又是「重要的」學習課程及學習經驗。 (2)社會變遷快速，因此學校課程有時不能反映新興的議題，忽略了該教而沒有教的課程 4.課程的探討或修訂時，不僅要從「有什麼」的角度來觀察，也要從「缺乏什麼」的角落來觀察，以便提出更完善的課程內容。 5.例如： (1)在臺灣地區的國小，完全不教授英語以外的第二外語。因此，這些第二外語（如西班牙語、日語等）的課程性質。 (2)學校課程中通常被忽略不教的「性教育」。
空白課程 (blank curriculum)	1.學校安排課程或課程實施中，特別空出一段為學生保留，「不」規劃各種課程的時間。 2.主張學生組織是課程的要素之一，其能使學生積極的透過休息時間來進行複習與後設認知，進而提升自己的認知發展層次。 3.例如：九年一貫課程綱要中的「彈性課程」。
活動課程	1.杜威提倡的課程，活動多、科目少，一切以學生為主。 2.例如：以「吃火鍋」為主題設計課程，讓學生從直接經驗中學習。

重點二　課程設計

一　課程設計理論

理論	內容
科學化課程理論	1.受工業革命與科學管理運動的影響，代表學者為R.W.Tyler、Bobbitt（活動分析法）、Charters（工作分析法）。 2.主張目標模式的課程設計模式，課程設計時，應先決定暫時性教育目標，再經由兩道濾網（哲學和心理學)篩選決定為精確課程目標。 3.課程設計的第一個步驟應先確立學校教育目標，目標來源包括：學習者本身的特性、社會生活的需要、專家學者的建議。 4.特徵： 　(1)學習的內容明確。 　(2)學習結果可以事先詳敘。 　(3)學生學習結果的評量很客觀。 　(4)合乎邏輯、科學及政治、經濟、教育要求。 5.「學校即工廠」、「學生為原料」、「教師為操作員」等課程隱喻。 6.強調課程發展、課程目標評鑑的目標模式。 7.主要招致的批評：忽視學生的自主性
社會行為主義	注意到藥物濫用的問題對青年學子的影響，而設計適切的課程提供學生知覺到這個問題。
再概念化課程理論	1.萌生於1970年代初期，對科學化理論的反動，擴充對各領域的觀點與關注（政治、美術、文化等）。 2.代表學者為Pinar、Schwab等。 3.主張對課程內涵加以重新思考、分析與反省，重視個人主體價值及情意發展等。 4.重視潛在課程。
人本主義課程理論	1.受到存在主義與人本主義心理學的影響。 2.以學生為本位，生活經驗為核心。 3.幫助學生適性發展及自我實現。
存在主義課程理論	課程應重視「個人意義的自我追尋」。
精粹主義課程理論	課程發展與設計的哲學基礎中，強調課程內容安排應重視恆常不變的知識真理。

理論	內容
進步主義課程理論	1.從現在社會需求反映到課程選擇的適切性。 2.以學生的興趣、需求、希望,進行學校課程設計。
後現代課程理論	1.代表學者為Giroux、Doll等。 2.帶有反省、質疑、解構科學工具理性所訴求的普遍性、統一性與規範性等特徵。 3.主張多元價值,故價值並非後現代主義的課程主題。 4.後現代課程觀: 　(1)肯定並確認學校社群的聲音。 　(2)強調動態、循環與開放的課程觀。 　(3)主張課程發展的草根模式。 　(4)反對學科本位,主張學科統整與跨越。 　(5)重視多元化教育。

二　課程設計理論取向

理論取向	代表學者	設計方法	要義
學科中心	Bagley	圓周組織、直進組織法	1.課程即科目,以知識為課程設計中心。 2.精粹主義的理論基礎。 3.重視基本學科學習。
學生取向	Dewey	青少年需求中心法	1.課程即經驗。 2.進步主義的理論基礎。 3.以兒童為本位,重視學生在活動的經驗中學習與成長。 4.對學生實施的教育應是統整的、一貫的。
社會取向	Caswell、Campbel	社會機能法,核心課程為主,以社會問題為設計核心。	1.課程即計畫。 2.社會適應論及社會重建論。 3.社會為本位,成人為中心。
科技取向	Bobbitt、Charters	活動分析法、工作分析法。	1.課程即目標。 2.科學化理論。
生活動境中心取向	Alberty、Stratemeyer	折衷「活動分析法」、「社會機能法」及「青少年需求中心法」	以基本生活要素作為課程設計的依據。

三 課程設計意識型態衍生的課程意義

課程設計意識型態	課程意義
精粹主義	課程即科目。
社會行為主義	課程即計畫。
科技主義	課程即目標。
經驗主義	課程即經驗。

四 課程設計原則

原則	說明
順序性	課程內容要素呈現由近而遠的順序安排。
範圍性	課程內容持續加深加廣。
延續性	課程內容的安排要根據學生學習的新舊經驗。
統整性	課程內容設計要銜接不同領域間的知識。
平衡性	課程內容不會特別偏重某一概念。
理想性	課程內容蘊含課程設計者本身的教育理念與價值。
實用性	可以實際運用在真實教學情境中。
正確性	符合法規要求、教學原理、專門知識規準。
整體性	進行先統整後分化的課程設計。
開放性	接納不同意見與觀點，讓課程充滿多元價值。

五 課程設計模式

(一)西方課程設計模式

課程設計模式	代表學者	基本概念
目標模式 (工學模式、 泰勒法則)	Bobbitt、 Tyler	1. 重視課程目標的達成結果。 2. 學習結果可預先詳述，易評量學生學習結果。 3. 強調課程的產出效率與成果。
歷程模式 (過程模式)	Stenhouse、 Bruner、 Hirst	1. 課程即研究假設。 2. 重視課程實施的歷程，多採用發現教學法、探究教學法。 3. 問題中心及故事模式的課程設計，呈現學生中心。 4. 課程設計事先不一定要有預期的學習結果，可在教學過程中賦予學生自由創造的機會，以產生各式各樣的學習結果，特別重視引導學生探討知識的價值面。 5. 例如：在人本主義的主張之下，以「蓋房子」為主題讓學生參與發展課程。
情境模式 (文化分析模式)	Skibeck	1. 受社會文化影響，統整取向。 2. 課程是師生及環境互動的結果，例如：學校本位課程。 3. Skibeck情境分析模式（學校本位課程發展）： 　(1)分析情境（家長期望、學生能力等）。 　(2)擬定目標（師生預期行為）。 　(3)方案設計。 　(4)實施解釋。 　(5)評鑑、回饋、再建構。 4. Skilbeck曾經強調「由學生所屬的教育機構對學生的學習方案所作的計畫、設計、實施與評鑑」。
螺旋式課程	Bruner	1. 理論基礎：認知心理學。 2. 主要強調教材知識隨學生年齡增長而加廣加深。

(二)我國課程設計模式

課程設計模式	研發機關	基本概念
舟山模式	國立編譯館	課程即成品。
板橋模式	台灣省國民學校教師研習會	課程即教材。 重視課程實驗研究。
南海模式	教育部人文社會科學教育指導委員會	重課程之實務推廣。 偏重人文社會學科。

重點三　課程的選擇及組織

一　課程目標

(一)課程泛指教材內容、學科知識、潛在課程、教學活動等與課程相關的要素通稱，至於教學材料包括教材、班級事件與社會時事議題等。

(二)**課程目標的垂直分類**（由課程設計者的觀點，課程包含教學，依序由抽象至具體）

　　1.教育宗旨。　　　　　　2.教育目的。　　　　　　3.課程目的。
　　4.課程目標。　　　　　　5.教學目的。　　　　　　6.教學目標。
　　7.能力指標。

(三)**課程、教學材料與教科書之關係**

　　1.概念範疇：課程 ＞教學材料 ＞教科書

　　2.教學材料是課程的具體內容。

　　3.教科書：

　　(1)為最低限度的教材，是教學所運用的一種材料，可用來引導學生學習或教師教學。

　　(2)為選用優良的國小教科書版本，應由學校課程發展委員會會議訂定辦法公開遴選。

(四)**行為目標**

　　1.行為目標為形成課程目標之要素，其通常以學生的行為方式敘述，並根據教師的教學意向，決定使教師與學生知道要做的事加以制訂；撰寫行

為目標時的最基本要素為行為和內容，其包括三種類型：一般目標，資料目標與計劃目標。

2.**敘寫規範**：

(1)在進行教學活動設計時，完整行為目標的撰寫可包括對象、行為、情境（條件）、內容（結果）、標準等項目，而行為目標係在描述個體的具體行為，所以在撰寫行為目標時，「行為」是決定不可以省略的。

(2)每一個目標只有一項結果，目標有階層時，予以編號。

(3)目標應兼顧認知領域、技能領域及情意領域。

(4)目標敘寫應以學生行為為主，並且要具體化、明確化及層次化。

(5)「指出」具有意向性，所以最適合作為行為目標的動詞。

3.**功能**：

(1)協助激勵學生學習。

(2)指導教師教學重點。

(3)有助於確定課程是否具有效能。

4.**例如**：

(1)能拼出本課的所有英文單字。

(2)應用適當的實驗以解決問題。

(3)能運用本課生字造詞。

(4)能唱出本校校歌。

(5)能算出三角形面積。

(6)能說出校園內五種植物名稱。

(7)能正確說出校內六種植物的名稱。

(8)「能說出（行為）至少三種（標準）鳥類的名稱」（結果），並未包含情境要素。

(五)**課程目標（教學目標）的分類**

1.布魯姆等人（Bloom et al.）將課程目標分為認知、情意、技能三個領域：

(1)認知（Bloom）：知識、理解、應用、分析、綜合、評鑑。

(2)情意（Krathwohl）：接受、反應、價值判斷、價值組織、品格形成。

(3)技能（Saylor）：知覺、心向、模仿、機械反應、複雜反應、創造。

2.安德森和克羅斯渥爾（Anderson and Krathwohl）於2001年修訂布魯姆（Bloom）認知領域的課程目標分類：

(1)新版的認知歷程向度：

認知歷程向度	內容
記　憶	「再認」與「回憶」。
瞭　解	「詮釋」、「舉例」、「分類」、「摘要」、「推論」、「比較」、「解釋」。
應　用	「解決問題」。
分　析	「區辨」、「組織」與「歸因」。
評　鑑	「檢查」。
創　作	「產生」、「計畫」與「創作」。

(2)新版的知識向度：

知識向度	內容
事實知識	學生所需具備的基本概念，包括「術語知識」與「特定知識」。
概念知識	可連結不同基本概念之相關知識，包括了「分類知識」、「通則知識」、「理論知識」。
程序知識	係指可有程序性行為完成某目標的知識，包括「特定學科技能」、「特定學科技術」、「運用規準知識」。
後設認知知識	其係指監控理解本身認知歷程的知識，包括「策略知識」、「認知任務知識」與「自我知識」。

二 課程選擇

(一)**課程選擇之意義**：學者蔡清田認為課程選擇乃是從社會文化、學科知識與學生學習經驗等課程內容中，根據課程選擇的規準，擇取課程菁華，以達成預期課程目標的一種課程設計。

(二)**課程選擇的取向**
　　1.創造取向：不受現有課程界線規範，開發新課程。
　　2.修改取向：把現有課程加以修改。
　　3.綜合取向：結合創造取向與綜合取向。

(三)**課程選擇的原則**
　　1. 依據課程目標與學生經驗。
　　2. 兼顧課程內容的深度與廣度。
　　3. 必須符合教育規準，合認知性、合價值性及合自願性。

4. 考慮課程實施時的可利用資源與學習時間等限制。

5. 顧及學生學習興趣與社會需求。

6. 具備實用性價值。

三 課程組織

(一)課程組織原則

1. 泰勒（R. Tyler）在分析邏輯程序及心理程序的關係後，提出三項課程組織原則：**繼續性、統整性、順序性**。

2. 原則：

原則	內容
系統知識	教材的編選宜遵循由淺而深，由簡而繁，由古而今的原則。
順序性	由簡而繁，由具體而抽象，由簡單而複雜，每一繼續的經驗建立在前一經驗之上，對同一題材對同一題材作加深加廣處理。
統整性	1. 課程組織要重視橫向的聯繫，整合不同的領域知識。 2. 把課程當中各種不同的學習經驗與課程內容之間，建立適當的關聯，以達到最大的學習效果。
銜接性	遵循心理組織與邏輯組織原則。
分化性	依據知識的獨特性質，進行學科分化。
繼續性	基本重要的內容必須重複出現。

(二)課程組織類型

課程組織類型	定義
科目課程 (學科課程、分科課程)	1. 以科目為課程組織單位。 2. 例如：西方七藝。 3. 學校教育實施「分科課程」，可能產生的缺點為學生較無法獲得完整的生活經驗。
相關課程	1. 基本上仍以科目為課程組織單位，但將性質相近的科目加強統合聯繫，但不破壞各學科的領域界線。 2. 換言之，其係結合兩個以上學科，但該學科仍具有主體性的課程設計。 3. 例如： 　(1)將歷史課討論宋詞，國文課也會討論宋詞。 　(2)當社會領域老師教到唐朝文化時，國語文老師便讓學生閱讀唐詩。

課程組織類型	定義
融合課程 (合科課程)	1.將部分科目兼併成為新科目，打破各學科的領域界線。 2.例如： 　(1)自然=物理+化學+生物。 　(2)把歷史、地理、公民三科合併為「社會」一科。
廣域課程 (廣博課程)	1.以人類實際生活生活經驗為中心，將課程分為幾個大類，完全打破科目界線，水平統整程度較高。 2.例如：九年一貫課程中的七大學習領域。
核心課程	1.布魯納（Bruner）倡導，以特定事件概念或科目為中心，統合其他學科相關知識之課程組織類型。 2.可使各科知識成為一完整的生活經驗。
經驗課程 (活動課程)	1.係指以兒童為中心，學生為主體的課程組織。 2.以學生經驗為主。 3.在課堂和學校中實際發生而且是學生所學習到的課程。
大單元設計 組織法	打破學科界線，以實際活動來整合銜接各科知識。
超學科課程	1.課程統整中不考慮學科的知識結構和內涵，完全去除知識的學科分界，而是以一般主題、學習策略和技能為中心進行課程設計 2.基本預設採社會與經驗統整觀點，先確定一個主題，由主題分析出概念，再依概念設計相關活動。 3.針對統整課程而言，超學科課程的統整程度最高。
科際課程	1.統整課程的設計模式中，重視各學科特質，將學科的概念、原則視為學習重點。 2.需進行跨學科之統整，探討一個中心主題。
多學科課程 (大單元課程)	係以一個主題為中心，結合不同學科進行教學，學生仍然可以學習不同科目。
螺旋式課程	1.Burner提出，在課程設計時，若知識的「概念結構」可以配合學生的「認知結構」，則任何教材皆可教任何階段的兒童。 2.主張「任何教材皆可以某種合理的形式，來教給任何發展階段的兒童」。 3.在設計課程時，強調課程內容依年級逐年加深加廣，可避免教材在不同學校層級全部重複出現。
學校本位課程	依學校特質發展的課程教材。

課程組織類型	定義
統整課程	1.統整的形式具有多元連續體的樣態。 2.統整課程的實施有助學生按自己的學習型態進行學習。 3.發展統整課程應講究教師的協力合作。 4.協同教學是統整課程落實的重要關鍵。

 重點四　課程實施及發展

一　課程實施

(一)課程實施觀

課程實施觀	課程發展取向	說明
忠實觀	國家政策本位	教師按照課程既定的計畫確實執行。
相互調適觀	教師教學本位	教師在執行既定的課程計畫時，得依據課程實施時的現實因素，與課程設計人員會商共同調整。
行動落實觀	行動研究本位	亦稱為「創制觀」，課程是師生在彼此教學互動中共同創造。

(二)影響課程實施的因素

1.教師的因素。　　　　　2.課程本身的因素。
3.課程實施策略的因素。　4.學校本身的因素（學校文化及氣氛）。
5.政治團體或大眾的因素。

(三)課程實施的層面

層　　面	說明
教材的改變	包括：教師所要教導的知識、學生所要學習的知識與、教學媒體資源等。
制度的改變	包括：教學空間與時間的安排、分班作業等。
角色行為的改變	為了要讓學生在生活進行有意義的學習與學得基本能力，教師所扮演的角色必須常常必須在傳授者、引導者、協助者、諮商者等不同角色間轉換。

層　　面	說明
知識與理解	教師能夠認識課程的各種成分，如所隱含或明示的哲學與價值、基本假定、目標或教材等。
價值內化	係指使用者對於課程實施後的評價。

二 課程發展

(一)課程發展的歷程

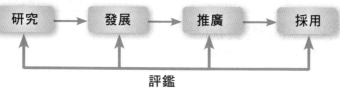

(二)課程發展層次

層次
社會〈全體〉
機構〈學校〉
教學〈老師〉
個人〈學生〉

(三)課程發展取向

    1.教師教學本位的課程發展。

    2.國家政策本位的課程發展。

    3.行動研究本位的課程發展。

重點五　課程評鑑

一　課程評鑑之基本概念

(一)意義與功能

1.**意義：**

(1)係指在課程領域中，透過量化與質性的客觀指標，對所有課程要素進行價值判斷之歷程。

(2)課程評鑑中，學校負責進行課程與教學評鑑。

2.**功能：**

(1)可以蒐集課程發展歷程中的所有相關資訊，並診斷問題。

(2)可以瞭解課程目標的達成程度，及提出改善策略。

(3)可以評估課程實施績效及品質，並進行課程修訂。

(4)可作為相關課程政策的參考及修正依據。

(二)課程評鑑之對象

1.課程設計者的理念。

2.教師及學生的相關表現。

3.學校、課程研究機構等相關單位。

4.課程教材、學校圖書設備等。

(三)課程評鑑的範圍：

1.課程計畫。　　2.教學材料。　　3.教學計畫。　　4.教學成果。

二　課程評鑑之類型

課程評鑑之類型	說明
形成性評鑑	實施於課程發展歷程中，可作為修正課程之參考依據。
總結性評鑑	1.實施於課程發展結束後，可用來評估課程整體的效果。 2.例如：教師在課程實施後，用以判斷課程發展及教學實施績效的評鑑。
依據目標的評鑑	主要在評估預期課程目標的達成程度。
不受目標約束的評鑑	是以整個課程發展為課程評鑑的對象，並不只限於預期課程目標的範疇。

課程評鑑之類型	說明
交流評鑑	強調課程評鑑人員與課程設計人員要進行不斷的互動回饋。
歷程本位的評鑑	是以整個課程發展歷程作為課程評鑑的對象。
結果本位的評鑑	課程評鑑特別重視學生學科知識習得。
測驗本位的評鑑	課程評鑑的結果可以作為學生改善其學習活動的依據。
批判本位的評鑑	關注課程背後的意識型態。
統整評鑑	師生皆是課程評鑑的主體,兼具量化數字與質性描述。
內在標準評鑑	強調課程內在規準,例如:課程組成要素。
外在標準評鑑	強調課程外在規準,例如:課程產出效果。
比較式評鑑	進行不同課程方案的實驗比較。
非比較式評鑑	詳細描述課程的相關背景,依據某些規準評鑑課程實施後,學生的學習表現即可。
內部人員評鑑	由課程設計的內部人員來進行課程評鑑。
外部人員評鑑	聘請校內外專家或學者,非課程設計內部人員,來進行課程評鑑。
後設評鑑	如果評鑑工作要完善適切地達成,則評鑑工作的本身,包括其設計與歷程也需加以評鑑。

三 課程評鑑之模式

課程評鑑之模式	說明
評鑑研究中心模式 (CSE)	課程評鑑相關工作包括:評估、計畫、改進、實施與授證等。
德懷術評鑑 (the Delphi technique)	課程評鑑者運用問卷,不斷地諮詢課程領域的學者專家,以獲得其對課程問題之看法。
自然式探究與評鑑	採用民族誌、個案研究、參與觀察等方法進行課程評鑑。
闡明式評鑑 (illuminative evaluation)	Parlett & Hamilton,強調對課程方案進行描述與解釋。
對抗式評鑑 (adversary evaluation)	邀請課程設計者與課程評鑑者針對課程方案,進行正反兩面的論辯。

課程評鑑之模式	說明
認可模式	內在標準評鑑類型。
助長決定模式 (CIPP)	Stufflebeam，評鑑程序包括： 1. 背景評鑑（context）。 2. 輸入評鑑（input）。 3. 過程評鑑（process）：主要在檢測程序性設計及其實施中的缺失，以提供定期回饋給予負責課程實施工作者。 4. 結果評鑑（product）。
差距模式	Provus，關注預立課程目標與最後學生學習成就之差距。
外貌模式	Stake，充分描述課程的先在因素、過程交流因素與結果因素，再進行和其他課程方案的相對比較。
目標獲得模式	Tyler，關注課程目標的達成程度。
目標導向模式	1. 最大的特色在於強調對教學活動目標的界定，以及確定目標達成的程度。 2. 例如：國立編譯館審查教科書的作為。

重點六　課程理論與研究

一　不同理論基礎的課程觀

(一)各種哲學派別的課程觀

學說派別	課程觀
理性主義	啟迪學生理性與變化氣質。
經驗主義	重視直觀教學與實物教學。
批判主義	注重啟發學生獨立思考的教學方法。
實驗主義	重視體驗學習，強調做中學的概念。
邏輯實證主義	培養學生分析與批判的求知方法與態度。
存在主義	承認每個人的人性價值，喚醒每個人能充分覺知自我性。
建構主義	透過問題情境引發學生進行發現學習與問題解決學習。

(二)各種心理學派的課程觀

學說派別	課程觀
行為主義	課程目標為一連串行為目標的總合，注意刺激與反應之間的聯結。
認知心理學	配合學生的認知發展結構，讓學生可以獲得有意義學習。
人本心理學	以學生為主體，讓學生獲得全人發展。

(三)各種社會學說的課程觀

學說派別	課程觀
和諧論	使學生順利完成社會化與選擇的過程，培育學生成為成熟的社會人。
衝突論	學校課程反映社會統治階級的意識形態，形成社會再製機制。
知識社會學	課程是社會組織的知識，形成文化再製的機制。

二　課程理論與實踐

(一)課程理論與課程實踐之間是相輔相成的關係。

(二)課程理論與課程實踐之間是衝突對立的關係。

(三)課程理論與課程實踐之間毫無關係。

三　課程研究

(一)課程研究典範

　　1.科學化理論。　　2.再概念化學派。　　3.後現代的課程觀。

(二)課程研究類型

類型	研究目的
課程基本研究	建立課程理論，獲取真知。
課程應用研究	提升課程應用價值，重視實用性。
課程行動研究	解決課程問題，進行課程轉化。

(三)敘事探究和課程研究

　　1.敘事探究是一種質性研究中民族誌的形式，係指研究者進入敘說者的生活故事脈絡中，再現其生活經驗。

　　2.**敘事探究的研究焦點：**

　　　(1)學生學習。　　(2)教師教學。　　(3)教育主體的生活經驗。

　　3.可作為課程研究的新途徑，並且幫助教師反省教學，發展批判意識。

重點七　課程改革

一　課程改革歷史脈絡

時間 (民國)	事件	基本概念
83年	「410」民間教改運動	四大教育改革訴求： 1.廣設高中大學。　2.推動小班小校。 3.訂定教育基本法。　4.促進教育現代化。
83年	行政院設立「行政院教育改革審議委員會」	李遠哲任召集人。
85年	「行政院教育改革審議委員會」提出「教改總諮議報告書」	五大教育改革方向： 1.教育鬆綁。　2.帶好每位學生。 3.暢通升學管道。　4.提升教育品質。 5.建立終身學習社會。
87年	教育部提出「國民教育階段九年一貫課程總綱綱要」	九年一貫課程的興起背景： 1.落實教育改革與課程由下而上的改革呼聲。 2.配合社會變遷與提升國民競爭力的理念。 3.執行立法院教育預算編列。
89年	教育部提出「國民中小學九年一貫課程暫行綱要」	五大基本理念： 1.人本情懷。　2.統整能力。 3.民主素養。　4.鄉土與國際意識。 5.終身學習。
92年	教育部提出「國民中小學九年一貫課程綱要」，稱為「92課綱」。	九年一貫課程相關概念： 1.以生活為中心、以學生為主體，培養學生具有基本能力來適應現代生活。 2.強調人文主義的教育精神，帶有後現代思潮之色彩。 3.「課程綱要」取代課程標準，落實學校本位課程發展。 4.理論基礎： 　(1)教育哲學：人文主義及後現代主義。 　(2)教育心理學：建構主義與認知心理學。 　(3)教育社會學：多元文化觀、機會均等及知識經濟等。

時間 (民國)	事件	基本概念
97年	教育部修正「國民中小學九年一貫課程綱要」，稱為「97課綱」。	1.97年5月23日修正總綱、閩南語以外之各學習領域、重大議題。 2.98年7月15日修正國民中小學九年一貫課程綱要語文學習領域（閩南語）。 3.100年4月26日修正國民中小學九年一貫課程綱要語文學習領域—國語文及重大議題。 4.101年5月15日修正發布「國民中小學九年一貫課程綱要」（重大議題性別平等教育、環境教育、資訊教育、人權教育、生涯發展教育、海洋教育）。
103年	教育部訂定「十二年國民基本教育課程綱要總綱」。	自107學年度，依照不同教育階段（國民小學、國民中學及高級中等學校一年級起）逐年實施。

二 97課綱重要考點

(一)修訂背景
1.國家發展的需求。
2.對社會期待的回應。

(二)基本理念
1.教育之目的以培養人民健全人格、民主素養、法治觀念、人文涵養、強健體魄及思考、判斷與創造能力，使其成為具有國家意識與國際視野之現代國民。本質上，教育是開展學生潛能、培養學生適應與改善生活環境的學習歷程。
2.跨世紀的九年一貫新課程應該培養具備**人本情懷、統整能力、民主素養、本土與國際意識，以及能進行終身學習**之健全國民。
3.九年一貫課程基本內涵包括：
 (1)人本情懷方面：瞭解自我、尊重與欣賞他人及不同文化等。
 (2)統整能力方面：理性與感性之調和、知與行之合一，人文與科技之整合等。
 (3)民主素養方面：自我表達、獨立思考、與人溝通、包容異己、團隊合作、社會服務、負責守法等。

(4)本土與國際意識方面：本土情、愛國心、世界觀等（涵蓋文化與生態）。

(5)終身學習方面：主動探究、解決問題、資訊與語言之運用等。

(三)課程目標

1.國民中小學之課程理念應以**生活**為中心，配合學生身心能力發展歷程；尊重個性發展，激發個人潛能；涵泳民主素養，尊重多元文化價值；培養科學知能，適應現代生活需要。

2.國民教育之教育目的在透過**人與自己、人與社會、人與自然**等人性化、生活化、適性化、統整化與現代化之學習領域教育活動，傳授基本知識，養成終身學習能力，培養身心充分發展之活潑樂觀、合群互助、探究反思、恢弘前瞻、創造進取、與世界觀的健全國民。

(四)十大基本能力

1.增進自我瞭解，發展個人潛能。

2.培養欣賞、表現、審美及創作能力。

3.提升生涯規劃與終身學習能力。

4.培養表達、溝通和分享的知能。

5.發展尊重他人、關懷社會、增進團隊合作。

6.促進文化學習與國際瞭解。

7.增進規劃、組織與實踐的知能。

8.運用科技與資訊的能力。

9.激發主動探索和研究的精神。

10.培養獨立思考與解決問題的能力。

(五)七大學習領域

1.為培養國民應具備之基本能力，國民教育階段之課程應以**個體發展、社會文化及自然環境**等三個面向，提供**語文、健康與體育、社會、藝術與人文、數學、自然與生活科技及綜合活動**等七大學習領域。

2.學習領域為學生學習之主要內容，而非學科名稱，除必修課程外，各學習領域，得依**學生性向、社區需求及學校發展特色**，彈性提供選修課程。

3.學習領域之實施，應掌握**統整**之精神，並視學習內容之性質，實施**協同教學**。

4.各學習領域主要內涵：

(1)語文：包含本國語文、英語等，注重對語文的聽說讀寫、基本溝通能力、文化與習俗等方面的學習。

(2)健康與體育：包含身心發展與保健、運動技能、健康環境、運動與健康的生活習慣等方面的學習。

(3)社會：包含歷史文化、地理環境、社會制度、道德規範、政治發展、經濟活動、人際互動、公民責任、本土教育、生活應用、愛護環境與實踐等方面的學習。

(4)藝術與人文：包含音樂、視覺藝術、表演藝術等方面的學習，陶冶學生藝文之興趣與嗜好，俾能積極參與藝文活動，以提昇其感受力、想像力、創造力等藝術能力與素養。

(5)自然與生活科技：包含物質與能、生命世界、地球環境、生態保育、資訊科技等的學習、注重科學及科學研究知能，培養尊重生命、愛護環境的情操及善用科技與運用資訊等能力，並能實踐於日常生活中。

(6)數學：包含數、形、量基本概念之認知、具運算能力、組織能力，並能應用於日常生活中，瞭解推理、解題思考過程，以及與他人溝通數學內涵的能力，並能做與其他學習領域適當題材相關之連結。

(7)綜合活動：指凡能夠引導學習者進行實踐、體驗與省思、並能驗證與應用所知的活動。包含原童軍活動、輔導活動、家政活動、團體活動、及運用校內外資源獨立設計之學習活動。

5.各學習領域之學習階段

(1)語文學習領域：

A. **本國語文：分為四階段**，第一階段為一至二年級、第二階段為三至四年級、第三階段為五至六年級、第四階段為七至九年級。

B. 英語：分為兩階段，第一階段為三至六年級、第二階段為七至九年級。

(2)健康與體育學習領域：分為三階段，第一階段為一至三年級、第二階段為四至六年級、第三階段為七至九年級。

(3)**數學學習領域：分為四階段**，第一階段為一至二年級、第二階段為三至四級、第三階段為五至六年級、第四階段為七至九年級。

(4)社會學習領域：分為四階段，第一階段為一至二年級、第二階段為三至四年級、第三階段為五至六年級、第四階段為七至九年級。

(5)藝術與人文學習領域：分為四階段，第一階段為一至二年級、第二階段為三至四年級、第三階段為五至六年級、第四階段為七至九年級。

(6)自然與生活科技學習領域：分為四階段，第一階段為一至二年級、第二階段為三至四年級、第三階段為五至六年級、第四階段為七至九年級。

(7)綜合活動學習領域：分為四階段，第一階段為一至二年級、第二階段為三至四年級、第三階段為五至六年級、第四階段為七至九年級。

(8)生活課程：一至二年級社會、藝術與人文、自然與生活科技學習領域統合為生活課程。

(六)實施要點

1.實施期程：國民中小學九年一貫課程，自九十學年度起由國民小學一年級開始實施。國小五、六年級自九十學年度同步實施英語教學；國小三、四年級自九十四學年度起同步實施英語教學。

2.學習節數：

(1)全年授課日數以**200天**(不含國定假日及例假日)、每學期上課20**週**、**每週授課5天**為原則。

(2)學習總節數分為「領域學習節數」與「彈性學習節數」：

年級＼節數	學習總節數	領域學習節數	彈性學習節數
一	22-24	20	2-4
二	22-24	20	2-4
三	28-31	25	3-6
四	28-31	25	3-6
五	30-33	27	3-6
六	30-33	27	3-6
七	32-34	28	4-6
八	32-34	28	4-6
九	33-35	30	3-5

3.學校課程發展委員會應於每學年開學前，依下列規定之百分比範圍內，合理適當分配各學習領域學習節數：

(1)語文學習領域佔領域學習節數之**百分之二十至百分之三十**。但國民**小學一、二年級語文領域學習節數得併同生活課程學習節數彈性實施之。**

(2)健康與體育、社會、藝術與人文、自然與生活科技、數學、綜合活動等六個學習領域，各佔領域學習節數之**百分之十至百分之十五**。

(3)學校應配合各領域課程綱要之內容及進度，安排適當節數進行資訊及家政實習。

4.每節上課四十至四十五分鐘（國小四十分鐘、國中四十五分鐘）。但各校得視課程實施及學生學習進度之需求，彈性調節學期週數、每節分鐘數與年級班級之組合。

5.「彈性學習節數」由學校自行規劃辦理全校性和全年級活動、執行依學校特色所設計的課程或活動、安排學習領域選修節數、實施補救教學、進行班級輔導或學生自我學習等活動。

6.學習活動如涵蓋二個以上之學習領域時，其學習節數得分開計入相關學習領域。

7.在授滿領域學習節數原則下，學校課程發展委員會可決定並安排每週各學習領域學習節數。

8.**導師時間及午休、清掃**等時段不列在學習總節數內。有關學生在校作息及各項非學習節數之活動，由學校依地方政府訂定「國民中小學學生在校時間」之規定自行安排。

(七)課程實施

1.組織：

(1)各校應成立「課程發展委員會」，下設「各學習領域課程小組」，於學期上課前完成學校課程計畫之規劃、決定各年級各學習領域學習節數、審查自編教科用書及設計教學主題與教學活動，並負責課程與教學評鑑。學校課程發展委員會之組成方式，由學校校務會議決定之。

(2)學校課程發展委員會成員應包括學校行政人員代表、年級及領域教師代表、家長及社區代表等，必要時得聘請學者專家列席諮詢。

(3)學校得考量地區特性、學校規模及國中小之連貫性，聯合成立校際之課程發展委員會。小型學校亦得配合實際需要，合併數個領域小組成為一個跨領域課程小組。

2. **課程計畫：**

(1)學校課程發展委員會應充分考量學校條件、社區特性、家長期望、學生需要等相關因素，結合全體教師及社區資源，發展學校本位課程，並審慎規劃全校課程計畫。

(2)學校課程計畫應含各領域課程計畫及彈性學習節數課程計畫，內容包含：「學年／學期學習目標、能力指標、對應能力指標之單元名稱、節數、評量方式、備註」等相關項目。

(3)有關性別平等、環境、資訊、家政、人權、生涯發展、海洋等七大議題如何融入各領域課程教學，應於課程計畫中妥善規劃。

(4)各校應於學年度開學前，將學校課程計畫送所屬主管教育行政機關備查，若學校確有需要，得於第二學期開學前報請修正調整，並於開學二週內將班級教學活動之內容與規劃告知家長。

3. **選修課程**

(1)各國民中小學應針對學生個別差異，設計選修課程，供不同情況之學生學習不同之課程。

(2)學生選修各類課程，應考量本身學力程度及領域間之均衡性。

(3)國小一年級至六年級學生，應就閩南語、客家語、原住民族語等三種本土語言任選一種修習，國中則依學生意願自由選習。地方政府若因地區特性及學校資源得開設閩南語、客家語、原住民族語以外的本土語言供學生選習，其課程綱要由地方政府訂之，送中央核備後實施。學校亦得依地區特性及學校資源開設閩南語、客家語、原住民族語以外之本土語言供學生選習。

(4)學校得視校內外資源，開設英語以外之第二外國語言課程，供學生選習；其教學內容及教材得由學校自行安排。

4.在符合領域學習節數之原則下，學校得彈性調整學習領域及教學節數，實施大單元或主題統整式之教學。

(八)教材編輯、審查及選用

1.教科書的編輯，宜以專業為基礎，並在題材與情境上兼顧本土性與國際性。

2.國民中小學教科用書應依據課程綱要編輯，並依法由審查機關（單位）審定通過後，由學校選用。

3.除上述審定之教科圖書外，學校得因應地區特性、學生特質與需求，選擇或自行編輯合適之教材。但全年級或全校且全學期使用之自編自選教材應送「課程發展委員會」審查。

(九)課程評鑑

1.評鑑範圍包括：課程教材、教學計畫、實施成果等。

2.課程評鑑應由中央、地方政府分工合作，各依權責實施：

(1)中央：

　　A.建立並實施課程評鑑機制，評估課程改革及相關推動措施成效，作為未來課程改進之參考。

　　B.建立各學習領域學習能力指標，評鑑地方及學校課程實施成效。

(2)地方政府：

　　A.定期瞭解學校推動與實施課程之問題，並提出改進對策。

　　B.規劃及進行教學評鑑，以改進並確保教學成效與品質。

　　C.輔導學校舉辦學生各學習領域學習成效評量。

(3)學校：負責課程與教學評鑑，並進行學習評鑑。

3.評鑑方法應採多元化方式實施，兼重形成性和總結性評鑑。

4.評鑑結果應做有效利用，包括改進課程、編選教學計畫、提升學習成效及進行評鑑後之檢討。

(十)教學評量

1.有關學生之學習評量，應依照國民小學及國民中學學生成績評量準則之相關規定辦理。

2.教育部為配合高中職多元入學制度之推動，應參酌本課程綱要內容舉辦「國民中學基本學力測驗」，據以檢視學生學習成效，其分數得作為入學之參據。

3.有關國民中學基本學力測驗之編製、標準化及施測事宜，應參照國民中小學課程綱要之能力指標及相關法令之規定辦理。

(十一)師資培訓

1.師資培育之大學應依師資培育法之相關規定，培育九年一貫課程所需之師資。

2.縣市政府及各校應優先聘用通過教育部「國小英語教學師資檢核」且取得國小教師資格之教師擔任國小英語教學。

3.國民中小學九年一貫課程教師資格檢定及教師證書之取得，應依據師資培育法及高級中等以下學校及幼稚園教師資格檢定辦法規定辦理。

(十二) 行政權責

1.地方政府

(1)各級政府應編列預算，進行下列工作：

A. 辦理教育行政人員、學校校長、主任、教師等新課程專業知能研習。

B. 製作及配發相關之教具與媒體，購置教學設備及參考圖書。

C. 補助學校進行課程、教學法之行動研究工作。

D. 成立國民教育輔導團，定期到校協助教師進行教學工作。

(2)地方政府得依地區特性及相關資源，發展本土教材，或可授權學校自編合適之本土教材。

(3)地方政府除應備查學校課程計畫外，並應督導學校依計畫進行教學工作。

(4)配合地區與家長作息特性，訂定「國民中小學學生在校時間」之實施規定。

2.中央政府

(1)教育部應研擬並積極推動新課程實施之配套措施，以協助新課程之實施。

(2)將學習領域課程綱要上網，提供各界參考。

(3)協調師資培育之大學培育新課程之師資，並進行新課程種子教師培訓工作。

(4)配合新課程之推動，檢討修正現行法令，並增訂相關法規。

(十三) 七大重大議題

1.性別平等教育。　2. 環境教育。　3. 資訊教育。

4.家政教育。　5. 人權教育。　6. 生涯發展教育。

7.海洋教育。

三 十二年國民基本教育課程綱要總綱重要考點[1]

(一)基本理念

1.自發。　2.互動。　3.共好。

(二)核心素養分為三大面向及九大項目：

1. 自主行動面向：

(1)身心素質與自我精進。　(2) 系統思考與解決問題。

(3)規劃執行與創新應變。

---

1. 完整的十二年國民基本教育課程綱要總綱，下載網址如下：https://goo.gl/c8nWiA

2.溝通互動面向：

(1)符號運用與溝通表達。　　(2)科技資訊與媒體素養。

(3)藝術涵養與美感素養。

3.社會參與面向：

(1)道德實踐與公民意識。　　(2)人際關係與團隊合作。

(3)多元文化與國際理解。

(三)課程目標

1.啟發生命潛能展。　　　　2.陶養生活知能。

3.促進生涯發展。　　　　　4.涵育公民責任。

(四)學習階段

1.國民小學一、二年級為第一學習階段。

2.國民小學三、四年級為第二學習階段。

3.國民小學五、六年級為第三學習階段。

4.國民中學七、八、九年級為第四學習階段。

5.高級中等學校十、十一、十二年級為第五學習階段。

(五)課程類型

	部定課程	校訂課程
國民小學	領域學習課程	彈性學習課程
國民中學		
普通型高級中等學校	1.一般科目 2.專業科目 3.實習科目	1.校訂必修課程 2.選修課程 3.團體活動時間 4.彈性學習時間
技術型高級中等學校		
綜合型高級中等學校		
單科型高級中等學校		

四　學校本位課程

(一)學校本位課程的相關內涵

1.學校本位課程是訴求**以學校為課程改革主體，以教師為課程發展核心，以學生為課程實踐目的**，有助實現民主教育的真諦及促進社會的進步。

2.換言之，其是一種**由下而上的草根式課程發展**；其具有自主性、參與性、多元性、統整性、專業性與人文性等特質，有助於提升教師專業知能與學校效能，更能幫助學生獲得適性發展。

3.學校本位課程可以實現以學生為學習主體及提升教師專業發展等教育理想，並實現「學校社區化、社區學校化」的教育理念。

4.最後，學校本位課程可以**打破過去僵化的課程設計**，使學校課程能反映學校師生個別需求和在地性知識特色，教師不再只是課程的執行者，更是規劃者、決策者，學校本位的課程使教師有發揮專業自主的空間。

(二)學校本位課程的理論基礎

1.以學校為主體：學校本位課程發展所發展出的學習方案應是以學校內的學生為主，在學校擁有課程自主權的前題下，考量學校和社區環境，配合學校的個別需求和學生興趣而發展。

2.強調分享與參與：學校本位課程發展重視多元參與，參與成員包含校內的行政人員、教師、學生，以及家長、社區人士，甚至校外的專家。

3.兼重歷程與結果：學校本位課程發展包括計畫、設計、應用和評鑑等歷程，也包含課程的選擇、設計以及創新的成果。

4.重視教師專業成長：學校本位課程發展係以教師專業為核心，只有配合教師的專業成長，才有辦法有效發展學校本位課程

(三)學校本位課程發展模式為情境分析模式

1.情境分析模式包括分析情境、擬定目標、設計教與學的課程方案、詮釋及實施課程方案、評鑑與評估等五項構成要素。

2.情境分析模式將課程設計與發展置於社會、學校的文化脈絡中。

3.情境分析模式並不預先確立教育目的與手段，而是視課程為一有機的整體，並根據社會文化方面的探討來決定課程內涵。

(四)OECD（The Organization for Economic Cooperation and Development，歐洲經濟合作發展組織）的學校本位課程發展程序：

1.分析學生。

2.分析教學資源與教學情境限制因素。

3.訂定學校願景的哲學信念與教育價值的一般目標，及了解學生學習背景及所應具備能力的特殊目標。

4.確立評量方法和工具。

5.健全相關評鑑機制，進行內、外部，近程、中程或長程的評鑑。

(五)需求評估與學校本位課程評鑑

1.需求評估是指透過多元策略，以瞭解各利害關係人的需求，並予以回應的歷程，需求評估之要項如下：

(1)利害關係人是誰（Who）。

(2)需求是什麼（What）。

(3)為什麼會有這些需求（Why）。

(4)需求評估的進程為何（When）。

(5)要在何處進行需求評估（Where）。

(6)如何進行需求評估，以回應利害關係人的需求（How）。

2.透過需求評估，可以有效分配資源，提升資源的有用性及組織運作的正當性。

3.以學校本位課程評鑑為例，說明需求評估要項的應用：

(1)學校本位課程評鑑係指由學校內部成員扮演評鑑者的角色，針對學校課程的發展、設計、實施等各層面進行自發性的評估與檢視。

(2)換言之，學校本位課程評鑑係以學校為本位，由學校成員根據學校情境條件，對學校課程進行實施成效的分析與反省，據此修正課程理論與實際。

(3)在學校本位課程評鑑過程中，應先瞭解學校本位課程的主要利害關係人員為教師、學生、學校行政人員、家長、社區代表等。

(4)在進行學校本位課程評鑑時，可以思考採用**三角檢測法或360度回饋**，例如：訪談法、觀察法、文件分析法等，以擴充評鑑資料、方法、人員的多元性，強化評鑑的有效性，深入瞭解每個利害關係人的需求及產生需求原因。

(5)在制定學校本位課程評鑑指標及目標時，應將各利害關係人的主張納入，且應透過參與決定的模式，讓各利害關係人得到共識。

(6)可以學校本位課程評鑑的開放互動平台，落實多元溝通，以掌握及回應各利害相關人的需求。

(7)應健全相關法規，擬定完善的母法與施行細則，以使學校本位課程評鑑有法源依據。

五 學校特色課程

(一)發展學校特色課程的目的

1.學校特色課程呈現出**符合Skilbeck的情境分析模式**，亦即根據學校情境脈絡，進行彰顯學校特色的課程設計。

2.可彰顯出學校本位課程發展之特色。

3.可展現以學生為主體的教育信念及促進教師專業發展。

(二)學校發展特色課程的策略

1.合宜的學校特色課程發展原則如下：

(1)**活化空間**：利用多餘校舍空間，發揮創意經營與實質效益。

(2)**學校品牌**：以空間特色突破發展，形塑「特色學校」的風格。

(3)**永續環境**：珍視環境永續與生態教育概念，打造新概念的校園。

(4)**優質課程**：設計有學習意義之特色課程。

(5)**夥伴關係**：積極和在地產業文化、文史工作室、民間業者等策略結盟。

2. 應要求學校行政人員應給予教師行政資源與幫助，使教師有能力協助學校本位課程發展順利。

3. 而校長應鼓勵教師時時學習進修，教師同儕宜採協同教學等方式，共同合作進行合乎學校地區特色的課程設計。

4. 應發展健全的學校本位課程評鑑，落實後設評鑑，以提升學校本位課程發展品質。

重點八 教學的意義

一 教學的基本概念

項　目	說明
定　義	1. 最早出現：禮記・學記篇：「古之王者建國君民，教學為先」。 2. 教學是施教者依據學習的原理原則，運用適當的技術與方法，增進受教者學到有認知意義或有價值的目的的一種價值性活動。 3. 教學具有科學性質與藝術性質。
基本假設	1. 教學以增進個別學習為目的。 2. 教學應使學習者能有效學習。 3. 教學設計應考慮從目標分析到教學評量中每一步驟的聯結性。
教學規準	1. 目的性。2. 釋明性。3. 覺知性。4. 認知性。5. 價值性。6. 自願性。7. 道德性。
教學要素	1. 教師。2. 學生。3. 教學目標。4. 課程教材。5. 教學策略。6. 教學情境。

二 重要教學觀

教學觀	說明
效能（Effectiveness）／效率（efficiency)導向	重視學生基本能力的發展。
人本導向	學習應以學生為中心，以建構一個充滿人味的教育。

教學觀	說明
建構主義導向	學生主動建構本身價值與概念意義體系。
批判導向	師生成為具有自覺意識與自決行動能力的主體。

三 舒爾曼（Shulman）的專業教師知識

(一)學科領域知識。　　　　　　　(二)一般教育學知識。

(三)課程文本知識。　　　　　　　(四)學科教學內容知識。

(五)瞭解學生個別差異的知識。　　(六)教育情境脈絡的知識。

(七)教育哲學與教育歷史的知識。

重點九　教學的理論

一 教學的理論基礎

理論基礎	說明
教育哲學	1.理性主義：啟發式教學法、問答教學法。 2.經驗主義：直觀教學、實物教學。 3.建構主義：學生主動建構本身的知識概念及價值意義體系。
教育心理學	1.行為主義心理學：學習是一連串刺激與反應的聯結歷程。 2.認知心理學：培養學生主動的有意義學習，「學生需要學習如何學習」。 3.人本心理學：讓學生獲得全人發展。
教育社會學	知識社會學、教學社會學、班級社會學等。

二 重要教學理論

教學理論	代表學者	說明
操作制約學習理論	Skinner	1.理論基礎：行為心理學。 2.影響：編序教學、電腦輔助教學、精熟學習、行為改變技術、代幣制與凱勒計畫。 3.藉由刻意安排的學習情境，透過增強策略，塑造預期的行為。 4.認為「給我一個孩子，我可以訓練成任何你想要的樣子」。

教學理論	代表學者	說明
發現式學習	Bruner	1. 屬於認知論的學習觀點，強調學生主動學習的可能性。 2. 教學情境的結構性必須符應學生的認知發展表徵。 3. 強調認知是一種過程，而非一種成果的學者。
有意義學習	Ausubel	1. 闡釋型教學，重視學生學習前的前導組體及先備知識（影響學生學習的首要因素）。 2. 影響：接受式學習、講述式教學。 3. 學生能有意義連結新、舊基模，獲取新的學習歷程。 　前導組體： (1) 教師在教學之前如提出一個「比學習材料本身具有較高抽象性、一般性及涵蓋性的引介材料」。 (2) 可以提供先備知識並促進外在聯結，是協助學生理解之教學策略。 (3) 結合舊概念與新概念，並有利於學習的教學步驟。 4. 前導組體設計的差異性原則：教師教導歐美學生學習佛教，以「佛教和基督教的不同」做為例子。
訊息處理學習理論	Biehler	1. 教導學生應用不同的學習策略，例如：串結法 SQ4R、字鉤法等，來促進學習效果。 2. 建立知識分類的心理學基礎。
認知發展理論	Piaget	1. 認為學生可以積極主動地學習，建構本身的意義價值體系。 2. 依據學生的思維方式進行教學。
社會建構理論	Vygotsky	1. 亦稱為社會認知發展理論，主張社會文化是影響學生認知發展的重要因素。 2. 可能發展區：兒童實際發展水平，與經他人協助時可能達到水平間的差距，需利用可能發展區來產生教學最佳效果，並適時輔導學生。 3. 主張教師在學生的學習過程中應扮演「鷹架」（scaffolding）角色。 4. 強調教師當於學生學習主要關鍵時刻予以協助。
後Piaget認知發展理論	Donaldson	1. 強調社會文化與情境經驗脈絡在兒童認知發展中的重要性。 2. 使用內在（個人認知結構）及外在（社會文化情境）的文化約束來幫助學生學習。
互動學習論	Bandura	1. 亦稱為「學習三元論」、「社會學習論」身教重於言教，強調在社會情境中個體的學習是經由觀察學習和模仿之連結過程產生。

教學理論	代表學者	說明
互動學習論	Bandura	2. 重視認知與環境對行為學習的作用,主張個人的期望價值觀會受到其本身行為的影響而強化或改變,性別角色的心理發展亦是個體在生活環境中模仿楷模而來。 3. 個人不一定需要直接經驗,只要觀察楷模的行為結果,就可以獲得學習。 4. 個體的行為並非是被動地受限於環境的影響。 5. 教學事項 (1)對學生應有適切期望。 (2)安排環境影響學生自我概念。 (3)善用獎勵措施。 (4)「見賢思齊」、「以身作則」。 6. 影響:教學演示、觀摩教學與示範教學。
學習階層論	Gagn'e	1. 兼具統合性與處方性的教學目標分類。 2. 每一學科都包括五類教學目標:心智技能、認知策略、語文知識、動作技能、態度,「問題解決學習」是心智技能學習的最高層次能力。 3. 將人類學習階層分為八類:訊號學習、刺激反應聯結的學習、連鎖作用、語文聯結、多重辨別、概念學習、原則學習、解決問題。 4. 學習階段:引起動機階段、理解注意階段、獲得訊息階段、保持訊息階段。
情境認知學習理論	Lave	1. 亦稱為「情境學習論」,主張豐富學習資源與多元學習策略的重要性。 2. 強調學習發生於真實的社會文化情境中。 3. 主張學習者的學習過程猶如拜師學藝般由周邊參與擴展至核心。
人本心理學的學習理論	Maslow、Combs、Rogers	1. 培養學生健全人格,獲得適性發展。 2. 影響:開放教室、合作學習、當事人中心治療法。
合作學習理論	Slavin	1. 團體探究法。 2. 共同學習法。 3. 拼圖法。 4. 合作整合閱讀與寫作法。 5. 小組輔助個別化學習法。 6. 小組遊戲競賽法。 7. 學生小組成就區方法(STAD)。

教學理論	代表學者	說明
創造思考 教學理論	Torrance	創造力具有流暢性、變通性、獨創性與精緻性之特徵。
建構主義	Piaget、 Vygotsky	1. 一切意義皆起於認知主體。 2. 提供學生真實複雜的問題情境，並採多元的評量工具，以瞭解學生真實能力。

三 重要教學原則

運用時間	教學原則	說明
教學前	準備原則	1. 中庸：「凡事豫則立，不豫則廢。」 2. 學記：「禁於未發之謂豫。」 3. 教師在教學前要作好充分準備，如教室布置、教具準備等。 4. 學生的準備包含動機、驅力、成熟度等。 5. 教學之前教師要先引起學生學習的願望，並對學生說明教材的功用和價值，以使學生在心理上有所準備。 6. 強調學習動機。
	類化原則	1. 杜威名言：「教育是經驗不斷成長的歷程」，在學習歷程中，新經驗建立在舊經驗基礎上。 2. 例如：有一位教師在教學中常會舉例，也擅於運用比喻。
教學中	興趣原則	1. 興趣是重要學習動機。 2. 孔子：「知之者不如好之者，好之者不如樂之者」。
	自動原則	1. 注重學生的自動與自發。 2. 孔子：「不憤不啟，不悱不發，舉一隅不以三隅反，則不復也。」
	主動原則	1. 杜威所提倡的「由工作中學習」。 2. 學習者是主動詮釋外來的訊息，而不是被動接受訊息。
	個性適應原則	1. 適應學生的個別差異。 2. 孟子：「以先知覺後知，以先覺覺後覺，以中養不中，以才養不才。」
	MASS 模式原則	1. Yelon提出，其重要著作為「教學的重要原則」（Powerful Principles of Instruction）。 2. M：是動機（Motivation）。 3. A：是理解（Awareness）。 4. 第一個S：是技巧（Skill）。 5. 第二個S：是自我評估（Self-estimate）。

運用時間	教學原則	說明
教學中	社會化（共同參與）原則	1.培養群性。 2.重視學生的共同參與。
	精熟（熟練）原則	1.桑代克的練習律。 2.學生能達成精熟學習。
	完整學習原則	1.完形心理學。 2.整體大於部分之合。
教學後	同時學習原則	1.教師教學時應兼顧認知、情意、技能三方面的教學目標 2.主學習：教學時所要達到的行為目標。 3.副學習：與主學習有關的知識概念。 4.輔（附）學習： (1)進行學習時所培養的情意態度。 (2)在學習歷程中，同時養成良好的習慣、精神、態度與理想。 (3)例如： 　A.歷史課中介紹忠臣義士的事蹟，而使學生潛在的培養道德情操。 　B.以數學領域之教學為例，學生能增進對數學的喜愛 　C.依克伯屈（W. H. Kilpatrick）之見解，因鴉片戰爭而產生民族意識和同仇敵愾之心，屬於附學習。

重點十　教學設計

一　教學目標

(一)傳統分類

1.一般的、非特定的教學目標：指廣泛的教學目標。

2.高度特定的教學目標，其目的在溝通教學意向給學習者，主張要以可觀察測量的行為目標來呈現學生的學習。

(二)課程領域的分類

1. 學科教學目標。　　2. 單元教學目標。　　3. 行為目標。

(三)我國各教育階段的教學目標

1.**幼稚教育〈幼稚教育法〉**：幼稚教育的目標以健康教育、生活教育及倫理教育為主，並與家庭教育密切配合。

2. **國民教育〈國民教育法〉**：以養成德智體群美五育均衡發展之健全國民為宗旨。

3. **高級中學〈高級中學法〉**：陶冶青年身心，培養健全公民，奠定研究學術或學習專門知能之預備為宗旨。

4. **職業學校〈職業學校法〉**：教授青年職業技能，培養職業道德，養成健全之基層技術人員為宗旨。

5. **專科學校〈專科學校法〉**：教授應用科學與技術，養成實用專業人才為宗旨。

6. **高等教育〈大學法〉**：以研究學術，培育人才，提升文化，服務社會，促進國家發展為宗旨。

二　教學設計

(一)基本概念

1. 意義：是一個分析教學問題、設計解決方法、對解決方法進行試驗、評量試驗結果，並在教學評量基礎上修改方法的過程。

2. 在教學設計時，決定學習目標的參考依據：

   (1)**學習者特性。**　　(2)**表現水準。**　　(3)**個別學習差異。**

3. 教師可以「省略」教學單元中的某些目標，主要是對學生已做好「預估起點行為」教學歷程。

(二)葛拉塞（Glaser)教學設計的一般模式〈GMI〉

1. **一般教學模式（基本教學歷程)**：General Model of Instuction

2. **分析教學目標**：診斷起點行為、設計教學活動、進行教學評量（回饋環線）。

3. **圖示**：

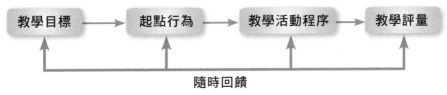

(三)齊伯樂（Kibler)的教學一般模式

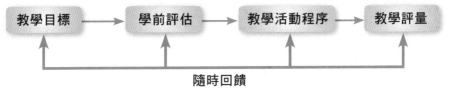

(四)教學模式中的正確做法

1.決定目標之前要先分析學生的學習需求。

2.評鑑是教學中及教學後都要進行的工作。

3.發展和使用資源是在實施教學之前。

三　教學設計其他模式

(一)線性模式（ASSURE模式）

1. *A*：Analyze learners：分析學習者。

2. *S*：State objective：陳述學習目標。

3. *S*：Select media and materials：選擇教學媒體與教材。

4. *U*：Utilize media and materials：使用教學媒體與教材。

5. *R*：Require learner participation：要求學習者的參與。

6. *E*：Evaluation：進行教學評量及修正。

(二)建構觀的教學模式（R2D2）

1.R2D2全名為"Recursive Reflexive Design & Development Model"，中文翻譯為「循環反省設計與發展模式」，是由學者J. Willis於1995年提出的。

2.三特徵：

(1)界定焦點（未提教學目標）。

(2)設計與發展焦點。

(3)傳播焦點（沒有總結性評量，鼓勵學生自己設定個人目標，進行不同的學習活動）。

(三)ARCS模式

1.Keller所提出的教學設計模式。

2.ARCS之意義

(1) *A*（attention）：引起學習者的注意力。

(2) *R*（relevence）：滿足學習者的個別需求。

(3) *C*（confidence）：建立學習者完成學習活動的動機與信心。

(4) *S*（satisfaction）：讓學習者從學習成果中獲得內在的自我肯定。

重點十一　教學方法

一　偏向認知領域的教學方法

教學方法	說明
講述教學法 (注入式教學法、 講演法)	1.理論基礎為理性主義，以教師為本位，強調啟發學生理性。 2.適用於大班教學，符合經濟效益。 3.教學程序：揭示綱要→詳述內容→綜述要點。
概念獲得教學法	1.教師能定義一個概念，選擇概念所包含的屬性特徵，準備正反例和學生一起討論，促使學生能夠詳細定義概念辨別屬性差異。 2.換言之，透過教學歷程讓學生獲得概念。
啟發教學法	1.孔子、蘇格拉底（產婆法）為代表，赫爾巴特首次正式提出。 2.孔子所強調的「學而不思，則罔；思而不學，則殆」。 3.有關思考或概念的教學宜採啟發教學法。 4.詰問法屬於啟發式的教學法。
創造思考教學法	1.幫助學生發展創造思考能力的教學法。 2.Wallas提出創造思考歷程： 　準備期→潛伏期→豁朗期→驗證期。 3.教學法： 　(1)腦力激盪術。　　(2)檢核表技術。 　(3)屬性列舉法。　　(4)局部改變法。 　(5)棋盤法。 4.腦力激盪法是由Osborn所倡導，強調集體思考，鼓勵參加者於指定時間內，構想出大量的意念，並從中引發新穎的構思 5.檢核表技術：從一個與問題有關的列表進行旁敲側擊，尋找出線索以獲得觀念的方法。
情境教學法	1.代表學者：Collins、Brown、Newman。 2.認知師徒制、錨式教學。
討論教學法 (小組討論法、 團體討論法)	1.將班級分為若干小組，對於某主題概念進行討論之教學法。 2.不講求一個特定的答案的，它鼓勵更多不同的適合答案 3.菲力普66（Phillips 66）小組討論法主張：小組成員六人、討論六分鐘、以引發對問題之關注為主。 4.小組討論屬於「社會化教學法」。

教學方法	說明
問題〈思考〉教學法	1. 提出者：杜威。 2. 教學步驟：提出問題→分析問題→提出假設→分析假設→選擇假設→驗證假設。 3. 特別強調情境設計，有利於增進學生的批判思考（critical thinking）。
探究教學法 (問思教學法)	1. 代表學者：Suchman。 2. 係指教師布置問題式教學情境，以引起學生學習動機，進而主動形成解決問題策略的教學方法。 3. 教學步驟：引起動機、歸納原理原則、證明及應用問題解決策略、價值澄清與實踐。 4. 可以讓學生瞭解學習價值，以及體認參與認知和思考的探究過程。 5. 基本模式：確認問題、準備陳述研究目標、蒐集資料、解釋資料、發展暫時性的結論、複製。 6. 探究教學法之類型： (1)發現式探究教學法（Inquiry by discovery）。 (2)推理性探究式教學法（Rational inquiry）。 (3)實驗式探究教學法（Inquiry by experimentation）。
發問教學法	1. 問題分類：聚斂性、擴散性。 2. 發問、提問、候答、理答等技巧。
發現教學法	1. 現代的啟發式教學法，強調可以產生最大學習遷移，幫助學生記憶並學習「如何學習」。 2. 換言之，在教學歷程中，教師藉由引導學生透過分析、思考、歸納而自行獲得答案。 3. 教學步驟：發現問題→歸納通則→驗證和應用→價值澄清與建立。 4. 蘇格拉底（Socrates）教學時所用的產婆法（以詰問的方式，逐步引導，讓學生產生知識），也就是發現式教學法。 5. 布魯納提倡的「發現教學法」乃是希望學生發現「知識結構」。
批判思考教學法	培養師生具有批判思考能力的教學方法。
建構主義教學	1. 重視學習者認知策略的特殊性，與「後設認知」概念相關。 2. 教學上，教師鼓勵學生主動探索，知識及意義體系是經由師生互動協議而來。 3. 強調學習者自我學習及建構能力。

教學方法	說明
直接教學法	1.最具教師中心取向的成分，是由教師直接將教學目標清楚陳述後，依照所劃分為部分相關聯的教學內容，透過訂正性的回饋伴隨練習，以達到精熟學習。 2.教學步驟：(1)引起動機，(2)呈現教學目標，(3)喚起先備知能，(4)呈現內容及舉例，(5)練習及回饋，(6)檢核學習結果，(7)加深加廣或補救教學，(8)總結。 3.在常見的教學模式中，適用於教導學生記憶事實，學習動作技能，以及簡單的讀、寫、算技能的教學方法。
接受式學習	學習內容經由教師邏輯組織後，以定論呈現最後形式，有系統的提供學習者進行有意義學習之教學方法。

二　偏向情意領域的教學方法

教學方法	說明
欣賞教學法	1.透過「藝術」、「道德」與「理智」的欣賞，使學生健全發展情性與理性。 2.以涵養情操為主要目的。
價值澄清法	1.**提倡者：Raths**，重視價值獲得的歷程，並且強調價值與生活經驗的結合，主要達成情意領域方面的目標。 2.**教學步驟**：選擇→**珍視**→**行動**〈表現〉。 3.教學歷程：瞭解期、關聯期、評價期與反省期。 4.評價期：使學生敘述那些該做、那些不該做，亦即讓學生的價值和情感表露出來。 5.經常採用的教學活動：討論活動。
角色扮演教學法	1.教師透過故事問題情境的教學設計，讓學生藉由扮演故事中人物，再經由共同討論，讓學生能夠瞭解每個角色的真實價值。 2.適合「情意」方面的學習。 3.當教師的教學要著重於增進學生設身處地洞察人際關係，嘗試不同情境的行為模式，進而增進其適應未來生活的能力，較適合採用角色扮演法。
道德討論教學法	1.Kohlberg，兩難故事的道德教學情境。 2.「道德故事的討論」有助於提昇學生的道德水準。 3.認知發展論的道德觀，間接取向的道德教學。

三　偏向技能領域的教學方法

教學方法	說明
練習教學法	1.讓學生對於某些技能動作，反覆練習，達到精熟的正確反應。 2.練習方式： 　(1)整體練習和部分練習。　　(2)集中練習和分散練習。 　(3)過度練習。　　　　　　　(4)嘗試回憶和純讀法。 3.原則：(1)採用全部練習法、(2)練習方法要多變化、(3)顧及個別差異。 4.例如：適用於低年級語文科注音符號教學。
設計教學法	1.起源：Richards；提倡者：**克柏區**，教學目標在指導學生養成某種動作技能。 2.設計教學法原則： 　(1)統覺類化。(2)歸納與演繹聯合運用。(3)自動化。 3.設計教學法的步驟：決定學習目的、擬訂學習計畫、實際執行活動、評鑑學習。 4.例如：學生要瞭解福爾摩莎的歷史典故，老師引導他們參訪博物館，並在過程中提供適當學習單輔助學習。
發表教學法	1.教師鼓勵學生運用多元方式來表達真實自我的教學方式。 2.可以培養學生適時呈現觀點或情感。 3.例如：指導兒童背誦詩詞。

四　個別化取向的教學方法

教學方法	說明
編序教學法 (循序自學法、計畫學習法)	1.**代表學者**：Skinner。 2.先將教材加以分析成許多細目，前一細目引導後一細目，使學生循序依自身能力學習，可適應學生的個別差異，培養學生自學態度和能力。 3.換言之，將教材按照程序，編成許多細目以便學生自習，學生藉由教材從簡而繁由淺入深的順序學習，就像階梯一樣，循序漸升，強調及時回饋，最後達到預定的教學目標。 4.特色： 　(1)先確定學生的起點行為。 　(2)依據後效強化原理，較常利用直線發展的編序方式。 　(3)是一種個別化教學方式，可以採用機器輔助教學。 　(4)主動學習。 　(5)主張採逐步測量的方式測驗學生。 　(6)較適合智能中下學生。

教學方法	說明
編序教學法 (循序自學法、計畫學習法)	5.應用學習原理： (1)立即增強。(2)行為塑造。(3)繼續增強。(4)漸進訓練。
精熟教學法	1.Bloom提倡，運用個別化教學，主張任何教師幾乎能夠協助所有學生成功的學習。 2.學生的學習成就，受到可變因素（起點行為與親子關係）以及不可變因素（社經地位與智力）之間的交互作用決定。 3.特色： (1)精熟程度：80~90%。 (2)每個單元須確立具體目標。 (3)實施每個單元學習結束時，須實施診斷一進步測驗。 (4)單元目標須定有精熟標準。 4.強調以升學為目的的學校教師，在其教學方法上時常會採用精熟教學法。 5.卡羅與布魯姆等倡導精熟學習，卡羅並以一公式來代表學習程度。他認為學習程度等於「學習者真正用在學習的時間」除以「學習者應該要使用在學習的時間」。請問在此公式中影響學習者用於學習時間的因素是：學習機會、毅力。 6.精熟學習法所主張的教學情境是「教師對班級學生的團體教學，再輔以學生的自我校正學習」。 7.例如：通常王老師完成一個單元教學後都會實施測驗，也會對測驗成績較差的學生進行補救教學。 8.「人一能之，己十能之」，且結合一般的班級教學與回饋校正的技術。 9.主要調整下列「學習時間的彈性化」，來達成學生個別化學習的需求。
個人化系統教學法	1.提出者為F.S.Keller，具備「學生自我控速」、「助理制度」等特色。 2.精熟程度：90% or 100 %，教師幾乎可不用授課，而由學生自我學習到熟練。 3.係指希望改正傳統教學中學生過於依賴教師教學的習慣，而去培養學生獨立自學的能力。
自學輔導法	1.道爾頓制： (1)美國女教師派克赫斯特（Helen Parkhurst）提出了道爾頓制，這是在麻州道爾頓中學實施的個別化教學。 (2)企圖採用彈性分級及契約學習為主要編制的教學制度。 2.文那特卡制。

五 合作取向的教學方法

教學方法	說明
協同教學	1.異於一般傳統的班級教學，二個以上的教師及助理人員，共同組成一個教學團隊，進行多元教學活動，以提升教學品質。 2.換言之，是由兩位或多位老師，另外可有或可無教學助理，共同合作計劃在一適當的教學場所，以及特定的時間裡，運用教學團隊裡各個老師的專才能力，對一個或多個班級進行教學和評量。 3.由教師、實習教師、視聽教育人員等組成教學小組，共同研擬設計教學計劃，分工合作完成教學。 4.教學方式：大班教學、分組活動及獨立學習。 5.協同教學使用的主要理由： (1)教師專長分工。(2)實踐課程統整之做法。(3)節省課程準備時間。 6.協同教學有助實施大單元或統整主題式的教學，且可適應教師的個別差異。 7.例如：某校一年級英語教師有三位，就其專長分配教學工作，李師負責發音及拼字部分，林師負責句子結構與語法，而張師則負責英語歌曲及聽力練習部分。
合作學習教學法	1.「組間同質，組內異質」的分組原則，希望透過合作學習來提昇學習效果，並增加學生人際互動機會與人際能力。 2.換言之，係指上課時將學生依其性別、能力等因素，分配到一異質小組中，教師鼓勵成員彼此協助、相互支持，以提高學習成效，達成團體目標。 3.方式：學生小組成就區分法（STAD）、小組遊戲競賽法（TGT）和拼圖法第一代、第二代與第三代等。 4.特色： (1)培育團隊精神（群性）。　(2)異質分組，組內合作。 (3)同等成功機會。　　　　　(4)團體獎賞（小組酬賞）。 (5)個人績效。　　　　　　　(6)小組遊戲競賽法。 (7)建立正向相互依賴及個別可靠性。 5.「拼圖法」合作學習的特徵： (1)將學習單元分成多個不同的主題。 (2)同一個小組中每一位成員都是專家，需要學生組成「專家小組」共同學習。 (3)重視小組的異質分組。 6.學生小組成就區分法（STAD）採用「進步分數」的設計。 7.教師實施合作學習時，通常每組學生人數四至六人最恰當。 8.教師在實施合作學習的時候，透過「學習歷程的回顧」，可有效改善學習者的技巧與態度。

六　電腦教學

(一)基本概念

1. 電腦輔助教學為一種個別化教學，其可以讓學生根據本身的學習精熟程度，決定自己的學習進度，所以是最能適應學生個別差異的一種教學策略。

2. 原則：

(1)應用**立即增強原理**。

(2)符合「**適應個人的學習速度**」教學原則。

(3)**個別化教學**。

(4)**自動原則**。

(二)進階概念

1. 替代經驗：在電腦設計的虛擬實境中與污水處理廠互動。

2. 在計畫「認識火山爆發的過程」單元的教學活動時，為了讓學生獲得較具體的替代經驗，教師可能運用「虛擬實境」及「觀賞影帶」。

重點十二　教學技術

一　發問

(一)提問

1. 各類問題應兼顧，開放性問題多於封閉性問題，且須考量到學生的個別差異。

2. 教學前即決定要發問的問題，使每個學生都有回答的機會。

3. 由淺入深、由易而難，有順序性的發問。

4. 營造開放支持的班級氣氛，並給予適當的候答時間，鼓勵學生踴躍回答。

5. 利用轉問技巧，讓更多學生可以參與討論。

6. 教師向班級學生發問問題時，向全班發問，候答一段時間，再指名回答。

(二)候答

1.係指教師在發問後不重述問題，候答時間一般應以至少三秒鐘為原則。

2.教師不要太早對學生的發問內容進行判斷。

3.教師避免自問自答。

(三)理答

1.注意傾聽學生的發言，增加師生彼此問答時間。

2.對於學生的任何回答皆給予正向的教師回饋。

3.教學結束後，教師應根據學生的答案，檢討發問問題的適切性。

二 講述

(一)多元的肢體語言與非肢體語言，並配合教學科技媒體的應用。

(二)口齒清晰，態度誠懇專業。

(三)適時提示課程重點概念。

三 討論

(一)**意義**：一群人聚集在一起，為了達成某一教學／學習目標，透過言語表達，傾聽對方和觀察手勢表情等過程，彼此溝通意見之教學技術。

(二)**原則**

1.鼓勵自由發言，以及提升學生參與程度。

2.確定討論主題，並掌握討論時間。

3.教師講評時，應具體指出各組討論的優缺點。

4.成功的討論，成員以五～八人最理想。

(三)**座位安排**

1.**圓形**：適用於全班討論。

2.**弧形**：適用小組討論。

3.**長桌形**：會議或座談會。

4.**方形**：小組討論或座談會。

5.**馬蹄型**：適合教師進行講述教學法、表演課、問題討論教學的教學法進行。

四　示範教學（WASDM）

(一)*W*（will）：先預告學生他們將表現某項教學動作。

(二)*A*（attend）：引起學生的注意。

(三)*S*（say）：對學生陳述教學動作的每一個步驟。

(四)*D*（do）：教師在學生面前示範教學動作。

(五)*M*（memorize）：要求學生記得每一個動作。

五　教材選擇

(一)系統知識原則。　　　　(二)歷史尚存原則。

(三)效用原則。　　　　　　(四)興趣原則。

(五)社會發展原則。

六　概念圖

(一)概念圖法有助評鑑學生理解層次的概念發展情形，包括鎖鏈圖、階層圖、蜘蛛圖等。

(二)**蜘蛛網式構圖分析**：以主概念為中心，其他次要概念環境在旁成為一個網狀概念圖。

(三)**圖譜區分法**：找出全課的屬性，將屬性之間的關係透過普遍可以理解的圖式來呈現。

重點十三　教學評量

一　教學評量的基本概念

(一)教學評量的意義及目的

　　1.教學評量係指有系統的收集學生學習行為的資料，加以分析處理之後，再根據預定之教育目標給予價值判斷的歷程。

　　2.在收集學生資料時，可以依據實施測驗的結果，也可以根據教師平時的觀察所得，評量判斷則可以依據測量得來的數據，也可以根據觀察得來的品質描述。

3.教學評量包括三大部分，即教師的教學效率之評量、學生的學習成就之評量與課程設計實施之評量；評量重點包括：**(1)教學過程**、**(2)教學準備**、**(3)教學改進**。

4.教學評量不是教學歷程的終點站，其亦可視為是下一個教學歷程的開始點，且可作為教師進行反省教學之用。

5.教學評量之目的「分析教學得失及診斷學習困難」，教師進行教學評量時，應該要依據「教學目標」。

6.總之，教學評量是教學後根據教學目標對學生學習結果所做的綜合評價歷程。

(二)**教學評量的功能**

1.**在教學上**：

(1)幫助教師對學生起點行為的確定。

(2)使教師建立確實可行的教學目標。

(3)協助教師了解教學目標達到的程度。

(4)可根據教學評量結果，改進教學方法。

2.**在行政上**：

(1)具有協助學校與教育行政人員，選擇與決定教育策略的功能。

(2)協助學校與教育行政人員，制定相關之課程與教學計畫的功能。

3.**在輔導上**：

(1)協助學生藉由教學評量，瞭解自己的學習狀況。

(2)有助教師診斷學生的學習困難。

(3)根據教學評量之結果，輔導學生改善學習策略。

4.**教學評量的四項功能**：安置、改進、診斷、激勵。

(三)**目前教學評量所產生的問題**

1.教師過度重視教學評量的成果表現，忽略教學原有之目標。

2.教師將教學評量視為教學的結果，是教師教學的最終評比。

3.教師多將紙筆測驗視為教學評量的最佳選擇。

4.教師視教學評量為教學活動的最後一個步驟。

5.教師將教學評量知結果化約為數字，未能有重視評量背後所蘊含之真意。

(四)**未來教學評量之改進方向**

1.教學評量應依據教學目標制訂。

2.教學評量應顧及學生的全面發展。

3.教學評量的方法應彈性多元。

4.教學評量應兼顧歷程與結果。

5.教學評量的結果應妥善應用與正確解讀。

二 教學評量對於教師的教學與學生的學習之意義

(一)「教學評量」對教師教學及學生學習之意義

1.教師的教學層面：

(1)可幫助教師對學生起點行為的確定，且可根據教學評量結果，改進教學方法。

(2)可協助教師建立確實可行的教學目標，並讓教師確實了解教學目標達到的程度。

(3)有助教師診斷學生的學習困難，並作為制定相關課程與教學計畫的參考依據。

2.學生的學習層面：

(1)可協助學生藉由教學評量，瞭解自己的學習狀況及發展學習策略。

(2)可幫助學生進行後設認知思考，並找到有意義學習的回饋與線索。

(3)有助維持學生學習動機，進行主動學習。

(二)有助提升教師教學效能及增進學生學習成果的教學評量應用策略

1.在提升教師教學效能方面：

(1)首先，教師可根據教學評量結果，進行教學反省，並瞭解教學目標的達成程度，進而改善教學內容與方法。

(2)再者，教師可運用動態評量，來提升學生認知發展層次，並透過真實評量理念之實踐，來瞭解學生在認知、情意、技能等領域的發展層次，並提出適性教學輔導策略。

(3)最後，教學評量應兼顧歷程與結果，且重視教學評量背後的意義，以促使教學更臻完善。

2.在增進學生學習效果方面：

(1)首先，教師在教學評量方面則應增列部分無固定答案的題目，並可兼採實作評量、真實評量等多元評量，以真正了解學生真實能力，並給予學生適性回饋，以協助學生改進學習策略及保持學習動機。

(2)再者，學生可藉由動態評量的鷹架作用，達到認知發展的最佳發展區，並可藉由真實評量及實作評量之實踐，激發本身實作能力及問題解決能力之發展。

(3)最後，透過檔案評量的實施，也有助學生瞭解本身的學習歷程與結果，必可促進學生進行批判思考之能力。

三 教學評量的類型

評量類型	說明
安置性評量	1.意義：係指透過適當的教學評量策略，瞭解學生的先備知識與精熟水準，以進行教學設計與決定之考量依據。 2.功能：可以瞭解學生對於預定教學內容的精熟程度，以作為分班或分組之用；也可瞭解學生的起點行為，做為教師選擇教學策略之參考。 3.實施時機：通常實施於課堂中的教學開始之前。
診斷性評量	1.意義：係指透過適當的教學評量策略，以瞭解分析學生的學習困難，並據此提出適性教學及輔導策略，使學生可以順利克服學習困難，進而完成學習。 2.功能：可確定學生學習困難之原因，並提出相對應的教學輔導策略。 3.實施時機：通常是形成性評量實施後，發現需要進一步診斷學生學習困難的時候，也多發生於課堂的教學歷程中。
形成性評量	1.意義：係指透過適當的教學評量策略，在教學歷程中，瞭解學生的學習情形，教師並給予適性回饋，常見形式為隨堂考、單元測驗等。 2.功能：提供師生教學回饋之線索，也可檢查學生學習進步情形和及時解決學生的學習困難。 3.實施時機：通常發生於課堂的教學歷程中。
總結性評量	1.意義：係指透過適當的教學評量策略，來瞭解教學目標的達成程度，以作為教學成效的整體評估。 2.功能：瞭解學生學習成果、教師教學成效、改進教學歷程、評定學生成績等級等。 3.實施時機：實施於課程的教學歷程結束之後。
實作評量	1.呈現工作或問題給學生，要學生能以口頭、寫作、完成作品或解決問題方式的一種評量方法，透過實地操作的方式，瞭解學生「學以致用」的真實能力。 2.可以評量學生在某領域的知識和技能，可用來測量學生較複雜且高品質的教學目標。 3.類型：檔案夾、作品、活動行為、紙筆表現、評定量表、結構化表現測驗、軼事記錄等。

評量類型	說明
實作評量	4.實作評量的優點： (1)實作評量可以改變過去傳統紙筆測驗偏重學生認知的測量方式，有助了解學生的真實能力。 (2)作評量可以重新塑造教學歷程中，師生所扮演的角色，並可讓家長變成教育的新專業夥伴。 (3)兼重教學的過程與結果，有助瞭解學生真實能力。 (4)強調學生實際生活的表現、著重較高層次的思考與解決問題技巧、重視學生學習的個別差異、促進學生自我決定與負責、講求評分標準與人員的多元化、兼重評量的結果與歷程等。 5.實作評量的限制： (1)容易受到評分者誤差的影響，包括偏見、月暈效應、評量次數過少等。 (2)偏見是造成實作評量不公的因素之一，例如教師常因為學生的社經背景而喪失區別學生表現優劣的可能。 (3)教師容易因為與學生朝夕相處，而導致對學生的觀察產生一種平常性印象，形成月暈效應。 (4)而時間、成本等客觀條件因素，也是實作評量的可能限制。 (5)實作內容與所欲測量教學目標的切合性，可能會影響實作評量的效度。 (6)實作工作的指導說明之具體性，可能會影響實作評量的效度。 (7)由於實作評量的實施通常需較多的時間，所以實作工作項目比較少，是否可以有效推論學生的學習成就，導致實作評量的效度令人懷疑。 6.提升實作評量信效度的方法： (1)可以透過雙向細目表，使實作評量的工作內容切合所欲測量的教學目標，以提升實作評量的內容效度。 (2)對接受實作評量的學生，應盡可能簡明完整的說明實作工作的內容與步驟，以提升實作評量的效度。 (3)應將實作評量的評分標準，清楚向每位評分者說明，以提升評分者信度。 7.例如：「評量學生對自然科學之科學方法」、「給予一組數據，學生能以Word軟體正確地將塊狀圖、線條圖，和圓形圖畫出，並且列印出來；繪圖和列印的成品，皆能達到一定的水準」。
工作取樣系統	1.係為實作評量的一種類型，其為真實程度最高的一種實作評量方式。 2.係指測量學生在實際工作項目中，必需表現出所要測驗測量實作的全部真實技巧。 3.但是其必須要考量到在真實教學情境中的教學時間、空間、教師專業能力等因素，方可提升工作取樣系統的信效度。

評量類型	說明

動態評量	1. 理論基礎：Vygotsky提出的近側發展區及鷹架作用。
	2. 定義：
	  (1)動態評量係由Feuerstein所提倡，可以瞭解評量對象的認知改變歷程，被給予適性回饋，以促進評量對象的認知發展。
	  (2)採取「前測－教學－再測」的評量程序，主要目的在於瞭解學生學習的認知過程，並給予適時回饋協助，以協助學生提升認知發展層次。
	  (3)主張在教學歷程中，持續觀察學生的學習與認知發展，並給予適性回饋及教學介入，以促進學生提高學習效能及認知表現。
	  (4)動態評量係與教學歷程結合在一起，透過教師的鷹架支持，有助於學生達到認知發展的最佳發展區。
	3. 特質：
	  (1)動態的教學評量觀點。
	  (2)重視學生的認知歷程改變。
	  (3)個體的智力及認知能力是可以改變的，具有正向的教育意義。
	  (4)尊重學習結果與學習歷程。
	  (5)兼重回溯性評量與前瞻性評量。
	  (6)著重師生雙向溝通的互動關係。
	  (7)融合教學與評量。
	4. 以「數學學習領域教學」為例，說明動態評量應用於學校教學之相關建議：
	  (1)首先，教師應具備足夠的教學專業知能，瞭解動態評量的真正精神，並將其融入數學學習領域的教學設計之中。
	  (2)再者，教師可以善用合作學習提供的鷹架作用，透過有能力同儕之協助，提升學生的數學認知能力發展。
	  (3)此外，教師可以因應學生的個別差異，適時進行教學介入，並且透過長期的觀察與評量，瞭解學生的學習情形，以給予適性回饋。
	  (4)最後，教師可以根據動態評量的結果，進行教學反省及教學改進，以提升教學品質。

檔案評量 (卷宗評量)	1. 定義：有系統的蒐集學生的作品，透過長時間連續性的蒐集資料，來觀察學生在一個或多個學習領域內的努力、進步與成就。 2. 目的：可以瞭解學生學習歷程與進步情形，並診斷學生學習困難處，透過師生共同討論提出適性的學習策略，以提升學習成效。

評量類型	說明
檔案評量 (卷宗評量)	3.特徵： (1)兼重學生的學習歷程與結果。 (2)家長、教師、學生同為教育學習夥伴。 (3)動態的教學評量觀點。 (4)符應真實評量的理念。 (5)提供全面完整的學習紀錄，以瞭解學生的真實能力。 (6)長期持續的蒐集學生資料，可掌握學生學習發展狀況。 (7)提供彈性的教學資料保存空間。 (8)兼顧認知、技能、情意的評量方式。 (9)強調學生的參與和省思。 4.優點： (1)掌握學生真實能力，促進學生有意義學習。 (2)提升教師專業知能，強化教學品質。 (3)讓學生學會主動學習，並獲得實作能力。 (4)可讓學生獲得適性回饋，適時改進學習策略。 5.缺點： (1)教師的專業不足則無法有效推行檔案評量。 (2)耗時、耗力，容易受限於教學現實條件的限制。 6.實施程序：先確定檔案評量的目的、再訂定檔案的評判規準、將檔案規準轉化為檔案項目、執行與評鑑檔案內容等。
真實性評量	1.可以評量出被評量者的真實能力之評量理念與方法，目的在瞭解被評量者實際具備某種真實能力的程度。 2.主張評量題目與內容應與學生經驗脈絡銜接，師生共同分享評量權力，共同決定評量目標、評量指標與計分方式。
客觀式評量	1.多以紙筆測驗為主，題型則為選擇題。 2.補充題型則輔以是非題或配合題。
情意評量	1.意義：情意評量係指以適當的評量方法來針對學生的態度、價值觀、人格等內在心理歷程，予以評斷之價值性活動歷程。 2.實施方法： (1)採取自然情境的觀察法，關注學生的人際關係、同儕互動及日常表現，以掌握學生的代表性行為及典型行為。 (2)善用各種人格測驗，包括：主題統覺測驗、文字聯想測驗、語句完成測驗、語意區別測驗等，並進行綜合判斷。 (3)進行長期性的評量，且可以善用檔案評量、學習日記、深度晤談等多元評量方式，以瞭解學生的真實情意。

評量類型	說明
多元評量	1.多元評量是一種強調多元的評量理念，其評量過程應兼顧安置性評量、形成性評量、診斷性評量和總結性評量等，以真實呈現學生能力與教學成效。 2.人員多元、方式多元、專業多元等皆是多元評量之特徵。 3.多元評量類型包括：紙筆測驗、口語評量、軼事紀錄、遊戲化評量與動態評量等，且多元評量結果的解釋宜兼顧質性與量化。 4.多元評量之特徵如下： (1)主張評量題目與內容應與學生經驗脈絡銜接，且學習過程導向。 (2)師生共同分享評量權力，共同決定評量目標、評量指標與計分方式。 (3)多元評量只是教學的手段而非目的。 5.多元評量的使用建議： (1)首先，教師可根據教學評量結果，進行教學反省，並瞭解教學目標的達成程度，進而改善教學內容與方法。 (2)再者，教師可運用動態評量，來提升學生認知發展層次，並透過真實評量理念之實踐，來瞭解學生在認知、情意、技能等領域的發展層次，並提出適性教學輔導策略。 (3)最後，教學評量應兼顧歷程與結果，且重視教學評量背後的意義，以促使教學更臻完善。 (4)在學校編班上，亦應落實常態編班的規定，並且在課程與教學上，能夠根據每個學生的需求，進行銜接其生活經驗的適性教學，使學生獲得有意義學習。
軼事紀錄	1.教師觀察學生日常生活表現，詳細寫下具代表意義的事件和行為，並加以分析。 2.實施方式：檢核表技術、評定量表與檔案查核。
遊戲評量	1.透過遊戲方式，觀察記錄學生的表現，以瞭解學生真實能力。 2.實施方式：踩地雷、闖關遊戲、填空高手等，適用於語文程度較低的學生。
口語評量	1.實施方式：「口試」與「發問」。 2.「口試」：邀請兩位以上專家擔任口試委員。 3.「發問」：設計直接清楚的問題（與教學目標相關)，讓學生回答，並要注意保留適當候答時間。
協商取向評量	依據建構主義理念所進行的評量，其特點在於師生同為評量者，重視教學歷程事件，關注學生如何學習的過程。

評量類型	說明
互動協助評量	學生本位的教學評量。
準確效率評量	目標本位的教學評量。
情境行動評量	過程本位的教學評量。
課程本位評量	知識結構取向的教學評量。
建構反應評量	1.沒有選項可選，學生必須自行建構出答案，例如：計算題、證明題、填充題。 2.一般教師於月考試卷命題經常採用的問答題題型。
挑選反應評量	學生只要從數個選項中挑選出適當的答案即可，無須自己建構出答案。例如：選擇題、是非題、配合題等。
人際溝通評量	課堂上問學生問題、找學生私下晤談、觀察學生行為、詢問家長有關其兒女的課後行為、從家庭作業中評量學生的學習狀況。

四　教學評量使用時機之分類

評量類型	內容
總結性評量	1.可用來評定教學目標是否達成。 2.實施於教學活動結束後。
形成性評量	1.在教學過程中實施，為教學效果持續地提供回饋，可提供修正教學的空間。 2.目的是為了提供教師或學生學習進步之回饋，以讓師生在教學過程中檢視自己的得失，進而謀求改進。
預備性評量	1.可評量學習之前的基本程度。 2.為了解學生的起點行為或知識。
診斷性評量	1.實施於當學生的學習困難持續發生，用以深入分析其困難所在及原因之評量方式。 2.主要功能為診斷學生的學習障礙，以給予適性適當的補教教學。 3.可以分為安置診斷性評量與治療診斷性評量。
安置性評量	1.在教學初期所施測的評量，以瞭解學生的先備知識，並作為課程設計的參考依據。 2.也用作為分組分班的參考指標。

評量類型	內容
標準參照 評量	1.評量學生的表現時，若是以事先預定的標準為依據，達到該標準的就算通過。 2.例如： (1)教師如事前訂定60分為及格，以100分為滿分。 (2)如果學生國小畢業必須通過25公尺游泳測驗始能畢業。 3.可以幫助教師找出班級中需要進行補救教學的學生。
常模參照	1.評量的結果通常會以百分等級或標準分數呈現。 2.例如：期末考試成績的評定，老師想以全班的平均成績做為判定同學及格與否的標準。

 # 重點十四　班級經營

一　班級經營的基本概念

(一)班級經營的意義及內涵

1.意義：係指教師依循班級經營原則，妥適安排班級的時間、空間、氣氛等要素，以使學生可以得到健全發展之歷程。

2.理念：班級經營是師生共同有效處理學習過程和結果的種種事務。

3.班級經營的起點在於教師先要「認識學生」、「瞭解學生」。

4.班級經營學者Doyle 認為，無論如何將教室活動加以分類，班級知識是導引教師班級經營的核心。

5.內涵：

(1)班級常規。　(2)學習情境。　(3)學生管教。

(二)班級經營的功能

1.社會化。　　　2.照顧。　　　3.選擇。

二　班級經營策略

(一)制訂班規

1.班級經營中教室不當行為處理的預防措施。

2.積極目的：

　(1)養成民主精神。　(2)培養學生自治的能力。　(3)養成良好習慣。

3.班規的制定應符合採用正面措詞之原則。

4.訂定班級「常規」來教育兒童，是屬於境教方式。

(二)班級經營確定紀律（positive discipline）模式

1.提出者：費瑞克瓊斯。

2.學生一旦出現紀律的問題，教師可採取之策略：

(1)移動身體。　　　　(2)用目光回應。　　　(3)手勢回應。

(三)展現班級特色策略

1.符合學校教育目標。　　　2.發揮師生之專長潛能。

3.促進師生互動情誼。　　　4.結合生活融入課業學習。

(四)行為矯正（Behavior Modification）

1.探討教師如何使用增強原則和程序，來教導與經營他們的學生在教室裡的學習活動。

2.代表人物：Skinner。

(五)增進親師合作

1.善用家庭聯絡簿。　　　2.定期家庭訪問。　　　　3.保持聯繫。

(六)塑造良好班級氣氛途徑

1.教師採折衷式領導。　　　2.教師要培養幽默感。

3.師生間搭起溝通的橋樑。

三 高登（Gordon）的教師效能訓練

(一)**人本主義取向**，採「I-Message」策略。

(二)採用**積極聆聽**，確定學生問題性質。

(三)教師利用「**聽我說**」策略，和學生進行互動。

(四)採用**雙贏策略**，來解決問題。

(五)發展出「教師效能訓練模式」的班級經營模式。

四 教師的班級領導

(一)權力

1.法職權。　　　　　2.參照權。　　　　　3.報酬權。

4.強制權。　　　　　5.專家權。

(二)類型

1.權威型。　　2.放任型。　　3.民主型。　　4.統合型。

(三)成功教師的基本條件

1.同理心。　　2.無條件積極關注。　　3.真誠一致。

五　班級經營理論

(一)行為矯正術。　　(二)果斷訓練。　　(三)溝通分析。

(四)基諾特模式。　　(五)團體動力模式。　　(六)康尼模式。

(七)理性結果模式。　　(八)現實治療和控制理論。

自我評量

一、九年一貫課程實施至今，試就課程綱要之精神與內容以及執行面向論其得失。【92年普考】

二、近年來家長與社會大眾對於九年一貫課程的評論主要有那些？教育行政機關應如何因應？【94年原住民四等特考】

三、何謂「真實評量」？並闡述教師如何善用真實評量來提高學生學習效果。【95年地方四等特考】

四、課程與社會變遷的關係，存在著各種不同的觀點。請分別從「社會適應」與「社會重建」的觀點，討論課程與社會變遷的關係。【97年普考】

五、國中小九年一貫課程包括那些領域和議題？又有那些重要指標和主要特色？請分別說明之。【99年地方四等特考】

六、請比較「直接教學」（direct instruction）與「發現學習」（discovery learning）的不同，並說明其教學應用之優點與限制。【99年地方三等特考】

七、何謂學校本位課程？為何要發展學校本位課程？請說明你的看法。【100年地方四等特考】

重點試題解析範例

一、德育一直是我們教育的重要目標，可是我們所培養出來的學生，品德惡劣者，卻愈來愈多。我們應該如何有效加強中小學生的人格教育？【94年地方四等特考】

答：人格教育一直是我們教育的重要目標，茲依題意說明如下：

(一) 人格教育之相關內涵

1. 人格教育就是教育學生，使之知善、期望善與行善，表現良好行為，並內化為習性的歷程。
2. 好的人格是一種美德，人格教育的目的在建立核心價值。
3. 人格教育的內容包括同情、勇敢、彬彬有禮、仁慈善良、尊重、堅忍不拔、負責任等。

(二) 有效加強中小學生人格教育的策略

1. 以核心倫理價值為人格教育的基礎，且應落實在學校每個角落。
2. 學校必須是一個關懷型的社區，並讓學生有機會實踐道德行為。
3. 人格教育應該努力去探究並發展學生的內在動機。
4. 應結合家長與社區成員共同參與人格培養運動。
5. 應採取多元評鑑來了解人格教育的成效。

參考書目： 黃德祥、謝龍卿（2005），品德與道德教育的內涵與實施，教育研究月刊120期。

林寶山（1989），教學原理，五南。

教育圓夢網（2013），94至102年教育行政高普特考解析，教育圓夢網。

二、何謂「一綱多本」？說明其優缺點及其可行性。【94年地方四等特考】

答：一綱多本為我國教科書中的相關制度，茲依題意說明如下：

(一)一綱多本之意涵：九年一貫新課程的特色是「一綱多本」，是以教育部的「一綱」為原則，民間出版不同的版本，如南一、翰林即是各家版本的其中一種。這即是「一綱多本」。

(二)對一綱多本政策之評析

　　1.優點：

　　　　(1)教材內容開放多元。　　　　　(2)可平衡教科書市場價格。

　　2.缺點：

　　　　(1)增加學生精神與金錢負擔。　　(2)對弱勢家庭來說價格過高。

　　　　(3)內容疏漏多。　　　　　　　(4)一旦更換則課程無法銜接等。

　　3.增加可行性之分析：

　　　　(1)教育部應該強化教科書審查與評鑑的機制。

　　　　(2)建立不合格書商退場的機制。

　　　　(3)由政府來控制日漸升高的教科書價格。

參考書目：高新建（2007），課程改革：理念、轉化與省思，臺灣師
　　　　　　範大學。

　　　　　　周淑卿、陳麗華（2007），課程改革的挑戰與省思，麗文
　　　　　　文化。

　　　　　　艾育（2013），名師壓箱秘笈－教育行政學，千華。

第5章 教育研究法

頻出度C：依出題頻率分為：A頻率高、B頻率中、C頻率低

各考試出題排行榜　身障四等　普考
原民四等　地方四等

 重點一　教育研究法基本概念

一 教育研究典範

(一)孔恩（T. Kuhn）提出「**典範**」之概念。

(二)**教育研究典範**：

研究典範	要點
理性典範	1.「經驗分析」的研究取向，理論基礎為理性主義及實證主義。 2.帶有客觀性、可預測性及可控制性。 3.方法之使用上重視實證方法。 4.研究過程重視變項控制與明確的操作型定義。 5.使用大量樣本進行研究。
自然典範	1.「詮釋理解」的研究取向，重視個別樣本之討論。 2.強調採取現象邏輯態度，著重發現某現象，強調背景脈絡。
批判典範	1.「批判反省」的研究取向，著重教育現象背後的意識型態探究。 2.教育理論與實踐是互相辯證的關係。
多元典範	1.「後現代的研究取向」，例如，Feyerbend提出的「Anything goes」研究觀點。 2.應採多元研究方法來掌握教育現象。

二　教育研究取向

研究取向	要點
基本研究	教育研究是基於研究者的興趣與動機，以建立理論為其目的。
應用研究	教育研究之目的在於解決此時此地所發生的問題。
評鑑研究	欲評估、檢討某一方案或政策的實施成效，以作為決策參考所做的研究。

三　教育研究變項

變項類型	要點
自變項	1.在實驗研究中研究者可以操弄的變項。 2.例如： 　(1)有一位物理老師想了解啟發式教學法與演講式教學法對學生學習物理的影響，而以自己所任教的甲乙兩班學生作為實驗的對象。甲班以啟發式教學法教學，乙班以演講式教學法教學，實驗期間為一個學期，則教學法是自變項。 　(2)採用實驗法比較常態編班與能力編班對於國中學生學習態度之影響時的編班方式。 　(3)在分析學生的自我概念是否因其就讀年級而有所不同時，其中的「就讀年級」屬於自變項。
依變項	1.依變項是指隨著自變項之改變而改變的變項。 2.例如：在分析學生家庭社經地位與學業成績的相關時，其中的「學業成績」屬之。
中介變項	1.與實驗無關，但因與實驗同時出現，可能對依變項產生影響的變項。 2.例如：需求、緊張等。
混淆變項	在研究過程中，除了自變項及依變項之外，仍有許多會對研究結果產生影響的變項。
主動變項	1.可由研究者可以主動操縱的變項。 2.例如：研究者欲探討教學方法對學業成績的影響，其中的「教學方法」屬之。

四　教育研究效應

研究效應	要點
受實驗者效應	研究對象知覺自己受到「從眾行為」實驗，而故意與人唱反調，以致實驗結果無效。
霍桑效應	在教育研究中由於受試者感受到被重視而表現更高的動機，以致影響研究結果之現象。
強亨利效應	在教育研究中，未接受實驗處理的控制組受試者，為了不甘示弱，而倍加努力，力圖與實驗組力爭長短，以致有較好的表現，影響研究結果之現象。

重點二　各類型教育研究法

一　量化研究與質性研究

研究取逕	要點
量化研究	1.源於理性研究典範，強調客觀性、科學實證性、可預測性及可控制性。 2.具有研究經濟效益，且可確認變項間的因果關係。 3.量化研究方法包括：實驗研究法、調查研究法、相關研究法。
質性研究	1.源於自然研究典範及批判研究典範，強調深入教育事件的經驗脈絡，掌握現象本質意義。 2.採用歸納分析方法，強調探討問題在脈絡中的複雜性，由研究對象本身的架構來了解行為，多運用參與觀察和深度訪問等方法。 3.質性研究方法包括：參與觀察、深入訪談、文件分析、生命史研究等。 4.特徵： (1)深度描述。 (2)強調可信性。

二 各種教育研究法

類型	要點
調查研究	1.調查研究法的理論基礎為實證主義，屬於量化取徑的研究方法。 2.類別： 　(1)郵寄調查法。　　　　(2)面訪調查法。 　(3)電話調查法。　　　　(4)電子問卷調查法。 3.實例： 　(1)為了瞭解臺北市國小教育人員參與學校本位課程發展工作的準備度，而使用電話訪問。 　(2)假定有研究藉由調查發現：「老師越少體罰，學生的功課越佳。」，則「老師體罰學生與學生學習表現有負相關」較符合此項研究的發現。
觀察研究	1.研究者針對研究對象進行有計畫性的觀察，並加以紀錄及分析，以得到研究結果之方法。 2.類型： 　(1)非參與觀察。　　　　(2)參與觀察。 　(3)結構性觀察研究。　　(4)非結構性觀察研究。 　(5)實驗觀察研究。　　　(6)自然觀察研究。 3.觀察者效應： 　(1)觀察者對被觀察者的影響。 　(2)觀察者偏差：觀察者受限於本身過去的經驗，而導致對觀察事物之分析產生偏差。
實驗研究	1.實驗法最大的特徵即在確認變項間的因果關係。 2.例如：若校長請您瞭解以研究方式探討教師教學方法與教學成效的因果關係。 3.內在效度係指實驗者所操縱的研究變項對依變項所造成的影響程度，其影響因素包括：研究期間的事件、成熟、統計迴歸效應、實驗者偏見、實驗處理擴散效應、強亨利效應、受試者亡故、測量工具改變、選樣誤差等。 4.外在效度係指實驗研究結果的代表性與推論性，包括母群效度、生態效度等，其影響因素包括：霍桑效應、重複實驗處理干擾、取樣是否隨機化、樣本數是否夠大、施測的反作用效果等

類型	要點
準實驗研究	1. 係指進行教學實驗時，研究者無法隨機分派學生到實驗組或控制組，而必須以原有的班級接受不同的實驗處理。 2. 在從事教學相關的實驗研究時，常須配合現實條件的限制，採用控制較不嚴謹，但卻是可以實施的設計型式來進行，此種設計稱之。 3. 類型： 　(1)對抗平衡設計。 　(2)單組時間系列設計。 　(3)不等控制組設計。
教育人種誌研究	1. 代表學者為Garfinkel。 2. 主張世界是個體共同認可並建構出的社會實體，強調應以被研究者的角度，深入瞭解教育問題的經驗脈絡，以掌握教育的本質意義。
個案研究	運用調查、訪問、測驗等方式，蒐集某一個學生的所有資料，然後加以分析綜合。
俗民誌法	1. 應以開放的無結構性訪談瞭解掌握現象事物的真實意義。 2. 欲了解班級學生的信念、價值、觀點和動機等，而進行之教育研究。 3. 教師可用以了解教學情境的多樣性，以及學校文化與學生日常生活意義。 4. 可探討教學過程中師生如何磋商，深入瞭解他們如何詮釋教學情境的意義。 5. 研究的內容可特別重視學生對學校生活和學習內容的觀點之探究。 6. 須把一般被視為理所當然的師生互動現象或事物當作問題加以處理。
內容分析研究	1. 又稱為文獻分析法，係指對研究文獻進行廣泛的蒐集及分析。 2. 屬於質性研究取逕。
縱貫研究法	在較長時間內對同組受試者身心變化做追蹤式的研究，以比較不同年齡的身心特徵，進而發現個體發展的規律性之研究方法。

類型	要點
行動研究	1. 教師在教學中依據自己所面臨的問題進行研究，研擬解決方案，付諸實施，並且不斷評鑑、反省、修正，以解決問題之研究方法。 2. 具有「教師即研究者」的特質，教師可以同時是研究者與研究應用者，可藉研究解決教學的問題。 3. 研究目標在改進特定教學情境的問題，而不在於理論的發展或普遍的應用，且教師可瞭解自己在教學上的優缺點，並從教學歷程中不斷思考改進教學的方法。 4. 特色： 　(1)以解決實際問題為主要導向，重視實務工作者的研究參與。 　(2)研究與行動的循環檢驗。 　(3)研究不強調理論的發展，也不重視研究結果的推論，而重視即時的應用，所以通常研究者就是研究結果的應用者 　(4)以教師行動為主，以教學實務協同合作為導向，專家只作協助。 5. 行動研究常用於教師研究上，有人批評目前的行動研究流於形式，成為一種「次級研究」其主要的問題在於拘泥於傳統的研究方式。 6. 實例： 　(1)國民中學教師針對其任教班級所發現的問題進行有系統的研究，並且尋求解決策略，進而付諸實施。 　(2)語文科教師組成研究小組，聘請校外專家指導，進行提昇學生寫作能力的研究。 　(3)教師針對班級教學所遭遇的問題，主動蒐集資料，以改善教育實務。

三　一般教育研究的步驟

(一)確定研究題目、問題及假設

1. 研究題目並需具有研究價值，且具有可實踐性與驗證性。
2. 研究問題並需要限定研究範圍，且應給予明確具體的描述。
3. 根據研究題目及問題建立可驗證的研究假設。
4. 進行教育研究，必須先確定欲研究的問題，才能從事研究計畫的擬定。

(二)進行研究文獻探討

1. 應盡可能採用第一手資料，也可善用數位資源，進行跨國文獻資料的蒐集，也應納入現有的研究成果與不足之處。
2. 除了教育領域外，也可參考其他學科領域的研究文獻，作為對照基準。

(三)進行研究設計

1. 應提出本研究的研究架構，並且說明研究方法及工具的選擇與決定理由。
2. 應說明本研究的研究流程，並說明每一步驟的進行方式。

(四)進行研究資料的蒐集與分析

1. 可透過量化與質性研究方法獲得資料，在進行研究資料分析時，可善用統計分析及理論分析等。
2. 在進行研究分析時，應避免過於主觀的價值判斷，以免影響研究結果的正確性及推論性。
3. 在質性研究中，可藉由多個觀察者、理論、方法與來源的結合，以克服單一方法、單一觀察者與單一理論所產生的僵化偏見的方式，此稱為三角校正法，可以提高教育研究的效度。

(五)呈現研究成果

1. 研究結果應和研究題目、研究問題、研究文獻探討、研究設計等，具備合理的邏輯關係，避免過度推論。
2. 研究報告的撰寫應合乎明確具體原則，避免艱澀難明的敘述用語，也應提出研究限制與研究建議，以作為後續研究之參考。
3. 國內教育研究報告的撰寫，大多採用美國心理學會倡導的格式，簡稱「APA」格式。

自我評量

一、科學哲學家Karl Popper 首倡的批判理性主義（critical rationalism）對於實證主義（positivism）有何批判？請據以討論批判理性主義在教育研究上的啟示。【97年高考】

二、某研究者想探討男性與女性的數學能力是否有差異。請回答下列問題：【97年地方三等特考】

  (一)本研究的虛無假設及對立假設分別為何？

  (二)說明本研究中的第一類型錯誤為何？

  (三)說明本研究中的第二類型錯誤為何？

三、一般教育研究的步驟為何？試申述之。【98年普考】

重點試題解析範例

一、試說明相關法與實驗法有何不同？並說明兩者在使用上的優點和限制。
【99年地方四等特考】

答：相關法與實驗法都是心理學研究方法中的重點，相關法與實驗法最大的差別在於，有相關並不等同於有因果關係，而相關法僅能了解變項間的相關程度而已，茲依題意說明如下：

(一)相關法之相關意涵

　　1. 係指蒐集資料以決定兩個或多個可數量化的變項之間是否有關係存在，以及彼此之間的相關及於何種程度。

　　2. 簡而言之，即藉由使用相關係數，來探求變項間關係的程度和方向，其通常以相關係數表示之。

　　3. 相關研究的主要優點是可以確定變項之間的程度與方向，並可藉此預測其他變項；但是在進行相關研究時，須注意變項之間即使有相關存在，並不代表有因果關係存在。

　　4. 其可能限制在於無法了解變項間的因果關係。

(二)實驗法之相關意涵

　　1. 其係指研究者透過操弄一個或多個自變項，控制無關變項，並觀察自變項的操弄對於依變項所產生的影響。

　　2. 在教育領域的實驗研究中，常被用來操弄的自變項包括教學法、增強的方式、學習環境的安排和學習團體的大小等，至於依變項則常透過測驗來瞭解其相關變化。

　　3. 而在教育研究中，由於受到真實情境因素的影響，許多實驗研究只能以原有班級為研究單位，而無法真正達到隨機分派的要求，此種研究只能夠稱為準實驗研究。

參考書目：艾育（2013），名師壓箱秘笈－教育行政學，千華。
　　　　　教育圓夢網（2013），94至102年教育行政高普特考解析，教育圓夢網。
　　　　　郭生玉（2004），教育研究法，精華。

二、教育的質性研究者，常會使用「三角校正（triangulation）」建立資料分析的信實度，請說明「三角校正」的定義與實施方式。【101年普考】

答：教育的質性研究者，常會使用「三角校正（triangulation）」建立資料分析的信實度，試依照題目規定說明如下：

(一)三角校正之相關概念

1. 三角校正法係為質性取向的教育研究，用以提升研究信實度的策略。

2. 其可分為：資料多元、人員多元、方法多元、理論多元等層面。

3. 透過三角校正法，可以針對教育研究資料與結果進行交叉比對，以提升教育研究的信實度及品質。

(二)運用三角校正的途徑

1. 方法：可以透過訪談法、觀察法、文件分析法等，進行多面向的評鑑。

2. 資料來源：可以透過自評報告、官方文件、訪談紀錄、觀察紀錄、學生滿意表等，進行多面向的評鑑。

3. 評鑑人員：可以兼用外部評鑑、內部評鑑、自我評鑑等，擴展評鑑人員的多元性。

參考書目：艾育（2013），教育專業科目通關寶典，千華。

郭生玉（2004），教育研究法，精華。

Notes

第二篇　教育哲學重點精析

第1章　教育哲學的基本概念

頻出度C：依出題頻率分為：A 頻率高、B 頻率中、C 頻率低

各考試出題排行榜　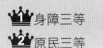身障三等　高考
原民三等　地方三等

 重點一　教育、哲學、教育哲學

一　哲學及教育之關係

教育是哲學 的實驗室	1.古今中外哲學家多為教育家，例如：孔、孟、荀以及西方的希臘 　三哲等。 2.教育可以實踐哲學理論，並依據實踐結果來修正與發展哲學理論。
哲學是教育 的普通原理	1.教育目的、教育宗旨與教育目標都需要哲學的指引。 2.教育內容價值需要哲學的批判反省，例如：課程設計與教科書編 　寫等。 3.教育方法必須以哲學為基礎，例如：教學、輔導、研究等。

二　哲學的意義

(一)愛智之學。　　　　　　　　(二)科學的後設科學（指導科學的一切）。
(三)思辨的歷程。　　　　　　　(四)語句澄清的活動（觀念分析學派）。
(五)價值規範的活動。　　　　　(六)哲學史是哲學。

三　哲學做為一種態度

(一)追求真理。　　　　　　　　(二)彰顯個人主體理性與行動能力。
(三)深入掌握事物本質意義。

四　教育哲學的意義

(一)檢討教育的根本假定、概念與原理的學問。

(二)解釋教育意義、本質、目的與價值的學問。

(三)分析教育理論與教育實踐之間產生鴻溝的學問。

(四)批判教育現象及彰顯個人主體性的學問。

(五)圓熟智慧之學。

五　教育哲學的研究取徑

(一)**教育哲學的研究問題**

　　1.**教育哲學基本問題**，如心靈論、知識論與價值論等。

　　2.**教育本質問題**，如教育目的論、教育方法論與課程論等。

　　3.**教育哲學相關學派與思潮**，如理性主義、經驗主義與實驗主義等。

　　4.**教育哲學學者之思想研究**，如蘇格拉底、亞里斯多德、杜威等。

(二)**教育哲學的研究方法**

　　1.演繹法（舊工具）。　　2.歸納法（新工具）。　　3.比較批判法。

　　4.通全法。　　　　　　　5.辯證法。　　　　　　　6.歷史詮釋法。

　　7.直覺法。

重點二　教育哲學與教育科學之分界

	哲學	科學
定義	追求本質意義與進行價值判斷之學問	正確且系統化的知識
價值層面	應然面	實然面
價值判斷	價值涉入	價值中立
研究目的	追尋存有的真相	找尋自然世界運作的真理
研究對象	不僅限於經驗對象	限於感官所能觀察到的對象
研究方法	詮釋理解	經驗分析

重點三　哲學及教育哲學之範疇

■ 哲學及教育哲學之範疇

哲學	教育哲學（此部分可作為答題之思考架構）
1.形上學。 2.知識論。 3.價值論。 　(1)倫理學。 　(2)美學。	1.歷史脈絡。 2.哲學理論基礎： 　(1)形上學。　　(2)知識論。　　(3)價值論。 3.影響教育面向： 　(1)教育目的、宗旨、目標。 　(2)課程（發展、設計、管理、教材、科目等）。 　(3)教學（策略、情境、設計、歷程、活動、信念等）。 　(4)教師角色、學校角色。 　(5)師生關係、班級經營。 　(6)教育行政（計畫、組織、溝通、領導、經費、法規、評鑑、視導等）。 　(7)教育評量。 　(8)教育研究。 　(9)教育改革。 　(10)教育制度、組織結構與文化。

◎形上學、知識論與價值論
1. **形上學**：
   (1)包括**本體論**與**宇宙論**，本體指構成世界的共同基礎，本體論乃是一種形上學的「先驗論」，宇宙論則是探討世界萬物的運作基本規則。
   (2)在哲學論述的範疇中，討論「存有」（being）與「實體」（reality）的本質。
2. **知識論**：係指研究思想的內容是否為真的科學。知識論的研究包含知識的本質和起源、知識的性質、知識的範圍、知識的獲得過程、真理的標準，以及各種知識理論的批判等等。
3. **價值論**：其內涵包括了存有的四種特性，即**真**、**善**、**美**、**聖**。

重點四　教育本質及目的

一　教育本質觀點

觀點	代表學者	教育本質觀點
文化主義	斯普朗格（Spranger）、李特（Litt）	1.教育係文化之涵化。 2.教育即陶冶（培養人格）。 3.教育是一種文化復演（向古聖先賢學習）。
自我實現說	笛卡兒（Descartes）、馬斯洛（Maslow）	1.教育即自我實現。 2.教育即自我超越。
潛能開展說	康美紐斯（Comenius）、裴斯塔絡齊（Pestalozzi）、福祿貝爾（Froebel）	1.人的本質如植物之核仁。 2.學校為花園。 3.學生為幼苗。 4.教師為園丁。
生長說	杜威（Dewey）	1.教育即生長。 2.教育即經驗的改造。 3.教育即生活。
社會化說	涂爾幹（Durkheim）、拿托普（Natorp）	1.教育即社會化。 2.教育即社會適應。

二　教育目的之觀點

教育哲學學派	教育目的
理性主義	重視人類完美心靈與理性的培育。
文化主義	培育具有「良知」、「責任感」、「義務感」及「宗教性」的文化人格，並以教育愛為聯繫個人主客觀精神間的媒介。
自然主義	消極教育的教育目的，強調順應自然，以充分發展兒童能力。
實驗主義	教育無目的論、教育即生長、教育即生活。
社會效率說	教育應重視公民與職業訓練，以增進社會效率為目的。
國家主義	菲西特（Fichte）於「敬告德意志國民」所提倡，以國家本位為教育目的。
公民訓練說	凱欣斯泰納（Kerschensteiner）主張教育目的在於培養理想公民，使每個人具有國家認同及職業知能。

三　不同教育目的之辯證

(一)個人本位V.S.社會本位

個人本位	社會本位
1.主張個人是實在的主體，個人存在價值高於社會，強調發展個人特性。 2.例如：雅典博雅教育、自然主義、生活預備說等，皆屬之。 3.由此可知，強調個人為本位的教育目的，多以兒童為中心，強調互為主體的師生關係，但也易招致忽略個人群性發展的批評。	1.主張個人只是社會的從屬，一切個人行動皆以社會公共需求為依歸。 2.例如：斯巴達教育目的、國家主義等，皆屬之。 3.由此可知，強調社會為本位的教育目的，多以整體社會的角度思考教育的發展，但卻也容易忽略個別差異的事實。

調適策略
1.不論是強調個性之發展或個人的社會化歷程之教育目的，皆各有所偏，但在教育實際情境中，卻並非絕對不可調和，也非必然衝突。 2.吾人應先以動態連續的經驗性觀點，來確立個人與社會之間的關係，個人不能脫離社會而生存，社會也無法忽視個人的主體性。 3.教育工作者本身應具備批判思考能力與整合哲學視野的能力，避免陷入個人本位或社會本位的意識型態宰制，且轉化社會價值於教育內容中，讓學生自主判斷學習。 4.在教育實際情境中，更應以豐沛的教育愛，積極關懷每個教育主體，化解這兩個不同教育目的之間的矛盾與對立，以使學生在個性化時社會化，社會化時個性化，達成雙重教育價值的創生。

(二)知識本位V.S.能力本位

知識本位	能力本位
1.理論基礎為永恆主義、精粹主義等。 2.認為人是理性的動物，且人類的理性具有共通性，所以教育應提供每一個學生相同的教育。 3.教育活動應以教材為中心，教師是教室權威的主要來源，應對每位學生教授基本教材，以使學生認識普遍真理。 4.學校最主要的工作就是教授基本知識	1.理論基礎為進步主義、建構主義等。 2.教育過程中應以學生為本位，重視個人價值，並進而建構民主社會。 3.課程內容應進行動態性、統整性的課程設計，且應銜接學生的生活經驗，並讓學生進行體驗學習。 4.採取問題導向的教學策略，重視學生的學習動機與興趣，且兼重學生個性發展與群性陶冶。

| 調適策略 |

1. 過去以知識為本位的教育目的，常被批評過度保守，忽視學生主動學習的可能性；而以能力為本位的教育目的，則被批評為軟式教育，學生素質低落。
2. 隨著知識經濟時代的來臨，現今的人才培育教育觀點，除了著重教導學生精粹過後的文化材，更要培養學生知識管理、轉化及創造之能力。
3. 而在課程設計上，亦必須明確訂出核心能力指標，依此安排銜接學生經驗脈絡的課程內容，並採用多元評量，瞭解學生真實能力，幫助學生獲得全人發展。
4. 最後，尚須透過批判思考能力，讓學生成為具自主自律性的行動主體，以主動建構本身的意義與價值體系。

自我評量

一、請討論教育哲學與哲學及教育學的關係。【90年基層三等特考】

二、教育哲學和教育科學互利並存，但兩者亦各有特殊性質和功能，請說明兩者之分野。【90年高考】

三、現代教育工作者何以更需要哲學素養？請述其理由。【92年地方三等特考】

四、教育應強調個性之發展或個人的社會化歷程？兩者間有無調適之可能，試申論之。【96年高考】

重點試題解析範例

一、有些教育哲學家主張教育活動應該完完全全地排斥「灌輸」（indoctrination)，有些學者則是主張「灌輸」在教育中是無可避免的。請就教育與灌輸這兩個概念來申論您自己的主張。【93年地方三等特考】

答：教育和灌輸的意義各有所不同，於此依題意闡釋如下：

(一)教育之意義

1. 教育具有複合性、本質爭議性、多樣態，且是一個工作－成效的概念。
2. 當代教育分析哲學大師，皮德思指出必須合乎三大教育規準的活動，才能稱之為教育，此三大規準即是合認知性、合價值性與合自願性。

(二) 灌輸之意義

1. 若是由教育的三大規準來看，灌輸並不符合教育規準的要求，相反的，其有可能是反教育或是非教育。

2. 灌輸的特徵如下：

(1)**動機邪曲**。　　(2)**方法獨斷**。

(3)**內容悖理**。　　(4)**效果閉塞**。

(三) 吾人之教育主張

1. 教師應體認教育是使人成為人的歷程，並且要積極發揮教育愛，營造互為主體性的師生關係。

2. 在課程安排上，要兼重理論與實際的整合，並且重是學生的興趣和動機，以使學生獲得有意義的學習。

3. 而教育活動亦需要合乎教育三大規準，並且有要合乎道德性、法律性，以使學生得到知、情、意、行合一的全人發展。

4. 理性的教育必須要經得起邏輯思考的檢證，要避免教育口號的濫用。

5. 應落實以學生為主體的教育信念，以建構一個充滿人味的教育願景。

參考書目：歐陽教（1999），教育哲學，麗文。

詹棟樑（1999），教育哲學，五南。

教育圓夢網（2013），94至102年教育行政高普特考解析，教育圓夢網。

二、**教育哲學的研究主要有兩種途徑，一種是從某個哲學派別來引申其教育涵義，另一種是針對教育活動做哲學思考。然而，兩者皆有其缺點，請加以說明。【100年高考】**

答：教育哲學的研究主要有兩種途徑，一種是從某個哲學派別來引申其教育涵義，另一種是針對教育活動做哲學思考。然而，兩者皆有其缺點，試說明如下：

(一)「從某個哲學派別來引申其教育涵義」的相關概念

1. 基本概念：係指從特定的哲學派別，提出特定的教育主張，例如，從實驗主義觀點，會主張做中學的教學觀。

　　2. 可能缺點：

　　　(1)忽略教育實務的動態性及複雜性。

　　　(2)缺乏與真實教育經驗的連結。

　　　(3)忽略教育情境脈絡中的多元主體。

　　　(4)傳統教育哲學之論述往往在說明完哲學理念後，會引導出對教育實務之啟示，但這樣的連結未經檢證。

(二)「是針對教育活動做哲學思考」的相關概念

　　1. 基本概念：係指對於教育活動、知識、概念、口號等進行哲學分析及思考。

　　2. 可能缺點：

　　　(1)進行教育的語言與概念分析之後，可能將導致破壞有餘而建設不足的窘境。

　　　(2)教育概念的分析工作可能落入無窮盡的循環歷程。

參考書目：林逢祺（2004），教育規準論，五南，第一版。

　　　　　　吳靖國（2000），教育理論，師苑，第一版。

　　　　　　艾育（2013），教育專業科目通關寶典，千華。

第2章　哲學中的根本問題與教育

頻出度Ａ：依出題頻率分為：Ａ頻率高、Ｂ頻率中、Ｃ頻率低

各考試出題排行榜　高考　身障三等
地方三等　原民三等

重點一　心靈哲學與教育

一 經驗、興趣、需求、活動、遊戲、成長、成熟、創造性、自我表達、情緒及心靈健康等概念，屬於教育哲學心靈哲學的研究重心。

二 心靈學說派別與教育意涵

學說派別	要點	教育意涵
心靈實體說	1.「唯靈論」，代表學者為柏拉圖（Plato）、亞理斯多德（Aristotle）、笛卡兒（Descartes）等人。 2.主張心靈乃先天存在，靈魂可以主宰人所有情緒、意志與意識。	1.官能心理學：教育時需進行心靈官能訓練，如記憶、推理、想像等，就可以得到所有知識。 2.形式訓練說：注重教材的訓練性而不注重實用性。 3.主張形式的教育目的、偏重通才教育取向、重視記憶與背誦的教育方法。 4.例如：臺灣的讀經教育。

學說派別	要點	教育意涵
心理狀態說	1.代表學者為休模（Hume）、赫爾巴特（Herbart）等人。 2.心靈即是一種心理狀態，即是一種意識之流。	1.教育的主要目的在於提供適當的觀念來充實心靈（觀念聯合說）。 2.偏重實質的教育目的，重視直觀的課程教材。 3.強調系統的教學方法，以讓學生可以透過新舊經驗的聯合，來進行知識類化。
行為主義心靈論	1.「唯物論」，代表學者為霍布斯（Hobbes）、巴夫洛夫（Pavlov）等人。 2.人所有的意識與情緒都是物質的功能。	1.學習為一連串刺激與反應的連結。 2.主張「教育萬能，認為可以隨心所欲將兒童訓練成為任何預期的個人，但相對地卻降低了人的尊嚴與價值」。 3.重視學生生理的基礎，可以作為提倡體育與健康教育的理論依據。
實驗主義心靈論	1.代表學者為杜威（Dewey）。 2.思想淵源為達爾文的進化論、美國的實用主義與英國的經驗主義。 3.將意識看作適應環境的工具，但亦承認行為具有意識的存在，折衷了唯靈論與唯物論的觀點。	1.教育為個人善用智慧以解決問題的歷程。 2.學生為學習主體，並非如同唯物主義心靈論所指稱的心靈受容器。 3.賦予道德教育意義與價值。
完形派的心靈論	1.代表學者為科勒（Kohler）、科夫卡（Koffka）等人。 2.個人的情感表現係為內心意識的外表反應。 3.整體大於部份之和。 4.「頓悟」（Insight）即是心靈的具體作用，是人類高級心智的產物。	1.與實驗主義相同之處在於認為心靈作用是人類生活中的一種事實 2.認為學習就是發展，強調學習情境與課程教材的統整性，以學生得到有意義學習。

重點二　知識問題與教育

一　知識的來源、檢證與判別

知識來源	知識檢證原則	知識判別
1.理性：知識源於個人的理性能力。 2.感覺：知識源於個人內外感官。 3.權威：知識來自於權威象徵的認可。 4.直觀：知識源於個人一種直觀上的頓悟。 5.天啟：知識源於全知的上帝，是不可經驗證的。	1.融貫論：係指有一個早已存在且證明為真的真理系統可以作為知識判斷的基準，若知識與此系統相協調，吾人便說此知識融貫真理。 2.符應論：主張若個人的觀念與外在世界相符應，就是真理的存在，換言之，其係以符合事實與否作為知識是否符合真理的判斷基準。 3.效用論：係指若信念可以產生符合目標的效用即為真，換言之，真理乃存在於連續經驗之中，故真理是可以被修正的。	1.教導（instruction）：教材合認知性與價值性，教法合自願性與價值性。 2.宣傳（propaganda）：教材不合認知性也不合價值性，但是教法合自願性與價值性。 3.灌輸（indoctrination）：教材合認知性與價值性，但是教法不合自願性也不合價值性。 4.洗腦（brainwash）：教材不合認知性也不合價值性，教法亦不合自願性也不合價值性。 5.訓練（train）：偏重技能領域，教材合認知性與價值性，教法合自願性與價值性。

二　知識與信念之涵義

(一)知識

1.知識是主體對於客體的一種認知意向，亦是個人與環境的互動產物。

2.知識有可能是符應真理或是貫通真理的，也有可能是主觀或是客觀的。

3.知識是由於認知的結果，具有可獲致結論的經驗證據或是邏輯證明。

(二)信念

1.信念是一種個人內在的心理歷程，是個人情感的產物，亦為個人的某種意識形態。

2.換言之，信念是主觀建構而成的，其意義與性質是奠基在個人主觀意識之上的。

3.信念源於個體的相信，並沒有可獲致結論的經驗證據或是邏輯證明，不一定是符應真理的。

(三)知識就是證據，信念是證據不足或缺乏結論性證據之概念，偏見是誤用
證據的看法，迷信是出於恐懼或其他神秘動機。

三 知識論學說派別與教育意涵

學說派別	要點	教育意涵
理性主義	1.代表學者為柏拉圖（Plato）、笛卡兒（Descartes）等人。 2.人類透過先天理性思維，來獲得普遍正確的知識概念。 3.真理為先天自明的觀念，包括：必然真理與事實真理。	1.教育形式可劃分為博雅教育與職業教育，重視勞心者的教育價值。 2.課程教材必須要能夠啟迪學生理性與變化氣質。
經驗主義	1.代表學者為普洛塔哥拉司（Protagoras）、尹比鳩魯斯（Epicurus）、洛克（Locke）等人。 2.知識源於經驗，而經驗則係經由感覺（外感官）與反省（內感官）來獲得。 3.知識包括感覺知識、推論知識、直覺知識三種層次。	1.教育萬能論，將學生視為一張白紙，重視環境的教育功能。 2.學生需透過本身感官的觀察及反省，來獲得有用的知識。 3.重視直觀教學與感官訓練的教學方法。
批判主義	1.代表學者為康德（Kant）。 2.純粹理性批判、實踐理性批判與判斷力批判。 3.「沒有內容的思想是空的，沒有概念的直覺是盲的」。 4.知識係由先天理性與外在材料所構成，係指外在材料要透過感官融入先天的理性範疇中，以形成知識。	1.教學知識由感性（直覺）與悟性（概念)所組成。 2.「學而不思則罔，思而不學則殆」，所以學思並重。 3.教育內容要同時包括可以實際驗證的知識及價值信念。 4.注重啟發學生獨立思考的教學方法。
實驗主義	1.代表學者為杜威（Dewey）。 2.經驗為個人與環境的交互作用下的產物，而知識就是經驗累積與重組的連續歷程。 3.知識具有實驗性與工具性，是適應環境的需要，是可變的，可創造的。	1.教育重視體驗學習，強調做中學的概念。 2.在教學方法上，強調學校生活要與兒童的生活經驗相銜接，並要重視學生的興趣與努力。

學說派別	要點	教育意涵
觀念分析學派	1.代表學者為皮德思（Peters）等人，其延續邏輯實證論的主張，係為分析哲學的主要學派。 2.所要分析的對象主要為語言與概念，主張人們必須要使用文字來表達與清晰概念。 3.將知識分為「設證」與「論證」兩種形式，帶來了哲學新革命。	1.皮德思（Peters）認為教育帶有一種「工作-成效」的性質，而且是一種啟發且多樣的價值活動歷程。 2.教育規準為合價值性、合認知性與合自願性。
邏輯實證主義	1.代表學者為維根斯坦（Wittgenstein）等人。 2.對語言進行邏輯分析，主張用檢證性原則來檢視完整的語句意義。 3.知識的判別要先經過世界領域了解事實的存在，再透過思想領域去發展有意義的命題，而對於神祕領域，則應保持沉默。	1.改變傳統哲學與教育的關係，強調要從實證科學與教育實際經驗來建立教育理論。 2.有助澄清教育語言、判斷教育命題性質以及澄清教育領域中邏輯的謬誤。 3.但其亦讓價值哲學與倫理學成為無意義之學，並將危及到道德教育的存在。 4.在教育實施方面，其強調培養學生分析與批判的求知方法與態度，並使教育研究科學化與合理化。
認知發展論	1.代表學者為皮亞傑（Piaget），係從「發展」的觀點來解釋認知活動的發生歷程。 2.主要概念包括基模、同化、調適、平衡與組織等。 3.可讓傳統知識論理性與經驗的對立，折衷於「適應」的觀點下。	1.教育是透過同化與調適來完成主體人格發展的認知活動。 2.教育目的在於培養具有創造力的主體。 3.課程內容的組織應顧及學生認知發展，並讓學生有足夠的學習動機主動進行學習與探索，以建構本身的知識與意義體系。 4.道德教育亦應配合學生的認知發展，並兼重道德的認知與實踐。

學說派別	要點	教育意涵
建構主義	1. 思想根源可追溯至康德（Kant）的知識論主張，並深受近代現象學、詮釋學、批判理論等理論影響。 2. 係在本質上對實證主義獨斷方法論的一種反動。 3. 知識構成係為主體與環境之間互動的產物，具有動態性與歷程性。 4. 重視知識的有用性與問題解決能力的培養。	1. 學生係為建構本身意義與知識體系的學習主體，並會主動進行學習。 2. 學習具備主動性、適應性與發展性。 3. 透過問題情境引發學生進行發現學習與問題解決學習。 4. 強調認知的主體為人而非物，反對學生被動地接受知識。 5. 知識是多元觀點的，在真實複雜的情境中習得。
現象學	1. 代表學者為胡賽爾（Husserl）。 2. 主體是統一的本質，但其承認客體可以依照所之程度的區分而分成客體與對象。 3. 「現象就是本質」，而「回歸事物本身」亦即回到存在的主體。 4. 現象學亦稱為意識哲學，人的意識之流即是完成認知的過程。	1. 教師應把學生的社經背景與性格差異等，先放入括弧之中，以更能夠掌握學生本質。 2. 在教學上，應鼓勵學生將既定的呈現放入括弧中，以懷疑與批判的精神去進行知識本質的探討。
存在主義	1. 人具有「未確定性」，重視個人存在價值，強調個人自由抉擇，主張「存在先於本質」。 2. 知識源於一種非理性的內在體驗，帶有個別主觀性質，並且是個人要主動攝取的。 3. 知識只是實踐存在的一種體驗。	1. 教育理想在於承認每個人的人性價值，喚醒每個人能充分覺知自我性。 2. 師生之間呈現「I-Thou」的關係，並重視學生個性與群性的均衡發展，重視對話性的師生關係。 3. 重視通識教育、情緒教育、意志教育、生死教育、生活教育等。 4. 教育的主要任務在於喚醒人對於自由的覺醒。

重點三　教育價值論

一　價值論的基本概念

(一)價值論即價值哲學,係指研究價值的學問,其範圍包括:

範疇	追求價值
邏輯學	真
道德哲學	善
美學	美
宗教哲學	聖

(二)價值論的取向與類型

1.價值論取向:

取向	內涵
客觀價值說	1.價值具有必然性,與主體意志無關。 2.換言之,價值具有可教性,學生可以得到一致的價值判斷與感受。
主觀價值說	1.價值取決於主體本身的價值判斷。 2.換言之,價值可以表現出主體的取捨結果與人格特性。
折衷價值說	1.價值包括主觀上的取捨性與客觀上的必然性與可教性。 2.換言之,價值乃是人格與環境互動的產物。

2.價值論類型:

類型	內涵
規範價值	1.可稱為內在價值、本質價值、永恆價值、普通價值、高級價值、非工具價值等。 2.也就是常稱的社會價值、審美價值、理智價值、宗教價值等。 3.例如:真、善、美、聖等。 4.重視內在本有價值之教育學者會採取注重道德訓練,品格陶冶的教育措施。
特殊價值	1.可稱為外在價值、工具價值、特殊價值與低級價值等。 2.也就是常稱的經濟價值、身體價值、娛樂價值、工作價值與自然價值等。

(三)價值論論點

觀點	代表學派	內涵
永恆觀點	理性主義、精神主義、人文主義、經院哲學等	價值為人生最高的理想與目的,具有永恆不變的性質。
快樂觀點	快樂主義、經驗主義、功利主義、實驗主義等	價值即是欲望的滿足與快樂的獲得,係存在於我們生活之中。
合理意志觀點	形式主義	價值存在於人的合理意志之中。

二 價值論與教育價值

(一)不同的價值論觀點會形塑不同的教育價值觀,進而成為不同取向的教育目的,例如個人本位或是社會本位。

(二)而在教育歷程中的內容與方法,也都會因為不同的教育價值觀,而呈現不同的教育面貌。

(三)教育各層面價值

教育價值層面	要點
個人層面	1.開展個人潛能。 2.促進自我實現與自我超越。
社會層面	1.促進社會流動,並完成個人社會化與社會人格化之歷程。 2.維持社會穩定,促使社會進步。
政治層面	1.進行政治社會化與培養政治菁英。 2.培養民主能力。
經濟層面	1.有效發展人力資源與促進國家經濟發展。 2.促進經濟轉型,以實踐知識經濟精神。
文化層面	1.可以選擇、保存與傳遞文化。 2.可以創造與更新文化的經驗。

重點四　道德、人性與教育

一　道德哲學的基本概念

(一)道德哲學是對善惡問題的根本討論，亦稱為**倫理學**。

(二)對錯善惡的判斷稱為「**應然判斷**」，單純描述事實的判斷則稱為「**實然判斷**」。

(三)道德哲學關注的課程在於「**何謂幸福人生**」以及「**實現正義**」。

二　人性學說派別與教育

派別	代表學者	教育意涵
性善說	1. 中：孟子、陸象山 2. 西：盧梭（Rousseau）、福祿貝爾（Froebel）	1. 教育應發展人的本性，係使人向上與向善之歷程。 2. 教育目的是培養自然人，教育方法則注重學生的自由與自發活動。
性惡說	1. 中：荀子 2. 西：奧古斯丁、叔本華	1. 教育應使用各種策略來矯正人的本性，例如：荀子主張以禮與樂來化性起偽。 2. 在西方性惡論的觀點中，教育成為一種救贖大眾與宣傳教義的活動。
人性亦善亦惡說	1. 中：王充、揚雄 2. 西：柏拉圖（Plato）、亞理斯多德（Aristotle）	1. 教育應根據個人的天性予以適當教導，以使其發展應有的社會責任。 2. 教育目的應使人的一切天性均衡發展，而教育方法則具備教學、訓導與體育三部份。
人性非善非惡說	1. 中：告子 2. 西：伊拉斯莫斯（Erasmus）、洛克（Locke）、康德（Kant）。	1. 教育目的應發展個人自由的道德人格。 2. 教育的可能性與重要性立基於人所處的環境可以影響行為的善惡結果，故其相當重視環境對於教育的影響力。
性三品說	董仲舒、韓愈等	1. 教育可以幫助中等資質的人往更良善的方向發展。 2. 個人發展受到遺傳的先天限制。

三　道德理論學派與教育

派別	代表學者	理論要點	教育蘊義
主內派（嚴格主義、義務論）	康德（Kant）	1. 動機論：道德判斷應以個人行為動機為規準。 2. 每個人都具有超乎經驗的先天觀念，以進行善惡判斷。 3. 是非善惡的辨別在於先天理性，個人認識這種先天理性的能力即稱為實踐理性。 4. 道德權威自內而生，透過先天實踐理性來認知。	1. 道德教育的最高理想為形塑個人在意志上的自律。 2. 道德教育的目標即在訓練個人善的意志，以形成個人品格。 3. 道德訓練過程係從內往外，主張讓個人擁有義務心。 4. 兒童應養成自覺的品性、自由的人格，以及依照道德律而立身處世的習慣。 5. 用內在理性啟發方法，來自律學生自己行為。 6. 道德教育應注重品格陶冶，強調意志訓練的重要。
主外派（快樂主義、功利主義、目的論）	邊沁（Bentham）、米爾（Mill）、斯賓賽（Spencer）。	1. 以行為結果作為判斷對象，主張善即是快樂。 2. 善就是快樂，惡即是痛苦，令他人快樂的行為就是善行，善惡的標準應依行為後果來衡量。 3. 將「最大多數人最大的幸福」作為道德判準。	1. 道德教育目標在訓練有良好行為的個人。 2. 道德教育需依賴獎賞與懲罰來完成。 3. 道德訓練方式是由外而內。 4. 道德權威的建立是由外而內，亦即要透過賞罰等外在程序來建立個人的道德。

派別	代表學者	理論要點	教育蘊義
道德認知理論	杜威（Dewey）、皮亞傑（Piaget）、科伯格（Kohlberg）	1.以「認知」觀點來探討道德發展。 2.杜威將兒童道德發展階段分為道德前期、道德成規期、自律期；皮亞傑將兒童道德發展階段分為無律、他律與自律三個階段。 3.科伯格（Kohlberg）則依據杜威（Dewey）與皮亞傑（Piaget)的觀點將道德發展分為三時期六階段，即道德成規前期（處罰與服從導向階段、功利相對導向階段）、道德成規期（人際關係和諧導向階段、法律與秩序導向階段）、道德成規後期（遵守社會規約導向階段、道德普遍原則導向階段）。	1.道德教育目的在於促進學生往更高的道德階段發展。 2.道德教育規準為合情、合理與可行。 3.道德教學原則包括普遍性、程序性、恕道性、對等性、公平性、自律性與自由性等。 4.道德教學的方法多採用兩難式問題的討論教學法，使學生可以成為本身道德行為的立法者、執行者與司法者。 5.道德的實踐必須要重視實用性，且是融於個人的生活經驗脈絡之中的。 6.道德的要求應該要兼重個人與社會的層面，且不應該確立固定道德目的，來限制道德的發展。
德行倫理學	亞里斯多德（Aristotle）	1.以德行（virtue）作為倫理學的探究基礎與焦點。 2.道德德行不僅是品格特質，更是品格的卓越。 3.道德是習慣養成的結果。	1.道德教育應重視個人品格習慣之養成。 2.可作為品格教育之理論基礎。

四 道德教學原則

(一)道德教育目的在於促進學生往更高的道德階段發展，道德實踐必須要重視實用性，且是融於個人的生活經驗脈絡之中的。

(二)道德教育應該要兼重個人與社會的層面，且不應該確立固定道德目的，來限制道德的發展。

(三)應合乎：**程序原則**（可獲得道德普遍性）、**恕道精神**、**公平正義原則**、**互為主體性關係**等。

(四)在道德教育的實踐中，可以兼融「**德行倫理**」、「**正義倫理**」、「**關懷倫理**」、「**批判實踐倫理**」等，以建構更整全的道德教育願景。

五 「正義」概念之分析

正義類型	概念分析
矯正正義	透過懲罰性策略來矯正不正義之行為事物。
分配正義	根據均等原則，來進行資源利益等分配。
程序正義	處理程序符合公平原則。

六 「倫理」概念之分析

倫理類型	概念分析
正義倫理	重視普遍性道德關係的建立，強調理性。
關懷倫理	重視情感性關係的建立，強調同理心。
美德倫理	超義務道德觀，係為儒家倫理之基礎，要求個人應追求卓越與完美，培育激賞之美與愉悅之美。
權利倫理	義務道德觀，強調人具有自律意志及選擇自由，重視自由價值。
共存倫理	義務道德觀，係指人與人相處之基本原則規範。
共榮倫理	超義務道德觀。

重點五　教育美學

一　美的意義

(一)「**美學**」在哲學的架構上屬於價值論領域，最早的美學源於一種快樂觀念，是一種快感，最早使用美學一辭的是德國理性哲學家包加登（Baumgarten)。

(二)**美的定義**

學者	定義
亞里斯多德 （Aristotle）	1.提出「淨化說」的美學觀點。 2.透過美學可以以淨化每個人的心靈。
康德（Kant）	1.美感經驗為一種純粹無私的心靈滿足。 2.美感判斷並非純理性的判斷，具有主觀性與普遍性
休謨（Hume）	1.「美」是一種愉快。 2.「醜」是一種痛苦。
席勒（Schiller）	1.提倡「審美教育」。 2.美是一種有限性與無限性的調和。
布洛（Bullough）	1.提出「心理距離說」。 2.當主體與對象之間存在適當的心理距離，便會產生美感知覺。
尼采（Nietzsche）	1.提出「超人之意志哲學」。 2.主張「美即生命力之展現」。
蔡元培	1.「美」具有普遍性，係介於現象界與實體界之間，主張透過美育來連結現象世界與實體世界。 2.美育主要是為了取代宗教思想，可分為「美麗」與「尊嚴」兩種，主張以美育教育來取代宗教教育之理由如下： 　(1)美育是自由的，而宗教是強制的。 　(2)美育是進步的，而宗教是保守的。 　(3)美育是普及的，而宗教是有對象限制。 　(4)美感是「合美麗與尊嚴而言之，介乎現象世界與實體世界之間」、「神遊於對象中之實的感受」與「對於現象世界無厭棄而亦無執著者也」。 3.教育宗旨：「注重道德教育，以實利教育、軍國民教育輔之，更以美感教育完成其道德」。

二 美德倫理的審美判斷

(一)美德與道德
1. 儒家倫理是一種**以美德為基礎的道德**。
2. 中方與西方的美德倫理，同樣要求個人應追求卓越與完美，培育激賞之美與愉悅之美。
3. 美德必須要從社會脈絡中去詮釋理解，並要合乎內在目的性的追求。

(二)公共道德具有共存道德（義務道德）與共榮道德（超義務道德）。

(三)恥感之意義
1. 恥感是一種他律的「面子文化」。
2. 恥感容易被社會機制控制。

三 權利倫理的審美判斷

(一)權利倫理的消極美感
1. 權利倫理係指以權利為基礎的道德，是為了避免個人遭受他人或道德集體主義之攻擊所設計出來的。
2. 主張個人基於公正所擁有的權利是他人不可以剝奪的。
3. 權利倫理只考慮規範人際互動的基本模式，僅是一種行動道德，而非存在道德。
4. 行動道德、正義道德及法律道德相似，皆只強調共存道德。

(二)權利倫理的積極美感
1. 其並不過問超義務行為。
2. 人具有選擇自由，並保有自律尊嚴。
3. 提供不受道德勒索的安全自由環境。
4. 美德倫理與權利倫理並無必然衝突，兩者衝突關鍵在於推行的方式上，當美德倫理的推行侵犯到權利倫理所重視的自由價值時，美感將會失落，兩者產生一種不調和的緊張關係。

四 教育美學的教育蘊義

(一)首先，可協助學生提升美感判斷、審美能力及創造力，並增進教學過程中的教育藝術性及活力。

(二)再者，教學是一種表演藝術，一方面可以向學生傳遞客觀知識，另一方面則可以讓學生主動去建構本身的想像空間。

(三)此外，教師進行教學應解除外在目的限制，且師生關係、教學內容與學生認知能力等方面，亦應維持適當的心理距離。

(四)最後，將使教育過程充滿人味，有助於學生進行自我實現與自我超越，以達成全人發展。

五　教育藝術V.S.教育科學

教育藝術	教育科學
1.教學情境具有複雜性、豐富性、脈絡性與抽象性，故教學策略應具備動態性、統整性及多元性。 2.師生皆為教學之主體，呈現互為主體性的視野交融。 3.重視學生想像力及創造力之開展，並透過多元評量與教師適性回饋，讓學生獲得全人發展。 4.杜威（Dewey）：「教學即藝術，教師是真正的藝術者」。	1.教學情境因素是可以透過良好教學技術加以預測與控制的。 2.教師為執行者的角色，係為教學之權威。 3.培養學生適應與改造生活的基本能力，透過紙筆測驗來掌握學生學習成效。 4.桑代克（Thorndike）：「凡存在皆可量化」。

自我評量

一、試界定知識與信念的涵意及其在教育應用上的重要性。【90年高考】

二、請說明形而上學之實在論對教育的主張。【91年地方四等特考】

三、試闡釋杜威（J. Dewey）的德育方法論。【92年地方三等特考】

四、試析論主內派與主外派道德哲學思想的主張。【95年原住民特考】

五、試述多階段理論（multistage theories）之內涵，並請以柯柏格（L. Kohlberg）之道德發展理論加以說明之。【100年高考】

六、價值問題的反省在教育過程的規劃上具有基礎性的意義，但是學者對於「事物有價值是因為我們欲求它們，或是因為它們本身有價值我們才欲求？」這個問題有不同的見解，遂又可分為價值主觀論和價值客觀論。試分別說明價值主觀論和價值客觀論的基本論點，並析論這兩種理論在教育上的意義。【101年高考】

七、請從亞理斯多德（Aristotle）的目的論（teleology）解釋他對美德的界定，並從每個人的卓越（excellence）之處來說明何以道德教育需要以習慣的養成作為主要方式。【101年地方三等特考】

重點試題解析範例

一、試說明亞理斯多德（Aristotle）倫理學思想中對德行（virtue）的看法？同時討論德行在道德教育上的意義？【94年高考】

答：(一)亞里斯多德對於德行之看法

1. 其提出德行倫理學，主張以德行（virtue）、人類的繁盛（human flourishing）作為倫理學的探究基礎與焦點

2. 人類的德行或惡行（vices）一旦獲得了，就深刻地烙印下來。亦即，道德德行是習慣養成的結果，而非與生俱來的。

3. 道德德行不僅是品格特質，而是品格的卓越。每種德行都涉及了使事情正確，因為德行涉及了實踐智慧，對於實際事物進行正確地思考的能力。

4. 德行會使其擁有者成為好人，有德行的人是道德上善的、卓越的，行動且反應良好、正確地令人欽羨的人。

(二)德行在道德教育上的意義

1. 道德德行與情慾（情緒及慾望）及行動相關聯。

2. 道德德行以中庸為特徵，在兩極端—亦即過與不及兩種惡行—之間採行中庸之道（the doctrine of mean）。

3. 有助於道德自我的展現與道德價值的揭露。

4. 有助於在道德教育實施中，幫助主體形成對自我的了解以及道德知覺的養成。

參考書目：歐陽教（1999），教育哲學，麗文。

吳靖國（2000），教育理論，師苑。

教育圓夢網（2013），94至102年教育行政高普特考解析，教育圓夢網。

二、道德哲學與教育有著密切的關係；功利主義（utilitarianism）的彌爾
　　（John Stuart Mill）、邊沁（Jeremy Bentham）對道德哲學有著什麼
　　樣的認知？此認知對教育有什麼影響？而康德（Immanuel Kant）對道
　　德哲學又有著什麼樣的觀點？此觀點對教育有什麼影響？試比較申論
　　之。【95年高考】

答：道德哲學具有不同的學派，有著不同的道德教育主張，茲依題意說明
　　如下：
　　(一)功利主義道德哲學之要義
　　　　1. 代表人物為Bentham、Mill等人。
　　　　2. 其認為道德的決定取決於外在行為的結果。
　　　　3. 而善就是一種幸福，是一種快樂，係透過後天經驗來認知的。
　　　　4. 所以道德權威的建立是由外而內，重外在約束的。
　　　(二)康德道德哲學之要義
　　　　1. 代表人物為Kant。
　　　　2. 其認為道德決定取決於內在動機。
　　　　3. 善是個人透過先天實踐理性來認知的。
　　　　4. 道德權威的建立係訴諸理性的無上命令。
　　　(三)兩者對教育之影響
　　　　1. 功利主義認為德育目標在於訓練好行為，而康德道德哲學則認為德
　　　　　育的目標在於使學生達到意志自律。
　　　　2. 功利主義認為賞罰是訓練道德的有效方法，康德道德哲學則認為訓
　　　　　練意志才是德育的有效方法。
　　　　3. 功利主義認為德育程序是由外而內的，康德的道德哲學則認為德育
　　　　　程序是由內而外的。
　　參考書目：伍振鷟（1996），教育哲學，師苑。
　　　　　　　　詹棟樑（1999），教育哲學，五南。
　　　　　　　　艾育（2013），教育專業科目通關寶典，千華。

第3章　西洋哲學思潮與教育理論

頻出度A：依出題頻率分為：A頻率高、B頻率中、C頻率低

各考試出題排行榜　高考　3原民三等　地方三等　4身障三等

 重點一　西洋哲學思潮與教育

一　觀念主義（理性主義）（Idealism）

代表學者	柏拉圖（Plato）、奧古斯汀（Augustine）、黑格爾（Hegel）、笛卡兒（Descartes）
哲學基本假設	1.二重世界觀：永恆觀念世界及個殊現象世界。 2.永恆真理說： 　(1)普遍永恆的真理存在於觀念世界中。 　(2)主張知識來自於先天經驗，須由內而外引導出來。 3.知識貫通論：知識連貫真理，重視抽象永恆的觀念。 4.普遍道德律：合乎普遍道德律的作為才是真正的倫理實踐。 5.客觀價值論：價值為永恆客觀。 6.名言：我思故我在。
教育蘊義	1.教育理念：教育可讓人們從觀念世界中找尋真理的存在，以打破洞穴的心靈蔽障。 2.教育目的：促進主體自我實現及品格發展，並發展個人理性及意志力。 3.師生角色：學生是未成熟的客體，教師是教學歷程的主體，其須指導學生，扮演學生的諮詢者。 4.課程內容：數學、物理、生物學、文學、藝術、歷史、文法與科學等。

教育蘊義	5.教學方法：重視經典閱讀活動與理性觀念的啟發，強調辯證、 直覺、講演法。 6.教育省思： (1)常被認為是一種保守的教育哲學。 (2)面臨傳統經典與現代著作孰重的質疑。

二 經驗主義（實在論）

代表學者	亞里斯多德（Aristotle）、培根（F.Bacon）、赫爾巴特（Herbart）
哲學基本假設	1.心物二元論：個人可以憑藉內外感官，從具體事物中，去捕捉永恆觀念。 2.知識符應論：主體具有認知外在客觀實體的內外感官能力，採取符應說的知識論。 3.人性白板說：人心如白板，知識來自個人的感官作用。 4.價值論觀點：係以追求個人「美好生活」為目標。
教育蘊義	1.教育理念：主張能力本位教學、教育科學運動與績效責任制，因為其認為所有存在事物都可以客觀測量。 2.教育目的： (1)追求主體的美好生活，且強調學生擁有讀、寫、算的實用基本能力。 (2)重視品德教育，認為教育過程應兼重專才與通才的培養。 3.師生角色： (1)學生可以透過感官去體會經驗生活世界，而極端的經驗主義者更認為學生對於生活情境是沒有選擇自由的。 (2)教師所扮演的角色是教學刺激的提供者，且是教學歷程的主導者，教學歷程是以教師為中心的。 4.課程內容：強調自然科學之價值，且重視實用教材與實際經驗之結合。 5.教學方法：採用實物教學及編序教學，並善用教學輔導工具，讓學生可以獲得新舊經驗結合之學習過程。 6.教育省思： (1)經驗主義強調在心靈之外，有獨立存在的客體，但是當吾人以自身主觀觀點為客觀時，將會扭曲事物本質。 (2)教育科學化運動若發展到極致，將會產生科學至上主義，異化了教育本質。

三 批評主義

代表學者	康德（Kant）
哲學基本假設	1.心靈論：主體心靈具有四類（量、質、關係、樣式），共十二範疇的先驗知識形式，具有普遍性： (1)量的範疇：單一性、多數性、總體性。 (2)質的範疇：實在性、否定性、限制性。 (3)關係範疇：實體性、因果性、交互性。 (4)樣式範疇：可能性、存在性、必然性。 2.知識論： (1)純粹理性批判，知識由先天形式與後天經驗所構成，僅止於現象界。 (2)知識係由主體主動建構的，分為形式之知和內容之知。 (3)知識由感性（直覺）與悟性（概念）所組成，外在材料要透過感官融入先天的理性範疇中，以形成知識。 (4)知識是個人主體藉由感性、悟性與理性來獲得。 3.嚴格主義的道德理論： (1)實踐理性批判。 (2)道德先決條件為「靈魂不滅」、「上帝」與「自由」，道德律乃是普遍、絕對、強制、永恆與義務的無上命令。 (3)意志自由是道德教育的起點，而服從規律則是實踐道德律的必要途徑。 (4)重視主體之道德動機。 4.美學： (1)判斷力批判，包括：理解力及想像力。 (2)只要能激起優美與壯美的事物，都是培養主體美感的好材料。 5.名言： (1)「沒有內涵的思想是空的，沒有概念的直觀是盲目的」（Thoughts without content are empty, and intuitions without concept are blind）。 (2)「自律殿堂，必經他律大門」。
教育蘊義	1.教育理念：學思並重的教育觀。 2.教育目的： (1)積極提升學生自我反省能力，且培養學生具備自由意志與服從規律。 (2)道德教育應讓學生可以深具義務心，且自願行善。 3.教育內容：應包括知識與道德良知。

教育蘊義	4.教育方法： (1)包括「教化」、「開化」與「德化」，並反對外在的懲戒。 (2)啟發學生獨立思考。 5.教育省思： (1)強調要教育學生服從規律，卻有可能造成學生盲目行為。 (2)有道德善意並不等於會有道德行為，且其理論體系陳義過高，過於克己制欲，有教育實踐上的困難。 6.教育理論和教育實務為相輔相成之關係，缺一不可，因為教育理論可以指導教育實務，而教育實務的實踐結果可以改進教育理論。

四　實用主義（Pragmatism）

代表學者	皮爾斯（Peirce）、詹姆士（James）、杜威（Dewey）
哲學基本假設	1.形上學：主張整體、變動不拘與多元的世界觀。 2.知識論： (1)知識發展係具有經驗連續性，且知識應合乎社會需求才有價值。 (2)有效者即真，知識應具備解決問題之功能。 3.折衷的道德理論（折衷嚴格主義及功利主義之道德觀）： (1)道德應包括知識、感情與能力等三種要素。 (2)道德發展應兼具良善的過程與結果。 4.價值論：有用者即真。
教育蘊義	1.教育理念： (1)教育係為主體經驗的不斷改造與自我更新之價值活動歷程。 (2)學校教育的主要任務是使學生適應與改造現在的生活。 2.教育目的：重實用價值，並著重培養學生自我控制、解決問題、良好思考習慣、社會生活適應能力與繼續學習等基本能力。 3.師生角色：兒童為教育的中心，教師在教學時，應重視兒童的興趣與學習動機。 4.課程內容：包括：科學、歷史、地理、工作、遊戲與語文等，課程教材設計應銜接學生生活經驗。 5.教學方法：問題解決學習法、反省教學法及實際活動學習法等。 6.教育省思： (1)變動的世界觀並無法解釋生活世界中的所有現象，例如某些道德原則是不變的。 (2)教育無目的之觀點過於抽象，難以令人理解，且難以落實於真實生活中。

五　存在主義

代表學者	祈克果（Kierkegaard）、海德格（Heidegger）、沙特（Sartre）、布伯（Buber）、尼采（Nietzsche）
哲學基本假設	1.存在先於本質：以表演者的觀點進行哲學思辨，主張人並無先天存在的本質，而是透過選擇及實踐來決定其本質。 2.知識論：知識是人主動攝取的，崇尚個性的了解，不注重團體訓練。 3.重視自我存在價值： 　(1)強調自我經驗，重視自我選擇，主張焦慮、絕望感和被拋棄感。 　(2)強調對人的關切，認為每個人都是擁有自由、自我創造與自我超越能力的主體。 　(3)個人與外在世界的關係應為「I-Thou」之主觀關係。
教育蘊義	1.教育理念：教育應讓學生可以成為本身觀念創造的參與者，實施「知」、「情」、「意」、「行」合一的全人教育。 2.教育目的： 　(1)彰顯個人行為的合理性及獨特存在價值。 　(2)「焦慮的理解」為教育過程中的重要目標，且教育應培養學生具有自我承諾的責任感。 3.師生角色：教師應對學生進行提點，積極鼓勵學生經常進行自我瞭解，兼重生命的光明面與黑暗面，以能確實掌握本身存在之完整意義。 4.課程內容： 　(1)強調人文、文學、歷史、哲學與藝術等人文學科的課程價值，課程教材係供學生進行詮釋之用。 　(2)情緒教育、生死教育、通識教育、生命教育等。 5.師生關係：師生之間呈現「I-Thou」的互為主體性，彼此具有相互回饋的感情敏感性。 6.教育省思： 　(1)存在主義是否會淪為極端個人主義，尚有待觀察。 　(2)強調悲觀的生死教育，是否適用於每一個教育階段（兒童期）。

六　結構主義

代表學者	索緒爾（Saussure）、李維史托（Levi-Strauss）、皮亞傑（Piaget）
哲學基本假設	1. 世界觀：世界符應於一種結構框架。 2. 知識論：強調理性，知識具有邏輯性及系統性。 3. 理論基礎：語言學、人類學、社會學、文學與歷史學等，為客觀主義之論調。 4. 語言組成：由「能指」、「所指」和符號之間的關係所組成。
教育蘊義	1. 教育理念：從研究語言文字結構之角度，進而以此結構觀點分析教育現象。 2. 教育目的：培養學生具有完美人格的完整性個體，擁有健康身心。 3. 教育重點：關注教育過程中的知識結構、學科結構、學生認知結構、社會結構等之間的關係。 4. 教育研究：客觀主義的教育研究觀點，排除教育研究方法中的主觀性。 5. 教育省思： 　(1)忽視個人主體性及歷史脈絡影響力。 　(2)無法解釋教育事物的複雜現象。

七　後結構主義

代表學者	德里達（Derrida）、傅珂（Foucault）
哲學基本假設	1. 世界觀：世界是一個無中心的系統，是一個開放異質的結構。 2. 知識論：強調語言意義與權力息息相關，亦即權力決定了知識。 3. 價值論：批判傳統客觀理性，重視非理性與倫理性的價值，關注各個特殊文本的存在意義。 4. 對「理性中心主義」思維的反動，消解結構主義固定與僵化的概念理論框架。 5. 採用考古學和系譜學從事哲學研究。 6. 名言：權力即知識。
教育蘊義	1. 教育理念： 　(1)強調教育上解構的概念，即教育應重視多元，應該去中心化。 　(2)追求社會公平正義，積極傾聽他者聲音，照顧弱勢族群。 2. 教育目的：培養師生具有批判反省能力，且教師應調整自己的權威角色，使教室成為批判討論的場所。 3. 課程內容：課程知識是權力運作的產物，應重視非正式組織、弱勢團體與邊緣族群等多元論述之聲音。 4. 學校功能：重視學校的價值，並認為社會像一座圓形監獄，重視語文教育。

➡ **進階重要考點**

(一)論述形成與論述實踐的意義

　　1.論述係指權力、慾望、語言、知識等的集合體。

　　2.論述形成：

　　　(1)論述形成係指運用一套規則體系，組合不同論述，找出論述運作的規律性之過程。

　　　(2)論述形成關注不同論述之間的互動、相互關係、地位功能等。

　　3.論述實踐：

　　　(1)論述實踐係指在社會情境中，不同論述都有運作的可能性，也會產生不同的約束及意義。

　　　(2)所以，論述不會只是單純的知識及語言，論述實踐涉及不同主體之間的權力互動。

(二)可以用來規範老師和學生行為的教育論述

　　1.教育政策。　　　　　2.教育法令規章。　　　　3.班級常規。

　　4.課本知識。　　　　　5.學校制度及章程。

八　建構主義

代表學者	皮亞傑（Piaget）、維果斯基（Vygotsky）、杜威（Dewey）
哲學基本假設	1.世界觀：生活世界具有變動性、動態性、隨機性、脈絡性與易誤性。 2.知識論：知識體系是由主體主動建構，個人所建構的知識僅代表其生活經驗的呈現。 3.價值論：價值體系係由主體所主動建構，具有個殊性。 4.可分為社會建構論、個人建構論等，社會建構論的「鷹架」概念係強調在學習歷程中，他人和外在協助對於學生學習是不可或缺的要素。
教育蘊義	1.教育理念：以學生為學習的主體，教育活動應銜接學生個人的生活經驗。 2.教育目的：協助學生成為建構本身知識與價值意義體系的主體。 3.師生角色：教師應扮演學生知識體系的助構者。 4.課程內容：進行過程導向的課程設計，呈現統整課程。

教育蘊義	5.教學方法： (1)教學歷程係呈現師生的相互主體性，係由師生所共同建構而成。 (2)重視學生主動學習之能力及意願。 (3)重視根據學生的認知發展階段，採取適性教學。 6.教育情境：教師應營造開放自由的問題式教學情境。 7.教學評量：要採取多元評量來瞭解學生真實能力。 8.教育研究：質性研究的理論基礎。

九　分析哲學

代表學者	維根斯坦（Wittgenstein）、皮德思（Peters）、羅素（Russell）、赫思特（Hirst）
哲學基本假設	1.分析哲學是對傳統哲學的一種反動，企圖藉由對語言的梳理，來掌握真理，反對曖昧不明的傳統形上學。 2.哲學是一連串分析工作活動，主要的功能在於澄清語言和明晰概念，並破除人類心靈的迷障。 3.知識論：知識命題包括「分析句」與「綜合句」，強調知識的形式功能。 4.價值論： (1)直覺論與情緒論的道德論。 (2)黑爾（Hare）的規約論（後設倫理學）強調對道德語句概念，進行邏輯澄清，並特別重視道德判斷的證成。 5.哲學是一連串分析工作活動，主要的功能在於澄清語言和明晰概念，並破除人類心靈的迷障。
教育蘊義	1.教育目的： (1)教育人的教育目的，為菁英取向，強調廣博教育、自律生活、民主教育等。 (2)皮德思（Peters）認為教育並不需外加的教育目的，因為界定「目的」的約定性意義是空泛的教育理想。 2.教育規準：合價值性、合認知性與合自願性。 3.教育概念：具有複合性、多樣態性及本質爭議性，且教育是工作與成效的歷程，主要在培養學生成為一個教育人。 4.課程設計：建構學生理性心靈，而課程教材所涉及的知識分為「事實之知」、「技能之知」、「規範之知」、「鑑賞之知」，在課程內容上特別重視邏輯學科。 5.教學策略：教學涉及「意向性」與「成功」的意涵，提倡民主教育。

6. 重視博雅教育：以赫思特（Hirst）為主要提倡學者，強調建構理性心靈、培養學生理性、重視勞心者教育價值。

7. 赫思特（Hirst）探討博雅教育（liberal education）的內容時，針對人類的知識作分類，共區分七種知識型式（forms of knowledge），分別是：

(1)自然科學（physical sciences）。　　(2)數學（mathematics）。

(3)有關人的科學（human sciences）。　(4)歷史（history）。

(5)宗教（religion）。

(6)文學與藝術（literature and fine arts）。

(7)哲學（philosophy）。

8. 研究教育哲學之原則：

(1)經驗的檢證性。　　(2)邏輯的一貫性。　　(3)道德的可欲性。

9. 皮德思（Peters）對傳統教育哲學之批評：

(1)教育原理取向弊病：傳統教育哲學帶有濃厚主觀思辨色彩，產生未經嚴格邏輯檢證的格言主義。

(2)教育史取向弊病：傳統教育哲學常成為某位教育哲學家的歷史介紹，產生歷史主義之困境。

(3)化約主義取向弊病：傳統教育哲學在介紹完理論要義之後，會直接說明教育實務之應用，但是教育理論與實務之間並未經過邏輯檢證。

(4)皮德思（Peters）提出分析哲學來改正傳統教育哲學之弊病。

10. 自律（autonomy）邏輯要件（皮德思之觀點）：

(1)真確性（authenticity）：「真確性」係指自律的意識與行為，都是主體可以真正掌握的，是由內自然而發的，並非是由外灌輸的，自律的行為是個人自主的主體意識之實踐。

(2)意志力（strength of will）：「意志力」係指個人要表現自律的行為必需有主動實踐的意願，也要有延宕滿足的能力與自制力。

(3)反省思考（reflective thinking）：「反省思考」係指個人在表現自律意識與行為的歷程中，會不斷地省視自己，進行自我評價與判斷。

11. 道德自律之實踐策略：

(1)道德自律必需合乎「真確性」、「意志力」、「反省思考」等邏輯要件，方具有意義性。

(2)個人必須發自內心兼重道德自律意識及道德自律行為實踐，且具備克制自己慾望的意志力。

(3)個人必需具備反省思考的能力，在面對道德兩難情境時，可以進行合理的道德判斷與推理，並且建立正確的道德價值。

12. 教育省思：

(1)教育人的理想過於保守化、菁英化、忽略女性聲音、忽略多元文化需求。

(2)容易落入為概念分析而分析的無窮迴圈。

教育蘊義

➕ 批判理論

代表學者	馬庫色（Marcuse）、霍克海默（Horkheimer）、哈柏瑪斯（Habermas）
哲學基本假設	1. 理論緣起：批判理論是一群理論，重視人類理性之啟蒙，終極關懷在於維護與闡揚人類的理性自主。 2. 終極目的： (1)「批判」係指一種反省、質疑、批判、解放及重建的理性活動。 (2)藉由「批判」歷程，建構一個美好合理的生活世界。 3. 對「工具理性」所造成的異化疏離現象，進行批判。 4. 理想溝通情境： (1)以「普遍語用學」為理論基礎。 (2)四個合理溝通的有效宣稱：可理解性、正當性、真誠性及真理性。
教育蘊義	1. 教育目的：維護及闡揚人類的主體理性，並使師生都具有批判反省的能力，而能成為具自覺能力與自決行動的主體，以建立一個合理的美好生活世界。 2. 師生角色：教師要成為轉化型的知識份子，並且師生之間要進行不斷的對話與磋商，善用高層次同理心，追求互為主體的溝通。 3. 課程內容： (1)課程設計應重視邊際學科，進行多元參與決定的課程設計。 (2)教材內容應包括自然、社會與自我等三大生活世界。 4. 教學策略： (1)強調批判思考教學，讓學生從反省、質疑、解放、重建等批判思考歷程，來重建自我主體理性。 (2)教師應提供兼具理性與人性化的教學，並營造一個具有合理性溝通條件及自由無宰制的教學情境。 5. 教學評量：要採用多元評量來了解學生的真實能力。 6. 教育研究：批判反省的教育研究途徑。 7. 有助落實教育的社會正義，揭露特定不當之教育意識型態。 8. 教育省思： (1)批判理論是否會淪為一種不確定性或懷疑論的論調。 (2)充滿主觀性的論述，缺乏實徵性證據。

➡ 進階重要考點

1. 依據批判理論的哲學觀，**既存課程知識是科技理性的產物**。

2. **解放是批判性思考的特質。**

3. 哈伯瑪斯（Habermas）強調理性的反省、解放與重建，主張自我反省在批判理論中扮演舉足輕重角色。

4. 哈伯瑪斯主張人類的旨趣有**技術旨趣、實踐旨趣**和**解放旨趣**三種，其分別對應人類的「**勞動**」、「**語言**」及「**權力與意識型態**」三種生活基本要素。此外這三種旨趣又會分別對發展出「**經驗-分析**」、「**歷史-詮釋**」與「**批判-反省**」三種知識。

5. 哈伯瑪斯(Habermas)認為，理想的溝通環境具有四項特徵：可理解性、正當性、真誠性與真理性。

6. **批判理論對「工具理性」（instrumental rationality）的批評：**
   (1)馬庫色（Marcuse）批評工具理性是一種單面向邏輯的自然科學意識型態，成為工業社會中的社會控制模式。
   (2)哈柏瑪斯（Habermas）批評「工具理性」將會宰制社會文化，蒙蔽人類的主體意志，使科技為資本社會中的意識型態。
   (3)阿多諾（Adorno）批評「文化工業」透過「工具理性」的意識型態宰制，消除人類的自我意識。

7. **哈伯瑪斯（abermas）的民主理論：**
   (1)真正民主必須存在於理性論辯之中，亦即在民主溝通的過程中，應合乎可理解性、合理性、真誠性與正當性。
   (2)民主之實踐必須立基於一個自由無宰制的公共領域，以進行理性討論與溝通，進而形成理性共識。
   (3)真正的民主必須要合乎多數決定的原則，但也要尊重少數，此外對於個人隱私權也應給予保護。
   (4)每一個人都具備參與民主實踐的權力，但也應具備批判反省能力，以重建一個美好的生活世界。

8. **阿多諾（Adorno）對商品化、消費導向的現代社會之批判：**
   (1)資本主義邏輯及工具理性造就了文化工業的理性牢籠，使得文化成為一種後設敘述，宰制主體理性。

(2)文化工業進一步造成教育市場化及消費導向，讓教育喪失傳統理性價值，也導致教育本質產生異化及疏離。

(3)而經由文化工業所塑造的藝術，只是經過包裝與修飾的複製品，不具備永恆之價值。

(4)主張透過文化批判，來對現實文化與意識型態，進行洞察與反省。

十一　後現代主義

代表學者	李歐塔（Lyotard）、吉洛斯（Giroux）、羅遜（Rorty）
哲學基本假設	1. 理論緣起：係一連串質疑與超越現代主義與啟蒙思想的思潮，受後結構主義、存在主義等學派影響。 2. 理論重點：反對後設巨型敘述，重視多元邊際論述，主張解中心化的理論觀點。 3. 相關概念：差異性、異質性、包容性、不確定性、統整、斷裂性、非線性、尊重與多元。
教育蘊義	1. 教育目的：培養學生肯定自己與尊重包容他人的精神，實現多元文化教育的精神。 2. 師生角色：教師應認知自己為轉化智慧的知識份子，並且應採取多元評量，來了解學生的真實能力。 3. 課程內容： 　(1)課程設計應進行課程統整，並重視各種文本價值，且關注個人的主體性經驗。 　(2)後現代課程特色：豐富性（richness）、嚴格性（rigor）、迴歸性（recursion）、關聯性（relations）。 　(3)重視邊際論述之發聲權力。 4. 教學方法： 　(1)進行適性教學，強調多元特質及個人自主的學習，主張自我創造與可塑性。 　(2)實施文化回應教學。 5. 教學評量：透過多元評量，例如：檔案評量、實作評量等，以瞭解學生真實能力。 6. 教育研究：「Anything goes」之研究觀點，兼採經驗分析、詮釋理解與批判反省的教育研究典範。

教育蘊義	7.教育行政運作及政策制定：應關注教育行政倫理面向，並探討權力，病態組織行為等主題，教育行政溝通不是為了獲得共識，而是為了消解集中化傾向的「現代性」教育論述。 8.教育省思： (1)易流於無政府主義，可能出現反理性、反專業與反教育的危機。 (2)教育研究容易僅強調實用性，而缺乏嚴謹一致的研究態度與方法。 9.在教育哲學的實踐上，關注本土教育哲學的建構，消解殖民性格，並關懷生態，重視「差異性」，進而彰顯每個人的主體性價值。

進階重要考點

1. 傅科（Foucault）著有「事物的秩序」（The Order of Things）及「知識考古學」（The Archaeology of Knowledge）兩書，且發現「權力」在知識、社會、政治等的轉換極具影響力。

2. 在教育哲學的研究之中，後現代主義透過溝通來使不同族群或團體能互相了解，為達此目的，在溝通時，溝通者要具有溝通美德（容忍、耐心、尊重）。

3. **李歐塔（Lyotard）對商品化、消費導向的現代社會之批判：**
   (1)資本主義的擴張與教育現代化的趨勢，將導致教育市場化及商品化，且其為帝國主義意識型態之再現。
   (2)教育商品化將成為一種鉅事敘述，且充滿集中化與一致性的色彩，將導致邊際論述及多元文化受到忽略。

4. **後現代主義對「現代性」的批判重點：**
   (1)反對「現代性」的直線性思考邏輯。
   (2)質疑「科學」及「工具理性」之鉅事敘述。
   (3)批判「現代性」將主體客體化，且忽視教育的倫理面向及藝術性格。
   (4)主張「現代性」過度強調量化研究取向，將無法呈現教育本質意義。

十二　新實用主義

代表學者	羅逖（Rorty）
哲學基本假設	1.反基礎論：基礎論係指客觀知識建立在一個永恆不變的基礎上，但是羅逖（Rorty）反對這樣的說法，其認為知識係從社會實踐中所建構出來，並非是客觀永恆的。 2.反本質論：本質論係指萬物都有明確的實體可作為依據，但是羅逖（Rorty）強調偶然性，反對本質論。 3.反再現論：再現論係假設有客觀實體存在，人的心靈有如一面鏡子，可以去再現此一客觀實體，但是羅逖（Rorty）反對這樣的說法，其指出吾人所秉持的想法觀點，都只是某一時間條件下的偶然性而已，並無法以中立角度去呈現客觀實體。 4.藉由「隱喻」之應用，有助開展吾人知識的新視野，擴充知識之概念豐富性。 5.追求可包容多元價值的民主社會。
教育蘊義	1.教育目的：每個人都應成為「自由的反諷者」，具有想像力與隱喻應用能力。 2.教育功能：教育應兼具社會化與個別化的功能，並應培養學生質疑、想像與挑戰現況的批判反省思考能力。 3.課程設計：重視多元文化教育及通識教育。

十三　現象學

代表學者	胡賽爾（Husserl）
哲學基本假設	1.哲學目的：化解知識的主客體二元論之爭議，並建立自我認識真實世界之途徑。 2.哲學方法： (1)「存而不論」：係指讓認識對象在意向性的架構過程中，透過不斷呈現自我，來回歸教育本質意義。 (2)「擱置」：主體將意識型態放入括弧之中，回到事物本身的本質意義，以獲取最可靠的知識。 (3)「回歸事物本身」：遵循「知之為知之，不知為不知」、「存而不論」原則。 (4)個人直觀能力：人要先自我理解，不斷自我反省，以客觀理解生活世界之各種現象本質。

教育蘊義	1. 教育理念： 　(1)教師本身必須不斷進行自我反省與自我超越，不可用主觀偏見來誤解學生行為反應。 　(2)教師應把學生的社經背景與性格差異等，先放入括弧之中，以更能夠掌握學生本質，來公正處理學生問題。 2. 師生關係：師生之間必須進行互為主體性的溝通理解，且教師應進入學生的生活脈絡，讓學生真實呈現他自己。 3. 教學策略：鼓勵學生將既定的教材知識呈現，放入括弧中，予以擱置，再以批判懷疑的思考，去探討知識本質。 4. 教育研究：應採用詮釋理解的教育研究典範，進行質性研究，以真正掌握教育現象的本質意義。

十四　詮釋學

代表學者	雪萊瑪赫（Schleiermacher）、狄爾泰（Dilthey）、嘉達美（Gadamer）、哈柏瑪斯（Habermas）、德里達（Derrida）
詮釋學之發展脈絡	1. 「詮釋學」一詞最早出現在古希臘文獻中，hermeneutics係指古希臘神話中的傳信神，代表傳達與了解他人訊息之科學。 2. 中世紀的神學詮釋學，主要是研究聖經經文的一種技術工具。 3. 宗教改革時期，詮釋學轉而著重對於聖經內容的解釋。 4. 浪漫詮釋學時期，代表學者為雪萊瑪赫（Schleiermacher），其從語法學與心理學建構詮釋學的理論體系，「語法學理解」即是對經典的注釋，「心理學理解」則是要了解作者當下為何要如此寫作。 5. 狄爾泰（Dilthey）主張詮釋學應以生命整體為出發點，係對於個體生命表現的再體驗。 6. 海德格（Heidegger）認為詮釋學是理解人類存在的一種方式，帶有開展自己意義的可能性。 7. 嘉達美（Gadamer）認為詮釋學可以開創文本意義的多樣性，關注主體在理解時，如何進行對話。 8. 批判詮釋學時期，代表學者為哈柏瑪斯（Habermas），其認為語言無法擺脫意識形態，所以主張理解是在認知興趣的主客體溝通之間，形成一種無宰制的共識。 9. 後現代詮釋學時期，德里達（Derrida）將理解視為一種解構式的遊戲，完全否認理解可以作為客觀性知識基礎的可能性。

教育蘊義	1. 教育理念： (1)詮釋歷程即是一種教育實踐，且每一個學生經驗都是獨特的。 (2)教育成功的先決條件是必須要先深入了解受教者的經驗脈絡。 (3)教育可以透過再體驗的歷程，促進學生對本身與生活世界的理解，且師生都可深入彼此的經驗脈絡中，達成互為主體性的視野交融。 (4)教育應考量學生個人經驗的特殊性與整體社會文化規範的一致性。 (5)教育本身是一場無止盡的遊戲，每個學生都樂意去參與這樣的遊戲，都是存有自身的表現。 2. 師生角色：教師在教學時，要重視歷史文化的脈絡性，且師生皆應具有批判思考反省能力，進一步找出教育文本潛藏的特定不當意識形態，並在教育實踐中，彰顯多元價值的重要性。 3. 教育研究：應採用詮釋理解取向的教育研究典範，進行質性的教育研究，以掌握教育現象事物的本質意義。

十五　女性主義

代表學者	姬拉根（Gilligan）、諾汀司（Noddings）、波瓦（simone de Beauvoir）
哲學基本假設	1. 理論緣起：女性主義起源於女性爭取男女平權的社會思潮，其特徵在於以女性經驗作為批判與反省的研究面向。 2. 學派分野：自由主義女性主義、馬克思主義女性主義、基進女性主義、社會主義女性主義、後現代女性主義等。 3. 理論要點： (1)破除「男尊女卑」的不當意識型態。 (2)提供教育知識論的另一基礎。 (3)多元文化教育之理論基礎。

教育蘊義	1. 教育目的：發展正確之性別價值觀，且落實性別平等教育，並進一步去建構女性主義教育學。 2. 師生角色：教師應破除本身的性別刻板印象，透過身教、境教、言教與制教，來幫助學生擁有正確的性別價值觀。 3. 課程設計： (1)應質疑揭露課程教材中的不當性別意識型態。 (2)採用關懷倫理學作為課程內容設計之參考架構：關懷自己、關懷親密及熟識之人、關懷不相識的人、關懷動植物及自然環境、關懷人為環境、關懷理念。 4. 教學策略：包括身教、對話、實踐與認肯等，並可採用價值澄清法、角色扮演法等，來建立學生正確的性別價值觀及認知。 5. 教育省思：以臺灣而言，性別教育研究、性別教育理論本土化等工作，仍有待開展。 6. 對諾汀司（Noddings）根據其關懷倫理學所規劃的課程內容之評述： (1)課程內容立意良好，可作為我國未來課程改革之參考依據。 (2)但是，其課程規劃多為主觀論述，缺乏實證研究基礎，是否可實際應用於教育真實情境中，仍須斟酌。 (3)最後，其為外國理論，所以我國在看參考借用其觀點時，應考量我國的文化脈絡與社會環境，審慎實施。

十六 後殖民主義（文化殖民主義）

代表學者	甘地（Gandhi）、法農（Fanon）
哲學基本 假設	1. 後殖民主義認為許多國家在政治上的獨立與經濟上的成功，並不意味其在文化上的自主，亦即這些國家在文化層面，有可能仍呈現被殖民的狀態。 2. 因為這些國家通常是借助西方殖民國家所提供的現代化方式及價值規範，包括思想、語言和文化，而取得主權，故並無法擺脫西方文化的殖民。 3. 換言之，後殖民主義係強調對於西方文化的優越感及文化霸權意識型態採取一種反省批判的態度。 4. 亦即，其主要探討殖民主客體的問題，並對東方主義進行檢討反省。

| 教育蘊義 | 1. 在比較教育研究領域方面，後殖民主義提醒比較教育研究者應更加重視殖民主義帶給前殖民地影響等問題。
2. 可對於早期比較教育研究中的「東方主義」進行省察與反省。
3. 可以更清楚地理解到不同的團體是如何在課程、教科書與政策討論的過程中，將文化、階級、種族、性別、文本等種種的「不平等」予以合法化的過程。
4. 後殖民主義的觀點可以補充比較教育研究中的政治經濟學研究之不足，奠立比較教育研究中多元論述的基礎。
5. 應重建臺灣公民教育課程，並強化多元文化教育的實踐。 |

十七　文化主義

代表學者	斯普朗格（Spranger）、李特（Litt）
哲學基本假設	1. 理論基礎： (1) 新人文主義（強調希臘文雅教育觀）。 (2) 狄爾泰（Dilthey）的精神科學。 (3) 胡賽爾（Husserl）的現象學。 (4) 李克特（Rickert）的價值哲學。 2. 重視個體心理的體驗與理解，帶有濃厚的主觀色彩。 3. 斯普朗格（Spranger）人格類型： (1) 理論型：追求真。　(2) 社會型：追求愛。 (3) 政治型：追求權。　(4) 宗教型：追求聖。 (5) 藝術型：追求美。　(6) 經濟型：追求利。 4. 教育即傳遞、延續、更新與創造文化之歷程。
教育蘊義	1. 教育目的：培育個體成為具有「責任感」、「宗教性」、「良知性」與「義務感」的文化人。 2. 教育愛： (1) 可聯繫個人主客觀精神。　(2) 教師專業之象徵。 (3) 文化創造、精神創生之愛。　(4) 教育核心價值。 3. 課程內容：應以精選過後的文化材（前人智慧結晶）作為教育材，以傳遞人類精華知識給予學生。 4. 教育省思： (1) 充滿主觀性論證，缺乏實證性基礎。 (2) 未對文化材之內容與傳遞，進行批判反省。 (3) 課程設計方式與學生生活經驗有所隔閡，忽略了學生的興趣與個別能力。 5. 強調精神陶冶（Bildung）在教育過程中的重要性。

十八　自然主義的教育哲學

代表學者	盧梭（Rousseau），被尊稱為西方教育史上的哥白尼。
哲學基本假設	1.自然教育觀：應解除一切人為的教育約束，瞭解兒童的自然天性。 2.社會契約論：法律應平等制訂與執行，國家統治者僅是人民的權利代理人，人民仍是權利的主人。 3.自然懲罰說：自然本身即具有規範個人行為的功能。
教育蘊義	1.教育理念： 　(1)以兒童為中心。 　(2)消極教育（有別於人為控制的積極教育）。 　(3)反對過早讓兒童進行閱讀。 2.教學方法： 　(1)多接觸大自然，進行實物教學。 　(2)重視學生主動學習。 　(3)配合學生身心發展進行適性教學。 3.教育影響：開啟以兒童為中心的教育思潮，影響後代許多有名的教育學者，例如：裴斯塔洛齊（Pestalozzi）、福祿貝爾（Froebel）和杜威（Dewey）等人。 4.教育名著：愛彌兒（兒童之教育計畫） 5.名言：天生萬物，原皆為善，一經人手，悉變為惡。 6.教育省思： 　(1)忽視女子教育之功能。 　(2)忽視社會層面之教育價值。

十九　人文主義的教育理論

代表學者	薄伽丘（Boccaccio）、巴比特（Irving Babbitt）等。
哲學基本假設	1.教育實施應尊重人性價值，並且實踐以人為核心的教育理念，以促進個人獲得知、情、意、行的全人發展。 2.主張永恆價值觀點，認為價值為人生最高的理想與目的，具有永恆不變的性質。 3.重視文學閱讀，認為文學可以給人智慧、培養高雅的氣質。 4.教學方法上，包括注重記憶、布置良好的學習情境、非必要不得使用體罰。

教育蘊義	1.臺灣近年來教育改革的主張中，人文主義的色彩是相當濃厚的。 2.例如：在教育基本法中，以「學習權」取代「教育權」，認定學習權為基本人權，學習應以學生當主體。 3.其次，在教改總諮議報告書中，明確指出應以「帶好每位學生」為要務，提供每個人適性教育、不放棄任何學生。 4.再者，對於弱勢族群學習機會，教育優先區、教育券的政策實施，都可反映人文主義的訴求。 5.在九年一貫課程中，亦提供「彈性課程」進行補救教學，充實教學及其他個別化輔導活動，進而落實「適性化教育」。 6.上述種種措施，均以尊重學生，提供自我學習及自我實現的機會為中心理念，也符合人文主義教育的核心精神。

重點二　當代教育理論

一　進步主義教育理論

代表人物	杜威（Dewey）、克伯屈（Kilpatrick）
理論淵源	1.「變」的哲學觀：源於古希臘哲學思想，即認為世界實體是變動不斷的。 2.經驗主義：培根（Bacon）提出歸納法為獲得經驗知識的方法，影響進步主義中的實驗教學法及問題解決法。 3.自然主義：強調以兒童為中心的教育信念。 4.達爾文（Darwin）的進化論：杜威（Dewey）受到達爾文進化論的影響，提出了「教育即生長」、「教育即生活」等主張。 5.實用主義：實用主義是進步主義的哲學基礎。 6.實驗主義：又稱為試驗主義或是工具主義，亦為進步主義之哲學基礎。
教育蘊義	1.教育理想： (1)教育應以學生為本位，重視個人價值，並進而建構民主社會。 (2)教育就是生活的本身，學習必須與學生興趣有關，學校應鼓勵學生合作而非競爭。 2.教育目的：為培養學生成為具有責任心及榮譽感，能在知、情、意、行都獲得充分發展的主體。

教育蘊義	3.課程內容：應進行銜接學生經驗脈絡的統整性課程設計，讓學生進行體驗學習及做中學。 4.教學策略： 　(1)採取問題導向的教學策略，重視學生的學習動機與興趣，且兼重學生個性發展與群性陶冶。 　(2)培養學生個人對環境的敏銳度、鼓勵學生能針對實際問題採取行動。 5.師生關係：師生之間的關係是平等互動的，教師扮演協助者與學習者的角色。 6.教育省思：過度著重學生需求的進步主義教學，是否會淪為一種「軟性教育」，且無助提升學生基本能力與國家軟實力。

二 永恆主義教育理論

代表人物	赫欽斯（Hutchins）、阿德勒（Adler）
理論淵源	1.理論基礎：理性主義。 2.代表一種古典保守的教育勢力。 3.緣於對進步主義教育運動的反動。
教育蘊義	1.教育目的： 　(1)透過教育過程，培養學生成為一個有教養的人。 　(2)每個人都具有相同理性，故應提供每個人普遍性教育。 2.課程內容： 　(1)應該呈現精選過後，且具有永恆價值的文化材，以使學生發揚理性。 　(2)重視人文學科，認為最重要的教育內容主題為「人的發展」。 　(3)強調閱讀經典與通識教育的重要性。 3.教學策略：以教師為中心，以教材為重心，且注重學生的聽、說、讀、寫等能力學習。 4.教育影響： 　(1)美國推動派代亞計畫。 　(2)派代亞計畫之核心精神：對全民的廣博教育及終身教育。 　(3)教學策略：透過講述教學法、教練教學法與詰問教學法，以啟發主體理性。 5.教育省思： 　(1)忽略學生之學習動機與需求。 　(2)忽視社會面對環境變遷的教育期待。 　(3)師生之批判反省能力未受重視。

進階重要考點

1. **赫欽斯（Hutchins）反對以「適應說」（the theory of adjustment）作為引導教育的理論：**

   (1)赫欽斯（Hutchins）為永恆主義之代表學者，主張大學通識教育應閱讀百本經典名著，以學習前人智慧的文化精華，獲得理性成長。

   (2)在教育目的上：「適應說」主張教育目的在讓學生學習解決問題的基本能力，進而適應與改造社會，但Hutchins認為「適應說」的教育目的將形成軟性教育。

   (3)在教育內容及方法上：「適應說」主張課程設計應銜接學生經驗脈絡並透過「做中學」及「體驗學習」，來獲得有意義學習；但Hutchins主張學生應閱讀「百本經典名著」（The Great book），獲得永恆的知識菁華。

   (4)在教師角色及師生關係上：「適應說」主張教師應扮演助構者及輔導者之角色，且學生為學習主體，呈現互為主體性的師生關係；但Hutchins認為教師為知識的權威，主動引導教學歷程，故師生之間呈現主客體之明確區分關係。

   (5)在教育任務上：「適應說」強調應讓學生在教育歷程中完成社會化及個人化，但Hutchins主張學生在教學歷程中，最重要的任務在於透過理性啟發，來獲得永恆真理。

   (6)最後，Hutchins質疑「適應說」缺乏教育理論的理想性及規範性功能，不適合作為引導教育的理論。

2. **永恆主義與精萃主義之比較：**

相同處	相異處
1.均屬於保守的教育思潮，理論基礎皆為理性主義。 2.皆重視勞心者的教育價值，強調學生的自律及努力學習。 3.認可教師扮演傳遞知識的主導者。	1.永恆主義關注重心在高等教育，強調通識教育；精粹主義關注重點在中小學教育，強調學生基本能力之發展。 2.永恆主義全盤反對進步主義之主張；精粹主義則願意吸收進步主義之某些概念。 3.永恆主義重視學生對於真理之獲得；精粹主義則重視學生的生活適應課題。

三 精萃主義教育理論

代表人物	柏格萊（Bagley）、柏瑞德（Breed）
理論淵源	1.理論基礎：理性主義（Idealism）與唯實主義（Realism）。 2.代表一種古典保守的教育勢力。 3.雖是對進步主義教育思潮的反動，但也吸收了部份進步主義的主張。
教育蘊義	1.教育目的：積極教導學生進行勤勞學習，以獲得預備美好未來生活之基本能力。 2.師生關係：教師為教學過程中的主體，主導整個教學活動的進行，並重視學生的努力和紀律。 3.課程內容：以基本學科知識為課程內容安排重心，並重視傳統的社會經驗智慧與未來應具備的知識。 4.教學策略：採取官能心理學的教學策略，重視抽象觀念的學習。 5.教育省思： 　(1)忽略學生之學習動機與需求。 　(2)忽視社會面對環境變遷的教育期待。 　(3)師生之批判反省能力未受重視。

四 重建主義教育理論

代表人物	康茲（Counts）
理論淵源	1.理論基礎：生物學、人類學、社會學、心理學、政治學、經濟學、實用主義等。 2.「危機時代哲學」，透過重建社會及文化之手段，來拯救人類生存危機。
教育蘊義	1.教育目的： 　(1)藉由正式教育，重建社會及文化，以來解決人類生存危機。 　(2)推動教育改革，以建造更美好之生活世界。 　(3)建構一個民主社會。 2.課程內容：以社會問題為課程設計核心，並使學生具備適應及改造社會之能力。 3.教學策略：問題解決教學法。 4.教師角色：教師應兼具教育專業知能及民主素養。

五 未來主義教育理論

代表人物	杜佛勒（Toffler）、卡恩（Kahn）
理論淵源	1.對「未來」之教育關注。 2.對「全球化」之教育關注。 3.對「社會變遷」之教育關注。
教育蘊義	1.教育理念：各級教育皆應融入「未來」之構念，視「變遷」為常態。 2.教育目的： 　(1)提升學生的適應環境能力，並協助學生預測及因應環境變遷之挑戰。 　(2)協助學生自我認識，並發展適應及創造環境之能力。 3.課程內容：進行以「未來」為主題的統整課程設計。 4.教學策略：可採用模擬遊戲、資訊融入教學等教學策略。

六 非學校化教育理論

代表人物	伊里斯（Illich）、雷默（Reimer）、弗雷勒（Freire）
理論淵源	1.對正式學校教育體制之批判，認為其疏離人性。 2.解放神學觀點之影響。 3.馬克斯主義之影響。
教育蘊義	1.對正式學校教育之批判： 　(1)應廢除學校分齡教學及全日制教學。 　(2)重新檢視教師的角色功能，彰顯教師之主體意識。 　(3)正視學校為經濟再製及社會再製之中介機制。 　(4)擴充學校數量及範圍，並不等同提升教育品質及學生學習成效。 　(5)學校會透過各種儀式化教育，強制學生服從於主流價值規範，形成文化再製之結果。 2.對義務教育之批判：讓所有學生接受相同的教育內容，但卻忽視教育內容引含的特定意識型態，並非教育機會均等之本意。 3.教育主張： 　(1)為學習者提供各種學習材料的教育服務，讓所有學習者都可以尋找到適性的教育資源。 　(2)讓所有欲進行分享學習的學習者，都可以找到共同分享學習的夥伴。 4.教育省思：正式學校教育仍有其重要功能。 5.實例：台北街頭豎立「饒饒孩子吧！」標語的理論基礎。

七 批判教學論

代表人物	吉洛斯（Giroux）、艾波（Apple）
理論淵源	1.理論基礎：批判理論及後現代主義等。 2.又稱為批判教育學或是邊界教學論。
教育蘊義	1.教育目的： 　(1)藉由教育過程，讓師生主體具有批判反省能力，以解放特定意識型態之壓迫。 　(2)具有人性關懷的教育功能。 2.教師角色：扮演轉化型知識份子與批判性社會公民之角色。 3.課程內容：以學生的生活經驗與社會議題為課程設計核心。 4.教學策略：反對囤積式的教學方式，鼓勵採用對話式與提問式的教學方法。 5.師生關係：師生之間係呈現互為主體性的關係。

➡ 進階重要考點

1.**轉化性知識份子之意義**：
   (1)轉化性知識分子主要係源於批判教學論的主張，其係指轉化的對象為社會結構與意識形態。
   (2)但若是就後現代主義的觀點，則教師所要轉化的是智慧的形式，以呈現出動態的知識觀。
   (3)綜合多位學者之觀點，轉化性知識份子包括教師必須進行自我轉化、教材轉化、教法轉化、師生關係轉化等。

2.**轉化性知識分子對當前教育環境的重要性**：
   (1)教師必須先具備批判反省的能力，以揭露出教育情境中不當的意識型態，使師生都成為具備自覺意識與自決能力的行動主體。
   (2)其有助於教師的專業發展，使教師成為教育改革的核心，以更整全的角度提出解決教育問題的策略。
   (3)透過不同教育面向的轉化，當有助於彰顯學生的主體性，並落實多元文化教育與教育機會均等之理念。
   (4)教師若為轉化性知識份子，將可發揮積極教育功能，幫助學生獲得有意義學習與健全發展，並建構具人味的教育圖像。

八　生態教育學

代表人物	包華士（Bowers）
理論淵源	1.重建主義：環境問題的解決需要教育工作者介入。 2.後自由教育理論之影響。 3.對自由主義教育理論的批判。
教育蘊義	1.教育目的： 　(1)以未來為導向的教育觀，強調個人與社會之真實互動。 　(2)所有教育都是環境教育的實踐，包括：文化環境、自然環境及歷史環境等。 　(3)批判傳統學校所教導的「高位知識」，例如：經典知識、科學知識等。 　(4)重新彰顯「低位」知識的教育合法性，例如：耆老經驗、傳統神話故事等。 2.教師角色：教師扮演生態守門員之角色，教室就是一個生態園。 3.課程內容： 　(1)應以「低位知識」為課程設計之核心，重視生態教育、永續教育等議題。 　(2)彰顯本土性、社區性、地域性與整體性的知識安排。 　(3)發揮潛在課程之正向功能。 4.教學策略： 　(1)教師應重視口語傳遞知識，並善用語言隱喻，將知識傳遞給學生。 　(2)重視教師身教，並反省教學科技之運用。

九　受壓迫者的教育學

(一)理論要義

代表人物	弗雷勒（Freire）
理論淵源	1.批判教學論。 2.解放神學。 3.非學校化理論。
教育主張	1.教育目的： 　(1)強調人性關懷，恢復壓迫者與被壓迫者的人性。 　(2)發展批判反省意識，恢復壓迫者與被壓迫者的批判反省意識。 　(3)教育為政治行動，具有政治意涵，只有教師和學生都具有批判意識，才能使教育成為解放人民主體意識的行動。

教育主張	2.教師角色：教師應具備批判反省意識、愛心、勇氣等，成為一位文化工作者，瞭解教育問題的本質及背後意識型態。 3.教學策略： 　(1)反對囤積式的銀行教育觀，因為如此一來，師生之間為對立衝突之關係，缺乏真誠性與理解性之對話。 　(2)主張提問式教學，師生應持續進行對話，以發展一種相互意圖性。 4.師生關係： 　(1)師生同為教學過程中之主體，呈現互為主體性的視野交融。 　(2)師生同為具備批判反省能力的行動主體，能夠進行批判、質疑、反省與重建之辯證思考。

自我評量

一、教育成功的重要先決條件在於深入「了解」受教者。所謂的「了解」是什麼？試從當代「詮釋學」（hermeneutics）的研究結果加以分析討論，並申述己見。【92年高考】

二、近十年來「後現代主義」（post-modernism）的相關論述日益增多，對於教育學術研究有許多的啟發。首先，請說明何謂「後現代主義」？其次，請舉一位代表性學者說明「後現代主義」之教育主張有哪些？【93年地方三等特考】

三、教育工作者必須具備哪些倫理素養？請根據批判教學論（Critical Pedagogy)提倡者弗雷勒（Paulo Freire）的主張說明之。【93年地方三等特考】

四、阿多諾（T. W. Adorno）和李歐塔（J. F. Lyotard）均曾對商品化、消費導向的現代社會提出批判，惟兩者所提之教育解決策略卻有極大差異，試加以比較分析，並申述己見。【93年高考】

五、試先說明布伯（M. Buber）所主張的吾-汝（I-Thou）關係、吾-它（I-It）關係、教育的關係（the educative relation）三者的主要意義？再申論其對師生關係的重要意義？【94年高考】

六、永恆主義（perennialism）和精萃主義（essentialism）的教育理論之基本原理為何？精萃主義和永恆主義在教育理論上有何異同之處？試比較申論之。【95年高考】

七、批判理論對工具理性的批評在教育上有何參考價值？試申論之。【96年高考】

八、試評述女性主義學者諾丁絲（N.Noddings）根據其關懷倫理學所規劃的課程主題。【96年地方三等特考】

九、傅科（Michel Foucault）用論述（discourse）來說明知識對行為的影響，請解釋其「論述形成」（discursive formation）與「論述實踐」（discursive practice）的意義，並舉例說明教育情境有那些論述是用來規範 師和學生的行為。【100年地方三等特考】

十、試比較激進建構主義（radical constructivism）與社會建構論（social constructivism)的教育理念之異同。【100年地方三等特考】

十一、請解釋法國存在主義學者沙特（J. Sartre）所主張的「存在先於本質」，並引申學校的任務之一是要幫助學生找出自己的興趣和主觀的生命意義。【101年地方三等特考】

十二、杜威對於「經驗」的界定有別於英國的經驗主義（Empiricism），並主張經驗需有交互作用性（interaction）與連續性（continuity）才有教育價值，請加以說明。【101年地方三等特考】

重點試題解析範例

一、就分析哲學（Analytical Philosophy)的觀點言，教育哲學的價值、功能為何？分析哲學對教育提供了什麼助益？他們在從事哲學的建構中，可能帶來的缺失又是什麼？試詳論之。【95年高考】

答：分析哲學有別於傳統哲學觀點，帶給教育哲學嶄新的思考方向，茲依題意說明如下：

(一)分析哲學對教育哲學之價值與功能

　　1.分析哲學反對傳統形上學的語言認為其無法藉由經驗證實或否證。

　　2.分析哲學認為教育哲學不在建立體系哲學，教育哲學應是一種解析教育語言的活動。

　　3.分析哲學認為教育哲學應是對於語言與邏輯的關心，目的在釐清思想與澄清問題。

(二) 分析哲學對教育所提供的助益

 1. 分析哲學有助於澄清教育的語言，且分析哲學的代表學者如Scheffler提出教育的概念分析，Peters則提出教育規準。

 2. 分析哲學特別重視數學、邏輯、文法及語言學的價值，並認為實證科學才是最具價值性的學問。

 3. 分析哲學認為倫理必須進行訴諸理性與事實的檢核工作。

(三) 分析哲學在從事哲學建構中，所可能帶來的缺失

 1. 分析工作可能落入無窮盡的循環歷程。

 2. 進行語言與概念分析之後，可能將導致破壞有餘而建設不足的窘境。

參考書目：歐陽教（1999），教育哲學，麗文。
     伍振鷟等（1998），教育哲學，五南。
     艾育（2013），教育專業科目通關寶典，千華。

二、後現代主義（postmodernism)受了哪些哲學思想的影響？後現代主義學者們對教育有著什麼主張與啟示？試詳論並請批判之。【95年高考】

答：後現代主義為當代重要教育思潮，茲依題意說明如下：

(一) 後現代主義之理論基礎

 1. 後現代主義係受到Derrida與Foucault的影響，主張論述理論應從訴求結構的同質性轉向異質性。

 2. 其係受到資訊科技與消費型態轉變的影響，對現代主義進行一連串的質疑與超越。

 3. 後現代主義係隨著後工業社會而發展，同時具有後工業、後資訊與後消費的特色。

 4. 其代表人物為Lyotard、Rorty、Feyerband等人。

(二) 後現代主義的教育主張與啟示

 1. 主張培養學生肯定自己與尊重他人的精神，並強調提升學生批判創新的能力。

 2. 課程設計應打破學科邊際，並提供多元動態的課程發展。

3. 教師應認知自己為轉化智慧的知識份子，並且應採取多元評量，來了解學生的真實能力。

4. 應進行兼採經驗分析、詮釋理解與批判反省的教育研究典範。

(三) 對後現代主義之批判

1. 有可能出現反理性、反專業與反教育的危機。

2. 教育研究容易僅強調實用性，而缺乏嚴謹的研究態度與方法。

3. 過度強調個人獨特性，將容易使教育活動呈現無政府狀態。

參考書目：黃藿（2002），教育哲學，空大。

教育圓夢網（2013），94至102年教育行政高普特考解析，教育圓夢網。

艾育（2013），教育專業科目通關寶典，千華。

第4章 教師哲學

頻出度B：依出題頻率分為：A 頻率高、B 頻率中、C 頻率低

各考試出題排行榜

1普考　3高考
2原民三等　4身障三等

 重點一　教師角色及師生關係

一　教師角色

教師角色	概念內涵
教　僕	雅典的教育沒有專業教師，且其身份低賤，凡是不能從參與當時勞動活動者，才稱之為教僕。
教書匠	係指教師只是機械地執行既定課程計畫與教科書上的知識，讓教學淪為灌輸，視學生為被動的心靈受容器。
訓練員	係指教師只關注學生外在行為之訓練及表現，無法顧及學生的內在動機與需求。
轉化型知識份子	係指教師應具備批判思考能力，以轉化外在社會結構與不當的特定意識型態，以讓師生都成為具有自覺思考能力與自決行動能力之主體。
教　師	兼具經師與人師之功能，並具有教育專業知識與倫理態度。

二　師生關係（存在主義觀點）

(一)布伯（Buber）為存在主義代表學者，其曾以：吾－它關係（I-It）、吾－汝關係（I-Thou）與教育的關係，來申論師生關係之概念。

(二)吾－它關係（I-It）、吾－汝關係（I-Thou）與教育的關係之概念分析

　　1.當主體之間呈現吾－它關係（I-It）時，在教育上係指教師視為學生為被動的知識受容器，教師為知識上的權威，只重視「手段－目的」的教學效能觀。

　　2.主體之間存在的是吾－汝關係（I-Thou），在教育上係指教師應視學生如己出，學生也應將教師視為如同父母一般，其所呈現出來的是充滿人味的教育。

　　3.「教育的關係」係指在師生之間的吾－汝關係（I-Thou），教師可以積極參與彼此共同經驗的事件，並從學生的觀點來感受這共同事件。

(三)合理之師生關係（存在主義觀點）

　　1.師生關係應建立「I-Thou」的師生關係。

　　2.師生關係是一種教育的關係。

　　3.現代理想教師應避免建立「I-It」的宰制師生關係。

重點二　教師權威、學習權及懲罰

━ 教師權威

權威類型	概念內涵
法職權威	係指透過法規或是職位而取得的影響力。
專家權威	係指透過專門知識所獲得的影響力。
參照權威	係指透過高尚的人格使人認同而取得的影響力。
獎賞權威	係指透過物質性與精神性的獎賞而取得的影響力。
情感權威	係指因為受人喜歡所獲得的影響力。
魅力權威	係指因為個人人格特質所獲得之影響力。
強制權威	係指透過強迫或是懲罰而取得的影響力。
解放權威	係指透過批判思考而取得之影響力。

二　學習權及懲罰

(一)學習權

　　1.**定義**：係指學生進行閱讀、寫作、想像、發問、解決問題、創造等學習權利。

　　2.**教育基本法第8條**：「學生之學習權、受教育權、身體自主權及人格發展權，國家應予保障，並使學生不受任何體罰，造成身心之侵害。」

(二)懲罰的類型

報應性懲罰	1.「以直報直，以怨報怨」，「善有善報，惡有惡報」，「殺人償命」。 2.強調因果報應，懲罰動機在於「報復」。
懲戒性懲罰	1.殺一儆百，殺雞儆猴，以敬效尤。 2.將學生視為客體，呈現「I-it」的教學關係。
感化性懲罰	1.強調學生犯錯後的補救措施。 2.當犯錯學生改過遷善後，方恢復犯錯學生的自由權利。
恕道性懲罰	1.懲罰原理為公平對待原則，亦即「平等對待平等，差別對待差別」。 2.懲罰動機完全合乎教育理想，呈現「I-Thou」的教學關係。

(三)懲罰規準

積極規準	1.合自願性、2.合認知性、3.合價值性、4.合道德性、5.合乎法律規定。
消極規準	1.無據者不罰、2.無益者不罰、3.無效者不罰、4.無需者不罰。

重點三　教育專業倫理

一　教育專業倫理的基本概念

(一)專業特質

　　1.屬於高層次的心智活動之實踐。

　　2.具有特殊領域的專業知識技能。

3.曾受過長時間的專門性質訓練。

4.具備專業發展能力，願意持續在職進修。

5.屬於永久性的終身志業。

6.以服務社會為根本目的。

7.要有健全的專業組織。

8.訂定兼具理論性及實踐性的專業倫理規範。

(二)**學校教師是否為一種專業之辯證**

1. **專業提供重要的公眾服務**：教育是國家根本大計，且我國實施九年義務教育，故從此一規準而言，學校教師專業殆無疑義。

2. **專業包含理論和實務基礎的專門知識**：在師資培育法中明文規定，教師必須具備理論知識、實習知識、實務知識等，且我國教師資格採取檢定制及證照制，故從此一規準而言，學校教師係為一種專業。

3. **專業具有明顯的倫理面向，並以實務守則來表現**：我國向以尊師重道為傳統，且強調教師應具備經師與人師的角色功能，且我國具有「全國教師自律公約」，故從此一觀點而言，學校教師係必須符應倫理性與實務性之期許，故為一種專業。

4. **專業需要有組織和管理規則，以達召募新人和紀律維持的目的**：我國具有各級教師會，且法源依據為教師法，所以從此一規準而言，學校教師係為一種專業。

5. **專業的實務工作者需要高度的個人自主，如獨立判斷，以有效執行工作**：

   (1)傳統教師多被視為單純的官定課程執行者，亦即教師如同工廠的作業員，按照既定的課程計畫進行課程實施，教師缺乏專業自覺意識。

   (2)隨著教育鬆綁，教師逐漸擁有彰權益能的發聲權力，但受限於保守封閉的傳統教師文化，學校教師專業仍有進步空間。

二 提升學校教師專業之有效策略

(一)教師本身必須要有身為專業人員的認知，並對教育充滿教育愛的熱忱。

(二)應健全相關在職進修機制，積極鼓勵教師參與進修，以促進教師專業發展。

(三)宜重新規劃師資培育課程，並且兼重經師與人師的培養，以提昇教師的社會地位。

(四)可成立相關教師專業組織，並透過公關行銷策略，建立教師專業形象。

(五)教師應加強自己對教育問題的敏感性，以發揮行動研究的精神，有效調和教育理論與實際。

(六)教師亦應視學生為主體，重塑「I-Thou」的師生關係，並且成為學生知識體系的助構者。

 ## 重點四　教育愛（文化主義觀點）

教育愛觀點	「教育愛」在教育上的價值
1. 斯普朗格（Spranger）提倡，係指對他人精神施予一種心靈之愛，以發揮他人的價值受容性及形成性。	1. 教師人格特質必須具有教育愛，屬於社會型的精神生活類型，這可以用來作為培養及任用教師的參考標準。
2. 是一種文化創造之愛，存在於文化價值之選擇、保存、延續與創造等歷程中。	2. 教育內容的選擇應以人類文化遺產為核心。
3. 是人類精神開展之動力，也是教育之核心價值，透過教育愛，能夠調和個人的主客觀精神。	3. 教育不能隨性所為，是帶有責任性與價值性的，而且教育不能帶有強制性的外在目的，應尊重及認可學生學習的自願性與主動性。
4. 教育愛象徵一種教育責任與堅定情感，屬於內在的永恆價值，不帶有外在工具性目的。	4. 每個人具有相等的受教權利，也都有透過教育以創造文化的可能性，亦即，教育愛的施予對象沒有個別差異。

自我評量

一、請從哲理上討論運用懲罰的原則，並說明學校懲罰學生容易遭受批評的原因。【91年原住民三等特考】

二、試分析斯普朗格（E. Spranger）所主張的「教育愛」之特質，據以說明其對當前教育改革之意義。【93年高考】

三、我國已經成為正式立法禁止「體罰」的國家，但教育工作者似乎未能將「體罰」（corporal punishment）與「懲罰」（punishment）概念加以釐

清，而誤以為學生犯錯時不需也不能懲罰。請首先分析「懲罰」的概念；
其次，說明懲罰的原理有哪些？【97年高考】

四、試說明教師權威的種類，並申述其運用的規準。【100年地方三等特考】

重點試題解析範例

一、請評述斯普朗格（Spranger Eduard）所提的「教育愛」。【91年基層三等特考】

答：斯普朗格是文化主義的代表人物之一，於此依題意說明如下：

(一)斯普朗格之思想主張

　　1. 其為文化主義的代表人物之一，在教育上，其創見了文化教育學。

　　2. 其心理基礎奠基於狄爾泰的體驗心理學重視心理的體驗與理解，因而主觀與直觀的色彩極濃。

　　3. 斯普郎格提出六種價值類型，來作為人格類型的理論基礎，分別為：

　　　　(1)理論型：追求真。　　(2)社會型：追求愛。

　　　　(3)政治型：追求權。　　(4)宗教型：追求聖。

　　　　(5)藝術型：追求美。　　(6)經濟型：追求利。

(二)斯普朗格對教育愛的論述主要有以下三點要義：

　　1. 其認為教育是基於對他人的精神施予心靈之愛的歷程，能夠使他人的全體價值受容性及價值形成能力從個人內部發展出來。

　　2. 教育活動是一種精神的施予之愛，有別於父母之愛或是男女之愛，而是一種文化創造之愛。

　　3. 透過教育愛的陶冶，將能夠使個體成為一個文化人。

(三)對斯普朗格教育愛主張之評述：

　　1. 其主觀的描述多過於客觀的論證，亦即其主觀色彩過於濃厚，缺乏科學的證據。

　　2. 但是其提出教育愛之觀點，為教育開啟另一扇新視野，並且確立了教育的可貴價值。

　　3. 而其提出教育愛為文化創造之愛，不僅使人類文化遺產得以保存傳遞，並且有創新的機會。

4.若是其能夠提出更為具體的實踐措施，或許在教育上會更具有指導性功能。

參考書目：張光甫（2003），教育哲學：中西哲學的觀點，雙葉。

艾育（2013），教育專業科目通關寶典，千華。

二、試申論教師權威的類型及其正用與誤用。【101年高考】

答：教師權威有多種類型，於此依照題目規定說明如下：

(一) 教師權威的類型。

1.獎賞權。　2.強制權。　3.法定權。　4.參照權。

5.專家權。　6.情感權。　7.傳統權。

(二) 正用教師權威的相關說明

1.教師應積極調整自己的心態，並且主動充實自己的專業知能與建構專業社群，以發展專業權威。

2.教師應加強自己對教育問題的敏感性，並應視學生為主體，重塑「I-Thou」的師生關係。

3.教師應培養本身道德人格，並以身作則，且建構班級經營的倫理環境，以落實正義倫理、關懷倫理、批判實踐倫理、權利倫理等，提升教育品質。

4.教師應具備真誠一致、積極關注及同理心等特質，並尊重關懷每個學生，協助其健全發展。

(三) 誤用教師權威的相關說明

1.教師忽略學生為教育主體的事實，過度強調自我中心的教師權威。

2.教師只成為官方知識的傳遞者，缺乏批判思考能力，也禁止學生提出相關質疑及自由思想的空間。

3.教師只一味追求本身利益，忽略正義、公平、關懷等教育倫理價值。

參考書目：教育圓夢網（2013），94至102年教育行政高普特考解析，教育圓夢網。

彭孟堯（2003），教育哲學，學富。

艾育（2013），教育專業科目通關寶典，千華。

第5章　當代教育哲學的趨勢分析

頻出度B：依出題頻率分為：A 頻率高、B 頻率中、C 頻率低

各考試出題排行榜　高考　身障三等
地方三等　原民三等

 重點一　自由主義與教育哲學

(一)彌爾（Mill）的自由主義

1. **生平背景**：十九世紀英國學者。
2. **重要著作**：自由論。
3. **思想大要**：
   (1)人的行為可以分為「與己有關」、「與他人有關」。
   (2)人只對「與己有關」的行為享有完全的自由，即使對自己有害的行為，他人亦無權干涉。
   (3)充分的個性發展是個人幸福與社會發展的必要條件。

(二)海耶克（Hayek）的自由主義

1. **生平背景**：二十世紀維也納學者。
2. **思想大要**：
   (1)自由就是在私人領域上，不受他人意志干涉的權利。
   (2)法治是自由的保障，而政府是法治的執行者。
   (3)主張「私有財產制」。

(三)羅爾斯（Rawls）的自由主義

1. **生平背景**：二十世紀美國學者。
2. **重要著作**：正義論。
3. **思想大要**：
   (1)社會大眾係被無知之幕所籠罩，雖仍具有理性與知識，但應忘卻本身的地位、喜好等，來締結社會契約。

(2)此社會契約為建構社會的基礎，而建構社會尚應遵循二原則：

　　A.每人都擁有相等的最大基本自由權利。

　　B.社會與經濟制度都須對每一個人有利，且地位與職務都要對所有人開放。

(3)自由主義係立基於分配正義的基礎上，兼顧社會平等要求。

重點二　情緒與教育哲學

(一)情緒之基本概念

1. **笛卡兒（Descartes）**：「情緒是一種靈魂的知覺感受，所知覺的正是在身邊所發生的事物，是一種即發性的情緒」。

2. **華生（Watson）**：「情緒是一種遺傳的反應，涉及到生理變化」。

3. **萊爾（Ryle）**：「情緒具有行為目的，可以解釋人類行為的動機」。

(二)情緒教育（教育哲學觀點）

1. **具有可教性**：因為情緒是主體的意向，也具有經驗脈絡性。

2. **教育目的**：

　(1)培養學生可欲的情緒，並消除不可欲的情緒。

　(2)強化學生的同理心與情緒管理能力。

3. **教育方法**：應透過身教與境教來實施情緒教育，並要銜接學生的生活經驗脈絡，且在以「I-Thou」的師生關係中，以情緒培養情緒。

重點三　多元文化主義與教育哲學

(一)多元文化教育之基本概念

1. **定義**：透過教育歷程，促使學生瞭解本身文化脈絡，並認可本身文化體系，且尊重理解其他文化。

2. **功能**：

　　(1)實踐人權教育之理念。

　　(2)落實教育機會均等及社會正義。

　　(3)讓邊際論述擁有相同發聲權力。

(二)**多元文化教育之實踐策略**

　1. **教育目的**：培養學生肯定自己與尊重他人的精神，並強調提升學生批判創新的能力。

　2. **課程設計**：應打破學科邊際，平等對待各種文化，並提供多元動態的課程發展。

　3. **教師角色**：教師應認知自己為轉化智慧的知識份子，透過角色扮演法、講述教學法等各式教學策略，實踐多元文化教育，並應採取多元評量，來了解學生的真實能力，以給予適性回饋。

　4. **教育研究**：應進行兼採經驗分析、詮釋理解與批判反省的教育研究取徑，解決多元文化教育之問題，並健全多元文化教育之理論基礎。

重點四　文化研究與教育哲學

(一)**文化研究之緣起**

　1.英國伯明罕大學當代文化研究中心（Center for Contemporary Cultural Studies，CCCS）

　2.代表學者包括：麥克拉倫（McLarlen）、吉洛斯（Giroux）。

(二)**文化研究之理論要義**

　1.關注大眾流行文化及當代主流文化。

　2.關注邊際論述文化及次團體文化。

　3.研究方法以整合為取向，呈現跨領域性質。

(三)**文化研究之教育蘊義**

　1.關注多元文化之研究課題。

　2.關注青少年文化之研究課題。

　3.重視文化再製、文化創生等研究課題。

重點五　人智學與教育哲學

(一)史坦納（R.Steiner）人智學之理論要義

　　1.人是由腦和身體所組成的整體，其中腦包括心靈和精神，其以**七年為一週期**，來劃分個人的發展階段。

　　2.個人發展的前三個階段是成長和教育的重要時期，**教育的重點在於關注學生的內在需求**，即真、善、美，進而幫助學生順利開展潛能，全面發展。

　　3.人是宇宙的中心，人經由身體認識世界，用靈性建立本身的世界，再透過心靈達到更完美的世界。

　　4.兒童性情包括「**風相**」、「**水相**」、「**土相**」、「**火相**」，教育必須可以實施適性教學，幫助學生獲得全人發展。

　　5.教育活動內容包括**自由遊戲**、**說故事**、**模仿**、**音樂教育**等，讓學生的身體與心理皆得到成長。

　　6.**華德福（Waldorf）學校**所根據的教育理論是**人智學（anthroposophy）**。

(二)「另類學校」（alternative school）之相關概念

　　1.象徵**教育機會均等**及多元文化教育等教育理念的實踐，透過另類學校的建立，將可保障學生受教權及家長教育選擇權，且可刺激傳統學校提升本身教育品質與競爭力。

　　2.有助改善**傳統教育制度的僵化與保守**，可增加教育制度的彈性及多元性，符合民主化及自由化的教育潮流。

　　3.**有助建構教育相關人員的新專業圖像**，亦即教育相關人員必須先擁有足夠的教育專業知識與態度，可以確實瞭解各種另類學校類型的精神與可能限制，以提供適當行政協助。

重點六　人權教育

(一)人權教育之基本概念

　　1.人權是人與生俱來的基本權利和自由，不論其種族、性別、社會階級皆應享有的權利，不但任何社會或政府不得任意剝奪、侵犯，甚至應積極提供個人表達和發展的機會，才能尊重個人尊嚴、包容差異，達到追求美好生活的目標。

　　2.人權教育的中心思想是不斷地探索尊重人類尊嚴和人性的行為法則，促使社會成員意識到個人尊嚴及尊重他人的重要性；並能加強種族、族群、宗教、語言群體之間的瞭解、包容與發展。

　　3.**人權教育即是尊重與包容、自由與平等、公平與正義等觀念的教導**，進而促進個人權利與責任、社會責任、全球責任的理解與實踐。

(二)人權教育之教育目標

　　1.**認知層面**：瞭解人權存在的事實、基本概念、價值等相關知識。

　　2.**情意層面**：發展自己對人權的價值信念，增強對人權之正面感受與評價。

　　3.**行為層面**：培養尊重人權的行為，及參與實踐人權的行動力。

(三)我國在實施人權教育時的問題分析

　　1.教育相關人員缺乏足夠的人權認知，且缺乏相關的進修機制。

　　2.缺乏推動人權教育的足夠經費與資源。

　　3.缺乏推動人權教育的專責單位。

(四)實踐人權教育之具體建議

　　1.學校課程發展委員會應將人權教育之理念融入課程設計中，而各學習領域小組也應研擬實施人權教育之具體步驟。

　　2.政府應設置人權委員會，以審理推度相關事宜。

　　3.教師應善用進修管道，提升自身專業知識，並兼顧經師和人師角色，發揮身教功能。

　　4.校長應積極塑造人權教育的學習環境，並形塑優質學校文化，以使學生產生潛移默化的效果。

　　5.應善用英雄故事或儀式典範，使學生得到認同的楷模。

　　6.應健全人權教育的評鑑視導機制，以確保其教學品質。

重點七　批判性思考能力與生命教育

(一)批判性思考之意義

　　1.批判性思考係指具自主自律性的行動主體，進行質疑、反省、解放與重建的辯證性心靈活動，以建立一個合理的生活世界。

　　2.批判性思考可以融入各種教學方法中，亦可以達成各種教育改革目的，故有助生命教育之理論建立與實踐。

(二)生命教育之意義

　　1.生命教育係指涵養學生面對生命的正確態度，了解生命的意義，並懂得欣賞、尊重自己與他人之教育活動歷程。

　　2.生命教育包含了認知、實踐、情意三部份，在消極方面可以避免個人做出傷人損己的事，積極面上可以讓個人和自然、社會建立和諧的關係。

(三)批判性思考能力與生命教育之關係

　　1.批判性思考能力可以化解教育理論與實踐之間的鴻溝，所以有助於生命教育落實於教育真實情境之中，避免成為一種高談闊論的形而上學。

　　2.批判性思考能力可以避免生命教育受到特定意識型態的宰制，呈現多元的生命價值包容性，例如：宗教教育取向、健康教育取向、生涯教育取向，以及生活教育取向、生死教育取向、倫理教育取向。

　　3.當師生皆具有批判性思考能力時，即是一個擁有自覺意識與自決行動能力的生命主體，方使生命教育的實施具有根本意義。

　　4.生命教育的重要目的之一，即為培養學生的批判思考能力。

 重點八　批判理性主義對實證主義之批判

(一)科學哲學家Karl Popper 首倡的批判理性主義（critical rationalism）對於實證主義（positivism）進行批判

　　1.實證主義主張「可以找到事物證明為真的證據」之宣稱，是帶有邏輯謬誤的，因為「真」並無法被證明，只有「假」可以被證明。

2.實證主義通常採用全稱判斷，但是經驗的對象卻是帶有個別性，例如，即使有許多的黃牛，也不能證明所有的牛都是黃的，只要出現一隻黑牛，就可以證明此理論是錯誤的。

(二)批判理性主義在教育研究上的啟示

1.教育研究者應大膽提出所有假設，然後再去尋找與此假設不符合的經驗事例，不斷修正此假設，乃至將此假設全盤否定，以更貼近教育真實。

2.應以整合觀點，從事教育研究，兼採量化與質性的研究取徑，以掌握教育真實面貌與本質。

3.對於所謂教育研究的實證基礎，不可盡信，而應深入去瞭解是否有與其相違背的經驗事例，以免誤解教育現象的意義。

重點九　批判理性主義及批判理論之意識型態論辯

(一)批判理性主義對批判理論之質疑

1.批判理性主義承襲孔德（Comte）的實證論精神傳統，將意識型態視為阻礙實證科學知識發展的阻礙，例如：傳統形上學，應全部排除。

2.批判理性主義的意識型態批判，在於使教育研究中的信念系統，經過邏輯檢證，來獲得經驗性證據。

3.質疑批判理論所提出的辯證、重建、解放等，都是空泛性概念，不具有經驗性的科學證據。

(二)批判理論對批判理性主義之質疑

1.批判理論修正馬克斯（Marx）的主張，將意識型態視為主體理性啟蒙的阻礙，更強調兼重對於知識性、主體性、社會實踐的理性批判。

2.質疑批判理性主義僅將意識型態批判化約為對知識的批判，將形成另一種意識型態霸權（工具理性），例如：為帶有偏見的教育研究尋找支持性證據。

3.質疑批判理性主義只強調邏輯檢證及經驗性證據，將成為一種具宰制性及強制性的合理化意識型態系統。

(三)批判理性主義及批判理論皆認為意識型態及理性啟蒙都是社會變革的動力，兩者之爭端源於對於知識論的基本假設不同。

重點十　黑格爾之主奴關係比喻

(一)**黑格爾（Hegel）在解釋自我意識的成長時，有主人與奴隸關係的比喻：**

　　1.在「主人與奴隸關係」的比喻中，主人在「主奴關係」中，表面看似佔據主體的位置，因為其可與命令控制奴隸行動。

　　2.而奴隸因只能聽從主人命令，缺乏自我行動能力，所以在「主奴關係」中，看似位居客體位置。

　　3.但當某天，主人與奴隸分開時，主人便發現其將無法處理任何事情，因為在平常時，都是由奴隸完成這些事情，所以在「主奴關係」中，主人實為客體之角色，奴隸則為主體，且奴隸的自我意識是不受主人控制的，更確立奴隸的主體性基礎。

(二)**黑格爾（Hegel）主人與奴隸關係的比喻在教育上之啟示：**

　　1.Hegel在解釋自我意識成長時，提出主人與奴隸關係之比喻，在教育上引申要學生自認無知，有所不足的自我否定，然後才得到成長的教育過程。

　　2.換言之，當學生在進行學習時，若自以為像主人一樣可掌握所有知識，將消解其自我求知的自我意識，成為教學過程中的客體。

　　3.反之，若學生承認自己無知，乍看之下，如同奴隸缺乏自主行動能力，但其實自我意識並不受到控制，持續成長，並獲得知識，其在教育過程中將位於主體的位置。

自我評量

一、提倡美感教育的人士，多肯定藝術教育具有陶冶情操的功用。請列舉近代學者支持美育有利於陶冶情操之論點。【92年身心障礙三等特考】

二、試申論皮德思（R. S. Peters）在情緒教育上的主張？同時加以批判地討論？【94年高考】

三、黑格爾（G. W. F. Hegel）在解釋自我意識的成長時，有主人與奴隸關係的比喻。在教育上的引申要學生承認無知、有所不足的自我否定，然後才得以成長的教育過程，請詳加說明之。【95年地方三等特考】

四、何謂「補償性正義」（Corrective Justice）？運用在我國後期中等教育階段升學制度的改革中，有何利弊得失？試說明之。【99年地方三等特考】

五、人權教育（Human Rights Education）是九年一貫課程的六大議題之一，試述人權教育的理念內涵；又我國在實施人權教育時可能會遭遇那些問題？【100年地方三等特考】

重點試題解析範例

一、試申論皮德思（R. S. Peters)在情緒教育上的主張？同時加以批判地討論？【94年高考】

答：情緒實為一種內在與模糊的情感，茲依題意說明如下：

(一) 皮德思在情緒教育上之主張

1. 皮德思在〈情緒的教育〉一文中，深具原創性地提出「情緒」、「認知」、「被動性」、「動機」與「期望」等概念之分析比較。

2. 其對情緒教育亦提出若干主張如下：

(1)情緒如同認知的形式。

(2)情緒屬於被動性的範疇。

(3)情緒跟行動尚未有概念上的聯結，但並不表示沒有偶然上的聯結。

(4)情緒與期望之間有概念上的聯結。

(5)主張發展自我理解，以情緒控制情緒。

(二) 對皮德思情緒教主張之評析

1. 其所提出的情緒被動性主張，無法得到更為實質的宣稱來支持。

2. 其宣稱期望並不包括手段與目的之間的聯結，這在日常語言的使用上是有問題的。

3. 如果我們考慮一些較為積極的道德情緒，則皮德思在情緒與行動之間所建立的概念鴻溝就有可能消失。

4. 其對情緒的看法過於消極與悲觀，總是想要去控制與排除情緒，卻不曾提及培養適當或積極的情緒。

參考書目：林建福（2002），教育哲學：情緒層面的特殊觀照，五南。

艾育（2013），教育專業科目通關寶典，千華。

二、試說明「文化多樣性」的意義，並闡述公共教育應如何回應文化多樣性的要求。【101年高考】

答：「文化多樣性」是重要的教育議題，於此依照題目規定論述如下：

(一)文化多樣性的相關概念

 1. 定義：

  (1)文化多樣性係指學生具有個別差異，且是由許多外在因素交互作用形成。

  (2)強調多元價值、解中心化、包容尊重等精神，正與多元文化之概念相呼應。

  (3)促使學生了解自身文化的意義，肯定自己的文化，進而了解其他文化，尊重其他文化，達到世界和平共榮之目的。

 2. 形成原因：族群、國家、階級等。

(二)公共教育回應文化多樣性要求的相關建議

 1. 教師應針對不同的學生，給予適性的教學與評量，以幫助學生獲得有意義學習。

 2. 應根據學生的個別差異，給予適當的教學情境與教師回饋，才能幫助學生獲得健全發展。

 3. 教師都必須要有「有教無類」與「因材施教」的教學理念，並有將其實踐於教學實境中的認知。

 4. 應採用多元評量理念來給予學生適時適性的回饋，以使學生得到全人發展。

 5. 培養學生肯定自己與尊重他人的精神，並強調提升學生批判創新的能力。

 6. 課程設計應打破學科邊際，平等對待各種文化，並提供多元動態的課程發展。

 7. 教師應認知自己為轉化智慧的知識份子，透過角色扮演法、講述教學法等各式教學策略，實踐多元文化教育，並應採取多元評量，來了解學生的真實能力，以給予適性回饋。

參考書目：李錦旭等譯（1999），教育理論，師苑。

艾育（2013），教育專業科目通關寶典，千華。

教育圓夢網（2013），94至102年教育行政高普特考解析，教育圓夢網。

第三篇 教育行政學重點精析

第1章 教育行政學導論

頻出度C：依出題頻率分為：A 頻率高、B 頻率中、C 頻率低

各考試出題排行榜　　1身障三等　3普考
　　　　　　　　　　2原民三等　　　　　　4高考

重點一 教育行政學概說

一 教育行政之意義與特徵

(一)教育行政的意義

1.教育行政是教育相關人員，透過教育計畫、決定、組織、溝通、領導、評鑑等步驟，管理教育事務，以期有效解決教育問題及提升教育品質之過程。

2.簡言之，教育行政即是管理教育所有事務的領導與管理行為。

3.**各種教育行政觀點：**

靜態觀	教育行政是一種負責管理教育事務的制度。
心態觀	教育行政可兼顧教育組織目標及成員需求。
動態觀	教育行政是用來達成教育目標的歷程。
生態觀	教育行政是組織成員之間的互相影響。

4.組成要素：(1)**教務**。(2)**訓輔**。(3)**人事**。(4)**總務**。(5)**公關**。

(二)教育行政的歷程

教育行政歷程	基本概念
教育行政計劃	1. 組成概念為：負責制定教育行政計畫的組織和單位、制定明確的教育行政計畫目標。 2. 運用相關教育行政計畫技術，例如：德懷術、計畫評核術、甘特圖等，系統性蒐集資料。
教育行政組織	1. 根據教育行政組織目標及業務，進行適當的教育行政組織分化，包括：垂直劃分、水平劃分、扁平化等。 2. 運用正式組織及非正式組織的正向功能，來兼顧達成教育行政組織目標及滿足成員需求。 3. 引進新興的教育行政組織理論，例如：教導型組織、學習型組織、變形蟲組織等，以提升教育行政組織效能，促進教育行政組織永續發展。
教育行政溝通	1. 善用正式及非正式溝通等多元溝通形式，為教育行政組織奠定良好的溝通協調基礎。 2. 健全雙向溝通制度，並多元化教育行政溝通管道，例如：意見箱、馬上辦中心等，以兼顧所有溝通要素。 3. 採用雙面俱陳的教育行政溝通策略，以及營造具備信任感及真誠良好的溝通情境與氣氛。
教育行政領導	1. 教育領導者能夠展現良好的領導特質及行為，並根據教育組織情境，選擇適當的領導策略，以滿足成員需求和達成組織目標。 2. 教育領導者能依目標管理理念，來訂定教育行政組織願景和目標，並實施授能領導、道德領導及轉型領導。 3. 教育領導者能夠兼重各種領導權力之應用，例如：專業權、法職權、解放權等，並具備反省批判之精神。
教育行政評鑑	1. 進行教育行政評鑑時，應兼用量化評鑑及質性評鑑，且兼重過程與結果取向的教育評鑑。 2. 建立健全的教育行政評鑑指標及評鑑制度，且建置後設評鑑機制，並重視利害關係者的回應。 3. 可採用多元的教育評鑑方法，例如：360度評鑑、平衡計分卡等，以周全教育行政評鑑面向。

(三)教育行政的特徵及功能

1. 由於教育為百年樹人的事業，具有培育人才的社會基本任務。所以教育行政容易受到社會大眾關注及批評。

2.教育行政績效不易評鑑，所以要積極發展嚴謹周全的教育行政評鑑機制。

3.教育行政的運作兼重學術研究證據及實務經驗。

4.教育行政呈現服務社會及利他取向。

5.另外，教育行政應強調服務性功能，例如：協助國家培育人才、促進社會進步、提升教育品質、教師專業成長、學生適性發展等。

(四)**各國教育行政目的**

法　　國	培育現代公民及發展個人潛能。
英　　國	培育具備民主素養及生活基本能力的國民。
美　　國	培育具備公民素養及民主精神的國民。
共同趨勢	實現教育機會均等理念。 延長義務教育年限，緩和教育分流，以促進個人潛能發展。 培育能具備民主精神及承擔國家責任的現代公民。

二 教育行政運作的基本原則（教育基本法的觀點）

(一)教育行政應**保障人民學習及受教育之權利**，且**具有確立教育基本方針，健全教育體制之功能**。

(二)**教育行政應以人民為主體，且教育行政目的為：**

1.培養人民健全人格、民主素養、法治觀念、人文涵養、愛國教育、鄉土關懷、資訊知能、強健體魄及思考、判斷與創造能力。

2.促進人民對基本人權之尊重、生態環境之保護及對不同國家、族群、性別、宗教、文化之瞭解與關懷，使其成為具有國家意識與國際視野之現代化國民。

(三)教育行政之實施，應本**有教無類**、**因材施教**之原則，以人文精神及科學方法，尊重人性價值，致力開發個人潛能，培養群性，協助個人追求自我實現。

(四)教育行政應秉持**教育機會均等精神**，對於原住民、身心障礙者及其他弱勢族群之教育，應考慮其自主性及特殊性，依法令予以特別保障，並扶助其發展。

(五)各級政府應**寬列教育經費，保障專款專用**，並合理分配及運用教育資源。對偏遠及特殊地區之教育，應優先予以補助。

(六)教育行政應本**中立原則**，且保障人民依教育目的興學之自由，並應尊重教師專業自主權及保障學生之學習權、受教育權、身體自主權及人格發展權。

(七)中央政府與地方政府應**落實教育均權制**，且直轄市及縣（市）政府應設立教育審議委員會，定期召開會議，負責主管教育事務之審議、諮詢、協調及評鑑等事宜。

三　優秀稱職的教育行政人員應具備的特質與能力

(一)**特質**
1.具有教育愛。　　2.願意承擔社會責任。　　3.具備道德勇氣。

(二)**能力**
1.足夠的教育專業知能及教育實務經驗。
2.擁有行動智慧。
3.願意實踐教育行政倫理。

(三)**價值觀**
1.**「有教無類」之意義：**
(1)「有教無類」係指不論每個學生的智愚優劣、貧富貴賤，都擁有受教權利，亦都是教育的對象。
(2)換言之，「有教無類」係指一種教育機會均等之理念，且亦是一種教育愛的實踐。
2.**「因材施教」之意義：**
(1)「因材施教」係指學生具有個別差異，所以應採取適性教學，幫助學生獲得健全發展。
(2)換言之，「因材施教」係指以學生為主體之教育理念，並要積極依據學生的認知類型及學習風格，實施多元智慧教學策略。

四　建立優質的教育行政團隊

(一)**團隊與科層組織之差別**
1.**團隊之基本概念：**
(1)團隊則具有以理性思考為基礎的團隊目標，希望可以透過團隊學習、專業分工、系統思考等，完成教育行政目標。
(2)團隊是指一群人為目標或團體利益共同分工合作，團隊的建立的適當與否，直接影響團隊管理的成效。

2.科層組織之基本概念：

(1)提出者為Weber，主張透過完美理性可以建構出科層體組織，以達到最具效率的決定。

(2)其特徵包括依法行事、專業分工、用人唯才、保障任期、依年資或貢獻升遷、層級節制、公正無私與建立書面檔案等。

(二)團隊的形式

1.永久性團隊。　　　　2.任務性團隊。

(三)團隊的教育意義

教育現場中，校長是學校教育團隊有效運作的關鍵性的角色，其若能運用團隊管理，並引導團隊學習，避免團隊迷思等，將有助於學要成員運用其專長，以及彼此的相互合作，而促進學校教育持續的發展與革新，達成卓越的教育目標。

(四)團隊發展的階段與特徵

發展階段	特徵
形成期	1.團隊的目標、結構、制度、成員等，皆呈現不穩定的狀態。 2.所以團隊及每個成員都還在試探彼此的個性，當每個成員發展出對團隊的認同感時，此階段便告結束。
風暴期	1.團隊中存在許多衝突，每個成員可能產生彼此間的衝突，對團隊的抗拒等。 2.此時期另個重要特徵，在於發展出團隊的領導從屬關係。
規範期	1.團隊的凝聚力逐漸加強，團隊成員之間的友誼也逐漸形成。 2.當團隊成員發展出對於團隊行為的共識，並建構出團隊期望時，本階段即結束。
表現期	1.團隊成員為了理想的團隊目標，開始進行團隊運作，產生團隊行為來完成團隊目標。 2.團隊績效是此階段的重點。
中止期	1.當團隊目標或任務完成後，團隊準備解散。 2.每個團隊成員對於團隊解散的反應會各不相同，呈現出個別差異。

(五)建立優質教育行政團隊之可行途徑

1.首先，應建立完善的教育行政法令規章，並且透過公開公平的人事甄選制度，選擇專業人才，提升教育行政團隊素質。

2.再者，應根據教育行政目標及情境，權變運用教育行政權威，並實施權
　變領導、道德領導、第五級領導等，讓每個團隊成員具有高組織承諾及
　向心力。
3.最後，應建立具體的獎懲制度，也可營造開放分享之教育組織氣氛，透
　過無疆界組織、學習型組織及教導型組織之理念實踐，以強化行政團隊
　的專業能力與執行力。

 重點二　教育行政研究

一　教育行政的研究典範

　　基本上，教育行政的研究典範依循著社會科學研究典範的脈絡，**孔恩（T.
Kuhn）**提出「**典範**」之概念，「**典範**」（paradigm）係指同一個學術社群所共
同認定的基本假設、價值信念、人性觀點、認知觀點、系統觀點、理解及詮釋
世界的方式。茲綜合整理各教育學者的觀點如下（謝文全，2003；潘慧玲，
2004；秦夢群，2011）：

典範類型＼項目	理性典範	自然典範	批判典範
本體論	實體為客觀存在，可予以捕捉。	實體是建構出來的，具有情境脈絡性。	實體存在於政治、社會、經濟、文化等交互作用之間。
知識論	1.透過科學方法，可掌握知識變項的因果關係，並建立統一的原理律則。 2.知識帶有客觀性、可預測性及可控制性。	透過互為主體的詮釋理解，深入教育情境脈絡中，掌握教育的意義與價值。	透過批判反省的主體自覺意識及自決行動，促進教育的正當性與合理性。

項目　　　典範類型	理性典範	自然典範	批判典範
方法論	量化研究，研究過程重視變項控制與明確的操作型定義。	質性研究，強調採取現象邏輯態度，著重發現教育現象的背後本質，強調背景脈絡。	辯證法，教育理論與實踐是互相辯證的關係。
研究取向	「經驗分析」的研究取向，理論基礎為理性主義及實證主義。	「詮釋理解」的研究取向，重視個別樣本之討論。	「批判反省」的研究取向，著重教育現象背後的意識型態探究。
教育研究特徵	1.實驗情境 2.量化研究。 3.演繹法。	1.自然情境。 2.質性研究。 3.歸納法。	1.社會世界。 2.以質性研究為主。

二　教育行政學的研究取徑

(一)教育研究的基本取向

研究取向	要點
基本研究	教育研究是基於研究者的興趣與動機，以建立理論為其目的。
應用研究	教育研究之目的在於解決此時此地所發生的問題。
評鑑研究	欲評估、檢討某一教育方案或教育政策的實施成效，以作為教育決策參考所做的研究。

(二)量化研究與質性研究的取徑

研究取徑	基本概念
量化研究	1. 量化研究係植基於經驗分析的研究典範，係指研究者運用系統性的科學方法，進行資料的蒐集、分析和描述，以驗證假設和充實理論，其相關研究方法有實驗研究法、問卷調查法和相關研究法等多種研究策略。 2. 量化研究對進行教育政策及行政領域探討之幫助： (1)有助吾人瞭解教育現象之相關性，作為教育政策分析的實證基礎。 (2)可建立系統客觀的教育資料庫，充實教育行政及政策領域的理論，增加研究之廣度。 (3)可確立相關評鑑指標，並賦予數字意義，來明析教育概念。
質性研究	1. 質性研究根源於歷史詮釋的研究典範，係指研究者運用參與觀察的研究行動，深入被研究者的情境脈絡，以掌握瞭解事物現象的本質意義，來解釋被研究者的生活世界，進而解決問題，其相關研究方法有田野調查法、訪談法和焦點團體訪談法等多種研究策略。 2. 質性研究對進行教育政策及行政領域探討之幫助 (1)有助吾人掌握教育現象的本質性意義，來豐富教育政策及行政的研究內涵。 (2)可彰顯教育活動的價值性，建構具人味的教育行政及政策。 (3)可呈現出教育的歷史脈絡性，亦即可針對教育政策的時空特殊性，給予全面客觀的評估，而不是只有看到表面的現象。 3. 建立高品質的質性研究之規準： (1)瞭解及澄清研究者本身的意識型態、知識、能力等。 (2)透過研究的共同參與者進行研究檢視，以減少研究誤差。 (3)可以運用研究的外部檢核者，提供旁觀者清的研究建議。 (4)善用厚實描述技巧，周全蒐集研究的相關資訊。 (5)運用反面的個案例證，以檢視研究可能有的盲點。 (6)善用三角檢定法，使研究資料的來源多元化，以有效提升研究的內外在效度和信度。

(三)教育行政研究方法

研究方法	基本概念
座談方法	邀請教育相關人員，進行理論與實務之對話，以得到最有效的教育行政問題解決策略。
訪問調查法	透過訪問過程，獲得被研究者的相關訊息，再予以編碼分析，以獲得研究結果。
問卷調查法	透過問卷發放，瞭解教育行政研究相關資料，再予以統計分析，以獲得研究結果。
文獻分析法	透過多元大量地蒐集文獻資料，以瞭解欲解決之教育問題的相關訊息，並予以整合分析，以得到研究成果。
個案研究法	在教育行政研究中，將某一現象視為個案，予以進行深入探討。
實驗研究法	在實驗情境中，透過對於各種變項的控制與操作，以瞭解自變項和依變項之間的因果關係。
俗民誌研究	採用人類學研究方法，透過參與、觀察、深入訪談等步驟，來了解教育現象的本質意義。
行動研究法	在教育實際情境中，教育學者與教育實務人員共同合作，以解決教育實際問題。
德懷術	透過連續的專家問卷調查方式，以瞭解教育現象的本質意義。

(四)未來教育行政研究的理想圖像

1. 教育行政相關人員應視教育實務情況之需要，兼採質性研究及量化研究取徑，以構建整全的教育面貌，發展出具體的解決問題策略。
2. 教育行政相關人員在進行教育行政研究時，宜彰顯教育主體性，不可為研究而研究，產生目的以手段置換的現象。
3. 教育行政相關人員可兼採多元研究方法，例如：調查研究、訪談法、德懷術等，以有效提升教育行政研究品質。
4. 教育行政相關人員在進行教育行政研究時，宜調合教育行政理論和實務的差距，以創造教育的願景。

自我評量

一、請從教育行政的功能，析論教育行政機關及學校行政人員的角色與素養。
【93年高考】

二、「人盡其才」、「物盡其用」乃行政管理的基本準則。請據此準則闡論教育行政機關「應有」及「不應有」的作為。【95年高考】

三、教育行政（含學校行政）人員講求專業成長的重要性為何？教育行政主管機關或學校在提升教育行政人員的專業成長上，可採行那些策略？請提出三種策略，並分析其優、缺點。【96年地方三等特考】

四、行政是手段，教學才是目的，課程與教學是影響學校效能及促進學校革新的重要因素，教育行政或學校領導者如欲提升教育品質，促進教學效能，可從那些層面著手，具體作法有那些？【100年特考】

重點試題解析範例

一、請從教育行政的功能，析論教育行政機關及學校行政人員的角色與素養。

答：教育行政具有多樣化的功能，茲依題意說明如下：
(一)教育行政功能之說明：
　　1.計畫功能。　　　　2.決定功能。　　　　3.組織功能。
　　4.溝通功能。　　　　5.領導功能。　　　　6.評鑑功能。
(二)由教育行政功能來析論教育行政機關與學校行政人員的角色與素養
　　1.計畫功能：任何教育行政工作的實施，皆須經過科學化、民主化與公開化的計劃程序，所以教育相關人員要具備教育行政計畫的專業知能。
　　2.決定功能：教育相關人員要採取適合當時情境的決定模式，具備對情境的敏感性。
　　3.組織功能：人人皆須明白自己的專長，並且具備分工合作的意願。
　　4.溝通功能：教育相關人員要能夠互相協調與進行意見分享，每人皆是主動學習的主體。

5. 領導功能：教育相關人員宜具有轉型領導與適切的激勵策略，並有犧牲小我，完成大我之精神。

6. 評鑑功能：教育相關人員要具有自我評鑑之能力，且能自我反省與改進。

參考書目： 謝文全（2006），教育行政學：理論與案例，五南。

艾育（2013），名師壓箱秘笈－教育行政學，千華。

陳培林（2013），教育行政學經典歷年試題解析，千華。

二、教育行政（含學校行政）人員講求專業成長的重要性為何？教育行政主管機關或學校在提升教育行政人員的專業成長上，可採行那些策略？請提出三種策略，並分析其優、缺點。

答： 教育行政專業成長為現代教育行政人員的重要課題，茲依題意說明如下：

(一)教育行政人員追求專業成長的重要性：

1. 可提升國家教育競爭力，且達成優質精緻的教育行政願景。

2. 建立教育行政人員理想圖像，並且完善解決教育問題，有效提升教育品質。

3. 提升教育行政的專業性，並可以有效結合教育行政理論與實際。

(二)教育行政主管機關提升教育行政人員專業成長的可行策略之分析：

1. 建置個人工作檔案紀錄：

(1)透過個人工作檔案的建置，可以幫助教育行政人員檢視本身的工作歷程是否有需要改進反省之處，有助提升教育行政人員的專業自主能力。

(2)但是，如何鼓勵教育行政人員主動且誠實建置本身的工作檔案，需要搭配更多的配套措施。

2. 虛擬組織：

(1)透過虛擬組織，可以結合不同專長的教育行政人員共同完成教育行政任務，也可以讓教育行政人員進行專業交流，促進專業成長。

(2)但是，虛擬組織的形式，是否適用於每一個教育行政任務及我國的教育行政實境，仍有許多待斟酌之處。

3.自我視導：

(1)又稱自我評鑑視導，可讓教育行政人員透過自我觀察、分析與評鑑自己的教育行政工作，以達到提升專業成長。

(2)但是，教育行政人員必須本身具備足夠的專業知能，且應搭配適性的專業諮詢指導，以讓教育行政人員可以真正透過自我視導，獲得教育行政專業成長。

參考書目：秦夢群（2006），教育行政－理論部分，五南。

艾育（2013），名師壓箱秘笈－教育行政學，千華。

教育圓夢網（2013），94至102年教育行政高普特考解析，教育圓夢網。

第2章 教育行政的理論基礎

頻出度B：依出題頻率分為：A 頻率高、B 頻率中、C 頻率低

各考試出題排行榜　1普考　3身障三等
2原民三等　4高考

 重點一 教育行政學理論的演進時期劃分

	科學實證時期（古典理論）	行為科學時期（人際關係）	系統理論時期（系統取徑）	非均衡系統時期（新興理論）
研究典範	理性典範	自然典範	批判典範及整合典範	批判典範及整合典範
代表學者	Taylor、Weber	Mayo、Herzberg	Bertalanffy、Getzels	Hayles
研究概念	研究重心偏向組織靜態結構層面，強調理性客觀的態度，講求實證分析，注重類推性、類似性、預測性及控制性。	研究重心偏重組織動態行為層面，強調應了解教育現象及教育主體的脈絡與意義，強調個別性的深入了解。	研究重心放在揭露教育現象背後的特定價值觀與意識形態，並強調透過批判反省的歷程，強化教育的正當性及合理性。	打破牛頓以來的線性思考典範，主張宇宙現象是不穩定、無序、不均衡、多樣性的非線性關係。
人性基本假設	人性惡	人性善	人性有善有惡	人性有善有惡
領導或管理觀	工廠式管理，呈現強制單向的管理觀。	關係取向的管理，呈現雙向互動的管理觀。	權變領導，重視情境的影響性。	整合領導，呈現非線性的領導思維。

	科學實證時期 （古典理論）	行為科學時期 （人際關係）	系統理論時期 （系統取徑）	非均衡系統時期 （新興理論）
研究典範	理性典範	自然典範	批判典範及 整合典範	批判典範及 整合典範
生態系統觀	組織為封閉系統。	組織介於開放系統及封閉系統之間。	開放系統	非均衡系統
目標觀	只關注組織目標的達成，忽略成員心理需求的必要性。	較重視組織成員個人需求。	兼重組織目標及成員需求的滿足。	整合性的教育行政目標觀。
激勵觀	滿足成員的生理需求，偏重物質獎勵。	滿足成員的社會性需求及心理需求。	兼重物質及精神獎賞。	採取動態多元的教育行政激勵觀。
結構觀	靜態的教育結構。	在教育結構層面，除了正式組織外，更應重視非正式組織的存在與功能。	動態的教育結構。	非線性、非均衡的教育結構。

重點二　教育行政的理論基礎

一　科學實證時期的重要理論

理論名稱	理論要點
科學管理 學派	1.代表學者F.W.Taylor，被稱為「科學管理之父」。 2.原則：時間研究原則、按件計酬原則、計畫與生產分離原則、科學化工作原則、經理人員控制原則、功能管理原則、以科學方法選拔員工、各專業部門應加以劃分、嚴格實施獎懲。 3.特徵：客觀化、中立化、系統化、效率化、標準化與合作化等。 4.以科學方法作為增進教育行政組織效率。

理論名稱	理論要點
行政管理學派	1.代表學者：Fayol，被稱為「行政歷程之父」。 2.Fayol認為行政應包括計劃（planning）、組織（organizing）、指揮（commanding）、協調（coordinating）與控制（controlling）等歷程，合稱之為「POCCC」。 3.Gulick將之擴充為計畫（planning）、組織（organizing）、用人（staffing）、指揮（directing）、協調（coordinating）、報告（report）與預算（budgeting）等。 4.Fayol亦提出行政管理的十四點原則：(1)分工合作。(2)權責相稱。(3)紀律嚴明。(4)命令統一。(5)目標統一。(6)團體利益至上。(7)合理報酬。(8)領導權力集中。(9)層級節制。(10)人事相適。(11)組織運作公平。(12)任期安定。(13)自動自發。(14)團隊精神。
科層體制學派	1.代表學者：M.Weber，科層體制是最完美的理想組織型態，只要依此體制運作，便能做出最理性的完美決定。 2.特徵： (1)層級節制的權力架構，不講人情。　(2)命令統一。 (3)依法行事，組織法令規章完備。　　(4)建立檔案。 (5)用人唯才，保障任期。　　　　　　(6)專業分工。 3.科層體制所採用的權威型態是屬於Weber所提出的法職權。
有限理性理論	1.提出學者為Simon，認為教育行政組織為一個封閉系統，採用「有限理性」決定的滿意模式。 2.教育行政組織目標之設定過程係「由上而下」。
不證自明理論	1.提出學者為Hage，基本概念如下： (1)複雜化：組織部門專門化的程度。 (2)集中化：組織權力集中的程度。 (3)正式化：組織程序標準化的程度。 (4)階層化：組織權力階層的差距。 (5)組織結果：適應性、生產力、效率與工作滿意度。 2.結果： (1)集中化越高，生產力越高。(2)正式化越高，效率越高。 (3)集中化越高，正式化越高。(4)階層化越高，工作滿意度越高。 (5)階層化越高，生產力越高。(6)階層化越高，適應性越高。 (7)複雜化越高，集中化越高。
基層官僚理論	1.提出學者為Lipsky，主張學校相關人員的行政運作，如同基層官僚。 2.學校運作特徵： (1)對於所服務的消費者，基本上沒有選擇空間。 (2)工作負擔重，且實務與理論有鴻溝存在。

二　行為科學時期的重要理論

理論名稱	理論要點
霍桑實驗學派	1.又稱為「人際關係理論」，代表學者為Mayo、Dickson等人。 2.實驗結果顯示社會與心理因素才是影響組織績效的主要因素，此結果被稱之為「霍桑效應」（Hawthorne effect）。 3.滿足成員的尊榮感、非正式組織正向功能、成員心理需求滿足等，都有助提昇工作士氣。
合作系統理論	1.提出學者為Barnard，主張應兼顧組織目標與個人需求，才能有效提升工作績效。 2.組織是由具有相同目標的成員所互動形成，兼具正式及非正式組織之功能。 3.「effectiveness」稱為效能，係指組織目標的達成度與工作效率的程度；「efficiency」稱為效率，係指個人工作的滿意度。
社會系統模式	1.提出學者為Parsons，主張社會系統之功能如下： 　(1)適應功能（adaptation）：社會系統必須視環境需求，而嘗試獲得足夠資源以維持運作，例如：公司。 　(2)目標達成功能（goal attainment）：社會系統必須做出各種決定來達成已制定的目標，例如：政府各級機關單位。 　(3)整合功能（integration）：社會系統中的各次系統之間存在著互助合作關係。 　(4)潛在功能（latency）：社會系統必須保存、傳遞、創造其特有的文化與價值觀，例如：學校。 2.組織結構：技術系統、經理系統與機構系統等三部份。
社會科技系統理論	1.代表學者：Leavitt。 2.將社會系統分為四個子系統：任務、結構、科技與人員，彼此之間呈現高相關依存的關係。
需求層次理論學派	1.代表學者：Maslow。 2.個人需求類型包括基本需求與成長需求，例如：生理、安全、隸屬感、尊榮感、求知、求美、自我實現、自我超越等。 3.實例：學校規劃耶誕節，讓學生自行辦理化裝舞會，滿足學生表現慾望。
激勵保健學派	1.Herzberg以訪問法研究工程師與會計師的工作滿意度，所得到的結論。 2.影響工作滿意的因子稱之為激勵因素，包括：成就感、受賞識、工作本身、責任感、升遷發展。 3.影響工作不滿意的因子稱之為保健因素，包括：組織的政策與管理、視導技巧、薪資、人際關係與工作環境。

理論名稱	理論要點
XY理論學派	1.代表學者：McGregor，科學實證時期的管理方式稱為X理論，將自己的理論稱之為Y理論。 2.X理論特徵：性惡論、人天生抗拒變革，喜好安定。 3.Y理論特徵：人性本善，重視自律、強調雙向溝通、鼓勵成員參與等。

三　系統理論時期及非均衡系統時期的重要理論

理論名稱	理論要點
一般系統理論	1.代表學者：Bertalanffy，提出「有機體」與「邊界」等概念。 2.需以整體觀點進行未來成果導向的組織運作。
Z理論	1.代表學者：Megley，為改進XY理論的缺失所提出的理論。 2.兼顧組織目標與成員生理心理需求。 3.兼採靜態、心態、動態與生態組織觀點。
權變理論	1.代表學者：Fiedler、House等人。 2.「有效領導」決定於領導形式與情境是否可以互相配合。 3.認為組織為一開放系統，領導沒有絕對的最佳策略，行政者必須因人、事、時、地、物的條件與限制來決定適當回應的觀點。 4.Fiedler的領導權變理論之要點 (1)將領導形式分為重視組織運作績效的工作導向與重視成員需求滿足的關係導向。 (2)領導是否有效，端視領導者之領導類型能否與情境相配合而定。 (3)領導情境決定於三個變項：領導者與部屬的關係、工作結構與職權。其研究發現，在高度與低度的控制情境中，以工作導向的領導形式最具工作績效，在中度控制的情境中，以關係導向的領導形式最具工作績效。
渾沌理論	1.渾沌理論（chaos theory）是自1970年代後所興起的自然科學典範，是對牛頓物理學典範的一種反動。 2.系統並非完全進行線性發展。 3.渾沌理論之要點： (1)耗散結構。(2)蝴蝶效應。(3)奇特吸引子。(4)回饋機制。 4.實例： (1)教師平時注意謹慎處理教室中的學生衝突事件，做好親師溝通和同儕輔導。 (2)學校環境維護雖小地方亦應重視解決，以免造成大問題，如同蝴蝶展翅亦可吹垮大飛機。
模糊理論	主張組織的複雜性與不確定性，即對於機構生命的不穩定性與不可預測性的強調。

四 教育行政的哲學課題

(一)教育的哲學研究及教育的科學研究對於教育行政人員之重要性

	教育的哲學研究	教育的科學研究
對教育行政人員之重要性	1.可引導教育目的之決定，並批判選擇教育內容。 2.教育方法的應用必須要有哲學的依據，廣義的教育方法包括研究、教學、訓育、輔導等。 3.透過教育哲學可以指導教育行政人員的教育實踐，而透過教育實踐的結果則可以修正教育行政人員的教育信念。	1.可以增加教育政策的可預測性、效益性、可行性等。 2.可作為進行教育行政研究之理論基礎，並強化教育行政理論之嚴謹性。 3.教育目標與計畫必須經過客觀與系統化的程序來進行整全的設計。

(二)教育行政哲學的重要功能

1.教育行政哲學是教育行政實踐活動的普通原理，而教育行政實踐活動則是教育行政哲學的實驗室，亦即**教育行政實踐活動必須以教育行政哲學為依據**。

2.透過教育行政哲學探討，**有助建構教育行政實踐活動的本體論、知識論、價值論**等，以讓每位學生獲得向上向善的發展。

3.教育行政哲學**有助指引檢視教育行政實踐活動的目的與過程，並可讓每位學生獲得主體意志與理性啟蒙**。

(三)從利益觀點說明教育行政哲學可扮演的角色

1.**教育行政哲學可分析在教育行政運作過程中的「利益」意義、功能等基本概念**：教育行政運作歷程係由各利益相關者所組成的教育網絡，故利益具有複合性質，透過邏輯實證取向的教育行政哲學，可以界定「利益」意義、功能及性質，例如：釐清在教育情境中的個人利益及社群利益之概念。

2.**教育行政哲學可以詮釋及理解在教育行政運作過程中的「利益」本質：**

(1)教育行政運作歷程係由各利益相關者所組成的教育網絡，所以透過詮釋取向的教育行政哲學，有助深入各利益相關者的經驗脈絡，以真實理解及回應各利益相關者的利益需求。

(2)由於不同利益相關者具有不同的利益需求，故認可教育行政運作過程存在不同利益相關者的利益矛盾，並達成互為主體性的理解。

3. **教育行政哲學可以質疑、反省、解放及重建教育行政利益的合理性**：教育行政運作歷程係由各利益相關者所組成的教育網絡，所以透過批判取向的教育行政哲學，有助解放不同利益相關者產生的利益矛盾，並透過批判反省的歷程，重建教育行政利益的合理性及正當性。

4. **教育行政哲學可以包容及尊重教育行政運作過程中的利益異質性及多元性**：教育行政運作歷程係由各利益相關者所組成的教育網絡，所以利益具有異質性及多元性，所以透過後現代取向的教育行政哲學，有助彰顯各利益相關者的主體性，認可不同利益的異質立場並存，且真誠關懷每個成員的利益需求，並予以回應。

5. 由於教育行政運作歷程係由各利益相關者所組成的教育網絡，涉及各種利益的交換、供需、協商、妥協、矛盾及競爭等特徵，所以如何合理運用各種教育行政權力，以提升教育行政運作的合理性及正當性，是重要的教育行政課題。

(四)**從意識型態觀點探討教育行政**

1. **意識型態是一種觀念之學**，會影響個人和集體的價值信念及行為規範，所以也會影響教育行政的呈現面貌及本質意義。

2. **進行教育行政實踐或教育政策制定時，應從批判觀點，揭露隱藏其中的意識型態，以掌握其可能帶來的教育影響**，例如：以新自由主義意識型態為基礎的教育行政實踐，將容易導致教育商品化的負面效果。

3. 教育行政人員必須具備自我更新的意識形態及永續經營的意識形態，才能制定具有周全視野的教育政策，以及進行兼具均等與卓越的教育行政實踐。

(五)**從價值觀點探討教育行政**

1. **教育行政的核心價值可以代表教育行政組織的哲學理念、願景內涵，象徵教育行政組織的一種遠見、想像力、洞察力或視野。**

2. 教育行政若確立核心價值，將有利界定教育行政發展的目標與任務，並激勵教育行政相關成員朝向教育行政目標邁進，且可幫助教育行政成員的工作行為與組織目標相結合，並提升教育行政成員的組織承諾、組織忠誠及公民行為，並可確立教育行政組織的核心精神、經營哲學及教育願景。

3. **重要的教育行政核心價值如下：**

　(1)**正義**：教育行政運作應遵守程序正義、實質正義等。

　(2)**倫理**：教育行政應遵守批判倫理、效益倫理、關懷倫理、權利倫理等。

(3)**效能**：善用所有可用教育資源，以達成教育行政目標。

(4)**品質**：立基於全面性及全員參與的組織基礎上，讓教育行政運作兼顧效率、效能及滿足顧客滿意度。

(六)從隱喻觀點探討教育行政

1.隱喻包括了認知觀點（觀念系統）、**情感觀點**（想像力的運用）、**互動的觀點**（產生的影響力），其係指可由某一類型概念類推至另一類型概念，有助吾人對各種教育現象的理解，並具有喚起教育行動的功能。

2.教育隱喻連結了教育主體客觀理性及主觀的想像力，常使用的隱喻策略包括：展喻、滲喻及換喻，**常見的教育隱喻如下：**

(1)**組織即乘風破浪**（Morgan，1988）：教育組織要隨世界變遷而有所調整，要勇敢面對各種挑戰。

(2)**當巨人學習跳舞**（Kanter，1989）：教育組織要能機敏回應內外在環境系統的種種挑戰。

(3)**學校即生態**：學校與內外在環境系統的各種利害相關者是呈現相互依賴的關係。

(4)**學校即機械組織**：學校重視科層體制、法職權及傳統權威管理。

(5)**學校即大腦組織**：學校會進行自我學習及自我演化。

(6)**學校即政治**：學校互動充滿著不同權力及利益的衝突及妥協。

3.**隱喻在教育行政問題解決的功能：**

(1)可創造新的教育行政實體，亦即可以建立新的教育行政運作價值及觀點，能有效促進教育組織永續發展。

(2)可以擴充教育組織及個人的認知視野及創造思想，進而促進組織學習及個人學習，發揮促進組織永續發展的正向影響力。

(3)透過運用多個教育隱喻，可以多向度診斷檢視教育問題及隱喻本身盲點。

4.**運用隱喻的教育行政領導策略：**

(1)尊重、理解、深入每個教育成員的背景脈絡，以進行互為主體性的詮釋及溝通。

(2)營造開放的教育行政組織文化，並善用多元的教育隱喻來探討問題，以避免認知、情感及互動的盲點。

(3)進行全像式的系統思考，以周全處理教育問題，發揮教育美學的正向功能。

(4)促進教育領導者本身的彰權益能，運用隱喻重組策略，來開創教育行政新局。

(七)**教育行政的美學意義**

　1.教育行政美學具有行銷功能。

　2.教育行政美學是一種最和諧的生活經驗。

　3.教育行政美學是一種詩的語言之呈現，具有多元的可能性。

五　教育行政的財政學課題

(一)**重要的教育財政價值**

　1.**公平性**：

　(1)教育財政學的公平性概念包括：水平公平、垂直公平。

　(2)**水平公平**係指每個個體都要受到一致的教育資源分配，測量方式包括變異係數、麥克倫指數等。

　(3)**垂直公平**要求對於條件不利的教育弱勢族群，應給予較多教育資源，測量方式包括變異係數、分散量術等。

　2.**適足性**：

　(1)**適足性**係由垂直公平的概念轉化而來，教育財政適足性係指在教育預算分配上應以實際需求為考量，確實照顧各個學校與個別學生的需求，充分賦予達成預定目標的資源。

　(2)換言之，其係指大多數學生都得到足以達到高標準教育成就的教育資源基本額度。

　(3)測量方式包括：**教育投入標準**（可達到教育公平的教育資源額度）、**教育產出標準**（學生的學習成就）。

　(4)適足性的教育財政觀點對於弱勢學生的幫助非常大。

　3.**公平性與適足性的相同點**：

　(1)皆為教育財政學上的重要概念，且均重視公平性原則。

　(2)皆重視教育品質。

4.公平性與適足性的相異點：

比較基準	公平性	適足性
基本精神	客觀的均等狀態	1.賦予學生充分教育資源。 2.教育資源隨學生不同特質而調整。 3.訂定個別學生所欲達成學習目標。
內涵	包括水平公平及垂直公平等概念。	係由垂直公平的概念演變而來，含括了效率性、資源投入性及公平性。
測量方式	依據公平定義不同，而有變異係數、分散量術等測量方法。	1.評估指標：教育投入標準（可達到教育公平的教育資源額度）、教育產出標準（學生的學習成就）。 2.資源取向的估算方法：專家判斷法、實徵研究法。 3.表現取向的估算方法：成本函數法、成功學校範例法。
關注焦點	教育資源投入數量是否充足。	1.教育資源投入與教育產出之間是否均衡。 2.將教育經費與學生學業成就相連結，以估算所需要的適足性經費。 3.適足性的教育經費計算，未必會提高教育經費，也有可能會降低。

(二)重要的教育財政學概念

1.機會成本：

(1)又稱為**替代性成本**，係指當個體做出一個選擇後，因此所損失的其他選擇之最高價值。

(2)機會成本是個人可以自己選擇的，其可以是用經濟成本來衡量，也可以用個人的心理感受來衡量。

(3)例如：學生接受教育的機會成本：學生因為接受教育，而無法去工作或就業，所損失的金錢。

2.外部性：

(1)係指一個經濟行為產生後，對於生產者或是消費者等所產生的利益或損失，所以可分為負外部性及正外部性。

(2)**負外部性**係指經濟行為對於生產者或是消費者所產生的成本；**正外部性**係指經濟行為對於生產者或消費者所產生的利益。

(3)以外部性的角度而言，政府興辦教育，可以提高教育投資的正向效益與合理性，減少興辦教育的直接成本、間接成本或機會成本。

⑷另外，政府興辦教育，可以根據國家教育目標及社會需求，擬定相關的教育政策，來提升教育的利益。

⑸最後，政府興辦教育，仍應保有教育選擇權及教育專業自主的空間，並以學生為主體的教育考量。

3.**帕累托最適**：

⑴帕累托最適（Pareto optimality）是指任何資源無論再怎麼重新分配使用，都無法使某些經濟個體獲得更大的利益，而同時又不損及其他經濟個體的利益。

⑵所以**帕累托最適**就是在追求利益最大化，因而在教育上應重視教育經費與資源的運用，以追求學生學習的最大利益為目標。

⑶尤其在教育行政的決定，更應以學生學習為重點考量，以彰顯學生學習的主體性與教育的自主性，發揮教育的正向作用力。

4.**購買力平價指數（Purchasing Power Parity）**：根據各國不同的價格水平，計算出來的各國貨幣之間的等值係數。

六　教育行政的政治學課題

(一)教育政治學的基本概念

1.教育政治學的相關研究起源於1950年代，我國歷經戒嚴、解嚴、民主化等政治環境的變化，提供了教育政治學研究的理想空間。

2.教育政治學的研究取徑包括**鉅觀政治**及**微觀政治**；一般而言，教育政治學的關注焦點如下：

⑴教育政策的制定與實施過程，要如何進行政治學角度的分析。

⑵教育組織內政治行為之研究，包括：權力類型、利益本質、意識型態、價值觀念等。

⑶如何把政治學納入教育學知識體系。

⑷關注媒體的政治性及媒體對於教育政策制訂的相關影響。

⑸關注法院判例所造成的教育政策影響效果，例如：免體罰政策對於教師管教方式的影響。

⑹關注宗教教育的政治性及其可能產生的教育影響。

3.教育政治學的相關概念：**利益、利益團體、影響力、權力、策略、合法性等**。

4.學校教育不可能存在於政治真空之間，且政治團體也不會忽視學校教育的政治社會化功能，所以教育政治學有其發展的必要性及迫切性。

5.常見的教育政治隱喻：**教育為競技場、代理人、仁慈政治家、政治遊戲、政治實體**等。

(二)**教育政治學關注教育政策制訂及行政運作時的不同教育價值互動，重要的教育價值如下：**

1.**選擇**：探討政府對於教育的管制應有多少？教育利害關係人的教育選擇權有多少？

2.效率：探討政府是否能夠提供良好的教育公共服務？是否能夠以最少資源達成教育目標？

3.均等：探討政府在促進教育機會均等方面的表現如何？教育機會均等是否只是一個假議題？

4.卓越：探討政府是否能夠提供良好的教育服務品質。

(三)**教育政治學的研究取徑**

研究取徑	焦點內容
鉅觀政治	1.鉅觀政治的教育政治學研究主要關注教育與外部環境系統的政治互動歷程與結果。 2.例如： 　(1)教育政策之決策與制訂歷程。 　(2)中央與地方教育機構的政治互動（府際關係）。 　(3)各種教育意識形態對國家教育目標的影響。 　(4)教育政策的全球化借用。
微觀政治	1.微觀政治係指組織中的個人或團體，策略性運用正式及非正式的權力，以取得、控制及分配組織的象徵性資源或實質性資源；是一種保護自己和影響他人的競合過程。 2.傳統組織理論過度重視共識模式的探討，對於成員行為的解釋多以動機、需求為出發點；微觀政治的教育政治學研究取徑源於對傳統的組織理論之反動，其認為組織行為是源於利益的交互作用。 3.最早的微觀政治取徑的教育政治學研究，主要針對校長、教師及學生間的互動，還有針對學校內專業系統及非專業次級系統間的互動。 4.微觀政治的教育政治學研究主要探討： 　(1)合法及非法形式的權力。 　(2)個體與團體所追逐的目標具有目的性。 　(3)政治行動包含了決定、事件及各種行動。 　(4)合作和衝突都是行動者常使用的策略。 　(5)組織外部的鉅觀環境和組織內部的政治領域具有交互作用及互相影響。

研究取徑	焦點內容
微觀政治	(6)教育組織成員的個別差異、目標分歧、衝突、非正式權力行使、組織中的協商、談判及自然詮釋等。 (7)關注教育組織中的利害關係人之間的利益關係及微觀政治策略之運用，包括：說服、自我保護、聯盟、政治行動等。

(四)利益團體（利益相關者）在教育中的角色

1.利益相關者的分類：

(1)政策制訂者。

(2)政策獲益者。

(3)政策犧牲者。

2.在民主國家中，利益團體有二種：

(1)基於某種共同的利益而結合，如工會、商會、醫師公會。

(2)基於對某種公共問題（如：環境保護）具有相同的意見，而結合成利益團體，如環保聯盟。

3.利益團體在教育中的角色相當多元，彼此會進行協商、結盟或是衝突，進而影響教育政策的制訂及教育整體運作。

4.當任何一個教育利益團體，包括教師、學生、家長、教育行政人員等，要爭取本身之權利時，便會在學校教育場域中，產生政治行為。

5.不管是教育行政運作歷程或教育政策形成過程，利益團體或壓力團體都存在其中。

(五)教育治理模式

1.**政府管制**：教育的管理權力主要為中央集權。

2.市場治理：教育為一個自由競爭的市場。

3.公民參與：

(1)社會公民會積極參與教育事務的治理。

(2)但可能挑戰在於各種外在力量可能會過度介入教育，例如：家長會、教師會等，在臺灣所呈現的不完全是好的結果。

4.市長治理：

(1)由縣市首長負起教育事務的運作權力及責任。

(2)以臺灣而言，市長治理的法源依據為教育基本法及地方制度法，規範中央及地方的教育權限，賦予可進行教育課責的基礎，但是兩者法律的相關規定都不夠明確。

(3)另外，由於臺灣的市長治理涉及到政治運作，例如：選舉因素，所以許多縣市長不敢具體對教育提出政見（因為成效難以具體呈現，且大眾容易有批評聲浪），也容易出現許多流於民粹的教育措施。

(六)府際關係
1. **府際關係**係指政府機構之間的互動關係，包括**動態層面**（行政人員之間的互動、認知型態等）與**靜態層面**（權限劃分、法令制度等問題）。
2. 府際關係係指所有政府單位和所有公務人員間經常性的互動過程，即政府與政府間彼此的互動關係，包含中央與地方間的垂直關係以及相同層級間政府互動的水平關係。
3. **建立良好府際關係的教育觀點：**
(1)未來在教育上，若要建置良好的動態府際關係，應善用權變領導、道德領導及轉型領導，以兼重教育目標達成及相關成員需求。
(2)若要建立良好的靜態府際關係，則應完善相關法令制度，並兼重程序正義及實質正義。

七　教育行政理論的發展趨勢

(一)教育行政理論發展呈現**整合化趨勢**，兼重經驗分析、詮釋理解、批判反省的教育知識典範，也認可後現代主義的混沌理論觀。
(二)教育行政理論發展呈現**科際化趨勢**，多元借用企業領域、社會學領域等理論概念，發展屬於教育行政本身的學術造型，例如：藍海策略、計畫評核術、真誠領導、六個標準差等。
(三)教育行政理論發展**重視教育行政倫理**，甚至也**納入後現代行政倫理之觀點**，強調詩的語言、行動舞台、政治領導、情緒領導等。
(四)教育行政理論發展**兼重量化與質性的教育研究取徑**，也注重教育行動研究，希冀可以賦予教育行政理論紮實的實徵基礎。
(五)**在人性主張方面，兼重X理論、Y理論、Z理論的相關教育行政觀點**，認可為教育之本質，希冀透過教育行政理論與實踐之調和，來建構充滿人味兒的教育願景。
(六)**在知識論方面，兼重經驗分析、詮釋理解、批判反省、後現代主義等多元知識典範**，以有效銜接教育行政理論與實際之間的鴻溝。
(七)**在價值論方面，兼重教育應然面與實然面**，且重視教育專業的發展，包括技術能力及倫理規範兩層面。

(八)**在方法論方面，兼重量化記錄與質性描述等多元研究取徑**，希冀可以深入教育現象脈絡，有效透過教育行動研究解決教育問題，以提升教育品質。

(九)**在領導論方面，應實施道德領導、向上領導、權變領導等**，依據組織情境、成員結構、職權等因素，選擇最佳之領導策略，以提升教育行政品質及績效。

進階重要考點

1.**政策考古學**（policy archaeology）：
   (1)理論基礎為傅科（Foucault）的後結構主義，代表學者為史契瑞奇（Scheurich）。
   (2)**政策考古學**分析的主要核心在於揭開教育政策論述結構的規則，據此分析制定教育政策的合理條件。

2.**政策系譜學**（policy genealogy）：
   (1)理論基礎為傅科（Foucault）的後結構主義，代表學者有蓋爾（Gale）等。
   (2)**政策系譜學**主要在探討教育行動者的權力關係，亦即探討教育政策參與的利害關係人（家長、學生、學校、教師、政府官員及配合部門人員、專家學者等）是否在此教育政策上得到妥當的溝通與回應。

自我評量

一、理想的科層體制（bureaucracy）有那些特徵？請至少列舉五項說明之；並分別檢驗其在我國教育行政體系運用的情形。【92年升官考】

二、請說明科層體制理論的主要意涵，並指出在現代社會中如何善用科層體制理論在教育行政機構中？【96年身心障礙三等特考】

三、教育行政思想的演進可分為四階段：古典理論時期、人際關係時期、系統理論時期及新興理論時期，請就其中一個時期之理論的特性、盛行年代，以及該時期中主要學派之主張與代表人物，加以說明，並請申述該時期理論對教育行政（含學校行政）實務工作的啟示。【96年地方三等特考】

四、試分析領導和管理有何不同？並論述及評析近年來教育行政理論發展的趨勢。【101年高考】

····· ● 重點試題解析範例 ·····

一、請分別說明行政管理理論中的「X理論」（Theory X）、「Y理論」
（Theory Y）及「Z理論」（Theory Z）的主要觀點，並請闡論這三種
理論觀點在地方教育行政的應用。

答：不同的行政管理理論，在地方教育行政上有不同的應用價值，茲依題意說
明如下：

(一)「X理論」、「Y理論」及「Z理論」的主要觀點：

1.「X理論」的主要觀點：

(1)McGregor將科學實證時期的管理方式稱為「X理論」，對人性
基本假設為性惡。

(2)所以組織成員先天就不喜歡工作，不願承擔責任，且以自我為
中心，抗拒變革。

(3)所以組織管理方式必須偏向專制領導，並且要實施嚴密的監督
與控制。

2.「Y理論」的主要觀點：

(1)McGregor所提出的組織管理理論，對人性基本假設為性善。

(2)組織成員願意承擔組織責任，樂意工作，並且願意共同完成組
織目標。

(3)所以組織管理方式應為民主式，以協助代替指揮，以自律代替
他律，以鼓舞代替控制。

3.「Z理論」的主要觀點：

(1)Z理論是由Megley針對XY理論的偏失而提出。

(2)Z理論綜合X與Y理論，注重整體性、系統性、生態性及權變性
等觀點。

(3)主張制度與人要兼顧、激勵與賞罰要兼用、生理與心理宜並
重、靜態與心態組織要兼顧等。

(二) 這三種理論觀點在地方教育行政上的應用：

　1. 地方教育行政領導者必須根據領導情境來權變運用這三種管理方式。

　2. 此外，學校組織成員也必須努力提昇自己的專業知能，並樂於參與學校事務運作，以落實彰權益能的理念。

　3. 學校組織成員也應自動自發地對本身工作負責，並且能夠適時與同儕合作，建立協同分享的合作組織文化與氣氛。

　4. 應同時重視學校組織目標與成員需求的滿足，且要兼重激勵與懲罰的督導機制。

參考書目： 林天祐（2003），教育行政學，心理。

　　　　　　艾育（2013），名師壓箱秘笈－教育行政學，千華。

　　　　　　陳培林（2013），教育行政學經典歷年試題解析，千華。

二、近代行政理論對於行政「品質」（quality）的概念與管理有何主張或觀點？基於相關理論，教育行政機關及學校應如何提昇行政品質？

答：品質向來為各行政理論關注之議題，茲依題意說明如下：

(一) 近代行政理論對於行政品質的概念與管理之相關說明

　1. 全面品質管理理論：

　　(1)「品質」係指立基於全面性及全員參與的組織基礎上，讓行政運作兼顧效率、效能及滿足顧客滿意度。

　　(2) 換言之，真正的行政品質在於能夠滿足及創造組織消費者的需求，並引領組織永續發展。

　2. 科學管理學派：

　　(1) 科學管理學派的代表人物係為Tyler、Fayol等人，其認為教育行政品質即是指達成教育行政目標的效率。

　　(2) 換言之，即是以最少的時間，獲得最大的利益，便是擁有最高的教育行政品質。

　3. 人際關係學派：

　　(1) 人際關係學派的代表人物為Mayo、Dickson等人，其認為教育行政的品質決定於組織成員需求的滿足。

　　(2) 換言之，其認為透過滿足成員的心理需求及營造良好組織氣氛，將可有效創造卓越之行政品質。

(二) 教育行政機關與學校提升行政品質之可行途徑

1. 應訂立合乎成員與組織共識的教育行政目標，並且採取多元參與決策模式。
2. 宜根據教育行政目標設定短期、中期與長期之教育計畫，並善用教育計畫技術，如計畫評核術等。
3. 應營造開放分享之組織文化與氣氛，並使組織扁平化與暢通溝通管道。
4. 宜採取權變領導模式，並兼顧成員需求的滿足與組織目標的達成。
5. 應完善相關教育評鑑機制，並做好後設評鑑。

參考書目： 王如哲（1998），教育行政學，五南。

艾育（2013），名師壓箱秘笈－教育行政學，千華。

教育圓夢網（2013），94至102年教育行政高普特考解析，教育圓夢網。

第3章 教育行政運作歷程

頻出度 A：依出題頻率分為：A 頻率高、B 頻率中、C 頻率低

各考試出題排行榜　高考　③原民三等
　　　　　　　　　　②地方三等　　　④身障三等

 重點一　教育行政的計畫與決定

一　教育行政計畫的基本概念

(一)**教育行政計畫的意義與功能**

　1.**意義**：係指組織為了達成預定的組織目標或願景，所規劃的實踐方案。

　2.功能：

　　(1)指引教育行政組織運作的方向。

　　(2)銜接教育行政理論與實務之間的落差。

　　(3)提升教育資源運用的效益。

(二)**教育行政計畫的概念層次**

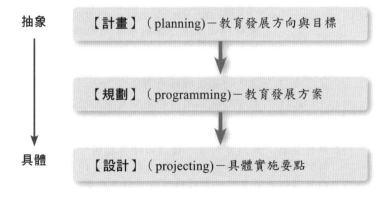

抽象　→　【計畫】（planning)－教育發展方向與目標

　　　　　【規劃】（programming)－教育發展方案

具體　　　【設計】（projecting)－具體實施要點

(三)教育行政計畫的種類

分類標準	計畫類型
計畫時期	長程計畫、中程計畫、短程計畫
計畫性質	軟體計畫、硬體計畫
計畫重複性	一次性計畫、常備性計畫、永續性計畫
計畫人員層級	上層計畫、中層計畫、下層計畫
計畫範圍	總體計畫、部門計畫

(四)教育行政計畫的格式

1. 計畫的緣起或依據。　2. 計畫的目標。　3. 計畫的原則。
4. 計畫方案的項目。　5. 計畫的執行。　6. 計畫的評鑑。
7. 計畫的經費。　8. 計畫的預期效益。　9. 計畫的定案程序。

二　教育行政計畫的實施策略

實施策略	內涵
SWOT模式	1. 定義： (1)SWOT模式係指透過組織優點、缺點、機會和威脅四向度的分析，目的在檢視有關組織發展有利和不利的情境因素，訂出可行的因應策略，並據以作出正確決策。 (2)注意SWOT四個向度形成的六種交互關係：<table><tr><th>交互關係</th><th>內容要點</th></tr><tr><td>SO</td><td>結合教育行政組織內在的優點和外在的機會，以強化教育行政組織的競爭力。</td></tr><tr><td>ST</td><td>藉由教育行政組織內在的優點，去減少外在環境系統的威脅。</td></tr><tr><td>WO</td><td>藉由外在環境系統的機會，去減緩教育行政組織內部缺點的衝擊。</td></tr><tr><td>WT</td><td>教育行政組織內在缺點與外在環境系統的威脅結合後，所產生的組織衝擊。</td></tr><tr><td>SW</td><td>教育行政組織內在優點及缺點的互相抵銷。</td></tr><tr><td>OT</td><td>教育行政組織外在環境系統機會與威脅的競合關係。</td></tr></table>2. 教育意義：對教育而言，透過四種角度的分析，可以得知教育發展與願景發展的優勢與缺失，進而與成員共同擬定出教育發展方向，而有益於教育目標的實行與達成，以及教育行政效能的提升。

實施策略	內涵
計畫評核術	1. 計畫評核術（program evaluation and review technique, PERT）的定義： (1)計畫評核術包括計畫（Program）、評估（Evaluation）與檢視（Review）等組成要素。 (2)係運用網狀圖來呈現預定工作間的相互關係，並利用統計方法評估相關作業的起始時間。 (3)實施步驟：確定計畫名稱及其目的、分析完成專案計畫所需的作業、確定各作業間的相互依賴關係、繪製網狀圖、估計作業時間、計算各項作業的起訖時間、確定整個計畫的關鍵路徑、重新計畫、編製行事曆及實施反饋。 2. 功能： (1)可幫助教育行政人員進行符合現實條件的實用性計畫。 (2)讓教育行政人員可以互相協調配合，並瞭解每項作業的相互關係與實施程序。
策略規劃	1. 定義：係指組織運用適當的分析方法，確定組織目標和任務，形成發展計畫與策略，並執行其策略和進行結果評估，以達成組織目標的過程。 2. 程序：界定組織目標、進行SWOT分析、形成計畫策略、執行計畫策略、執行成效評估及回饋。 3. 茲以學校行政運作為例，由策略規劃之觀點說明校長解決學校教育問題的策略與步驟： (1)校長應制訂具體前瞻性的學校教育目標，並積極充實本身專業知能，且廣邀專家學者及學校成員進行學校行政運作的SWOT分析及影響評估，以找出學校發展的藍海策略。 (2)校長應立基於教育性及效率性的考量，進行學校組織重組，並積極營造學校成為學習型組織及教導型組織，以提升學校行政運作品質與效能。 (3)校長應建立完善之教育評鑑與視導機制，以瞭解學校行政運作的整體成效，並從中獲得回饋線索，來精緻化學校教育。 (4)校長應具備教育敏感性及行動研究能力，並可以深入學校教育情境脈絡，掌握教育問題本質，並具有批判反省精神，以創造自由無宰制的優質學校教育願景。
德懷術	係指透過連續的專家問卷調查方式，在匿名的情況下，使用重覆、回饋、共識等原則，且進行過程調查至少要在三次以上，此種彼此相互溝通、交流，以獲取共識，瞭解教育現象的本質意義。
腦力激盪術	1. 係由奧司朋（Osborn）提出，其主張在團體討論時，應抱持開放鼓勵的態度，讓所有人盡可能表達自己的想法，以找出最具創意之答案。 2. 換言之，其特徵包括：重量不重質，切忌對其他人進行批評攻擊、禁止批評、異想天開等。

三　教育行政決定的基本概念

(一)教育行政決定的意義與功能

1.**意義**：決定係指為了達成預定的組織目標，從兩個以上的方案，選擇某一方案的合理組織行為。

2.功能：

(1)可達成組織預定目標。　(2)可解決組織問題。

(3)可凝聚組織全體共識。

(二)教育行政決定的種類

種類	內涵
居間請求	教育行政人員依據長官命令所做的決定。
創造決定	教育行政人員依據本身之理念所做的決定。
請求決定	教育行政人員依據部屬的請求而作的決定。
組織決定	以教育組織成員身份所作的決定。
個人決定	依個人身份所作的決定。
策略性決定	高層教育行政人員所做的決定。
行政性決定	視導層教育行政人員所做的決定。
運作性決定	基層教育行政人員所做的決定。
程式化決定	日常例行性事務的相關決定。
非程式化決定	特殊或新生事務的相關決定。
類比性決定	以類比圖形說明問題的狀況而作的決定。
敘述性決定	以敘述說明方式進行決定。
符號性決定	以特定的符號表示影響作決定的變數狀況。
事實的決定	又稱描述性決定，一般事務工作的決定。
價值的決定	又稱規範性或倫理性決定，往往屬於政策性決定。

四 教育行政決定的模式

決定模式	內涵
理性模式	1. 定義： (1)認為人具有完美理性，所以可以透過邏輯思考，進行周全的教育資訊蒐集及分析，據此做出最佳的教育行政決定，來獲得最佳的教育效益。 (2)認為人具有全知理性。可以針對每個組織目標找出最有效率的因應策略之決定。 2. 限制：人的理性其實是有限的，教育情境也是動態複雜，故僅能做成相對滿意的教育行政決定。
滿意模式	1. 代表學者：賽蒙（Simon）。 2. 定義： (1)係由賽蒙（Simon）於1947年所提出，又稱為有限理性模式或是滿意模式，提出「有限理性」與「滿意利潤」之行政人的看法。 (2)個人在做決定的過程中，往往受到個人知識、經驗或是能力等限制，僅能就各種可行方案中，考慮時間或是人力等成本問題，並根據決策者的偏好，找出可以接受的決定。 (3)認為人並沒有具有全知理性，只具備有限理性，所以只能作出折衷讓大多數人滿意的決定。 (4)例如：參考師生意見調查結果，經由協調，產生學校人員滿意的學校願景。
漸進模式	1. 定義： (1)由林布隆（Lindblom）所提出的決定模式，認為人的理性是有限的，所以修正傳統的完美理性模式，強調必須透過相關參與者的互動來形成決定才適切。 (2)教育行政決定屬於演進式歷程，係不斷連續的修正。 (3)考量因素包括：考慮教育現實條件的限制、關注參與者的互動影響、決定者的有限理性等。 2. 教育意義：主張教育改革應是點滴社會工程，反對激進式的教育改革。 3. 限制：可能會耽誤教育改革的時效性。

決定模式	內涵
團體決定模式	1. 定義：團體決定係指藉由教育組織成員共同磋商與討論等，使組織的問題能獲得解決的共識，以利教育行政效能的提升。 2. 優點：透過教育相關成員多角度的看法，可帶來較豐富的知識和經驗，成員對組織最後的決策也能更加理解，有益於組織的決策和問題的解決。 3. 團體決定之原則： 　(1)應落實基本的教育行政決定歷程，並容許有充足的作決定時間，且應該要有足夠的相關資料。 　(2)參與決定者應具備足夠專業知能，也應具備足夠之實務經驗，並且可以進行健全溝通。 　(3)進行團體決定時，應立基於歸零思考，以避免受到沉澱成本之限制。 　(4)教育行政在進行團體決定時，應以遵守教育行政倫理、提升教育行政效能，以及重視教育目標的達成為重要原則。 　(5)進行團體決定時，應使教育目標清楚呈現、溝通氣氛民主和開放、教育領導者應適切的領導並協調討論衝突等重點。 　(6)若藉由團體討論協助團體決定的方法有腦力激盪法、德爾菲法、深度會談、開放空間技術等。 　(7)應提高成員的溝通能力、使會議進行輕鬆活潑、激發成員共同參與討論，以及對行動方案的承諾等皆有助於集體決策的實施。 4. 團體決定之負向作用： 　(1)團體迷思：提出者為Janis，係指在團體作決定的過程中，團體的成員過於追求共識，而缺乏對於問題解決策略的真正瞭解，導致教育決定的品質不佳。 　(2)團體極化：其係指在團體情境中，團體所做出的決定往往會呈現極端，不同於個人之典型表現，包括「冒險偏移」及「謹慎偏移」，「冒險偏移」係指團體決定趨於冒險激進；「謹慎偏移」：係指團體決定過度保守謹慎。 5. 避免團體決定出現負向作用之解決策略： 　(1)應建立自由無宰制的教育行政溝通情境，且培養教育相關人員具有批判反省能力，以成為具有自覺意識及自決行動能力之主體。 　(2)領導者應具備第五級領導、道德領導、動盪領導等能力，且透過多元參與決定，提升團體決定之合理性。 　(3)團體決定應合乎程序正義與實質正義，並且建立健全之教育評鑑機制，以獲得改善依據。 　(4)教育領導者要鼓勵組織成員成為魔鬼倡議者（Devil's advocate）：魔鬼倡議者的提出者為大前研一，根據其觀點，教育組織成員要勇於當一個「魔鬼倡議者」，避免因為工作慣性，而產生組織惰性或工作疲倦。

決定模式	內涵
倫理決定	1. 定義：倫理決定係指教育領導者面臨價值兩難困境時，依據倫理原則所進行的決定考量。 2. 倫理決定的實踐方式： 　(1)最基本條件在於依法行政，做出任何教育決定，都必須依法有據，故做出倫理決定的前提，在於完善相關教育法令規章，並且兼顧程序正義與實質正義。 　(2)在進行倫理決定時，學校領導者應具備「正義倫理」、「關懷倫理」、「權利倫理」、「批判倫理」等基本倫理素養，並透過道德領導及轉型領導，來進行倫理決定，以達成卓越優質的教育願景。 　(3)相關教育人員都應積極進行教育專業知能發展，並遵守專業倫理，且進行合乎教育規準的倫理決定。 　(4)可以進行教育情境的SWOT分析及影響評估，並透過多元參與決定的理性溝通，形成教育共識。
政治模式	1. 定義： 　(1)係指教育行政或政策的相關決定是許多利害團體經過政治考量後的協商結果。 　(2)換言之，根據政治模式的觀點，決定是一種利益爭奪的過程，必須採取協商妥協的手段來做決策。 2. 然而，教育領導者在實施政治模式的決定時，不可違反教育本質，亦不可有違法之情事。
綜合掃描模式	1. 提出學者：艾齊厄尼（Etzioni）。 2. 基本概念： 　(1)教育領導者在進行決定時，應採用理性模式來決定教育組織的基本任務，然後依據既定的組織小目標，去進行相關的組織決定。 　(2)綜合掃描模式以決定者的能力高低為成效關鍵，因為決定者要判斷何時採用理性模式決策，何時採用漸進模式決策。 3. 實施原則：專心的嘗試錯誤、耐心蒐集更多決定的相關資訊、同時執行兩個互斥方案等。 4. 在教育情境中，綜合掃描模式亦可以幫助教育領導者進行漸進式的教育決定，逐步完成教育既定目標與任務。

決定模式	內涵
垃圾桶決定	1.定義： (1)由寇漢等人（Cohen、March和Olsen）所提出的教育行政決定模式，其認為教育行政決定有三個特點：目標不明確、方法的不明確及流動的參與者。 (2)垃圾桶模式認為教育組織所處的決定情境常具有高度的不確定性之無政府狀態，故又稱為無政府式決策，主張教育組織如同由參與者、問題、解決方案、選擇機會等交織而成之垃圾桶。 (3)因此，垃圾桶模式觀點認為教育行政決定非理性邏輯分析的結果，而是在鬆散結合如垃圾桶情境下，隨便抽取、全憑機會做出決定。 (4)所以，垃圾桶模式適用於目標模糊、組織結構鬆散、缺乏足夠資訊、目標不明等情況下又必須在短期內做出決定時之教育情境。 2.教育意義： (1)垃圾桶模式提醒教育行政決定者平時須假設未來情境而構思各種解決的可能方案，將之置於教育資料庫中，以備不時之需。 (2)例如：將解決學校問題和決策人員彼此以隨機碰撞的結果，產生了決策之過程。 (3)但垃圾桶決定模式不適於長程之規劃，只能應用於短期之應急，是其弊端。 (4)未來教育行政之決策宜朝向彈性運用、綜合權變的方向，以理性模式之態度訂立願景，以漸進模式思考決策之現實層面，以無政府式模式應付時間緊迫之危機管理。
直覺模式	由教育組織成員依據本身的經驗或直覺，所做出的教育行政決定。
零基決定	1.係指進行教育行政決定時放棄遷就組織慣例和現實條件，歸零重新思考而做決定之歷程。 2.可以避免沉澱成本的負面作用。
菁英模式	教育行政決定是由社會上少數菁英人員，整合大眾意見而決定。
標準模式	1.由佛姆（Vroom）與葉頓（Yetton）提出，特別重視教育領導者的「決定效率（品質、接受度與適時度）」。 2.主張選擇正確的作決定風格與原則。

五　教育行政決定合理性

(一)基本概念

1. 教育行政決定的合理性係指決定的結果合乎理性及法律規定，並能達到預訂組織目標，呈現客觀、慎思、組織的特徵。

2. 教育行政決定的合理性會受到沉澱成本的影響，亦即「時間的因素」是行政決定過程中應予考慮的重要因素。

3. 訊息的不完整會使教育行政決定的合理性受限制。

4. 個人的價值觀念會影響教育行政決定的合理性。

(二)層面：

1. **客觀上的合理性**：客觀條件下獲致最大價值的正確行為。

2. **慎思上的合理性**：深思熟慮後的決定。

3. **組織上的合理性**：所作的決定可以達成組織目標。

(三)教育領導者運用組織弔詭修辭可以提升教育行政決定的合理性

1. 善用組織弔詭修辭，**可以容忍組織成員的不同意見**，提升教育行政決定的合理性。

2. 善用組織弔詭修辭，**可以妥適處理組織中的兩難困境及價值矛盾**，提升教育行政決定的合理性。

3. 善用組織弔詭修辭，**可以容忍及調和組織中的衝突**，提升教育行政決定的合理性。

重點二　教育行政的激勵及溝通

一　教育行政激勵的基本概念

(一)教育行政激勵的意義及功能

1. 意義：

(1)係指組織領導者採取適切方法，激發組織成員的工作動機，以使其順利完成組織目標。

(2)係指教育行政機關或人員透過某些手段和方法，來刺激或滿足成員的需求，使成員產生行為的動機，進而導致某種與組織目標相符合的表現。

2.**功能**：能激勵及提升成員士氣、增進成員的工作滿意度、預防及減輕成員工作的倦怠，以及提高成員及組織的績效。

(二)**教育行政激勵的理論取向**

1.**內容取向**：探討引起激勵行為的因素，包括：目標設定理論、麥克郎需求理論、激勵保健理論、需求層次理論、ERG理論等。

2.**過程取向**：探討激勵行為的過程，包括：增強理論、期望理論、認知評價理論、公平理論等。

二　教育行政激勵的理論

(一)**激勵內容理論**

理論	激勵因素	理論要點
科學管理學派	薪資、工作環境	人為「經濟人」，所重視的係為物質層面的滿足。
人群關係學派	人際關係、尊榮感及成就感	人為「心理人」，所重視的係為精神層面的滿足。
需求層次理論	生理需求→安全需求→隸屬感需求→自尊需求→自我實現需求	1.馬斯洛（Maslow）的需求層次論認為人類的需求是彼此相關聯的，要滿足較高層次的需求要先滿足較低成次的需求。 2.對於教育行政而言，其提醒激勵要從多方面著手，因組織的成員需求是多元的，且當成員低層次需求獲得滿足後要提供高層次需求的滿足。
ERG理論	生存需求→關係需求→成長需求	1.提出者：奧爾德弗（Alderfer）。 2.挫折退化現象：當個體在較高層次的需求滿足受到挫折時，這表示其在較低層次的需求會增加。
激勵保健理論	激勵因素：成就感、受賞識感、工作本身、責任感及升遷發展 保健因素：組織政策與管理、視導技巧、薪資、人際關係及工作環境	1.提出學者：賀茲伯格（Herzberg）。 2.主要在說明影響工作滿意和不滿意的因素並不相同，其將影響工作滿意的因素稱為激勵因素，不滿意的稱為保健因素。 3.組織成員的滿意程度決定於激勵因素與保健因素。 4.在教育情境中，應同樣提供激勵與保健因素，而在提供保健因素時能賦予激勵因素意涵，且對基層需求已滿足的成員，最好提供激勵因素，以提升激勵的效果。
麥克郎需求理論	成就需求、權力需求、親和需求	需求不同，其追求方向亦不同，便需不同的激勵誘因。

理論	激勵因素	理論要點
目標設定理論	行為者的目標或意圖。	1. 係由洛克（Locke）所提出，其主張個人行為係具有目的性，當個人意圖完成某一目標時，該目標便具有激勵個人的力量。 2. 具體工作目標較能引導成員參與組織運作，且讓成員參與目標設定，可提昇其工作滿意度。 3. 在教育應用上，教育組織目標越具體，將越能夠激勵組織成員的行為表現，且讓組織成員共同參與教育組織目標的決定，將更能夠提升組織成員的滿意與士氣。 4. 在教育應用上，使教育行政領導能夠重視教育人員的共同目標，讓成員合力為目標邁進，提供組織進步的方向。

(二)激勵過程理論

理論	理論要點
公平理論	個人的工作動機是基於比較後覺得是否受到公平待遇而定。
期望理論	1. 期望理論由佛姆（Vroom）提出，其認為人是具有思想與理性的。 2. 激勵某人採取某項行為的動機之強弱＝各種行為結果的「吸引力」與「期望值」乘積之總和。 3. 教育行政的順利推展須由成員主動且理性的配合，因此在實現目標的過程中，教育領導者可適時運用期望理論，以達理想的教育目標。 4. 教育領導者可透過對結果、吸引力、期望值與實用性等四個變項的操縱，來激勵成員的工作動機。 5. 教育領導者必須協助成員提升能力，以提升第一層結果的期望值，強化成員完成工作的動機。 6. 教育領導者應嚴守對成員的承諾，給予第二層結果應有的報償，充分發揮激勵的作用。
認知評價理論	1. 激勵誘因可以分為外在激勵因素及內在激勵因素，但是教育行政激勵誘因的選擇必須配合成員內心對工作內涵的認知與評價。 2. 若是成員內心對工作內涵是存在內發動機，若教育領導者只給予其外在的教育行政激勵，也無法達到預期的激勵效果。
增強理論	增強理論係指運用制約的原理，由教育領導者安排各種情境條件，透過獎懲手段對成員的行為進行定向控制和改變，以激發、維持或停止成員的行為，藉以促進教育行政組織的績效。

三 教育行政溝通的基本概念

(一)教育行政溝通的意義、功能及形式

1.**意義**：教育行政溝通係指個人與團體間相互交換訊息的過程，藉以滿足需求、資訊傳遞、任務控制、建立共識、集思廣益，建立共識協調行動，達到預定之教育目標。

2.**功能**：維持教育行政機關、學校組織功能的不斷運作。增進組織成員彼此了解，加強良好之團體關係，有助於進入彼此的脈絡尋求理解包容。

3.形式：

(1)大致可分為**鏈型網路、輪型網路、Y型網路、星型網路**等。

(2)前三者均是以單向，不得越級溝通為主；星型網路溝通則無上下階級之分，每個成員可彼此溝通傳遞訊息之全方位型網路。

(二)溝通的媒介、對象和類型

1.**媒介**：

(1)書面的溝通。　　　　　(2)語言的溝通。

(3)資訊網路的溝通。　　　(4)肢體語言的溝通。

2.**對象**：

(1)向下溝通。　　　　　　(2)向上溝通。

(3)平行溝通（或稱為對話）。

3.**類型**：

(1)單向溝通和雙向溝通。　(2)正式溝通和非正式溝通。

(三)教育行政溝通的要素

1.最基本之溝通模式包含訴說者、傾聽者與訊息三要素。

2.霍尹和米司克（Hoy 和 Miskel）的溝通要素之概念：

(1)發訊者及收訊者。　　　(2)溝通訊息。

(3)溝通媒介。　　　　　　(4)溝通管道。

(5)環境系統。　　　　　　(6)回饋。

(四)教育行政溝通障礙

1.心理障礙。　　　2.地理空間障礙。　　　3.語言障礙。

4.知覺障礙。　　　5.資訊不全或過多障礙。

6.溝通管道不暢通。

7.硬塞理論（例如：主任認為職員一無所知，要求依指示行事）。

(五)教育行政溝通理論

教育行政溝通理論	重點
資訊豐富度理論	不同的溝通媒介會造成在訊息傳遞及回饋量的差異。
社會臨場感理論	組織成員互動時，心理上知覺到對方存在的程度，不同的溝通媒介會有不同的社會臨場感。
社會性影響理論	組織成員會受到其他成員的影響，而改變溝通媒介。

(六)理想的教育行政溝通策略

1. 首先，平時應建立良好之組織人際關係及溝通管道，並可制訂教育行政溝通之標準程序，且兼顧所有溝通要素的有效運作。
2. 再者，宜善用正面溝通策略來協調學校相關成員的看法與行動，且可營造友善開放的教育組織氣氛，以建構自由無宰制的教育行政溝通情境。
3. 此外，在傳遞溝通訊息時，應善用雙面具陳策略及多元管道，且訊息內容應明確具體，以發揮教育行政溝通之正向效果。
4. 另外，教育行政溝通管道應兼重正式、葡萄藤之非正式方式與上行、平行與下型等多維面向，使管道普及、短捷、內外兼備。
5. 教育行政溝通宜首重人之需求、尊容感與信賴度，溝通媒介宜多元運用，兼用語文及非語文，且溝通之訊息應符合情、理、法。
6. 最後，應建置完善的教育評鑑與視導機制，以有效追蹤溝通訊息的執行情形。

重點三　教育行政組織與文化

一　教育組織中的靜態、動態、心態與生態之觀點

(一)**靜態性觀點**：將教育行政組織視為封閉系統，並重視教育行政組織目標之達成。

(二)**動態性觀點**：將教育行政組織視為有效達成教育目標的一種手段及行政歷程。

(三)**心態性觀點**：教育行政組織是統整個人需求和教育組織目標的一種行政藝術科學。

(四)生態性觀點：將教育行政組織視為開放系統，教育行政組織內部與外部環境會產生交互作用。

二 教育組織中的文化系統、政治系統、個人系統及結構系統

(一)教育組織中的文化系統之內涵與現象

1.教育組織中的文化系統包括基本假設、價值規範、人工器物等，其包括各種次級文化，彼此可能產生衝突或是相輔相成，可視為教育組織變革之動力。

2.換言之，教育組織中的文化系統係指教育組織成員所共同知覺與共享的意義價值系統。

(二)教育組織中的政治系統之內涵與現象

1.教育組織中的政治系統包括：權力互動、衝突管理、命令指揮等，換言之，其可視為存在於教育組織中的強制關係及影響力。

2.其基本權力類型包括：強制權、法職權、專家權、魅力權、獎賞權等，教育領導者若能權變運用權力，將可提高領導效能與品質。

(三)教育組織中的個人系統之內涵與現象

1.教育組織中的個人系統包括：個人需求、個人價值信念、個人工作哲學等，其含括激勵因素與保健因素，且具有個別差異。

2.而在教育組織中的個人系統中，亦包括個人的角色衝突、個人專業發展、個人的角色期望等。

(四)教育組織中的結構系統之內涵與現象

1.教育組織中的結構系統包括正式組織與非正式組織，包括：科層體制、法令規章、非正式團體等。

2.而在教育組織的結構系統中，亦象徵教育組織的可能類型，例如：教導型組織、學習型組織、無疆界組織、虛擬組織等。

三 教育行政組織的劃分原則

(一)組織的部門劃分（水平分化）。

(二)組織的階層分化（垂直分化）。

(三)組織的權力配置（集權化）。

(四)組織的正式化（標準化）。

四 教育行政組織的分類

分類依據	提出的學者	組織類別
社會功能	帕森思 （Parson）	1.生產組織。　2.政治組織。 3.整合組織。　4.維持模式組織。
社會功能	卡資和卡恩 （Katz 和 Kahn）	1.生產性組織：企業、公司。 2.管理性組織：教育行政組織。 3.維持性組織：學校、教會。 4.適應性組織：教育研究單位。
主要受惠者	布勞和史考克 （Blau 和 Scott）	1.互利組織：政黨、工會。 2.企業組織：企業、公司。 3.公益組織：警察局、憲兵隊。 4.服務組織：醫院、學校。
順從程度	厄齊隆尼 （Etzioni）	1.強制性組織。　　2.實利性組織。 3.規範性組織（學校）。

五 教育行政組織類型

教育行政 組織類型	基本概念
學習型組織	1.學習型組織的基本概念： 　(1)提倡者為聖吉（Senge），學習型組織的特徵包括：系統思考、自我超越、改善心智模式、建立共同願景、團隊學習等五項修鍊理念。 　(2)學習型組織係指組織和組織中的成員，都能夠不斷的學習，以求能夠以系統性的思考，解決所面臨的挑戰，且能夠改善成員心智模式，營造團體學習的組織氣氛，進而促使組織再造與革新，創造永續卓越的組織共同願景。 2.學習型組織的特色： 　(1)強調塑造共同願景的必要性。 　(2)重視團隊學習的理念。 　(3)強調系統性思考的重要性。 　(4)主張不斷學習的動態歷程，有助提升個人及組織的競爭力。 　(5)領導者須具備專業知能和前瞻創新的經營策略。 　(6)重視分享對話的組織文化和氣氛。 　(7)成功的學習型組織應具有「鼓勵成員批判思考並能以新觀念作適度冒險」之特質。

教育行政 組織類型	基本概念
教導型組織	1.定義：提出學者為提奇及寇漢（Tichy & Cohen），係指組織的領導著應扮演師父的角色，將個人學習與經驗心得教導給組織成員，培養各階層的領導人，以激發組織強大的活力，並強化組織的永續發展。 2.教育意義：教育領導者宜以適當的方法教導成員成為組織領導者，使成員更具信心、決心與創新等能力，活化教育組織的生命力，促進教育理念的實現。
變形蟲組織	1.定義： (1)變形蟲組織係指會隨環境變遷而進行改變，以獲得適應環境的結果，這種組織型態亦強調彈性與應變能力，是一種新興的組織理論。 (2)變形蟲組織不同於層級節制的科層體制，其並沒有一定的結構與工作流程。 (3)依據變形蟲組織觀點，認為在後現代思潮的今日，組織型態若是一成不變，將會帶來組織危機。 (4)強調教育領導者應權變運用組織之人才和資源，以從事不同組織業務，進而達到最佳的組織運作效果。 2.教育界常用之變形蟲組織－任務小組： (1)任務小組係教育行政組織獲學校機關常用來解決特定事件或因應某一業務，所組織而成的臨時性團隊。 (2)例如：為舉辦學校運動會，而召集學校各年級教師代表、活動組組長、學生會長等，具有彈性權變之特色。 3.教育界常用之變形蟲組織－學校間之策略聯盟： (1)學校和社區或和鄰近之學校，進行資源共享以及減少教育成本所組成的策略聯盟。 (2)策略聯盟之組成並無固定形式，相關合作條件可由雙方彈性協定。
團隊型組織	1.九○年代後興起之組織理論，包括學習型組織、教導型組織、團隊型組織、網狀組織與虛擬組織等。 2.團隊型組織係指教育組織為一個合作團隊的組成，強調協同分工。
網狀組織	1.係指教育行政組織的運作打破傳統組織界限，教育組織呈現扁平化及任務導向。 2.是將組織層級打散為一張網，網上每個網點均獨立運作，並依任務需要配合。

教育行政組織類型	基本概念
虛擬組織	1. 係指運用網路科技創造出來的E化教育行政組織，可以跨越時空的限制。 2. 透過虛擬組織，可以結合不同專長的教育行政人員共同完成教育行政任務，也可以讓教育行政人員進行專業交流，促進專業成長。 3. 但是，虛擬組織的形式，是否適用於每一個教育行政任務及我國的教育行政實境，仍有許多待斟酌之處。

六　教育行政的非正式組織

(一)非正式組織的基本概念

1. **定義：**
   (1)非正式組織是指正式組織中的一些成員，由於工作、興趣、利益、情誼等關係，彼此發生互動互助，產生感情與認同而自然結合成的團體。
   (2)非正式組織是組織成員自動形成的組織類型，在不同的非正式組織中，組織成員身份可能相互重疊。
   (3)非正式組織是指正式組織中的部分成員，由於興趣、友誼等需求，彼此產生情感連結與歸屬感之團體。

2. **非正式組織的特性：**
   (1)非正式組織依附於有形的組織而存在。
   (2)非正式組織的產生是自然的，且有互信的情感。
   (3)非正式組織成員，彼此關係的結合，是動態的，而非靜態的。
   (4)非正式組織的成員地位較平等。

3. **依成員在組織中的分布狀況，可將非正式組織的類型分為縱的團體、橫的團體和混合團體。**

4. **非正式組織與正式組織的關係：**
   (1)**早期行政學者多半對非正式組織持負面看法**，認為當組織層級與權威的運作不夠清楚時，員工會忘記組織中心目標而投向非正式組織的訴求。
   (2)**現代組織理論學者巴納德（Barnard）認為正式組織與非正式組織兩者相輔相成，同時在系統中運作。**

(3)正式組織創造與決定非正式組織的形式，但後者卻在運作中顯現了前者的組織文化，兩者缺一不可。

(二)非正式組織的正功能及負功能

1.正功能：

(1)有助增強組織成員士氣及對組織承諾感。

(2)有助維持組織穩定運作，並暢通健全多元溝通管道。

(3)有助滿足成員需求，並引導成員達成組織目標。

(4)有助提升組織行政運作品質及績效，並促進成員專業發展。

(5)增加成員對組織的向心力和團結力。

(6)提高成員的社會滿足感、尊榮感及士氣。

(7)提供情緒發洩的管道而確保成員健康。

2.負功能：

(1)會引發組織內部衝突，產生敵對性團體，並導致產生團體偏移現象，阻礙組織革新。

(2)容易產生相互包庇，導致組織制度無法運作，並淪為人治高於法治之困境。

(3)容易造成組織中的小團體，並因為本位主義之作祟，導致組織凝聚力被瓦解，且流言四起。

(4)不利組織成員的創造力呈現，抵制組織的革新。

(5)也可能產生抗拒組織技術革新，而強化組織惰性。

(6)造成角色衝突，使組織效率下降。

(7)散播謠言而破壞組織的向心力和團結力。

七　教育組織文化

(一)教育組織文化的意義、特性及功能

1.意義：

(1)組織文化係指組織成員所共同具有的信念、期望與價值，且會表現在該團體成員的思考、行為、工作成品與生活方式。

(2)教育組織文化係指由教育組織成員所共同擁有的價值與意義體系，其規範組織成員的行為與價值抉擇，包括了基本假設、價值信念及人工器物等層面。

2.特性：獨特性、規範性、共有性、動態性。

3.功能：

正功能	負功能
1.提升組織績效	1.阻礙創新
2.控制成員行為	2.阻礙成員的活力
3.增進成員的組織認同	3.易造成內部衝突
4.促進組織的穩定	4.阻礙組織間的合作

(二)**教育組織文化階層之說明：**

1.教育組織文化階層以薛恩（Schein）的主張最為有名，其依照可見度高低，將教育組織文化階層分為外顯之成品、價值理念與基本假定。

2.教育組織文化的**第一個階層為外顯之成品**，其可見度最高，係包括學校建築物、學校成員使用之語言等。

3.教育組織文化的**第二個階層為價值理念**，其係指學校成員對於處理事情的基本看法。

4.教育組織文化的**第三個階層為基本假定**，其可見度趨近於零，其為組織文化的本質，是成員與組織互動後，所產生的基本信念。

八　教育組織氣氛

(一)**教育組織氣氛的基本概念**

1.**意義**：教育組織氣氛是指當人一進入教育組織後，對該組織所知覺到的主觀印象及感受印象，這個印象標示著該感受者對教育組織的評價，進而影響其行為反應。

2.**層面**：

(1)**生態層面**：組織的外在特徵。

(2)**環境層面**：組織所處的外在環境。

(3)**社會系統層面**：組織的結構層面。

(4)**文化層面**：組織內的價值信念及基本假設等。

(二)**哈爾品（Halpin)及克羅夫特（Croft）的組織氣氛理論**

1.**代表學者**：哈爾品（Halpin）及克羅夫特（Croft）。

2.校長行為與教師行為交互作用構成學校組織氣氛：

(1)校長行為：係指關懷、疏遠、強調成果及以身作則。

(2)教師行為：係指隔閡、阻礙、工作精神及同事情誼。

3.一個學校「開放型」組織氣氛的指標公式為：

「以身作則」分數＋「工作精神」分數－「隔閡」分數

(三)組織氣氛與組織文化之比較

1. **組織氣氛**是指當人一進入組織後，對該組織所知覺到的主觀印象，受感受印象，這個印象標示著該感受者對組織的評價，進而影響其行為反應。

2. **組織文化**係指學校組織成員所共享的價值與意義體系，由信念、價值、規範和行為等組成，其界定了成員的價值觀與行為規範，讓成員自然而然的表現於日常生活當中，形成有別於其他組織之組織特質。

3. 在不同的組織文化中，個人在加入後，所產生的知覺即是組織氣氛，由於個別差異，其所知覺自然也有所不同。

4. 兩者的研究重點，**組織氣氛主要在探討成員對團體的知覺，組織文化則傾向於對組織本質的探討。**

5. 兩者就研究方法的使用上也有所差異，在教育行政領域中，**組織氣氛多半以量表的方式；組織文化的研究多半以質化研究為主。**

九 組織承諾及組織公民行為

(一)組織承諾之相關意涵

1. 組織承諾是組織中成員願意為組織付出更多的努力，並且認同組織的目標與價值，且渴望繼續留職的一種態度傾向。

2. 組織承諾係指個人對組織的認同與投入之態度傾向的相對強度，換言之，其係指個人對於組織的目標與價值，有著強烈信仰和接受，願意為組織而努力，並希望能繼續成為組織的一分子。

3. 組織承諾具有三項特性，分別是反映出個人對組織的犧牲與投注的時間和心力，以及顯示出行為的持續性，較不被環境影響。

4. 組織承諾依個人行為方式的不同，可分為：
   (1)持續工作承諾。(2)內聚力承諾。(3)控制承諾。

5. 組織承諾是個體對組織的忠誠與認同，專業承諾則是個人對專業的忠誠與認同，兩者對學校行政領導具有重要性。

6. 在教育情境中，影響教師組織承諾的因素為：教師人口變項、學校環境變項、個人與組織的契合。

(二)專業承諾之相關意涵

1. 專業承諾係代表個人對己身所從事行業的附屬感，遵守專業的規範，認同專業的價值並實現專業的目標。

2.組織承諾與專業、組織衝突，還有酬償的滿足，此三項是影響專業承諾的重要因素。

(三)組織公民行為的相關意涵

1.組織公民行為係由奧勒岡（Organ）提出，組織公民行為的組成因子包括：負責任、運動家精神、利他行為、道德、謙遜等。

2.組織公民行為有助於型塑良好的組織氣氛、提升成員工作士氣及組織承諾，也有助於提升組織運作效率及效能。

十 學校組織的特性 -雙重系統理論、鬆散結合系統理論及相關課題

(一)雙重系統理論的相關意涵

1.學校中的各部門因功能不同而結合型態相異，雙重系統理論於是興起。其中研究又以梅耶（Meyer）與羅萬（Rowan）所做的調查研究最為著名。

2.雙重系統理論說明學校在教學系統與學生組織上具有鬆散結合的特性，但在非教學的行政事務上卻是呈現緊密結合的情況。

3.學校雙重系統的特性，使團體中產生行政者與教師兩大集團，兩者在知識的要求和目標取向等相同，但應給予不同的管理方式。

(二)目前公立國小與國中之實際運作，存在雙重系統理論之說明

1.在目前公立國小與國中的學校體系中，的確存在官僚與專家的兩大系統，這係由於學校業務必須透過分工合作才能有效達成。

2.目前公立國小與國中在教學系統與學生事務上具有鬆散結合的特性，但在學校行政體系上卻是呈現緊密結合的情況。

3.在學校體系中的官僚系統，呈現科層體制結構，強調依法行政與絕對服從，至於專家系統則強調專業自主，重視專業權威。

(三)鬆散結合系統理論的相關意涵

1.是由魏克（Weick)所提出，其係指成員保持相當獨立性的組織系統，彼此間的相互依賴度較低，各成員與部門均擁有較大的自主空間，可針對實際需要自行調整適應。

2.就學校而言，教學部門是種專業系統，其屬於鬆散結合系統，因此應給予較多的專業自主，以使教師發揮教育專業，而提升教學效能，增進學生學習成果，以實現理想的教育目標。

十一　學校文化

(一)學校文化之相關意涵

1. 學校文化係指學校組織成員所共享的價值與意義體系，由信念、價值、規範和行為等組成。
2. 其界定了成員的價值觀與行為規範，讓成員自然而然的表現於日常生活當中，形成有別於其他組織之組織特質。
3. 可見學校組織文化具有獨特性、規範性、共有性和動態性。

(二)依可見度高低分析學校文化之層級

1. 學校組織文化層級有益於瞭解學校組織文化的內涵，以及提升組織績效與效能。
2. 學校組織文化依可見度低至高分別為**學校組織的基本假設**、**學校組織的價值觀**和**學校組織的器物與創制**。
3. 學校組織基本假設是學校組織成員對其週遭的人事物及組織本身所持有的一種潛藏信念，其為被視為理所當然，且為內隱而不意察覺到的層面。
4. 學校組織價值觀是學校組織基本假設衍生而來，代表可欲性與正當性的行為準則，其又依序衍生出規範與期望而形成一個層級體系。
5. 學校組織文化層級中最可見的部分就是學校器物與創制，其是成員在學校組織的基本假設、價值觀、規範和期望影響下，所創造出來的生活與工作工具儀式等。

(三)良好的學校文化

1. 校長可以自我提升自己的專業知能及人格魅力，多採用參照權及專家權。
2. 開放性及分享性學習的學校文化。
3. 合作參與的學校決策文化，學校成員向心力高。
4. 學校成員可以多加利用進修管道進修，並具有學校專業學習社群。
5. 校長採取高關懷高倡導的領導理念，兼顧學校成員需求和學校組織目標。

(四)組織文化與學校文化的異同分析

1. 首先，學校文化源於組織文化的研究，但是學校文化具有教育本質與功能，不同於組織文化的效率導向。

2. 再者，學校文化的形成，必須合乎教育規準，並非只如同組織文化的市場化、組織目標達成程度等商業特徵。

3. 但是，學校文化和組織文化都同樣可以劃分為：器物制度、理念價值、基本假設等三個層面。

重點四 教育行政管理及領導

一 教育行政權威、權力及影響力

(一)**教育行政的權威，通常係指源自於法律和職位的權力，具有強制性及合法性。**

(二)**教育行政的權力，則通常具有強制性，但卻未必具有合法性**，例如：傳統權力。

(三)最後，不管是教育行政權威或權力，對於教育對象都具有影響力，也是教育行政管理及領導的行動基礎。

(四)另外，要加以說明的是影響力係指具有改變他人或團體的思想或行為的任何力量，可能具有強制性，也可能不具備強制性。

二 教育行政權力的類型及來源

權力類型	基本來源
法職權	權力來源為正式的組織制度或法律規章
專業權	權力來源為專業知識或專業能力。
獎賞權	權力來源為各種獎賞物的作用。
強制權	權力來源為實施懲罰的作用。
參照權	權力來源為個人的人格魅力。
傳統權	權力來源為傳統習俗或價值規範，例如：五倫綱常。
資訊權	權力來源為控制訊息及資訊的來源、管道、真實性等。

三 教育行政管理和教育行政領導的區別

(一)領導：

1. **領導是「作對的事」**（do the right things）。
2. 領導是對組織行為的全面性關注，例如：領導特質、領導情境、領導行為等組織因素間的交互關係；更是一種影響力的運用，例如：獎賞權、法職權、參照權、專家權等。

(二)管理：

1. **管理是「把事情做好」**（do the things right）。
2. 管理著重技術面的組織改善，提升組織資源配置及運用的效率。

四 教育行政管理策略

管理策略	基本概念
目標管理	1. 定義： (1)是一種目標導向的管理，藉由組織成員的共同參與，先建立組織各層級的目標，再將目標具體化成行動計畫，並加以執行的一套領導過程。 (2)係指教育行政組織中的上下層級人員共同設定組織及各單位的目標，經由溝通、激勵、分權等教育行政運作過程，建立組織及成員個人的工作目標與職責，並在一定期限內完成預定達成的目標。 2. 教育意義： (1)由於教育目標較為複雜及抽象，所以教育行政人員應掌握目標管理的精神，例如：參與決定、目標導向評鑑等，以提升教育行政的運作效能。 (2)例如：校長、主任、教師、工友共同界定學校目標，並且一起合作完成目標，這些目標是大家都同意的，具體的、可評量的、有時間限制的、同時有一個具體實施計劃。
表現管理	1. 定義：教育行政管理焦點聚焦在評定及發展組織成員的工作表現，終極目的仍在最有效率地達到組織目標，同時也讓組織成員的工作表現可以獲得肯定。 2. 教育意義：學校教師與行政人員的表現均可採行表現管理的方式，不僅讓學校成員可獲得獎勵，也可讓學校其他成員改進缺失，促進教師的專業成長與學校行政人員的行政效能提升，以實現理想的教育圖像。

管理策略	基本概念
全面品質管理	1.定義： (1)教育行政組織藉由全員參與的全程控管過程，並以顧客導向的原則進行全面品質的提升，而追求組織品質的永續改進及發展。 (2)全面品質管理之基本理念為：事先預防、永續改進、顧客至上、品質第一及全面參與等，其亦重視預防機制，且強調參與決策模式。 2.代表者學者為戴明（Deming）和朱藍（Juran）等人，另外，戴明（Deming）進一步提出PDCA循環圈的概念，這四個英文字母分別代表：計畫、執行、檢查和行動。
危機管理	1.定義：教育行政組織必須透過適當的預防及因應機制，來化解可能面臨的內外在環境挑戰，以使教育行政組織可以永續發展。 2.危機管理的各階段活動如下： (1)危機管理前期：相關成員應具備敏銳的觀察力及感受力，針對組織中的初始現象，進行預防措施，以免產生蝴蝶效應。 (2)危機管理時期：應迅速確認危機的問題性質，並採取適切的危機管理策略，且多元運用可行的危機處理管道，以避免沉澱成本的限制。 (3)危機管理後期：當危機問題解決後，應進行進一步的檢討、修正、反省及學習，並據此修正組織的危機管理策略。
延續管理	1.定義：教育行政組織必須透過適當的組織運作策略及機制，使新進人員可以無縫接軌組織的價值、知識、智慧、歷史情感等，使教育行政組織穩定運作及永續發展。 2.教育意義： (1)可以有效傳遞教育行政組織成員的知識與技能，並累積及強化組織的智慧資本。 (2)可以有效傳遞學校共同價值，尊重學校歷史情感與意識，以促使學校可以永續發展。 (3)當學校組織採取延續管理時，能更有效協助新進人員的社會化，並形塑學校本位特色及進行學校創新。
例外管理	1.定義：教育領導者需注重教育行政組織中的例外事件之管理，不拘泥於組織既定制度及固定流程，以提升教育行政組織的運作效能。 2.教育意義： (1)由於教育行政所面臨情境是複雜多變，所以實施例外管理，將可提升教育行政管理的彈性及效能。 (2)教育領導者必須具備對於教育情境的判斷力、教育初始現象的察覺力、教育行政策略的執行力，才能有效進行例外管理，提升教育行政組織效率及效能。

管理策略	基本概念
人力資源管理	1. 係指以科學的方法，透過計畫、執行與評鑑的過程，將組織內部所有人的資源作最適當之保護、開發、維持與活用，來達到組織目標的過程，包括四個層面：人力資源之取得、績效管理、薪酬管理與發展。 2. 策略性人力資源管理屬於一種長期整體的未來導向管理，作業性人力資源管理則是屬於例行性的組織運作作業。
「物盡其用」的教育行政管理	1. 定義： (1)「物盡其用」係指運用科學方法，透過計畫、執行與評鑑的過程，將組織內所有「物」的資源做最適當的利用、轉換與開發，以達到最大組織利益之過程。 (2)「物盡其用」包括財物採購、管理、報銷與再利用等面向，亦包括組織空間的利用。 2. 在教育場域中的應用策略： (1)應完善教育行政組織財物的管理制度，對於財物採購流程、使用程序及報銷作業，都須依法有據。 (2)宜制定完善的短期、中期及長期教育行政組織發展計畫，並遵守「經濟」、「節約」、「環保」等原則來善用組織資源，創造最大的組織效益。 (3)應建立專責的組織財物管理單位，並且建立「物盡其用」的教育行政組織文化與氣氛。 (4)教育行政組織財物的採購與使用，不宜過度鋪張浪費，亦不可有中飽私囊或官商勾結的弊端。 (5)教育行政組織計劃的制定不宜受制於沉澱成本的限制，以免造成更多的資源浪費。
策略管理	1. 定義：教育行政組織運用適當的分析方法，確定組織目標和任務，形成發展策略，並執行其策略和進行結果評估，以達成組織目標的過程。 2. 策略管理之概念分析： (1)策略管理是組織對於內外環境變化的反應行動。 (2)策略管理是組織的行動方案。 (3)策略管理是組織運作的歷程。 (4)策略管理必須進行成效評估。 3. 策略管理程序： (1)界定組織目標。 (2)進行SWOT分析。 (3)形成策略。 (4)執行策略。 (5)成效評估。

管理策略	基本概念
走動式管理	1.提出者：皮德思（Peters）、瓦特門（Waterman）等學者。 2.定義：成功的教育領導者會經常到各組織部門走動，以掌握組織的實際狀況，做出符合組織實際需求的相關決策，不會只有進行封閉的辦公室決策。
弔詭管理	1.定義：弔詭管理係指透過對立矛盾的教育組織活動，來化解組織成員的意見歧異，建立組織有效運作的共識，並有助累積組織智慧資本。 2.弔詭管理類型： (1)非此即彼的弔詭管理（分裂式的管理思維，較為表面）。 (2)兩者兼顧的弔詭管理（平衡式的管理思維，較為周全）。 3.學校行政進行弔詭管理的要件： (1)對於學校的傳統歷史文化脈絡的弔詭管理。 (2)對於學校每個成員的每個異質立場的重視。 (3)重新理解、詮釋及重建學校行政策略及學校教育目標之間的關係。
多元化管理	1.定義： (1)強調組織與成員共享願景，但也保有組織與成員可多元化發展的自主空間。 (2)可提升組織發展的競爭力、前瞻性及未來性，並有助組織永續發展。 2.校長運用多元化管理理念來有效發揮學校人力資源之策略 (1)虛擬組織：校長可以透過虛擬組織策略，亦即可以結合不同專長的學校行政人員共同完成學校行政任務，也可以讓教育行政人員進行專業交流，促進專業成長。 (2)自我視導，又稱自我評鑑視導：校長可讓學校行政人員透過自我觀察、分析與評鑑自己的教育行政工作，以達到提升教育專業成長。 (3)授能領導：校長應該實現彰權益能的精神，讓學校行政人員具有追求專業成長的主體意識與行動能力。
知識管理	1.在組織運作歷程中，進行組織知識的保存、轉化、分享、應用、創新等過程，以有效運用知識，進而提高組織的效能。 2.知識管理的範疇： (1)知識的累積及分類。 (2)知識的分享及轉化。 (3)知識的創造及創新。

管理策略	基本概念
學校本位管理	1.意涵： (1)學校責任的強化。 (2)教師自省能力的要求。 (3)教師專業自主。 2.現今歐美國家所推行的以學校為本位的管理，隱含著分權化教育行政運作的想法。 3.以我國而言，代表著此次教育改革之際，宣示中央教育權力下放。 4.例如：教師自編教材，共同決定課程授課內容

五　兼重效能與效率的教育行政管理策略

(一)效率與效能之區別：

1.教育行政效率係指能夠利用最少資源完成教育行政目標，**換言之，其係指教育行政「實際結果」對「可能結果」的比值。**

2.**教育行政效率係指以最少的付出，可以得到最大的成果，**換言之，凡是能夠將人力、物力、財力，及時間做最妥善的分配者即是效率。

3.**教育行政效能係指一個教育行政組織在運作的過程中，參與成員投入其中所獲得的滿足感、組織對外在環境的適應力，以及在一個階段後，其產出成果與預期目標的符合程度。**

4.**教育行政效能則係指能善用所有可用教育資源，**以達成教育行政目標，其衡量指標包括：生產力、統整力、滿足感、適應力、創造力、革新與發展等。

5.行政的基本律則是「做對的事」（do the right things）並且「將事情做好」（do the things right），前者即「效能」（effectiveness），後者則為「效率」（efficiency）。

(二)**從教育行政管理角度，兼重效能與效率的可行策略**

1.教育領導者應訂立合乎成員與組織共識的教育行政目標，並採取多元參與決策模式，以提升教育組織成員的組織承諾與工作滿意度。

2.教育領導者宜根據教育行政目標設定短期、中期與長期之教育計畫，並善用教育計畫技術，例如：計畫評核術、腦力激盪法等，制訂完善合理的教育組織發展指引方針。

3.教育領導者應使教育組織扁平化與暢通教育行政溝通管道，以營造開放分享的教育組織文化與氣氛。

4.教育領導者宜採取權變領導模式,根據領導情境、成員與領導者的關係、職權結構等互動因素,展現可以兼顧成員需求的滿足與組織目標的達成之領導特質及行為。

5.教育領導者可以完善相關教育評鑑機制,例如:形成性評鑑、總結性評鑑等,並做好後設評鑑,確實改善教育行政組織的效率及效能。

6.教育領導者在從事教育行政實踐時,應以提高教育行政效能為首要目標,再進而去追求提高教育行政效率,此外,也應合乎教育性、人文性、倫理性、審美性、正義性、批判性、關懷性等規準。

7.教育領導者應具備足夠的專業知能,並實施道德領導、轉化領導,且形塑分享學習之學校文化與氣氛,建構學校成為學習型組織與教導型組織。

8.教育領導者應進行目標管理與願景領導,並且重視學校相關成員的參與決策,以建立學校成員的組織承諾。

六 教育行政的領導典範

領導典範	重要內涵
哲學論	1.由哲學思想家所提出的理想領導者圖像。 2.例如:儒家「以德服人」,英雄造時勢的偉人傳說、時勢造英雄的時代環境論等。
特質論	1.試圖找出成功領導者的特質,包括:生理、人格、情意、智慧等方面的特質,其焦點為「誰是成功的領導者?」。 2.採心理學的科學研究觀點,找出能進行有效領導的領導者特質。 3.亦是屬於「英雄造時勢」的領導研究取向。 4.忽略被領導者的想法及需求及情境因素。
行為論	1.關注領導者表現的領導行為,重視「領導者做些什麼?」,其認為領導的核心面不是領導者的特質,而是領導者在各種情境中的作為。 2.關注在各種領導情境中,領導者可以達到有效領導的行為。 3.忽略被領導者的想法及需求及情境因素。

領導典範	重要內涵
權變論	1.權變論的興起背景： (1)受混沌、不可預測及充滿複雜可變性的世界觀影響。 (2)對傳統行政理論忽略工作情境的多變性之補充。 2.權變論的相關理論觀點包括：席斯克（Sisk）的工作歷程理論、費德勒（Fiedler）的權變領導理論和賀西和布藍察（Hesey & Blanchard）的情境領導理論等多種理論。 3.根據權變論觀點，若要進行有效的教育領導，應同時關注領導者特質及行為、被領導者及領導情境等要素。 4.權變論的領導模式係指應該因應教育情境不同而變化領導方式的做法，換言之，權變論的領導觀點並非毫無限制，不管領導型式怎麼變，仍應以尊重成員人性為前提。 5.對權變論的省思： (1)領導情境的判斷指標不易設計。 (2)對於領導行為、領導者特質、領導情境和領導效能之間的相關，缺乏實證研究的證據。 6.在這混沌的時代，保持權變的精神，視衝突變革為常態，是每個教育人員都應具備的精神。

七　教育行政領導策略

領導策略	基本概念
權變理論	1.代表學者為費德勒（Fiedler）。 2.認為領導是由領導情境與領導型式相配合，前者包括：工作結構、領導者與成員的關係、職權，後者則分工作與關係導向。 3.領導效能決定於領導者與工作成員關係，工作結構和職權，而以領導者與工作成員關係為影響最大的因素。 4.在高控制和低控制的情境中，要採用工作導向的領導行為，而在中度控制的領導情境中，則要採取關係導向的領導行為，才能有提升領導效能。
途徑—目標理論式	1.代表學者為豪司（House），提出四種領導風格：指導型領導、支持型領導、參與型領導、成就取向型領導，領導者可以權變運用之。 2.理論基礎：激勵理論中的期望理論，組織成員的工作態度決定於他對該工作任務的期望值大小。

領導策略	基本概念
情境領導理論	1. 代表學者為賀西（Hersey）與布蘭察（Blanchard）。 2. 認為成功之領導者須配合成員之成熟度，成熟度係決定於成員承擔該項工作的意願與能力。 3. 該理論主張以領導者給予之指導與指示、領導者給予之社會情緒支持、成員在執行某一特別工作、任務或目標的準備三者之交互作用為基礎，即是以任務行為、關係行為、成員成熟度為基本架構。 4. 認為基本上隨著成熟度的低時，應加強任務取向，隨著成熟度之提高，關係取向的領導會逐漸取代任務取向成為理想的方式，若成熟度以達頂點，則以低工作低關係取向為最佳選擇。
後英雄式領導	1. 後英雄式領導之興起背景： (1)早期傳統教育行政理論偏重英雄式領導，亦即領導者本身特質為成功領導要素；隨著教育行政典範轉移，現今教育行政領導走向後英雄式領導。 (2)受社會變遷和世界潮流的影響，現今的世界系統充滿渾沌、變動和不可預測性。 (3)學校本位管理理念興起，重視參與領導；換言之，每個人在學校權力架構中的地位重組。 (4)對於教育專業的自主覺醒，亦即尊重每位教育成員的專業自主，過去的傳統領導方式，已有改進的必要。 2. 定義：後英雄式領導是指組織領導者藉由謙虛、細心、慎思和專業等特質，經濟且有效地達成組織目標，促進組織永續發展。 3. 後英雄式領導的相關理論基礎： (1)第五級領導：強調領導者要具有謙遜個性和專業學養，提供了後英雄式領導的基礎。 (2)道德領導與催化領導等新興領導理論，強調領導者應利用本身特質實施有效替代領導，亦提供後英雄式領導的基礎。 (3)渾沌理論：強調變動、不可預測性、模糊情境等主張，亦帶給後英雄式領導權變的特質。 (4)馬斯洛（Maslow）的需求層次理論：強調個人的需求滿足可促使其追求自我實現，亦使後英雄式領導重視成員的需求，以進行有效領導。 (5)後現代思潮興起揭示了個人皆為權力相等的主體，提供了後英雄式領導之基礎。

領導策略	基本概念
整合領導	1. 整合領導的教育思維： (1)整合領導以系統觀點融攝行政管理、教學及課程等面向，有別於過去集中在單一焦點的傳統領導思考方式。 (2)整合領導強調授權、對話分享、彰權益能、全面品質管理等核心理念，並以權變觀點，希冀達成有效能領導。 (3)整合領導需兼重科技、人文、智慧及團隊，其兼具領導的技術與藝術。 (4)整合領導亦包括實務探究、教學想像力與批判反省等三方面的要素，亦即要兼顧實用性、想像力與批判性。 2. 整合領導的教育實踐： (1)整合領導係以學生為主體，回歸教育本質思考，希冀可以建構充滿人味之教育行政願景。 (2)校長本身應具備足夠的教育專業知能，以提升校長整合領導之執行力，並發揮領導權威之影響力，使學校相關人員共同追求教育品質之提升。 (3)校長尚應營造開放支持的學校文化與優質人性化的學校環境，並組織學習團隊，以促進全體教育人員專業成長。
真誠領導	1. 提出學者：喬治（B. George）在新書《真誠領導》（Authentic Leadership）中提出真誠領導的相關概念，認為實踐真誠領導可以確保組織的競爭力及永續發展。 2. 真誠領導的基本要點： (1)一個成功的領導者特質，應包括：表裡如一、真誠、正直誠懇、言行一致等。 (2)一個成功的領導者，要確實瞭解自己領導的目的、建立穩固的領導價值、用心去領導、建立良好的人際關係、有高度的自律精神等。
願景領導	1. 透過有效領導策略，提供學校發展的目標，也能鼓舞學校成員接受挑戰，同心協力為學校發展願景而努力。 2. 學校願景之意涵： (1)學校願景係指對於未來學校發展的提供學校成員具有相當的視野與遠大的目標，藉以促進教育的永續發展。 (2)學校願景可提供學校發展的目標，也能鼓舞學校成員接受挑戰，同心協力為學校發展願景而努力。

領導策略	基本概念
願景領導	3.領導學校願景之相關策略： (1)校長可利用願景管理的方式來建立成員共同的價值、信念和目標，來引導組織成員行為、凝聚團體共識，促進學校的進步與發展。 (2)學校可提供溝通管道，讓學校成員可跟根據學校的特性、需求和教育理念等共同建構學校願景，也利於學校願景的施行。 (3)學校願景發展是循序漸進的過程，校長扮演重要角色，其應發揮領導專業，透過溝通與協調融合學校特色與需求，以整合學校的共同願景並鼓勵成員落實之。 (4)藉由書面資料或是學校各方面的評鑑，學校願景可與當國家和社會的發展相結合來作修正，以發揮教育的積極性功能。
道德領導	1.道德領導又稱倫理領導，最早由薩吉維尼（Sergiovanni）提出，其係以道德權威為基礎，領導者本著正義與行善的義務感來實施領導，冀求成員也能以正義與行善來回應，真心充分完成組織目標而努力。 2.換言之，教育領導者應培養本身道德人格，並以身作則，且建構教育組織的倫理環境，以落實正義倫理、關懷倫理、批判實踐倫理、權利倫理等，提升教育行政品質。
魅力領導	1.魅力領導係指領導者主要以參照權來引領組織，藉由領導者本身的高尚人格、專業知能，而使成員認同、模仿、敬仰。且領導者有明確的組織願景，使組織成員以整體的組織願景為目的貢獻工作。 2.承上可知，魅力領導係強調不以英雄式的法理權威或強制權來規範成員，而是兼顧組織成員之心理層面，故魅力領導可與第五級領導、從心領導、道德領導等相輔相成。
空間領導	1.空間領導係指領導者營造一個優質的學校環境、設施與設備，來激發學校內所有人員，達到教育目標。 2.此外，空間領導帶有美學領導之意涵，注重營造融入教育人文及詩性智慧的空間氣氛。 3.最後，不同教育領導理論會產生不同的空間領導，例如：人群關係學派的空間領導具有關懷特性，且尊重個人空間；而轉型領導學派的空間領導，則注重彰顯教育願景及重視差異。

領導策略	基本概念
服務領導	1. 提出學者為格林理夫（Greenleaf），其係指領導者具有僕人風格與心理特質，能夠從服務角度出發，進行組織行為之領導。 2. 係指領導者能夠扶持、激勵與授權組織成員，其是一種表現為他人服務的行為與態度的領導方式。 3. 換言之，其又稱為僕性領導或僕人領導，其強調領導權力是一種奉獻服務的精神，一位有效能的領導者，其必具備同理心、樂於助人、真誠關懷等特質。 4. 教育領導者若願意改變其領導心態，僕人領導才能發揮其積極性的功效。
向上領導	向上領導係指組織成員善用本身的能力優勢，來影響領導者與組織，其重點放在組織成員如何去影響長官，所以又稱為逆向領導，若要達到有效的向上領導，領導者必須可以接受此觀念，所以實際上領導者也扮演被領導者的角色。
向下領導	1. 提出學者為杜拉克（P. Drucker），其係指身為一位領導者，必須要能成為員工的支持者及諮詢師，以有效管理組織成員的心理問題及回應組織成員的需求。 2. 應用在真實教育情境中，校長若能做好向下領導，將可以有效帶領學校成員達成學校教育願景，並且建立成員對於學校的組織承諾感，形成生命共同體，來幫助學校永續發展。
情緒領導	1. 情緒智慧係由高曼（Goleman）提出，係指個人能夠自我覺察情緒、自我控制情緒、覺察理解他人情緒等能力，換言之，其也代表處理負向情緒、表達正向情緒、表現高挫折容忍力等特徵。 2. 情緒勞務係指個人處理及表達情緒的內在心理規則，換言之，其代表個人表達情感的行動，情緒勞務具有正面、負面及中立三種情況，也可能透過社會化、印象整飾、前台後台表演等心理策略予以調整。 3. 綜上所述，情緒領導有助於領導者：自我覺察情緒、自我控制情緒、覺察理解他人情緒、處理負向情緒、表達正向情緒、提升挫折容忍力及復原力。
變革領導	1. 代表學者為科特（Kotter），其發現組織進行變革容易犯以下錯誤： (1)未建立認可變革的組織文化。 (2)過早滿足於變革的成果，產生鬆懈心態。 (3)缺乏短期可見的具體成果，容易使組織成員喪失信心及動力。 (4)低估建立組織共同願景的必要性。 (5)未針對組織問題提出解決策略。 (6)缺乏危機意識。

領導策略	基本概念
變革領導	(7)未能建立變革領導團隊。 (8)缺乏足夠的組織溝通。 2.進行變革領導的思考面向：改變成員行為模式、滿足組織成員需求、增加組織適應能力、提升組織運作效能、培養組織自我更新能力、達成組織目標願景、促進組織永續經營發展等。 3.教育領導者應考量組織變革的相關因素，例如：成員壓力、領導風格、組織文化、政治、經濟、政策等，據此提出適切的教育領導策略，以達成教育組織目標。
永續領導	1.永續領導係指以未來為導向，秉持開放系統的組織觀點，透過多元權力的權變應用，讓組織與成員獲得永續發展之歷程。 2.其內涵包括：彰權益能、未來前瞻性思考、重視系統思考、尊重差異、落實社會正義、妥善利用資源、持續學習等。
第五級領導	1.第五級領導是由柯林斯（Collins）所提出，其指組織的領導人員具有專業的意志和謙卑的態度，以發揮其過人領導力來影響成員，以齊心達成組織目標的歷程。 2.換言之，這也是領導者將其本身的內在需求轉化為創造組織偉大願景的過程。 3.柯林斯（Collins）尚提出第一級到第四級的領導者行為： (1)第一級：是擁有高能力的個人（highly capable individual）。 (2)第二級：具有貢獻的團隊成員（contributing team member）。 (3)第三級：成功的管理者（competent manager）。 (4)第四級：有效能的領導者（effective leader）。 4.柯林斯（Collins）認為這五級領導是相輔相成，領導者可視本身狀況，來適時加強自己缺乏的部分。
互易領導	1.基本要點： (1)互易領導的理論基礎為社會交換理論，提出者為伯恩司（Burns）。 (2)互易領導是管理的概念，是「把事情做好」（do things right），其以工作為導向，較適用於組織運作的初期。 (3)互易領導是指組織領導人透過溝通、協商、斡旋的過程，讓成員的各種需求得以獲得一定的滿足，提升其組織承諾及工作士氣，以達成組織目標的領導風格。 2.互易領導對教育行政之啟示： (1)教育行政組織在進行初步變革時，建立教育行政組織的明確和公平的工作準則，讓組織成員瞭解自己的需求可以透過哪些付出途徑來予以滿足，進而達成組織目標。

領導策略	基本概念
互易領導	(2)教育行政領導者要注重成員的公平感受，也應滿足成員各種需求。 (3)然而，教育行政組織如果要達到永續發展的終極目標，仍應透過由轉化領導策略將相關成員交易性的動機，轉化為非交易性的動機，使成員願意主動做對的事，而不只是把事做好。
轉型領導	1.基本要點： (1)理論基礎：馬斯洛（Maslow）的需求層次論。 (2)轉型領導是「做對的事」（do the right things），轉型領導是領導的概念，其強調同時滿足成員的需求與組織的目標，而適用於組織的永續經營。 (3)轉型領導是指領導人應用其過人的影響力轉化成員的觀念與態度，使其齊心一致，願意為組織的最大利益付出心力，進而追求組織的轉型與革新。 (4)轉型領導的能力與風格是建立在領導者洞察力、親和力與實踐力，以建立成員共同努力的目標，是達到組織永續發展的重要領導方式。 (5)轉型領導之特質在於：重視成員之參與決定與充分授權、強調內在且高層次的動機與需求、講求領導者與成員共享權力的過程。 2.伯恩司（Burns）的轉型領導觀點： (1)組織領導者必須具有專業能力及人格魅力，以將成員的內在需求和組織發展目標合而為一，使成員和組織成為生命共同體，共同促進組織的變革與革新。 (2)採用專家權和參照權來進行領導。 (3)重視成員的自我實現，以滿足成員內在需求的方式來進行領導，而並非以外在的獎懲來進行管理。 (4)轉型領導必須是道德的，彰顯公平正義、仁道等特質，呈現馬斯洛(Maslow)需求層次論的較高層次之滿足，例如：自我實現、自我超越。 3.巴斯（Bass）更重視馬斯洛（Maslow）需求層次論的較低層次之滿足，例如：安全、自尊等，其認為轉型領導的特徵，應包括： (1)領導者可以進行魅力領導，讓組織成員自動認同及服膺領導者的人格魅力。 (2)領導者會善用各種激勵策略，例如：組織文化、組織氣氛、符號儀式等，來促進組織成員的工作士氣與動機。 (3)領導者具有足夠的領導智慧，可以主動鼓勵組織成員進行創新思考及實踐。 (4)領導者具有同理心及真誠心，可以主動關懷每個成員，積極傾聽每個成員的個別需求，建構以信任感為基礎的組織關係網絡。

領導策略	基本概念
催化領導	1.概念源自於轉型領導，亦稱為促進型領導，是指領導者扮演協助者與催化者的角色，協助成員自行成長與解決問題的一種領導方式。 2.催化領導特別強調組織成員「共同合作」（collaboration）和「授權」（empowerment）的理念。 3.係指透過與部屬的良性互動，激發全體成員齊心一致為組織效力，使組織不斷進行調適、解決問題，進而提升組織效能的一種領導策略。
正向領導	1.定義：領導者具備正向特質，重視組織成員的存在價值，運用正向激勵及溝通策略，以提升組織效能的歷程。 2.理論基礎：正向心理學、正向組織學、正向組織行為學等。 3.內涵： (1)領導者具備正向特質。 (2)領導者展現正向行為。 (3)正向情境，包括正向的組織環境及文化。 (4)正向願景。
教師領導	1.基本要點： (1)根據哈格維司（Hargreaves）觀點，早期的教師角色多僅被視為班級教學的主導者，而後，開始重視教師的自主專業及同儕合作。 (2)現今的教師領導，認為教師不再是扮演教學的單一角色，而是呈現多元的角色期待，例如：精進課程與教學之品質、教師同儕合作及有效溝通、改善學校文化、專業學習社群的營造、提升學生的學習成效等。 (3)所以現在的教師領導之重要概念包括：彰權益能、形塑優質的教育願景、建立學習共同體、去中心的領導思維、轉型領導、催化領導、分散式領導、平行領導、建構式領導、專業學習社群等。 2.教師領導面向： (1)學校行政的參與及決策，包括：人事、財政、課程、建立領導社群等。 (2)課程發展與教學設計的自主專業權，例如課程領導、教學領導、學習領導等。 (3)教學評量的設計與實施。 (4)教師專業發展的促進，包括自我領導、同儕合作等。 (5)教師評鑑的參與，並促進教師重視績效責任。 (6)形塑專業化的學校文化與氣氛，例如：建構教師專業學習社群等。 (7)重視與家長、行政人員、社區等的互動及對話。 (8)教師專業組織的運作，保障教師的權利與義務，例如：教師會、教師工會。

領導策略	基本概念
教學領導	1.教學領導係指學校領導者協助教師發展教學專業知識與技能的領導行為，高效能的教育領導者常常實施教學領導，也認同教學領導的相關理念，終極目標在於促進教師專業及學生學習成就。 2.教學領導的面向： (1)直接協助教師教學，例如：提供教學改進建議、協助教師做好教學前的準備工作、協助教師進行正向的班級經營等。 (2)鼓勵教師從事教育行動研究，以改進教學實務品質。 (3)建構適合學習的學校文化及氣氛，形塑正向的校園關係。 (4)讓教師可參與學校管理的相關過程，例如：學校財政、課程與教學等。
課程領導	1.課程領導係指為指引、統領課程發展與改革活動的行為，其主要目的在影響課程發展與改革的過程與成果，主動回應課程發展與改革的挑戰，完成課程發展與改革的目標。 2.黑夫洛克（Havelock）等人曾根據課程發展過程，提出課程領導者的角色應該為課程或學科專家、指導者、訓練者、需求察覺者、委託者、溝通聯繫者、示範者、塑造者、倡議者、面質者、諮詢者、建議者、觀察者、資料蒐集者、分析者、診斷者、設計者、管理者以及評鑑者等19種角色。 3.校長若充份扮演課程領導者的角色，將有助於課程發展與改革。
學習領導	1.校長本身應強化教學領導角色，積極運用教師同儕觀察方式，進行教室觀察，以支持態度鼓勵教師進行教學反思。 2.校長應營造開放支持性的學校氣氛，鼓勵學校全體人員彼此合作，以有效提升教學品質。 3.校長宜暢通學校溝通管道，鼓勵教師說出自己的教學意見與看法，並共同研擬解決教學問題之策略，以提升教師教學效能與學生學習成就。 4.校長應建立教學與課程發展的行政支援系統，以引領教學革新。 5.校長宜建立學校專業成長社群，鼓勵教師積極參與在職進修，促進教師專業發展。 6.校長應積極提昇本身專業知能，並且具備實施課程與教學革新的意願與態度。 7.校長應與學校教師與行政人員建立完善之溝通平台，並營造學習型的學校文化，來幫助學校成為學習型組織與教導型組織。 8.校長宜積極發展學校的公共關係，讓學校能走入社區，完整落實學校本位課程發展。

領導策略	基本概念
社會公義的教育領導	1.教育領導者不僅要具備對於社會公義的認知，也要具備實踐社會公義精神的勇氣與能力。 2.教育領導者在實踐社會公義時，應具有解構的批判思考邏輯、真誠與信任的教育愛、多元文化教育的精神觀，並結合社會文化脈絡，處理情境及立場的差異問題。 3.教育領導者在實踐社會公義時，要注意教師品質的公平性，例如：避免有城鄉差距；也要注意課程的公平性，例如：避免教科書僅呈現統治階級的價值觀念。 4.教育領導者本著正義與行善的義務感來實施領導，冀求成員也能以為正義與行善來辦事做回應，真心為完成組織目標而努力。 5.教育領導者透過魅力、關懷，激發鼓舞群眾，轉化成員捨小我為大我利益的觀念態度，將成員的工作動機由交易式轉化到自我實現及道德層次，促進組織的轉型、革新。 6.教育領導者透過語言邏輯的教育政策論述辯證歷程，解放教育政策中的意識型態，以重塑自由公義的教育實踐。 7.教育領導者必須具備批判反省能力，並能進行立基於「真理性」、「真誠性」、「正當性」及「可理解性」的多元參與決定。 8.教育領導者在教育政策決定歷程中，應兼重「正義倫理」、「關懷倫理」、「批判倫理」、「權利倫理」等，以兼顧程序正義和實質正義。
分布式領導	1.分布式領導，又稱為分散式領導，相關概念包括增權益能、教師領導、中層領導、民主領導、分享式領導、橫向領導、自我管理、自主工作團體等。 2.分布式領導的特徵： (1)有效的領導必須以學校組織脈絡為基礎，所以教育領導者應深入理解學校組織脈絡。 (2)有效的領導必須建立在集體智慧的基礎上，所以教育領導者可以透過領導社群的建構，來促進領導品質及效能。 (3)有效的領導必須兼重領導者個人與組織兩個層面。 (4)教育領導者與組織成員間不再絕對二分的主客體關係，兩者之間是以團結感、認同感、信任感為基礎的共生關係。 (5)教育組織成員之間具有相互依賴性（功能的重疊及互補）及協調性（組織成員要處理好彼此負責職務之間的依賴關係）。 (6)教育組織成員也可以扮演好教育組織的領導者之角色。 (7)分布式領導同時存在於正式組織及非正式組織中。

領導策略	基本概念
全球化 領導	1.定義：校長全球化領導係指校長進行領導時要有全球文化與視野，亦即要具有全球化的知識、素養、實踐行動等。 2.校長全球化領導知能的面向（王如哲，2009）： 　(1)根據學校本身的特色條件，尋求跨國性的資源支持，以提升學校競爭優勢。 　(2)將學校視為全球知識社群的一份子。 　(3)透過全球化的人事招募、在職進修等，提升全校教職員工的人力資本。 　(4)進行標竿學習的全球化校務管理。 　(5)檢視學校的結構制度是否能夠有效因應全球化的挑戰。 　(6)形塑所有教職員生進行全球化學習的學校文化。 　(7)利用科技增進全球化的學習活動。 　(8)重視全球在地化的教育行銷。

八　倡導與關懷的教育領導行為

(一)倡導與關懷之概念主要源於俄亥俄州立大學企業研究中心所從事的領導行政研究。

(二)**倡導的教育領導行為**：係指教育領導者的行為是以實現團體目標為首要前提。

(三)**關懷的教育領導行為**：係指教育領導者常表現出體恤教育組織成員的行為，例如：校長時常注意教師教學需求，並協助解決困難。

(四)類型：

　1.**高倡導低關懷**：教育領導者對於教育組織的任務呈現高度重視，而不去理會部屬的個人需求之領導行為，例如：若王校長是非常重視辦學之績效，但忽略學校教職員福利的爭取。

　2.高倡導高關懷：教育領導者同時重視工作績效與成員需求，是最具有效率及效能的教育領導方式。

　3.低倡導高關懷：教育領導者關心教育組織成員需求勝過對組織工作目標的要求，例如：某國中校長非常重視辦學績效，但較為忽略學校教職員福利的爭取。

　4.低倡導低關懷：教育領導者對於教育組織的任務與組織成員的需求，均未予以重視之領導行為。

九　教育行政組織的衝突及管理

(一)教育行政組織衝突的基本概念

1.意義：

(1)衝突係指組織、團體或個人因知覺到彼此某些不一致或對立，而產生的爭執的互動行為之歷程。

(2)教育行政組織衝突係指組織、組織成員之間，因彼此價值觀、目標、需求等差異，而產生不協調的的互動過程。

(3)教育行政組織衝突係指在組織情境中，由於成員、非正式組織或正式組織間，因為目標、認知、情緒和行為之歧異，而產生矛盾和對立的互動歷程。

2.教育行政組織衝突的原因層次：

層級	表層原因	深層原因	本質原因
原因	1.價值觀不同。 2.彼此文化衝突。 3.溝通不良。 4.角色期待失調。 5.獎賞不公。 6.職責模糊。	1.個人情緒喜惡的影響。 2.彼此利益衝突。 3.組織成員的認知解讀不同。	1.資源無法滿足所以成員需求。 2.彼此工作相關。

3.教育行政組織產生衝突的外部原因：

(1)教育政策目標不明確。

(2)教育行政組織的角色任務和社會大眾的角色期待不一致。

(3)教育主體性受到政治、經濟等外在因素影響。

4.教育行政組織產生衝突的內部原因：

(1)教育行政人員彼此的利益、價值、信念不一致。

(2)溝通管道不夠短捷、暢通、多元。

(3)教育目標不符合教育行政人員的期待。

(4)角色定位不明，引發角色衝突、教育行政人員需求未獲得滿足。

(5)個人人格因素：組織成員在年齡、教育背景、人格需要等差距越大，則衝突的可能性越高。

(6)人際互動因素：例如非正式組織的反功能與人際溝通的不良情況。

(7)組織因素：例如工作互依性高、法令與程序的僵化、責任區分不明確、組織氣氛的不當影響。

5.**教育行政組織衝突的歷程**

(1)潛伏期。　　　　　　　(2)知覺期。　　　　　　(3)調適期。

(4)外顯期。　　　　　　　(5)解決期。

(二)**教育行政組織衝突的類型**

1.**個人內衝突**：

(1)雙趨衝突。　　　　　　(2)雙避衝突。　　　　　(3)趨避衝突。

2.**個人間衝突。**

3.**團體內的衝突**：係指同一個團體中，成員與成員之間的衝突，通常源於每個人的個別差異，包括：價值觀、工作態度等。

4.**團體間的衝突**：係指同一個組織內的各團體所產生的彼此衝突，往往會造成組織的分裂或整合困難。

5.**組織內的衝突**：

(1)垂直式衝突。　　　　　(2)水平式衝突。

(3)幕僚與業務之間衝突。　(4)角色衝突。

6.**組織間的衝突**：係指不同組織之間的衝突，通常產生原因在於法令與程序的僵化、責任區分不明確等。

(三)**教育行政組織衝突功能觀點**

1. **教育行政組織衝突功能觀點的演變**：

時間	1930~1940	1940~1970	1970年代~目前
衝突功能觀點	1.所有衝突都是有害。 2.注重探討衝突原因。	1.衝突一定會存在，且可以促進組織績效。 2.認為衝突是團體情境中的自然現象。	1.衝突價值是中立的。 2.適當衝突可以促進組織永續發展與經營。

2.教育行政組織衝突實兼具負功能與正功能，前者又稱破壞性衝突，會導致溝通之敗壞結果，後者則是良性、建設性衝突，可以增進溝通，化解歧見尋求共識。

(四)**教育行政衝突管理的基本概念**

1.**衝突管理**：係指領導者抑制組織衝突之負功能的發生，以及利用衝突之建設性優點，使團體維持最小衝突水準，以便能保持組織之活力、自我反省能力與創造力的手段。

2.功能性衝突代表衝突管理的基本概念，其包括正功能性衝突與反功能性衝突，基於功能性衝突的觀點，衝突代表要達成團體的目標，團體或成員彼此都以理性態度尋找雙贏策略，這也說明組織管理面對衝突時，不再是過去的衝突解決觀點，亦即只要是對組織發展有利的衝突，可以適時引進或允許其存在。

3.組織衝突的處理方式
  (1)**競爭**（competing）：高堅持與低合作。
  (2)**退避**（avoiding）：低堅持與低合作。
  (3)**順應**（accommodating）：低堅持與高合作。
  (4)**妥協**（compromising）：中堅持與中合作。
  (5)**統合**（collaborating）：高堅持與高合作。

(五)**教育行政組織的衝突管理策略**
  1.教育行政領導者應認可在教育情境中適時引入衝突，將可以促進教育行政革新，且保持教育行政組織活力、自我反省力及創造力。
  2.在平時即應營造開放自由的教育溝通氣氛，並健全教育行政組織溝通管道，且發揮非正式組織的正向功能，以有效管理教育行政組織衝突。
  3.可根據目標管理之精神，在兼顧教育行政組織目標及成員需求的前提下，進行教育行政組織衝突處理。
  4.應鼓勵衝突雙方接受妥協方案，且必要時應付諸外在強制力量的仲裁。
  5.應培養和諧開放的組織氣氛，以預防非正式組織的反功能。
  6.應暢通溝通管道，並避免法令與執行程序的僵化。
  7.應實施目標管理，並在衝突發生後，適時重新設計組織結構與擴大組織資源。
  8.可以鼓勵衝突雙方發展並接受妥協方案，且必要時應付諸仲裁。
  9.任用理念、價值觀相近之成員，建力共同目標願景
  10.應以優先採用理性策略、正面手段以彰顯正義。
  11.建立申訴之制度，強化溝通平台效能，建構組織容忍之零文化。
  12.可採用非互斥型之酬賞制度，權責劃分明確，資源力求公平。
  13.平時應多做好風險管理，培養衝突知能與危機解決能力。

重點五　教育行政評鑑與視導

一　教育行政評鑑典範的演進（亦是教育政策評估典範的演進）

(一)第一代評鑑之相關概念

　　1.第一代評鑑強調透過科學化的測驗與評估，來掌握教育變項的因果意義，其帶有可預測性、可控制性、客觀性及效率性。

　　2.換言之，此時期的評鑑觀為「評鑑即測量」，係不涉入主觀價值判斷，一切均以科學方法為依歸。

(二)第二代評鑑之相關概念

　　1.第二代評鑑有別於第一代評鑑，其僅將評量視為評鑑的手段之一，換言之，此時期的評鑑概念強調要瞭解及描述教育實施過程中的因素。

　　2.其強調教育評鑑的程序原則，希望可以釐清學生表現與教育目標間的差距意義。

(三)第三代評鑑之相關概念

　　1.第三代評鑑希冀可以透過教育評鑑的實施，來提升教育成效與落實社會正義。

　　2.換言之，此時期的評鑑開始涉入價值判斷之色彩，也開始重視教師在教育評鑑中的角色專業性。

(四)第四代評鑑之相關概念

　　1.第四代評鑑強調彰權益能之觀點，不再受限於過去的科學客觀性，而主張應擴大教育評鑑的視野，反映出建構與質性的特徵。

　　2.換言之，希望可以瞭解在評鑑過程中的所有利害關係人之聲音，並且透過批判反省角度，更貼近教育現象之本質意義。

二　教育行政評鑑的基本概念

(一)教育行政評鑑的意義、類型、功能

　　1.意義：

　　　(1)係指對於教育現象或相關事務，透過審慎的計畫，廣泛的資料蒐集、多元的資料檢證與分析，以對評鑑結果進行價值判斷，來評估成效和研擬解決改進方案的動態歷程。

(2)係指對教育相關事務加以審慎的評析，以衡定其得失及原因，據以決定如何改進或重新計畫的過程。

(3)係指對教育事務加以審慎評估，以瞭解教育理論與實際之間的差距及教育目標達成程度等。

2.**類型**：

(1)形成性評鑑：係指在教育過程中進行不同性質的檢視與考核，以適時提供改進策略或瞭解教育狀況的評鑑，其較偏向過程導向。

(2)總結性評鑑：係指在教育過程結束後，對於教育結果進行全盤整體性的價值判斷的評鑑，其較偏向為目標導向。

3.**功能**：

(1)診斷教育組織的得失。

(2)協助決策者做決定及擬定計畫，增進教育決定之合理性。

(3)促進教育組織成員專業發展。

(4)提高教育組織運作品質與績效。

(二)**教育行政評鑑的類別**

1.**假評鑑**：假評鑑試圖以評鑑為幌子，對所獲得的資訊進行選擇性公布，以達成預定的目的，例如：政治操控研究、公關授意研究等。

2.**準評鑑**：準評鑑多以特定問題與對象為主，對於評鑑工具的客觀性極為重視，但往往不願對資料的內容作主觀價值評述，例如：績效研究、測驗計畫等。

3.真評鑑：真評鑑會運用各種方式，以檢視被評鑑對象的價值，並做出詮釋，例如認可研究、消費者導向研究等。

4.說明上述教育評鑑類別在國內施行的情形：

(1)**假評鑑**：假評鑑在各國政治領域上屢見不鮮，在教育領域中也時有所聞，例如：一位校長被外界攻擊貪污，其便編寫問卷要校內行政人員回答，並要求在行政會議中完成，表面上看似無記名，但校長實以強制權力控制問卷作答答案。

(2)**準評鑑**：以實驗設計研究為例，在國內這樣的準評鑑十分常見，例如：為了探討「電腦輔助教學是否較傳統教法有效」，評鑑者可設立實驗組班級與控制組班級，進行實驗研究，但是仍要注意許多實務上的問題，例如：樣本抽取等。

(3)**真評鑑**：真評鑑在國內亦相當常見，以認可研究為例，當國內某大學欲設立新的研究所時，往往會先具有基本的標準（如師資學生比），否則不能設立。

三　教育行政評鑑的標準

(一)教育行政評鑑的標準向度

1.**可行性**：要做好現實環境相關條件的考核，必要做好本身能力或支援的評估，以使教育評鑑具有可行性。

2.**實用性**：教育評鑑所要評鑑的對象及評鑑成果，要對教育理論或實務有實質上的幫助。

3.**正確性**：教育評鑑亦要合乎內外在效度的需求，可透過審慎的計畫、多元資料的檢定等策略，來提升教育評鑑的正確性。

4.**有效性**：教育評鑑應具有時效性，亦即對於改善當前的教育問題，有立即上的效益。

(二)教育行政評鑑的專業評鑑標準

1.教育行政評鑑的專業評鑑標準係指透過具體明確的評鑑指標，以瞭解教育人員專業發展的評估依據。

2.換言之，評鑑專業標準之目的在於協助教育人員專業成長、增進教育人員專業素養及進行教育人員績效決定等。

3.在教育應用上，評鑑專業標準應兼顧量化與質性指標，並應具備高信度與高效度，且應含括課程設計與教學、班級經營與輔導、研究發展與進修、敬業精神及態度等多元層面，而在評鑑實施方式方面，也應兼重外部評鑑、內部評鑑及自我評鑑，且遵守評鑑倫理及實施後設評鑑，以建構優質卓越的教育行政願景。

四　教育行政評鑑的模式

模式	說明
目標達成模式	1. 目標取向的評鑑 2. 例如：泰勒「八年研究」、將教師專業工作的表現與他們事先的教學目標作一比較。
認可模式	1. 認可制度屬於內在效標模式的教育評鑑類型，其係指被評鑑者先進行自我評鑑，再由各專責認可的專業評鑑團體，依據預先決定的評鑑標準，來判斷教育品質與成效。 2. 換言之，認可制度係以品質保證為精神，評鑑的判斷標準常取決於評鑑者的專業判斷。 3. 在教育應用上，美國學校在認可有效的期限內，必須每年提出年度報告，並輔以不定期視察，而我國所實施之大學系所評鑑，亦合乎認可制度之精神。
助長決定模式	1. 係由斯塔夫賓（Stufflebeam）所提出，其認為教育評鑑的主要任務包括敘述評鑑資料、分析與整理資料、提供資訊給決定者、決定者根據提供資訊做出決定。 2. 評鑑程序： 　(1)背景評鑑（context）：對被評鑑對象的背景進行評鑑，獲得初步訊息。 　(2)輸入評鑑（input）：針對被評鑑對象所投入的人力、物力等軟硬體資源進行評鑑。 　(3)過程評鑑（process）：針對行政運作過程進行評鑑。 　(4)結果評鑑（product）：針對行政運作的成果進行評鑑，包括組織目標的達成、組織適應力、成員需求的滿足等。 3. 強調「評鑑」服務「決定」，具實用價值，但缺點則在於過度繁瑣。
回應式評鑑	1. 係由史鐵克（Stake）提出，其強調在教育評鑑過程中，應關注被評鑑者的回饋反應及利害關係人的聲音。 2. 換言之，在教育評鑑過程中，應彰顯多元之教育評鑑觀點，以掌握教育現象之本質意義。 3. 而在實施教育評鑑時，更強調教育評鑑的服務功能，有別於傳統目標導向的教育評鑑。

模式	說明
可評鑑評估	1. 又稱為可評估性評估，主要目的在瞭解教育政策是否具有可行性的相關評估策略，其指出一個教育政策若具有可評估性，應滿足： (1)有明確計畫。 (2)有具體目標。 2. 近年來，學者亦為可評鑑評估，增加使用者取向的績效觀點，使其在教育領域中，更具可行性及實用性。
360度績效評估	1. 係指透過全方位的績效評估資料蒐集與分析，以確實掌握教育行政組織運作績效及個人工作效能。 2. 換言之，當在進行教育行政組織成員績效評估時，應兼採外部評鑑、內部評鑑及自我評鑑等面向，並且多元蒐集資料，以提高教育績效評估之品質。
彰權益能評鑑	代表學者為Fetterman，希望可以瞭解在評鑑過程中的所有利害關係人之聲音，並且透過批判反省角度，更貼近教育現象之本質意義。
方案評鑑	1. 代表學者為沙區門（Suchman）、羅伯森（Robson）、魏司（Weiss）等學者，是一種理論導向的評鑑模式，希望透過具體的方案理論模式，說明評鑑方案的運作機制、預期成效及結果，且根據方案理論提出評鑑問題，驗證其因果機制及評鑑方案的成效。 2. 方案評鑑時的功能： (1)提升教育政策論辯的決策理性。 (2)瞭解教育政策執行變項的因果關係，檢證因果機制的方式包括：因果模式（測量評估方案中介過程中的中介變項，例如線性結構分析、結構方程模式等）、型式配對（主要測試理論模式和觀察模式的符合程度）、歷程操弄（操弄過程變項進行相關探究）。 (3)清楚說明教育政策的相關內容，例如：政策目標、運作機制等。 (4)瞭解教育政策執行後的未預期結果。 (5)提供教育政策執行績效的判斷依據。 (6)提供教育政策的改進依據。 (7)瞭解每個教育政策方案的執行成本。 3. 方案評鑑的歷程： (1)界定評鑑目的及脈絡，因此評鑑活動必須呈現「過程評鑑」的特點。 (2)分析相關要素：例如，執行理論（投入及產出）、方案理論（短、中長期效果）。 (3)呈現方案中的變項間因果邏輯。 (4)蒐集實徵資料佐證理論，方案理論的描述理論可用假設檢定的考驗方式；規範理論部分則可經由評鑑者觀察方案活動是否有效被執行。

五　專業教育評鑑

(一)專業教育評鑑的相關特徵

1.「專業教育評鑑」目的：

(1)協助教育人員瞭解自己教育的優點或待改進的地方，對教育專業表現給予肯定和回饋。

(2)對於教育人員專業成長的需求，提供適當協助，以促進教育人員的專業發展及專業素養。

(3)增進教育相關人員專業素養，以提升教育品質。

2.專業教育評鑑的類型

(1)自我評鑑。　　(2)內部評鑑。　　(3)外部評鑑。

3.「專業教育評鑑」可能限制：

(1)教育人員本身產生抗拒心態，且易受到傳統保守教育文化的排斥。

(2)相關配套措施不足，例如：教師職級制、教師證照制度等，易事倍功半。

(3)淪為有心人士的鬥爭工具。

(二)專業教育評鑑的實施原則

1.發展全國性教育人員專業評鑑規準及實施手冊，並編印「教育人員專業評鑑案例分享專輯」。

2.培養專業教育評鑑的評鑑人才。

3.建立輔導機制及研擬專業教育評鑑的後設評鑑機制。

4.應兼重形成性與總結性評鑑，以激發教育人員專業成長及提升教育人員工作績效。

5.專業教育評鑑應合乎教育規準，並應重視教育人員本身的反省能力。

6.專業教育評鑑應兼顧量化統計及質性描述的教學評鑑指標，並且進行後設評鑑及遵守評鑑倫理，以有效提升教育品質及效能。

六　教育行政評鑑倫理

(一)教育行政評鑑倫理的基本概念

1.教育行政評鑑倫理係指由評鑑人員專業社群所制訂的行為規範，其可用來約束專業社群所屬人員的評鑑行為，以呈現評鑑人員的專業水準。

2.基本的評鑑倫理包括公正、保密、尊重當事者、利益迴避等。

3.教育行政評鑑倫理包括正義倫理、關懷倫理及批判倫理等層面，且相關評鑑人員本身皆須具備反省實踐的工夫，才能真正落實評鑑倫理，以彰顯評鑑專業。

(二)在進行教育行政評鑑過程中，顧及評鑑倫理之可行策略

1.首先，教育行政評鑑之進行應兼顧程序正義與實質正義，並在選擇評鑑委員時，應遵守利益迴避原則，在評鑑過程中應遵守保密原則。

2.再者，教育行政評鑑人員積極提升本身專業知能，展現出對教育行政評鑑的高執行力，且以維護大眾權利之角度來執行教育行政評鑑。

3.最後，教育行政評鑑人員本身應秉持誠實、正直、禮貌、社會責任等，並願意解受合理批評。

七　校務評鑑

(一)校務評鑑的相關意涵

1.系統化、科學化地蒐集學校校務發展的的過程資料及執行成果，加以客觀地分析與描述，以作為判斷學校績效或協助學校改進之參考依據。

2.強調學校自我檢討機制的建立。

(二)我國校務評鑑的評鑑規準面向

1.行政管理。　　　　　2.課程教學。　　　　　3.專業發展。

4.訓導輔導。　　　　　5.家長參與。　　　　　6.學校特色。

(三)應用「CIPP評鑑模式」進行「校務評鑑」之建議

1.**背景評鑑（context）**：應先評估「校務評鑑」所處背景，是否具有可順利達成目標（即提升校務發展品質）的環境。

2.**輸入評鑑（input）**：以「背景評鑑」為基礎，評估若欲全面實施或試辦「校務評鑑，必須投入多少的時間、經費、人力等軟硬體資源。

3.**過程評鑑（process）**：評鑑「校務評鑑」教育政策的實施歷程是否依計畫實施，並將實施過程予以書面檔案化。

4.**結果評鑑（product）**：針對「校務評鑑」的實施成果進行評鑑，是否達成原訂定之政策目標。

(四)進行校務評鑑應注意之重要原則

1.校務評鑑的方法要科學化、並商請專家協助評鑑、評鑑的態度需認真、客觀與嚴謹的進行等。

2.如果校務評鑑不是屬於自我評鑑，而是由長官或外部人員來實施評鑑時，就應注意到民主化原則。

3.任何工作都是由許多因素集合而成，教育工作更是如此，因此再進行校務評鑑時，也應注意評鑑的綜合性與整體性。

4.最後要使評鑑結果發揮其效用，就必須做好評鑑後的改進工作，即根據評鑑結果，研擬改進計畫並執行之，以謀求校務工作的進步與發展。

八 教育視導

(一)教育視導的基本概念

1.**意義**：

(1)係指教育視導人員透過指揮、視察、協商、診斷、合作及輔導的過程，協助被視導者（包括教育組織或個人）促進教育行政運作績效及提升專業表現之歷程。

(2)教育視導是由視導人員藉著視察與輔導的過程來協助被視導者改進其行為，提高其效能，以增進受教育者的學習效果。

2.教育視導依內容可分為教學視導和行政視導；依視導是否重視被視導者發展程度可分為發展性和非發展性視導等不同視導類型。

3.**教育視導人員應具備之角色**：

(1)**視察者**。 (2)**輔導者**。 (3)**專業促進者**。

4.**功能**：

(1)改善教育品質，建構優質教育願景。

(2)促進教育相關人員專業發展。

(3)形塑開放學習教育組織氣氛。

(二)教育視導類型

類型	要點
臨床視導	1.視導者進入被視導者的工作場域，來進行視導工作。 2.臨床視導係指透過視導人員藉由實際觀察教師的教學行為，並根據依此蒐集的資料，與教師進行直接雙向互動，以促進教師永續專業發展及增進教學效果，其實施步驟包括計畫會議、現場觀察及分析、回饋會議、反省合作等；此外，臨床視導之實施記錄亦有助於視導人員自我改進之參考。
非臨床視導	視導者並沒有進入被視導者的工作場域，而只透過間接的閱讀資料或訪談，來進行視導工作。
發展性視導	視導方式會隨著被視導者的發展程度而有所不同，希望可以促進被視導者順利進行專業發展。

類型	要點
非發展性視導	對於每個視導者的視導方式都相同。
教學視導	1. 主要是針對教師的教學活動及策略進行視導。 2. 教學視導的權變途徑係指發展性視導（developmental supervision），係指配合被視導者的發展階段彈性調整視導方式，並協助被視導者轉型到較高發展層次的一種視導方式；主要類型可分為指導型、合作型及非指導型。
行政視導	對教育行政運作歷程進行視導。
外來視導	由教育組織外部的視導人員所進行的視導工作。
自我視導	由教育組織成員本身透過自我反省思考所進行的視導工作。
同儕視導	由兩位以上的同僚，透過彼此觀察、分析、評鑑教學活動，改進既有的教學問題，並學習新的教學方法。

(三)我國教育視導之問題

1. 教育視導者對被視導者的運作狀況不甚理解，而缺乏對被視導者各層面有深入了解。
2. 教育視導模式無法配合學校機關的特色和發展模式，去挑選適合的視導方式。
3. 教育視導者與被視導者在視導前後的溝通不足，而無法達到視導的目標。
4. 教育視導者在進行視導時態度不夠客觀與尊重，因此未能有效達到視導的目的。
5. 教育視導後的檢討和專業成長計畫的擬定、追蹤輔導等，視導人員無法取得被視導者的積極配合。

(四)改進教育視導問題之可行途徑：

1. 對於教育視導人員應健全培育措施，以使視導人員能真正發揮專業，並藉由視導過程發現教育的各項問題，以達到理想的教育目標。
2. 教育視導模式應針對學校機關的發展特色，挑選合宜的視導方式。
3. 教育視導人員在視導前，應先針對被視導者有全面性的了解，才能有利於教育問題的發現，以促進學校效能的提升。
4. 教育視導人員在進行視導時，應秉持公正、公平、公開及客觀等原則，以取得視導者的信任與配合，達成視導的目標。

5.教育視導完成後，教育視導人員應提出積極性的改進方案，並與被視導者維持平等理性的溝通，促使被視導者不斷的自我反省與改進，以實現卓越的教育願景。

重點六　教育行銷及教育公共關係

一 教育行銷典範的演變

　　教育行銷的理論基礎源於行銷學領域，若引用科特勒（Kotler）等（2011）的觀點，可將教育行銷劃分為教育行銷1.0、2.0、3.0，共三個時期，每個時期都有不同的定義及特色，茲整理如下：

教育行銷	1.0階段	2.0階段	3.0階段
興起背景	工業革命的技術起飛。	資訊科技及網路的盛行。	科技與人文的結合，社群媒體的興起。
對市場的基本假設	有物質功能需求的群眾。	有情感需求的消費者。	有精神深層需求的人類。
目　標	銷售教育產品。	滿足消費者的教育需求。	創造更美好的世界。
特　色	1.以教育產品及功能為核心。 2.以交易賣出產品為導向。	1.以消費者為核心。 2.以建立關係為導向。	1.追求更優質的願景與價值。 2.邀請消費者參與學校經營過程。
行銷策略	大量生產，統一規格，降低成本的教育工廠模式。	進行市場區隔，針對每個教育消費者提出適當的教育產品。	連結文化行銷、精神行銷及協同行銷。

資料來源：修改自科特勒（Kotler）等（2011）。

二　教育行銷的基本概念

(一)教育行銷的意義及原則

1.「教育行銷」的定義是指將行銷觀念應用在學校教育行政運作，亦即，是對學校教育事務進行行銷管理的過程。

2.換言之，教育行銷係指「將行銷觀念應用在教育領域，透過界定組織使命、進行情勢分析、訂定教育行銷目標、教育行銷策略和行銷控制以達成學校目標的完整歷程」。

3.蓋瑞(Gary)認為最適用的教育行銷組合為5P組合，即：

(1)**產品策略**（Product）。　　(2)**價格策略**（Price）。

(3)**推廣策略**（Promotion）。　(4)**通路策略**（Place）。

(5)**人員策略**（Personnel）。

4.教育行銷的原則

(1)把焦點放在能從您身上獲益最多的消費者。

(2)協助消費者可以順利接受您的訊息。

(3)用實惠的價格來反應您提供的品質。

(二)教育行銷的類型

教育行銷類型	概念內涵
價值行銷	1.係指透過商品所附屬的內在理念或潛在價值，例如：品牌、美感、時尚等等，讓消費者不僅願意花錢購買商品，也願意建立對商品的認同。 2.在教育應用方面，學校應立基於學校本位課程的精神，彰顯出學校的獨特價值，並透過相關行銷策略，讓教育顧客產生認同與選擇。
服務行銷	1.服務行銷是指在教育上，強調教育的服務性功能，以獲得社會大眾的認同，而實現教育目標，使顧客得到滿意，例如：大學成為補習教育的一環。 2.其象徵了學校社區化的理念，且使學校成為終身學習社會的基石。
公關行銷	1.公關行銷是指強調與外界的互動溝通，以突顯學校本身特色，來吸引教育投資，並擴張學校的社會網絡，吸引社會大眾注意，例如：近來舉辦的大學、研究所博覽會。 2.其展現符應學校經營革新的精神。

教育行銷類型	概念內涵
綠色行銷	1.綠色行銷是指建構綠色校園，訴求環保策略的行銷手段。建立學校的環保形象，例如：學校舉辦的社區清潔日、勞動服務等，都可顯示學校的環保功能。 2.其落實生態教育學的訴求。
網絡行銷	網路行銷是指藉由資訊網路的設備，推廣學校的特色，例如：學校的專屬網站，可讓外界輕易了解學校相關訊息。

(三)在學校經營方面，具體可行的教育行銷策略：

1. 學校領導者與相關成員應積極提昇本身專業知能，了解教育行銷對學校經營的必要性與重要性，以建立推行教育行銷的意願。
2. 應設置專責之學校教育行銷單位，延攬專家，提出完善的學校教育行銷計畫，並提高計畫的執行力。
3. 宜發展學校本位課程，並加強學校公共關係，以大力宣傳學校的辦學特色與績效。
4. 應健全相關的教育評鑑機制，包括民調方式，以掌握學校教育行銷的成效與時代潮流的脈動。
5. 學校應著重行銷的功能，以提升本身競爭力。
6. 應提升學校相關人員專業知能，以走出校園，創造教育願景。
7. 應建立公正公信的教育評鑑機制，來促進學校品質績效。
8. 學校不僅需對家長、學生從事「外部行銷」，還需要對教職員工從事「內部行銷」，而教職員工則需透過「互動行銷」持續對家長、學生提供良好的服務，以促進學校整全之發展。

三 教育行銷和品牌管理

(一)教育行銷和品牌管理的基本概念

1.教育行銷：

(1)定義：著名的提倡學者有科特勒（Kotler），教育行銷係指透過內部與外部環境分析，並考量教育市場及顧客需求，有效運用產品、價格、推廣策略、行銷通路等，來促進組織發展與達成組織目標。

(2)類型：教育行銷包括內部行銷、外部行銷及互動行銷等。

(3)教育行銷策略包括：服務行銷、公關行銷、綠色行銷、網路行銷等。

　　2.**品牌管理**：
　　　(1)**定義**：學校品牌具有外在意義及內在意義，從外在意義的觀點而言，學校品牌象徵學校的名稱、符號等，從內在意義的觀點而言，學校品牌象徵學校的價值觀、教育理念等；品牌管理係指一個機構應用行銷技術到特定的產品或服務，並透過名字、符號或標誌等媒介，增加消費者知覺其價值，以有效建立自己企業形象及提高組織效能。
　　　(2)**功能**：學校品牌可以用來進行市場區隔，作為吸引教育消費者及象徵學校的競爭力。

(二)**教育行銷和品牌管理實踐於學校行政實務中的贊成論述**
　　1.**學理基礎**：
　　　(1)從新自由主義的觀點，其反對國家力量干預教育市場機制，強調自由競爭、開放及選擇等的教育市場價值，提倡市場治理模式的實踐，所以，學校行政運作應透過教育行銷及品牌管理來彰顯本身的教育市場價值，以吸引教育消費者的注意及滿足教育消費者的需求，並強化學校品牌資產。
　　　(2)從開放系統理論觀點，學校行政運作應和各次級系統進行互動回饋，亦即學校行政運作必須關注外在及內在的成員需求，強化優質互動的教育公共關係，以提升學校品牌形象及在各教育利害關係人心中建立良好的學校品牌知覺品質。
　　2.**實務應用角度**：
　　　(1)**學校選擇權運動**：人民為教育權之主體，且受到市場化的影響，家長及學生應具有學校選擇權，所以透過教育行銷和品牌管理，可以凸顯學校的市場價值及特色，並提供充足資訊，以保障家長及學生的學校選擇權。
　　　(2)**少子化及全球化的衝擊**：面對少子化及全球化的衝擊，學校可以透過教育行銷和品牌管理的運作，找到學校本身的市場定位，做好具差異性的市場區隔，並找出學校經營的藍海策略及強化核心競爭力，以使學校永續發展。
　　　(3)**學校本位管理、追求教育品質等**。

(三)**教育行銷和品牌管理實踐於學校行政實務中的反對論述**
　　1.**學理基礎**：
　　　(1)**對新自由主義的反思**：當過度強調市場治理模式的教育行銷即品牌管理，將導致教育商業化及商品化，但是學校教育具有理想性、知識性

及社會責任，並非只是單純的生產者及消費者之間的利益價值之交換過程。

(2)**麥當勞化理論的觀點**：若學校未釐清教育本質，將教育行銷及品牌管理作為目的，一味地借用或模仿其他機構的教育行銷計畫或品牌管理策略，將容易落入理性牢籠，導致學校教育產生異化。

2.**實務應用角度**：

(1)由市場治理模式衍生的教育行銷策略及品牌管理策略，衝擊專業自主取向的教師系統，導致教師成為勞工或知識販售者。

(2)學校屬於非營利組織，且兼具知識創新、道德規範、社會責任等組織特色，以成本利益最大化為核心的教育行銷及品牌管理，容易造成單面向的學校教育商品化，反而導致學校一味因應市場的世俗需求，而無法建立本身特色價值。

(四)總之，當學校進行教育行銷及品牌管理時，**應該重新學校行銷及品牌管理是否具備合法性及道德性**，促使學校行銷及品牌管理能夠遵循合法性及道德性的訴求，運用關懷倫理尊重學校利害關係人的權益，重新獲得學校利害關係人的認可，進而解決學校行銷及品牌管理的正當性危機。

四 教育公共關係

(一)**教育公共關係的興起背景**

1.社會大眾對於學校產出績效的要求。

2.學校資源為全民共有，因此學校必須作好與社會的互動，以民意作為辦學的準則。

3.對於人權平等的教育要求，因此學校對學生的管教、性別議題、教育工作權的確保等，都受到各界的監督。

(二)**教育公共關係之相關意涵**：

1.**定義**：係指教育機關和社區、社會團體、政府部門或傳播媒體之間的溝通互動歷程。

2.**功能**：有助於教育機關宣傳教育辦學理念，以吸引相關教育投資，並提升教育的受重視性。

3.**要素**：包括推廣、溝通、行銷和服務等。

(三)**教育公共關係面臨之困境**：

1.與傳統教育的封閉文化格格不入，亦即教育相關成員習於聽從高層的指示而辦事，缺乏與外界互動的認知。

2.未成立公共關係部門,容易淪為教育行政機關首長在教育經營上的單打獨鬥,以致成效不彰。

3.未完善相關法規,也缺乏足夠的經費資源,且受到傳統價值觀的誤解,導致公共關係的經營常被貼上紅包文化之標籤。

4.教育相關成員缺乏自己的教育理念,所以無法向外界行銷教育理念與成果,來爭取外界認同。

(四)教育行政機關首長有效推動良好教育公共關係的可行途徑:

1.應鼓勵教育行政機關相關成員應有自己的教育理念,並透過相關進修學道,以促進自己專業發展,來爭取外界認可。

2.應積極健全相關教育法規,以賦予教育公共關係經營之合理規範與正當性。

3.宜爭取及擴充相關教育公共關係經費,以維持教育公共關係經營的正常運作。

4.應設立教育公共關係專責單位,並善用大眾傳播媒體,以行銷教育政策理念與成果。

5.應發展學校和社區合作夥伴關係,實現學校社區化及社區學校化的理想。

6.應成立學校推動公共關係的專責單位,且健全相關法規及給予充足經費設備支援,並且以專業為考量,審慎進行學校公共關係室的人事決定。

7.應先了解社區各有力人士的檔案,在平時便建立良好關係,且可善用家長會、校友會、學校義工等組織,以增加家長與社區人士的參與,強化學校公共形象,擴展學校公共關係。

8.可積極參與社區活動,了解社區居民的意見學校,以與社區形成良好之互動關係,相互應用其資源,達成學校社區化與社區學校化之理想。

9.而學校行政人員應有服務熱忱及專業知能,避免給予外界官僚形象。

10.可善用網路科技的宣傳功能,並搭配多元教育行銷(女性行銷、神秘行銷、綠色行銷、品牌行銷等),以建立學校品質優質度及識別度,找出學校創新經營的藍海策略。

11.綜上所述,學校公共關係的經營亦為學校行政工作重要一環,應研擬相關配套措施,發揮真正功能,以提升學校效能與品質。

重點七 教育法學課題

一 行政程序法的重要原則

(一)分析教育行政程序之一般原則

1.**明確性原則**：係指行政之決定與內容明白正確，使用之語詞恰能表現行政行為之意旨。

2.**平等性原則**：係指在法律之前人人平等，相同事實應給予相同平等對待。

3.比例原則：係指行政行為不得逾越必要的程度，拿捏需適度不得過度。

4.誠實信用原則：係指行政行為應以誠實且信守承諾之方法為之，誠實信用是法律之最好原則，故又稱作帝王條款。

5.信賴保護原則：係指法令與行政行為應有安定性，使人民得以遵循，且人民因信賴行政行為所生之損害，應予保護。

6.應予衡量原則：係指行政機關須作全盤考慮之決定，兼重當事人利與不利的情形，俾使公益與私益獲得均衡。

7.法律優為原則：係指法律優越於行政作用，行政行為不得與法律牴觸，又稱為消極的依法行政。

8.法律保留原則：係指行政機關對與人民基本權利有關的重要事項的作為，須以憲法保留給國會決定的法律為依據。

(二)落實程序正義的要徑：

1.加強學校機關本身的法律與道德教育，充實法律知能。

2.做任何教育決定之前，務必同時考慮到正義與技術層面，才能兼重程序正義與實質正義。

3.懲戒教育行政人員或教師前，需讓利害關係人陳述己見，並建立整全之申訴制度，以救濟事前可能疏忽實質與程序正義之不足。

二 特別權力關係

(一)特別權力關係的基本概念

1.**烏拉（Ule）針對特別權力關係提出基礎關係與管理關係：**

(1)基礎關係：係指與個人身份或利益有直接變更、結束等作為，例如：公務人員之聘任、退休、轉任；學生之入學、休學、退學等。

(2)管理關係：係指一般性的管理措施，例如：學生之上課科目安排、公務員之業務分配等。

2.屬於基礎關係上之行政上處置，應視為行政處分；屬於管理關係範圍內事項，則不得提起爭訟。

(二)「特別權力關係」理論的影響程度之變化

　1.傳統特別權力關係之特徵：

　　(1)當事人地位不對等。　　(2)當事人義務不確定。

　　(3)有特定的特別規則加以規定特別權力關係。

　　(4)有懲戒罰。　　　　　　(5)不得爭訟。

　2.現代特別權力關係演變如下：

　　(1)特別權力關係範圍縮小。

　　(2)許可提起行政訴訟，例如：救濟。

　　(3)涉及基本權利限制者，亦應有法律之依據。

重點八　教育行政的組織變革及再造

一　組織變革

(一)組織變革的基本概念

　1.定義：

　　(1)組織變革係指由於組織內、外環境的變遷與壓力，組織必須針對個人、團體或組織層面，在計畫性或非計畫性的情形下，採取相關變革策略以轉變組織內部的狀態、情境或層次，以達組織永續生存與發展目標的歷程。

　　(2)組織變革係指組織為適應內、外環境變遷，對組成元素進行調整，提升自我更新能力，發揮以變應變維持組織的平衡，進而達成組織之持續生存與進步發展的過程。

　　(3)學校組織變革的定義：學校組織為達成教育目標、解決學校教育問題、因應內外壓力、符應教學需求、提升教育品質，所進行計畫性與非計畫性的重組、調整、改變的歷程。

(4)不同的意識型態會造成不同的學校組織變革結果，學校組織變革是學校為了因應內、外環境的變化，提出一系列有計畫性的變革，改變學校組織的型態，包括：組織結構轉化、組織人員心態調整、引進新的技術等，以適應周遭環境，更有效率的處理學校事務，其組織變革是一連串循序漸進的歷程。

2.**組織變革類型：**

類型	說明
組織內變革	發生於組織內部的興革過程。
組織外變革	發生於組織外部的興革過程。
組織技術變革	改變工作方法。
組織結構變革	改變組織結構。
組織成員變革	改變組織成員的態度、價值觀等。
組織領導變革	改變組織領導者的領導模式。
組織策略變革	改變組織經營策略。
組織文化變革	改變組織文化，如組織基本假設、價值觀等改變。
漸進式組織變革	長時間漸進的組織變革歷程。
激進式組織變革	短時間之內，進行全面的組織變革。

(二)組織變革的影響因素

1.**外部環境因素，例如，政治、經濟、文化、教育政策、教育思潮、國外趨勢以及輿論壓力等：**

(1)政治：政治的意義型態常影響政策的決定，進而造成組織興革。

(2)經濟：國家經濟情況的變化，往往影響組織的興革。

(3)文化：文化背景的改變，會導致組織興革。

(4)政策：國家政策（尤其教育政策）改變，（教育）組織也會因此進行興革。

(5)法令：新法令的頒布及舊法令的修訂，常使組織採取興革之措施因應。

2.**內部環境因素，例如，組織文化、內部事件、成員壓力、領導者風格等：**

(1)成員壓力：組織成員個人或團體的訴求，會促進組織的興革。

(2)領導風格：領導者的領導風格，會影響組織的興革與發展。

(3)組織文化：組織文化以及氣氛，會影響到組織的各種運作，興革自不例外。

(4)目標改變：組織目標的改變勢必帶動組織在手段及方法上之革新。

(5)重大事件：組織內部重大事件的發生，必使組織成為各方關注焦點。而要解決事件所暴露出來之問題，則組織本身就得進行改革。

(三)勒溫的組織變革理論

1.組織變革包括**解凍**（unfreezing）、**改變**（changing）至另一種狀態、將新的**改變復凍**（refreezing）等三個歷程。

2. 以「學校接辦教師資格檢定之新業務」為例，說明學校行政人員進行教育組織變革的歷程：

(1)**解凍階段**：當學校接獲承辦教師資格檢定的新業務時，打破了原來學校組織的業務分配平衡，導致相關成員出現認知失調，但是也引發了改變的契機，開始尋求解決方案。

(2)**在解凍階段中**，若是興革助力大於興革阻力，則學校教育組織革新將順利啟動。

(3)**在改變的階段中**，學校行政人員可能在學校領導者的帶領下或是上一所學校的經驗傳承中，瞭解「教師資格檢定」之相關業務，並開始蒐集與分析相關資料，以建立計畫方案，以執行「教師資格檢定」之業務。

(4)**在復凍階段中**，當學校行政人員完成教育組織革新後，便制度化革新與計畫發展方案，以繼續「教師資格檢定」業務及維持革新成果。

(四)教育領導者推動成功組織變革的可行策略

1.教育領導者可透過組織變革進行組織再造，將學校組織轉化為學習型組織、教導型組織及學習共同體，且組織結構可朝向扁平式組織或網狀組織而調整，以提升教育行政效能及效率。

2.教育領導者進行組織變革時，應滿足教育組織成員的需求，並獲得教育組織成員的支持與配合。

3.教育領導者進行組織變革時，應進行變革領導，也應讓教育組織成員參與組織變革的相關決策，並採取漸進方式的組織變革模式，強化組織溝通，以緩和成員適應困難及減輕抗拒力量。

二 組織再造

(一)組織再造的基本概念

1.組織再造是指由於外部環境的變動或內在事件的發生，而導致組織進行一連串的改進、重造和創生的歷程。

2.組織再造著重在教育組織結構的制度變革，亦即透過控制輻度，部門劃分或指揮鏈重組等策略，來回應當前環境系統的挑戰和促使組織永續生存發展。

3.組織再造的結果可能會成功，也有可能失敗。

(二)教育行政組織再造的面向

1.可採取依教育組織目的或行政程序，重新對教育行政組織部門進行劃分重組，以提升教育行政效率。

2.可統整垂直組織及水平組織，以提升教育行政組織運作績效。

3.可因應外部環境需求，重新進行人事編制或成立新事務的專責單位。

4.應妥善進行願景規劃，成立教育行政組織永續發展機制。

5.應進行全方位的教育行政組織再造，包括：「管理結構再造」、「成員角色再造」、「作業流程再造」、「經營理念再造」。

6.2013年我國教育部組織改造成果：

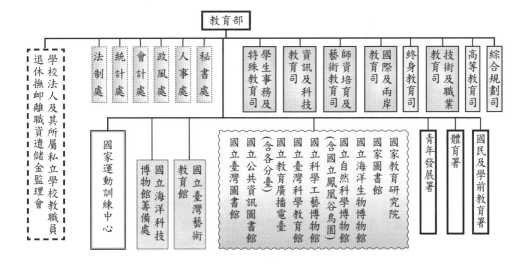

教育部組織圖

(三)有效進行教育行政組織再造的可行作法

　1.「**管理結構再造**」：

　　(1)營造教育行政組織成為學習型組織及教導型組織，並採用全面品質管理，以提升教育行政效能。

　　(2)應視教育情境需求，適時進行教育行政組織的部門重組、控制輻度調整，以使教育行政組織扁平化，來提升教育行政運作的績效品質。

　2.「**成員角色再造**」：

　　(1)建立互助合作的教育行政組織文化，並透過授權領導，讓每個教育行政組織成員都可擁有彰權益能之能力，以活化教育行政組織的整體運作效能。

　　(2)重視成員的向上領導，讓每個成員都具有高組織承諾。

　3.「**作業流程再造**」：

　　(1)應修訂完善相關法令規章，以使教育行政組織再造有法源依據，並以策略規劃角度，統籌規劃各組織單位及負責業務。

　　(2)設立各單位之溝通管道，也應設立單一作業窗口，以提升教育行政組織的行政效率及品質。

　4.「**經營理念再造**」：

　　(1)教育領導者及教育行政組織成員都應瞭解組織再造為常態的組織行為，且是為了促進組織永續發展的策略。

　　(2)適時引進新興的教育組織理念，例如：全面品質管理、變形蟲組織、學習型組織、教導型組織、學習共同體等。

三 組織學習

(一)組織學習的基本概念

　1.定義：

　　(1)係指透過個人、團隊與組織等多面向的學習，以促進教育行政組織目標的達成及教育行政組織成員需求的滿足。

　　(2)係指教育行政組織透過持續性且有效的個人學習、團隊學習與整體組織的學習，進而有效解決組織所面臨的問題，並提升組織創新與應變的能力，以促進組織成員與整體組織的發展。

　2.功能：

　　(1)提升教育行政組織成員的問題解決能力。

　　(2)促進教育行政組織成員專業成長。

　　(3)增加教育行政組織的應變能力。

　　(4)有利教育行政組織的永續發展。

(二)組織學習的向度

　　1.個人向度。　　2.團隊向度。　　3.組織向度。

四 組織素養

(一)組織素養的基本概念

　　1.最早期，「素養」係指一種能力，是偏向靜態觀點；現今的「素養」概念，是偏向動態觀點，要能夠回應環境系統的挑戰。

　　2.組織素養（Organizational Literacy）係指組織成員具備組織運作所需的基本知識與技能，並能有效且正確使用。

　　3.教育組織素養的組成概念：

　　(1)教育組織的權力運作能力。　　(2)策略性的教育行動知能。

　　(3)政治性的教育行動知能。　　(4)教育組織的價值信念及文化。

　　(5)教育組織的倫理規範。

(二)教育組織素養對於提升教育行政實踐品質的功能

　　1.可幫助教育領導者及教育行政組織成員瞭解教育行政組織之政治面向及文化面向，對可能出現之病態教育行政行為，進行多角度分析及提出因應策略。

　　2.有助讓教育行政運作及教育政策制訂充滿多元論述對話，讓多元的邊際聲音都有充足發聲之空間。

　　3.有助形塑合乎真誠性、可理解性、合法性、正當性的無宰制教育行政溝通情境，並落實教育行政專業倫理。

五 組織認同

(一)組織認同的基本概念

　　1.後現代主義反對主體的概念，對於個人的定位在於先承認他者的存在，承認人具有選擇自己認同的自主性，但是不應將自己的認同加在他人身上。

　　2.所以，在後現代主義的觀點中，組織認同係指教育行政組織成員認同自我及組織目標，並希望自己能維持成為該組織一員的態度傾向。

　　3.若是教育行政組織成員的組織認同越高，則其離職率愈低，工作滿意度愈高。

(二)教育行政組織認同的特徵

1. 教育行政組織認同係呈現多元開放的特質，例如：目前學校本位課程即強調建立學校特色，以吸引社區認同提高競爭力，每位成員都必須對學校高度認同，才能提升學校聲望。

2. 教育行政組織認同的建立過程中，係呈現動態、尊重的溝通歷程，且每一個人的自我都會得到充分發聲的機會。

3. 換言之，教育行政組織中的每個組織成員，對於要建立要建立何種教育行政組織認同，具有相當的自主權，呈現一種反本質論的後現代主義特徵。

自我評量

一、教育行政注重決策（decision making），試問決策與教育理想有何關係？【91年升官考】

二、教育行政人員的權力基礎（power bases）有那些？運用權力時應遵循那些原則才能發揮效果？請分別申論之。【91年高考】

三、校務評鑑是提升學校品質的有效策略，請說明當前校務評鑑遭遇哪些困難，應該如何加以克服？【92年高考】

四、組織再造的意涵為何？組織再造應掌握那些重要內涵？試以教育行政機關或學校為例析述之。【93年身心障礙三等特考】

五、何謂「向上領導」？向上領導應有何基本原則，其限制又為何？試析論之。【93年身心障礙三等特考】

六、試析述「360度績效評估」（360 degree performance assessment）及「平衡計分卡」（balanced scorecard）的意涵，並析論教育行政機關或學校組織在導入上述績效評估策略時，應有的配套措施。【94年高考】

七、從組織特性來看，學校是一種「雙系統組織」（dual system organization）。請析論：(一)雙系統組織的結構與歷程有何特徵？(二)學校作為一種雙系統組織有何「優勢」與「劣勢」？(三)地方教育行政人員如何善用學校組織特性領導校務發展？【95年地方三等特考】

八、何謂學習型組織？學習型組織的特色為何？試說明之。【95年身心障礙三等特考】

九、在教育行政機關中，如何激勵成員竭盡心力，發揮潛能投注於教育行政工作，並協助整體組織的發展，是教育行政工作能否成功的關鍵。請綜合運用需求層次論（need hierarchy theory）、公平理論（equity theory）與期望理論（expectancy theory），提出教育行政機關如何激勵成員的做法。【95年原住民三等特考】

十、校務評鑑的目的為何？而「後設評鑑（meta-evaluation）」又對校務評鑑的實施有何意義？【96年高考】

十一、Michael Lipsky「基層官僚如同政策制定者」（Street-Level Bureaucrats as Policy Makers）這項陳述的意涵為何？對於教育行政規劃與政策制定有何啟示？並請舉一個教育決策者或行政人員在政策規劃或制定時可採行的作法，將上述這個觀點應用在改進教育行政或教育政策的規劃與制定上。【97年高考】

十二、學校若能有良好的公共關係，可增加學校發展的助力並降低阻力。試述學校如何有效推展公共關係？【98年普考】

十三、教育行政管理就過程而言，約可分為計劃、組織、溝通、領導和評鑑五個步驟，請逐項說明每一步驟所涵蓋之工作內容。【99年地方四等特考】

十四、專業教育評鑑實施的特徵為何？如欲達成評鑑的目的，並把評鑑工作做好，於實施評鑑時，應注意到那些原則？【100年地方三等特考】

十五、正向領導（Positive leadership）的意涵為何？教育行政領導者或人員如欲協助組織成員建立正向工作表現，宜採行何種領導策略？請加以申論。【100年地方三等特考】

十六、教育行政激勵的方法有那些？正向領導（Positive leadership）的意義內涵為何？如欲建構校長正向領導模式，可採行那些階段和步驟？【101年高考】

十七、導影響力的重要來源之一即為權力，教育行政人員的權力基礎與類型有那些？如欲運用權力以有效達成組織目標，應把握那些原則？【101年地方三等特考】

重點試題解析範例

一、作為「非營利組織」（nonprofit organization），學校組織有何特性？學校行政應如何善用學校組織特性以發揮學校教育效能？

答：非營利組織係指不以獲得物質利益為主要目標的組織，茲依題意說明如下：

(一)學校組織作為非營利組織之相關意涵

1.屬於服務性的工作。

2.履行社會的根本功能。

3.較具有學術化的性質。

4.運作績效極難評鑑。

5.顯明度高亦遭致批評。

(二)學校行政利用學校組織特性來發揮學校教育效能之可行途徑

1.學校應以營造積極性氣氛或開放型氣氛為原則，而校長也應以身作則與建立公平競爭與激勵制度。

2.宜建構合宜的學校文化，且教育成員應做好形象管理，以及學校空間管理與舉辦具特色的活動等，均有益於學校氣氛的營造。

3.校長可以透過文化領導的方式，包括校長對學校文化理念的建構傳播與示範，以及透過人造器物的建設形塑組織文化等。

4.學校也宜建構合理的甄選、升遷、獎懲與資源分配的標準，還有加強新進人員的社會化傳承學校文化等，以營造優質的學校文化，實現教育目標。

5.應使學校成為學習型組織與催化型組織，並進行組織再造，以使學校教育校能能夠有效發揮。

參考書目：林天祐（2003），教育行政學，心理，第一版。

艾育（2013），名師壓箱秘笈－教育行政學，千華。

教育圓夢網（2013），94至102年教育行政高普特考解析，教育圓夢網。

二、請析論下列有關「行政領導」的議題：(一)何謂「領導」（leadership）？(二)領導者（the leader)憑什麼能擁有影響他人的「權力」（power）？(三)什麼樣的領導才是「有效能」（effective）領導？

答：領導者使用不同的領導能力，往往會造成不同的領導風格，茲依題意說明如下：

(一)領導之基本概念：

　　1.領導就是引導團體向目標的方向邁進，期能達成共同的目標的行政行為。

　　2.教育行政領導是領導者在教育組織的情境中，熟知領導理論的意義及其功用，並藉著影響力導引成員努力的方向，使其同心協力達成組織目標之歷程。

(二)影響他人的「權力」之說明：

　　1.獎賞權：係指透過物質性與精神性的獎賞而取得的影響力。

　　2.強制權：係指透過強迫或是懲罰而取得的影響力。

　　3.法職權：係指透過法規或是職位而取得的影響力。

　　4.參照權：係指透過高尚的人格使人認同而取得的影響力。

　　5.專家權：係指透過專門知識所獲得的影響力。

　　6.情感權：係指因為受人喜歡所獲得的權力。

(三)進行有效能領導之可行策略：

　　1.領導者應具有目標管理意識，並依據目標管理的精神，與組織成員共同訂定教育願景。

　　2.此外，領導者應具備領導哲學觀，並對教育工作可以全心投入，且在人力資源管理方面要能夠知人善任，並做好授權決定的參與管理。

　　3.再者，領導者可在兼顧倡導與關懷的基礎上實施權變領導，並善用非正式組織的功能。

　　4.領導者應兼備各種權力的影響力，並適時發揮成功領導者的特質，實施道德領導、服務領導與轉型領導。

　　5.最後則應暢通學校溝通管道，以善用正面溝通策略來協調學校相關成員的看法與行動。

參考書目：陳培林（2013），教育行政學經典歷年試題解析，千華。

　　　　　　張鈿富（2006），學校行政：理念與創新，高等。

　　　　　　艾育（2013），名師壓箱秘笈－教育行政學，千華。

第**4**章 教育行政專業及倫理

頻出度 B：依出題頻率分為：A 頻率高、B 頻率中、C 頻率低

各考試出題排行榜　👑1高考　👑3身障三等
　　　　　　　　　👑2地方三等　👑4原民三等

重點一　教育行政專業

一 教育行政人員應具備的教育專業

(一)教育行政人員追求專業成長的重要性
1. 可提升國家教育競爭力，且達成優質精緻的教育行政願景。
2. 建立教育行政人員理想圖像，並且完善解決教育問題，有效提升教育品質。
3. 提升教育行政的專業性，並可以有效結合教育行政理論與實際。

(二)教育行政專業的相關內涵
1. 深入教育脈絡，以同理心去詮釋及理解教育現象，以批判倫理去探究及建構合理的教育權力關係。
2. 運用倫理決定去處理教育行政組織的價值兩難問題。
3. 具備持續學習的能力，也具備自我反省的能力，以避免專業主義的病態行為。
4. 屬於一種高度的心智活動，且屬於一種特殊的知識及技能，包括教育行政理論和實務基礎的專門知識。
5. 要受過長期的專業性質訓練，且要不斷在職進修。
6. 屬於永久性的終身事業，且以服務社會為目的，提供重要的公眾服務。
7. 要有一個健全的專業組織，且訂定可行的專業倫理規範，並以實務守則（practical code）來表現。

8.專業的教育行政實務工作者需要高度的個人自主如獨立判斷以有效執行工作。

(三)教育人員在專業上應有之責任

1.應發展批判性思考能力,讓自己成為一個擁有自覺意識與自決行動能力的生命主體,以使教育理論與實務達成辯證合。

2.應具備教育行動研究能力,並具備教育反省之能力,以有效解決教育實際問題及提升教育品質。

3.應具備終身學習能力,並擁有科技能力與人文情懷,且可以遵守教育專業倫理,展現良善之道德行為。

(四)提升教育專業的教育政策-教學輔導教師制度

1.「教學輔導教師制度」是指在教學專業或教學經驗上,能提供其它同儕教師獲得教學專業發展的教師。其功能在於協助新進教師社會化、建立同儕間專業對話,並且有助建立學術社群,以有效提升教師效能,使學校成為一學習型組織。

2.「教學輔導教師制度」的建置目的在於透過教學優良教師的教學視導方式,以提昇教師同儕之專業成長。

3.換言之,希望學校新進教師可以在「教學輔導教師」的協助之下,順利解決其在教學上所遭遇的問題與困難,並發展熟練教學技巧及提升教學品質。

4.我國中小學教學輔導教師制度之推動,於民國八十八學年度開始規劃,並於九十學年度由當時的臺北市立師範學院附設實驗國民小學進行試辦。

二 教育組織科層化與教育組織專業化的相關分析

(一)教育組織科層化的相關概念

1.**定義**:組織科層化的概念係由Weber所提出,係指應以法職權來進行組織運握,兼重理性與效率。

2.**特徵**:依法行事、專業分工、公正無私、用人唯才、層級節制、建立書面檔案等。

(二)教育組織專業化的相關概念

1.**定義**:係指教育組織的運作基礎為專業權,每個組織成員皆具有足夠的教育專業,擁有自主決定的空間。

2.**特徵**：教育相關人員在教學、課程、輔導、在職學習等各方面，均享有自主決定的權利，透過進修與自主權的賦予，以增加教育行政專業素養及提升教育效率。

(三)教育組織科層化與教育組織專業化可能產生的衝突

1.教育行政組織科層化的層級節制，容易造成行政與教學系統（專業）溝通不當。

2.教育行政組織若過度依法行事，將阻礙教育人員專業成長的管道。

3.教育領導人若只以法理權威帶領行政組織，不利於教育行政人員專業自主權的提升。

(四)解決教育組織科層化與教育組織專業化間緊張關係的可行策略

1.教育領導者了解科層化與專業化兩者之間並非全然對立，在追求理性與效率上，兩者的精神為一致，專業化為科層化之要素之一，兩者應為相輔相承。

2.教育領導者可多利用轉型領導、催化領導、走動管理方式，幫助教師參與學校行政事務。

3.教育領導者可實施教學領導與課程領導，鼓勵教師參與教學研習會、推動課程行動研究等，以提昇教師教學專業素質。

4.學校可做好知識管理，使學校知識能有效應用、轉換、分享，促進行政管理知識與教師專業認知的交流，將有助於兩者之溝通。

5.教育領導者應將專業化重視研究創新的精神，有效導入科層化的行政體系，活絡僵化的科層組織。

6.教育領導者可實施工作輪調，將工作擴大化與豐富化，並適度建立協調機制、授權制度，將有助於兩化之調和溝通。

重點二　教育行政倫理

一　教育行政倫理的基本概念

(一)倫理的基本概念

1. 希臘語為ethos，具有慣例之意。
2. 倫理是一種行為規範的準繩，用以規範人與人間的相處原則，並建立道德行為準則，且予以實踐。
3. 倫理是主體去進行良善生活的探索，可選擇更多觀點去處理問題，需有勇氣去支撐倫理的實踐。
4. 倫理是一種認知、實踐及規範，若個人的倫理認知歧異，將會造成倫理兩難的困境。

(二)教育行政倫理的定義

1. 傳統的教育行政倫理強調組織的穩定性、可預測性及一致性，多由教育行政高層以法職權、傳統權來決定倫理規範，並以正式的書面檔案進行上對下的單向溝通。
2. 後現代的教育行政倫理呈現出一種對人類文明發展的終極關懷精神，重視教育組織中的個人主體性及多元價值，以專業、解放與參照權行民主領導，可以補充傳統教育行政倫理的單面向觀點。
3. 總之，教育行政倫理的性質：
   (1)公共利益大於私人利益。
   (2)是一個是與非的價值命題。

(三)教育行政倫理的功能

1. **專業性**：
   (1)就功能面而言，教育行政倫理能夠提供教育組織所需的專業，以實踐教育任務。
   (2)就市場面而言，教育行政倫理能夠幫助教育組織面對市場競爭壓力，仍可以維持教育專業性及理想性。
2. **創新性**：教育行政倫理能夠提供教育組織及教育成員進行道德哲學的反省，發展高層次的心智及信念。

3.**實踐性**：
　(1)教育行政倫理是一個是與非的價值命題，但是在教育行政實際運作上，可以有效判斷教育行政決策的是與非，避免犧牲教育弱勢族群。
　(2)教育行政倫理的多元觀點有助教育領導者有效回應教育行政運作過程中的多元利益關係者之需求。

4.**規範性**：
　(1)透過履行教育市場競爭的倫理可以塑造符合教育目的的市場競爭，可避免教育行政組織腐敗。
　(2)教育行政倫理有助教育行政專業創新教育行政作為的合理性，可避免教育行政人員陷入過去的的慣性經驗思維。
　(3)若從經濟觀點，市場的構成因素為畏懼及貪念，所以道德容易受到忽視；但是，教育市場不能沒有道德，所以必須去思考各種教育行政倫理問題。

5.教育行政領導者透過教育行政倫理，能夠維持個人利益與群體利益之間的平衡及經營更合理的人際關係。

6.教育行政領導者透過教育行政倫理的實踐，能夠避免組織腐敗及產生瘋狂行為，且能夠有效回應每個利害關係人的利益及需求。

(四)**教育行政實務運作常見的倫理兩難問題之分析**
　1.**教育行政實務運作常見的倫理兩難問題之發生情境**：
　　(1)學校工程發包營運。　　(2)不適任教師的處理。
　　(3)教師甄選。　　　　　　(4)家長教育參與。
　　(5)教師專業自主與學校行政科層體制的衝突。

　2.**教育行政實務運作常見的倫理兩難問題之發生原因**：
　　(1)個人與個人的價值觀之衝突。
　　(2)個人教育理念與組織教育理念之衝突。
　　(3)學校不同次級團體的價值觀衝突。
　　(4)個人價值觀與現實環境條件之衝突。

　3.**教育行政倫理價值在實踐上的兩難困境之說明**：
　　(1)教育行政倫理所強調的應然面遠大於實際面，亦即教育行政倫理往往會與教育實際情境有所落差，往往造成教育行政人員的兩難衝突。
　　(2)教育行政倫理具有規範的功能，但是有時候教育法規所規定的理性層面卻會與教育行政倫理產生衝突，例如：保密原則。

(3)教育行政倫理能否實踐，取決個人是否具備自覺意識及自決行動能力，但個人往往會有本能的衝動，難以自覺。

(4)教育行政倫理必須要確實加以實踐才能彰顯其價值，但是有時教育行政倫理只淪為一種教育口號。

二 教育行政倫理的理論基礎（黃乃熒，2008；黃耀輝，2012）

(一)道德義務論

1. 道德義務論，又稱為嚴格主義或動機論，屬於主內派的道德觀點，代表學者為康德（Kant），屬於非結果論的道德理論，強調尊重、誠實、詮釋等普遍性道德規準。

2. 根據道德義務論的觀點，每個人都具有超乎經驗的先天觀念，是非善惡的辨別在於先天理性，個人認識這種先天理性的能力即稱為實踐理性。

3. 根據道德義務論的觀點，道德判斷應以個人行為動機為規準，一個人的行為動機決定行為的道德價值，且以不傷害他人為前提。

4. 道德原則：

(1)普遍化原則：如果你不願意其他人採取某一行為，你自己本身就不應該如此作。

(2)目的原則：任何道德上的正當行為，都應視其為目的。

(3)自為立法原則：強調自律。

5. 道德教育觀點：

(1)道德教育的最高理想為形塑個人在意志上的自律。

(2)道德教育的目標即在訓練個人善的意志，以形成個人品格。

(3)道德訓練過程係從內往外，主張讓個人擁有義務心。

(4)學生應養成自覺的品性、自由的人格，以及依照道德律而立身處世的習慣。

(5)用內在理性啟發方法，來自律學生自己行為。

(6)道德教育應注重品格陶冶，強調意志訓練的重要。

6. 可能限制：

(1)若個人僅有良善意志，卻忽略外在行動的合法性、道德性及正統性，將使個體行為缺乏正當性，例如，只強調尊重的倫理符碼，將有可能產生為上司頂罪的結果。

(2)強調先驗的道德原則，忽略人的經驗異質性及情境脈絡，也忽略文化的異質性。

(二)道德功利論

1. 道德功利論，又稱為快樂主義、功利主義或目的論，屬於主外派的道德觀點，代表學者為邊沁（Bentham）、米爾（Mill）、斯賓賽（Spencer），屬於結果論的道德理論，強調績效結果，重視公平、效益、公正等道德規準。

2. 根據道德功利論的觀點，決定道德行為的正當性規準在於個體的行為結果可以為最大多數人謀求最大利益，亦即可以為大多數人創造最大幸福，而所謂的幸福是一種愉悅的狀態及苦痛的缺乏，善就是快樂，惡即是痛苦，每個人在心理傾向都是追求快樂及避免痛苦。

3. 道德功利論及道德義務論皆以道德原則來規範道德行為。

4. 道德教育觀點：
   (1)道德教育目標在訓練有良好行為的個人。
   (2)道德教育需依賴外在的獎賞與懲罰來完成。
   (3)道德訓練方式是由外而內。

5. 可能限制：
   (1)在道德功利論強調的多數原則下（為大多數人創造最大幸福），注定會有人被犧牲，產生一種社會不正義的現象。
   (2)內在動機和外在行為無相關的道德功利論邏輯，充滿矛盾。

(三)道德自利論

1. 根據道德自利論的觀點，只有個體自己才會知道自己的需求，所以如果採用利他主義的立場，容易傷害他人的需求利益，或是只有想到犧牲自我利益，忽略促進自我利益，以達到利他的可能性。

2. 根據道德自利論的觀點，創造教育組織成員更多的自我利益，可以進而達成更多的利他結果（教育組織利益）。

3. 可能限制：
   (1)以自我利益為優先，可能隱含了自身利益優於他人的意涵，容易產生類似種族主義的弊病。
   (2)無法處理是否為了公共利益而自我犧牲的情形。

(四)道德理想主義：道德準則是先天存在的良善規範，具有一致性。

(五)道德相對主義：道德準則是由後天的文化脈絡存在，具有異質性。

(六)德行倫理學

1. 德行倫理學，又稱為幸福論，代表學者為亞理斯多德（Aristotle）、麥金泰爾（MacIntyre）等，主張以德行（virtue）作為倫理學的探究基礎與焦點，德行的概念如下：

(1)德行在不同脈絡下有不同的意涵。

(2)德行是是達成道德目的的一種外在手段。

(3)德行是達成良善生活的要素。

(4)德行是個人善盡個人的社會角色的歷程。

2.根據德行倫理學觀點，個人應透過促進個人本有能力的卓越化及良好人際關係的滿全，來達成幸福及至高善的倫理終極目標。

3.根據德行倫理學觀點，個人若願意開展各種良善的德行，是追求進步的一種驅力。

4.根據德行倫理學觀點，其強調慎思的、智慧的、勇氣的、正直的等倫理價值符碼。

5.道德教育的重點：

(1)道德是習慣養成的結果。

(2)道德德行不僅是品格特質，而是品格的卓越。

(3)有德行的人是道德向善的、卓越的，且令人欽羨的人。

(4)強調道德應該重視人的品格和氣質。

6.可能限制：

(1)個人覺得有展現公正的德行，但事實呈現或他人觀點未必如此。

(2)不同文化及時間脈絡所強調的德行未必相同，例如：美國強調第五級領導，但卻未必適合臺灣。

(七)**德行組織**

1.根據德行組織的觀點，主要是處理教育行政組織的文化問題，強調教育行政組織的正當性既是組織資源，也是組織目標。

2.根據德行組織的觀點，教育領導者應該具備情境判斷力，進而言之，因為教育資源有限，所以教育領導者要去思考應照顧菁英或弱勢。

(八)**正義論**

1.代表學者為羅爾斯（Rawls），主張每個人都具有相同自由的權利及相同品質的生活，強調合作、和平、自由、關懷、多元等倫理價值符碼。

2.根據正義論的觀點，一個合乎正義的社會，必須促使其處境最不利成員，獲得最大資源及利益，且重視程序正義及分配平等。

3.根據正義論的觀點，正義即公平，透過公平程序決定正義原則，可照顧功利論忽略的未受照顧的教育弱勢族群。

4.根據正義論的觀點，教育領導者應立基於原初立場的無知之幕（係指一個公平處境，教育領導者做決定時不知道某些特定事實，例如：階級），進行教育行政運作，以實踐垂直公平。

5.根據正義論的觀點，主張教育機會均等原則，各級教育制度應對所有人平等開放，且由於社會分工需要，任何教育制度的設計都需要滿足差異原則（對每一個人有利）。

6.可能限制：

(1)只注重形式上的程序正義及資源分配，可能忽略結構差異及個人能力所造成的教育機會不均等。

(2)忽略個人處境的差異，也忽略性別之間不平等的事實。

(九)關懷倫理

1.代表學者為諾汀斯（Noddings）及姬拉根（Gilligen），關懷倫理是在處理個人處境的問題，強調個人道德認知是在真實脈絡中所做的靈活判斷，而非受制於道德原則。

2.核心概念包括：同理心、身教、對話、練習關懷、肯定、情境、脈絡與關係等。

3.主張倫理學價值在於發展每個人彼此之間的關懷關係，強調這種關懷行為帶有情感意味，並非是純粹理性。

4.「關懷」具有普遍性價值，重視每個主體的聲音，所以每個人都要將他人感受視為自己的一部份。

5.諾汀斯（Noddings）的關懷倫理學要點：

關懷自己	1.關懷自己是指個人所從事的活動關係到自己的幸福。 2.學生對自己的關懷層面包括： (1)精神生活。(2)職業生活。(3)休閒生活。
關懷親密及熟識之人	由關懷自己出發，逐步引導學生由被關懷者的感受出發，去關懷周遭親密與熟識的人。
關懷不相識的人	1.在這一層面的關懷必須用到一些知識或推理，才能去關懷不相識的人。 2.例如：使學生理解到關懷自己是無法與社會隔離的，因而必須學習不同文化、培養感同身受、設身處地的能力。
關懷動植物及自然環境	對人以外的關懷，可以由對有生命的動物關懷到植物，乃至於對沒有生命的土壤、水文等的關懷，鼓舞學生關懷地球的自然生態。

關懷人為環境	體會人類文明的價值,學習到必備的技術及培養藝術鑑賞的能力。
關懷理念	培養個人關懷其特別有興趣的理念,使個人能夠體會各種理念與人生的關係。

6. 可能限制:
  (1)關懷倫理強調處理個人的處境問題,容易落入關懷者與被關懷者的主客體二分之困境。
  (2)不同階級、種族、性別等,所界定的關懷並不一致,也忽略親疏有別的經驗事實。
7. 由關懷倫理和正義倫理之角度,說明處理學校不適任教師的方法:
  (1)首先,應從「專業」及「績效」之觀點,來認定「不適任教師」,例如:不遵守上下課時間、以言語羞辱學生或體罰學生、親師溝通不良或班級經營欠佳,可歸責於教師者等。
  (2)學校如發現有「不適任教師」情事,得分別視個案情形組成調查小組主動進行查證,並根據「處理高級中等以下學校不適任教師應行注意事項」規定加以處理。
  (3)應安排教學輔導教師對不適任教師進行輔導,且可在平時透過完善在職進修機制,提升教師素質及促進教育專業發展。
(十)社會正義:主要在處理個體的種族及階級問題,可能挑戰在於成員本身的主觀詮釋問題。
(十一)實用倫理:呈現杜威觀點的思考,重視立基於文化脈絡的道德想像力,可以進行經驗的重建,進而超越經驗(transcental)。
(十二)新實用倫理
  1. 關注焦點包括:語言、常識、權力、文化慣例、情感等。
  2. 使用策略:
  (1)採取幽默對抗主流權威,避免直接衝突。
  (2)採取反諷語言揭露道德矛盾(使受話者理解才是反諷)。
  (3)善用立基於經驗的道德想像力,提升主體間關係的合理性。
  3. 可能限制:
  (1)每人的經驗脈絡對於反諷幽默的理解不同,如何確保產生正向效果。
  (2)只有揭露道德矛盾,有助於改變現狀嗎?

(十三)責任倫理

1.責任倫理是教育領導者應具備的關鍵條件，強調應採用良善途徑去達成教育任務。

2.責任倫理的實踐面向：

(1)法律是最低限度的責任標準。

(2)從績效論的觀點，責任倫理的實踐端視預定的教育任務是否有達成，但容易出現一將功成萬骨枯，犧牲少數人的道德暗影。

(3)從義務論的觀點，責任倫理的實踐要具有尊重、誠實等倫理價值符碼，但是要注意可能出現代罪羔羊（尊重首長而頂罪）的道德暗影。

(4)從代理論的觀點，責任倫理的實踐要給予個體足夠的選擇空間，但是要注意可能出現個體選擇容易任務，逃避困難任務的道德暗影。

(十四)論述倫理：強調所有教育參與者都擁有相等的主體意識，可以進行平等對話。

(十五)批判倫理：關注教育場域中的權力、利益、意識型態等交互作用，希望可以透過批判反省的途徑，解放被壓迫者的主體意識及重建美好的生活世界。

(十六)實踐倫理（黃乃熒，2011）

1.根據實踐倫理的觀點，教育相關人員必須挑戰存在於教育脈絡中的不當意識型態，且進行不斷的溝通，以重建合理的教育關係。

2.根據實踐倫理的觀點，教育相關人員應擁有教育改革的詩性智慧，挑戰文化霸權及包容異質立場，強化教育資源分配的公平性。

3.根據實踐倫理的觀點，教育場域中的各利害相關人間容易出現追求個體利益最大化的行動，容易導致利益犧牲者的悲愴情緒，產生不理性行動，所以，教育領導者要善用鉅觀及微觀的教育政策領導策略給予這些利益犧牲者找到希望及復原情緒。

(十七)道德認知理論

1.以「認知」觀點來探討道德發展，道德的實踐應該要兼重個人與社會的層面，且不應該確立固定道德目的，來限制道德的發展。

2.杜威（Dewey）將個體道德發展階段分為道德前期、道德成規期、自律期。

3.皮亞傑（Piaget）將個體道德發展階段分為無律、他律與自律三個階段。

4.柯爾伯格（Kohlberg）依據杜威（Dewey）與皮亞傑（Piaget）的觀點將道德發展分為三時期六階段，即道德成規前期（處罰與服從導向階段、

功利相對導向階段）、道德成規期（人際關係和諧導向階段、法律與秩序導向階段）、道德成規後期（遵守社會規約導向階段、道德普遍原則導向階段）。

5.道德教育重點：

(1)道德教育目的在於促進學生往更高的道德階段發展。

(2)道德教育規準為合情、合理與可行。

(3)道德教學原則包括普遍性、程序性、恕道性、對等性、公平性、自律性與自由性等。

(4)道德教學的方法多採用兩難式問題的討論教學法，使學生可以成為本身道德行為的立法者、執行者與司法者。

三　後現代教育行政倫理的興起背景及相關內涵

(一)後現代教育行政倫理的興起背景

1.補充傳統教育行政倫理的單面向關係。

2.抗拒傳統教育行政結構的宰制性。

3.回應民主化教育改革的需求。

4.挑戰傳統教育行政倫理的一致性觀點。

5.解放不當的教育意識型態。

6.源於後現代教育行政哲學的理念之實踐。

7.在教育行政典範轉移之後，教育行政倫理有重建的必要性。

8.**拯救傳統教育行政倫理之困境：**

(1)「上下」、「尊卑」等二元對立觀念，無法適應現今世界渾沌不可預測的現況。

(2)在彰顯主體性的教育理念蔚為主流之後，傳統的教育行政倫理造成各教育主體間的衝突日益增加。

(二)後現代教育行政倫理的相關內涵

1.後現代的教育行政倫理呈現出一種對人類文明發展的終極關懷精神，重視教育組織中的個人主體性及多元價值，以專業、解放與參照權行民主領導，可以補充傳統教育行政倫理的單面向觀點。

2.**後現代教育行政倫理的重要概念：**

(1)**主張教育實體的不確定性**，例如：一個教育決定具有一體兩面之價值判斷。

(2)**重視教育人員的主體自主性**，促進教育人員批判反省實踐及專業自主。

(3)**強調教育行政美學，重視對他者的關懷**，從人性觀點確實提升教育行政組織成員的生活品質。

(4)**挑戰獨大的教育權威**，重建教育組織中的文化價值。

(5)在教育行政組織中，**建構互為主體性的教育關係**，並進行持續性的溝通。

(6)**運用詩的語言進行教育行政運作**，展現立基於於經驗脈絡的教育意義重建及創造。

(7)**主張異質立場的並行，反省權力關係的合理性**，以提升管理智慧。

(8)在教育行政運作過程，**包容多元價值，強調對巨型理論的挑戰**，以真誠回應各種不同經驗或文化背景者的需求。

(9)**採用立基於平衡邏輯的弔詭管理**，整合教育組織及成員間的矛盾，以促進學校組織變革的成功及學校問題的解決。

(10)**重視教育隱喻的運用**，例如：學校組織即大腦、學校組織即文化集合體等。

3.**後現代教育行政倫理的功能：**

(1)有助於教育行政組織成員的專業發展。

(2)能夠提升教育行政組織成員的生活品質。

(3)能夠強化教育行政組織運作的合理性及正當性。

(4)有助建構合理的教育行政組織權力關係，彰顯個人主體性。

(5)有助教育行政組織成員間達成互為主體性的視野交融。

(6)有助賦於教育行政的意義無限可能性，換言之，可促進教育組織變革的可能性。

(7)有助於融攝教育行政組織間的多元價值，重建新的教育行政實體。

4.後現代教育行政倫理的重要性與日俱增，唯有真誠理解、批判反省及重建教育行政倫理，方能有效引領教育行政革新，重建新的教育行政實體。

(三)後現代教育行政倫理對於「現代性」的批判

1.「現代性」具有直線性典範之特徵，主張萬物皆是可預測，可控制的；後現代教育行政倫理則強調世界具有模糊不可預測性，呈現混沌性及變動性。

2.後現代教育行政倫理批判以「科學理性」為核心的「現代性」將成為鉅事敘述，具備排它性、強制性，忽視主體性的存有與價值。

3.後現代教育行政倫理批判「現代性」將主體客體化，且忽視教育的藝術性格。

4.後現代教育行政倫理批判「現代性」過度強調量化研究取向，將無法呈現教育本質意義。

5.後現代教育行政倫理認為「現代性」強調的合理溝通所獲得的共識，其本質為一後設敘述，帶有殖民主義意涵及霸權論述性質。

自我評量

一、何謂「校園倫理」？當前各級學校應如何有效推行「校園倫理」？試申論之。【94年地方四等特考】

二、何謂「教育行政倫理」？教育行政人員作決定需考量的倫理類型有那些？請析述之。【101年普考】

三、教育行政倫理的意義為何？其可分為那些層面？並請研擬教育與學校行政人員應遵守的倫理信條。【101年地方三等特考】

重點試題解析範例

一、教育工作者必須具備那些倫理素養？請根據批判教學論（Critical Pedagogy）提倡者弗雷勒（Paulo Freire）的主張說明之。【93年地方三等特考】

答：現代教育工作者除了要具有專業知能外，也要具有專業倫理素養，於此依題意論述如下：

(一) 弗雷勒之思想大要

1.主張教育是一種政治的行動，只有教師和學生都具有批判意識，才能使教育成為解放人民的有效行動。

2.批判傳統教育是一種囤積式教育，主張要以對話及提問的方式，來教導學生追求知識。

3.希望可以透過教育歷程，讓大眾覺醒自我意識，並具備自我行動能力，且能夠實踐民主教育之願景。

(二)由弗雷勒之思想，闡釋教育工作者須具備之倫理素養

　　1.首先，教師應成為一位文化工作者，而非技術人員，且師生之間應呈現互為主體關係，並透過對話磋商歷程，來激發彼此的批判反省能力。

　　2.再者，教師應具備教育愛，且這教育愛是充滿無畏無懼的力向，以對抗外在的政治權力架構。

　　3.此外，教師應尊重差異，並包容多元文化價值，且充滿在地關懷。

　　4.最後，教師應具謙虛的特質，並要具備果斷的勇氣，且願意為教育奉獻一切。

參考書目：方永泉（2004），受壓迫者教育學，巨流。
　　　　　陳培林（2013），教育行政學經典歷年試題解析，千華。
　　　　　艾育（2013），一書掌握教育行政學精華，千華

二、試根據下列「專業」（profession）規準論證學校教師是否為一種專業？【97年地方三等特考】
　(一)專業提供重要的公眾服務；
　(二)專業包含理論和實務基礎的專門知識；
　(三)專業具有明顯的倫理面向並以實務守則（practical code）來表現；
　(四)專業需要有組織和管理規則以達召募新人和紀律維持的目的；
　(五)專業的實務工作者需要高度的個人自主如獨立判斷以有效執行工作。

答：教師專業向為容易引起討論之議題，茲說明如下：

(一)由題目規定的專業規準，說明「學校教師是否為一種專業」

　　1.專業提供重要的公眾服務：教育是國家根本大計，且我國實施九年義務教育，故從此一規準而言，學校教師專業殆無疑義。

　　2.專業包含理論和實務基礎的專門知識：在師資培育法中明文規定，教師必須具備理論知識、實習知識、實務知識等，且我國教師資格採取檢定制及證照制，故從此一規準而言，學校教師係為一種專業。

　　3.專業具有明顯的倫理面向，並以實務守則來表現：我國向以尊師重道為傳統，且強調教師應具備經師與人師的角色功能，且我國具有「全國教師自律公約」，故從此一觀點而言，學校教師係必須符應倫理性與實務性之期許，故為一種專業。

4. 專業需要有組織和管理規則，以達召募新人和紀律維持的目的：我國具有各級教師會，且法源依據為教師法，所以從此一規準而言，學校教師係為一種專業。

5. 專業的實務工作者需要高度的個人自主，如獨立判斷，以有效執行工作：

   (1)傳統教師多被視為單純的官定課程執行者，亦即教師如同工廠的作業員，按照既定的課程計畫進行課程實施，教師缺乏專業自覺意識。

   (2)隨著教育鬆綁，教師逐漸擁有彰權益能的發聲權力，但受限於保守封閉的傳統教師文化，學校教師專業仍有進步空間。

(二) 提升學校教師專業之有效策略

   1. 教師本身必須要有身為專業人員的認知，並對教育充滿教育愛的熱忱。

   2. 應健全相關在職進修機制，積極鼓勵教師參與進修，以促進教師專業發展。

   3. 宜重新規劃師資培育課程，並且兼重經師與人師的培養，以提昇教師的社會地位。

   4. 可成立相關教師專業組織，並透過公關行銷策略，建立教師專業形象。

參考書目： 伍振鷟等（1998），教育哲學，五南。

教育圓夢網（2013），94至102年教育行政高普特考解析，教育圓夢網。

艾育（2013），名師壓箱秘笈－教育行政學，千華。

第5章 學校經營級學校效能

頻出度B：依出題頻率分為：A頻率高、B頻率中、C頻率低

各考試出題排行榜　1原民三等　3身障三等
　　　　　　　　　　　　2地方三等　4高考

重點一　學校經營的相關議題

一 學校本位經營（管理）

(一)學校本位經營的相關內涵

1.學校本位經營的重要性：

(1)回應了世界民主化、自由化、彈性化的教育專業的訴求，並反應出權力重組鬆綁的趨勢。

(2)有助追求卓越、精緻、效率的教育品質。

(3)我國進行教育改革鬆綁之後，學校本位經營成為重要的教育行政運作模式。

2.學校本位經營的定義及特徵

(1)是指在以整體社會為發展背景下，**由政府將行政權力下放給學校，使學校對其相關事務進行管理，並負起績效責任。**

(2)係指教育主管機關及各級教育行政機關，在維護學生學習權的考量下，學校事務應盡量由學校自行做主，以強調民主化與充分授權的行政運作。

(3)主張增加學校自治權力，減少地方學區法令之限制，其為一種權力下放的學校管理措施，旨在讓學校擁有更多自主權力，藉以提升學校的效能與品質。

(4)學校教師、行政人員、家長與學生等教育相關人員共同承擔教育的責任與義務。

(5)學校為行政運作、經費預算、人事、課程與教學等教育行政層面的運作主體。

3.**學校本位經營的四大主軸**：

(1)**行政運作自主**：學校行政人員依據其專業，自行營負起績效責任，以維持學校行政運作，並彰顯學校的權力自主性。

(2)**經費預算自主**：在總預算的範圍內，學校可自行決定預算使用方式，呈現出彈性自主的特色。

(3)**人事自主**：在總員額編製的範圍內，學校可自行決定學校人員的需求，角色任務和結構調整。

(4)**課程與教學自主**：學校為課程發展的主體，教師為課程設計的核心，而學生則為課程實踐的目的，另外，家長和社區人士亦是教師的教學夥伴。

4.**學校本位經營的特色**：

(1)學校人員高度共同參與。

(2)學校自主領導與管理。

(3)學校自負績效責任。

(二)**學校本位經營的類型**

1.**由上而下的模型**：是指由政府訂定出明確的教育目標、教育政策，使學校遵循上述規範來進行學校管理。

2.**夥伴關係的模式**：由學校和政府訂定契約，政府提供經費補助，而學校須負起績效責任來達到契約的成效要求。

3.**草根模式**：由學校成員負起學校教育事務的完全主導權，而政府扮演的是完全支持者的角色。

4.**放任模式**：政府完全不干涉學校教育的運作，學校為一獨立個體，呈現無政府組織狀態。

(三)**落實學校本位經營的有效措施**

1.應健全師資培育課程與在職進修機制，以提升教育工作者的專業知識與態度，並且願意接受及執行學校本位經營之理念。

2.應積極做好學校公共關係，並且轉化社會期待於學校的教育願景規劃之中，以提升學校競爭力。

3.宜建立完整的學校資料庫與知識管理制度，以提供校務發展之相關資料及開擴參與校務人員的知識視野。

4.應建立多元參與的課程決策機制，並真正以學校為課程發展之基地，教師為課程設計之核心，學生為課程實踐之主體。

5.教師應與家長建立新教育夥伴關係，且應盡力完成學校社區化之目標，以發展具有特色的學校本位課程。

6.教育主管機關仍須負責協調、支持與監督的功能，並健全相關教育評鑑制度及教育法令規章，以提升學校教育品質。

二 學校創新經營

(一)學校創新經營的基本概念

1.**學校創新經營的定義**：

(1)係指學校組織為提昇教育績效，營造有利於成員創造力發展的組織文化與環境，鼓勵且引導成員參與創新活動，藉由知識系統的管理與運作，以系統化的經營策略，使創意得以形成、發展及永續經營之動態發展歷程。

(2)學校創新經營是集體參與及合作的結果。

(3)知識管理及領導是影響學校創新經營的發展關鍵。

2.**學校創新經營與學校成員創造力的關係**：

(1)學校成員創造力係為學校創新經營之基礎。

(2)學校創新經營的文化與氣氛會促進學校成員的創造力。

3.**學校創新經營的目的**：

(1)達成學校教育目標、提升學校組織績效及促進學校永續發展。

(2)培育學生成為具有正確價值人生觀的國民。

(3)達成「精緻、卓越、優質、創新」的教育品質與理想。

4.**學校創新經營應採取漸進式創新的原因**：

(1)漸進式改革有助於降低教育相關人員的抗拒，且學校創新經營需要時間的累積，以展現成效。

(2)教育為百年大計，且容易受眾人注目，透過漸進式的學校創新經營，可以透過更為慎思的參與決定過程，來提升學校創新經營的品質。

5.**學校創新經營有助於建構優質學校**：

(1)優質學校係指以精緻教育為核心，以潛在課程為半徑，畫出人性化的教育同心圓積極、正向發展教育新作為為中心理念。

(2)優質學校的品質指標包括：**行政管理、課程發展、教師教學、學生學習、專業發展、資源統整**與**校園營造**等多元層面。

(3)優質學校的文化特徵包括：**共塑願景、全員參與、團隊合作、和諧溫馨、持續創新、永續發展**等。

(二)學校創新經營的評鑑規準

1.**學校的背景因素**：包括社區支持度、學社被社區的使用率、當地居民的社經地位與教育期待等項目。

2.**學校的輸入因素**：包括教師的專業背景和學歷、學校軟硬體設備完善度、學校經費的多寡等項目。

3.**學校的過程因素**：包括課程總體規劃方式、教師的教學模式、師生之間的互動及學生的學習動機等項目。

4.**學校的輸出因素**：包括學生的學習成就、教師的教學滿意度、學校資源設備的使用率等項目。

(三)**推動成功的學校創新經營之可行策略**

1.學校進行創新經營時，應先具有明確的焦點及教育願景，並根據焦點目標，擬定適當的學校創新經營計畫，且搭配相關措施來提高學校創新經營計畫的執行力。

2.應積極尋求學校相關人員認同與支持學校創新經營，並營造開放學習的組織氣氛，以使學校成為學習型組織。

3.宜創造有利於創新的學校環境與文化，並重視教師專業自主的空間，使教師成為學校創新經營的創造者與轉化者。

4.應健全學校評鑑與視導機制，且兼重學校經營的外部評鑑、內部評鑑及自我評鑑，以有效開展學校本位經營特色。

5.透過各種以學生需求為本位的學校資源統整策略，包括：人力、設備、活動、設施等，結合家庭、社區、學校、教育相關人員等，讓每個學生可以獲得適性發展。

三　公辦民營的學校類型

(一) 我國學校進行公辦民營的法源依據

1.我國學校進行公辦民營的法源基礎為**教育基本法**。

2.教育基本法第7條規定「人民有依教育目的之興學之自由；政府對於私人及民間團體興辦教育事業，應依法令提供必要之協助或經費補助，並依法進行財物監督；其著有貢獻者，應予獎勵。政府為鼓勵私人興學，得

將公立學校委託私人辦理；其辦法由該主管教育行政機關定之。」，提供了學校公辦民營的法源依據。

(二)學校進行公辦民營的類型

1.將政府公部門對於教育事業的主管權力部分或全部出售。

2.政府公部門藉由和民間訂定契約，投資參與學校教育，等民間經營期限滿後，再將學校交還給政府公部門經營，稱為**BOT制**（Build-Operate-Transfer）。

3.透過學校事務管理合約的簽訂，來進行學校公辦民營，稱為外包制（contracting out）。

4.特許學校類型，學校教育不受既定法規的限制，以美國特許學校為例

　(1)特許學校是自1990年以來，在美國興起的眾多公辦民營學校之中的一種學校類型。

　(2)其經由州政府立法通過，特別允許教師、家長、教育專業團體或其他非營利機構等私人經營公家負擔經費的學校，不受例行性的教育行政規定約束，但須達到雙方預定的教學成效，且具備公立與私立學校的優點。

　(3)我國可參酌此種學校類型，以提升我國的教育品質，達成卓越之教育目標。

四 特色學校

(一)學校特色與特色學校之相關概念

1.**學校特色：**

　(1)**學校特色**係指學校在學校教育目標、課程教學、教師素質、學生表現、社區合作等面向，呈現出本身學校之獨有競爭優勢，以與其他學校進行區隔之特質。

　(2)換言之，特色學校必須具備學校本位的學校特色。

2.**特色學校：**

　(1)特色學校的課程設計取向呈現出符合Skilbeck的情境分析模式，亦即根據學校情境脈絡，進行彰顯學校特色的課程設計。

　(2)特色學校之評選規準包括：學校特色主題描述與創意整合運用之情形、評估學校是否有效結合社區特色資源、學校校園空間活化與教學資源建置情形、學校是否建置特色課程與實施有效教學、學校是否有進行和他校的示範觀摩和進行教育行銷、學校特色課程是否可以永續發展等。

(二)**營造特色學校之可行策略**

　　1.**活化學校空間**：利用多餘校舍空間，發揮創意經營與實質效益。

　　2.**打造學校品牌**：以空間特色突破發展，形塑「特色學校」的風格。

　　3.**創造永續環境**：珍視環境永續與生態教育概念，打造新概念的校園。

　　4.**研發優質課程**：設計有學習意義之特色課程。

　　5.**發展策略聯盟的教育夥伴關係**：在地產業文化、文史工作室、民間業者異業結盟。

 重點二　學校效能的相關議題

一　教育品質

(一)**教育品質之意義與核心價值**

　　1.**品質**：

　　　(1)係指組織的活動過程、結果及服務，均能符合預定標準及符合顧客期望。

　　　(2)係指組織運作與眾人期望相符合的程度，符合程度越高品質越高，符合程度越低品質越低。

　　2.**教育品質**：

　　　(1)教育品質係指可以有效達成教育行政目標，亦即兼顧教育行政運作的效率與效能，並滿足教育消費者的需求，且獲得教育消費者的高滿意度。

　　　(2)因此決定教育品質的高低與教育措施的內容規劃、執行與結果是否符合教育理念與眾人的期望，就是決定教育品質高低的依據。

　　3.**教育品質的核心價值**：

　　　(1)強調人性化的教育管理策略，並以追求卓越與顧客滿意度為目標。

　　　(2)重視人力資源的發展與提升，並提升教育行政運作之效能、效果與效率。

(二)**教育品質的評鑑標準面向**

　　1.校長領導能力。　　2.學校組織效能。　　3.學校人力資源運用。

　　4.學校經營整體成效。　5.家長、教師和學生滿意度。

二 學校效能

(一)學校效能的定義

1.**定義：**

(1)係指學校能夠善用教育資源，並兼重學校組織目標及成員需求，以達成學校理想的教育目標。

(2)係指學校能夠完成預定教育目標及滿足成員期待的程度，以代表一種卓越、優質及精緻的教育願景之實踐，也象徵教育績效與責任的落實。

(3)係指學校在各層面指標，皆應具有高效率、高績效的卓越表現，例如：校長領導風格、學校組織氣氛、教師專業發展、學生學習成就等。

(4)是指學校能達成學校教育目標的程度；換言之，亦是一所學校的競爭力象徵，要得知學校效能的高低，就必須進行學校效能研究，以進行有效評估。

2.**學校效能研究：**

(1)隨著教育市場化、自由化的趨勢，對於學校的辦學績效，也就更為重視，也使學校效能成為重要的教育研究主題。

(2)學校效能的研究通常係以學校組織為焦點，並採取量化研究取徑。

(3)學校效能研究模式包括：**目標模式、系統資源模式、參與者滿意模式**等。

(二)學校效能的影響因素

1.首先，若從目標模式之觀點，影響學校效能之因素包括：安全校園環境、具體學校目標、有效教學領導、足夠學生學習時間、合作取向的家庭與學校關係。

2.再者，若從系統資源模式觀點，影響學校效能之因素包括：學校成員素質、學校文化、教室氣氛、學校人際關係的協調性、教育設備與資源的完善性、社區支持力等。

3.此外，從參與者滿意模式觀點，影響學校效能之因素包括：學生的教學滿意度、學生的生涯規劃輔導、學校成員滿意度及士氣、學校成員的教育專業發展等。

4.最後，影響學校效能因素尚包括：校長領導風格與能力、學校文化與價值、學生學習表現等。

(三)**學校效能的評鑑指標：**
1. **學校的背景因素（Context）**：包括社區支持度、學社被社區的使用率、當地居民的社經地位與教育期待等項目。
2. **學校的輸入因素（Input）**：包括教師的專業背景和學歷、學校軟、硬體設備的供應度、學校經費的多寡等項目。
3. **學校的過程因素（Process）**：包括課程總體規劃方式、教師的教學模式、師生之間的互動及學生的學習動機等項目。
4. **學校的輸出因素（Product）**：包括學生的學習成就、教師的教學評鑑、學校資源設備的使用率等項目。

(四)**提升學校效能的具體建議**
1. 應積極增加學校教育經費及擴充學校軟硬體設備，並營造開放學習的學校文化及氣氛，且和社區成為教育夥伴，以共享教育資源和共創卓越教育願景。
2. 應健全師資培育及在職進修制度，以提升教師素質及品質，並形塑學習型學校文化，採用全面品質管理理念，以促進教師專業及學校效能。
3. 宜發展學校本位課程，以教師為課程設計的執行者及發展者，落實以學生為主體的教學信念。
4. 應整合學校內部的水平和垂直行政組織，善用權變領導，轉型領導、落實知識管理及人力資源管理，以提升教育行政績效責任。

自我評量

一、學校本位管理（school-based management）的核心理念為何？學校應如何有效實施學校本位管理？請分別申論之。申論時請舉九年一貫課程的實施為例說明之。【91年高考】

二、九年一貫課程的實施，重視學校本位課程發展（school-based curriculum development）；各校的課程領域研究小組和課程發展委員會，為了順利發展學校本位課程，應承負那些功能？又該二者應如何協調分工，以達成具體的成效？【92年薦任升官考】

三、如何確保教育的品質？試說明具體的作法。【96年地方四等特考】

四、行政是手段，教學才是目的，課程與教學是影響學校效能及促進學校革新的重要因素，教育行政或學校領導者如欲提升教育品質，促進教學效能，可從那些層面著手，具體作法有那些？【100年地方三等特考】

五、近年來教育卓越的追求為各國努力的目標，甚至引進企業的經營精神，推動全面品質教育。請問那些主要的品質管理概念有參考價值？你認為那些發展策略有助於提升教育品質？【100年地方四等特考】

重點試題解析範例

一、學校本位經營（School-based management）的核心理念為何？如何採取有效措施加以落實？【96年高考】

答：我國進行教育改革鬆綁之後，學校本位經營成為重要的教育行政運作模式，茲依題意說明如下：

(一) 學校本位經營的核心理念：

1.「學校本位經營」(school-based management）係指教育主管機關及各級教育行政機關，在維護學生學習權的考量下，學校事務應盡量由學校自行做主以強調民主化與充分授權的行政運作。

2.學校本位經營之特色：

(1)學校人員高度共同參與。

(2)學校自主領導與管理。

(3)學校自負績效責任。

3.學校本位經營的範圍包括學校經費預算、人事制度及課程與教學事務等。

4.終極目標在追求卓越的學校教育願景及品質。

(二)落實學校本位經營的有效措施：

1.應健全師資培育課程與在職進修機制，以提升教育工作者的專業知識與態度，並且願意接受學校本位經營之理念。

2.應積極做好學校公共關係，並且轉化社會期待於學校的教育願景規劃之中，以提升學校競爭力。

3.宜建立完整的學校資料庫與知識管理制度，以提供校務發展之相關資料及開擴參與校務人員的知識視野。

4.教育主管機關仍須負責協調、支持與監督的功能，並健全相關教育評鑑制度及教育法令規章，以提升學校教育品質。

參考書目： 謝文全（2013），教育行政學，高等。

艾育（2013），名師壓箱秘笈－教育行政學，千華。

教育圓夢網（2013），94至102年教育行政高普特考解析，教育圓夢網。

二　透過組織學習（organizational learning）可以產生何種變化？如何透過組織學習，創新經營學校？試根據您的所學說明之。【100年高考】

答： 組織學習是促進組織永續發展的一個策略，於此依照題目規定說明如下：

(一)透過「組織學習」，可能產生的變化：

1.組織學習係指組織透過持續性且有效的個人學習、團隊學習與整體組織的學習，進而有效解決組織所面臨的問題，並提升組織創新與應變的能力，以促進組織成員與整體組織的發展。

2.透過「組織學習」，可能產生的變化：

(1)增加組織應變能力。　　(2)促進組織成員專業成長。

(3)有利組織永續發展。　　(4)提升成員的問題解決能力。

(二)透過組織學習來創新經營學校的方法

1.學校領導者宜以轉型領導，使學校轉化為學習型組織，引領學校塑造優勢知識分享文化的願景，推展知識型組織文化，延伸知識之廣度與深度。

2.建構學校網路基礎設施，整合資訊科技設備，以利於知識之存取傳達，建立知識分享對話平台。

3.可設置學校「知識長」，帶領知識管理人員，使知識管理更系統科學化，並妥善利用績效制度，知識管理誘因機制，使成員積極參與知識管理。

4.學校的發展應重視學校人員不斷的學習，甚至可以藉由校長來引領學習與重視成員的合作，而使學校教育不斷的進步與發展。

5.校長應採以專業與謙虛的態度，鼓勵學校成員持續的學習與成長。

參考書目： 艾育（2013）。名師壓箱秘笈－教育行政學。千華。

陳培林（2013）。教育行政學經典歷年試題解析。千華。

第6章 教育行政所面臨的環境挑戰及教育改革

頻出度 B：依出題頻率分為：A 頻率高、B 頻率中、C 頻率低

各考試出題排行榜　👑1 高考　👑3 原民三等　👑2 地方三等　👑4 身障三等

 重點一　教育行政所面臨的環境挑戰

一　全球化及全球在地化

(一)全球化的觀點及教育實例

觀點	教育實例
造成一種壓縮及整合的世界觀	例如：國內外大學推動的線上開放式課程，跨越時間的限制。
促進全球意識的覺醒及增強	例如：臺灣在世界各地推動台灣書院，以宣導台灣文化。
增強不同教育主體的依賴性	例如：臺灣大學生透過臉書（Facebook）社群，和國外群眾一同關注日本311震災。
跨區域教育權力關係的影響	例如：歐盟提出波隆那宣言後，導致德國對本身學制進行改革，以合乎歐盟規定。
資本主義邏輯的實踐	例如：世貿（WTO）規定教育為服務業，澳洲的留學教育是其主要經濟產業。

(二)全球化的起源因素

1.**在科技層面**：網路通訊技術的快速進步，例如：網路社群、光纖寬頻等。

2.**在經濟層面**：跨國企業的興起，例如：麥當勞、星巴克等。

3.**在政治層面**：新自由主義的盛行，例如：維持自由競爭的市場之普遍共識。

(三)總之，全球化是指跨越國界的科技、經濟、知識、價值、理念等之流通，因為每一個國家擁有各自的歷史、傳統、文化及優先事項，全球化會以不同的方式影響每一個國家（王如哲，2001）。

(四)**全球化的屬性及弔詭**

屬性	弔詭
政治全球化	照理說，全球化是民主精神的表徵，應該要促進民主國家的進步；但是，中國並非民主國家，卻也在此波全球化的潮流中，更行茁壯。
經濟全球化	全球化促成了經濟統合，卻未必形成經濟平等，從各國逐漸存在M型社會的趨勢來看，全球化反而造成經濟不平等的事實。
文化全球化	照理說，全球化可能產生同質性的文化；但是，全球化的發展反成促成了文化的多元化及在地化。
教育全球化	照理說，教育全球化是對各種教育概念的重新檢視，或是透過教育改革來提升國家教育水準；但是，卻可能產生的教育政策移植失當的情形，甚至造成一種後殖民主義的教育現象。

(五)**全球在地化的核心精神及教育意義**

1.**提出者**：1992年由羅勃森（Robertson）提出。

2.**核心精神**：兼重全球化視野及在地特色，關注全球化及本土化之間的動態關係。

3.**教育意義**：教育相關人員會根據本身文化觀點及當地情境脈絡，嘗試將全球化的教育產品予以調適融入於在地情境脈絡之中。

(六)**全球化及全球在地化所產生的教育衝擊**

1.各國互相進行教育政策借用及政策學習，但有可能產生教育政策移植的不良現象。

2.各種跨國組織積極發揮教育影響力，例如：世界銀行的國際教育援助、OECD (Organisation for Economic Co-operation and Development）經濟合作暨發展組織推動的學生能力國際性評量（PISA）等，但要避免產生經濟殖民或文化殖民的弊病。

3.英語逐漸成為一種全球認可的教育語言，有助於跨國溝通，但也要避免使英語成為一種文化霸權，形成所謂的學術殖民現象。

4.教育成為一種服務業，帶動遠距教學及線上課程的興起，但是要避免淪為一種教育商品化的市場操作，世界貿易組織（WTO）對教育是一種服務業之相關規定：

教育服務業類型	內容要點
跨境交付（cross-board）	透過遠距教學來提供教育服務。
境外消費（consumption aboard）	出國留學。
商業存在（commercial presense）	在他國設立辦學機構。
自然人流動 （presence of natural persons）	外籍教師來臺任教，或是我國教師到國外任教。

5.開始重視多元文化教育，也開始強調培養學生具有全球公民的意識、素養及能力，以確保每個學生都擁有適應社會及改造社會的基本能力。

6.傳統的學校型態難以因應全球化的挑戰，例如：傳統學科分立的零碎知識傳授，無法因應全球化下的社會變遷；傳統科層體制的學校行政模式，缺乏應變外在環境能力等。

二　國際化及國際教育

(一)國際化的定義

1.定義：

(1)國際化可以分為**教育的國際化、文化的國際化、政治性的國際化、經濟發展的國際化。**

(2)根據王如哲教授的觀點（王如哲，2009），國際化是將國際的／文化間的向度融入於高等教育機構的教學、研究及服務之過程，在教育上國際化普遍以活動分類和類型予以理解。

(3)國際教育是對國家、區域的具體描述與研究，提供有關各國文化的瞭解，關注各國的互相瞭解；全球教育則是主要養成一種尊重多元文化的世界觀，關注全球的永續發展。

2.教育意義：

(1)教育的國際化是一個國家回應全球化衝擊的一種方式，同時也重視本國的個殊性，這也說明國際化與全球化的關係。

(2)國際化可以視為提升各級教育競爭力的重要策略，同時強調行動與過程。

(3)國際教育的核心概念包括：**以國家安全及本土意識為基礎、以多元文化教育為核心、培養學生具有全球思維與在地關懷行動。**

(二)**國際化的取向**

　　1.**以活動為基礎**：重視各國教育機構成員彼此之間的交換活動，例如：學生、教師等。

　　2.**以能力為基礎**：重視各國教育機構成員能力的附加價值，例如：知識轉化及創新等。

　　3.**以文化為基礎**：重視各國教育機構中的國際化組織文化的營造。

　　4.**以策略為基礎**：各國教育機構綜合上述國際化的要素，透過組織運作觀點，提出整合性的組織發展策略，以達成國際化的教育目標。

(三)**臺灣推動各級教育國際化的背景脈絡**

　　1.政治民主自由化，經濟水準也快速提升，導致社會大眾日益注重教育品質。

　　2.資訊科技進步，且受到全球化趨勢影響，與國際訊息接觸管道多。

　　3.臺灣的國際環境特殊，透過教育國際化所展現的軟性國力，成為臺灣主體性發聲的方式。

　　4.臺灣留學教育興盛，且留外學者也紛紛歸國服務，導致臺灣各級教育國際化交流日益頻繁。

　　5.臺灣擁有豐富多元的社會文化，也具備國際發展的內在潛能動力。

　　6.**臺灣推動教育國際化的具體作法：**

　　(1)1999年推動「大學學術追求卓越發展計畫」，目標在於透過經費重點補助，改善大學學術發展之基礎建設，以追求學術卓越及與國際化接軌。

　　(2)2003年推動「五年五百億頂尖大學及研究中心計畫」，希望以五年五百億預算，讓十個臺灣各大學之系所或中心成為亞洲第一，包括：發展國際一流大學計畫、頂尖研究中心計畫。

　　(3)2011年推出中小學國際教育白皮書，並實施教育部國民及學前教育署補助高級中等以下學校推動國際教育計畫要點、增進高中職學生國際視野方案、辦理國際教育績優獎計畫等補助辦法。

　　(4)另外，近年推行的獎勵大學教學卓越計畫、高等教育評鑑等的評鑑指標，也重視學生外語能力之培養及國際事務之推動。

(四)**臺灣推動教育國際化的指標**（參考教育部國民及學前教育署補助高級中等以下學校推動國際教育計畫要點等補助辦法）

學校教育國際化的指標	重點工作
校園國際化	1. 外文網站及文宣：如設立外文網站、出版外文文宣品等。 2. 雙語教育環境：如設置外文標語、外文佈告欄、公共設施、外文標示牌等。
人力國際化	1. 設置辦理單位：鼓勵設專責單位辦理國際化事務及對外聯繫窗口等。 2. 成立行政支援團隊：成立具備國際化事務專業知能之相關行政團隊，培訓及儲備國際教育人才。
行政國際化	1. 開發行政及教學之雙語表單：各類表單文件之雙語化。 2. 提升教務服務品質：推動外國學生成績考查、學生手冊、輔導、管理、招生、獎懲等相關行政作業國際化規範。 3. 建立外國學生輔導管理系統：提供外國學生服務與溝通窗口、定期訪談記錄外國學生情形，及建置外國學生輔導管理標準作業程序等機制。
學習國際化	1. 調整教學方式：將國際教育主題納入校內重要會議議題，定期檢核。發展學校課程精進策略機制、舉辦相關活動如學生專題發展競賽、國際議題融入等。 2. 運用資訊及科技學習輔助設備：提供視聽器材、資訊設備、網路設備、圖書等媒材、實用課程及提供充足學習活動等。 3. 發展跨國文化學習能力：提供師生接待外國學生之機會、建立學校本位及社區本位之接待家庭網絡、爭取機會引進國際人士（如外國學生就讀、外語教師、國際大專志工等）。
課程國際化	1. 鼓勵組成課程研發團隊：成立國際教育融入課程研發小組、訂定國際教育融入課程實施計畫、舉行教學研討會探討國際教育融入課程策略等。 2. 建立各領域或學校國際課程研發機制：成立國際教育教材研發小組、訂定國際教育教材研發獎勵辦法等。 3. 國際教育課程學校化：以跨領域、跨學科或社團方式，將國際教育課程面向統整到學校正式課程或融入學習活動中。
國際夥伴關係	1. 辦理國內校際國際交流：辦理僑校嘉年華、參加扶輪社活動之學生交流、外僑學校參訪、接待海外參訪團、校際線上交流等。 2. 參與社區國際活動：參與直轄市、縣（市）政府舉辦之國際活動、參與民間團體辦理之國際活動。 3. 參與國際組織活動：辦理或參與國內國際性會議、辦理或參與國內國際性志工服務活動、辦理或參與國內國際性競賽。

(五)**臺灣推動國際教育的目標**

    1.培養學生世界公民的意識。

    2.加強學生跨文化溝通和交流的能力。

    3.提升學生適應全球化的生活與國際競爭力。

    4.喚起教師探究國際資源的能力。

    5.拓展教師國際視野的教學創新力。

    6.強化學校應用國際教育資源的能力。

    7.促進學校教育的國際化。

三 新自由主義及市場化

(一)**新自由主義的理論基礎**：新自由主義強調**鬆綁、私有化、去集中化**及**市場化**的概念，其為新公共管理（新管理主義）的理論基礎，更帶動近年來有關教育市場化及商品化的辯證思考。

(二)**新自由主義的核心精神**

    1.反對中央政府治理模式，強調預算的授權。

    2.主張私有化的機制，公部門亦採取私人部門的管理方法。

    3.主張全球自由化，呈現軟性權力的管理思維。

    4.反對國家力量介入自由競爭的市場機制，強調多元選擇的市場競爭機制。

    5.學校自主管理的思潮、目標管理和績效責任成為教育改革準則，重視學校表現力。

(三)**新公共管理的核心精神**

    1.**以新自由主義為理論基礎**，故彰顯出濃厚的新自由主義色彩。

    2.主張自由競爭的市場化規則，強調績效導向、成果導向及消費者取向的經營觀。

    3.重視品質、效率與效能，強調多元選擇及專業分工的管理觀。

(四)**教育私有化的相關意涵**

    1.教育私有化是受到資本主義和市場經濟的思考產物；換言之，其是指教育如同產品，在自由的市場競爭中，由個人依其能力獲得較高品質的教育。

    2.換言之，缺乏競爭力及不符合教育消費者需求的教育商品也應受到市場機制的自然淘汰。

    3.新自由主義結合了**自由市場**和**教育選擇權**的理念，使得**教育私有化**蔚為主流。

4.**教育私有化所引發的可能爭議**

(1)易忽略教育弱勢族群的不利地位，違反教育機會均等之理想。

(2)將教育視為商品，喪失了教育主體性。

(3)易使教育成為社會再製的工具。

(4)使學校多重視教育行銷的表面效果，忽略了教育理想面。

(五)**教育去集中化的基本概念**

1.去集中化的理論基礎之一為**後現代主義**，訴求多元異質、悖理邏輯和破除理體等價值思維，是一種對基礎主義的反動，且重視沉默文化的聲音。

2.去集中化是指有別於過去追求真理的永恆性、普遍性，而強調以小巧敘述取代後設敘述和鉅型理論，亦指對傳統中心理性的解構。

3.我國教育改革提倡多元文化教育，並實施文化回應教學，積極展現對教育弱勢族群的關懷，符合去集中化的精神。

(六)**教育市場化的核心精神**

1.理論基礎：**古典經濟理論、公共選擇理論**。

2.教育市場化源於自由競爭的概念，主張以市場治理模式為主，各級政府不介入教育市場機制；各學校必須發展自身教育特色來吸引家長及學生，並提高辦學績效及品質，否則就會被淘汰；換言之，其呈現出一種教育商業化的思維邏輯，是一種供需法則的實踐。

(七)**對於教育市場化的反思**

1.教育與企業的目的不同，教育市場化的概念應有所轉化，亦即應視市場經濟為手段，而以提高教育品質，以培養現代化的公民為目標，才能促使教育永續發展。

2.教育市場化容易造成**各級教育商品化**，亦即有經濟能力的人就可以念好的大學，經濟能力不好的人無法負擔就讀大學的經濟成本，這樣就違反了教育機會均等的精神。

3.當前十二年國教的學費齊一化，雖然教育價格透明化（符合教育市場化的精神），但是，由於目前相關法令不周全，對於私立學校缺乏足夠的監督機制，反而可能會造成私立學校壟斷所有教育資源及優勢。

4.容易使大學喪失學術自主的精神及學術理想，例如：過度追求量化指標的學術評比、中央政府透過競爭性經費計畫補助來操控學校發展方向等。

(八)**市場治理的相關概念**

1.市場治理係指將市場因素導入大學治理的理念與實踐。

2.市場治理主要源自於「古典的經濟理論」和「公共選擇理論」，源於自由競爭的概念，主張以市場經營為圭臬，政府不介入，使各校發展自身特色來吸引家長、學生，提高辦學績效及品質，否則就被淘汰。

3.市場治理之理論基礎為新自由主義，其強調開放、自由競爭之教育環境，主張教育價值應由市場機制決定。

4.市場治理包括自由經濟與行銷兩個重要概念，近年來，教育行政透過解除管制、消除壟斷、顧客導向、私有化及重視行銷等途徑進行市場化。

5.市場治理的優點：

(1)重視外在顧客需求（家長、學生）的回應，並適時修正教育服務及產品，以符應社會期待。

(2)透過教育市場化機制，將可達到擇優汰劣之結果，有助提升教育品質與競爭力。

6.市場治理的限制：

(1)造成高等教育淪為商品化，有經濟能力的人就可以念好的大學，違反教育機會均等的精神。

(2)容易使大學喪失學術自主的精神，容易受到外在勢力的影響。

(3)教育行政導向市場化可以回應社會大眾的需求，並透過自由競爭的歷程來促進教育的進步，但也容易造成教育的異化現象。

四　人口結構的改變：少子女化、高齡化及新移民子女

(一) **少子女化的相關概念**

1.目前台灣人口結構出現少子女化現象，對教育發展產生許多衝擊，**少子女化係指每名婦女平均生育率低於2.1人以下的一種現象。**

2.根據政府統計資料，臺灣第一波少子女化發生於1982-1986年，第二波少子女化開始於1998年之後，而台灣不論出生率下降或高齡化上升趨勢，都超過歐美國家，從2004年開始，國小新生入學人數低於30萬人，到了2020年，入學預估人數只有現在的一半。

3.少子女化的成因：

(1)經濟不景氣，導致夫妻不敢生兒育女。

(2)社會價值改變，生兒育女不再是每對夫妻的主要選擇。

(3)現代人晚婚所導致的結果。

(二)少子女化對於教育產生的衝擊

1.正面衝擊：

(1)有助於國民教育降低班級人數，達成「精緻化」教育理想的實現。

(2)升學壓力競爭趨於和緩。

(3)可提高每位學生的單位教育成本，使學校及師生獲得更多的教育資源，以提升教學品質。

(4)可協助各級教育轉型，朝向精緻化、優質化之卓越教育願景邁進。

(5)有助減緩及調整原本教育資源不足的教育環境窘境。

2.負面衝擊：

(1)各級學校面臨招生不足現象，學校經營越來越艱困，偏遠地區學校面臨裁併，進而產生減校減班、教師過剩等衝擊。

(2)教師缺額及工作機會減少，師資培育面臨發展危機，流浪教師問題也將越趨嚴重，且會蔓延到高等教育。

(3)因為學生受到家庭嚴重的溺愛，導致學生在學校由於缺乏群體意識與合作精神，人格發展易產生偏差。

(4)新移民子女將佔未來學校新生的絕大比重，未來不同家庭背景的學生將會面臨文化認同、學校適應等教育問題。

(5)教育資源容易掌握在社會中上階層，導致社會再製及文化再製，產生教育機會不均等現象，也導致各教育行動者間的關係面臨緊張及矛盾。

(三)高齡化的教育意義

1.**高齡者通常指年滿65歲以上的老人，高齡化係指年滿係指總人口數中有百分之七以上的比率為六十五歲人口的社會。**

2.高齡教育的重要概念為**終身學習、學習型社會**等。

3.民國99年（2010年）老年人口達248萬7893人，佔總人口10.74%。依行政院經建會推估，民國106年老年人口將佔總人口14%，民國114年老年人口將達到20%，進入超高齡化社會。

4.**少子女化帶來的出生率不斷降低，國人平均壽命不斷增加帶來的高齡化，兩者帶來的結果就是我國人口紅利的減少。**

(四)終身學習的相關概念

1.**終身學習**：指個人在生命全程中所從事之各類學習活動。

2.**終身學習機構**：指提供學習活動之學校、機關、機構及團體。

3.**正規教育**：指由小學到大學具有層級架構之教育體制。

4. **非正規教育**：指在正規教育體制外，針對特定目的或對象而設計之有組織之教育活動。

5. **社區大學**：指在正規教育體制外，由直轄市、縣（市）主管機關自行或委託辦理，提供社區居民終身學習活動之教育機構。

6. **回流教育**：指個人於學校畢業或肄業後，以全時或部分時間方式，再至學校繼續進修，使教育、工作及休閒生活交替進行之教育型態。

7. **學習型組織**：指組織支持成員之學習活動，採有效之措施，促進成員在組織目的達成下繼續學習，使個人不斷成長進步，同時組織之功能、結構及文化亦不斷創新與成長，而導致成員與組織同步發展。

8. **帶薪學習制度**：指機關或雇主給予員工固定公假，參與終身學習，提升員工工作及專業知能。

(五)**新移民家庭的現況趨勢**

1. 根據相關統計，臺灣的新移民女性多嫁入弱勢家庭（包括經濟弱勢、教育弱勢等)，新移民女性來台結婚的誘因包括：經濟因素、生活環境較佳、減少原生家庭負擔等考量。

2. 新移民子女的就學人數日漸增多，也逐漸產生學習落差現象。

五　教育M型化的教育課題

(一)**新貧現象之相關意涵**

1. 隨著**資訊科技的發達**，導致了經濟型態發生轉移的現象，由過去的工商業經濟，變成了知識經濟及網路經濟的型態。

2. 過去的貧窮象徵是社經地位的低落，而現今則轉移為在知識上的貧乏。

3. **文化不利**、**數位差距**和**電腦功能障礙**，皆是此波新貧現象的問題。

(二)**新貧現象在教育上所產生的問題**

1. 原本社經地位不利的學生，在資訊科技發達的時代，將因缺乏使用電腦設備的機會，而拉大和高社經地位學生的差距。

2. 現今教師常採用電子書包、網路教學等新興教學理念，但並未考慮到學生的經濟能力是否可以負擔這些先進科技儀器。

3. 教師所使用的精密型語言，不利使用抑制型語言的中下階級學生之學習。

4. 教師本身也有成為新貧現象的受害者，因為其可能缺乏使用電腦資訊設備的能力。

5.學校的設備經費若不足夠因應網路世界的要求，則將成為教育機會不均等的幫兇。

(三)**教育弱勢學生之成因分析**

　1.**社經背景低落**：由於學生的家庭社經地位偏低，無法負荷必須的教育支出負擔，導致學生成為教育弱勢族群。

　2.**文化隔閡**：學生的原生文化和學校主流文化格格不入，例如：中下階級學生在充斥中上階級文化的學校中，將導致學習適應困難之現象。

　3.**地區偏遠不利**：當學生處於離島、地震區、偏遠鄉鎮、山地等，教育資源缺乏，也是導致產生教育弱勢族群之原因。

(四)**教育弱勢學生在學習上的困擾**

　1.**學習適應困難**：教育弱勢學生往往產生學習成就低落、數位落差等現象。

　2.**生活適應困難**：教育弱勢學生因為必須承擔家庭經濟壓力，往往無法適應正常的學校教育。

　3.**人際關係適應困難**：教育弱勢學生往往會因為自卑或是現實壓力，與同儕互動出現隔閡。

(五)**我國目前關懷弱勢學生的教育政策**

教育政策	內容重點
扶持五歲幼兒教育計畫	1.提供滿5足歲至入國民小學前幼兒充分就學機會。 2.減輕家庭育兒負擔，定人口成長。 3.建構優質之教保環境，確保幼兒所受教保品質。
教育優先區	1.規劃教育資源分配之優先策略，有效發揮各項資源之實質效益。 2.改善文化不利地區之教育條件，解決城鄉失衡之國教特殊問題。 3.提升處境不利學生之教育成就，確保弱勢族群學生之受教權益。 4.提供相對弱勢地區多元化資源，實現社會正義與教育機會均等。 5.促進不同地區之國教均衡發展，提升人力素質與教育文化水準。
教育部國民及學前教育署補助直轄市、縣(市)政府辦理補救教學作業要點	1.目的： (1)篩選學習低成就學生，施以補救教學。 (2)提高學生學力，確保教育品質。 (3)落實教育機會均等理想，實現社會公平正義。 2.實施原則： (1)弱勢優先：優先補助弱勢地區學校、學生，並視經費狀況及需要逐年擴大補助。 (2)公平正義：依公平正義原則，給予弱勢學生積極性差別待遇，提供教學之教育扶助資源。 (3)個別輔導：對於需要特別扶助之學生，依其需要給予個別扶助與補救教學。

教育政策	內容重點
教育部國民及學前教育署補助直轄市、縣(市)政府辦理補救教學作業要點	3.方案內涵： (1)一般學習扶助方案。 (2)特定地區學習扶助方案。 (3)國中基測成績待提升學校學習扶助方案。 (4)直轄市、縣（市）整體推動方案。
夜光天使	1.教育部為強化弱勢家庭學童之教育輔導，避免家中乏人照顧的孩子課後在外流連，影響學業及身心發展，於2008年創辦「夜光天使點燈專案計畫」，結合在地民間資源，於夜間（17：00~20：00）免費提供課後安全、愛與關懷的教育環境，並供應其晚餐，輔助弱勢家庭（低收入戶、單親、失親、隔代教養、家境特殊亟需關懷且下課後無適當教育照顧或家庭功能確實失調，以致有影響其身心健康與發展）學童，能在安全的學習環境中獲得妥善的夜間教育照護，使家長無後顧之憂，安心工作。 2.本計畫目的在於藉由延續性的輔導方案加強輔助弱勢家庭功能失調的缺口與學校課業學習之不足，並結合家庭教育，將親職、子職教育納入，形成一個略具規模的家庭教育專案，以能成為社會教育中「失教、失養」生活幫助及適應理論之實踐。
就學安全網計畫	1.本計畫係以大專校院、高中職及國中小三教育階段失業或經濟困頓家庭之學生為對象，就其不同性質與需求研擬相關協助措施，以助全國所有學生皆能安心就學 2.其目標如下： (1)積極找回因經濟問題而非自願失學的學生。 (2)全面安定因經濟問題而有失學之虞的學生。
攜手計畫	1.攜手計畫之目標： (1)提供經濟弱勢大專學生服務機會並紓解其經濟壓力，實現弱勢關懷。 (2)縮短國中小學習成就低落學生之學習落差，彰顯教育正義。 (3)秉持以服務提升生命價值，用智慧實現弱勢關懷之奉獻精神，讓具教學專業之退休教師再次投入教育現場，貢獻智慧及經驗，協助並輔導弱勢學生課業輔導。 (4)提供學習成就低落國中學生適性分組學習及多元學習方案。 2.攜手計畫之預期效益： (1)提升學生基本學習能力並縮短學習成就落差。 (2)現職教師發揮教學專業，引發學生學習動機，使學生快樂學習。 (3)現職教師、退休教師、大專學生、大學志工及國中小儲備教師投入教育現場，貢獻智慧及經驗，於課後時間協助並輔導弱勢學生課業。

六 知識經濟及知識管理

(一)知識經濟的相關論述（王如哲，2001；黃乃熒，2005）

　　1.**興起背景：**

　　　(1)由於資訊及通訊科技的發展，使知識流變性特徵更加明顯，且歷經三次產業革命、知識成為經濟活動之要素，現今是以知識為經濟本質的新時代。

　　　(2)後現代社會的**多元、異質**和**小巧敘述**等訴求，亦揭示了傳統真理已不適合當今混沌無秩序的世界，提供了知識經濟興起的背景。

　　　(3)管理學大師杜拉克（P. Drucker）認為**「知識」已經取代原料、土地、資本和人力等要素，成為經濟最關鍵的因子。**

　　　(4)梭羅（Thurow）提出第三代工業革命，是以知識為基礎，全面革新經濟體系。

　　　(5)聖吉（Senge）提出未來的組織競爭優勢的關鍵因素在於知識。

　　　(6)從經濟學觀點，**新成長理論將知識、智慧資本、教育等視為可以創造經濟的重要因子，有別於新古典經濟理論所確認的生產因子（勞力及資本）。**

　　2.**定義：**

　　　(1)經濟開發暨合作組織（OECD）在1996年出版「以知識為基礎的經濟報告書」：知識經濟乃是知識不斷蒐集、貯存、轉化、運用和創新的管理歷程，以創造出高發展的經濟條件。

　　　(2)王如哲教授：知識經濟是指現今經濟活動的要素奠基於知識的搜集、分類、貯存、轉化、運用及創新；換言之，知識的累積與創造為目前個人最大的資產和組織的競爭力指標。

　　　(3)黃乃熒教授：知識經濟強調知識創新，並以無形的知識，作為經濟活動的基礎；知識經濟強調資訊應放置於全球化的脈絡之中予以檢視，且能夠回應全球化之複雜實體的資訊，方為知識。

(二)知識經濟的特性

　　1.知識週期快速縮短，這代表知識的流動性增強，不再有永恆不變的知識。

　　2.重視學習型組織及學習共同體的理念，強調兼顧個人和組織的學習，亦即知識和資訊是可以分享及創造的，以因應快速變遷的社會。

　　3.知識管理日形重要，吾人可以透過知識搜集、分類、貯存、轉化和創新的管理歷程，以回應知識經濟的需求。

4.基於網路無國界的特性，妥善運用資訊科技，知識學習將可以打破時空的限制，兼顧時效性及經濟性。

5.人才培育將是各級教育的重點課題。

(三)知識管理的相關論述

1.知識管理係由**杜拉克（Drucker）**所提出，其認為未來知識將會取代過去之勞力與土地資本，產生以知識致富的新經濟。

2.定義：

(1)知識管理係指個人或組織對知識資本進行管理，透過知識的取得、組織、轉換、應用、分享與創新，並結合科技與人，將內隱知識外顯化，個體知識團體化，使組織知識不斷累積精進的一種管理策略。

(2)知識管理乃是對組織運用的知識所做的管理，進行知識的搜尋、組織、儲存、轉換、擴散、轉移、分享及運用的過程，以有效運用知識並創新知識，進而提高組織的效能。

(3)知識管理是一種自組織的無形資產創造價值的過程，知識管理關注人力資本（人力素質、知識社群等）的經營，也關注結構資本（資料庫、網路設備等）的運用。

3.功能：

(1)知識管理的功能在於可提高組織成員之溝通與知識層次，擴大成員知識互動的範圍，是一進行知識螺旋的動態循環歷程。

(2)可以提升組織創新力及生產力。

(四)知識管理的步驟

1.**知識的取得**：

(1)知識取得有內在知識與外在知識等兩種類型，其可以不同形式存在，例如：資料、資訊、知識、文化、智慧等。

(2)外在知識屬於傳統圖書資料的類型；內在知識則屬於一種文化範疇，例如：分享學習的學校文化。

2.**知識的儲存**：

(1)知識可分為**顯性知識**（即外顯易見的）和**隱性知識**（即內隱神秘的）。

(2)顯性知識的儲存通常採文件檔案與資料庫等，而隱性知識的儲存通常透過知識地圖和故事題材等。

(3)隱性知識又稱為內隱知識或是默會知識，係指個人經過長時間的經驗學習，所獲得的內化知識，其不需經由語言及文字的外顯，即可發揮解決問題之功能。

(4)換言之,個人若要獲得隱性知識,可透過鷹架作用、啟發學習、概念構圖等認知策略,提升本身認知發展層次,並透過隱性知識與顯性知識的轉化運用,獲得智慧。

3.知識的轉化(社會化、外部化、內化、結合化,即知識螺旋)。

4.知識的累積及擴散。

5.知識的應用及實踐。

6.知識的創造及更新。

(五)**知識螺旋的定義**

1.知識螺旋係由日本學者野中郁次郎(Nonaka)所提出,其係指在知識管理過程中,個人會透過「**社會化**」、「**結合化**」、「**外部化**」、「**內化**」等策略,將隱性知識與顯性知識作最有效的轉化及運用。

2.社會化係指組織成員將個人隱性知識轉化為組織隱性知識之過程。

3.結合化係指將不同顯性知識組合起來,以創造新知識之歷程。

4.外部化係指將隱性知識轉化為顯性知識的歷程。

5.內化則是指將顯性知識轉化為隱性知識之歷程。

6.在教育應用上,應建立完整的教育知識資料庫與知識管理制度,以開展教育人員的知識視野。

重點二　教育改革

一　教育改革的基本概念

(一)**教育改革的功能**

1.提升學生成就及教學專業。

2.促進經濟轉型,培養符合市場需求的人才。

3.降低政府的教育財政負擔。

4.促進教育機會均等,保障教育弱勢族群學生的教育權益及品質。

(二)**不當教改或教育政策可能形成之原因**

1.政黨或利害關係人為了自己的利益,而提出流於一己之私的教育政策。

2.制訂教育政策時,事先並未良善溝通及形成共識,或是只為了貫徹領導者的理念。

3.從基層官僚觀點，或許第一線教育工作者並不認同正在實施或將執行的教改。

4.教育政策未經過詳細的規劃，也並未確實的執行，且缺乏完善的教育評鑑機制。

5.未針對實際的教育問題，擬定最具效用性及實用性的教育政策。

(三)不當教改或教育政策對學生的衝擊

1.忽略學生主體性，使學生喪失學習動機。

2.使學生產生逃避或攻擊等防衛機制，或是產生習得的無助感。

3.加重學生身心負擔及焦慮壓力。

4.使學生產生抗拒或閒散逸樂的次級文化。

5.學生的注意力無法集中在學校，且學習態度欠佳。

(四)臺灣教育改革形成的背景

1.臺灣教育改革緣起於1994年的「410」民間教改運動，其出四大訴求：

  (1)**廣設高中大學。**   (2)**推動小班小校。**

  (3)**訂定教育基本法。**   (4)**促進教育現代化。**

2.緊接著，行政院設立「行政院教育改革審議委員會」，在1996年提出「教改總諮議報告書」，接櫫教育改革五大方向：

  (1)**教育鬆綁。**   (2)**帶好每位學生。**

  (3)**暢通升學管道。**   (4)**提升教育品質。**

  (5)**建立終身學習社會**

3.近年來，受到全球化、國際化、在地化、新自由主義等思潮的影響，我國教育改革更顯多采多姿。

4.另外，我國人口結構的改變，例如：高齡化、少子化、新臺灣之子增加等趨勢，也使我國教育改革產生許多挑戰。

(五)美英紐澳等英語系國家的教育改革理念

面向	教育改革理念
教育改革理念	1.努力實踐教育機會均等之理想，並實踐學生為主體之教育信念。 2.教育決策多元化與民主化，強調績效與追求卓越。 3.彰顯本國教育主體性，在全球化與本土化之間取得平衡點。
教育行政制度	1.強調教師專業發展，並走向教育行政分權化。 2.重視各級教育評鑑，並引入多元新興之領導理念與策略。 3.進行教育行政組織改造，以提升教育行政效率。

面向	教育改革理念
學校行政制度	1.延長國民教育年限，並提升學制銜接之彈性，建構終身學習體系。 2.增加學校類型多元性，並強調學校社區化。 3.進行學校本位經營，且鼓勵產學合作。
課程設計	1.以核心能力進行學校統整課程設計，並重視課程評鑑。 2.課程設計應銜接學生生活經驗，並強調「做中學」。 3.教師應成為課程設計者與行動研究者，並重視課程教學轉化。

二 教育改革的理論模式

(一)R-D-D-A模式之觀點

1.首先，「R-D-D-A」模式依序為**研究**（research）、**發展**（development）、**傳播**（diffusion）、**採用**（adoption）四個步驟，係立基於實證理性典範，希望透過研究、發展、傳播、採用等步驟，以實證研究方式，提高教育興革之品質。

2.所以，當教育改革的理論與實務出現差距，且相關人員缺乏足夠專業知能時，可採用之。

(二)撥款補助模式之觀點

1.首先，「由撥款補助模式」係立基於權力強制與規範教育典範之混合，其係指以撥款補助為利誘，使願意配合教育興革之學校進行教育改革，並對不願進行教育興革之學校，產生經濟制裁效果。

2.所以，其適用於學校缺乏教育興革動力時，其有助於讓學校朝向國家理想的教育改革目標發展。

(三)組織發展模式（OD模式）之觀點

1.首先，「組織發展模式」係立基於規範教育典範，其係指假定學校有自我更新的能力，所以藉由組織成長的各種技巧，幫助學校主動進行教育興革。

2.所以，其適用於教育改革只依賴外在誘因，而缺乏教育理想時，有助幫助學校產生自我興革之力量。

三　以證據為基礎的教育改革

(一)「以證據為基礎的教育改革」的基本概念

1. 強調利用研究結果擬定教育政策，可以加強教育政策的客觀性及科學性，但有可能帶來不小政策災難。
2. 以證據為基礎的教育改革有助於增加教育政策的說服力，也有助正確掌握教育政策的成效，並據此提出改進建議。

(二)「以證據為基礎的教育改革」，強調利用研究結果擬定教育政策，但有可能帶來不小政策災難之原因分析

1. 首先，若是借用外國的研究結果，因為無法融入本國的教育脈絡，會產生研究結果水土不服的現象，也會帶來政策災難。
2. 再者，當研究方法錯誤、研究對象錯誤、研究信效度不足時等。將導致研究結果是錯誤的，並無法反應教育事實，所以若據此擬定教育政策，自然會引發政策災難。
3. 此外，研究結果可能忽略教育實際情境的需求，導致產生落差，而難以落實。
4. 另外，有些研究成果過於理論取向，難以在教育實際情境中有效實踐。
5. 最後，若是研究結果受到特定意識型態的操弄，反而成為一種特定教育政策的背書，則將導致教育機會不均等的弊病，且違反社會正義。

(三)「以證據為基礎的教育改革」有可能帶來不小政策災難的國內實例

1. 「98高中課綱」：
   (1)「98高中課綱」具有許多的研究成果基礎，但是由於其未衡量到我國特殊的政治社會環境，導致抗議聲不斷。
   (2)隨著政黨輪替，「98高中課綱」宣告暫緩實施，浪費了許多金錢、人力、時間等，可謂是一種政策災難。

2. 「建構式教學」：
   (1)「建構式教學」為移植國國外研究成果，但在進行建構式數學教學時，未考慮到我國過去多以九九乘法表進行數學教學，師生及家長的觀念難以一時扭轉。
   (2)「建構式教學」在我國的相關教育配套措施未盡完善，例如：教師專業知能不足、教學時間僵化等。
   (3)「建構式教學」並不適用於每一個學習領域，且應顧慮到學生的先備知識，不然將妨礙部分無法進行具體及抽象思考的學生學習。

四 教育政策白皮書

(一)教育政策白皮書之意義

1. 教育政策白皮書通常用來指稱各國官方、政府單位所出版的官方教育報告文件，**因為其書皮使用白色，所以稱為教育政策白皮書。**

2. 換言之，教育政策白皮書具有完整之政策意涵及實施大綱，其是一種官方公開文獻，**具有強烈的權威性及政策指導性。**

(二)臺灣現有的教育政策白皮書

教育政策白皮書	公告日期（民國）
體育運動政策白皮書	103年4月
教育部人才培育白皮書	102年12月
中華民國師資培育白皮書	102年1月
原住民族教育白皮書	100年4月
中小學國際教育白皮書	100年4月
創造公平數位機會白皮書	99年6月
性別平等教育白皮書	99年3月
中小學資訊教育白皮書	97年3月
資優教育白皮書	97年3月
海洋教育政策白皮書	96年8月
邁向高齡社會老人教育政策白皮書	95年11月
藝術教育政策白皮書	94年12月
防災教育白皮書	93年10月
培養活力青少年白皮書	93年8月
科學教育白皮書	92年12月
創造力教育白皮書	92年3月
媒體素養教育政策白皮書	91年10月
大學教育政策白皮書	90年7月
技職教育白皮書	89年5月
邁向學習社會白皮書	87年3月

自我評量

一、為迎接知識經濟與終身學習的時代來臨，各國莫不致力於「學校制度」（又稱學制）的改革，其重點或趨勢為何？試說明之。【94年地方四等特考】

二、針對外籍配偶子女因為文化和語言上的差異所導致之學習落差，學校該如何進行補救教學？【95年地方四等特考】

三、台灣地區學齡人口減少的趨勢為何？此一趨勢的發展對教育而言利弊何在？【95年普考】

四、推動「以證據為基礎（evidence-based)的教育改革」強調利用研究結果擬定教育政策，比起即興式或民粹式的決策要好些。不過直接研究發現擬定政策有時卻帶來不小的政策災難，可能的原因為何？試析論之。並舉一個你所知道的例子說明（國內外皆可）。【97年高考】

重點試題解析範例

一、在「全球－在地化」（glocalization）思潮的影響下，教育行政革新的要務為何？【96年高考】

答：「全球－在地化」思潮帶來教育變遷革新的契機，茲依題意說明如下：

(一)「全球－在地化」思潮的背景內容：

1.「全球－在地化」是一種人類想像力的產物，亦是一個觀念更新和典範轉移的過程。

2.最早是由Sony公司所提出，其係指在提供外在一致性服務時，應同時搭配地方品味進行調整，以將地方性口味巧妙地融入全球性生產中。

3.「全球－在地化」的知識文化是一種多元異質的知識內涵，並呈現出一種批判辯證性的知識觀點。

(二)教育行政革新之要務：

1.政府應適時進行教育鬆綁，實施學校本位經營，以發展學校本位課程。

2.應實施多元統整的課程設計，融入多元文化教育精神，並銜接學生經驗脈絡，以塑造學生的在地認同。

3.宜型塑國際化的教學情境，讓學生可以開展國際觀，擁有全球視野。

4.教育行政運作應以兼容並蓄的態度面對全球化在地化對目前教育發展的衝擊，以透過教育過程，培養兼具全球視野與本土意識的現代公民。

參考書目： 秦夢群（2005），教育概論，高等。

　　　　　艾育（2013），名師壓箱秘笈－教育行政學，千華。

　　　　　教育圓夢網（2013），94至102年教育行政高普特考解析，教育圓夢網。

二、新世紀臺灣社會變遷與教育面臨的挑戰為何？如欲推動國際教育與交流，解決有關教育問題，可採取那些策略？【101年高考】

答： 推行國際教育與交流有助學生開展國際理解與視野，於此依照題意說明如下：

(一)臺灣的高等教育推動國際化之社會背景

1.政治民主自由化，經濟水準也快速提升，導致社會大眾日益注重大學品質。

2.資訊科技進步，且受到全球化趨勢影響，與國際訊息接觸管道多。

3.臺灣的國際環境特殊，透過教育國際化所展現的軟性國力，成為臺灣主體性發聲的方式。

4.臺灣留學教育興盛，且留外學者也紛紛歸國服務，導致臺灣各級教育國際化交流日益頻繁。

(二)國際教育的意義，在於透過教育培育學生具有下列能力：

1.國家認同：國際教育應從認識自我文化出發，讓學生具有本土意識與愛國情操。

2.國際素養：國際教育應循序漸進，讓學生從外語、文化及相關全球議題的學習中，產生具有國家主體的國際意識。

3.全球競合力：國際教育應提供中小學生體驗跨國學習機會，激發其跨文化比較的觀察力與反思能力。

4.全球責任感：國際教育應強調對不同族群、地域、文化的尊重包容，以及對於全球的道德與責任，並提倡世界和平的價值。

(三)臺灣推動國際教育的具體作法

　1.教育政策面：

　　(1)1999年推動「大學學術追求卓越發展計畫」，目標在於透過經費重點補助，改善大學學術發展之基礎建設，以追求學術卓越及與國際化接軌。

　　(2)2003年推動「五年五百億頂尖大學及研究中心計畫」，希望以五年五百億預算，讓十個臺灣各大學之系所或中心成為亞洲第一，包括：發展國際一流大學計畫、頂尖研究中心計畫。

　　(3)近年推行的獎勵大學教學卓越計畫、高等教育評鑑等的評鑑指標，也重視學生外語能力之培養及國際事務之推動。

　2.課程與教學面：

　　(1)中小學的相關教育人員均應理解國際化已經對教育具有一定的影響性，而願意共同面對其所形成的衝擊。

　　(2)國際化使得課程目標、課程內容和教學方法等產生改變，中小學的教育相關人員宜積極提升本身教育專業視野，來建構優質卓越之課程願景。

　　(3)在課程決定與發展方面，可以融入資訊科技的應用，並進行兼重國際觀與本土觀的課程設計，也應納入多元文化教育、品格教育、環保教育、海洋教育的新興議題，來建構全球化課程。

　　(4)課程研究者除了研究國際化對當前課程的影響外，也可積極的引進各國的研究成果，以豐富課程研究的內涵，提升課程實施的品質與效能。

參考書目：陳培林（2013），教育行政學經典歷年試題解析，千華。
　　　　　　教育部中小學國際教育白皮書：http：//www.edu.tw/

第7章 教育政策理論及實務（含法規）

頻出度 B：依出題頻率分為：A 頻率高、B 頻率中、C 頻率低

各考試出題排行榜　原民三等　地方三等

②高考　④身障三等

 重點一　教育政策理論概要

一 教育政策的基本概念

(一)政策是一系列決策的結果，概念層次依序為政策、計畫及方案。公共政策的學術起源於拉司威爾（H.D.Lasswell）於1951年所出版的《政策科學：範圍與方法的近代發展》，確立了政策科學的學術性，也開啟了教育政策的科學研究。公共政策一詞，不同學者有不同定義，若根據吳定教授（2003）的定義，公共政策是指政府機關為解決某項公共問題或滿足某項公共需求，決定作為或不作為，以及如何作為的相關活動；據此，可知教育政策是指政府機關為解決某項教育公共問題或滿足某項教育公共需求，決定作為或不作為，以及如何作為的相關活動。

(二)另外，**教育政策屬於一個跨學科的學門，其理論基礎包括了教育經濟學、教育統計學、教育行政學等**。此外，教育政策類型可分類如下：

類型	內涵
重分配性政策（redistributive policy）	1.零和賽局的教育政策思維。 2.政府將某一階層人民的利益或負擔轉移給另一階層人民。

類型	內涵
管制性政策 （regulatory policy）	1.零和賽局的教育政策思維。 2.政府會設立特定原則來規範人民，以維護公共利益。 3.例如：強迫入學條例對於學齡兒童的入學規定。
分配性政策 （distributive policy）	1.非零和賽局的教育政策思維。 2.政府將公共利益分配給不同的階層，不會因為某階層有了某部分的公共利益，就損害另一階層的公共利益。 3.例如：十二年國教中的免學費政策的無排富條款。
自我管制性政策 （self-regulatory policy）	1.非零和賽局的教育政策思維。 2.政府僅以原則性的規定來規範人民，以維護公共利益。 3.例如：九年一貫課程綱要對於各學校彈性課程的設計僅有原則性規定。

(三)再者，教育政策的相關概念多借用公共政策而來，茲將可適用於教育領域的公共政策名詞概念整理如下：

名詞	概念內涵
政策分析 （policy analysis）	1.包括實證性及規範性的教育政策分析。 2.關注教育政策制訂過程，以解決教育問題為中心。 3.可有效描述及解釋教育政策的內容、前因後果及影響性。
政策倡導 （policy advocacy）	1.亦有翻譯為政策主張，屬於規範性的教育政策分析。 2.關注教育政策的價值層面，以導引政府制訂好的教育政策為發展方向。
零和賽局 （zero sum game）	1.零和賽局是博奕理論中的模式之一，其為一方全贏一方全輸的情形。 2.因此就教育政策而言，零和賽局的教育政策之制訂，會使特定一方得利，但也相對使另一方失去利益，所以，容易招致特定利益相關者的反彈。
非零和賽局 （non-zero sum game）	教育政策的制訂，雖會使特定一方得利，但是不會使另一方失去利益
市場失靈 （market failure）	1.自由競爭的市場供需法則失效的現象。 2.造成因素： (1)教育具有公共財性質，必須由政府負擔一定責任。 (2)市場交易產生的外部性效果（對非交易關係的第三者造成的影響）產生的外部不經濟現象，此時，便需要政府介入處理。 (3)教育消費者的資訊不對稱，沒有足夠的市場交易訊息。 (4)教育市場若產生自然獨佔現象，會造成教育資源分配不均的現象。

名詞	概念內涵
政府失靈 （government failure）	1.當政府為解決市場失靈，採用政策工具介入市場，卻受制於政府組織特性而失敗。 2.造成因素： 　(1)公民投票的限制，例如：某教育政策可能只是政治候選人的一項政見，選民可能不贊同該教育政策，但是因為種種因素的整體考量，仍投票給該政治候選人。 　(2)代議政治的限制，例如：政治人物只考量本身選區的教育政策利益，或是發生政治利益協商，導致犧牲了特定的教育利益相關者。 　(3)政府組織及制度的限制，例如：科層體制的僵化、政府法規缺乏彈性等。
政策失靈 （policy failure）	1.政府原先為了解決教育問題，而制訂教育政策，卻發現教育政策制訂的結果，反而讓問題更加嚴重或衍生更多問題。 2.另一個常見的通用名詞為政策困窘（policy predicament）、政策滑移（policy slippage）。
政策兩難 （policy dilemma）	源於教育政策形成及執行過程中，不同利益相關者所產生的衝突。

(四)教育政策的核心價值

1.效率。　　　　　　2.效能。　　　　　　3.自由。

4.公平。　　　　　　5.社會正義。　　　　6.教育機會均等。

7.品質。　　　　　　8.卓越。　　　　　　9.適性。

10.適足性。

(五)教育政策研究典範

1.教育資源的投入及產出典範。　　　2.教育評鑑典範。

3.個案研究典範。　　　　　　　　　4.教育歷程典範。

5.教育組織型態典範。

二 教育政策分析

(一)教育政策分析的基本概念

1.教育政策分析係指對教育政策的制定與形成，進行系統化的描述及探究，並瞭解教育政策的形成原因、可能影響及可行性，以有效解決教育問題。

2.教育政策分析屬於應用取向的社會科學，不同的教育政策分析過程會運用不同的分析方法，例如：唐恩（W.Dunn）主張教育政策分析就是一個政策論證的過程。

3.**教育政策分析的方法**
(1)線性規劃。　　　　(2)德懷術。　　　　(3)作業研究。
(4)決策樹。　　　　　(5)區別分析。　　　　(6)計畫評核術。
(7)簡單迴歸分析。　　(8)多元迴歸分析。

4.**教育政策分析的取向：**
(1)政策處方取向。　　(2)政策制訂取向。　　(3)政策因果取向。

(二)以問題為中心的教育政策分析模式

1.教育政策分析源於公共政策分析，較多的教育學者會採用唐恩（W. Dunn）的政策論證模式來說明教育政策分析。

2.**政策分析方法：**

政策資訊	政策分析方法	重點概念
政策問題	建構	掌握問題是制訂良好教育政策的前提，一個教育政策良好問題的建構，必須要去考量其價值信念、基本假設、形成原因等。
政策未來	預測	制訂教育政策不僅在於解決現在的問題，更應該去關注教育政策制訂之後的影響性。
政策行動	推介	在考量各種教育政策方案的成本效益、外溢效果及風險性之後，擇優推薦某教育政策方案。
政策成果	監測	監測教育政策執行後按照既定計畫進行的程度。
政策績效	評估	針對教育政策執行結果及影響性進行評估。

3.當進行問題為中心的教育政策分析時，應進一步去思考有關政治、時勢等脈絡因素的影響。

(三)政策論證（policy argument）

1.**定義：**
(1)在教育政策分析過程中，政策分析者尋找支持本身政策的相關證據，並提出反面證據，以使該教育政策獲得採用。
(2)一項教育政策應經過嚴謹的公共論證（Public argument），依據唐恩（W. Dunn）的說法，政策論證包括六項要素：政策適當訊息、政策宣稱、政策支持依據、駁斥理由或是反證、信賴度、立論理由。

2.**政策論證的六個結構因素：**

(1)政策的相關資訊（policy relevant information, I）。

(2)政策的主張（policy claim, C）。

(3)政策的立論根據（policy warrant, W）。

(4)支持政策立論根據的理由（policy backing, B）。

(5)反對政策立論根據的理由（policy rebuttal, R）。

(6)政策分析者對政策的確信程度（policy qualifier, Q）。

3.**政策論證模式：**

(1)權威模式。	(2)統計模式。	(3)類別模式。
(4)直覺模式。	(5)分析模式。	(6)解釋模式。
(7)實用模式。	(8)價值批判模式。	

三 教育政策論述

(一)教育政策論述的意義與重要性

1.首先，教育政策論述係指透過語言邏輯的辯證歷程，來解放教育政策中的意識型態，以重塑自由公義的教育實踐。

2.再者，教育政策論述為一種理解及詮釋的行動，其可做為解決教育問題之機制，也可開展教育政策新視野。

3.此外，教育政策論述有助啟蒙教育主體理性，並有助深入教育情境脈絡，讓每個人進行互為主體之溝通，以達成視野交融之關係。

4.最後，教育政策論述可提升教育決策之品質，也能促進教育政策合理規範之建立，並且確保教育政策實施之品質與成效。

(二)善用教育政策論述的教育政策領導途徑

1.首先，教育領導者必須具備批判反省能力，並能進行立基於「真理性」、「真誠性」、「正當性」及「可理解性」的多元參與決定。

2.再者，在教育政策決定歷程中，應兼重「正義倫理」、「關懷倫理」、「批判倫理」、「權利倫理」等，以兼顧程序正義和實質正義。

3.最後，教育領導者應具備尊重差異，並讓邊際論述有同等發聲權力，且可質疑與解放存在於教育現象中的不當意識型態及權力結構。

四 教育政策規劃及決策

(一)教育政策規劃的基本概念

1. 教育政策規劃需要參照教育的核心價值，越能反映教育核心價值的政策與措施，越能造福政策的實施對象。

2. 教育政策規劃必需要掌握住真正的問題本質，以設定正確的教育政策議題，才能進行周全的教育政策制訂。

3. 教育政策的規劃必須考量標的人口變化、都市發展（例如：凍省、五都等）。

4. 若有智庫的存在，有助提升教育政策規劃的品質。

(二)教育政策規劃的分析重點

1. 周延性分析。　　2. 可行性分析。　　3. 創新性分析。

4. 合理性分析。　　5. 效益性分析。

(三)教育政策議題設定及問題界定，是教育政策形成過程的第一階段。

(四)教育政策問題的建構

1. 教育政策問題的建構必須要對教育環境進行現況分析，影響因素包括：政治環境、文化環境、經濟環境、全球局勢、利益團體等。

2. 教育政策問題的建構方法可以採用：概念圖、類別分析法、政策德懷術、模糊德懷術、層級分析法等。

3. 教育政策的問題類型：

(1)教育政策問題何時發生（When）？

(2)教育政策問題的作用對象為誰（Who）？

(3)教育政策問題的內容概念為何（What）？

(4)教育政策問題產生的原因為何（Why）？

(5)教育政策問題如何發生（How）？

(6)教育政策問題的發生情境為何（Where）？

(五)教育政策的決策

1. 教育政策的決策歷程象徵的教育政策價值的取捨；理想的教育政策決策，應該是以證據為本位，且善用智庫的正向功能，不應該呈現民粹取向。

2.教育政策的決策基本模式：

決定模式	內容概念
政治模式	教育政策是一種政治活動。
制度模型	教育政策是一個教育機構的產出。
菁英模式	教育政策由社會菁英決定。
理性模型	教育政策是完美理性決定的產物。
團體理論模型	教育政策是相對利益團體形成之平衡結果。
漸進模式	教育政策是一種逐漸修正的點滴工程。

五　教育政策合法化

(一)教育政策合法化的定義

1.教育政策合法化係指透過相關的法定程序，使政策取得法令上的依據，而且有法律上的效力及公權力，以強化政策的正當性之歷程。

2.教育政策合法化係指教育行政機關提出教育政策議題，並提交行政部門研擬相關內涵，再提交民意機關審查，最後由國家元首公布之歷程。

3.教育政策合法化係指將教育政策進入民意檢驗之階段。意即進入民意機關的審議，經過民意機關三讀通過後，完成教育政策之法制化。

4.教育政策合法化係指政府將該項政策問題納入議程、政府行政首長對方案支持或獲得正當程序之過程。

5.教育政策合法化的法源依據除了憲法、教育基本法外，尚有地方制度法、行政程序法等。

(二)教育政策合法化的功能

1.教育政策合法化為政策實施的首要條件，其可以增加相關人員的信心水準，以順利推行該政策。

2.教育行政合法化將可使教育政策提高其政治性之可行性及合法性，給予教育行政機關執行之合法權力、增加公信力與公權力，並獲得法律之有效保障。

3.教育政策合法化有助於凝聚社會大眾的共識，使教育政策推行更為順利。

(三)教育政策合法化的過程

1. **從學理觀點**，教育政策合法化的過程包括：問題形成、政策形成、政策採納、政策執行與政策評估。

2. **從法律觀點**，教育政策合法化的過程主要以教育政策立法為主，係指教育法案經由行政機關的提案，法案審查，民意機關的一讀、二讀、三讀，國家元首公布等歷程。

六　教育政策執行及行銷

(一)教育政策執行的基本概念

1. 教育政策執行係指將教育政策有效推廣、實施、行銷及評估的歷程。

2. 教育政策執行的結果可以用以瞭解教育政策執行理念與教育政策實務的差距。

3. 教育政策對話也是教育政策執行的重要環節，**理想的教育政策對話原則如下**：

   (1)在教育政策對話過程中，各對話者共同承擔問題解決的責任，以互為主體方式進行對話，彼此真誠分享訊息，說出對問題的感受與看法。

   (2)教育政策對話的進行應以解決問題為導向，採取開放的討論方式，排除自我中心的霸道行徑，不強制推銷主政者單一預定的答案。

(二)教育政策執行的影響因素

1. 教育政策本身因素。　　　2. 執行人員的因素（基層官僚理論）。

3. 經費資源的條件因素。　　4. 外在環境系統的因素。

5. 執行機關的內在因素。

6. **教育政策利害關係人的因素**：

   (1)教育政策利害關係人係指與教育政策後之利益有相關之社群團體，此社群會基於本身利益之考量，透過各項權力運作，彼此結合與角力，使教育政策制定難產或順利過關。

   (2)教育政策利害關係人之範圍涵蓋政府內部與外部：有決策者、立法者、利益團體、學術專家群、媒體、政黨與民意團體，其對於教育政策執行成敗具關鍵影響力。

(三)以九年一貫課程政策為例，說明教育政策執行的影響因素

1. **外在因素**：

   (1)政黨輪替：由於不同政黨有不同的教育信念，會影響九年一貫課程的實施。

　　　(2)法令規定：相關法令或實施細則的完善程度，亦會影響九年一貫課程的實施。

　　　(3)經費補助：對於相關課程教學實驗，或九年一貫課程的運作，都需要經費。

　　　(4)城鄉差距：家長社經階級和對教育的期望，都有可能成為九年一貫課程的助力或阻力。

　　2.**內部因素**：

　　　(1)學校態度：學校是否真誠地想推動九年一貫課程，或者只是在外在誘因下的妥協。

　　　(2)教師專業：教師的專業知能是否足夠，且是否**願意誠意**去參與此波的課程改革。

　　　(3)學校物質設備和制度：是否已達到九年一貫課程的需求，包括在節數安排、教室空間等方面。

(四)**教育政策行銷的基本概念**

　　1.「教育政策行銷」的定義是指將行銷觀念應用在教育政策的執行及推廣，亦即，是對教育政策進行行銷管理的過程。

　　2.蓋瑞（Gary）認為最適用的教育行銷組合為5P組合，即：

　　　(1)產品策略（Product）。　　　(2)價格策略（Price）。

　　　(3)推廣策略（Promotion）。　　(4)通路策略（Place）。

　　　(5)人員策略（Personnel）。

七　教育政策借用的相關議題

(一)教育制度或措施的借用是比較教育發展及研究的重要層面，誠如朱熹所言：「三人同行，其一我也，彼二人者，一善一惡，則我從其善而改其惡焉。是二人者，皆我師也」；所以進行教育政策借用時，必須要仿效其他國家好的教育措施，並以不良教育措施引以為戒。

(二)**日本模仿西方國家的成功案例**

　　1.**在教育改革理念方面**：

　　　(1)努力實現「教育機會均等」之理想，與實踐「以學生為主體」之信念。

　　　(2)教育決策參與多元化與民主化，重視績效與追求卓越。

　　　(3)彰顯教育主體性，在全球化與本土化間取得平衡。

　　2.**在教育行政方面**：

　　　(1)強調教師專業發展，並且走向教育行政分權化。

(2)重視教育評鑑，並且引入多項新興領導理念。

(3)進行教育行政組織變革，以提升教育行政效率。

3.在課程方面：

(1)以核心能力進行統整課程設計，並重視課程評鑑。

(2)課程設計應銜接學生生活經驗，並強調「做中學」。

(3)教師成為課程設計者，並重視課程教學轉化。

(三)日本模仿西方國家的失敗案例

1.日本在戰後以來的教育改革措施，一直受到美國和英國的教育市場化、教育自由化、重視個性原則等理念之影響。

2.相關的教育改革措施包括：

(1)「學區自由選擇制」。　　　　(2)「綜合學習時間」。

(3)實施上課五天制。

3.日本開始質疑及反省此種新自由主義為主的教育改革潮流，學校是否成為一種社會再製機制，造成特定的教育弱勢族群，

八 「效能與公平」的教育政策取向

(一)「效能與公平」的價值兩難，是世界各國推動教育政策時所會面臨的困境。

(二)效率取向的新加坡中小學教育之相關說明

1.新加坡中小學教育理念：

(1)受英國殖民傳統影響，呈現菁英教育導向。

(2)一級政府的教育行政理念，由教育部負責教育行政工作與責任。

(3)重視國際化，強調英語教育，也希望教育可以擁有高品質，且促進經濟之發展。

(4)強調因材施教，落實分流教育。

2.新加坡中小學的實際辦學情形：

(1)未宣布中小學階段義務教育，但是在學率極高。

(2)小學階段免費，中學階段則需收費，學制為模仿英國的6433學制。

(3)小四會進行鑑定考試，考試科目為英文、母語及數學，小五則進行第一次教育分流，在小六則進行第二次教育分流，稱為%「離校考試」（PSLE）。

(4)根據學生的離校考試成績，分別將其安派至中學的特別課程、快捷課程或是普通課程。

(5)中學畢業後，則參加普通教育證書會考，再決定是否繼續升學或就業。

(三)公平取向的芬蘭中小學教育之相關說明

　　1.芬蘭中小學教育理念：

　　　(1)芬蘭的教育理念是「教好每一個孩子」，並且重視本土化、國際化及生活化之教學實踐。

　　　(2)積極推動「教育國際化」，並希冀建構知識型社會，以使每個學生都具有知識數位化及創新之能力。

　　　(3)以學生為主體，強調學生關鍵能力與終身學習能力之培養，並提升學生閱讀力與數理科技能力，使學生的競爭能力高過其他主要國家。

　　2.芬蘭中小學的實際辦學情形：

　　　(1)小學階段為基礎教育階段，除讓學生學習關鍵能力：閱讀、數學與科學外；也重視實用課程之學習，例如：木工課程，以培養學生之基本能力。

　　　(2)中小學階段為常態編班，並採取混齡編班，且設有課後輔導機制，以讓學生獲得健全發展。

　　　(3)中小學階段為免費入學，且小班小校，中小學教師大都為碩士學歷，教師品質素質優良整齊。

重點二　教育政策實務

一　十二年國民基本教育政策

(一)緣起

　　1.我國推動延長國民教育之議，早自民國72年起即展開，先後經過12任教育部長。

　　2.92年9月全國教育發展會議達成「階段性推動十二年國民基本教育」之結論與共識：

　　　(1)進行「實施十二年國民教育理論基礎比較研究」、「推動十二年國民教育辦理模式之研究」、「十二年國民教育之教學資源及課程研究」、「十二年國民教育經費需求推估」。

　　　(2)全國教育發展會議將規劃十二年國民教育列為討論議題，並達成「階段性推動十二年國民教育」之結論與共識。

3. 據此，行政院核定之「大溫暖社會福利計畫」中，將推動十二年國民基本教育納入，責成教育部積極規劃。

4. 93年籌組「推動十二年國民教育工作圈」，積極進行推動十二年國民教育規劃工作。

5. 94年籌組專案小組研擬十二年國教前置配套措施事項，並籌組十二年國民基本教育規劃決策機制，研擬實施方案，並徵詢家長團體及教師團體之意見，形成共識，俾階段性推動。

6. 95年成立十二年國民基本教育規劃工作小組及專案辦公室，完成十二年國民基本教育規劃方案及十二年一貫課程參考指引。

7. 教育部於**99年8月28、29日召開全國教育會議**，會中，十二年國民基本教育為各界非常關心的議題。因此，為因應國家發展需求及社會各界期待，行政院旋即成立跨部會「十二年國民基本教育推動小組」，行政院副院長擔任召集人，教育部亦成立「十二年國民基本教育工作小組」及「十二年國民基本教育工作圈」，積極研議相關政策，期能建構優質健全的後期中等教育體系。

8. 馬英九總統於**100年元旦祝詞**宣示：「預定民國103年高中職學生全面免學費、大部分免試入學。」

9. 行政院於**100年9月20日核定「十二年國民基本教育實施計畫」；103年起實施十二年國民基本教育**，開啟我國教育之重要里程碑。

(二)**法源**

1. 依**國民教育法第2條**「凡六歲至十五歲之國民，應受國民教育。六歲至十五歲國民之強迫入學，另以法律定之」（強迫入學條例）。

2. 依**教育基本法第11條**「國民基本教育應視社會發展需要延長其年限；其實施另以法律定之。」

3. 因此，教育部正積極整合現行「高級中學法」及「職業學校法」，制定「高級中等教育法」，也將微調「專科學校法」相關條文，作為實施十二年國民基本教育之法律依據，同時，配合訂定及修正相關子法，以完備十二年國民基本教育法制。

(三)**五大理念**

1. **有教無類**：高級中等教育階段是以全體15歲以上的國民為對象，不分種族、性別、階級、社經條件、地區等，教育機會一律均等。

2. **因材施教**：面對不同智能、性向及興趣的學生，設置不同性質與類型的學校，透過不同的課程與分組教學方式施教。

3.**適性揚才**：透過適性輔導，引導學生瞭解自我的性向與興趣，以及社會職場和就業結構的基本型態。

4.**多元進路**：發展學生的多元智能、性向及興趣，進而找到適合自己的進路，以便繼續升學或順利就業。

5.**優質銜接**：高級中等教育一方面要與國民中學教育銜接，使其正常教學及五育均衡發展；另一方面也藉由高中職學校的均優質化，均衡城鄉教育資源，使全國都有優質的教育環境，使學生有能力繼續升學或進入職場就業，並能終身學習。

(四)**十二年國民基本教育的目標**

係以**國家、社會及學生個人**多元角度之觀照：

1.提升國民基本知能，培養現代公民素養。

2.強化國民基本能力，以厚植國家經濟競爭力。

3.促進教育機會均等，以實現社會公平與正義。

4.充實高級中等學校資源，均衡區域與城鄉教育發展。

5.落實中學生性向探索與生涯輔導，引導多元適性升學或就業。

6.有效舒緩過度升學壓力，引導國中正常教學與五育均衡發展。

7.強化國中學生學習成就評量機制，以確保國中學生基本素質。

(五)**政策架構**

1.十二年國民基本教育分兩階段，**前九年為國民教育，依「國民教育法」及「強迫入學條例」**規定辦理，對象為6至15歲學齡之國民，主要內涵為：普及、義務、**強迫入學**、免學費、以政府辦理為原則、劃分學區免試入學、單一類型學校及施以普通教育。

2.後三年為高級中等教育，將推動制定「高級中等教育法」，對象為15歲以上之國民，主要內涵為：普及、**自願非強迫入學**、免學費、公私立學校並行、**免試為主**、學校類型多元及普通與職業教育兼顧。

3.重要名詞：

(1) **普及**：針對15歲以上之國民，提供均等之教育機會。

(2) **自願非強迫入學**：提供足夠且多元就學機會，但尊重學生與家長的教育選擇及參與權，不強迫入學。受教育，是學生的權利而非義務。

(3) **免學費**：免繳學費，但仍須繳納雜費、代收代付費及代辦費。

(4) **公私立學校並行**：採公立學校(國立、直轄市立、縣市立)與私立學校並行，對於獲學費補助私立學校，與公立學校之辦學需同受嚴格監督與評鑑，以確保教學正常與辦學品質。

(5) **免試為主**：國中畢業生75％以上免試入學進入高級中等學校（高中、高職或五專），但主管教育行政機關得保留招生區內少部分（0～25％）名額，以供學校採特色招生方式，經考試分發入學（採學科測驗）或甄選入學（採術科測驗）。

(6) **學校類型多元**：學校類型包括高中(含實驗中學、完全中學、綜合高中)、高職、五專前三年、特殊學校及進修學校，另允許辦理非學校型態實驗教育。

(7) **普通與職業教育兼顧**：十二年國民基本教育重視以學生中心的教學，高級中等教育階段將提供國中畢業生依其性向、能力和興趣，升入普通高中、職業學校或五專之分流選擇，並分別施予適性的課程和教學，以使每個學生潛能都能獲得開展。

4. 推動十二年國民基本教育之政策目標

(1) 提升國民素質，增進國家競爭力。

(2) 促進教育機會均等，實現社會公平正義。

(3) 縮小教育落差，均衡城鄉發展。

(4) 紓緩升學壓力，引導學生適性發展。

(六)實施原則

1. 分階段穩健實施：計畫之實施分為**啟動準備階段**及**全面實施階段**，自民國100年1月至103年7月，為啟動準備階段；自103年8月1日起至109年7月，為全面實施階段。

2. 中央與地方政府共同合作：有關免學費、劃分免試就學區、免試入學及特色招生、政策宣導等多項措施，將由中央與地方主管教育行政機關協調合作，以竟全功。

3. 系統整合：整合現階段正在實施之多項方案或先導計畫，以發揮永續發展的整體效益。

4. 家長參與：鼓勵和擴大家長共同參與諮詢與推動宣導工作。

5. 學校伙伴協助：邀請國小、國中、高中、高職及五專學校代表、相關行政人員及教師代表，參與諮詢及推動宣導。

　6.教育優質化：改善並充實高級中等學校資源，縮小城鄉差距，逐步擴增優質高中職數量，以吸引學生就近入學。

　7.學習一貫化：透過統整與連貫之課程結構，國中小教育與高中職教育相互銜接。

　8.學習品質確保：強化國中學生學習成就評量機制，審視學校教學成效，以確保國中生素質。

　9.入學普及化：提升國中畢業生入學高中職比率，期達百分之百。

　10.教育優質化：逐步擴增優質高中職，全面提升高中職教育品質。

　11.就學在地化：落實高中職社區化，逐步達成在地就學目標。

　12.學習一貫化：銜接高中職、國中小教育，使學生學習經驗與身心發展階段連結。

　13.縮短學費差距：縮短公私立高中職學費差距，減輕弱勢家庭家長經濟負擔。

　14.縮小城鄉差距：補強教育資源不足區之高中職學校資源，提升其競爭力。

(七)十二年國民基本教育政策的可能衍生問題

　1.社會大眾是否已經形成共識？

　2.教育經驗是否充足？是否會產生資源排擠現象？

　3.偏遠地區的教育資源是否均等？

　4.十二年國民基本教育的定位不夠明確，且相關概念未完整釐清，例如：「基本教育」、「國民基本教育」等。

　5.十二年國民基本教育應立基於相關教育理論及實徵研究的教育專業之上，目前許多爭議多為政治議題。

　6.相關配套措施不足，例如：學區劃分、比序問題等。

　7.相關教育法規的修訂及建置仍不夠，容易造成教育實務執行的困擾。

二 高中優質化輔助方案

(一)目標

　1.促發高中學校團隊精進能量，協助各高中優質化及特色發展。

　2.提高國中畢業生就近入學比率和免試入學比率，落實本部高中職及五專多元入學方案。

　3.均衡各地高中教育發展，穩健推動十二年國民基本教育。

(二)辦理原則

1. **全面優質**：本方案就現有之高中，審定符合區位考量且具有發展潛力之學校，藉由適切之措施引導其全面優質化。
2. **區域均衡**：優先針對跨招生區或跨縣（市）就讀情形嚴重之地區，審定區域內高中加以重點輔助，以平衡高中之教育發展，促進各區域高中優質化。
3. **多元發展**：促進各高中發展特色，開發學生各種潛能，鼓勵及獎助各校發展傳統、創新之特色，期使我國高中教育邁向多元優質發展。
4. **績效責任**：本方案將根據申請學校近三年辦學成效與所提學校優質化經營計畫，遴選受輔助學校，獲選學校應依計畫執行，注重執行效能與效率，務求財務核實，適時依計畫訂定之指標檢討策進，並接受本部逐年定期評核實施成效及督導獎懲。
5. **分期推動**：採階段性、策略性推動，就審定之高中分年分期逐步實施，以達全面提升各校教學品質之目標。

三　教育部品德教育促進方案

(一)各國品德教育的推動趨勢

1. 美國：十餘年來業已積極推動「新品德教育」，強調當代核心價值，且以多元教學模式加以推廣。
2. 英國：近年推動「價值教育」與「公民道德教育」課程。
3. 新加坡、日本：始終重視學校道德教育之實施。
4. 臺灣：目前正推展「台灣有品運動」- 有品德、有品質、有品味。

(二)品德教育的重要性之說明

1. 開展學生潛能，讓學生能夠服務社會，獲得「知情意行」合一且品德修養良好的人格發展。
2. 培養學生良善且卓越的品德，並擁有增進個人自我實現及創造幸福生活世界之可能。
3. 「品德教育」為學生核心能力與就業力之基礎，高品質的品德教育，將有助提升教育競爭力與培育現代新公民。
4. 回應多元文化社會之需求，回歸教育本質，建構充滿人味兒的良善社會及教學情境。
5. 協助學生認知重要品德核心價值，進而進行體驗學習與服務學習，以實踐批判倫理、關懷倫理、正義倫理、責任自律及展現在地關懷等優質品德。

(三)品德教育的多元教學方法（6E）

1.典範學習（Example）：鼓勵教師或家長等學生生活中之人物成為學生學習典範，發揮潛移默化之效。

2.思辨啟發（Explanation）：鼓勵各級學校對為什麼要有品德、品德的核心價值與其生活中實踐之行為準則進行討論、澄清與思辨。

3.勸勉激勵（Exhortation）：鼓勵各級學校透過影片、故事、體驗教學活動及生活教育等，常常勸勉激勵師生實踐品德核心價值。

4.環境形塑（Environment）：鼓勵各級學校透過校長及行政團隊發揮典範領導，建立具品德核心價值之校園景觀、制度及倫理文化。

5.服務學習（Experience）：鼓勵各級學校推動服務學習課程及社區服務，實踐品德核心價值。

6.自我期許（Expectation）：鼓勵各級學校透過獎勵與表揚，協助學生自己設定合理、優質的品德目標，並能自我激勵，不斷追求成長。

(四)對中小學推廣品德教育之建議

1.成立學校層級之「品德教育推動小組」，或就現有單位專責辦理規劃品德教育相關事宜，並邀集師生代表、行政人員、家長、校友或業界人士等，共同討論、凝聚共識，建構學校重要之品德核心價值與行為準則。

2.將彰顯教育政策與學校特色之品德核心價值與行為準則，納入校務發展計畫中，且將品德教育多元地納入各領域教學中實施，發展品德教育課程內涵，並鼓勵創新多元教學方法以及鼓勵研發品德教育之教材教案與教學成效評量方法。

3.將品德教育具體彰顯於校園生活教育與各類活動中，並統整運用校內外資源，以有效推動品德教育。

4.建立學校定期自我檢核與改善機制，促進品德教育之永續實施與效能之不斷提昇。

四　繁星計畫

(一)為實現「照顧弱勢、區域平衡」理念，由獲得「發展國際一流大學及頂尖研究中心計畫」及「獎勵大學教學卓越計畫」之大學經教育部核定辦理「大學繁星計畫招生」，以發掘全國各高中之英才，期使每一所高中具有潛力之優秀學生，皆有就讀優質大學之機會，進而培育未來之社會中堅。

(二)換言之，當「甄選入學-學校推薦」的大學入學方式實施多年之後，經檢討發現該項招生並無法充分實現「照顧弱勢、區域平衡」之理念，故教育部透過辦理「大學繁星計畫招生」，以保障教育弱勢族群的受教權，並落實教育機會均等之教育理念，以實現教育實踐的社會正義。

五　中華民國師資培育白皮書（2012年公布）

(一)教育部「師資培育白皮書」從師資職前培育、師資導入輔導、教師專業發展及師資培育支持體系四大面向，擬定9項策略、28個行動方案，以提升教師專業能力。

(二)教育部在師資培育白皮書中，研議將推出中小學教師輪調制度（仿日）及教師評鑑，並強化不適任教師的輔導。

(三)根據師資培育白皮書的目標，其希望建立兼具「專業標準本位」與「師資培用理念」的師資培育體系，以「培育」與「致用」合作的循環機制作為理想的師資培育圖像核心，秉持「管道多元、條件專業」的原則，整合教師圖像與建立教師專業標準，重點如下：

　1.師資培育的面向不僅是師資職前培育，且包含師資導入輔導、教師在職專業發展與相關支持體系。

　2.師資培育的網絡不僅是師資培育之大學，更納入中小學的培用策略聯盟與夥伴關係。

　3.師資職前培育的課程除了修習教育專業學分，更要強化師資生的學科教學能力，並協助師資生涵養師道品德。

　4.師資培育的對象不僅是高級中等以下學校及幼兒園師資，也擴及大專教師、學校教育的相關專業行政者。

　5.師資培育的過程不僅是多元與獎優鼓勵，也兼顧專業控管以確保師資素質。

六　中小學國際教育白皮書（2011年公布）

(一)中小學國際教育的願景及目標

　1.願景：臺灣紮根，國際揚航。

　2.目標：

　　(1)培養學生世界公民的意識。

　　(2)加強學生跨文化溝通和交流的能力。

　　(3)提升學生適應全球化的生活與國際的競爭力。

(4)喚起教師探究國際資源的能力。

(5)拓展教師國際視野的教學創新力。

(6)強化學校應用國際教育資源的能力。

(7)促進學校教育的國際化。

(二)中小學國際教育推動理念

1.中小學學生應強化服務世界的情操。

2.中小學學生應具備國際發展的競合能力。

3.中小學學生應具備與不同文化背景的人和平共處能力。

4.中小學學生應該具備回應全球化潮流的能力。

(三)中小學國際教育之重要性

1.全球化已成為生活的實體。

2.世界秩序維護需要新倫理。

3.學校教育國際化蔚為潮流。

4.先進國家中小學國際教育推動已久。

5.臺灣需要積極開拓國際舞台。

6.臺灣學生需具備理解世界不同文化的胸襟及格局。

7.臺灣學生需具備國際競爭力。

(四)各國國際教育實施現況分析。

1.政策理念

(1)美國制定國際教育法令及明確政策內容。

(2)日本國際教育內涵強調關心傳統並理解國際。

(3)英國強調國際面向之學習及國際領導人能力之培養。

(4)法國積極配合歐盟推動國際教育及交流。

(5)韓、澳以提昇國際競爭力並促進國家經濟發展為最終目標。

2.推動模式

(1)法國設有國際教育研究中心協調地方推動事務。

(2)英國由英國文化協會扮演推動國際教育之核心角色。

(3)韓國國際教育振興院強調韓國語言及文化教育之推廣。

(4)澳洲由國家及民間雙軌推動國際教育並強調亞洲面向。

3.教師專業成長及進修

(1)美、英視教師專業之成長為推動國際教育之基礎。

(2)日、韓強調教師對國際議題的理解以營造國際學習環境。

4.學生學習與國際交流

　(1)美、法於高中階段推動國際課程雙重文憑。

　(2)韓、澳中等學校開設多語言選修課程。

　(3)英、法與世界各國密切互動以提高學生出國學習機會。

　(4)美、澳鼓勵學生至不同國家學習並體驗文化。

　(5)日、韓鼓勵學生出國學習並提供完整行政支援服務。

(五)臺灣中小學國際教育白皮書行動方案

　1.增進國際視野方案。

　2.國際教育獎學金計畫。

　3.國際教育學生交換學習。

　4.學生教育旅行計畫。

　5.國際專題交流方案。

　6.國際教育師資培訓。

　7.國際教育人力資源發展

　8.國際教育議題研究。

　9.國際教育教師交換。

　10.國際教育課程統整。

　11.國際教育教室對話聯結。

　12.學生世界公民素養學習。

　13.學生國際服務學習。

　14.學生國際領導力學習。

　15.學生跨文化學習。

　16.國際教育夥伴關係深耕。

　17.國際教育模式建置。

　18.國際教育技能專題合作。

　19.學校教育國際化經營。

　20.國際教育能力指標建構。

　21.國際教育認證輔導。

　22.國際教育環境形塑。

　23.國際教育人力資源庫建置。

　24.國際教育知識庫建置。

　25.國際教育課程及教材數位化。

26.國際教育資訊交流平台建置。

27.國際教育電子期刊發行。

28.國際教育計畫經費支持系統建置。

29.教師支援系統成立。

30.弱勢學生支援系統建立。

31.接待家庭系統建置。

32.成果評估系統建置。

33.國際教育揚航獎。

34.學校教育國際化認證。

七　教育優先區政策

(一)我國教育優先區之政策功能

1.教育優先區係指被政府列為物質與經濟極為貧乏不利的地區，必須給予積極性補償措施，以落實教育機會均等之理想。

2.教育優先區可均衡國內城鄉的教育發展水平，並縮短地區性教育差距，以發揮補償教育之正向功能。

3.目前我國將地層下陷地區，地震震源地區，山地離島地區、文化不利地區、弱勢族群地區、資源相對貧乏地區等，列入教育優先區重點工作。

(二)我國教育優先區之政策缺失

1.在教育評鑑指標部分，並未有效反應各地區差異，導致無法確實評鑑各地區實施教育優先區方案的具體效果。

2.由於社會環境變遷迅速，在教育優先區內涵中，必須更關注因為數位落差、新移民子女等所形成的新教育弱勢族群。

3.學校自主權仍有改善空間，且尚未有專責之教育研究與統計單位，來對教育優先區提出長遠性的周全計畫。

(三)我國教育優先區政策之精進策略

1.首先，應完善相關教育優先區的評鑑制度，兼重量化與質性的評鑑指標，且應兼顧外部評鑑及內部評鑑，以適性具體的衡量各地區教育優先區之執行成果。

2.再者，應成立專責之教育研究單位，提出周全性的教育優先區計畫，且可回應社會變遷需求。

3.最後，應充分授權給學校及地方政府，且透過多元管道的溝通、宣導及行銷，以提高大眾之瞭解與參與。

八 師資培育政策議題

(一)師資培育的基本論述

1. 現今我國師資培育之基本法源為師資培育法，其自民國83年訂立後，曾歷經多次修訂，將師資培育由一元封閉走向多元開放。
2. 而教育基本法、教師法等法規，亦規定學校要成立教師評審委員會，以負責任用、續聘和解聘教師等任務。
3. 傳統師資培育機構只限於師範院校，但現今一般大學的教育學程及師資班等，都使師資來源多元化。
4. 但是，由於社會變遷快速，加上國際化的潮流，使得我國的師資培育供需，出現了若干問題，而有待吾人正視。

(二)師資培育的理論基礎

1. 根據人力資本論的觀點：師資為一種人力資源，也是一種投資，故必須做好社會人力需求評估，以使教師能真正展現專業，發揮最大的教育效益。
2. 根據教師專業理論：師資要具有專業自主的精神和專業知能態度，並且要有長久專門的訓練，以具有卓越品質。
3. 根據市場經濟理論：供需是一種正常的市場行為，失衡與平衡是一種循環的歷程，唯要確保自由化及開放的原則。

(三)師資培育政策的面向

1. 教育實習制度（培育、檢定、晉用等）。
2. 教師甄選制度（專任、兼任、代理、代課等）。
3. 教師專業發展（專業進修、生涯發展、教師分級制、教師評鑑等）。
4. 教師的退休及福利制度。

(四)我國當前的師資培育政策重點

1. 師資培育評鑑。
2. 中小學教師素質提升方案。
3. 精緻師資培育素質方案。
4. 師資培育白皮書。
5. 卓越師資培育特色議題計畫。
6. 師資培育大學精緻特色發展計畫。
7. 專業發展學校方案。

(五)我國師資培育特色

1.師資培育管道多元化。

2.建立教師資格檢定及證照制度。

3.就培育制度而言，公自費制度並行，中學由多元至一元再至多元，小學培育制度則一直以師範院校為主，再轉至多元。

4.儲備制的師資培育。

5.分流與合流並行，但中小學分開培育仍是主要方式。

6.加強教育實習輔導。

7.就培育課程而言，中學以學系培育為主，小學則由學程，轉為學系培育。

8.從師資培育主體位階而言，小學師資培育機構逐步轉型提升為大學水準。

(六)我國師資培育的可能問題

1.師資供需失衡，供過於求。

2.師資培育法等相關法令仍未盡完善，造成實習教師角色不明及實習形式化等困境。

3.培育的師資專業不符合社會期待與市場需求，例如：英語師資不足、偏鄉師資不足等。

4.有關師範校院轉型缺乏整體考量。

5.缺乏健全評鑑視導機制，難以掌控師資品質。

6.加入WTO後，受到全球化的衝擊，使得國內師資培育面臨轉型。

7.師資培育課程欠缺培育師道文化之素養，有待重新規劃。

8.預備師資不符社會期待，而出現結構性失業問題。

9.學校教評會委員及浮動委員品質不易掌握，導致聘任師資不一定符合學校真正所需，且會使師資供需文化惡質化。

10.政府財政困難，無法解決退休教師問題，使師資供需失衡。

11.師範校院內部治理與運作機制改革缺乏變革，導致師資培育中心開得快，關得也快。

12.缺乏全國一致性的教師專業標準，教師的專業尚待提升。

13.實習輔導教師的意願、專業知能、教學經驗等都有待加強，容易導致初任教師缺乏足夠的教學輔導及支持。

九　教師分級制

(一)教師分級制之基本概念

1. 許多國家為提高教師專業化的程度而實施「教師分級制」，教師分級制源於美國的「career ladder」制度，希望透過教師生涯階梯的設計，讓不同級別的教師在薪資、聲望、補助等方面有所區隔，以建立教師專業化圖像。

2. 教師分級制多以教師的教學表現作為評鑑標準，所以應提高教師分級制評鑑指標之信效度，並兼重量化紀錄與質性描述。

3. 教師按其專業發展階段，可分為初級教師、中堅教師、專家教師、顧問教師等四級，並依序審查晉級。

(二)教師分級制之正面效益

1. 首先，有助教師自我精進學習，提升本身的教育專業知能與態度，以促進各級教師專業成長。

2. 再者，可提供明確的教師工作目標，給予教師具體的職涯升遷管道，有助提升教師的工作士氣與承諾感。

3. 此外，有助提升教學效能與學習品質，建構優質卓越之教育願景。

4. 最後，有助具體落實教師品質的評鑑與保障，並透過適性教學輔導策略輔導不適任教師。

(三)教師分級制之負面結果

1. 首先，教師分級制政策之推行若未凝聚共識，將導致教師反彈，進而影響教學品質，也容易成為不同立場利害團體的打壓工具。

2. 再者，具高信效度的教師分級指標建置不易，若未完善相關輔導措施，亦對處於較低教師生涯階梯的教師，形成標籤化作用。

3. 此外，容易淪為學校人事鬥爭與利益衝突的工具機制。

4. 最後，由於我國傳統教師文化較為封閉保守，教師分級制是否會淪為以年資輩份為首要考量，或是作為人情關說之利益分配，仍有待檢視。

十　大學整併

(一)大學整併之興起背景

1. 美、英等國的高等教育是呈現普及化及大眾化的趨勢，所以其大學數量呈現穩定增加的趨勢，而這也符合其民主化、自由化及開放的教育思想。

2.但量的增加並不代表質的提升，且當高等教育市場及全球化的思潮出現後，如何增加本身學校競爭力，是當前大學所面臨的重要課題。

3.而大學整併與結盟，不失為提升學校競爭力的有效途徑。

(二)大學整併的相關立論基礎

1.策略聯盟：透過學校不同條件的互補作用，彼此間為一合作夥伴關係，以共同提升本身的競爭力。

2.虛擬化組織：透過網路科技的運用，大學院校之間，成為網路共同體，且可以跨越時空的限制。

3.品質管理：追求品質提升與永續經營是品質管理的目標，也是學校經營的終極鵠的。

4.組織變革理論：透過組織制度、人事和資源的重組、創生，來使組織效能提升，使組織永續發展。

(三)台灣大學發展現況之分析

1.在解嚴之後，執政當局為回應民間教育團體「廣設高中大學」的教育訴求，在短短十年間增立的一百多所大專院校。

2.目前台灣大學發展現況為各縣市都有一所國立大學，且為了提升學校競爭力與爭取教育補助經費，開始進行大學整併與結盟。

3.包括了嘉義技術學院與嘉義師範學院整合為嘉義大學的成功案例，但也有不成功的案例，如花師和東華大學。

4.大學整併與結盟的正面影響為提升學校品質與學術水準，以因應外在挑戰，但也有可能造成人事惡鬥等負面影響。

5.我國目前大學發展大都是為策略聯盟方式，如聯合大學系統，而也有兩校合併方式，如嘉義師院和嘉義技術學成為嘉義大學。

6.大學整併的優點在於：

(1)可合理分配教育資源。

(2)可提升學校效能及績效。

(3)可給予學生更完整的學習。

(4)可提升教育競爭力，促進教育發展。

7.大學整併的可能困境：

(1)傳統學校為科層行政體制，整合不易。

(2)教育利害關係人的利益衝突。

(3)法令未盡完善，且缺乏相關評鑑機制。

(4)地域環境上的差異，導致學生無法真正蒙受其利。

十一 高中職優質化

(一)相關政策方案

1. 高中／高職優質化輔助方案。
2. 高中／高職免試就學規劃實施方案。
3. 擴大辦理大學繁星推薦、技職繁星方案。
4. 高中／高職學校評鑑實施方案。
5. 高中／高職發展轉型及退場輔導方案。
6. 高中／高職學校資源分佈調整實施方案。
7. 高中／職適性學習社區教育資源均質化實施方案。

(二)推動高中職優質化的核心理念

1. 讓高中及高職的各所學校都擁有相等的卓越教育品質，亦即實踐一種均優質化的教育理念。
2. 落實學校社區化的教育理念，例如：學生可以就近入學、社區高度認同當地學校等。
3. 落實學校自主管理，並強化學校的教育績效責任，以提升高中職的教育品質。
4. 實踐正義原則的教育精神，以有效平衡城鄉差距的教育資源。
5. 培育學生具備多元能力。
6. 建構未來的明日學校。

(三)國外優質的高中職學校類型

1. 美國：磁性學校、藍帶學校、新美國高中。
2. 英國：燈塔學校、專家學校。
3. 香港：優質學校。

(四)我國的「優質高中」關鍵指標(KPI)

1. 普通高級中學部分：最近1次高中學校評鑑總成績為2等以上者。
2. 普通高級中學附設職業類科或專門學程學校部分：最近1次高中學校（或校務）評鑑總成績為2等以上者。

(五)我國高中職優質化的落實策略思考

1. 只關注優質高中職的認證的量化指標之提升，在教育品質的質化指標描述比較不易進行。
2. 對於沒有獲得高中職優質化政策經費補助的學校，容易造成教育資源差距擴大的惡性循環。

3.若無法解決我國一直以來的升學主義困境，改變教育利害關係人的價值觀，可能會異化高中職優質化的教育政策內涵。

4.高中職優質化的提升教育品質相關思考，或許更應關注學生進步了多少，以及一種加值性的概念。

5.要注意高中職優質化相關評鑑工作的負責專家的客觀性。

6.應避免高中職優質化的認證只成為學校的教育行銷策略，例如：在校門口高掛紅布條，而忽略真正的學校教育實際品質改建。

十二　「精英式高等教育」、「大眾化高等教育」、「普及化高等教育」的發展課題

(一)我國高等教育發展的現況思考

1.高等教育的擴充是否一定會導致高學歷高失業？

2.大學評鑑機制是否成為政府控制模式的大學治理工具？

3.從精英教育朝向大眾化、普及化之高等教育體系轉型。

(二)「精英式高等教育」、「大眾化高等教育」、「普及化高等教育」之區分點

1.依美國教育學者特羅（Trow）的觀點，高等教育就學率占同年齡層人口的15％以下為菁英型，50％以上為普及型，否則為大眾型。

2.所謂的高等教育就學率係指高等教育學齡人口的入學率，約為18歲至21歲的學生。

(三)在大眾化和普及化高等教育下的學生特性之說明

1.「大眾化高等教育」的學生特性：

(1)根據Trow觀點，高等教育就學率占同年齡層人口的15％至50％為大眾型，學生可以在高等教育階段，獲得知識與技術能力的成長。

(2)高等教育的就讀屬於大多數人口的基本權利，而學生在高中畢業後，也多可以透過考試或甄選進入大學。

2.「普及化高等教育」的學生特性：

(1)根據Trow觀點，高等教育就學率占同年齡層人口的50％以上為普及型，高等教育為全體國民之基本權利。

(2)高等教育機構多元化，學生可以根據自己需求，選擇高等教育機構就讀，係為終身教育體系。

(四)對於大眾化和普及化高等教育趨勢，我國高等教育機構之因應策略

1. 我國高等教育改革與國際接軌，例如：可擴增菁英學生留學名額，並且留學國家多樣化，或是可以建立各級學校成為地球生活村，讓本地學生擁有國際化的學習環境。
2. 亦可加強推動華語文教學，讓台灣成為世界華語文教學中心，並且在各級教育改革中，融入多元文化教育精神，並幫助學生建立在地文化認同。
3. 可以實施雙聯學制，追求與各國學分間的相互承認，並且推動資訊融入教學，及全面推動教育環境E化，以建立現代化之教育願景。
4. 應積極建立學習社會，並健全不同教育制度間的銜接機制，且推展回流教育，以落實終生學習之理想。
5. 成立高等教育評鑑中心，進行公正客觀的獨立評鑑，以提升高等教育品質。
6. 教育部因應對策包括加強控管高等教育數量、落實進退場機制等。

十三 國民小學及國民中學補救教學實施方案

(一)法源依據

1. 國民小學及國民中學學生成績評量準則第十條規定。
2. 十二年國民基本教育配套措施之國民小學及國民中學補救教學實施方案。

(二)目的

1. 篩選學習低成就學生，施以補救教學。
2. 提升學習效能，確保學生基本學力。
3. 落實教育機會均等理想，實現社會公平正義。

(三)實施原則

1. 弱勢優先：優先補助弱勢地區學校、學生，並視經費狀況及需要逐年擴大補助。
2. 公平正義：依公平正義原則，提供學習不利學生積極性教育扶助資源。
3. 個別輔導：對於需要進行補救教學的學生，由學校校長召集相關處室成立「學習輔導小組」，規劃與執行本要點相關事項。

(四)實施對象

1. 一般學習扶助學校。

(1) 學生經篩選測驗結果，國語文、數學或英語任一科目有不合格之情形者，依不合格之科目入班受輔。

(2) 身心障礙學生經學習輔導小組認定受輔可提升學業成就者。

(3) 其他經學校輔導小組認定有需要補救教學學生，以不超過全校各科目總受輔人數之百分之三十五為原則。

2. 特定學習扶助學校

(1) 學生經篩選測驗結果，國語文、數學或英語任一科目不合格者，依不合格之科目入班受輔。

(2) 其他經學習輔導小組認定有需要補救教學學生，評估其所需受輔科目入班，惟以不超過全校各科目總受輔人數之百分之三十五為原則。

十四 發展原住民族教育五年中程計畫（105-109年）

(一)計畫精神

1. 自主。　2. 平等。　3. 尊重。　4. 多元。　5. 共榮。

(二)計畫目標

1. 回歸法制基本權。　　　　　2. 堅固基礎學習素養。

3. 開創民族教育新局。　　　　4. 實踐多元文化理想。

(三)實施策略

1. 落實原住民族教育法制與組織。

2. 深化推動民族教育。

3. 強化原住民族幼兒教育品質。

4. 提升原住民族國民教育成效。

5. 精進原住民族中等教育成效。

6. 確保原住民族師資素質。

7. 推展原住民族技職教育。

8. 強化原住民族高等教育人才培育。

9. 落實原住民族終身教育與家庭教育。

10. 推廣原住民族體育與衛生教育。

11. 落實原住民學生學習與生活輔導。

12. 促進原住民族教育研究與國際交流。

十五 實驗教育三法

(一)高級中等以下教育階段非學校型態實驗教育實施條例。
(二)學校型態實驗教育實施條例。
(三)公立國民小學及國民中學委託私人辦理條例。

十六 教育部112年度施政方針（112年1月至12月）

(一)持續增加公共化幼兒園供應量，擴展平價就學機會，降低幼兒就學費用及發放育兒津貼；穩健推動十二年國民基本教育課程綱要，完善教師培育與增能，提供適性多元教育資源，成就每個孩子。

(二)精進數位學習環境，達成「班班有網路 生生用平板」；落實「中央廚房以大帶小」，強化校園供餐品質及食安管理；提升大專校院住宿環境，減輕弱勢學生校外住宿負擔；持續推動新興人口成長區中小學校舍新（增）建工程，滿足學生就近入學需要。

(三)推動高等教育深耕計畫，強化育才、留才及攬才，提升國際競爭力；持續設立國家重點領域研究學院，導入產學共創模式，培育國家高階科學技術人才；建置區域產業人才及技術培育基地，強化區域產學鏈結，充實產業優質人力。

(四)推動國家語言及雙語政策，加速雙語教育整合、數位學習、擴充英檢量能、提升公務人員英語力等措施；深化國際交流，將人才與產業推向國際；打造臺灣優質華語文教育品牌，推動本土語文教育；完善原住民及新住民子女教育，促進多元文化教育發展；強化家庭與高齡教育，建構優質終身學習場域。

(五)擴大青年公共參與，增進施政創意活力；完善國家運動訓練園區，強化各級運動選手培訓體系；挹注跨域資源，促進運動產業發展；建構安全友善運動環境，帶動全民運動風氣。

重點三 教育法規

一 憲法與教育基本法的基本性質

(一)定位

    1.**憲法**：一國之根本大法。

    2.**教育基本法**：教育層面之根本大法。

(二)法律位階

    1.**憲法**：法律或命令與憲法牴觸者無效。

    2.**教育基本法**：依教育基本法之規定，修正、廢止或制定相關教育法規。

(三)憲法與教育基本法之分析

教育經費及人員待遇應受保障	憲法增修條文第10條8款、憲法第161、163、165條、教育基本法第5條
對教育有貢獻者應予獎勵	憲法第166、167條
地方教育審議委員會之設立	教育基本法第10條
教育目標在培養健全國民	憲法第158條、教育基本法第2條
國家對教育的義務與監督權	憲法第162條、教育基本法第8、12條
保障教育機會均等	憲法第159、160條＆教育基本法第4條
私人興學自由與公辦民營	教育基本法第7條
鼓勵教育實驗研究與評鑑	教育基本法第13條
教育行政民主化	憲法第1、11、12、13、14、15、16、18、21、22、23、24條
家長對子女教育的輔導與選擇權	教育基本法第8條
教育應本中立原則	教育基本法第8條
中央及地方教育權限劃分均權化	憲法第108、109、110、111條、教育基本法第9條
人民為教育權之主體	憲法第1、2條、教育基本法第2條
保障學生受教權與教師專業自主權	教育基本法第1、8、14、15條

☰ 憲法對教育之基本國策內容

(一)中華民國憲法對教育與文化之基本國策內容

1.教育文化，應發展國民之民族精神、自治精神、國民道德、健全體格、科學及生活智能。

2.**國民受教育之機會，一律平等。**

3.六歲至十二歲之學齡兒童，一律受基本教育，免納學費。其貧苦者，由政府供給書籍，已逾學齡未受基本教育之國民，一律受補習教育，免納學費，其書籍亦由政府供給。

4.各級政府應廣設獎學金名額，以扶助學行俱優無力升學之學生。

5.全國公私立之教育文化機關，依法律受國家之監督。

6.國家應注重各地區教育之均衡發展，並推行社會教育，以提高一般國民之文化水準，邊遠及貧瘠地區之教育文化經費，由國庫補助之。其重要之教育文化事業，得由中央辦理或補助之。

7.**教育、科學、文化**之經費，**在中央不得少於其預算總額百分之十五，在省不得少於其預算總額百分之二十五，在市縣不得少於其預算總額百分之三十五**，其依法設置之教育文化基金及產業，應予以保障。

8.國家應保障教育、科學、藝術工作者之生活，並依國民經濟之進展，隨時提高其待遇。

9.國家應獎勵科學之發明與創造，並保護有關歷史、文化、藝術之古蹟、古物。

10.國家對於左列事業或個人，予以獎勵或補助：

(1)國內私人經營之教育事業成績優良者。

(2)僑居國外國民之教育事業成績優良者。

(3)於學術或技術有發明者。

(4)從事教育久於其職而成績優良者。

(二)中華民國憲法增修條文對教育與文化之基本國策內容

1.教育、科學、文化之經費，尤其國民教育之經費應優先編列，不受憲法第164條規定之限制。

2.國家肯定多元文化，並積極維護發展原住民族語言及文化。

三 教育基本法對教育機會均等的理念之規定

(一)**教育基本法第1條**：為保障人民學習及受教育之權利，確立教育基本方針，健全教育體制，特制定本法。

(二)**教育基本法第2條**：人民為教育權之主體。

(三)**教育基本法第3條**：教育之實施，應本有教無類、因材施教之原則，以人文精神及科學方法，尊重人性價值，致力開發個人潛能，培養群性，協助個人追求自我實現。

(四)**教育基本法第4條**

1.人民無分性別、年齡、能力、地域、族群、宗教信仰、政治理念、社經地位及其他條件，接受教育之機會一律平等。

2.對於原住民、身心障礙者及其他弱勢族群之教育，應考慮其自主性及特殊性，依法令予以特別保障，並扶助其發展。

(五)**教育基本第5條**

1.各級政府應寬列教育經費，保障專款專用，並合理分配及運用教育資源。

2.對偏遠及特殊地區之教育，應優先予以補助。

(六)**教育基本法第8條**

1.學生之學習權、受教育權、身體自主權及人格發展權，國家應予保障，並使學生不受任何體罰，造成身心之侵害。

2.國民教育階段內，家長負有輔導子女之責任；並得為其子女之最佳福祉，依法律選擇受教育之方式、內容及參與學校教育事務之權利。

(七)**教育基本法第11條**：國民基本教育應視社會發展需要延長其年限。

(八)**教育基本法第15條**：教師專業自主權及學生學習權、受教育權、身體自主權及人格發展權遭受學校或主管教育行政機關不當或違法之侵害時，政府應依法令提供當事人或其法定代理人有效及公平救濟之管道。

自我評量

一、外籍新移民子女的教育問題，愈來愈受到重視。政府在研訂外籍新移民子女的教育政策時，應掌握那些重點？試析論之。【94年高考】

二、目前我國教育部的四大施政主軸為何？又其執行策略重點為何？並請析述其與教育先進國家的教育政策發展趨勢有何異同。【94年高考】

三、我國教師專業發展所面臨的重大問題為何？如何採取有效策略，來促使教師「增權賦能（empowerment）」？【96年普考】

四、請就中華民國95年12月27日總統華總一義字第09500182701號令修正公布的「教育基本法」討論學生的權利。【97年普考】

五、目前政府正倡議推展「台灣有品運動」－有品德、有品質、有品味，其中品德教育之推動對教育機構而言責無旁貸。品德教育的重要性為何？中小學如何推廣深耕品德教育？請分述之。【98年普考】

六、師資培育制度之良窳是影響教育品質的核心要項，亦攸關教育競爭力與國家未來發展，為培育我國優良的中小學師資，請分析當前我國師資培育政策，並提出未來因應和改進之道。【100年地方三等特考】

七、教育部目前正在推動十二年國民基本教育政策，請闡述此一政策的理念項目及其內涵。【101年普考】

八、當前我國教育的關鍵策略目標為何？在國民教育階段有那些實施成效？產生那些問題？請提出因應對策。【101年地方三等特考】

重點試題解析範例

一、教育制度或措施的借用（educational borrowing）是比較教育發展的重要層面，請論述我國的教育政策或措施有那些是借自於其他國家？並論述其成效或缺失。【99年地方三等特考】

答：教育優先區是英國於1960年代首先提倡的教育理念，茲依題意說明如下：

(一)我國教育優先區之功能：

　　1.教育優先區係指被政府列為物質與經濟極為貧乏不利的地區，必須給予積極性補償措施，以落實教育機會均等之理想。

　　2.教育優先區可均衡國內城鄉的教育發展水平，並縮短地區性教育差距，以發揮補償教育之正向功能。

　　3.目前我國將地層下陷地區，地震震源地區，山地離島地區、文化不利地區、弱勢族群地區、資源相對貧乏地區等，列入教育優先區重點工作。

(二)我國教育優先區之缺失：

　　1.在教育評鑑指標部分，並未有效反應各地區差異，導致無法確實評鑑各地區實施教育優先區方案的具體效果。

　　2.由於社會環境變遷迅速，在教育優先區內涵中，必須更關注因為數位落差、新移民子女等所形成的新教育弱勢族群。

　　3.學校自主權仍有改善空間，且尚未有專責之教育研究與統計單位，來對教育優先區提出長遠性的周全計畫。

(三)我國教育優先區政策之精進策略：

　　1.首先，應完善相關教育優先區的評鑑制度，兼重量化與質性的評鑑指標，且應兼顧外部評鑑及內部評鑑，以適性具體的衡量各地區教育優先區之執行成果。

　　2.再者，應成立專責之教育研究單位，提出周全性的教育優先區計畫，且可回應社會變遷需求。

　　3.最後，應充分授權給學校及地方政府，且透過多元管道的溝通、宣導及行銷，以提高大眾之瞭解與參與。

參考書目：陳培林（2013），教育行政學經典歷年試題解析，千華。

　　　　　　艾育（2013），名師壓箱秘笈－教育行政學，千華。

二、教育行政人員在進行溝通時應把握那些原則和策略？當前我國提出十二年國民基本教育的政策意涵為何？部分措施作法產生那些爭議問題？如何加以改善？【100年高考】

答：教育行政溝通是一門藝術，茲依題意說明如下：

(一)教育行政溝通原則及策略

　　1.溝通宜首重人之需求、尊容感與信賴度。

　　2.溝通管道應兼重正式、葡萄藤之非正式方式與上行、平行與下行等多維面向，使管道普及、短捷、內外兼備。

　　3.溝通媒介宜多元運用，兼用語文及非語文，且溝通之訊息應符合情理法，並單雙面俱承。

　　4.應做好溝通之反饋活動，力求雙向溝通並注意回饋之虛實。

(二)十二年國民基本教育的政策意涵

　　1.十二年國民教育之法源依據為國民教育法第2條及教育基本法第11條，目前推動延長的國民基本教育（十五歲至十八歲）指的是非義務、普及入學、低學費的教育。

　　2.推動十二年國民基本教育之政策目標

　　　(1)提升國民素質，增進國家競爭力。

　　　(2)促進教育機會均等，實現社會公平正義。

　　　(3)縮小教育落差，均衡城鄉發展。

　　　(4)紓緩升學壓力，引導學生適性發展。

(三)十二年國民基本教育的問題爭議

　　1.各利害相關者對於十二年國民基本教育的相關資訊不周全。

　　2.十二年國民基本教育的溝通管道不暢通。

　　3.十二年國民基本教育的各利害相關者之間互信基礎不足。

(四)十二年國民基本教育爭議的解決建議

　　1.應建立良好的十二年國民基本教育溝通管道，並可制訂教育行政溝通標準程序，且兼顧所有溝通要素的有效運作。

　　2.宜善用正面溝通策略來協調十二年國民基本教育各利害相關者的看法與行動，且可營造友善開放的教育行政溝通氣氛，以建構自由無宰制的教育行政溝通情境。

　　3.在傳遞十二年國民基本教育訊息時，應善用雙面具陳策略及多元管道，且訊息內容應明確具體，以發揮教育行政溝通之正向效果。

　　4.應建置完善的教育評鑑與視導機制，以有效追蹤溝通訊息的執行情形。

參考書目： 陳培林（2013），教育行政學經典歷年試題解析，千華。

　　　　　　艾育（2013），名師壓箱秘笈－教育行政學，千華。

　　　　　　教育圓夢網（2013），94至102年教育行政高普特考解析，教育圓夢網。

Notes

第7章　比較教育學之研究發展及理論取向

頻出度C：依出題頻率分為：A 頻率高、B 頻率中、C 頻率低

各考試出題排行榜　高考　原民三等

②地方三等　④身障三等

 重點一　比較教育研究的基本概念

一　比較教育研究的概念分析

(一)比較教育之概念範圍

　　1.比較研究。　　　　2.外國教育研究。

　　3.國際教育：

　　　(1)針對國家之間的教育活動進行研究。

　　　(2)例如：國際教育機構研究、國際教學研究（多元文化、和平教育等）

　　4.發展教育研究：對於國家的教育發展策略及方向等研究。

(二)比較教育研究的四種定義面向

定義	內容
一	針對某一個國際性研究主題（例如：學生閱讀能力），在單一國家內進行研究，以建立具備獨特性的國家個案研究。
二	針對某一個國際性研究主題（例如：教師專業發展制度），在單一國家內進行跨時期及跨領域之研究，以建立具備脈絡性的國家個案研究
三	從國際性教育評量或資料庫（例如：PISA、TIMSS等），來選擇相關比較教育研究議題，進行跨國性研究。
四	採用相同比較教育理論觀點或是相同資料蒐集及分析模型（例如：世界體系理論），對不同國家進行區域性教育研究。

二　比較教育研究的特徵及功能

(一)是一種實用取向的國際性研究。　(二)是一種科際整合取向的研究。
(三)可瞭解本國教育現況與特徵，避免我族中心。
(四)可提供本國教育改革方向。　　　　(五)厚實比較教育學之理論基礎。

三　比較教育的研究範圍

(一)理論研究：現代化理論、世界體系理論、依賴理論、後殖民理論等
(二)實務研究：教育制度、教育機構、教育方式、學校系統、課程教學法等。

四　比較教育研究的迷思

(一)**我族中心**（ethnocentrism）
　　1.**定義**：是一種以自己的社會或文化為標準衡量其他地區或種族的態度。
　　2.**實例說明-台灣在處理原住民教育以及新移民子女教育問題時：**
　　　(1)「原住民」及「新移民子女」之名稱，是否會成為一種污名化的標籤
　　　　作用，亦即用來區隔與主流文化之不同。
　　　(2)僅關注給予「原住民」及「新移民子女」更多的資源分配，提供其相
　　　　同的受教機會，卻未去注意存在於社會體系中的權力結構與不當意識
　　　　型態，導致文化再製與社會再製之結果。
　　　(3)強調使「原住民」及「新移民子女」融入主流文化體系，導致「原住
　　　　民」及「新移民子女」的原生文化消失，讓「原住民」及「新移民子
　　　　女」產生文化離根現象。
　　　(4)對於「原住民」及「新移民子女」的考試加分制度，是否代表一種歧視
　　　　與偏見，代表「原住民」及「新移民子女」的能力低於其他一般生。
　　3.**未來臺灣處理教育相關問題之應有態度與立場**
　　　(1)臺灣相關教育政策制訂應有完善之理論基礎與實務經驗佐證，並兼具
　　　　教育理念及教育實際可行性，且應融入多元文化教育及教育機會均等
　　　　之精神。
　　　(2)教育相關人員應具備批判反省意識，以質疑揭露存在於教育情境中的
　　　　不當意識型態，讓所有學生都獲得健全發展。
　　　(3)在制訂臺灣教育政策時，應立基於臺灣教育情境脈絡，以彰顯臺灣教
　　　　育主體性，避免全盤移植外國教育理念或措施。

(二)**自我認同危機**

　　1.比較教育是否為一學科？

　　2.比較方法是否為比較教育學科的獨特研究方法？

　　3.比較教育研究方法未見獨特性？

(三)**不同國家的語文誤解，例如：翻譯、理解、詮釋等層面。**

 重點二　比較教育學的發展脈絡

發展階段	重點
旅人故事期 （18世紀之前）：柏拉圖（Plato）、伊拉斯莫斯（Erasmus）	1.相關學者或官方代表透過本身的旅遊見聞，將他國之教育實務措施，引進本國。 2.嚴格來說，此類比較教育研究資料，不具備精確性及客觀性。
教育借用期 （18世紀至19世紀）：朱利安（Jullien）、庫辛（Cousin），選擇性的教育借用、曼恩（Mann，美國國民教育之父）	1.教育借入：向他國主動學習教育制度、教育政策。 2.教育借出： 　(1)將本國教育制度、教育政策輸出至外國。 　(2)根據現代化理論觀點，「教育借出」係為正面影響，例如：已開發國家將其成功經驗，輸出至未開發國家。 　(3)根據新殖民主義或後殖民主義觀點，「教育借出」係為負面影響，係代表「中心國家」對「邊陲國家」之宰制。 3.影響： 　(1)開始注意各國之教育發展及問題，例如：已開發國家、開發中國家、未開發國家。 　(2)教育問題的跨國性比較受到重視。 　(3)國際性教育組織陸續成立，國際性教育刊物也陸續發行。 4.限制：所借用的教育資料，往往流於主觀與偏於表面（誤解的比較教育），忽略科學性及各國情境脈絡差異。

發展階段	重點
因素分析期 (1900-1960年)：沙德勒（Sadler）、康德爾（Kandel）、施耐德（Schneider）、漢斯（Hans）、馬林遜（Mallinson）	1.重視各國教育制度、教育政策、教育問題的內部成因，希冀從各國之政治、歷史、文化、經濟等脈絡因素加以分析。 2.有助彰顯各國教育之情境脈絡獨特性，使蒐集各國教育資料成為比較教育研究重要環節。 3.但是，其屬於質性研究資料的蒐集，較缺乏量化研究的客觀性。
科學方法期 （1960年代之後）：貝瑞德（Bereday）、安德森（Anderson）、諾亞（Noah）、愛克斯坦（Eckstein）、金恩（King）、霍姆斯（Holmes）	1.基本假設：引用社會科學及自然科學的實證方法，重視比較教育研究的通則及理論之建立，強調預測性、系統性驗證性及客觀性。 2.理論基礎：結構功能論、現代化理論等。 3.特徵： (1)重視科際整合的研究。 (2)強調科學研究團隊的建立。 (3)運用統計學方法，處理比較教育研究資料。 4.限制：忽略各國教育之主體性、複雜性、動態性及脈絡性。
後現代思潮期 （1980年代之後）	1.基本假設：重視微觀的比較教育研究，例如：多元文化、性別問題、學校語言型態等。 2.理論基礎：詮釋學、批判理論、後結構主義、後現代主義、後殖民主義等。 3.特徵： (1)強調社會文化分析。 (2)質疑結構功能論的理論觀點。 (3)重視在地知識、尊重差異、包容多元價值等。

重點三　比較教育學的主要理論基礎（可作為解題切入點）

理論名稱	理論要義
結構功能論	1.理論特色：整合、穩定、結構、功能及共識等，代表學者為涂爾幹（Durkheim）、帕森思（Parsons）等。 2.理論主張： (1)教育目的在使個人社會化及個性化。 (2)學校的功能為社會化及選擇，培養學生具有共同的信念與價值觀。 (3)社會體系中每個人應善盡其角色義務。 (4)相關理論包括：人力資本論、現代化理論等。 3.對比較教育之啟示： (1)教育制度為維持社會穩定發展之因素。 (2)可瞭解各國教育制度之功能。 (3)可增加對新興國家的比較研究觀點。 4.省思： (1)忽略由意識型態、權力等所造成的教育機會不均等之事實。 (2)忽略教育的微觀面向（可由批判理論、後現代理論等來補足）。
人力資本論	1.理論主張： (1)主張教育是一種投資，且此投資成效是可以量化預測的，所以學校教育與知識的進步，係提升經濟發展的主要因素。 (2)國家若可以提升教育投注資源，將可引領國家競爭力向上發展。 (3)世界銀行所進行的國際教育援助方案（針對初等教育），係受到人力資本論之影響。 (4)代表學者為舒茲（Schultz）。 2.教育成本： (1)直接成本：例如：學生在學期間所付出的學費。 (2)間接成本：例如：學生為了上學而放棄打工，所失去的機會成本。 (3)機會成本：學生就學所遭受的損失。 3.省思： (1)教育市場化導致的教育商品化。 (2)新殖民主義之反省，已開發國家是否會透過經濟援助來宰制未開發國家。

理論名稱	理論要義
現代化理論	1. 理論特色：西方中心主義、科層組織、都市化、工業化、成功源於個人努力及知識。 2. 理論主張： (1)第一個觀點，只要增加對未開發或開發中國家之投資，將有助其發展至更高水平。 (2)第二個觀點，主要讓未開發或開發中國家學習西方先進國家的制度及文化價值，將有助其發展至更高水平。 (3)直線化的社會變遷模式，例如：從傳統農業社會演變至高度分工的工業社會。 (4)現代化的社會體系有四種作用：模式維持(pattern-maintenance)、體系統整(integration)、目標達成(goal-attainment)、適應作用(adaptation)。 3. 省思： (1)我族中心主義，流於西方先進國家的意識型態。 (2)難以解釋再現代化及倒現代化的國家發展狀況，例如：南美洲。 (3)淪為西方帝國主義之幫兇。
衝突論	1. 理論特色：變革、對立、衝突、再製、疏離及強制等，代表學者為馬克斯（Marx）、包爾斯（Bowles）、吉登斯（Gintis）等。 2. 理論主張： (1)教育為社會再製、文化再製、文化創生及霸權再製的重要機制。 (2)關注教育過程中的階級意識。 (3)強調「社會變遷及強制的普遍性」為主要觀點 (4)教育是社會再製與文化再製的合法化機制，而課程與教學中亦充滿不當的意識型態。 (5)相關理論：依賴理論、世界體系理論、複製理論等。 3. 省思： (1)過度突顯教育場域中的衝突現象。 (2)衝突論中的結構馬克斯主義，過於經濟決定論，忽略人的自主意識。 (3)忽略教育的微觀面向（可由批判理論、後現代理論等來補足）。
複製理論	1. 包括：社會再製論及文化再製論兩種觀點。 2. 社會再製論的提出者為包爾斯（Bowles）、吉登斯（Gintis），屬於「符應論」的觀點，主張學校教育是社會再製的機制，只為資本階級服務。 3. 文化再製論的提出者為布迪爾（Bourdieu），其主張學校主要透過文化專斷、文化霸權與符號暴力來傳遞統治階級的文化及進行文化資本的分配。

理論名稱	理論要義
依賴理論	1.興起於1970年代，提出了「核心─邊陲」的二元對立概念，來闡釋世界各國的發展歷程，並解釋核心國家對邊陲國家之控制性、邊陲國家對核心國家之依賴性，代表學者為法蘭克（Frank）、巴倫（Baran）等。 2.核心國家及邊陲國家之關係： (1)核心國家：第一世界的霸權心態（資本主義邏輯）。 (2)邊陲國家：第三世界的複製心態。 3.邊陲國家可由核心國家得到經濟資源，但卻也受到核心國家之控制（新殖民主義）。 4.教育啟示： (1)應批判檢視國際援助方案的背後意識型態。 (2)應立基於本國情境脈絡考量，對國外教育理論及制度進行取捨。 (3)可檢視核心國家對邊陲國家的教育制度及政策干預，也可檢視核心國家對邊陲國家的教育文化影響。 5.省思： (1)對於核心國家及邊陲國家如何定義？ (2)過於化約比較教育研究變項。 (3)未獲得足夠之實徵性研究證據。 (4)忽視核心國家的正向影響。
世界體系理論	1.代表學者為華勒斯坦（Wallerstein），興起於1970年代，將世界視為一個體系，對於體系中任何組成元素（國家）來進行分析。 2.緣起於對資本主義邏輯的全球擴張現象之反動（注重經濟因素）： (1)核心國家為高度發展的經濟實體。 (2)邊陲國家為低度發展的經濟實體。 (3)核心國家與邊陲國家之間存在緊張不均等的依賴關係。 3.教育啟示： (1)提供進行比較教育研究的完整性架構，擴充比較教育研究視野（過去多以政治軍事為主）。 (2)有助於質疑檢視存在於國際教育援助背後的意識型態及權力結構。 (3)有助於檢視國家教育的變遷、國際教育體系中的相互影響探討、新殖民主義探討等。 4.省思： (1)難以解釋單獨國家或是區域的教育現象。 (2)易流於主觀偏頗。

理論名稱	理論要義
殖民主義	係指殖民國家透過軍事、政治等手段，對被殖民國家進行直接統治。
新殖民主義	係指殖民國家透過經濟、金融等優勢，讓被殖民國家仍需依賴殖民國家。
後殖民主義	1.理論假設 (1)認為許多國家在政治上的獨立與經濟上的成功，並不意味其在文化上的自主，亦即這些國家在文化層面，有可能仍呈現被殖民的狀態。 (2)因為這些國家通常是借助西方殖民國家所提供的現代化方式及價值規範，包括思想、語言和文化，而取得主權，故並無法擺脫西方文化的殖民。 (3)換言之，後殖民主義係強調對於西方文化的優越感及文化霸權意識型態採取一種反省批判的態度。 (4)亦即，其主要探討殖民主客體的問題，並對東方主義進行檢討反省。 (5)代表學者為甘地（Gandhi）、法農（Fanon）、薩伊德（Said）。 2.教育啟示： (1)在比較教育研究領域方面，後殖民主義提醒比較教育研究者應更加重視殖民主義帶給前殖民地影響等問題，例如：性別、語言、文化、族群、教育等。 (2)可對於早期比較教育研究中的「東方主義」進行省察與反省。 (3)更清楚地理解到不同的團體是如何在課程、教科書與政策討論的過程中，將文化、階級、種族、性別、文本等種種的「不平等」予以合法化的過程。 (4)後殖民主義的觀點可以補充比較教育研究中的政治經濟學研究之不足，奠立比較教育研究中多元論述的基礎。 (5)應重建台灣公民教育課程，並強化多元文化教育的實踐。
自由主義	主張政府應解除經濟市場的所有限制，透過「自由經濟」、「自由貿易」、「自由市場」等策略，來促進國家經濟發展。

理論名稱	理論要義
新自由主義	1.緣起： (1)全球化、知識經濟、資訊科技業發展等影響。 (2)美國雷根總統及英國柴契爾夫人所倡導的相關公共政策。 2.核心概念： (1)政府和市場為相輔相成關係，政府力量應介入市場規則，維持市場之合適性及利益。 (2)政府減低對社會福利支出，國營企業私有化，以提升社會競爭力。 (3)個人可根據本身努力及能力，來選擇及消費商品，包括教育在內，而這樣的市場機制是公平的。 3.教育啟示： (1)重視學生受教權及家長教育選擇權。 (2)推行公辦民營學校、特許學校等，以強化學校效能。 (3)實施教育鬆綁，推動教育券政策。 (4)強調教育市場化，鼓勵學校進行企業化經營，並以消費者滿意為經營導向。 (5)重視教育績效，推動全國統一學力測驗，實施學校績效報告卡。 4.省思： (1)國家力量介入教育場域的自主性反省。 (2)資本主義邏輯導致的教育商品化弊病。 (3)教育成為社會再製機制。
第三條路線	1.代表人物為Giddens，修正新自由主義，折衷市場經濟與社會正義之訴求。 2.導正傳統教育政策過度強調績效、競爭及市場化，轉向重視教育弱勢及教育機會均等議題。
符號互動論 米德(Mead)、 庫萊(Cooley)、 高夫曼 (Goffman)	1.理論特色：角色扮演、符號、語言、互動、意義、磋商、主觀性等。 2.理論主張： (1)人與人之間的互動，係透過語言符號所達成的相互理解。 (2)對於教育現象應深入主體的經驗脈絡，並注意日常活動事件，以掌握教育本質意義。 (3)奠立微觀質性的比較教育研究基礎。

※ 有關詮釋學、現象學、批判理論、建構主義、結構主義、後結構主義、後現代主義、批判教學論、女性主義等比較教育學的基礎理論，請參見本書第二篇之相關內容，於此不再重複論述。

重點四　重要比較教育學者

一　朱利安（Jullien）-比較教育之父

(一)生平思想背景

1.法國人，**首創「比較教育」之名詞**，希望**可以將比較教育建構為一門實證科學**。

2.為了實踐將「比較教育」建構成為一門實證科學，希望可以建立三種教育機構：

(1)師資培育機構：提升師資水準，並且可以作為教育理論與實際之辯證修正。

(2)發行比較教育期刊單位：提升比較教育之學術發展及交流。

(3)比較教育委員會：專責進行比較教育研究，以瞭解本國教育之長處及劣勢，並適時借用外國教育措施長處。

(二)Jullien對比較教育的主要貢獻

1.確定比較教育之學科價值與造型，並建構系統化的比較教育方法論，強化比較教育之實徵基礎（透過問卷調查），使比較教育成為一門應用科學與理論科學。

2.提出比較教育研究法，用以探究世界各國教育的演變規律，並瞭解影響教育發展之因素與關係。

3.影響比較教育國際單位陸續成立，也影響比較教育學術期刊專責機構的成立。

4.各國開始重視比較教育的存在價值，也開始瞭解可以借用先進國家的教育措施，來改進本國教育品質。

二　沙德勒（Sadler）

(一)名言：**學校外的事物比學校內的事物更為重要**，因為學校外的事物主導及詮釋學校內的事物。

(二)比較教育研究觀點

1.從「**民族性**」來解釋教育成因及影響。

2.所以在引進外國教育制度時，應瞭解兩國之民族性差異，而非盲目移植。

三　康德爾（Kandel）

(一)**精粹主義代表學者。**
(二)**比較教育研究觀點**
　　1.從「民族性」、「政治」、「社會」及「文化」，來解釋教育成因及影響。
　　2.瞭解教育制度的動力因素，包括：精神、文化等動力。

四　施耐德（Schneider）

(一)歷史研究取向的比較教育研究觀點。
(二)從內外在因素，例如：學術發展、經濟、社會結構、歷史、文化等，來
　　解釋教育成因及影響。

五　漢斯（Hans）

　　從「自然」（種族、語言、地理等）、「宗教」（佛教、基督教等）及
「世俗」（社會主義、民族主義、人文主義等），來解釋教育成因及影響。

六　馬林遜（Mallinson）

　　從「民族性」及「歷史性」來解釋教育成因及影響。

七　貝瑞德（Bereday）

(一)**區域研究（以區域為研究範圍）**
　　1.**描述**：對教育現況資料之蒐集。
　　2.**解釋**：以社會科學方法來分析評價教育現況資料。
(二)**比較研究（同時以多個國家為研究範圍）**
　　1.**並列**：將性質相同的資料放入同一個概念類型，可透過圖表來呈現靜態
　　數據，或用文字來描述動態變遷資料。
　　2.**比較**：對不同國家的教育資料，根據比較基準點進行分析比較，可分為
　　教育問題取向及整體分析取向。
(三)**對比較教育研究之啟示**
　　1.確立比較教育研究的科學性及比較教育研究方法論的重要性。
　　2.歸納取向的比較教育研究方法。
　　3.比較教育研究者應具備專業知能，包括：語言能力、研究能力等。

八　安德森（Anderson）

(一)理論觀點：**結構功能論**。

(二)透過量化方法來建立比較教育研究模型及架構。

九　諾亞（Noah）及愛克斯坦（Eckstein）

(一)比較教育研究步驟

1.選擇及界定研究問題。

2.形成研究假設，確認研究變項之關係。

3.建立概念型及操作型概念，並確立研究指標。

4.選擇研究樣本，樣本必須具有代表性、適切性及經濟性。

5.蒐集研究資料，例如：訪談、問卷等。

6.處理研究資料，可透過各種統計分析方法。

7.解釋研究結果，並形成研究結論。

(二)對比較教育研究之啟示

1.確立比較教育研究的科學性，使比較教育研究帶有量化實證色彩。

2.確立比較教育研究的標準程序，可使有興趣的教育研究者可以減少摸索的時間。

3.較忽略教育現象的複雜性與不可預測性，也忽略質性的教育研究取徑。

4.所選定的研究標準，也需要經過適當的信效度檢驗，以免獲得錯誤的研究資料。

十　霍姆斯（Holmes)

(一)理論觀點

1.理論基礎為波普（Popper）的批判二元論（否證原則）及杜威（Dewey）的思維術（問題解決導向）。

2.比較教育研究為**假設演繹之思考邏輯**。

3.比較教育為實證科學，可預測可能之教育結果，且可做為教育計畫和教育改革之應用科學。

(二)比較教育研究步驟

1.確認及分析比較教育研究問題。

2.提出相關教育制度政策之假設。

3.蒐集與分類相關教育資料。

4.分析與比較教育制度政策形成及實施。

5.預測教育制度政策之可能結果。

十一 金恩（King）

(一)理論基礎

1.波普（Popper）的情境邏輯：各國皆有其特殊的生態脈絡。

2.波普（Popper）的否證原則：各國教育皆為動態複雜性歷程。

3.懷海德（Whitehead）主體意識觀點：比較教育研究應重視各種主體意識的涉入。

(二)對比較教育研究之啟示

1.應**關注各國教育生態脈絡的動態複雜因素**，反對霍姆斯（Holmes)的教育預測觀點。

2.在掌握比較教育研究問題之後，應深入瞭解教育問題的生態脈絡，以掌握教育本質意義。

3.比較教育的目的在於作為教育決策之參考架構，但不需如同傳統比較教育研究，以大量的量化資料為預測基礎。

十二 波爾史東（Paulston）-社會地圖學的提出者

(一)社會地圖的架構

1.**縱軸**：由左至右：變遷至穩定

2.**橫軸**：由上到下：觀念論至實在論

(二)對比較教育研究之啟示

1.將比較教育研究**圖像化**，透過空間呈現，讓每種比較教育論述找到相對應的位置。

2.從**後現代主義之觀點**，例如：在地化、低位知識、多元性等核心概念，來解釋知識、權力、國家等之間的互動關係。

3.但是**忽略比較教育研究的時間面向**。

⇒ **進階重要考點**

(一)**千禧年發展目標**（the Millennium Development Goals）

　　「千禧年發展目標」是由聯合國在2000年9月的千禧年高峰會議的共同決議，希望在2015年前可以達到八個主要目標，主要目標內涵包括：普及初等教育、消除貧窮及飢餓、落實兩性平等、減少五歲以下兒童死亡率、減少孕婦死亡率、發展永續環境、促進全球合作。

(二)**行動者網絡理論**（the actor-network theory）

　　行動者網絡理論主要用以解釋人與人之間會透過結盟形成各種網絡，以達到共同及個別目標。行動者網絡理論的代表學者為Latour 及Law等人，立基於一種統整世界觀，有別於過去二元對立世界觀。在行動者網絡中，行動者的組成是異質的，彼此透過轉譯作用，來建構彼此共同的意義體系。

(三)**國際透明組織**（Transparency International）

　　國際透明組織長期推動反貪理念，發起者為Eigen，總部設置於德國柏林，其希望可以透過打擊貪腐，建構認為廉潔的人類社會。國際透明組織致力於各國設立透明組織，屬於非政府組織的形式，希望可以結合社會、企業、公民等的力量，解決貪腐問題。

(四)**教育借入**（educational borrowing)**與借出**（educational lending)

　1.**教育借入**：向他國主動學習教育制度、教育政策。

　2.**教育借出**：

　　(1)將本國教育制度、教育政策輸出至外國。

　　(2)根據現代化理論觀點，「教育借出」係為正面影響，例如：已開發國家將其成功經驗，輸出至未開發國家。

　　(3)根據新殖民主義或後殖民主義觀點，「教育借出」係為負面影響，係代表「中心國家」對「邊陲國家」之宰制。

自我評量

一、請以比較教育中的結構功能理論（structure-functional perspective）與衝突理論（conflict theory），分析當前中小學課程中一綱多本與一綱一本相關議題的主要爭論。【97年高考】

二、我族中心（ethnocentrism）是一種以自己的社會或文化為標準衡量其他地區或種族的態度，試以此角度檢視台灣在處理原住民教育以及新移民子女教育問題時可能出現的偏差。【97年地方三等特考】

三、由 Q&A（200）一書所改編的《貧民百萬富翁》（Slumdog Millionaire）電影，描述印度貧民窟中兒童的生活狀況與惡性循環。另一方面以「貧窮應該屬於博物館，不屬於文明世界！」為信念的2006 年諾貝爾獎得主，尤努斯（Muhammad Yunus）於1976 年成立「鄉村銀行」（Grameen Bank）後，提供許多貧窮婦女就業機會，全球有一億人受惠。目前台灣也因面臨全球金融風暴，年輕失業人口激增，教育結構備受挑戰的情況。試以比較教育中的殖民主義（colonialism）、新殖民主義（neo-colonialism）和後殖民主義（post-colonialism），來分析這三個案例中的教育意涵。【98年高考】

四、被尊稱為比較教育之父的學者為何人？他是那一國人？他對比較教育的主要貢獻有那些？【98年地方三等特考】

五、一位學者發現台灣高等教育入學制度之問題，擬進行研究，提出改革方案。就G.Z.F. Bereday或B. Holmes的比較教育研究方法而論，採用何者較為適當？使用該研究方法的步驟與重點又是如何？【99年高考】

六、教育制度或措施的借用（educational borrowing）是比較教育發展的重要層面，請論述我國的教育政策或措施有那些是借自於其他國家？並論述其成效或缺失。【99年地方三等特考】

七、試論述人力資本論應用在比較教育研究中的主要論述，並評析以此理論為基礎的國際比較研究。【99年地方三等特考】

八、「三人行必有我師焉」，朱熹注：「三人同行，其一我也，彼二人者，一善一惡，則我從其善而改其惡焉。是二人者，皆我師也」。試舉例並分析各國（我國除外）教育中仿效好的教育措施並以不良教育措施引以為戒之實例。【99年地方三等特考】

九、比較教育的方法論中有一派典（paradigm）強調對於一個國家教育的研究，需將其置於整體的社會脈絡內，了解教育與社會其他部門的關係與互動。在此派典內康德爾（I. L. Kandel）、漢斯（N. Hans）、施耐德（F. Schneider）係採歸納法分析，而英國學者霍姆斯（B. Holmes）採用的是演繹的比較教育方法，請論述此兩種方法論之內涵，並綜述此派典的優缺點。【101年高考】

十、試述比較教育的定義為何？又比較教育是否等同於當代教育史研究？【101年地方三等特考】

重點試題解析範例

一、諾亞（H. Noach）和艾克斯坦（M. Eckstein）兩位學者主張實施比較教育的科學研究，曾提出比較教育的假設驗證研究步驟，請舉例說明其研究步驟，並評論其方法論。【96年地方三等特考】

答：Noach及Eckstein所主張比較教育之科學研究觀點，於此按照題意說明如下：

(一)以「台灣後期中等教育和美國的後期中等教育」為例，說明Noach及Eckstein的比較教育之假設驗證研究步驟：

1.決定研究問題：首先必須先依據研究者的研究動機與目的，選定研究問題。

2.訂定假設：根據研究問題，研究者訂出研究假設，以待日後進行檢證。

3.確定研究標準：研究者可以依據文獻探討或是研究需求，確定研究標準，例如：生師比、學校類型等，來進行臺灣與美國的後期中等教育之比較。

4.選定研究樣本：研究者根據研究問題與假設，進而選定研究樣本，例如是從文件資料或是進入相關學校場域。

5.蒐集資料：研究者透過適當的研究方法，蒐集研究所需要的資料。

6.分析資料：研究者透過適當的研究方法，P 分析需要的資料。

7.提出結論。

(二)Noach及Eckstein的比較教育研究方法論之評論

　　1.首先，其確立比較教育研究的科學性，使比較教育研究帶有實證
　　　色彩。

　　2.再者，其確立比較教育研究的標準程序，可使有興趣的教育研究者
　　　可以減少摸索的時間。

　　3.但是，其較忽略教育現象的複雜性與不可預測性，也忽略質性的教
　　　育研究取徑。

　　4.另外，其所選定的研究標準，也需要經過適當的信效度檢驗，以免
　　　獲得錯誤的研究資料。

參考書目：楊思偉（2006），比較教育，空大。
　　　　　　王家通（2003），比較教育，麗文。
　　　　　　陳培林（2013），教育行政學經典歷年試題解析，千華。

二、比較教育研究在1960年代係以大量應用社會科學理論及方法為特徵。直到1990年代以後受到後現代思維的影響，而開始從多元觀點反省比較教育的理論與方法。請舉出相關論點並扼要說明之。【100年地方三等特考】

答：比較教育研究的演進是值得關注的教育議題，試按照題意說明如下：

(一)比較教育研究的演進歷程

　　1.旅人故事期

　　　(1)相關學者或官方代表透過本身的旅遊見聞，將他國之教育實務措
　　　　施，引進本國。

　　　(2)嚴格來說，此類比較教育研究資料，不具備精確性及客觀性。

　　2.教育借用期

　　　(1)教育借入：向他國主動學習教育制度、教育政策。

　　　(2)教育借出：將本國教育制度、教育政策輸出至外國。

　　3.因素分析期

　　　(1)重視各國教育制度、教育政策、教育問題的內部成因，希冀從各
　　　　國之政治、歷史、文化、經濟等脈絡因素加以分析。

　　　(2)有助彰顯各國教育之情境脈絡獨特性，使蒐集各國教育資料成為
　　　　比較教育研究重要環節。

　　4.科學方法期

　　　(1)基本假設：引用社會科學及自然科學的實證方法，重視比較教育研究的通則及理論之建立，強調預測性、系統性驗證性及客觀性。

　　　(2)理論基礎：結構功能論、現代化理論等。

(二)1990年代後的比較教育研究內涵

　　1.基本假設：重視微觀的比較教育研究，例如：多元文化、性別問題、學校語言型態等。

　　2.理論基礎：詮釋學、批判理論、後結構主義、後現代主義、後殖民主義等。

　　3.特徵：

　　　(1)強調社會文化分析。

　　　(2)質疑結構功能論的理論觀點。

　　　(3)重視在地知識、尊重差異、包容多元價值等。

參考書目： 艾育（2013），名師壓箱秘笈－教育行政學，千華。

　　　　　　楊思偉（2006），比較教育，空大。

第2章　各國教育制度的比較

頻出度C：依出題頻率分為：A 頻率高、B 頻率中、C 頻率低

各考試出題排行榜　身障三等　地方三等
　　　　　　　　　高考　　　　原民三等

重點一　教育行政制度導論

一　教育行政制度的基本概念

(一)中央集權與地方分權之意義

1.**中央集權：**
　(1)中央政府設置教育主管機關，擁有最大的教育經費資源，並可透過制訂各種教育法令規章，掌管地方教育事務。
　(2)可制訂全國性的教育制度，並且擁有最終的教育人事決定權。

2.**地方分權：**
　(1)中央教育主管機關僅扮演諮詢與輔導的角色，地方擁有最大的教育權力。
　(2)地方擁有制訂課程標準與教育經費分配權力。

(二)中央集權與地方分權之優點分析

1.**中央集權：**
　(1)決策機制統一，執行較有效率。
　(2)可統一管理教育事務，使各地方教育發展一致。
　(3)中央擁有教育人事權，可適當分配各類教育專業人員。

2.**地方分權：**
　(1)中央僅以協調者與輔導者的角色出現，地方握有最多的教育資源。
　(2)可達到因地制宜的教育發展。
　(3)可根據地方需求，做出長期的教育規劃。

(三)**中央集權與地方分權之缺點分析**

　　1.**中央集權：**

　　　(1)若政黨輪替，則易無所適從、缺乏因地制宜的彈性。

　　　(2)地方教育發展容易形成依賴，缺乏教育自主精神。

　　　(3)教育發展僵化，缺乏彈性。

　　2.**地方分權：**

　　　(1)容易造成教育資源分配不均的問題。

　　　(2)缺乏統一的教育評鑑機關與標準。

　　　(3)容易造成不同地方的教育發展失調。

(四)**首長制與委員制的運作特點**

　　1.**首長制：**

　　　(1)教育行政長官皆為各級組織首長，由各級政府依法任命，執行並負責相關教育事務。

　　　(2)例如：臺灣的教育部。

　　2.**委員制：**

　　　(1)教育行政權限賦予具有特定職權的委員會，採取集體決策的形式。

　　　(2)例如：美國的地方學區教育委員會。

(六)**首長制與委員制的利弊分析**

　　1.**首長制：**

　　　(1)優點：教育事權統一、教育專業性高、可降低利害團體的外在影響。

　　　(2)缺點：容易形成獨裁的教育決策、不容易發現邊際論述的聲音。

　　2.**委員制：**

　　　(1)優點：可以進行多元參與決策，符合民主價值，可形成共識。

　　　(2)缺點：容易受到利害團體的影響、教育事權不統一，容易缺乏效率。

二　各國教育行政制度類型

國家	首長制/委員制	權力運作方式	教育行政機構獨立性
我國	首長制	中央集權	教育行政與普通行政合一
美國	委員制	地方分權	教育行政機構獨立
英國	委員制	地方分權	教育行政與普通行政合一，採行雙軌制學制
法國	首長制	中央集權	部分教育行政機構獨立
德國	首長制	地方分權	教育行政與普通行政合一

重點二　各國教育行政制度

一　我國教育行政制度

(一)演進表

時間點	特　色
1898～1911	光緒24年創設的京師大學堂，為全國最高教育行政機關。 光緒31年成立的學部，成為全國最高教育行政機關。 清末民初（光緒28年至民國10年）中國教育制度大多仿自日本。
1912～1927	中央為教育部，省為教育廳，縣市為勸學所，呈現教育行政三級制。 我國現行6－3－3－4學制主要是仿自美國。
1927～1928	國民政府公佈「大學院組織法」，規定大學院為全國最高教育行政機關，但最後以失敗告終。
1928～1949	中央為教育部，省為教育廳，縣為教育局，呈現教育行政三級制。

(二)中央教育行政制度職權

1. 擬定全國的教育政策及計畫。
2. 核准學術研究機構的設立。
3. 制頒課程綱要及編審中小學教科書。
4. 制訂學校教師資格檢定與審定辦法。
5. 設立並管理國立各級學校及社會教育機構。
6. 遴聘國立各級學校校長。
7. 監督高級中學以上的私立學校。
8. 管理全國學校體育、部分文化及社會教育。
9. 監督及補助地方教育行政機關、私立大專院校經費預算。
10. 核定國立學校教職員之敘薪、考績、退休及撫卹案。
11. 主管及辦理國際文化、教育及體育交流活動。

(三)教育部組織圖

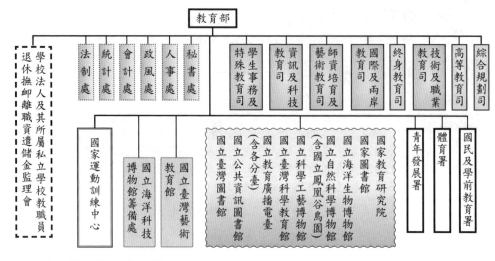

(四)縣市教育機關之職權

1.訂定縣市教育政策與計畫。

2.設置管理縣市立學校與社教機構。

3.遴聘與考核縣市高級中等以下各級學校校長。

4.辦理教師資格檢定。

5.核准縣市立學校教師之遴聘、停聘與不續聘案。

6.核定縣市立學校教職員之敘薪、考核、退休及撫卹案。

7.劃分國民中小學學區並分發學生入學。

8.核辦私立國民中小學及幼稚園之設立、變更等事項。

9.設置縣市立運動設施與場地。

10.視導縣市立學校及社會教育機構。

11.評議教師之申訴。

12.辦理國民教育程度之自學進修學力鑑定考試。

13.執行中央委辦教育事項。

(五)我國教育行政制度的特點

1.兼有集權與分權的特質：

| 憲法規定 均權制 | → | 實際運作 中央集權 | → | 推動鬆綁的教育政策後 逐漸朝向均權制 |

2.**國民教育輔導團的設置**。

3.教育行政機關採**首長制**。

4.教育行政機關非獨立於該政府之外，故屬於綜合行政制。

5.鼓勵私人興學與公辦民營，以維護家長的教育選擇權。

6.科層體制的組織結構，公務人員之體系。

7.教育經費受法律保障，**各級政府教育經費預算合計應不低於該年度預算籌編時之前三年度決算歲入淨額平均值之百分之22.5**。

8.設有教育審議委員會，但並未充分發揮審議與諮詢的功能，亦尚未建立教育行政人員專業化任用制度。

9.自1999 年7 月起，我國教育行政體系由原來中央、省市、縣市三級制，改為中央、 縣市二級制（直轄市維持）。

10.我國後期中等教育學制上有綜合高中之設置，此學制之主要目的是「延緩分化，並提供學術與職業導向學程供學生選習」。

11.我國教育行政體系過往是呈現中央集權的教育體系，而隨著教育改革的開放，現今也慢慢呈現權力鬆綁的趨勢，近十年來台灣的教育改革強調鬆綁，就權力觀點而言，是一種：分權化作法。

(六)我國地方教育行政之特色

1.**根據憲法及教育基本法之規定，我國地方教育行政應屬教育均權制，但是若從實際面來看，我國教育行政體系為中央集權制。**

2.根據教育基本法規定，中央政府之教育權限包括：教育制度之規劃設計、執行全國性教育事務、中央教育經費之分配與補助、設立並監督國立學校及其他教育機構、教育統計與政策研究、促進教育事務之國際交流等，除法律另有規定外，其他教育權限歸屬地方。

3.此外，我國地方教育行政特色尚包括：

(1)以人民為主體，且落實有教無類、因材施教之原則。

(2)教育行政作為中立化，且秉持教育機會均等精神。

(七)我國地方教育行政之優缺點

1.**優點**：

(1)教育行政命令統一，便於管理。

(2)教育行政領導可以充分發揮少數人才的影響力，並且能統籌處理教育事務，如此較經濟。

(3)教育行政組織運作比較可以應付整體的環境需求，且管理較靈活。

　　2.缺點：

　　　(1)無法適應各個特別教育情境的需求。

　　　(2)溝通層級繁多，容易降低教育行政效率。

　　　(3)教育行政基層人員士氣容易低落，且增加教育高層領導者的負擔。

(八)**我國地方教育行政機關面臨的問題**

　　1.過去地方教育行政機關對教育扮演控制集權的角色，為國民中小學的管理者和控管者。

　　2.但是隨著學校本位管理精神的發揚，地方教育行政機關成為學校的合作對象夥伴，亦扮演支持者及評鑑者的角色。

　　3.另外，由於近年來教育改革造成的教育鬆綁及權力下放，導致地方教育行政機關的角色產生變化，也容易讓地方教育行政機關適應不良。

　　4.而地方教育行政機關也容易因為政黨輪替或地方政治勢力的介入，而產生無所適從之問題。

　　5.**上述問題的解決策略：**

　　　(1)教育可能隨時代變遷有不同的發展趨勢，仍應展現教育的主體性與彰顯學生學習權的重要性。

　　　(2)我國目前採以教育鬆綁，將權力下放到學校，實行學校本位管理的制度，因此學校行政人員更應扮演教育革新與發展的積極性角色。

　　　(3)教育主管單位與學校校長皆為教育重要的管理者，其除追求教育目標的實現外，也宜認知其關鍵性的地位，以提升學校行政效能與實現教育的終極目標。

　　　(4)地方教育行政機關之任何作為都應彰顯教育主體性，使學生為學習權主體，並保障家長教育權，且應健全有關視導評鑑機制，以確保教育績效與品質。

二　美國教育制度

制度面向	重點說明
聯邦教育 行政	1.目前教育行政機關名稱：聯邦教育部，位於華盛頓特區。 2.教育行政職權： 　(1)制訂由聯邦經費補助的教育政策，分配與監督教育補助款之使用。 　(2)補助教育研究，促進教育研究資源分享。 　(3)使每位學生都享有均等的教育機會。 　(4)負責規劃全國性的教育改革方案。 　(5)教育不屬於聯邦教育部之權限，使美國呈現地方自主的教育行政運作。
州教育行政	1.州教育董事會：分配州經費至地方教育局、解釋與實施州的學校法律等。 2.地方學區：負責詳細的預算財政政策事宜。 3.地方學校董事會。 4.各層級教育機構的組織、運作與職權因各州法律而不同。
教育制度 特色	1.地方分權制的教育行政運作，各州建立並擁有自己的教育體系。 2.學校教育多元化，並富有實驗精神。 3.州長與州議會相當關注教育政策的制訂與執行、教育財政改革等。 4.設立教育委員會，委員組成多元，負責教育政策決定。 5.地方學區間的合併逐漸成為趨勢。 6.重視教育研究。
重要教育 政策	1.在一九九四年提出特殊教育藍圖，以「最少限制環境主張」取代回歸主流。 2.「不讓任何孩童落後」（No Child Left Behind）：教育績效責任、提升地方教育自主權、提倡有效教學法、提供家長教育選擇權。 2.「閱讀」方案：提升全國學生閱讀能力。 3.「教師措施」：提升教師專業成長。 4.美國布希總統於2001年提出「不放棄每位學生」（No Child Left Behind）的教育改革方案，其投入龐大的教育經費，確保每位學生接受到適當的、公平的教育，「不放棄每位學生」（No Child Left Behind）政策之落實策略： 　(1)確實提供教育輔導措施，以改進低經濟者的學業成就。 　(2)進行高素質老師校長的培育與訓練。 　(3)針對移民學生英文能力，進行課後補救教學。 　(4)鼓勵特許學校的設立，並獎勵教學創新方法的推行。 　(5)由中央設置全國統一能力評量標準與機制，以有效評量學生程度。

制度面向	重點說明
重要教育政策	(6)學校可彈性調整經費運用以符合該學區的特別需求。 (7)增強兒童閱讀能力、科學能力及數學能力。 (8)協助推動特殊教育，以強化身心障礙學生學習成效。 5.歐巴馬總統的教育革新措施： (1)推出「邁向巔峰教育計畫」（Race to the Top program），希冀提升美國各級教育的學校教育品質與教學效能。 (2)通過美國振興與投資法案，大幅提升教育改革的經費。 (3)推動幼兒早期學習計畫，透過早期學習計畫基金，以提升幼兒早期教育的目標及品質。 (4)強化教育研究機構成效，並加強國際教育交流。 (5)進行跨部會合作的教育事務改革之推動。

三　英國教育制度

制度面向	重點說明
中央教育行政制度	1.專責教育視導機構：教育標準局，負責師資培育、中小學教育、幼兒教育和地方教育局的視導。 2.威爾斯中央教育行政機關：「教育、終身成人學習與技能部」。 3.蘇格蘭中央教育行政機關：「教育部」（唯一未實施國定課程之區域）。 4.師資培訓局專責師資培育認證與補助機構，提供英國地區師資教育的經費補助、提供師資教育相關資訊與建議、職前師資培育的資格認定。
地方教育行政制度	1.英格蘭地方教育局（1902年教育法通過後首設）。 2.威爾斯地方教育局（讓學校可以自行作經費分配）。 3.蘇格蘭地方教育局。 4.北愛爾蘭教育與圖書署。 5.地方教育局（LEAs）所屬每一所學校擁有「學校管理委員會」，負責監督經費運用與教職員人事。
學校制度	1.學前教育：慈善學校、托兒所、幼稚園等。 2.初等教育（義務）：為期6年，5～10歲。 3.中等教育（義務）：11歲進入（至16歲結束）。 4.國定課程與統一考試：除私立學校外，公立學校體系均需實施，學生於義務教育的重要階段（7、11、14、16歲）均需參加全國性統一考試。 5.在世界各國教育制度中，把5－6歲的學前教育納入義務教育的國家。

制度面向	重點說明
教育行政制度特色	1.政府對教育的干預增加，中央集權色彩漸濃。 2.學校在經費與人事權力增加。 3.以就業為教育改革導向，重視績效管理。

四　法國教育制度

制度面向	重點說明
中央教育行政制度	1.中央集權制教育行政制度，1806年拿破崙以「帝國大學」總管全國各級教育事務。 2.目前中央教育行政機關為「國家教育部」，負責研擬全國教育政策、審撥教育經費及督導全國教育事務等。
地方教育行政制度	1.大學區（全國教育之地方「學校行政分區」）：由大學區總長、地區代表議會、地區行政首長及大學區教育諮詢理事會組成。 2.省級的教育行政部門：大學區督學為教育行政首長，是大學區總長在省級教育行政機關的代表，但不負責高等教育事務。 3.市鎮級的行政管理機構：負責初等教育。
學校制度	1.法源依據：1975年「初等與中等教育改革方案（哈比教育法案）」。 2.10年義務教育（小學至高中第一年）。 3.學前教育（2-6歲）： 　(1)原則上3歲兒童即可免費進入幼稚園就學（若班級人數許可，則可提早至2歲）。 　(2)歐洲國家中，幼童參與學前教育比率最高的國家。 　(3)教育機構形式：公立幼兒學校、鄉村巡迴輔導教師、幼兒中心等。 4.初等教育（6-11歲）：義務教育的第一階段。 5.中等教育（11-18歲）： 　(1)初級中學（college，11-15歲）：2年觀察期、2年定向階段。 　(2)高級中學（lycee，15-18歲）： 　　A.一般高中：以升學為目的，又分為「普通高中」及「技術高中」。 　　B.職業高中：實施職業教育訓練，培養技術人員，分2年和3年制。 　(3)學徒制度系統：初中畢業生可至學徒訓練中心（CFA）當2年學徒，通過技術檢定，取得「職業適性證書」。
教育行政制度特色	1.教育行政運作仍具濃厚中央集權色彩。 2.在教育事務方面，重視民意參與。 3.教育行政組織專業分工，各司其職。

五 德國教育制度

制度面向	重點說明
中央教育 行政制度	1.1934年希特勒成立第一個中央教育行政機關，「國家科學、教育暨民眾教育部」。 2.目前名稱為：「聯邦教育與研究部」。 3.地方分權制的教育行政制度。 4.聯邦教育行政機關（中央教育行政機關）的職權： 　(1)促進教育研究發展。 　(2)與各邦共同對教育事務進行規劃。 　(3)協調各邦教育問題。
地方教育 行政制度	1.邦政府為最高的教育行政與督察機構，各邦設「文化部」或「學術部」，擁有教育實際的運作權力。 2.職權 　(1)各級學校課程時間安排之規定。 　(2)學生學習相關事項之規定，例如：學生作業評分標準、升學考試等。 　(3)課程與教學之相關規範，例如：生師比、班級人數等。 3.「教育處」設有督學定期訪視學校與實習教師，進行專業視導、法律視導與服務視導。 4.地方縣市：設「教育局」，負責地方學校事務的管理。
學校制度	1.因各邦擁有教育自主權，因此各邦學校制度各有所異同，例如：義務教育年限，多數邦為9年，但亦有10年者。 2.學前教育：主管單位是社會部門，均需付費。 3.初等教育（6-10歲）：「基礎學校」，為義務教育中的共同學習階段。 4.中等學校： 　(1)2年「定向階段：讓學生在進行教育分流的時候，可確實瞭解自己的性向。 　(2)中等教育第一階段： 　　A.主幹學校。B.實科中學。C.文科中學。D.綜合中學。 　(3)中等學校第二階段： 　　A.文科中學高級部。B.職業學校。
教育行政 制度特色	1.地方分權的教育行政制度，邦教育行政機關擁有最大的教育權力。 2.重視各教育機關間的協調及合作。

六　日本教育制度

制度面向	重點說明
教育行政 制度	1.中央集權制，以依法行政為最高原則。 2.地方教育行政由地方政府首長及教育委員會負責。 　(1)中央：文部科學省、中央教育審議會等。 　(2)都道府縣、市町村： 　　A.教育委員會：決策、核准、監督 　　B.地方政府的教育局：實際執行單位。
學校制度	1.義務教育9年（小學6+中學3）。 2.學前教育（非義務教育） 　(1)幼稚園（3-6歲）：屬學校制度的一部份，由文部省督導。 　(2)保育所：相當於我國的托兒所，屬福利機構。 3.初等教育--小學校（6-12歲）：義務教育的第一階段，小學校與中學校均採「學區制」，學齡兒童依學區分發入學。 4.中等教育 　(1)初級中學--中學校（12-15歲）：屬義務教育的第二階段。 　(2)高級中學： 　　A.高等學校：採學年學分制與選修制，分為普通高中、職業高中與綜合中學，修業年限3年。 　　B.高等專門學校：屬「專修學校」的一種，以培養職業能力為目的，修業年限一年以上。 5.高等教育（分三級結構）： 　(1)第一級：短期大學、高等專門學校、專修學校。 　(2)第二級：綜合大學、多科大學與單科大學。 　(3)第三級：研究所。
教育行政 制度特色	1.中央集權的教育行政運作，但是在教育財政上，卻是地方分權。 2.模仿美國教育行政制度，成立教育委員會。

自我評量

一、中央集權式與地方分權式的行政體系，各有優劣，在「教育」層面上，如何採擇？【91年升官考】

二、2004年5月1日歐洲聯盟正式接納東歐八國，擴充為二十五個會員國，歐盟東擴不僅帶來經濟的挑戰，也面臨內部語言複雜、多樣的困擾，請說明歐盟所採行的語言教育政策，並評析其可能產生的困難及爭議。【94年高考】

三、英美兩國中小學教育對我國規劃中的十二年國民教育各有何意涵或啟示？請先條列再解說。【94年地方三等特考】

四、我國政府推動中的「台德菁英計畫」，係採用德國二元或雙軌制（dual system）訓練方法：由事業單位安排師傅辦理學徒或技術生工作實務訓練（apprenticeship），同時在學校實施工作有關學科教育；安排技術生在事業單位約占訓練期間的五分之三，在學校內接受學科的訓練，約占訓練期間的五分之二。請：(一)簡介德國二元制的理念與作法，(二)說明我國欲成功推展德國二元制應有的注意事項與具體作法。【94年地方三等特考】

五、台灣與美國的教育有那三項最值得進行比較分析的課題？請先條列再解說。【94年地方三等特考】

六、美國聯邦政府於2002 年立法通過「無落後學生法案」（No Child Left Behind Act,或譯不讓孩子落後法案），請說明該法案之主要內容並評論其理念。【95年高考】

七、英國於1992 年設立教育標準署（局）（Office for Standards in Education）辦理學校之視導與評鑑，請說明及評論其創設理念和所規劃實施之學校評鑑制度特徵。【95年高考】

八、自1990 年代初以來，特許學校（charter school)（又譯信託學校、委辦學校）的學校型態逐漸在美國各地流行，請說明及評論此種學校所立基的教育改革理念；又您認為其適合在國內推動實施嗎？請論述理由。【96年地方三等特考】

九、學者常論斷法國之教育行政制度具中央集權色彩，請就所知舉其若干制度
　　實例論證此種論斷。【96年地方三等特考】

十、從世界各國的教育改革趨勢中，可以發現許多國家近年來紛紛進行教育部
　　以及相關行政組織的改組工作，如英國2007年6月將原先的「教育與技能
　　部」（The Department for Education and Skills）改成「兒童、學校與家
　　庭部」（Department for Children, Schools and Families）與「革新、大學
　　與技能部」（ Department for Innovation, Universities and Skills），日本
　　與韓國也先後將教育部改組為「文部科學省」及「教育科學技術部」。試
　　比較這些國家教育部門改組之原因，並探討我國教育部為因應21世紀教育
　　發展所可能面臨之革新問題。【97年高考】

十一、自1980 年以來，世界各國推動教育改革過程中，經常面臨維持「社會
　　　公平」與促進「經濟效率」的兩難。試以美國、芬蘭與紐西蘭為例，
　　　說明其教育改革上的具體措施與遭遇困難之所在。【97年高考】

十二、1990年代中期起性別教育在英美澳等英語系世界開始出現「轉向男孩」
　　　（boys' turn）之發展趨勢。澳洲政府2002年更以國家層級發布了《男
　　　孩們：正確之路》（Boys：Getting it right）之報告書，呼籲對男孩教
　　　育採取措施，希望改善男孩的行為表現、學習成績與升學狀況。是什
　　　麼因素讓澳洲政府甘冒「性別歧視」、「回歸保守」等大不諱，致力
　　　於推動強調男孩教育的政策？並就此對比我國近年來在性別教育焦點
　　　上之異同。【97年地方三等特考】

十三、試比較新加坡與德國學校早期分化或分流制度的異同。【97年地方三等
　　　特考】

十四、世界各國在推行教育政策時，經常會面臨「效能與公平」何者為重的辯
　　　論，試比較新加坡與芬蘭兩國的中小學教育，在教育理念與實際辦學
　　　上有何異同？【98年高考】

十五、從 1960-1990 年代號稱創造經濟奇蹟的「亞洲四小龍」（Asia's Four
　　　Little Tigers)（香港、臺灣、南韓和新加坡），與 2003 年被提出的
　　　「金磚四國」（BRIC，巴西、俄羅斯、印度和中國），這兩組國家與
　　　地區都因曾擁有快速的經濟成長率，而備受世人矚目。試比較這兩組
　　　國家在初等教育、技職教育與高等教育上各有何不同的發展特色與策
　　　略？【98年高考】

十六、過去十幾年來，美英紐澳等英語系國家出現一些相似的教育改革，試敘述這些教育改革要項並剖析其背後之教育理念。【98年地方三等特考】

十七、最近我國有一項明顯的教育發展趨勢是從精英教育朝向大眾化、普及化之高等教育體系轉型，此處「精英教育」、「大眾化高等教育」、「普及化高等教育」的區分點為何？在這種大眾化和普及化高等教育之下，學生的特性為何？我國高等教育機構應如何因應之？【98年地方三等特考】

十八、歐盟整合完成後，積極透過系列的教育計畫以推動其教育政策。其中如Comenius計畫、Erasmus計畫、Lingua計畫、Minerva計畫等都與學校教育、高等教育密切相關。請分別摘述其內容並綜整其發展動向。【100年地方三等特考】

十九、美國自從歐巴馬總統上任後推出一系列教育革新措施，試述其要。【100年地方三等特考】

二十、中等教育係所有教育中最為關鍵與複雜的階段，涉及是否分流？分流的年齡？分流的標準？以及如何與初等教育銜接及轉移至高等教育或進修教育等議題。請選擇兩個差異較大的國家進行對比，就初等、中等教育的銜接、分化的年齡、分流的路徑、標準、以及協助學生轉移至高等教育的準備等項目進行描述、並列與分析，之後再綜論中等教育的意涵。【101年高考】

二一、韓國在2012年進入已開發國家「20-50俱樂部」，韓國的發展過程中教育扮演重要的角色，請問韓國小學教師的培育制度為何種方式？並舉述其優缺點。【101年地方三等特考】

二二、最近我國人才培育成為熱門話題，你覺得我國與香港和新加坡在人才培育及教育上的相對優勢為何？【101年地方三等特考】

重點試題解析範例

一、宗教教育是否納入中小學課程各國因文化傳統不同而有差異。請舉出那些國家宗教教育是納入正式的學校課程？那些國家是嚴禁宗教教義在學校內傳授？而我國教育內宗教與學校的關係又是如何？【101年高考】

答：宗教教育是重要的教育議題，於此依照題目規定說明如下：

(一)各國學校正式課程和宗教教育的關係

　　1.正式學校課程含有宗教教育的國家

　　　(1)英國的國定課程。　　　　　(2)德國的學校課程。

　　2.正式學校課程沒有宗教教育的國家

　　　(1)臺灣。　　　　　　　　　　(2)日本。

(二)我國宗教與學校的關係

　　1.教育基本法第2條：教育之目的以培養人民健全人格、民主素養、法治觀念、人文涵養、愛國教育、鄉土關懷、資訊知能、強健體魄及思考、判斷與創造能力，並促進其對基本人權之尊重、生態環境之保護及對不同國家、族群、性別、宗教、文化之瞭解與關懷，使其成為具有國家意識與國際視野之現代化國民。

　　2.教育基本法第4條（教育機會均等）：人民無分性別、年齡、能力、地域、族群、宗教信仰、政治理念、社經地位及其他條件，接受教育之機會一律平等。

　　3.教育基本法第6條（教育中立原則）：教育應本中立原則。學校不得為特定政治團體從事宣傳或活動。主管教育行政機關及學校亦不得強迫學校行政人員、教師及學生參加任何政治團體或活動。公立學校不得為特定宗教信仰從事宣傳或活動。主管教育行政機關及公立學校亦不得強迫學校行政人員、教師及學生參加任何宗教活動。私立學校得辦理符合其設立宗旨或辦學屬性之特定宗教活動，並應尊重學校行政人員、教師及學生參加之意願，不得因不參加而為歧視待遇。但宗教研修學院應依私立學校法之規定辦理。

　參考書目：艾育（2013），名師壓箱秘笈－教育行政學，千華。

　　　　　　陳培林（2011），教育行政學經典歷年試題解析，千華。

　　　　　　教育圓夢網（2013），94至102年教育行政高普特考解析，教育圓夢網。

二、德國在2000年的PISA成績低落而引來教育及社會各界的「PISA震撼」，並進而引發一些教育改革措施，然而卻也因德國傳統的教育特色而引起爭議。請敘述德國因PISA衝擊所引起的教育改革措施，並分析這些教育改革措施引起爭議的背景因素。【100年地方三等特考】

答：(一) 國際性學生評量計畫」（PISA）基本概念

1.定義：PISA（The Programme for International Student Assessment）是一個國際性學生標準評量計畫，希望可以瞭解各國青少年是否具備未來生活的知識與技能。

2.推動組織：經濟合作暨發展組織（OECD）。

3.評量對象：

(1)低於15歲的在校學生。

(2)2000年第一屆評量有43個國家參與，2003 第二屆有41個國家參與，2006第三屆有58個國家參與。

(二)德國因為PISA衝擊所進行的教育改革措施

1.引進教育績效責任，實施國家教育標準測驗。

2.改為全日制學校，延長上課時間，並提供學生有更多的個別學習時間。

3.縮小班級規模至25人以下，提供教師人力的經費補助。

(三)德國教育改革措施引起爭議的背景因素

1.德國重視哲學辯證的學術文化傳統，對於只單純強調量化結果的PISA成績，有所懷疑。

2.德國質疑PISA測驗只以英美系國家的語言及文化為主，對於德國不具代表性。

參考書目：艾育（2013），名師壓箱秘笈－教育行政學，千華。
　　　　　陳培林（2011），教育行政學經典歷年試題解析，千華。

第五篇 教育心理學重點精析

第1章 心理學概要

頻出度 B：依出題頻率分為：A 頻率高、B 頻率中、C 頻率低

各考試出題排行榜 　原民四等　地方四等
　　　　　　　　　　👑2普考　　👑4身障四等

 重點一　心理學的基本概念

一 心理學的演變

階段	要義
哲學心理學	1.採用思辨或聯想來解釋人類行為的內在心理歷程。 2.例如：理性主義、經驗主義。 3.研究主題：靈魂、心靈、知識等。 4.從哲學心理學之觀點，心理學係為研究靈魂與精神之學說。
科學心理學	1.採用科學方法，進行心理學研究。 2.代表學者為馮德（Wundt）、詹姆士（James）等，例如：結構主義、功能主義。 3.研究主題：個體意識、知覺、行為等。 4.所以從學術角度而言，心理學學科的正式成立時間為1879年，由德國學者馮德（Wundt）設立心理學實驗室開始。
現代心理學	1.代表理論：精神分析論、行為主義心理學、認知主義心理學、完形心理學、人本心理學等。 2.研究主題多元，兼重個體的外在行為及內在心理歷程。 3.強調科學方法的心理學研究。 4.心理學致力於研究人類心智系統。

二 心理學的重要理論

理論	要義
結構學派	1.代表學者：馮德（Wundt）。 2.研究主題：個體的意識結構。 3.研究方法：內省法。 4.研究特色：反對哲學思辯的心理學研究。
功能學派	1.代表學者：詹姆士（James）。 2.研究主題：意識流理論。 3.研究方法：內省法、觀察研究、調查研究等。 4.研究特色：兼重個體適應環境的意識與行為。
行為主義 心理學	1.代表學者：華生（Watson）、巴夫洛夫（Pavlov）、桑代克（Thorndike）、斯肯納（Skinner）。 2.研究主題：研究個體行為與環境刺激之間的關係。 3.研究特色： (1)心理學派的第一勢力。 (2)行為即一連串行為的組合，受「刺激」而決定。 (3)環境決定論。 (4)心理學是研究個體行為的科學。
精神分析論	1.代表學者：佛洛依德（Freud） 2.研究主題：個體的潛意識。 3.研究特色： (1)心理學派的第二勢力。 (2)重視個體早期生活經驗。 (3)人格發展：口腔期、肛門期、性器期、潛伏期、兩性期。 (4)人格結構：本我、自我、超我。
人本主義 心理學	1.代表學者：馬斯洛（Maslow）、羅吉斯（Rogers）。 2.研究主題：個人內在的需求及發展潛能。 3.研究特色： (1)心理學派的第三勢力。 (2)主張人性本善，以正常人的需求、存在價值等為研究焦點。 (3)重視個人生活經驗及現象場。 (4)強調開放教育、價值教育與情意教育。 (5)心理學係研究人性之科學。

理論	要義
超個人心理學	1.代表學者：葛羅夫（Grof）。 2.研究主題：人性、靈性、內在精神、心靈研究。 3.研究特色： (1)心理學派的第四勢力。 (2)重視個人在心靈層面的發展、巔峰經驗、神秘經驗、超越自我。 (3)跨領域的心理學觀：包括宗教、哲學、社會學、生物學等。
完形心理學	1.代表學者：魏倏麥（Wertheimer）、科勒（Kohler）。 2.研究主題：個體的整體知覺及整體經驗。 3.研究特色： (1)「整體大於部分之和」的心理觀。 (2)知覺組織原則。 (3)例如：我國九年一貫課程所強調的知識統整，認為整體大於部分之和。 4.根據頓悟學習的原理，教師教學時，應將教學內容之要點加以組織，使學生了解各要點間之關係，學生學習後，腦中會留下一些痕跡，但隨著時間與腦中新陳代謝作用，使得先前記憶慢慢消失，稱為「記憶痕跡衰退」。
認知主義心理學	1.代表學者：奈瑟（Neisser）、皮亞傑（Piaget）。 2.研究主題：「認知」、「注意」、「知識」、「意識」、「學習」、「記憶」等內在心理歷程。 3.研究特色： (1)訊息處理理論、認知結構論、認知發展論、建構主義等。 (2)採用科學方法研究人類認知歷程。 (3)強調後設認知。 (4)從認知主義心理學之觀點，心理學是研究個體行為與心理歷程之科學。
神經生物心理學	1.代表學者：布絡卡（Broca）。 2.研究主題：個體身心問題，包括生理和心理的變化。 3.研究特色： (1)探討個體的神經系統與腦側化作用。 (2)重視個體的內分泌系統對生理及心理的影響。 (3)遺傳和生理因素決定個體的外在行為及內在心理。

理論	要義
正向心理學	1.正向心理學的興起背景 (1)早期的心理學學者多關注病態人格的諮商與治療，強調變態心理學、病態心理學等。 (2)於是，有許多的心理學者，開始提倡應該要關注人類生活得正面意義，心理學研究應該帶有一種積極、樂觀、正面的意義。 (3)正向心理學的主要目的在於協助個人尋找生活事件及內在心理的正面部分，包括：正向意義、正向情緒、正向特質、正向組織等 2.正向心理學在輔導方面的應用 (1)諮商者本身必需具有正向思考的能力，且營造安全接納的諮商環境，和當事者可以建立正向的信任關係。 (2)良好的輔導網路，必須整合家庭、學校、社區、社會等相關力量及資源，以讓每個當事者可以健全發展。 (3)應認可每個當事者都具有向上向善發展的可能性。

三　心理學的研究方法

(一)研究取徑

量化研究取徑	質性研究取徑
實驗研究。	觀察研究。
相關研究。	民族誌研究。
調查研究。	敘事分析。

(二)重要研究方法說明

研究方法	內容要點
實驗法	1.定義：係指研究者透過操弄一個或多個自變項，控制干擾變項及無關變項，並觀察自變項的操弄對於依變項所產生的影響。 2.特色： (1)可掌握研究變項之間的因果關係，符合科學方法原則，最大的特徵即在確認研究變項間的因果關係。 (2)可以控制及排出可能引發干擾的實驗變項。 (3)可以掌握個體的心智發展與行為表現的因果關係。 3.教育應用： (1)在教育情境中，作為自變項通常為教學法、教學情境安排等，依變項則通常為學生的學習表現。 (2)在教育中的實驗法多為準實驗研究（因為無法隨機分派）。

研究方法	內容要點
實驗法	4.以「挫折與攻擊行為」為例，說明實驗法在社會心理學研究中之應用 (1)如果社會心理學家欲了解挫折與攻擊行為之關係時，可以國小學童為研究對象，將學童分為實驗組與控制組。 (2)實驗組的同學被禁止下課，以讓其產生挫折感，控制組的同學則允許其自由下課，在這裡，挫折感的有無是自變項，攻擊行為則為依變項，控制變項則為除了自變項外，可能會影響依變項的因素。 (3)而其中實驗組與控制組之間的學生，必須經過隨機分派的步驟。
相關分析法	1.定義： (1)係指應用統計方法分析一個群體中兩個或兩個以上變項之間的關係，來作為預測事件的基礎。 (2)係指蒐集資料以決定兩個或多個可數量化的變項之間是否有關係存在，以及彼此之間的相關及於何種程度。 (3)確定研究變項之間的程度與方向，並可藉此預測其他變項；但是在進行相關研究時，須注意變項之間即使有相關存在，並不代表有因果關係存在。 2.特色： (1)以相關係數來表示變項之間的相關程度。 (2)變項之間有相關關係，並不表示具有因果關係。 (3)可以掌握個體的心智發展與行為表現的相關程度。 3.在社會心理學的研究中，有關「攻擊和電視暴力的研究」，就曾經使用相關分析法。
自然觀察法	1.定義： (1)係指在自然的情境下或控制的情境下，根據既定的研究目的，對現象或個體的行為作有計畫與有系統的觀察，並依觀察記錄，對現象或個體的行為作客觀性的解釋的一種研究法。 (2)在自然情境中，觀察者對於研究對象進行觀察、記錄、分析及解釋的研究歷程。 (3)無法有效控制影響觀察資料的無關變項，且耗時、費錢，有現實條件上的限制。 2.特色： (1)類型：參與觀察、非參與觀察。 (2)研究者角色：完全觀察者、觀察的參與者、參與的觀察者、完全參與者。 (3)採用觀察法可避免問卷法或訪問法之社會期許性或不正確的記憶所造成的偏差缺失。 3.可回答問題：可以觀察個體的心智發展與行為表現的現象。 4.在社會心理學當中，有關「說服的研究」曾經使用觀察法。

(三)以生長環境與學習能力為例，說明實驗法與相關分析法之進行方式
　1.**實驗法**：著重於瞭解生長環境與學習能力之因果關係。
　2.**相關分析法**：著重於瞭解生長環境與學習能力之間呈現之相關。

重點二　發展心理學導論

一　關鍵期

(一)**關鍵期的基本概念**
　1.個體在某種年齡階段內對於某種行為發展特別重要，若錯過學習機會則
　　事倍功半，這一個特定年齡階段就稱為關鍵期。
　2.換言之，係指個體成長中某一時期成熟度至適合某一行為的發展，若此
　　時失去學習或發展此行為的機會，則該行為較不易建立。
　3.個體在發展歷程中的「關鍵期」（critical period）就是個體在各方面成
　　熟與學習的最佳時機。
(二)**以勞倫茲（Lorenz）實驗來說明關鍵期在個體發展過程中所造成的影響**
　1.**實驗**：
　　(1)觀察新孵出幼鴨的認母行為。
　　(2)若在這段特殊時間內，出現在幼鴨面前的是一台機器，則雛鴨也會把
　　　這機器當作是他的母親。
　2.**象徵意義**：
　　(1)嬰兒期與兒童期的發展是個體發展的基礎（0－6歲是兒童發展歷程中
　　　的一個特殊階段），這也說明了教育應以兒童為中心的重要性。
　　(2)個體的前一個發展狀態會影響到其下一個階段的發展，所以關鍵期對
　　　於個體發展的重要性不言可喻。
　　(3)個體發展的每一層面（如語言、認知、身體等）都有其特屬的關
　　　鍵期。

二　個體不同階段的發展特徵

(一)嬰兒期（出生至2歲）發展

身體動作發展	1.身體與動作發展隨神經發展順序而有先後之分，先頭部後軀幹，由軀幹而後四肢，由大肌肉到小肌肉（整體到部份）。 2.嬰兒站立及行走的動作發展的順序：扶物站立、扶持行走、單獨站立、踏步動作。 3.嬰兒的身體動作發展隨成熟而日益複雜。
感覺與知覺發展	1.視覺：嬰兒自出生後，就會有視覺反應，但明視距離與視敏度都小於成人。 2.聽覺：嬰兒自出生後，聽敏度已接近成人。 3.莫洛反射：剛出生不久的嬰兒，當變換位置或姿勢時，會出現雙臂迅速向外伸張和呼吸急迫，然後恢復作擁抱狀。 4.嬰兒可以辨別聲音特徵，並對甜味反應特別強烈。
認知發展	1.嬰兒主要是靠感覺與動作來接收周圍環境的刺激。 2.感覺動作期有六個階段： 　(1)反射性動作期：0-1個月，靠反射性動作瞭解周遭環境。 　(2)第一期循環反應：1-4個月，持續表現無目的的重複性行為。 　(3)第二期循環反應：4-8個月，持續表現有目的的重複性行為。 　(4)物體恆存期：8-12個月，具備物體恆存之概念。 　(5)第三期循環反應：12-18個月，嬰兒可以結合不同基模，表現具活動目的之行為。 　(6)表徵期：18-24個月，可用簡單的抽象符號，代表具體事物。

(二)兒童期（2至12歲）發展

身體動作發展	1.與嬰兒期相比，頭部及軀幹所佔全身比例變小，下肢所佔全身比例比例變大。 2.肌肉發展由大肌肉到小肌肉，對大肌肉和小肌肉的控制能力增加。 3.兒童的爬、走等動作的發展與年齡有關的順序出現，這乃是受成熟因素影響。 4.兒童身體發展先頭後腳，先中軸後邊緣稱為發展原則的連續性。

認知發展	1.透過口語、閱讀、書寫等動作來進行語言發展。 2.前運思期： 　(1)對於事物的認知判斷，尚不能按照邏輯思維推理。 　(2)具象徵作用的心理傾向，例如：使用語言以及虛構遊戲。 　(3)具自我中心的心理特徵，只能從自己的觀點去認知外在事物。 3.具體運思期： 　(1)兒童雖可以進行邏輯推理，但只能以具體實物作為根據。 　(2)具分類、序列、守恆與可逆性等心理特徵。
情緒發展	1.發展自我概念和自尊。 2.同儕的重要性逐漸增加。 3.展現利社會行為。

(三)青年期發展

身心發展	1.影響身高與體重的因素包括：遺傳、營養、家庭社經背景、疾病、早熟等。 2.青少年肥胖者多會產生多方面適應問題：依賴情感、同儕關係惡化、性別認同失調、學校適應困難等。 3.青年期並非是從年齡去界定，而是自青春期開始到心智成熟的這一段時期。 4.青年期以代表性成熟的青春期為起點，此時期的生理特徵有第一性徵與第二性徵。 5.青春期有生長陡增現象（女生比男生早），身心失衡會導致青少年情緒困擾。 6.個體12歲時，其臉部的成長約完成90%，頭顱的大小增加很少。
骨骼發展	1.骨骼年齡是測量個體生理成熟度的準確方法。 2.成人骨骼共有206塊，形狀包括：不規則骨（脊椎）、滑骨、長骨（大腿、小腿等）、短骨（腳踝、手腕等）及扁平骨（胸骨、頭骨等）。 3.頭骨包括顱骨與臉部骨，囟門約在出生後12至18個月完成骨化。 4.女生約十七歲之前的骨化作用比男生超前一至兩年。
體型發展	1.外胚型：身材高大瘦長。 2.中胚型：身材圓胖寬厚。 3.內胚型：身材中等，介於上述兩者之間。
認知發展	1.個體可以用邏輯系統方式作抽象推理，步入形式運思期。 2.可進行抽象思維與假設演繹推理。
情緒發展	赫爾（Stanley Hall）稱青少年階段為「狂飆期」。

(四)人類身體發展模式特徵

1.由頭到尾。　　　　　　　　2.由整體到特殊。

3.早期發展是後期發展的基礎。　4.由軀幹到四肢。

5.由中心到邊端。　　　　　　6.不同個體有共同的發展模式特徵。

7.在不同個體的發展模式中仍有個別差異存在。

三　依附關係

(一)**代表學者**：包比（Bowlby）、哈洛（Harlow）、安尼沃斯（Ainsworth）。

(二)**經典實驗**：恆河猴實驗。

(三)**依附類型**

1.**安全依附型（Secure attachment）：**

(1)與父母親有親密的依附關係，可以獲得協助支持。

(2)信任母親，當母親離開會顯得悲傷，當母親回來則會顯得喜悅。

2.**焦慮矛盾型（Anxious-ambivalent）：**

(1)具低自我認同，雖想尋求同儕接納，卻難以和同儕建立親密關係。

(2)對母親具備抗拒情感，當母親離開時會顯得焦慮，當母親回來時，卻會予以反抗。

3.**逃避型（Anxious-avoidant）：**

(1)忽視母親的存在，通常自尊較低。

(2)與母親之間保持冷漠，當母親離開與回來時，幼兒都顯得冷靜及事不關己。

4.**無系統型（Disorganized attachment）：**不穩定的人際關係及反應行為。

(四)**動物行為論的依附觀點**

1.**基本假設**：所有的生物與生具有依附的行為，稱為銘印。

2.**例如**：鴨子、雞、人等。

(五)**學習論的依附觀點**

1.**基本假設**：個體的依附行為源於獎賞刺激與反應的連結。

2.**例如**：母親哺乳會引發嬰兒的正向反應（需求滿足、開心等），久而久之，兩者便形成一種刺激反應連結。

(六)由依附觀點，說明孩子的氣質（temperament）與親子互動對早期依附型態及成年後親密關係的影響

1. 「**安全依附型**」：幼兒氣質為易照顧型，親子之間呈現親密互動，成年的會發展相互信任、互助合作之親密關係。

2. 「**焦慮／抗拒型**」：幼兒氣質為磨娘精型，親子互動充滿抗拒，成年後會發展具有強烈控制欲的親密關係。

3. 「**焦慮／逃避型**」：幼兒氣質為慢吞吞型，親子互動冷漠，成年後容易產生不安全感及不信任感，不易建立正常的親密關係。

四　發展理論

理論名稱	理論要義
進化論	1.代表學者：達爾文（Darwin）。 2.理論要義： 　(1)物競天擇。 　(2)影響複演論之觀點，青少年的重點是繁衍人類生命。 　(3)培育個體的生存能力。
複演論	1.代表學者：霍爾（Hall）。 2.理論要義： 　(1)個體成長（複演人種進化歷程）的歷程包括嬰兒期、兒童期、少年期、青少年期。 　(2)青少年期為狂飆期，充滿衝突與不安。 　(3)首倡青少年研究的重要性。 　(4)愛、虔誠及服務是青少年輔導的重心。
發展螺旋論	1.代表學者：吉歇爾（Gesell）。 2.理論要義： 　(1)採用觀察研究法進行青少年研究。 　(2)個體成長的歷程是由遺傳所主導，具個別差異，且呈現螺旋狀的次序性成熟發展。 　(3)成長具有前進與後退的律動，協助青少年進行自我規劃的輔導。
哈本頓成長研究	1.代表人物：唐納（Tanner）。 2.理論要義： 　(1)生物取向發展理論。 　(2)探討個體生理發展順序、時間、類型及變異之相關情形。 　(3)生長陡增、第二性徵出現（陰毛生長、胸部發育、生殖器發育等）。 　(4)個體生長具個別差異，但發育階段相同。 　(5)愈早出現性成熟，成長陡增就會愈快緩和下來而停止。

理論名稱	理論要義
精神分析論	1.代表學者：佛洛伊德（Freud）。 2.理論要義： (1)採用精神分析取向來分析個體性心理發展的理論。 (2)青少年帶有性興奮、情緒焦慮與人格困擾。 (3)青少年為人格發展的兩性期。 (4)個體行為表現決定於個人潛意識。 (5)青少年社會化產生認同作用心理歷程，內化他人的價值觀。 (6)重視個體早年生活經驗對日後生活行為的影響。 (7)多利用昇華作用進行個體輔導。 (8)重視學生自我發展，讓學生超我（良心及理想自我）順利發展。
慾力再現論	1.代表學者：安娜·佛洛伊德（Anna Freud，Freud的女兒）。 2.理論要義： (1)本我支配自我的人格結構：青少年是慾力再現的階段，容易產生本我支配自我以及自我反應的固著現象。 (2)理性化的自我本位防衛機轉。 (3)禁慾主義（asceticism，拒絕快樂的追求）的防衛機轉。
人際關係論	1.代表學者：蘇立文（Sullivan）。 2.理論要義： (1)個體行為基礎為人際關係互動與溝通，個體人格緣於人際互動之結果。 (2)每個人生存空間都有一個人際場，人際互動若失常，則會引起心理焦慮。 (3)人類需要安全感，即免於焦慮的自由，人類透過人際關係互動去滿足性需求衝動。 (4)親密關係是青少年發展的動力來源。 (5)青少年發展階段： 　A.前青少年期：與同性朋友發展親密關係。 　B.青少年期：與異性朋友發展親密關係。 　C.後青少年期：解決人際關係衝突。
心理社會論	1.代表學者：艾里克森（Erikson）。 2.理論要義： (1)重視個人一生的連續性發展，不同於精神分析學派（Freud）只探討至兩性期 (2)人生可以分為八個階段，每個階段都有發展危機。 (3)社會文化會影響青少年發展。 (4)青少年的發展危機為自我認同與角色混亂。

理論名稱	理論要義
生態系統理論	1.代表學者：布朗芬布倫納（Bronfenbrenner）。 2.理論要義： 　(1)微系統：對個體經驗有直接影響的系統，例如：學校、同儕關係等。 　(2)中系統：各微系統之間的互動關係。 　(3)外系統：由個體周遭的情境所組成。 　(4)大系統：社會或個人的意識型態系統。 　(5)時間系統：外在事件或生活方式的改變。 3.生態系統理論主要是描述社會環境對個人產生影響之作用與歷程，其指出個體發展並非單一面向所造成，而是受到環境等多方面的影響。 4.生態系統理論對教育之啟示： 　(1)微系統係指個體最直接接觸到的環境，主要包括家庭、學校、同伴等，所以由教育觀點來看，應注意微系統的教育佈置，使其充滿教育味，來幫助個體健全發展。 　(2)外系統是指個體並未直接參與但卻對其產生影響的環境，如鄰居、傳媒、社會福利制度等，所以亦可以透過外系統的完善設計來幫助個體獲得全人發展。 　(3)大系統係指社會中的社會倫理、道德、價值觀等，所以可以透過鉅觀系統之觀點，可以透過型塑良善社會風氣，讓個體受到潛移默化的正向影響。

重點三　個體的生理發展

一　行為遺傳學的基本概念

(一)染色體與基因

1.人類遺傳主要表現在生理方面及心理方面。

2.人類遺傳運作的基本單位為「染色體」。

3.染色體存在於細胞核內，由DNA與蛋白質構成。

　4.DNA由「基因」所構成，DNA是遺傳訊息的保存者與傳遞者，「基因」
　　乃是攜帶遺傳訊息的基本單位。

　5.男性第23對染色體為XY，女性則為XX，其餘22對染色體大小皆相同。

(二)受孕時的遺傳過程

　1.體細胞產生有絲分裂，性細胞產生減數分裂。

　2.受孕過程：精子＋卵子 → 受精卵。

(三)常見的遺傳疾病

　1.血友病（Hemophilia）：

　　(1)性聯遺傳（sex-linked Transmission）。

　　(2)女性比男性更可能是隱性基因帶原者。

　2.唐氏症（Down syndrome）

　　(1)第21對染色體多1個。

　　(2)導致先天性智能障礙或先天性心臟病。

　3.色盲：

　　(1)性聯遺傳（sex-linked Transmission）。

　　(2)只會隨著X染色體而遺傳給下一代。

(四)史卡爾（S. Scarr）和麥卡妮（K. McCartney）提出三種基因與環境之
　　互動模式（genotype - environment correlation）

　1.被動的基因與環境之互動模式（Passive　genotype - environment
　　correlation）：

　　(1)父母提供給個體的環境，是受到父母自己基因型的影響。

　　(2)例如：音樂神童莫札特的父親是宮廷樂師，加上年幼時父親的刻意栽
　　　　培，使他在五歲時即展露音樂的才華。

　2.誘發的基因與環境之互動模式（Evocative　genotype - environment
　　correlation）

　　(1)外人對於個體的行為反應及態度，是受到個體基因型的影響。

　　(2)例如：教師會較為喜愛個性開朗的學生勝過於個性暴躁的學生。

　3.主動型的基因與環境之互動模式（Active genotype-environment
　　correlation）：

　　(1)個體會根據本身基因優勢，積極選擇適合本身的環境或改變本身的
　　　　環境。

　　(2)例如：個性外向的學生會喜歡去追求舞會、團康遊戲等活動。

二　神經系統

(一)人體的神經系統圖

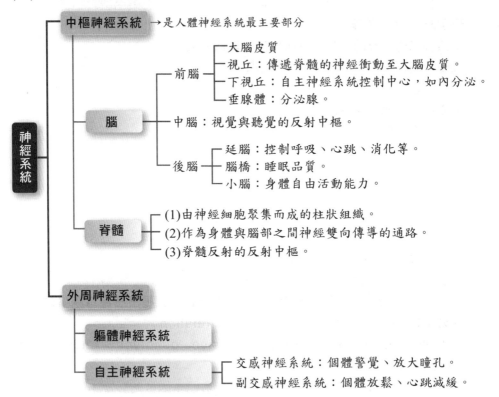

中樞神經系統 →是人體神經系統最主要部分

腦
- 前腦
  - 大腦皮質
  - 視丘：傳遞脊髓的神經衝動至大腦皮質。
  - 下視丘：自主神經系統控制中心，如內分泌。
  - 垂腺體：分泌腺。
- 中腦：視覺與聽覺的反射中樞。
- 後腦
  - 延腦：控制呼吸、心跳、消化等。
  - 腦橋：睡眠品質。
  - 小腦：身體自由活動能力。

脊髓
- (1)由神經細胞聚集而成的柱狀組織。
- (2)作為身體與腦部之間神經雙向傳導的通路。
- (3)脊髓反射的反射中樞。

外周神經系統
- 軀體神經系統
- 自主神經系統
  - 交感神經系統：個體警覺、放大瞳孔。
  - 副交感神經系統：個體放鬆、心跳減緩。

(二)神經元

1.即神經細胞，係構成神經系統的基本單位。

2.主要構造包括細胞體與神經纖維（樹狀突與軸突）。

3.細胞體與軸突可傳遞神經衝動，軸突具有髓鞘（具絕緣作用）與終紐（傳遞神經衝動到另一個神經元）。

4.神經元的類型：

　(1)感覺神經元。　　(2)運動神經元。　　(3)中間神經元。

(三)神經系統的基礎組成：神經元、神經衝動、反射弧、軸突與衝動傳遞。

(四)副交感神經系統：調適心情，放鬆身體。

(五)鏡映神經元（Mirror neuron）：

1.位置：大腦皮質。

2.功能：可以理解他人行為的意義。

3.**經典實驗**：看到他人切肉會比切菜，感受到痛覺，這是一種同理心的展現。

4.**由鏡映神經元觀點說明同情或同感（Sympathy）的發展機制**

(1)個人看到他人行為，會透過鏡映神經元的作用，而產生同情。

(2)自閉症患者因為無法順利產生鏡映神經元的作用，所以無法對他人行為產生同感或同情，未來可以藉由活化鏡映神經元作用，來治療自閉症患者。

三 大腦半球的構造與功能

(一)人類兩個大腦半球的組織及功能

1.**左大腦：**

(1)具有運動區、視覺區、聽覺區及體覺區。

(2)控制個體的語言、空間、數學等認知能力。

2.**右大腦：**

(1)具有運動區、視覺區、聽覺區及體覺區。

(2)控制個體的情感、創造、想像等情緒能力。

(二)腦半球分殊化的實驗證據

1.**實驗**：癲癇症患者的治療。

2.**結果**：左右兩大腦並非獨立運作，而是透過胼胝體聯合作用。

(三)利用腦半球分殊化的觀點幫助個體學習之可行策略

1.在教學設計方面，可善用概念圖、統整課程，來讓學生獲得完整概念學習。

2.融入全腦學習的理念。

(四)大腦皮質的構造

1.**額葉：**

(1)學習、記憶、思維。

(2)額葉是大腦的總裁，可協調各部位活動。

(3)例如：小強因意外事件損傷了大腦，自此，情緒和個性有了極大的轉變。其大腦受損最可能的是額葉；當小強在學習語文時努力背誦，演算數學及對困難問題用心思考，這類高級心理活動，是由大腦皮質層中的額葉來管控。

2.**顳葉**：聽覺、語言。

　　　3.頂葉：軀體感覺。

　　　4.枕葉：視覺。

(五)大腦分區構造

　　　1.主運動區：掌控身體全部隨意肌的活動。

　　　2.主體覺區：管制身體感覺。

　　　3.主視覺區：掌管視覺。

　　　4.主聽覺區：掌管聽覺。

　　　5.語言區：

　　　　(1)布羅卡區(Broca' area)：發音。

　　　　(2)韋尼克區(Wernicke' area)：理解。

　　　6.大腦左半球主宰個體的意識行為，右半球的意識反應來自左半球的輔助。

　　　7.大腦側化會造成左利者現象。

　　　8.海馬迴：記憶中樞，受損無法記憶新記憶。

(六)表達型失語症

　　　1.布羅卡失語症（Broca's Aphasia）。

　　　2.係指病人說話速度慢，發音不正確，會出現電報語言，聽力和閱讀能力優於語言能力。

　　　3.造成原因是由於個人的大腦左半球布羅卡區受傷。

(七)接受型失語症

　　　1.韋尼克失語症（Wernicke's Aphasia）。

　　　2.係指病人會有語言理解困難，常顯現失名症（anomia），說不出事物名稱，但發音不感困難，說話流利。

　　　3.造成原因是由於個人的大腦左半球韋尼克區的受傷或病變。

四　內分泌系統或腺體的構造與功能

(一)腦垂腺

　　　1.位於下丘腦下方，大小如豌豆。

　　　2.分泌生長激素、性腺激素、泌乳激素、促甲狀腺激素、腎上腺激素。

(二)甲狀腺

　　　1.位於喉頭下端與氣管前上方，分為左右兩葉形。

　　　2.為碘化物，可促進全身細胞氧化作用，維持身體生長。

(三)**副甲狀腺**

    1.位於甲狀腺旁，有四個。

    2.調節血液中鈣與磷的濃度，以維持神經系統與肌肉的興奮性。

(四)**腎上腺**

    1.位於腎臟頂端，左右兩個。

    2.**腎上腺皮質**：分泌皮質素，維持體內礦物質與水分。

    3.**腎上腺髓質**：分泌腎上腺素，興奮交感神經系統，可使血壓心跳上升、胃腸肌肉放鬆、瞳孔放大等。

(五)**胰腺**

    1.位於胃與十二指腸間的腸繫膜上。

    2.**胰島素**：可增加葡萄糖、脂肪酸及胺基酸的儲量。

    3.**升胰島素**：可釋出葡萄糖、脂肪酸及胺基酸的儲量。

(六)**性腺**

    1.男性性腺為睪丸，女性性腺為卵巢。

    2.**睪丸**：

      (1)可分泌雄性激素，使個體在青春期產生第一與第二性徵。

      (2)產生生殖細胞精子。

    3.**卵巢**：

      (1)可分泌動情激素，使個體在青春期產生主性徵與次性徵。

      (2)產生生殖細胞卵子。

(七)**松果腺**

    1.位於腦部胼胝體下方，進入青春期後逐漸退化。

    2.可調整個人的生理週期。

    3.個體幼年期時，松果腺體積最大，青春期後逐漸退化，會影響荷爾蒙正常。

(八)**胸腺**

    1.位於兩肺之間，胸骨後方，主要由淋巴細胞所組成。

    2.可促進T細胞成熟，並製造抗體。

(九)**下視丘**：控制個體的動機、情緒、愉悅與痛苦。

(十)**皮脂腺**：產生青春痘。

五 感覺與知覺的發展

(一)感覺和知覺之區別

	感覺	知覺
定義	個體根據身體感官接受與辨認環境刺激訊息之歷程。	個體根據身體感官接受與辨認環境刺激訊息,由腦針對訊息加以解釋的歷程。
性質	具有普遍性	具有個殊性
運作基礎	生理變化	心理變化
經驗性質	片段經驗	完整經驗
影響因素	1.以實際刺激源為主,例如:感覺閾(sensory threshold),其係指恰好可引起個體感覺的刺激強度。 2.絕對覺閾:引起感覺經驗所需最低限度的刺激。 3.差異覺閾:當兩種刺激同時出現時,刺激強度必須達到某種程度時,才能產生感覺。	1.學習經驗。 2.需求、動機與期待。 3.知覺防衛。 4.生活經驗。

(二)感覺之基本概念

1. **感覺適應**:個體接觸某種刺激過久時,感覺敏感度降低的現象。
2. 感覺是知覺形成的基礎,感覺是由生理變化產生的心理作用,知覺則是大腦統合作用後所產生的心裡功能。
3. **韋伯定律**:
   (1) **定義**:個體的感覺差異閾與環境刺激強度的比值為一個恆定常數,亦即差異閾與環境刺激強度成正比。
   (2) **公式**:$\triangle I/I=K$,$\triangle I$為差異閾,I為環境刺激的強度,K為韋伯常數(Weber' constant)。
4. **費希納定律**:
   (1)定義:**個體的感覺差異閾與環境刺激強度的比值為一個恆定常數,亦即差異閾與環境刺激強度成正比**,又稱為韋伯-費希納定律(Weber-Fechner law)。
   (2)差異閾係和環境刺激呈現對數關係。

(3)公式：

　　$S = K \log R$　　　　　S：差異閾

　　R：環境刺激強度　　K：感覺常數

5.**史蒂文生定律**：

　(1)差異閾係和環境刺激呈現指數關係，可以直接測量。

　(2)公式：

　　$S = K\phi^{a}$　　　　　S：差異閾

　　K：感覺常數　　　　ϕ：環境刺激強度

　　a：特定感覺指數

(三)感覺的絕對閾限及差異閾限

1.**感覺的絕對閾限（absolute threshold）之意義**：

　(1)所謂閾限係指外在的物理刺激可以被個人察覺的臨界點，例如，當聲音到達某一強度時，個人就可以聽見，這時聲音的強度就是閾限。

　(2)人類感覺器官的接受器皆受外在環境的刺激，這些刺激必須達到某一定程度，才會使人產生錯覺，例如：在心理實驗室的銀幕上，出現一道極微弱的燈光，剛開始，受試者無從察覺這燈光的存在，實驗人員乃逐漸加強光源強度，一直到受試者可以感受到這燈光為止，此時的光線物理強度即稱為絕對閾限。

　(3)各種感覺絕對閾限的測量，並無法由一次的判斷就達成，因為個人對某種刺激的感受性，受個人身心狀況的影響。

　(4)而人類各種感覺器官，對刺激的敏感程度並不一致，所以各種感覺的絕對閾限亦各不相同。

2.**感覺的差異閾限（difference threshold）之意義**：

　(1)人類對各種刺激的敏感程度不一，同一個感覺器官對兩種刺激之間的差異，必須達到某一定的程度，才能辨別兩者之間的差異。

　(2)在實驗時通常會對受試者呈現兩種不同強度的刺激，其中一個保持不變，稱為標準刺激；另一個則使之微量變化，稱之為比較刺激，此時這兩種刺激程度的最小差異量稱之為差異閾限。

　(3)差異閾限的測量必須經過多次實驗，讓受試者每一次比較兩個刺激的差異。

3.試以對重量辨別為例，來說明求得重量覺的差異閾限之過程：

(1)先讓受試者閉上眼睛，在其左手上放入一百公克之砝碼，作為標準刺激。

(2)而後慢慢放入一公克之砝碼作為比較刺激。

(3)若是當受試者可以察覺到一百三十克的砝碼重量時，則稱那30公克為該受試者的重量覺的差異閾限。

(四)知覺之基本概念

1.**群聚組織原則**：

(1)係指個體的知覺場地中，若是存有多種刺激訊息同時存在時，對這群群聚刺激訊息採取知覺處理之內在歷程。

(2)換言之，群聚組織原則之理論基礎為完形心理學，為個人知覺組織原則的一種，其和背景組織原則並不相同。

(3)群聚組織原則包括「封閉原則」、「相似原則」、「連續原則」、「接近原則」

2.**知覺組織原則（由完形心理學派提出）**：

(1)**接近原則**：個體在心理上會將位置相近的刺激統合成一個有意義的知覺經驗。

(2)**相似原則**：個體在心理上會將特徵相近的各刺激，統合成為一個有意義的知覺經驗。

(3)**連續原則**：個體在心理上，會將具有空間連續性的不同刺激，視為具有連續性的關係。

(4)**封閉原則**：當不同刺激間可以閉合成為一個有意義形象時，個體心理上即會將其組合在一起，成為有意義的知覺經驗。

3.**知覺恆常性**：

(1)**定義**：當環境改變而導致外在刺激也改變時，個體對於原刺激所得到的知覺仍然保持不變的現象。

(2)**知覺恆常性包括**：

知覺恆常性	實例說明
色彩恆常性	當吾人戴太陽眼鏡看白狗時，不會說其是黑狗，因為吾人之生活經驗已經存有白狗色彩的知覺。
亮度恆常性	當將一頭黑牛，分別在室內與室外拍照，其仍然是一頭黑牛，因為亮度的知覺係具有恆常性。

知覺恆常性	實例說明
大小恆常性	當一隻大象在遠方，一隻螞蟻在我們眼前時，吾人不會說螞蟻比大象的體積大，這是因為大象遠大於螞蟻的知覺存在吾人生活經驗中。
形狀恆常性	當吾人觀察一根插在河中的棍子，雖然可能得到棍子分離的光折射現象，但是吾人仍可知覺棍子是長條狀的。

(3)**知覺恆常性**所反映人類知覺系統的特性在於個體知覺係存在於個體的生活經驗中，其係一種心理現象，不會受到外在環境變化的影響，且知覺系統具有保持知覺經驗穩定的作用。

4.**深度知覺：**

(1)以「視感覺」為形成基礎，包括：單眼線索與雙眼線索。

(2)個體對外在環境所獲得的立體知覺或是遠近知覺。

5.**運動知覺：**

(1)係指個體對外在物體移動，所產生的知覺。

(2)類型：真動知覺、似動知覺及誘動知覺。

6.**錯覺：**

(1)橫豎錯覺。

(2)繆勒-萊爾錯覺。

(五)「**三原色理論」之基本概念與其對人類色彩知覺之意義**

1.首先，「**三原色理論**」係為知覺心理學中的重要理論，係主張採用「紅」、「藍」、「綠」，可以作為調配其他顏色的原色基礎，所以將「紅」、「藍」、「綠」稱為「三原色」，又可分為「色光三原色」及「色料三原色」。

2.換言之，透過不同比例的「紅」、「藍」、「綠」之「三原色」可以形成吾人常見的各種色彩，其可應用於電腦銀幕顯示、彩色電視、彩色照相機等。

3.在人類色彩知覺方面，人類視網膜上的感光細胞對於「紅」、「藍」、「綠」的亮度敏感度並不相同，根據Helmholtz之觀點，係因為人類視網膜上有三種感光細胞，受不同波長刺激，分別產生不同的色覺，也會產生「色光加法混色」及「色料減法混色」之差異。

4.**若是無法辨別三原色的人，稱為色覺缺陷；若是完全不對三原色產生色覺經驗的人，稱為色盲。**

(六)「對比色理論」之基本概念與其對人類色彩知覺之意義

1.首先，「**對比色理論**」係為知覺心理學中的重要理論，「對比色」係指在色環的方向中，互相對應的兩色，即稱為「對比色」，亦即「對比色」的強弱可以用色相環上的距離來表示，例如，紅色和綠色、紫色和黃色等。

2.換言之，若是不同的色彩其對比越強烈，代表其色相、純度和明度之間的差異也就越大，且其可分為同時對比、亮度對比及連續對比。

3.在人類色彩知覺方面，若兩色彩的對比色越強烈，則會使個人感覺該色彩達到最鮮明的程度，也會有強烈的知覺刺激。

六　視覺與聽覺的發展

(一)視覺系統之基本概念

1.視覺包括視感覺與視知覺。

2.眼睛系統構造：

構　　造	相關說明
角　　膜	眼球正前方突出處，為外在光源進入的地方。
虹　　膜	位於角膜後方，呈圓環狀，可決定瞳孔大小。
水　晶　體	位於虹膜後方，可保持一定眼壓，水晶體凸度則由睫狀肌決定。
玻璃狀液	為透明的膠狀組織，有助維持眼壓穩定。
視網膜	位於眼球最內層，具有錐細胞（主司辨別顏色）、桿狀細胞（主司感光）與中央凹（只有錐細胞，沒有桿狀細胞），可接受光刺激，產生神經衝動至大腦視覺區。

3.**可見光譜**：能引起視覺刺激的光波長區域，約為400nm至700nm之間。

4.**視覺適應**：

　(1)光適應。　　　(2)暗適應。　　　(3)顏色適應。

5.**後象**：係指視覺刺激消失後，短暫留存在視網膜上的感覺，又可分為「正後象」與「負後象」。

6.視覺之特徵：

特徵	相關說明
色調	依據物體反射的光波長所決定，係指個體引起的顏色感覺。
明度	決定於物體反射光的強度，係指物體明暗的感覺。
飽和度	決定於光波飽和度，單一波長的光，其飽和度最高。

(二)聽覺系統之基本概念

1.**耳的構造**：
  (1)**外耳**：收集聲音。
  (2)**中耳**：傳導聲音。
  (3)**內耳**：轉化物理性的聲音為生理性的神經衝動，並經由聽神經傳至大腦而產生聽覺。
2.**內耳的前庭器官**：包括半規管與前庭囊，負責維持身體與頭部的平衡。
3.**聽覺之物理屬性**：頻率、振幅與複雜度。
4.**聽覺定向**：係指個體辨別聲音的遠近與方向之歷程，主要可以藉由單耳線索與雙耳線索來進行。
5.**聽覺之特徵**：

特徵	相關說明
音調	受聲波頻率的影響，主要是個體對聲音高低的感覺。
音強	受聲波強度的影響，主要是個體對聲音強弱的感覺。
音色	受聲波複雜度（基音與倍音的組成比例）的影響，係指個體對聲音特徵的辨別。

七 其他感覺的發展

(一)嗅覺

1.嗅覺是辨別空氣中氣味的感覺。
2.線型體：為嗅覺刺激的接受器，位於腦部嗅球處的下方，止於鼻腔頂部，線型體末端有毛狀皮層（即嗅覺皮膜），內有嗅覺神經細胞。

(二)味覺

1.味覺是經由舌面不同部位的舌蕾，辨別不同物質所獲得的感覺。
2.甜的辨別在舌面，鹹的辨別在舌前部兩側，酸的辨別在舌中部兩側，苦的辨別在舌根表面。

(三)**膚覺**：包括觸覺、痛覺、溫覺等多種感覺。

(四)**體覺**：係個體對自己身體活動的一種感覺，包括體覺與平衡覺。

八　錯覺

定義	個體對於外在訊息產生錯誤的認知扭曲，所產生的錯誤知覺。
類型	1.月亮錯覺（源於心理性因素，大小恆常性失當）。 2.移動錯覺。 3.瀑布錯覺（源於生理性因素，個體視覺暫留的後果）。

九　個體睡眠

(一)入睡期

1.個體介於清醒與睡眠之間。

2.個體的呼吸規律。

(二)淺睡期

1.個體有可能產生片段的夢境。

2.個體的眼球可能產生左右轉動。

(三)淺睡期進行熟睡期

1.個體的身體開始放鬆。

2.個體的體溫開始下降，不容易被外在聲音吵醒。

(四)熟睡期

1.個體的身體極度的放鬆。

2.有可能產生夢遊或是尿床等現象。

(五)快速動眼期

1.個體的大腦是活動的，但是肢體卻處於休息狀態。

2.個體會產生許多夢境。

3.快速動眼期。

重點四　個體的認知發展及語言發展

一　皮亞傑（Piaget）認知發展論之要義

(一)皮亞傑認知發展之基本概念

基本概念	相關說明
認知發展	個體自出生後，在適應環境的活動中，對事物的認識與面對問題情境時的思維方式，隨著年齡增長而逐漸改變的情形。
組織	個體在認識周遭環境時，可以統合運用身體與心智的能力，從而達到認知目的的心理歷程。
基模	個體用來認知周遭世界的認知結構。
適應	個體的基模因為環境的影響，而自動改變的心理歷程，包括同化與調適兩種認知歷程。
同化	個體只需要運用既有基模，就可以將所接收的訊息納入其認知結構中。
調適	個體的既有基模不能直接同化新知識時，個體可以自動調整其基模，以吸收新知識的歷程。
智力	智力是一種「適應」（adaptation）的現象。
平衡	個體可有效組織認知訊息，以適應環境之歷程。
內化	隨著認知結構的發展越來越精緻，個人能以內在思考作出複雜反應。
可逆性	實例：老師在小言面前拿出兩團體積、形狀相同的球狀黏土，並把其中一團捏成熱狗的形狀，然後問他，現在這兩團黏土的體積是否一樣？小言回答說：「它們是一樣的，因為你可將熱狗捲回原來的球狀，就會知道兩者的體積一樣」。
同一性	實例：在保留概念的實驗中，小佩認為，將果汁從原來的矮胖杯子倒入細長杯子當中，雖然外觀看來不同，但是實際上兩杯果汁一樣多，因為果汁既沒有增加，也沒有減少。
水平參差	個體對守恆定律的理解，在發展上有不一致性。

(二)皮亞傑對個體認知發展特性之主張

1.**主張發展先於學習**，亦即只要個人到達某年齡階段，自然會發展出相對應的認知能力。

2.**個體的自我中心語言無助於認知發展**，個體的認知發展是建立在個人身心成熟度上。

3.知識與意義體系是由主體主動建構，而非被動接受外界環境的施予所形成的。

4.知識具有脈絡性與動態性，個人所建構的知識僅代表其生活經驗的呈現。

5.個體認知發展特徵包括：內發性、主動性、階段性及普遍性。

(三)**皮亞傑各時期發展重點**

1.**感覺動作期（0-2歲）：**

(1)基模的運作基礎為感覺與動作。　(2)發展出物體恆存性的概念。

(3)由本能性反應發展至目的性活動。　(4)不可見的模仿。

(5)個體藉由感官來獲取外在訊息及物體存在感。

2.**前運思期（2-7歲）：**

(1)包括前概念思考期與直覺思考期，此期的兒童思考能力特徵有實體傾向。

(2)自我中心傾向。

(3)思維不合邏輯，但能用簡單符號代表實物，進行直接推理。

(4)知覺集中傾向。　　　　　　　　(5)守恆的失敗。

(6)個體能使用語言表達概念。　　　(7)認知具有不可逆性。

3.**具體運思期（7-11歲）：**

(1)具守恆與分類觀念。　　　　　　(2)能理解可逆性的問題。

(3)能根據具體經驗思維以解決問題。(4)具有去集中化知覺傾向。

(5)具有基本的邏輯推理能力。

4.**形式運思期（11歲以上）：**

(1)能進行合乎邏輯系統的思考推理。

(2)能夠進行假設演繹推理、命題推理與組合推理。

(3)能進行抽象思維。

(4)具實驗能力。

(5)可進行系統性思考。

(四)**後皮亞傑學派之理論要義**

1.**自我中心觀點**：後皮亞傑學派主張自我中心語言具有促進個體認知發展的功能，且可紓解個人情緒。

2.**階段論**：後皮亞傑學派提出個人認知階段論除了感覺動作期、前運思期、具體運思期、形式運思期之外，尚有後形式運思期。

3.**認知能力**：

(1)在感覺動作期、前運思期、具體運思期、形式運思期之任之能力特徵與皮亞傑理論相同。

(2)但在後形式運思期，則發展出解決問題能力及後設認知技巧等。

4.**社會和文化因素**：個人的認知發展與社會文化因素關係密切，亦即個人認知發展存在社會文化脈絡之中。

二 維果斯基（Vygotsky）認知發展論之要義

(一)維果斯基認知發展之基本概念

基本概念	相關說明
認知發展	1. 人從基本心理功能轉化為高級心理功能之歷程，認為社會環境是影響認知功能的重要因素，而語言是促進個體認知發展的工具，具有規範兒童行為、幫助兒童進行抽象思考、創造各種策略來增進心智功能之作用。 2. 語言與認知發展關係密切，個體的語言發展依序為社會語言、自我中心、內在語言。 3. 個人的認知發展是一個連續歷程，重視社會及文化因素的重要性，亦即強調引導式參與，例如：國二的小傑對街舞很感興趣，所以他經常隨著舞藝頗佳的學長姐學舞，導致舞藝精進。
心理功能	1. 將人類的「心智功能」區分為基本層次（如感覺、聯想式記憶等）與高級層次（如集中的注意力、邏輯的思考等）。 2. 基本心理功能：人類與動物共有，包括感覺、知覺、辨別與記憶等。 3. 高級心理功能：人類獨有，包括語言、邏輯推理、思維等，是社會文化歷史發展的產物。
概　　念	1. 概念為認知最基本的內涵，可分為兩種類型：科學概念與自發概念。 2. 發展歷程：「隨意期」（heaps）、「雜思期」（complexes）、「潛在概念」（potential concepts）、「真正概念」（genuine concepts）。
自我中心語言	1. 亦稱為私我語言，具有促進個體認知發展的功能。 2. 自我中心語言是指從人際心理功能過渡到個人內在心理功能的一種現象。 3. 可協助個人適應環境與解決問題。 4. 實例：小華做數學作業時，媽媽會聽到他喃喃自語的說：「7+4要進位，所以這邊的5會變成6，然後再加上2就變成8」。

(二)近側發展區（zone of proximal development，ZPD）

1.定義：
(1)個體實際認知發展水準到其可能認知發展最佳水準之間的心理距離。
(2)具有個別差異。
(3)動態的認知發展觀。

2.功能：透過成人、教師或有能力同儕，可以幫助學生達到可能認知發展最佳水準。

3.啟示：
(1)教學最佳效果產生在近側發展區，所以教師和有能力同儕要適時給予個體協助，以產生鷹架作用。
(2)教師須於教學前了解學生在該領域中的實際能力，再透過鷹架作用使之達到潛在的發展水平，如此不斷加以循環，以使學生可以達到最佳的認知發展層次。

(三)鷹架作用

1.鷹架作用是從近側發展區發展出來，近側發展區是指介於兒童自己實力所能達到的水平，與經他人給予協助後所可能達到的水平，兩種水平之間的差距。

2.鷹架作用則指從兒童實際表現水準到潛在發展水準間，由成人或較優秀的同學提供的協助力量。

3.在教育上的啟示，學生的表現水準是有一區間的，故教師應提供適合每個學生的協助，引導學生達到最佳的水準。

(四)維果斯基對教學的影響

1.認知師徒制。　　　2.網路學習社群。　　　3.動態評量。
4.相互教學法。　　　5.鷹架教學。

三　個體的語言發展

(一)語言的基本概念

1.語言的外延意義：字面上的意義。
2.語言的內涵意義：除了字面上意義外，尚有更深一層的意義。
3.語言的表面結構：不同的單字組合，可以表達相同的意義。
4.語言的深層結構：相同的單字組合，可以表達不同的意義。
5.組成單位：語言、語意、語句、使用語言的方式。

(二)語言發展觀點

1.**維果斯基(Vygotsky)**：語言是習得的心理工具，有助於認知發展及思考發展。

2.**杭士基(Chomsky)**：

(1)對於人類的語言發展與學習，持天賦論觀點。

(2)語言的深層結構代表意義，表層結構代表語音。

(3)**個體天生具有一個獲得語言器官**，簡稱為LAD，係指一種認知結構。

(4)個體的語言結構具有語言能力及語言表現等兩種結構。

(5)只要有適當的語言刺激，個體就可以自然發展語言規則及表現語言。

3.**皮亞傑(Piaget)**：思考有助於語言與符號的發展。

4.**班度拉（Bandura）個人透過觀察學習及替代學習來獲得語言。**

5.**斯肯納（Skinner）**：

(1)首先，斯肯納是行為主義心理學派的代表學者，其學說建立在「操作制約」的概念上。

(2)再者，個體的語言發展係為刺激與反應聯結的歷程，亦即可以藉由後效強化的增強歷程，讓學習者學習到正確的語言。

(3)換言之，個體語言的學習是一種受到適當強化的行為反應。

(三)**語言學習理論**

1.**行為論**：其強調兒童學習語言與一般行為歷程相同，兒童是經由模仿與強化作用、制約作用等方式學習語言；在語言學習歷程中，不常使用的語言便慢慢消失。

2.**天賦論**：其主張人類與生俱來便有學習語言的能力，其主要原因是人類有學習語言的器官，且兒童學習語言的步調大致一致。

3.**交互作用論**：其主張人類學習語言售先天生理功能與後天環境的交互作用影響，交互作用的理論基礎為認知理論與社會溝通理論。

(四)**語言發展特徵**

1.**認知結構是個體語言發展的基礎之一。**

2.**關於語法的發展，被動語句能力對國小兒童而言，難度最高。**

3.**語彙對比的限制**：在語言早期單字學習的「限制」中，若兒童將新語詞與其之前習得的語詞作比較，假定新語詞有不同的意義。

(五)**語言的發展模式**
　　1.**共同模式**
　　　　(1)0-4.5個月：默語期。　　(2)4.5-9個月：單詞期。
　　　　(3)9-18個月：雙詞期。　　(4)18-24個月：電報期。
　　　　(5)2歲半：文法階段。　　　(6)3歲半後：多句期。
　　　　(7)6歲：具備日常生活的語言，約15000個字彙。
　　2.**維果斯基（Vygotsky）的語言發展模式**
　　　　(1)在一歲之前，為前心智階段，發展出有意義的單字。
　　　　(2)在二歲時，缺乏經驗性的階段，辭不達意。
　　　　(3)到外在語言的階段時，大量使用自我中心語言。
　　　　(4)內化語言階段時，則會將過去的經驗整合在現在經驗之中。
(六)**語言測量方法**
　　　　1.語意差別法。　　　　　　　　2.單字聯想法。
(七)**同時學習多種語言，而不會嚴重互相干擾的方法**
　　　　1.應先營造自然良好語言情境，並且讓學生在有同儕的陪伴下，共同進行學習。
　　　　2.透過適當的增強物，強化學生的語言學習，並且能夠同時學習三套語言系統。
　　　　3.可利用歌謠、詩詞等多元化的教學活動，讓學生獲得有意義的學習。

重點五　個體的道德發展及性別發展

一　個體的道德發展

(一)道德發展理論

理　論	相關說明
精神分析取向的道德理論	1.道德行為與早年生活經驗相關。 2.超我的道德行為於性器期階段開始發展，至青少年時期開始成熟。 3.最高的道德發展是達到倫理狀態。

理　論	相關說明
社會學習理論	1.道德發展是個體透過一連串模仿與認同的歷程，將外在道德規範內化的結果。 2.道德發展重點：觀察學習、獎懲控制、楷模學習、抗拒引誘。
皮亞傑（Piaget）的道德發展理論	1.嬰兒剛出生屬於無律的道德階段。 2.他律道德：10歲之前，自我中心的道德認知取向，強制約束性道德觀，道德現實主義。 3.自律道德：10歲以上兒童，可根據自己認可的內在標準，進行道德判斷，合作式道德觀，道德相對主義。
柯爾伯格（Kohlberg）道德發展理論	1.道德係個體用來判斷是非善惡的標準。 2.採用習俗（即社會上公認的行為標準）觀念，作為道德判斷的依據。 3.使用兩難故事，進行道德討論教學。 4.道德認知教學採取「加一原則」，提供學生道德認知發展的適當情境。 5.三期六段的道德發展論：

層　次	階　段
前習俗道德期	避罰服從取向
	相對功利取向
習俗道德期	尋求認可取向
	遵守法規取向
後習俗道德期	社會法制取向
	普遍倫理取向

6.柯爾伯格道德發展論在道德教育上之啟示：

(1)首先，教師應根據學生的道德認知發展階段，善用加一原則，以有效促進學生道德認知發展。

(2)再者，教師可以善用道德討論法，透過設計兩難式的教學情境，讓學生透過理性討論與自我反省，以進行道德認知發展。

(3)最後，教師應營造開放自由的班級情境，並鼓勵學生自由表達本身價值觀念，且給予學生適性回饋，以協助學生獲得全人發展。

理　論	相關說明
姬拉根 （Gilligan） 道德發展理論	1.提出女性主義的道德發展觀點，透過訪談法，針對種族及社經地位異質的女性，進行研究。 2.批判過去的道德觀點充滿男性自我中心主義，低估女性的生活經驗脈絡，包括：佛洛伊德、皮亞傑、柯爾伯格。 3.男性和女性道德觀產生差異的原因在於後天社會文化。 4.女性的道德發展階段： 　(1)過度強調自我（自我生存道德觀）。 　(2)過度強調他人（自我犧牲道德觀）。 　(3)適切的人我關係（自我及他人不受傷害道德觀）。 5.柯爾伯格（Kohlberg）並未否定姬拉根（Gilligan）對其理論的擴充，其在晚年所提出的仁慈規準，似乎也受到姬拉根（Gilligan）強調的關懷、愛與責任的影響。
依森伯格 （Eisenberg）	利社會道德推理層次： 1.內化價值取向：道德價值。 2.實用取向：達成目標。 3.同理取向：同理心。 4.贊同取向：得到鼓勵。

(二)比較柯爾伯格（Kohlberg）和姬拉根（Gilligen）的道德發展理論

比較基準點	Kohlberg	Gillgen
基本道德	正義倫理	關懷性、情感性
道德因素	公平、互惠、個人權利、尊重等。	關係、關懷、責任、同情、自私、自我犧牲等
道德兩難	權利衝突	關係衝突
道德判斷	權利、原則	關係
道德發展	道德三期六段論	自利取向道德、自我犧牲道德、不傷害道德。

(三)個體的道德發展影響因素

1.時空環境。　　　　2.父母影響。　　　3.同儕影響。

4.社會大眾影響，包括傳播媒體。　　　5.性別角色影響。

6.依佛洛伊德（Freud）的觀點，道德發展與人格結構中的本我、自我以及超我三部分的交互作用有關。

7.班度拉（Bandura）主張道德行為是經由模仿所得，從外控的懲罰和增強培養道德行為，再加以反覆增強。

8.柯爾伯格（Kohlberg）以道德兩難的故事作為評量道德發展的工具，並將道德發展分作三期六階段，道德發展的影響因素為「習俗」。

(四)**多階段理論的相關內涵**

1.心理學的發展理論有一種多階段理論的觀點，而階段的劃分，不同學者有不同見解，例如：年齡、性別、認知表徵、需求滿足、習俗、社會任務等。

2.著名的多階段理論，包括：

(1)Bruner的認知表徵發展論。　　　　(2)Piaget的認知發展論。

(3)Kohlberg的道德發展理論。

二　個體的性別發展

(一)**性別發展理論**

1.**心理分析論（雙親認同論）**：

(1)個人性別角色的發展，主要是經過認同的過程，亦即人類會經由性別認同，而產生特定的性別角色。

(2)人類的性別認同決定於個人的早期經驗及潛意識，換言之，決定於五歲之前的性心理發展。

(3)性別角色形成決定於同性別父母親的認同作用。

(4)人類的性別認同形成歷程是發生在性器期，此時，男童會對其父親產生性別認同，而有閹割恐懼之固著現象；女童則會對其母親產生性別認同，而有陽具妒羨之固著現象。

2.**社會學習論**：

(1)性別角色的發展決定於環境與個人互動而成。

(2)個人性別認同的發展，主要是受到楷模人物的影響，進而模仿得來的，形成特定的性別角色。

(3)另外，個人性別認同的歷程，必須要經過注意、保留、動作再生、動機等四個階段。

(4)換言之，人類性別認同形成歷程是立基於觀察學習與增強作用之上，個人有可能會模仿性別的楷模，也有可能因為表現出符合性別期待的行為而受到增強。

3.**認知發展論**：
 (1)個人係主動認知並將自己性別做歸類，來發展自己的性別角色。
 (2)性別角色發展的決定因素為「**個人自我概念**」、「**對他人概念**」、「**對社會看法**」等三者的交互作用結果。
4.**社會學觀點**：認為男女性別角色行為的差異，是社經結構的產物。
5.**心理學觀點**：認為男女性別角色行為的差異，是受到發展及學習結果的影響。
6.**性別基模論**：
 (1)係由**邊姆（Bem）**所提出，從訊息處理的觀點來解釋性別角色的發展，主張個人係透過本身的認知結構，不斷對性別特徵進行分類，進而形成本身的性別基模。
 (2)主張個體會從文化中學習到有關性別的概念與符號，以及對於自己應扮演的性別角色之認知架構。
 (3)換言之，有強烈性別基模的人傾向以「男性」與「女性」的區別來知覺世界，也會使自己的行為保持與刻板印象的標準一致。
7.**社會角色理論**：
 (1)係由**依德里（Eagly）**所提出，他認為性別角色的分工是造成性別差異的主要原因。
 (2)這是因為以性別為分工標準的勞動幾乎存在於所有社會中，使得兩性的社會行為與角色扮演有所區別。
 (3)所以這些差異現象其實指的是角色功能的差異，而非性別上的差異。
8.**自我呈現理論**：
 (1)又稱為**自我表現理論**，意指個人在進行社會互動時，會刻意表現出某種行為，以使觀察者對他產生某種印象。
 (2)通常個人會表現出符合其性別角色的行為，以避免受到責難。
 (3)而個人傾向扮演哪種角色，通常要由以下三點條件來決定：**自身對性別的概念、其他人的期望、自己所處的處境。**

(二)**性別差異的影響因素**
 1.遺傳因素。
 2.文化因素。
 3.社會環境因素。
 4.性別角色刻板化。

(三)教師應避免性別角色刻板化現象之作法

1.教師本身應具備足夠教學專業知能，並擁有正確的性別價值觀，且具備批判反省能力，以揭露質疑存在於教學情境中的不當性別意識型態。

2.教師可以透過角色扮演法、合作學習法等，協助學生建立正確性別觀念，且應發揮潛在課程之正向功能，以使學生潛移默化完成性別角色發展。

3.在班級經營過程中，教師應對每位學生有正向適性的教師期待，且善用兩難問題，來提升學生批判思考能力及道德發展層次。

 重點六　個體的社會發展及生涯發展

一　家庭對個體發展的影響

(一)家庭的意義與功能

基本概念	相關說明
定義	係由兩個人以上，因婚姻、血統、收養等關係而生活在一起的群體。
功能	生育、情感、保護、經濟、教育、休閒等。

(二)家庭教育

1.**定義**：具有增進家人關係與家庭功能之各種教育活動。

2.**範圍**：

(1)親職教育。　　　(2)子職教育。　　　(3)性別教育。

(4)婚姻教育。　　　(5)倫理教育。　　　(6)家庭資源與管理教育。

3.**實施原則及方式**：

(1)以多元、彈性、符合終身學習為原則，依其對象及實際需要，得採演講、座談、遠距教學、個案輔導、自學、參加成長團體及其他方式。

(2)高級中等以下學校每學年應在正式課程外實施四小時以上家庭教育課程及活動，並應會同家長會辦理親職教育。

(3)各級主管機關應積極鼓勵師資培育機構，將家庭教育相關課程列為必修科目或通識教育課程。

(4)各級學校於學生有重大違規事件或特殊行為時，應即通知其家長或監護人；並提供相關家庭教育諮商或輔導之課程。

(三)親子關係

1.父母教養方式：

教養方式	相關說明
權威民主型	1.亦稱民主威信型。 2.父母採取合理負責態度與子女溝通，有助子女發展高度的自我接納與個人控制。 3.實例：平日父母鼓勵阿霞學習與表現，為之設立標準，並引導其逐步達成目標，同時讓她有獨立自主的機會並決定自己的學習方式。
獨斷型	父母以外在物質力量控制子女，忽視子女內在需求。
寬容溺愛型	父母給予子女過多的自由，卻導致子女發展負向行為。
寬容冷漠型	父母忽視子女需求，子女容易出現逃家行為。

2.父母管教態度的不一致，易使青少年對環境的適應和行為發展造成負面影響，父母管教態度不一致的類型及其對青少年的影響如下：

　(1)若是父母對於兒女的管教態度，經常變化管教態度與原則，例如：父親在面對兒子打電動，剛開始打電動時是鼓勵，但是當兒子打完電動後，卻予以責罵，將會導致青少年的情緒不穩定，無所適從。

　(2)當父母管教青少年的原則不一致時，例如，時而支持，時而反對，則會影響青少年的親子關係。

　(3)若是父母雙方並未建立一致性的管教原則，例如：父親可能是嚴厲型，母親則可能是放任型，將導致青少年的自我認知失調，導致青少年的理想我與現實我的不一致。

3.父母強調子女間的比較會增加手足爭寵的現象。

4.有關「青少年與父母的衝突」研究發現，衝突在青少年早期增加，但在青少年晚期減少。

5.在青少年個體化的過程中（individuation process），與父母之間的關係，在分離之間還保有情感的連結。

(四)重要理論

理論	相關說明
衛星理論	1.代表學者：奧蘇貝爾（Ausubel） 2.理論要義： 　(1)青少年和父母的親子關係中，青少年如同衛星，父母則如同恆星，青少年圍繞著父母親旋轉。 　(2)當青少年逐漸發展成熟時，由於青少年自主性增加，於是開始產生「脫離衛星化」及「重新衛星化」之現象。 　(3)當青少年產生價值迷失時，則產生「非衛星化」現象，無法建立衛星化的親子關係。
家庭星座理論	1.代表學者：阿德勒（Adler） 2.理論要義： 　(1)在家庭中的成員組成，如同天上星座，父母象徵太陽及月亮，子女則象徵星座。 　(2)不同出生序的子女會有不同的人格特徵。

二　青少年社會化

(一)青少年社會化之意義

1.社會化是一種學習的歷程。

2.可以反應社會的主流價值或偏見。

3.社會化會反應出文化對青少年的期待。

4.青少年在被社會化的過程中也影響了欲社會化他的人。

5.青少年可以學習自我獨立及發展自我認同。

(二)青少年性別社會化

1.**影響因素**：家庭因素、社會因素、情境因素、社會經濟因素、心理情緒因素、個人因素。

2.**性別恆定**：小凱知道媽媽雖然穿上爸爸的衣褲，媽媽仍然是女生，不會變成男生。

(三)青少年政治社會化

1.現在很多青少年關心政治並經常收看政論性節目。

2.青少年已開始能思考政治活動的長期目標和效果。

3.政局不穩時，會期待有像邱吉爾一樣的政治人物出來解決問題。

4.父母或教師最好鼓勵其收看不同觀點的節目，以避免形成單一化的政治意識形態。

三 艾里克森（Erikson）心理社會期發展論

(一)理論要義

1. 從心理發展觀點探討社會行為隨個體年齡增長而改變。
2. 個體在發展時，會呈現自我成長需求與社會限制的心理衝突，這種心理衝突稱為發展危機。
3. 在青少年的社會心理發展中，手足關係較不為其關切的重點。

(二)理論分期表

第一期	信任對不信任	出生到18個月	重要關係對象為母親。
第二期	獨立自主對害羞懷疑	18個月到3歲	重要關係對象為父母。
第三期	主動探索對內疚退縮	3到6歲	重要關係對象為家庭成員。
第四期	勤勞努力對自貶自卑	6到12歲	重要關係對象為鄰居或學校。
第五期	自我認同對角色混淆	12到18歲	重要關係對象為同儕。
第六期	友愛親密對孤獨疏離	成年前期	重要關係對象為合作性或競爭性的夥伴。
第七期	積極生產對自我放縱	成年中期	重要關係對象為在家庭中的扮演角色。
第八期	完美無缺對悲觀絕望	成年後期	重要關係對象為全體人類。

(三)青少年面臨的六個自我認同問題

1. 前瞻的時間觀或是混淆的時間觀。
2. 自我肯定或是自我懷疑。
3. 預期工作有成或是無所事事。
4. 性別角色認同或兩性混淆。
5. 服務與領導的辨認。
6. 意識信念形成或是價值困難。

(四)馬西亞（Marcia）曾以艾里克森的理論為依據，以大學部學生為對象，以晤談的方式，用危機（crisis）及投入（commitment）兩個要素提出人格發展類型如下：

1. **迷失型統合**：個人在自我認同追求的歷程中，既不考慮現在，也不考慮未來。
2. **未定型統合**：個人在自我認同追求歷程中，尚未確定人生方向。
3. **定向型統合**：個人在自我認同追求歷程中，擁有自主性、自我概念、自我理想，並具有確定的人生目標。

4.**早閉型統合**：個人在自我認同追求歷程中，並未經過自我統合危機的考驗，往往受到父母的控制。

5.**馬西亞（Marcia）的人格統合狀態分類在教育上之意義**：

(1)教師應具備輔導專業知能，以幫助學生試探本身性向。並做好人生規劃，以發展定向型統合。

(2)應加強大學教育之功能，以幫助學生在迷失中找到方向。

(3)應加強學生社會經驗的獲得與累積，以促進學生自我發展。

四　生涯發展相關理論

(一)生涯發展論

1.代表學者：舒波（Super）等。

2.青少年生涯發展受到種種因素影響：家庭、學校、同儕關係、社會階層、價值觀念、道德規範等。

3.**父母教養方式對青少年的職業選擇具有決定性的影響力。**

4.舒波（Super）提出青少年生涯發展具有時間面向（不同年齡階段）、廣度面向（所扮演角色）及深度面向（所投入心力）。

5.**舒波（Super）的生涯發展論階段**：

(1)成長期（出生至14歲）。　　　(2)探索期（15至24歲）。

(3)建立期（25至44歲）。　　　(4)維持期（45至65歲）。

(5)衰退期（65歲以後）。

6.根據舒波(Super)的生涯發展論，**青少年階段最重要的發展重點為「多瞭解自己的興趣和能力，以及工作世界的面貌」。**

(二)發展理論

1.代表學者：哈維賀司特（Havighurst）等。

2.**青少年階段是生涯實驗期，個人開始對特定工作產生興趣，並可以統合個人能力與價值觀，19歲之後開始進入生涯現實階段。**

3.哈維賀司特（Havighurst）主張個人生涯發展包括四個重要階段：追求重要他人認同、養成工作習慣、認同真實工作、成為具有社會生產力的個體。

(三)特質論

1.代表學者：賀倫德（Halland）。

2.個人性格與環境越適合，則越可以獲得較穩定的職業與成就。

3.**六種人格特質**：實際型、企業型、藝術型、社會型、傳統型、智慧型。

4.**六種環境類型**：實際型、企業型、藝術型、社會型、傳統型、智慧型。

(四)**發展性生涯選擇理論**

　　1.**代表學者**：蓋茲柏格（Ginzberg）。

　　2.**青少年生涯發展階段**：興趣發展階段、能力發展階段、價值觀發展階段與現實世界接觸的轉型階段。

(五)**動機理論**

　　1.**代表學者**：馬斯洛（Maslow）。

　　2.當個體較低階段的需求獲得部分滿足後，才會依序出現較高階段的需求滿足。

　　3.個體需求層次依序為（前四項為基本需求，後三項為成長需求）：生理需求、安全需求、隸屬感需求、自尊需求、求知需求、求美需求、自我實現需求。

(六)**社會學習取向的生涯決定論**

　　1.**代表學者**：克朗柏茲（Krumboltz）

　　2.**影響個人生涯決定因素**：遺傳、環境、學習經驗、情緒、解決問題能力等。

　　3.**以偏概全的類推**：

　　　(1)世界觀的類推：工作性質、工作條件等。

　　　(2)自我觀察的類推：個人興趣、工作信心、價值觀等。

　　　(3)決定方法與結果的類推：決定方法、產生結果等。

　　　(4)生涯滿意所需條件的類推：他人期待、自己標準等。

五　個體生涯發展影響因素

(一)**家庭因素**

　　1.家庭事業繼承。　　2.幼年生活經驗。　　3.父母職業角色。

(二)**學校同儕**。

(三)**社會文化**。

(四)**個人特質**。

六　生涯諮商與輔導

(一)**意義**：諮商輔導人員有計畫地提供各種增進個體整體生涯發展之活動。

(二)**內容**

　　1.協助個體進行各方面探究：自我瞭解、教育規劃、生涯決定、工作興趣等。

2.協助個體發展就業知能及基本能力。

3.協助個體學會為自己的決定負責任。

4.發展個體的適當態度與鑑賞能力。

(三)學校輔導教師可幫助學生進行生涯諮商、生涯評估、提供相關資源。

(四)生涯規劃重點包括：理解及瞭解自己、認識及關懷生活世界、發展正向的自我價值觀、幫助學生瞭解社會工作情況等。

(五)後現代取向的生涯輔導較少使用職涯測驗是基於「重視生涯故事敘說」。

(六)**生涯探索是國中階段的輔導重點，生涯準備與生涯決定都是大學階段的輔導重點。**

(七)**葛佛森（Gottfredson）認為，性別、工作層級和工作領域等向度，對青少年職業抱負的發展，具有決定性的影響。**

重點七　個體的智力發展及創造力發展

一　個體的智力發展

(一)智力的概念

1.智力係個人活用經驗、學習與運用知識、適應環境以及解決問題的綜合心理能力。

2.智力是抽象思維的能力。

(二)智力理論

理論	相關說明
智力雙因論	1.斯皮爾曼（Spearman）主張智力包括普通因素（共同擁有的智力要素）與特殊因素。 2.卡特爾（Cattell）主張智力包括流動智力與晶體智力。
智力群因論	1.塞斯頓(Thurston)主張智力是由許多基本心理能力組合而成。 2.這些基本心理能力包括語文理解、語詞流暢、空間關係、數字運算、聯想記憶、一般推理、知覺速度等。

理論	相關說明
智力結構論	1.吉爾福德（Guilford）主張智力是人類複雜思維的表現，智力的結構包括思維內容、思維產物與思維運作。 2.主張創造力具備流暢性、變通性與獨創性等心理特徵。
智力階層論	1.代表學者為佛姆（Vernon），主張個體智力具有階層性，位居上層的智力對於下層的智力具有指導性。 2.人類智力最高層次為普通能力，旗下包括主群智力（語文、空間等）、小群智力（創造力、數字等）及特殊智力。
智力三元論	1.代表學者：斯登伯格（Sternberg）。 2.智力三層面 　(1)組合智力（componential intelligence）：個人處理訊息的能力。 　(2)經驗智力（experiential intelligence）：善於從經驗中得到啟發與頓悟，進而發揮創造力的能力。 　(3)情境因應能力（contextual intelligence）：善於因應環境需求改變，而隨機應變的能力。 3.擴大了傳統智力測驗以IQ大表智力的觀念。
智力多元論	1.嘉達美（Gardner）提出了智力多元論（多元智慧論），為教育各領域開啟了嶄新的研究觀點。 2.對傳統的智力觀點進行批判，認為傳統智力觀點只是一種封閉狹窄的課本知識之認知能力。 3.指出每個人皆具有語言、邏輯、數學、空間、肢體、音樂、人際關係、內省、自然觀察者等智能，近年來更有存在智慧受到重視，但是由於每個人的發展層次不盡相同，所以也就有了優劣愚笨之分： 　(1)語文智力：運用口語和文字的能力。 　(2)輯數學智力：運用數字和推理的能力。 　(3)空間智力：以三度空間思考，準確的感覺視覺空間，表現內在空間世界的能力。 　(4)肢體動感智力：運用肢體表達想法和感覺，生產或改造事物的能力。 　(5)內省智力：正確自我覺察的能力。 　(6)音樂節奏智力：覺察、辨別、改變和表達音樂的能力。 　(7)人際智力：覺察並區別他人情緒意向的能力。 　(8)自然觀察者智力：對各種型態的辨識。 4.將智力重新定義為個體在實際生活中，有效發現問題及解決問題的能力。

(三)**智力測驗的相關概念**
　1.**心理測驗**：凡是經過心理測驗編制程序完成標準化，用來測量心理特質的一切工具。
　2.**能力測驗**：心理學家研究能力上的個別差異時，特別用來設計鑑別個體能力高低的科學工具，分為成就測驗與性向測驗。
　3.**智力測驗是心理測驗的一種，也是能力測驗的一種。**
(四)**智力測驗的發展**
　1.**生理計量階段**：
　　(1)19世紀中葉，高爾頓（Galton）所提出。
　　(2)以人的感官敏銳度為測量智力的方法。
　2.**心理年齡階段**：
　　(1)1804法國教育部。
　　(2)比奈（Binet）、西蒙（Simon），比西量表。
　　(3)創用心理年齡。
　3.**比率智商階段**：
　　(1)1916年美國。
　　(2)推孟（Terman），斯比量表。
　　(3)用智力商數來表示智力。
　4.**離差智商階段**：
　　(1)魏克斯勒（Wechsler）。
　　(2)每個年齡階段內全體智力為常態分布，可用離平均數幾個標準差來表示個體智力的高低。
　　(3)符合常態分布的數據分布比例為在平均值正負一個標準差內的數據佔68%；在平均值正負兩個標準差內的數據佔95%；在平均值正負三個標準差內的數據佔99.7%。
　5.**智力測驗的晚近發展**
　　(1)個別智力測驗的改進：智力多因論的興起、增加非文字智力測驗、智力測驗範圍擴及到成人。
　　(2)團體智力測驗的興起，如GEE（研究生入學測驗）。

二　個體創造力的發展

(一)創造力的基本概念

1.**由吉爾佛德（Guilford）觀點**，創造力即是一種包含流暢性、變通性、獨創性與精密性四種心理特徵的能力。

2.**由斯登伯格（Sternberg）觀點**，創造力具有三種思考模式，分別為：批判式思考、創造性思考、情境性思考。

3.**根據渥勒（Waller）觀點**，個體創造力的展現，包括：準備期、潛伏期、豁朗期與驗證期等四個歷程。

4.**創造力是一種人格特質**，是一段由準備到豁朗的心理歷程，也是一種情意態度。

5.**創造力是指敏覺力、流暢力、變通力、獨創力與精緻力等認知能力。**

6.**創造力是一種擴散性思考**，帶有綜合、整體、實用的特質，所以要進行創造力教學就必須先掌握創造力的本質。

7.綜言之，創造力係指個體具有流暢性、獨特性、變通性、精緻性、新穎性等剛層次認知能力。

8.另外，右腦負責創造力的培養，創造力高者通常要有中等以上的智商。

9.最後，創造力是可以透過教學實踐的，應注重創造力的特性、學生人格特質、創意思考歷程、教學場所因素（此即為創造力的4P因素）。

(二)創造力理論

1.**阿馬貝力（Amabile）的脈絡理論：**

(1)社會心理學取向。

(2)個體的創造力源於工作動機、領域相關技能及創造相關技能的交互作用。

2.**席氏（Csikszentmihalyi）的系統取向創造力理論：**

(1)個體的創造力源於個體背景脈絡、領域的文化因素、學門的社會因素的交互作用。

(2)創造力與社會文化系統有關，可以改變文化體系。

(三)創造力的特徵

1.**流暢性**：能在短時間想出許多新概念。

2.**獨特性**：面對問題情境時，能提出新奇的想法

3.**精密性**：有位學生在繪圖時注重細節，描繪細膩，表示這位學生思考縝密。

4.**變通性**：能舉一反三提出不同凡響的新觀念，換言之，當一個人思想已是「山窮水盡」時，忽然能「柳暗花明」的轉到另一類思考。

(四)高創造力的個體特徵

1.由於創造力是一種人格特徵，因此創造力高者對於困難的問題情境或是單調的學習環境，都能表現出較高的熱誠與興趣。

2.在教育領域中，富有高創造力的學生對於無結構性的學習內容，或是困難的問題情境，多能運用較高的挫折容忍度來解決問題。

3.具幽默感，且容易自得其樂。

4.高創造力的人常會脫離現實陷入白日夢的情境之中。

5.強調延宕滿足。

6.傾向擴散性思考。

7.未必是資賦優異者。

(五)發展個體創造力的教育與輔導策略

1.協助個體忍受挫折與失敗。

2.接納和鼓勵個體進行擴散性思考。

3.有效利用各種教學策略，協助發展個體創造力。

4.強調每個個體均有創造的可能性。

5.鼓勵個體相信自身判斷，並作自我評估。

重點八　個體的人格發展及情緒發展

一　人格理論

(一)人格的基本概念

1.**人格係指個體的獨特個性特質**，其受到遺傳、環境、成熟等因素交互影響所形成的獨特性格，人格特性包括獨特性、複雜性、持久性及統整性。

2.**人格形成機制**：

(1)**先天觀點**：人格形成是受到先天遺傳的影響，例如：佛洛伊德（Freud）人格理論觀點。

(2)**後天觀點**：人格形成是受到後天環境的影響，著名的實證研究為雙胞胎實驗：將雙胞胎分隔兩地教養，可以發現兩者會有極大差異的人格特質及行為表現。

3.綜上所述，人格是遺傳與環境兩因素交互作用下，所逐漸發展而成的；與身體或生理有關的人格特質，受到遺傳的影響較大；較為複雜的人格特質，像是興趣、動機、價值觀念等，則受到環境的影響較大。

(二)精神分析取向的人格理論

理論	相關說明
佛洛伊德（Freud）	1.精神決定論：人無法按照自己意志支配自己行為。 2.個體行為產生的原因：人類本能（求生避死）、潛意識。 3.人格結構： (1)本我：受快樂原則與潛意識支配。 (2)自我：受現實原則與意識支配。 (3)超我：包括自我理想與良心兩個部份，受完美原則支配。 4.五歲以前的經驗就決定個人人格，人格決定於遺傳、早期個人經驗及潛意識。 5.人格發展： 分期／名稱／固著行為 0-1歲／口腔期／貪心依賴、具攻擊行為 1-3歲／肛門期／固執吝嗇、具有潔癖 3-6歲／性器期／男生有戀母情結、閹割恐懼，女生則有戀父情結、陽具妒羨。 6-12歲／潛伏期／平靜期 12-18歲／兩性期／身心發展失衡
阿德勒（Adler）	1.創「個體心理學」，反對佛洛伊德以性衝動為主的欲力觀念，並反對潛意識主導一切行為的觀點。 2.主張人性自主，個人具有自我意識可以決定自己的未來。 3.每個人都具有追求卓越的內在動力，但是也具有自卑感，而形成自卑情結。 4.每個人在大約四到五歲時，會因為追求卓越感與處理自卑感，而形成各具特色的生活風格。 5.人格發展源於追求卓越的動力。

理論	相關說明
榮格 （Jung）	1.創「分析心理學」，人類行為由自由意志決定，人格發展動力則為「欲力」。 2.修正佛洛伊德的人格發展觀點，例如： 　(1)反對以「性」作為「欲力」的本質。 　(2)反對過於強調人格中的衝突面向。 　(3)反對過於強調潛意識對於人類行為的決定性。 　(4)反對過於強調早期經驗對於人格的決定性。 3.強調「自我」（Self），自我是人格發展成熟時，一個人的人格整體結構，人格發展具有個別性、連續性與統合性。 4.個人「自我」結構中包括：個人潛意識（個人取向）與集體潛意識（即原型，文化取向）。
賀尼 （Horney）	1.提出基本焦慮（basic anxiety），因為社會體系中的競爭氛圍，人容易產生無助，孤立，造成順服，渴望權力等行為。 2.人格發展源於個體的內在基本焦慮，例如：無助、孤獨等。

(三)人本主義取向的人格理論

理論	相關說明
馬斯洛（Maslow） 的需求層次論	1.當個體較低階段的需求獲得部分滿足後，才會依序出現較高階段的需求滿足。 2.自我實現及自我超越為人格本質，當人達到自我實現後，會產生一種高峰經驗（flow）。 3.人有自由意志，可以決定人格發展層次。 4.過去與現在的經驗都會影響人格，內在需求是天生的，滿足需求的行為是後天學習的。 5.個體需求層次依序為（前四項為基本需求，後三項為成長需求）：生理需求、安全需求、隸屬感需求、自尊需求、求知需求、求美需求、自我實現需求。
羅杰斯（Rogers） 的自我論	1.自我實現為人格本質，自我是人格的核心。 2.採用完形心理學的現象場概念，解釋個人主觀知覺到的心理世界。 3.當人的真實自我與理想自我沒有衝突的時候，稱為和諧，當不和諧時，就會產生心理異常。 4.解決心理異常方法：無條件積極關注、真誠一致、積極傾聽。

(四)行為主義取向的人格理論

理論	相關說明
班度拉（Bandura）的社會學習論	1. 個人會經由自我觀察、自我評價、自我強化的歷程，來培養自律的行為。 2. 個人行為係經由環境與個人交互作用而產生。 3. 自我效能係指個人對自己人格特質的綜合評價。 4. 強調楷模（重要他人）對個體人格發展的重要性。 5. 模仿學習：直接模仿、綜合模仿、象徵模仿與抽象模仿。
羅特（Rotter）的社會學習論	1. 人格理論價值在於可預測人的行為，影響個人行為的因素包括工作後的報酬（強化值）及結果預期成功的機率。 2. 制控信念是指個人對自己行為結果的主觀看法。 3. 人格具有兩種類型，即內制控信念型與外制控信念型。

(五)人格特質論

1. 基本概念：

(1)人格特質論係指舉出許多人格特質，用來評量每個人在每個人格特質上的表現程度，以判定每個人的人格特質傾向。

(2)採用科學分析方法來研究人格特質，但亦忽略情境因素，也不易羅列出所有的人格特質。

(3)特質論的人格理論是指每個人各有其個性上的獨特特質，且不會因為時間經過而有所改變。

2. 相關理論：

理論	相關說明
奧波特（Allport）的人格特質論	1. 首要特質：足以代表個人最獨特個性的特質。 2. 中心特質：個人性格的穩定特徵。 3. 次要特質：個人只有在某些情境下，才會表現的特殊人格特徵。
卡泰爾（Cattell）的人格因素論	1. 表面特質：根據個體外在行為表現所加以認定的人格特質。 2. 潛源特質：根據個體外在行為表現所加以推論所得的真正人格特質。 3. 可以透過因素分析（將相關性高的特質歸類為一個群組）的策略，來有效推理出個人的潛源特質，掌握個人的人格特質。

理論	相關說明
柯斯塔（Costa）與麥凱爾（McCrae）的五大特質論（Big Five）	1.親和性（agreebleness）：亦稱為合作性。 2.開放性（openness）：富想像力、創造力等。 3.負責性（conscientiousness）：亦稱為謹慎性。 4.神經質性（neuroticism）：描述個人情緒穩定的程度。 5.外向性（extraversion）：描述個人喜歡與人互動、冒險程度。
榮格（Jung）的人格特質論	1.內向型：以自我考量作為行為的出發點。 2.外向型：以環境需求作為行為的出發點。
薛爾頓（Sheldon）的人格特質論	1.內胚型：人格特質為喜愛社交、個性溫和等。 2.中胚型：人格特質為體力強健、精力充沛等。 3.外胚型：人格特質為個性內向、行動謹慎等。
艾森克（Eysenck）人格三因素理論	1.應用方法：因素分析法。 2.人格組成的三個因素： (1)外向性（extraversion）。 (2)神經質性（neuroticism）。 (3)精神性（psychoticism)。
飛爾力（Farley）的人格理論	1.T型性格：喜歡尋求刺激、富冒險性的人格特質。 2.A型性格：個性競爭、進取，行事慌張、冒失，對人較沒有耐心及容忍力。 3.t型性格：不熱衷於追求刺激變化，過著平靜規律的生活。 4.B型性格：個性悠閒，工作隨和。 5.C型性格：個性被動抑鬱。
賀倫德(Holland)的人格類型理論	1.實用型（realistic）。 2.研究型（investigative）。 3.社會型（social type）。 4.傳統型（conventional）。 5.企業型（Enterprising）。 6.藝術型（Artistic）。

二 個體的情緒發展

(一)情緒的基本概念

基本概念	相關說明
定　義	1.情緒會產生生理反應狀態與心理反應。 2.情緒是外在刺激所引起的。 3.情緒是主觀的意識作用。 4.情緒具有動機的作用。 5.情緒表現於個體生理與行為上的變化。 6.情緒具有經驗性及認知性。
情緒反應	個人在情緒狀態時的主觀感受，亦稱為情緒體驗。
情緒表達	個人在情緒狀態下的面臉部表情、語言表達與肢體動作等。
正向情緒	喜悅、樂觀、開心等。
負向情緒	憤怒、怨恨、嫉妒等。
情緒智力	EQ，係指個人認知、監控、調整、察覺本身及他人的情緒之能力。
恐懼情緒	萊斯（Rice）認為恐懼情緒源於：對東西與自然現象的恐懼、對自我有關的恐懼、對社會關係的恐懼、不知名的恐懼。
敵意情緒	身體攻擊、間接敵意（嘲笑或用力拍桌子）、暴躁、唱反調、怨恨、懷疑、口語敵意等。
焦慮情緒	焦慮情緒的產生來源：生理剝奪、情緒剝奪、環境衝突。
交叉壓力	源自於父母與同儕雙方所主張的價值觀和實際做法不同所造成的強衝突。
彌賽亞情結	實例：小松熱衷投入志工服務，期許自己為社會問題的救贖者，希望藉由奉獻犧牲來達成他的濟世理想。
復原力	個人所具備的克服困難之心理與生理能力。
文化決定論	人類學者米德(M. Mead)發現並非每一個青少年均會經歷所謂發展上的「狂飆期」。

(二)相關理論

理論	相關說明
詹姆斯-郎格（James-Lange）情緒理論	1.情緒的產生歷程係是先引起生理反應，由生理變化再產生情緒經驗。 2.所以，情緒是個體生理反應的結果。
坎農-巴德（Cannon-Bard）情緒理論	1.反對詹姆斯-郎格情緒理論之觀點。 2.情緒的心理反應與生理反應視為同時發生。
沙克特-辛格（Schanchter-Singer）情緒理論	1.情緒二因論。 2.情緒是個體認知與生理反應之結果。 3.個體解釋在情緒原因時，會兼重生理反應及參考引起情緒反應外在情境中的認知訊息性質。
拉札勒斯（Lazarus）情緒理論	情緒的產生歷程源於個體認知評估的結果。
艾里士（Ellis）理性情緒治療理論	情緒源於個人的本身信念、理念與想法。

(三)情緒對個體發展的影響

1.影響人際關係。　　2.影響學習表現。　　3.影響身心健康。

4.影響行為表現。　　5.影響生活適應。　　6.影響家庭關係。

(四)青少年情緒發展

1.**類別**：

(1)喜悅積極情緒：快樂、愛、友情等。

(2)意志負面情緒：恐懼[1]、焦慮[2]、遺憾等。

(3)敵意[3]負面情緒：嫉妒、憤怒、恨意等。

(4)神經過敏焦慮：由已經受到嚴重傷害的自尊心本身所引起的焦慮。

---

1. Rice認為恐懼分為：對東西與自然現象的恐懼、對自我有關的恐懼、對社會關係的恐懼、不知名的恐懼。

2. 焦慮產生來源：生理剝奪、情緒剝奪、環境衝突，係由害怕發展而來。

3. 敵意包括七個層面：身體攻擊、間接敵意（嘲笑或用力拍桌子）、暴躁、唱反調、怨恨、懷疑、口語敵意。

2.**特徵**：

(1)情緒的感受性和社會的、文化的、想像的、和抽象的事物有關。

(2)情緒的表達方式無法和成人一樣平穩。

(3)會隱藏部分情緒的內在感受。

(4)情緒易怒、易發，情緒發作延續時間較兒童時期長。

3.**情緒輔導策略**：

(1)**行為輔導策略**：系統減敏法、洪水法、認知策略、操作制約、楷模示範法等。

(2)**社會技巧訓練**：認識自己情感、表達情感、瞭解他人情感、處理他人憤怒情緒、表達自己情意關懷。

(3)**情感反映策略**：同理心關懷。

(五)**艾爾肯（D. Elkind）提出青少年自我中心主義**

1.**個人神話（personal fable）**：青少年常以為不幸的事情不會發生在自己身上，以致有喜歡喝酒、飆車、偷竊，甚至不採避孕的性行為等。

2.**想像觀眾（imaginary audience）**：婷婷進入青春期之後，乳房逐漸發育，因為走在路上覺得大家都在注意她「豐滿的胸部」，所以總是駝著背走路。

3.**假裝愚蠢（pseudo stupidity）**：青少年會假裝自己愚昧，來唬弄別人。

4.**明顯偽善（apparent hypocrisy）**：青少年產生口是心非的狀態。

重點九　社會認知、社會互動、歸因理論及團體行為

一　基本概念

基本概念	相關說明
社會認知	1.源於社會知覺（social perception），係指個人在社會情境中，對於種種社會行為所產生的記憶、分類、思考、判斷等複雜心理歷程。 2.根據庫利（C. Cooley）與米德（M. Mead）的觀點，個人的社會認知與社會經驗密切關聯。
社會互動	兩人或兩人以上的社會情境中，雙方在行為或心理上互相影響的歷程。

基本概念	相關說明
社會影響	在社會情境中，個人行為對他人態度或行為產生影響。
親社會行為	個體在社會情境中，自願幫助他人或團體的社會行為，又稱為利他行為或助人行為。
自我實現預言	1.又稱畢馬龍效應或是自驗預言。 2.例如：教師對學生的期待與學生的表現有顯著正相關。
偏差歸因	1.行為者-觀察者誤差。 2.自利歸因偏差。 3.基本歸因誤差。

二　相關理論

理論	相關說明
海德的歸因論	1.提出學者：海德（Heider）。 2.理論要義： 　(1)可協助個人解釋社會行為，可以分為內在歸因與外在歸因。 　(2)內在歸因：個人在解釋社會行為時，只重視人的內在因素，又稱為性格歸因。 　(3)外在歸因：個人在解釋社會行為時，只重視環境的外在因素，又稱為情境歸因。
溫納的歸因論	1.理論基礎 　(1)Heider： 　　A.情境歸因：將行為結果成因歸納為情境因素。 　　B.性格歸因：將行為結果成因歸納為性格因素。 　(2)Rotter： 　　A.內在制控觀：將成功歸因於個人努力，將失敗歸因於個人因素。 　　B.外在制控觀：將成功歸因於幸運，將失敗歸因於外在因素。 2.基本主張 　(1)個人的歸因可以分為三個向度： 　　A.穩定向度：穩定及不穩定。B.內外向度：內在與外在。 　　C.控制向度：可控制與不可控制。 　(2)個人的歸因因素： 　　A.能力：穩定、內在、不可控。 　　B.努力：不穩定、內在、可控制。 　　C.工作難度：穩定、外在、不可控。 　　D.運氣：不穩定、外在、不可控。 　　E.身心狀況：不穩定、內在、不可控。 　　F.他人反應：不穩定、外在、不可控。

理論	相關說明
凱利的共變論	1. 提出學者：凱利（Kelly），於1967年提出的的共變模式歸因理論。 2. 個體在進行社會認知時，有可能會受到情境的影響，分為一般性及獨特性的社會認知。 3. 個體在進行社會認知時，會考慮到其他人是否也有共同的行為表現。 4. 個體在進行社會認知時，會注意到該行為是否會在相同的情境條件下，重複出現。 5. 解釋個人社會行為時，應重視情境與性格之間的共變複雜關係，判別社會行為之規準： (1)社會行為的共同性（consensus）。 (2)社會行為的情境一致性（consistency）。 (3)社會行為的情境特殊性（distinctiveness）。
賽爾門的友誼發展理論	1. 提出學者：賽爾門（Selman）。 2. 理論要義： (1)階段0（Egocentric or undiffer-entiated perspective）：短暫的互動。 (2)階段1（Social-informational taking）：單向的協助。 (3)階段2（Self-reflective role taking）：順境中的合作。 (4)階段3（Mutual role taking）：親密與分享，一般青少年對友誼之看法。 (5)階段4（Societal role taking）：自主又相互依賴，維持良好友誼需要付出，也需要信守承諾。 3. 角色取替理論對於兒童社會認知發展趨勢的解釋 (1)在階段0的時候，大約是兒童4歲至5歲的時候，兒童呈現自我中心的認知觀點，亦即，兒童雖然知道自己與他人有別，但是會認為其他人對事物的看法，都和自己一樣。 (2)在階段1的時候，大約是兒童6歲的時候，兒童可以設身處地去判斷別人的行為，但是卻不能從他人的觀點來反觀自己的行為。 (3)在階段2的時候，大約是兒童7歲至8歲的時候，兒童知道自己與他人在同一社會情境中會有不同觀點，會知道去考量他人觀點，也知道他人也會站在自己立場考量他們觀點。 (4)在階段3的時候，在兒童8歲之後，兒童開始可以一種旁觀者的角度，去反覆考量每一個當事人的觀點。 (5)在階段4的時候，兒童開始步入青少年的階段，約12歲至15歲，個體開始從社會觀點去分析考量事件情境及每個人的想法。

理論	相關說明
自我覺察理論	1.基本主張： (1)個人有可能覺察自我的存在。 (2)個人覺察到自我存在時，可能會表現出較符合社會期待的行為。 2.自我覺察的範圍： (1)對外在環境系統的察覺。 (2)對個人內在的主觀感覺。 (3)對認知及想像的心理活動之察覺。
行為者-觀察者誤差	1.係指當吾人為行為者時，對於自己的行為會偏重情境歸因。 2.而當吾人為觀察者時，往往會將他人的行為原因解釋做性格歸因。 3.實例：當小明考試獲得最後一名時，吾人之解釋可能為小明能力不足，當吾人考最後一名時，卻會責怪考試環境太吵影響作答。
基本歸因誤差	1.個體對於他人行為的解釋往往偏重於內在歸因（性格歸因），而忽略外在歸因（情境歸因）的影響。 2.這種對他人行為解釋偏重性格歸因，而忽略情境歸因的心理現象，就稱為基本歸因誤差。 3.實例：當小明考試獲得最後一名時，吾人之解釋可能為小明能力不足，而忽略小明可能是新移民子女之事實。
自利歸因偏差	1.個體對於自己失敗行為的解釋往往偏重於外在歸因（情境歸因），而對於自己成功行為的解釋往往偏重於內在歸因（性格歸因）的影響。 2.換言之，也就是個人將成功歸因於自己，將失敗歸因於情境。 3.實例： (1)當吾人考試第一名時，會說是因為自己聰明及努力，若是吾人考試最後一名，則會責怪考試環境太吵影響作答。 (2)某生數學成績不好，他可能責怪老師題目出太爛，這就是歸因於情境，屬於外在歸因。 4.發生自利歸因偏差的原因： (1)個人為維護自己的自尊，而產生印象整飾及自我強化等自利偏誤。 (2)由於文化差異原因，西方人往往容易比東方人產生自利偏誤。 (3)若是個人預期自我可以成功達到某種目標，當自己確實達到該目標時，便會產生內在歸因，反之，若無法順利達到該目標，則會產生外在歸因。

三　社會助長效應

(一)社會助長效應（social facilitation effects）
　1.**定義：**
　　(1)個人面對熟悉任務時，會因為有其他人在場或其他人共同競爭，而產生欲表現優越的心理作用及行為。
　　(2)但是當個人面對不熟悉任務時，則必須要沒有人在場，才會產生表現優越的動機與行為。
　2.**特徵：**可視為一種壓力影響情緒，進而影響行為表現的社會心理現象

(二)社會助長作用具正面力量之實例：當學生表現已經習得的才藝，例如：心算，則將因為觀察者效應或是合作者效應，而表現比平常更為優越。

(三)社會助長作用具負面影響之實例：當學生面對不熟悉的才藝表演，例如：唱歌，若沒有其他人在場，會較不容易有失常現象。

四　利他主義（altruism）

(一)定義：係指個體願意表現出有助他人的意願及行為，且是無條件不求任何回報。

(二)產生原因：
　1.生理因素：遺傳。　　2.心理因素：個人需求的滿足。
　3.環境因素：社會文化、重要他人的肯定等。

五　社會情感

(一)旁觀者效應的產生原因在於**責任分散**。
(二)人際吸引決定於「**特質相似性**」、「**個人魅力**」、「**滿足彼此需求**」、「**空間接近性**」及「**印象熟悉性**」。
(三)親密關係形成步驟：
　1.互相陌生。　　　2.開始注意。　　　3.表面接觸。
　4.建立友誼。　　　5.親密關係。
(四)愛情三角理論：愛情係由承諾、親密與激情交互作用而成。
(五)社會支持網路：社會中的團體或個人，能夠提供當事者在物質或精神上的支持協助。

(六)**約會功能**：

　　1.培養社交能力。

　　2.發展自我了解與了解對方。

　　3.發現並評估本身性別角色觀念。

　　4.評估個人的人生價值觀及目標。

　　5.透過交往可以可以了解自己對伴侶的期待。

六　人際關係及人際吸引

(一)**人際關係的基本概念**

　　1.人際關係是指人與人之間在生活世界中經由交互作用而產生的價值觀念與行為模型。

　　2.換言之，個人與個人之間或個人與團體之間相互影響的作用，便稱為人際關係。

　　3.人際關係的特性包括：團體性、脆弱性、開放性、主動性與實用性等。

　　4.**根據Rotter的社會學習理論，人際關係很好的原因在於：**

　　　(1)誠實待人，不會做出欺騙行為或說謊。

　　　(2)願意給別人第二次嘗試的機會。

　　　(3)尊重他人。

　　　(4)具有宗教信仰。

　　5.**根據Kelly的個人建構論，人際關係很好的原因在於：**

　　　(1)願意去信任他人。

　　　(2)願意去瞭解他人的需求。

　　　(3)願意去瞭解他人的構念系統運作。

(二)**以「社會距離量表」說明測量人際關係之方法**

　　1.編製者為波達德斯（Bogardus），其量表內容的左邊會寫上全班同學的名字，而項目則會有不同社會距離的描述，例如：願意和他做最好的朋友等。表格如下：

記分列	1	2	3	4	5
	願意和他做最好的朋友	願意和他一起活動，但不是最好的朋友	願意和他一起活動，但時間不願意太久	除非必要，不然不和他在一起活動	拒絕和他一起活動
陳曉怡					
王慧玲					
林麗文					
劉爾新					

2.最後測驗完後，統計總分，分數越多者，表示其社會距離越遠，人際關係越差。

3.無時間限制，且受試者應誠實作答。

4.每位受試者的得分結果必須同時加以比較，才能看出分數真正代表意義。

(三)以「社會關係圖」說明人際關係測量方法

1.社會關係圖（sociogram）可瞭解個體在團體中的人際關係及人際吸引力。

2.社會關係圖的測量類型：

　(1)**孤立（Isolates）**：個人沒有被任何人選擇。

　(2)**成對（Pairs）**：A個體選擇B個體，B個體選擇A個體的相互選擇。

　(3)**連鎖（Chains）**：A個體選擇B個體，B個體選擇C個體。

　(4)**星型結合（Stars）**：某個體為許多人的共同選擇。

3.社會關係圖的使用注意事項：

　(1)對於社會關係圖所呈現的人際關係，真正原因仍須進行深入的探究，不可妄加推斷。

　(2)對於孤立型的學生，教師應深入瞭解形成原因，未必是由於被其他學生排擠所引起。

　(3)要進行長時間的觀察與記錄，以瞭解團體中的人際關係變化。

4.**「被拒絕型」及「被忽略型」學生的特徵：**

　(1)透過社會計量法的施測，可以瞭解學生在班級上的同儕接受度，可以分為「受歡迎型」、「被拒絕型」及「被忽略型」等類型。

　(2)「被拒絕型」學生係指在社會計量法的施測中，得到同儕負面選擇較多，正面選擇者少，容易產生排擠感與不融入感，容易成為班級霸凌對象或是施暴者。

(3)「被忽略型」學生係指在社會計量法的施測中，得到同儕正面及負面的選擇都少，其內心狀態容易受到傷害，且更在乎他人對她的看法，也會顯得對他人態度具有更高敏感性。

5.**對「被拒絕型」及「被忽略型」學生與同學互動的輔導策略之說明：**

(1)教師可以安排小組討論或是團體遊戲等教學活動，讓「被拒絕型」及「被忽略型」學生有機會與其他學生進行互動，增加彼此瞭解。

(2)教師可以適當安排「被拒絕型」及「被忽略型」學生擔任班級公共事務，或是鼓勵其在課堂中發言，並給予正向教師回饋，以使其願意放下心防，融入班級團體中。

(3)可請班上受歡迎學生或是領袖人物，帶領「被拒絕型」及「被忽略型」學生參與班級事務，提升他們的同儕接受度。

七　助人

(一)助人之相關意涵

1.**助人是一種利社會行為。**

2.**助人的影響因素：**

(1)個人因素：性別差異、文化差異、情緒狀態、人格差異等。

(2)情境因素：城鄉差異、時間、工作忙碌程度、旁觀者效應等。

3.**助人決策歷程：**

(1)注意到有事情發生。　　　　　(2)將該事情解讀為具有緊急性的事情。

(3)願意承擔解決該事情的責任。(4)知道適合的幫助方式。

(5)決定產生助人行為。

4.**助人行為之理論觀點：**

(1)社會學習論觀點：助人行為係指個體透過觀察學習及替代學習之歷程所習得，並透過增強予以保留及再現行為。

(2)「同理心-利他」假說：個體基於內發之同理心，可以理解他人真實感受，並基於利他動機，來展現助人行為。

5.**在危急情境中是否會助人的兩個影響因素：**

(1)情境的模糊性（situation ambiguity）。

(2)責任分散（diffusion of responsibility）。

(二)情境的模糊性與責任分散之分析

1.情境的模糊性：

(1)係指個人對於情境的條件與性質等，不太瞭解，這會阻礙個人的助人行為。

(2)例如：發現有人暈倒在路邊，會不瞭解這個人是真的暈倒，還是生病，還是喝醉酒，而無法決定是否展現助人行為。

2.責任分散：

(1)係指看到的人都覺得其他人會伸出援手，但是最後卻沒有任何人伸出援手的一種旁觀者效應。

(2)例如：在鬧區發生兩個人互毆事件，大家看到都以為有人會去報警，結果卻是沒有任何人去報警。

(三)達爾利（Darley）和拉丹（Latane）的助人決策歷程

1.注意：

(1)係指個體可以注意到有人需要協助的情況現象。

(2)例如：個體走在路上，眼睛有注意到一位盲人正要過馬路，而馬路的車子來往非常多。

2.解釋：

(1)係指個體可以有效解讀事件的危急性質，以作為是否呈現助人行為之依據。

(2)例如：個體注意到盲人要過車水馬龍的馬路，而這位盲人表情無助，且已經呆站許久。

3.承擔責任：

(1)係指個體當決定自己是否要展現個人行為時，會考量本身之責任感以及「旁觀者效應」。

(2)例如：個體注意到盲人要過車水馬龍的馬路，且當下只有個體一位在場者，則個體將會有伸出援手的必要責任感。

4.助人行為方式：

(1)係指個體呈現助人行為之方式。

(2)例如：個體會過去扶盲人過馬路。

5.助人行為之影響因素考量：

(1)係指個體決定是否展現個人行為時，會受到許多因素之影響。

(2)例如：個體在扶盲人過馬路時，會害怕被盲人拒絕或是不小心讓盲人受傷。

八　攻擊

(一)**敵意攻擊（hostile aggression）的基本概念**：敵意攻擊因壓力引起情緒上的爆發與行動，其目的在使對方受傷害。

(二)**工具性攻擊（instrumental aggression）的基本概念**：工具性攻擊以攻擊為手段，其目的為從對方得到一些東西。

(三)**主動性攻擊（proactive aggression）的基本概念**

1.攻擊行為的產生是源於解決問題的需求。

2.攻擊行為的目的在於獲得實質利益，包括：物質性和精神性的利益。

(四)**反應性攻擊（reactive aggression）的基本概念**

1.攻擊行為的產生是帶有敵意的，也是具有報復性的。

2.攻擊行為的目的在於傷害他人，又稱為敵意攻擊。

(五)**以「挫折攻擊假說」來說明攻擊行為**

1.個人在生活中難免會遇到挫折，挫折容忍力低的人，容易不耐煩與煩躁，甚至就會表現攻擊行為。

2.挫折攻擊假說認為挫折是產生攻擊行為的導火線，由挫折所產生的攻擊行為，有時會以第三者為攻擊對象，也就是找代罪羔羊的意思。

3.一般人在生氣或憂鬱時，必較容易失去理性，因而產生攻擊行為。

九　團體行為

(一)**團體行為之基本概念**

基本概念	相關說明
團體行為	團體內個人受到團體影響所表現出的行為。
社會助長	個人因為受到團體影響，而表現出較佳行為的現象。
社會浪費	個人因為受到團體影響，導致行為效率降低的現象。
團體決策	由所有團體成員來決定團體事務的歷程。
團體極化	團體決策結果的極端化現象。

(二)**團體極化**

1.**團體極化的定義**：

(1)係指在團體情境中，團體所做出的決定往往會呈現極端，不同於個人平日的典型表現。

(2)個人在團體情境中，表現出團體極化效應之主要因素為受到團體氣氛的影響，此亦為團體動力學的探討主題。

2.**團體極化的類型**：

(1)**冒險偏移**：團體決策結果偏向激進。

(2)**謹慎偏移**：團體決策結果偏向保守。

3.**團體極化產生的原因**：

(1)**責任擴散理論**：因為團體決定係由所有成員共同承擔，所以個人對於失敗的恐懼便會減少，而導致產生團體極化現象。

(2)**情境熟悉理論**：團體成員對於決策情境較為熟悉，而導致產生團體極化現象，例如：因為對情境熟悉使得個人的情緒顯得更為自在，進而導致冒險偏移。

(3)**受團體領導者的影響**：若團體領導者具有非常大的影響力，並傾向做出極端的決策，則會產生團體極化現象。

(4)**說服理論**：受到其他成員的理由說服。

(5)**團體價值理論**：成員表現出符合團體價值的決策行為，可以受到稱讚，則容易產生團體極化現象。

4.**避免產生團體極化的可行途徑**：

(1)合理對團體成員進行權責區分，並減少領導者的權威。

(2)透過共同參與及理性溝通分析，來提升團體決策的合理性。

(3)讓團體成員可以匿名表達自己的意見，並且要鼓勵沒意見的團體成員一定要講出自己的看法。

(三)避免產生團體迷思的可行策略

1.首先，應建立自由無宰制的教育行政溝通情境，且培養教育相關人員具有批判反省能力，以成為具有自覺意識及自決行動能力之主體。

2.再者，領導者應具備第五級領導、道德領導、動盪領導等能力，且透過多元參與決定，提升團體決定之合理性。

3.最後，團體決定應合乎程序正義與實質正義，並且建立健全之教育評鑑機制，以獲得改善依據。

十　從眾、順從、服從、偏見及歧視的基本概念

概　念	相關說明
從　眾	在社會情境中，個人受到他人影響或團體規範，而改變自己行為，以符合團體期望的歷程。
順　從	在社會情境中，因為受到他人或是團體的請求，而終於改變自己行為，以滿足他人需求的心理現象。
服　從	個人在社會情境中的社會規範下，迫不得已，只好改變自己的社會行為。 係指在團體情境中，有權力者，以權威命令他人完全順從，假如有所不從，必給予處罰。
偏　見	1.一種絕對地喜歡或討厭一群具有某種特徵的人，其特徵不論真實的或是想像的，諸如種族、族群團體、性別、宗教或職業等。 2.形成原因：月暈效應、正向評價誤差、自我知覺效應、初始效應等。
歧　視	個人在社會情境中，對他人所表現出的排斥行為。

自我評量

一、請從精神分析取向、社會學習取向與行為取向解釋潔癖之成因。【94年普考】

二、請說明巴夫洛夫（Ivan Pavlov）的「古典制約理論」（classical conditioning）之主要內容，並根據此理論解釋懼學症的形成過程，以及說明此理論在心理治療上有何應用。【94年地方四等特考】

三、試討論經驗對問題解決的影響。試由正面（例如：正向遷移(positive transfer)）與負面（例如：負向遷移(negative transfer)）的角度討論之。討論過程中，請舉實證研究佐證之，並提出在教育上的應用。【95年地方四等特考】

四、何謂「多元智力」（Multiple Intelligences）理論？該理論與傳統的智力理論對人類智力的觀點有何不同？又這個理論在教育上有何應用的意義？【96年普考】

五、由艾力克森（Erikson）的發展階段概念說明青春期及老年期的發展課題，如何才可能達成此課題，以及若未達成的可能後果為如何？【97年普考】

六、分別舉一例說明色彩恆常性、亮度恆常性、大小恆常性與形狀恆常性。這些知覺恆常性反映了人類知覺系統的甚麼特性？【97年地方四等特考】

七、比較「一般性焦慮症（generalized anxiety disorder）」與「強迫症（obsessivecompulsive disorder）」差異。【98年普考】

八、遺忘的原因之一是因為記憶受到干擾，(一)請說明順向干擾（proactive interference）和逆向干擾（retroactive interference）的差別；(二)在學習時我們要如何避免順向干擾及逆向干擾的影響？【98年地方四等特考】

九、何謂觀察學習？它和制約學習有何異同？【99年地方四等特考】

十、情緒激動時常會產生那些生理反應？我們要如何察覺個人的情緒特徵？如何有效的調適個人的情緒行為？【100年地方四等特考】

十一、進行問題解決時，可採用捷思法思考（heuristics thinking）或算則法思考（algorithms thinking）來促進解題，試述這兩種解題思考的定義、特色，及如何善用。【101年高考】

十二、試述E. Erikson的社會心理發展8階段理論中，第3階和第4階的內容重點和對教養工作的啟示。【101年普考】

十三、問題解決的步驟一般分成那些階段？當主管要我們辦理一個提升員工向心力的活動時，你會如何解決主管提出來的這個問題？請舉例加以說明。【101年地方四等特考】

十四、當一位年約六十歲的老年人向你請教問題時，若要達到有效的訊息處理，應注意那些事情？（請從知覺、注意、記憶等方面加以說明）【101年地方四等特考】

十五、每位公務人員都要面對許多的壓力，這些壓力來源有那些？如果壓力沒有得到適當的紓解，會造成那些生理和心理上的疾病？平時你會如何紓解自己的壓力？【101年地方四等特考】

重點試題解析範例

一、壓力對個人生理和心理造成那些影響？生活中的壓力源有那些？面對
　　壓力的調適方法有那些？你／妳最常使用的是什麼方法？效果如何？
　　【100年地方四等特考】

答：壓力是每個人都會面臨的心理困境，按照題目規定一一說明如下：
(一) 壓力對個人生理和心理的影響
　　1.生理方面：
　　　(1)失眠、昏厥。
　　　(2)血壓升高、心跳加速。
　　2.心理方面：
　　　(1)憂慮。
　　　(2)工作倦怠感。
(二) 生活中的壓力源
　　1.Lazarus 及 Folkman 提出「生活事件」與「日常生活麻煩」會造成
　　　個體壓力，其中，生活事件包括轉學、家庭離異等，日常生活麻煩
　　　則係指學校作業、親子衝突等會引發個體煩惱與挫折之事件。
　　2.生活事件所形成的壓力特性，係因為個體必須要調適新的生活
　　　環境。
　　3.日常生活麻煩所形成的壓力特性，則係指個體日積月累的不舒服
　　　感受。
(三) 面對壓力的調適方法
　　1.「問題取向」壓力因應策略：係指以問題解決為核心的壓力因應策
　　　略，亦即當個體自我評估可以有效解決壓力之問題來源時，常採用
　　　的壓力因應策略。
　　2.「情緒取向」壓力因應策略：係指調整個體面對壓力情境時的情緒
　　　反應為核心的壓力因應策略，亦即，當個體覺得壓力環境不易改變
　　　時，所採用的壓力因應策略。
(四) 個人最常使用的方法，效果不錯，可有效減輕自己壓力為Meichenbaum
　　的壓力免疫法：屬於一種認知行為治療法，屬於透過認知重建來改變個
　　體行為的壓力因應模式。

　　　　1.自我觀察：
　　　　　(1)幫助個體正確認識壓力來源及性質。
　　　　　(2)協助個體建立新的壓力認知內在架構。
　　　　2.新的自我對話
　　　　　(1)協助當事者學會處理壓力所需的認知及技能，達到認知重建的
　　　　　　結果。
　　　　　(2)例如：認知控制策略協助個體能夠保持專注力於工作任務。
　　　　3.運用和練習
　　　　　(1)協助當事者可以將相關的壓力因應技巧在現實生活中進行運用及
　　　　　　練習。
　　　　　(2)也可以透過設置由淺至深的壓力情境，讓個體可以有效練習。
　　參考書目：艾育（2013），心理學（含概要）主題式高分寶典（包括
　　　　　　　諮商與輔導），千華。
　　　　　　　鄭麗玉（2009），認知心理學－理論與應用，五南。
　　　　　　　教育圓夢網（2013），94至102年教育行政高普特考解析，
　　　　　　　教育圓夢網。

二、請依據訊息處理論，說明人類記憶的三個階段的特性。並說明如何經由此三個階段產生記憶？【101年普考】

答：記憶是重要的認知心理學課題，於此按照題目規定說明如下：
　　(一)從訊息處理論觀點說明人類記憶的三個階段的特性
　　　　1.一個人記憶歷程包括：感覺記憶、短期記憶及長期記憶。
　　　　2.根據訊息處理理論的觀點，個體會透過感官接收外在訊息後，形成
　　　　　感覺記憶，儲存時間非常短，不到兩秒。
　　　　3.短期記憶是介於感覺記憶與長期記憶之間的中介記憶，又稱為工作
　　　　　記憶或運作記憶，記憶容量約是5-9意元的記憶單位，若教學環境
　　　　　中的外在訊息過多，便會造成學生短期工作記憶過度負荷。
　　　　4.長期記憶係指保持訊息長久不忘的永久記憶，長期記憶可分為程序
　　　　　性記憶、情節記憶與語意記憶，程序性記憶是一系列刺激和反應配
　　　　　對的儲存形式，其儲存於小腦中。

(二)記憶產生歷程之說明

1.當感覺記憶經過注意及辨識的心理作用，儲存時間將可保留到20秒之內，這時稱為短期記憶。

2.當短期記憶經過適時複習，就可以轉化為長期記憶。

3.長期記憶可分為程序性記憶、情節記憶與語意記憶，情節記憶是以影像形式符碼來儲存，與記憶事件發生的地點或時間等有關線索，都有助長期記憶的提取。

4.語意記憶則以概念基模來加深加廣長期記憶，若是概念架構不明，則長期記憶的提取路徑就會消失，也就無法順利提取長期記憶。

參考書目： 艾育（2013），心理學（含概要）主題式高分寶典（包括諮商與輔導），千華。

　　　　　李玉琇、蔣文祁譯（2010），認知心理學，雙葉。

第2章 教育心理學

頻出度A：依出題頻率分為：A 頻率高、B 頻率中、C 頻率低

各考試出題排行榜　高考　原民三等
地方三等　身障三等

 重點一　教育心理學的基本概念

一 教育心理學之意義

(一)實現教育目的。

(二)兼具教育學與心理學兩種特徵的科學。

(三)可促使學校教育（實務）與心理學（理論）進行辯證。

(四)由教育心理學的觀點，各項認知活動的內在心理歷程最重要的是「**推理與問題解決的歷程**」。

二 教育心理學研究之功能

(一)主張用客觀方法研究有助於學習的因素。

(二)有助提昇教師專業發展性。

(三)有效教學等於科學研究成果加上常識性判斷。

(四)有助提升教育實務之品質。

三 教育心理學研究的發展

(一)**哲學心理學時期**

　　1.**中國古代教育心理學**

　　　(1)孔子、孟子與荀子對人性本質的討論，帶有濃厚教育心理學色彩。

(2)中國古代的教育心理學主張個人學習應兼重「知」、「情」、「意」、「行」。

2.西方古代教育心理學

(1)柏拉圖重視個別差異，亞里斯多德主張順應本性，都符合現代教育心理學原理。

(2)17世紀的教育領域，主流為立基於官能心理學的形式訓練說。

(3)裴斯塔洛齊、福祿貝爾與赫爾巴特等著名教育學者，亦是相當著名的教育心理學家。

(二)科學心理學時期

1.19世紀開始，產生教育科學化運動與進步主義運動，導致教育心理學科學化。

2.教育科學化運動代表學者為桑代克，主張採取科學方法研究心理問題。

3.進步主義運動受到杜威影響，強調教育心理學應著重學校實際教育問題。

4.教育科學化運動與進步主義運動的成果皆不盡理想，30年代開始，教育心理學改而轉向以動物為對象的純理論心理科學取向。

5.60年代開始，受到教育工學、美國基礎學科運動、認知心理學興起的影響，教育心理學發展著重於教學領域。

 重點二　行為主義取向的教育心理學

一　學習的定義

(一)學習(learning)通常定義為個人由於經驗而使行為產生改變的過程。

(二)學習是個體受到某種刺激所產生的反應，將學習歷程視為一種制約作用。

(三)學習行為是刺激與反應之間關係的聯結（S→R學習理論）。

(四)學習材料的呈現應該採取少量、有次序的方式為之。

(五)學習行為改變的動力是練習。

二 行為主義取向的教育心理學者

學者	思想主張
巴夫洛夫 (Pavlov)	1. 1900年，根據狗的唾腺分泌實驗，提出古典制約理論。 2. 實驗本來只侷限在動物身上，但後來的行為主義心理學者（華生），也用來解釋人類的學習行為。 3. 最主要的理論內容就是在闡述刺激與反射之間的聯結關係 4. 古典制約作用的組成要素包括「非制約刺激」、「非制約反應」、「制約刺激」與「制約反應」。 5. 從認知觀點解析古典制約：因為古典制約的核心概念是制約刺激與非制約刺激的聯結，換言之，若從認知觀點，制約刺激及非制約刺激的出現時間要相近，才可能會對個體有制約作用。
桑代克 (Thorndike)	1. 聯結主義的代表學者，透過貓迷籠實驗，提出著名的學習三律：「練習律」、「準備律」、「效果律」： 　(1)修正的效果律：更強調獎賞作用。 　(2)修正的練習律：更強調對於人類學習行為的應用與解釋。 2. 出版第一部「教育心理學」的專書，並創辦第一份教育心理學期刊，是教育心理學的創始者。 3. 學習是個體在刺激情境中，所產生的「刺激－反應」聯結。 4. 主張「同元素論」及「形式訓練說」，強調學習遷移的重要性。
史肯納 (Skinner)	1. 提出「操作制約」，主張環境決定論的學習觀點，且認為後效強化是學習的重要關鍵 2. 教學乃是藉著適當增強物的應用，使學習者學習到一些對他將來有用的行為。 3. 操作制約之教學原則： 　(1)應用正增強的原理，來增加目標行為出現的次數。 　(2)應用消弱的原理，來減少不當行為出現的次數。 　(3)應用塑造的原理，來形成新的行為。 　(4)應用間歇增強的原理，來建立行為的持續性。 4. 從認知觀點解析操作制約：因為操作制約的核心概念為後效強化，所以，從認知觀點而言，其涉及到個體認知的預期性，亦即個體對於增強物的出現有預期認知，才會產生相關的反應行為。

學者	思想主張
班度拉 (Bandura)	1.學習得自觀察與模仿，學習行為的發生是環境因素、個人對環境的認知以及個人行為三者，彼此交互影響而決定的。 (1)觀察學習可分四階段：注意、保持、再生、動機。 (2)楷模學習：模仿別人的行為。 (3)替代學習：透過他人的成功或失敗來學習。 (4)自我調整學習：人會觀察自己的行為，然後依據自己的標準來做判斷，給予自己增強或懲罰。 2.模仿具有不同的方式，包括直接模仿、綜合模仿、象徵模仿、抽象模仿等。 3.重要他人係為最能引起兒童模仿的楷模，包括：父母親或相同性別的同儕等。
麥肯戀 （Meichenbaum）	1.提出「自我調整學習模式」。 2.提出「認知行為改變技術」。 3.重視個體的自我談話、自我教導及自我增強，來矯正自己的衝動與攻擊行為。

三 行為主義取向的教育心理學之相關概念

(一)增強

1.**增強物**：增強物(不論正負)會增加行為出現次數，懲罰則會消減行為出現次數。

2.**原級和次級增強物**：

(1)**原級增強物**：個體的原始需求，例如：飢餓。

(2)**次級增強物**：經由聯結作用所產生的增強物，例如：社會增強物、活動增強物、代幣增強物。

(3)**實例**：「小明考試第一名的獎金」，考上第一名為原級增強物，而獎金則為次級增強物，兩者皆會引發小明表現學習行為。

3.**正增強**：

(1)正增強係指因增強物出現而增加某種行為反應出現頻率的現象。

(2)實例：某學生被指名回答問題，老師要其他同學立刻停止喧嘩，該生的發言行為受到增強。

4.**負增強**：

(1)負增強係指因增強物消失，而增加某種行為出現次數。

(2)實例：大明不想聽到媽媽的碎碎念，所以放學便立刻回家做功課。

5.**普力馬原則、霹靂馬原理、普墨克原則、普瑞馬克原則（Premack Principle）：**

(1)使較不喜歡的活動(低強度活動)與較喜歡的活動相連結，來強化個體從事不喜歡活動的意願。

(2)實例：當教師說：「只要你完成你的工作，你就可以到外面玩」。

6.**外在增強：**

(1)外在增強為行為主義心理學的增強動機策略，係指透過外在的增強物來達到刺激個體行為頻率的結果。

(2)例如：物質性獎賞、代幣制度等。

7.**內在增強：**

(1)內在增強為人本心理學和認知心理學的增強動機策略，係指透過內在的增強物來促使個體自律、自我調節等。

(2)例如：自我讚美、自我獎勵等。

8.**替代增強的相關概念：**

(1)替代增強係為社會學習論的增強動機策略，係指個體經由觀察楷模的行為與行為結果，在心理上獲得和楷模同樣的增強效果。

(2)例如：模範生表揚。

(二)**懲罰**

1.懲罰會減少行為出現次數，可視為一種「反應代價」（response cost）。

2.**呈現型懲罰：**使用不愉快的後果或厭惡刺激。

3.**撤離型懲罰：**撤離某種愉快的後果，例如：暫停法。

4.**實例：**某班學生因不交作業，就得坐在走廊上課，因此再也不敢藉故不交作業。

(三)**消弱**

1.在制約學習中，刺激反應間發生聯結之後，如果原有的增強停止，制約反應之強度將逐漸減低，最後終將停止反應之現象。

2.**消弱陡增：**在消弱初期，行為頻率反而增加。

3.**自發恢復：**在消弱現象出現之後，休息一段時間，然後單獨呈現制約刺激，仍然會使個體再度引發制約反應。

(四)增強比率與時距

1.類型：

固定比例增強	在行為每出現一固定次數之後就給予增強物，例如：「論功行賞」。
不定比例增強	有幾次行為才能獲得一次增強，其標準是不可預測的，雖然這些行為總會獲得增強，不定比例增強所建立的行為可以維持最久。
固定時距增強	只有在某週期性時刻才能得到增強。
不定時距增強	有時可得到增強，有時不能得到增強，但並不知道何時行為可以得到增強。

2.如果原本懶惰的學生，開始變得比較勤勞，教師應採取「立即且連續的給予增強」，才能有效的讓他繼續保持勤勞。

3.在行為建立初期，應該採取「立即增強」；根據立即增強原理，考試後應早點讓學生知道考試結果。

(五)行為改變技術

1.理論基礎：「操作制約」（聯結論）。

2.實施行為改變技術時，當學習者的學習已達到期望的程度，則最好接續間歇增強之增強策略。

3.對於個體表現不足行為的處理，適合採行：(1)誘發引導；(2)提供楷模學習；(3)事實增強；(4)行為塑造；(5)行為契約。

(六)行為主義取向的教育心理學對課程研究的影響

1.首先，Thorndike曾提出「凡存在皆可量化」，所以課程研究應量化處理所有的研究變項，並且以量化數字呈現，以便利用數理統計方式，建立具系統性的課程知識。

2.再者，主張所有課程變項都具有因果關係，所以具備可控制性及可預測性，且課程研究歷程是價值中立的，不介入任何的價值判斷。

3.但其研究限制在於容易忽略課程的複雜動態因素，也亦忽視課程意識型態的宰制作用，更容易形成工具理性宰制導向，忽略教育的人文性與個人的主體性。

重點三　認知主義取向的教育心理學

一　記憶

(一)記憶的歷程

1. 記憶是指個人經由身體感覺器官，接收外界訊息後，保存訊息的心理現象。

2. 記憶形成過程基本上必須要經過**感官收錄、注意、短期記憶、複習、長期記憶**等階段，且各階段之間會產生**輸入、輸入編碼、儲存、解碼、檢索、輸出**等心理表徵作用。

(二)從訊息處理論觀點說明個體的記憶系統

1. 訊息處理論是為了解釋人類在環境中如何經由感官察覺、注意、辨別、與記憶等內在心理活動，以吸收並運用知識的歷程。

2. 其認為個體在吸收知識時，最早是先覺知到環境中的刺激，然後再透過感官記憶、短期記憶、長期記憶等階段，來進行知識的保留與提取。

3. 換言之，其企圖應用電腦資訊處理流程的方式，來解釋個體在環境中，如何經由感官覺察、注意、辨識、轉換、記憶等內在心理活動，進行吸收與運用知識的歷程，並據此說明個體處理訊息及產生記憶的內在心理歷程。

4. **根據認知心理學中訊息處理論（information processing theory）的解釋，人類的記憶包含三種基本系統，分別是感官記憶（sensory memory）、短期記憶（short-term memory）及長期記憶（long-term memory）：**

   (1) 感官記憶的容量很大，但是保留時間相關短暫，所以若不即時予以處理，將容易消失。

   (2) 短期記憶是介於感覺記憶與長期記憶之間的中介記憶，又稱為工作記憶。

   (3) 長期記憶的記憶時間為永久，永遠不會遺忘，但可能因為提取線索不足，而導致無法呈現記憶。

(三)記憶類型

記憶類型	基本概念
感官記憶	1.運用感官，接受外來認知訊息，較容易覺察及注意到影像訊息及聲音訊息。 2.各個感官接收許多外在的認知訊息，並保留短暫時間，若沒有進一步處理會很快消失。 3.感官記憶的保留記憶時間約為1至2秒，十分短暫。 4.外在訊息由感官記憶要進入短期記憶時，必須經過選擇性注意和型態辨認兩種方式。 5.在教學應用方面，教師應善用多元豐富的教學語言（肢體及非肢體）及教學媒介，引發學生的專注力。
短期記憶	1.短期記憶是介於感覺記憶與長期記憶之間的中介記憶，又稱工作記憶、運作記憶，容量有限且保留時間在20秒鐘內。 2.記憶單位約5~9個訊息單位（magic 7±2），可透過意元集組策略來增強記憶。 3.與個體舊有經驗有關的新認知訊息較容易記憶，另外，個體透過複誦及適當編碼，可以有效使認知訊息從短期記憶進入長期記憶。 4.提取短期記憶方式具有系列位置效果，例如：初始效應或近時效應。 5.Baddeley提出工作記憶模式，主張工作記憶結構可以區分成「語言」、「視覺」與「中央控制部門」等三種結構： (1)在工作記憶模式中，中央控制部門負責篩選、檢視、監控個人認知歷程中的相關訊息。 (2)「語言」結構中，係指將認知訊息以語音形式加以儲存，以強化短期記憶。 (3)「視覺」結構中，係指將認知訊息以空間記憶形式加以儲存，以強化短期記憶。 6.個人若工作記憶過度負荷，將導致： (1)無法進行立即的複習，導致遺忘。 (2)無法有效處理外在訊息。 (3)無法進行意元集組之心理運作。 7.在教學應用上，透過適當的複誦，可以加強學生的短期記憶。

記憶類型	基本概念
長期記憶	1. 長期記憶的記憶時間為永久，永遠不會遺忘，但可能因為提取線索不足，而導致無法呈現記憶。 2. 又稱為永久記憶，其儲存型態包括：程序記憶及陳述性記憶。
程序記憶	1. 又稱為技巧記憶（skill memory），程序記憶是一系列訊息刺激和反應配對的記憶儲存形式， 2. 係指「知道如何」的記憶。以刺激反應配對的形式貯存於小腦。 3. 實例：即使多年未騎，當在騎乘腳踏車時，仍可以根據腳踏車的重心，做出平衡反應，其儲存於小腦中。
陳述性記憶	1. 又稱為事實記憶（fact memory），係指以陳述方式表達的事實性知識。 2. Tulving認為陳述性記憶可以分成兩種記憶類型： 　(1)情節記憶(episode memory)。 　(2)語意記憶(semetic memory)。
情節記憶	1. 其以影像形式符碼來儲存，與記憶事件發生的地點或時間等有關線索，都有助長期記憶的提取。 2. 有關個人經驗的記憶。以影像形式貯存於大腦皮質。 3. 實例：個人以照片加強長期記憶。
語意記憶	1. 其以概念基模來加深加廣長期記憶，若是概念架構不明，則長期記憶的提取路徑就會消失，也就無法順利提取長期記憶。 2. 包含所知道的事實和一般性的訊息，貯存於大腦皮質。 3. 實例：個人透過心智圖或筆記來加強長期記憶。
閃光燈記憶	係指有重要事件發生時，個人心理會牢記當時的主要視覺和聽覺記憶。
內隱記憶	內隱記憶（implicit memory），又稱為非陳述性記憶，係指個體本身雖然無法察覺，但是卻會影響個體行為及想法的一種內在心理能力。

(四)記憶的測量

測量方式	內容
回憶法	先提供一種材料，讓受試者閱讀後，再要求其將材料內容重新呈現出來，然後與原材料核對，即可獲得受試者的記憶程度。
再認法	提供之前學習過的材料，讓受試者去辨認的方法，例如：學校的測驗卷中常使用的是非題與選擇題。

測量方式	內容
再學習法	係指個體重新學習已學習過的材料，再加以檢測其要達到和之前熟練程度時，所需的時間或練習次數，與之前初學習時所需的時間或練習次數之比值的方法。
反應時間	是指計算當刺激出現到個體反應出現的時間，通常用在測量視覺或是聽覺學習記憶。

(五)增進記憶的有效方法

1. 應使用生動的畫面、圖片或是遊戲等印象深刻的影像符碼，來加深情節記憶。
2. 應盡量擴充本身的概念基模，例如：利用大綱、架構圖等，以便在獲得新訊息時，能迅速同化入自己的概念基模。
3. 在增進程序性記憶時，一開始便必須要學習正確的動作，並且反覆練習至自動化程度。
4. 應提供可引發個人學習動機的真實情境，以讓個人願意積極參與，提升長期記憶的效果。
5. 可以藉由有計畫的練習、軌跡法、字鉤法、關鍵字法、主觀組織法等來增進長期記憶。

(六)由Loftus之研究說明記憶可能出錯之原因

1. 記憶可能會受到因為將注意力集中在某焦點，而忽略其他細節之記憶，導致記憶有誤。
2. 記憶會受到壓力之扭曲影響，且也有可能產生創傷性壓抑記憶之情況。
3. 記憶會因為壓力而導致儲存訊息單位急速減少，導致記憶出錯。

二 遺忘

(一)遺忘的基本概念

1. 遺忘係指個體對於其所學習的訊息無法加以保存之現象。
2. **最早對遺忘做科學性研究的是Ebbinghaus**，他在1885年發表一系列關於記憶與遺忘的研究，遺忘的原因包括了認知、生理與心理等三個層面，在認知層面，通常比較關注長期記憶的遺忘之研究；在生理層面，則比較著重在腦部功能的研究；在心理層面，則端視各心理學派的主張而有所不同。

(二)遺忘的原因之分析

1.「消逝論」：

(1)完形心理學派提出記憶痕跡消逝理論，認為人類在學習過程中，由於大腦或神經系統的活動，因此學習的資料會在大腦中留下記憶的痕跡。

(2)產生遺忘的原因是由於在停止練習後，隨著時間的消逝，因為大腦新陳代謝的作用，造成記憶痕跡的模糊與衰退。

(3)但是其並無法解釋「超常記憶」與「回復記憶」等現象的產生。

2.「干擾論」：

(1)行為主義學者認為過去的經驗與新經驗之間互相干擾，抑制了記憶功能的正常運作，是導致遺忘的主要原因。

(2)抑制可以分為「順向抑制」與「倒向抑制」，順向抑制是指舊的學習經驗干擾新學習內容的記憶；倒向抑制是指新的學習經驗干擾就學習內容的記憶。

3.「編碼不當」：

(1)在長期記憶裡，大多數的語文學習，編成形碼、聲碼與意碼之後，儲存在腦海裡。

(2)若是在編碼過程中，注意力不集中的話，就容易造成編碼失誤，以致在回憶時造成遺忘。

(3)而許多人無法記得幼兒時期的事情，這是因為幼兒並無法將語文訊息予以有效編碼所造成的。

4.另外，遺忘的原因尚包括了檢索困難、生理性因素遺忘、動機性遺忘等。

三 思考及專注力

(一)各種思考類型

思考類型	說明
水平思考	培養學生思考能力必須認識不同的思考方法，以突破邏輯限制。
垂直思考	又稱為導向思考，屬於傳統直線式的邏輯思考方式。
聚斂性思考	當面對問題情境時，縮小問題範圍，集中注意尋求解決的答案。
擴散性思考	個體解決問題時，未必遵循常規，不囿於單一答案，能超越既有知識，同時想到數個可能的解決方式，例如：寫作文。

思考類型	說明
推理性思考	邏輯思考，根據邏輯原理原則進行推理思考，包括歸納性及演繹性兩種思考方式。
演繹推理	1.演繹推理之相關意涵： (1)演繹推理源於Aristotle所主張的三段論式，亦即強調由「共相」到「殊相」的一種推理歷程。 (2)限制在於容易因為前提錯誤而導致錯誤的結論，且難以發現新的原理原則。 2.由長期生活經驗所衍生的認知基模對演繹推理之影響： (1)首先，其有助於幫助個體在進行演繹推理時，有更多的先備經驗作為演繹的基礎。 (2)再者，也可以透過演繹推理來驗證個體的預先假設，擴充個體生活經驗的認知基模。 (3)但是，生活經驗並不等同知識，一但只是特例，將會造成錯誤的演繹推理結果。
批判思考	1.教師提升本身批判思考能力的可行途徑： (1)教師本身應成為轉化型知識份子，且擁有紮實的教育專業能力與態度，並具備質疑、解放、反省、重建的批判意識與實踐能力。 (2)教師應認可本身的專業性與社會責任，且具備道德勇氣，以揭露存在於教學情境中的不當意識型態與權力結構。 (3)教師可善用多元教育研究取徑，兼融經驗分析、詮釋理解及批判反省的研究典範觀點，來瞭解教育現象本質意義。 (4)教師可透過教育行動研究，並加強對教育現場的敏感性及進行教學反省，來提升本身批判思考能力。 2.教師啟發學生的批判思考能力之可行策略： (1)教育目的在培養學生開闊的胸襟，並要提升學生批判的能力，且在課程設計上要求重視邊際學科，打破學科的界線，落實多元文化的精神。 (2)教師應提供兼具理性與人性化的教學，並營造一個具有合理性溝通條件及自由無宰制的教學情境。 (3)教師要成為轉化型的知識份子，並且師生之間要進行不斷的對話與磋商，善用高層次同理心，追求互為主體的溝通。 (4)採用多元評量來了解學生的真實能力，並且要進行兼具經驗分析、詮釋理解、批判反省的教育研究途徑。

思考類型	說明
正向思考及 負向思考	1.正向思考係指個體具有正面情緒、正確價值觀及高自我效能，以正面的態度來看待世界。 2.負向思考係指個體具有負面情緒、以自我為中心及不合理歸因模式等，以消極偏激的角度來看待世界。 3.學習正向思考的的方法： (1)以正面的社會事件或生活問題，引導案主進行思考及討論，諮商者並給予適時的協助及澄清，以養成案主正向思考。 (2)透過積極傾聽、同理心等策略，給予案主適性的正向回饋，以提升案主的自信心及自我效能。 (3)採用理情治療法，去除案主的非理性信念，例如：理性取向的情緒想像、角色扮演、克服害羞的情緒、正向自我對話、正向想像法。 (4)運用正向心理學觀點，協助個人尋找生活事件及內在心理的正面部分，包括：正向意義、正向情緒、正向特質、正向組織等
捷思法思考 （heuristics thinking）	1.定義： (1)個體在解決問題時，是依據自己過去成功解決相似問題的經驗。 (2)係指個體藉由經驗進行直覺推斷來獲得答案的方式。 2.特色： (1)自動化的經驗法則。 (2)認知吝嗇者的思考方式：係指個體會特意保存身心專注力，以減輕可能的認知負荷，會以捷思的認知策略來解決問題。 3.應用策略： (1)確認目前面臨問題的性質及個人過去解決問題的性質是否有所不同。 (2)可以將想到的相關解題經驗與他人進行討論後，再決定問題解決方式。

思考類型	說明
算則法思考（algorithms thinking）	1.定義： (1)個體解決問題時，是依據自己曾經學過的相關程序，一步一步進行嘗試解題。 (2)是指在問題解決時，按照一定的程序，即可獲得正確解答。 2.特色： (1)程序化的標準過程。(2)系統性的解題流程。 3.應用策略： (1)營造開放支持性的教學問題情境，並鼓勵學生進行多元思考，以激發解決問題的創造力和各種可能性。 (2)教師應適時給予學生引導及輔導，以發揮鷹架作用，協助學生提升解決問題的認知發展層次。

(二)基汀（D. Keating）提出的青少年思考能力特徵

1.已有對認知加以認知的能力。

2.可以透過假設作思考，思辨可能與不可能的問題。

3.能夠思考問題的來龍去脈、前因後果，思考空間比兒童更為廣泛。

4.可以利用抽象的方式思考各種步驟，並且透過這些步驟，按部就班的去加以實現。

(三)Egan提出「SOLER」的專注力理論說明個體專注行為

S	1.其係「Squarely」之簡稱，係指個體若要展現專注行為，則在溝通或人際交往時，應採取45度角面對對方。 2.換言之，若與對方的面對角度不適當的話，則會影響個體專注行為之產生。
O	1.其係「Open」之簡稱，係指個體若要展現專注行為，則在溝通或是人際交往時，應該要採取開放姿態，例如，雙手不抱臂，自然放鬆。 2.換言之，個體若採取防衛姿態或是封閉姿態，則專注行為會受到影響。
L	1.其係「Lean」之簡稱，其係指個體的上半身會適度向對方前傾，表示信任及親密關係，有助增長個體專注行為。 2.換言之，若雙方距離過遠，會影響個體專注力。
E	1.其係「Eye Contact」之簡稱，係指個體若眼神與對方保持接觸時，有助維持個體的專注行為。 2.換言之，若雙方眼神無接觸，則個體較容易分心。
R	1.其係「Relax」之簡稱，係指個體若可以放鬆，則專注力自然會提升。 2.換言之，個體若存於緊張或是疲憊的狀態，專注力會下降。

四 後設認知

(一)基本概念

1.定義：

(1)係指個人對於本身的認知歷程，進行自我理解、自我監控及自我調整的認知能力。

(2)係指個人對自己的認知歷程的認知。

2.代表學者： 弗拉維爾(Flavell)、布朗(Brown)

3.內涵：

(1)後設認知知識：個人變項（個體內差異、個體間差異、普遍直覺）、工作變項（問題難易之判斷）、策略變項（選擇何種問題解決策略）。

(2)後設認知經驗。

(3)後設認知認知目標。

(4)後設認知技能：認知行動，可用以適應環境與改變環境的行動能力。

(5)認知的自我評估：具有足夠的陳述性知識、程序性知識與條件性知識。

(6)思考的自我管理：自我評鑑、自我計畫、自我調節。

4.後設認知的發展有助增強閱讀能力，主要功能在溝通、理解、寫作、解決問題、注意、記憶、自我控制與自我指導。

5.在教育上而言，教師教學要能要求學生學到後設認知的地步，並將之懸為理想的教育目標。

(二)後設認知的教學強化策略

1.直接教學法。　　2.相互教學法。　　3.做筆記。

4.畫重點。　　　　5.做摘要。　　　　6.做大綱和構圖。

7.PQ4R法。

(三)實例

1.陳主任面對校長交給他的工作，先衡量工作的難度、學校現有的資源，然後寫下工作進度，陳主任上述行為所進行的認知運作。

2.一位學生在完成一份測驗之後，能真正分辨自己有把握和沒有把握的部分；另一位同班學生在同樣的測驗完畢之後，無法分辨自己有把握和沒有把握的部分，兩位學生的主要差異在於「後設認知」。

五 問題解決

(一)問題解決的基本概念

1.**定義**：

(1)係指個體針對問題性質，採取適當的認知判斷及專業知識，擬定解決問題策略，並得到有效解決問題的結果。

(2)問題解決是高層次的認知活動，係指個體藉由思維運作來瞭解問題性質，並獲得解決策略的歷程。

2.**內涵**：

(1)問題解決知識。　　　(2)問題解決技能。

(3)問題解決經驗。　　　(4)問題解決態度。

3.**步驟**：

(1)確認問題性質。　　　(2)擬定解決策略。

(3)蒐集與探索資訊。　　(4)實踐既定行動方案。

(5)檢討問題解決的結果。

(二)影響問題解決的因素

1.**正向遷移**：係指過去的學習經驗有助新學習經驗的獲得。

2.**直觀推斷法**：係指面對問題情境，只能依照個人經驗進行直接推斷，以獲得解決答案的方法。

3.**手段目的分析法**：屬於直觀推斷法的一種，係指在問題情境中，針對相關條件進行分析，以期盼從中找到最佳的解決策略之方法，例如：河內塔問題。

4.**類推法**：係指將過去有類似解決問題的經驗，拿來解決目前所面臨的問題。

5.**負向遷移**：係指過去的學習經驗會妨礙新學習經驗的獲得。

6.**心向作用**：係指個人在解決問題時，會產生不自覺的習慣心理傾向，但是問題情境是相當多變的，這樣的心理傾向往往會導致問題解決失敗。

7.**功能固著**：係指在問題情境中，受限於情境條件的限制，而無法變通運用過去的經驗，導致問題解決的失敗。

(三)「使每一個學生都成為優秀的問題解決者」之策略

1.首先，營造開放支持性的教學問題情境，並鼓勵學生進行多元思考，以激發解決問題的創造力和各種可能性。

2.再者，教師應適時給予學生引導及輔導，以發揮鷹架作用，協助學生提升解決問題的認知發展層次。

3.此外，應發展學生的批判反省能力，以使學生可以透視問題的深層結構因素，並願意轉化為具體的解決問題行動。

4.最後，教師實施多元評量，且根據學生的個別差異，給予學生適性回饋，以使學生可以獲得有效的解決問題能力。

(四)「問題解決」議題的探討，在教育上產生了「專家」（expert）與「生手」（novice）的研究課題；在許多領域中，需要花費十年到二十年才能夠成為一名專家，因為專家的形成需要 積大量的知識與經驗，才能有效及彈性地運用知識而獲致最大的效果，在教學領域上也有同樣的情形：

1.**專家教師與新手教師的差異：**

專家教師	生手教師
(1)知識基模複雜，並且有大量的、深入的、系統化的知識串聯，具流暢性的知識提取機制。 (2)利用先前知識統整新訊息，並以程序性知識儲存與呈現，形成自動化機制。 (3)專家知識來自多年的經驗累積，使用階層式結構組織知識。 (4)可以善用短期與長期記憶機制，以提升記憶保留容量，並可進行深入的推理思考。	(1)知識基模單純，知識串聯較少。 (2)缺乏相關先備知識處理新訊息，並以陳述性知識儲存與呈現。 (3)多為零碎性的知識形式，缺乏有效的記憶策略。 (4)只能進行表面形式的推理。

2.**協助生手教師成為專家教師之可行策略：**

(1)需為生手教師提供紮實的知識基礎訓練，例如：事實知識、基本原理等，以做為生手教師的先備知識基礎。

(2)教導生手教師有效的記憶策略與知識學習技能，例如：透過後設認知、精緻化、自動化、概念構圖等策略，以讓生手教師提升解決問題能力層次。

(3)建構良好知識學習的教學情境，讓生手教師可以產生正向遷移的有意義學習，並且利用楷模學習與鷹架作用理念，讓生手教師學習專家的知識結構。

(4)在生手教師學習過程中，應適時給予回饋，以幫助其解決學習問題。

六 學習

(一)認知主義取向的學習觀點

1.強調「學生需要學習如何學習」的學習觀點。

2.特別強調「知覺」和「領悟」在學習歷程中的重要性。

3.主張「學生自己發現事物的知識或概念，是較佳的學習方式」。

4.「學思並重」的教育觀。

(二)學習遷移

1.學習遷移的基本概念：

(1)係由桑代克提出，係指個人在某種刺激情境中學到的刺激-反應聯結，將影響其於在其他類似情境中學習新的刺激-反應聯結。

(2)有效的學習遷移可以幫助學生進行有意義學習。

2.學習遷移的理論基礎：

(1)形式訓練論。　　　　(2)同元素論。

(3)共原則論。　　　　　(4)轉換論。

3.學習遷移的類型：

(1)正向遷移：又稱為助長性遷移，係指個體學習過舊事物以後的經驗有助於以後之新學習的現象，例如，「舉一反三」或「觸類旁通」；增進正向遷移的教學策略之首要工作是「考慮值得學習的知能」。

(2)負向遷移：又稱為抑制性遷移，係指個體舊有知識與技能會影響新的學習，例如，有人學會腳踏車後，再學三輪車時，不是栽進水溝，就是騎去撞牆。

(3)高路遷移：又稱為高徑遷移，係指個體有意識的應用在某一情境所習得的抽象知識於其他情境。

(4)低路遷移：係指個體很自然的將一個非常熟練的技能從一種情境遷移至另一種情境時，通常不需要思考或者只需要很少的思考。

(5)水平遷移：又稱為近程遷移或領域內遷移，係指個體在應用已經學得的經驗到其他類似情境。

(6)垂直遷移：又稱為遠程遷移或深度遷移，係指個體從舊經驗中加以整合，以得到特定原理原則，來應用到新情境中。

4.學習遷移的影響因素：

(1)學習動機強度。　　　(2)學習情境的性質與條件。

(3)教師的教學策略。　　(4)學生的認知結構與後設認知層次。

5.**教師應用學習遷移概念於教學情境中，以促進知識之學習與應用的策略：**
　(1)訂定教學計畫時，應先考量到是否可以讓學生產生正向的學習遷移，亦即教學計畫與內容的安排要具有銜接性、繼續性、完整性、順序性。
　(2)應先建立明確的教學目標，並運用提問、發問等教學技巧，引起學生學習動機，並幫助學生複習舊經驗。
　(3)重視學生的概念獲得能力與思考能力之培養，讓學生可以進行水平學習遷移。
　(4)讓學生可以學以致用，從實作中獲得體驗學習，以加強正向學習遷移的效果。

6.**以小學為脈絡，說明有關「促進學習保留與遷移」的策略：**

學習策略	基本概念
作筆記	1.教師可以教導小學學生在學習時，善用筆記來進行教材內容的摘要與概念整理。 2.學生透過作筆記，可以增強長期記憶及學後保留，並可以提昇自己的後設認知。
關鍵字法	1.教師教導小學學生學習教材時，可以透過與該教材單字相似的其他概念，建立學生對這兩種概念的連結心像。 2.學生透過關鍵字法，可以增強長期記憶，且日後看到關鍵字，就會想起已學過的教材概念。
自動化學習	1.教師教導小學學生程序性知識時，可以透過統整分化的教學原則，讓學生透過不斷練習，達到精熟的自動化程度。 2.當學生到達自動化階段時，日後面臨相似情境，便可自動化反應，產生正向學習遷移。
有計畫練習	1.教師可以擬定完善的教學計畫，協助學生不斷進行練習，以加強長期記憶。 2.當學生透過集中練習或是分散練習，達到精熟化標準時，學生的學後保留便會增強。
序列學習	1.教師可以善用序列學習的初始效應及時近效應，讓學生認知重要訊息，並且加強對重要訊息的長期記憶。 2.透過序列學習，也有助增強學生的學後保留及學習遷移。

(三)學習效應

學習效應	內容
系列位置效果	1.基本概念： (1)系列位置效果係指在不同的時空位置，記憶起來有易有難。 (2)系列位置效果可以分為初始效應與時近效應。 2.以系列位置效果來說明畫分短期記憶系統與長期系統記憶之證據： (1)短期記憶是介於感覺記憶與長期記憶之間的中介記憶（intermediate memory process），又稱為工作記憶（working memory）。 (2)長期記憶所儲存的不只是外界收錄的訊息，並且包括創造性的意念，見解，知識等；儲存的時間，是按時日月年計算，理論上是永久存在的，所以又稱為永久記憶（permanent memory）。 (3)短期記憶可以藉由系列位置學習效果來換為長期記憶。
時近效應	學習的材料中，教材所在的位置會影響記憶，教材的後段比較容易記得起來。
初始效應	學習的材料中，教材所在的位置會影響記憶，教材的前段比較容易記得起來。
順攝抑制	1.意義：又稱為順向干擾，係指舊經驗會影響到新事物的學習。 2.實例：剛搬家時，新電話號碼常受舊電話號碼的干擾。
倒攝抑制	1.意義：又稱為逆向干擾，新經驗的學習會對舊經驗的保留產生影響。 2.減少倒攝抑制的教學策略： (1)要完全地教導學生學會一個概念後才能教導下一個概念。 (2)使用記憶術策略來指出概念間的差異。 (3)在不同的時間教導概念，例如：在不同的一節課中教導。
順攝抑制加倒攝抑制	1.要求學生記住一長串項目，結果中間項目最常忘記。 2.在學習情境中，避免順攝抑制及倒攝抑制影響之策略。 (1)教師必須要能採用適當教學技巧，引起學生注意與學習動機，並經由複誦或練習來幫助學生的短期工作記憶進入長期記憶。 (2)運用多元編碼的教學策略，例如：圖片、講述、角色扮演等，加強學生的短期工作記憶。 (3)教導學生運用意元集組策略來處理外在訊息。 (4)不斷地複習，讓學生的短期工作記憶輸入長期記憶，以避免遺忘。

學習效應	內容
舌尖現象	對於某種事物（如，某一學過的英文單字、或久未謀面老朋友的名字）我們確定知道，但一時之間無法想起。
比馬龍效應	1.比馬龍效應係指指導者心中希望被指導者成為什麼，透過常常告訴他「希望」你成為什麼，也常指導他達成指導者心中預期的「方法」，如此一來，被指導者常會達至指導者的希望。 2.應用在教育上，象徵教師必須對學生抱持高教師期待，以使學生發展其潛能，完成理想的健全發展。 3.「比馬龍效應」對學生的影響，屬於潛在課程。

(四)學習策略

1.機械學習策略 V.S.意義學習策略

學習策略	基本概念
機械學習觀點	1.加強注意，多碼並用。　　2.運用複習及有計畫的練習。 3.意元集組原則。　　　　　4.字勾法的序列學習。 5.軌跡法。　　　　　　　　6.關鍵字法。
意義學習觀點	1.做筆記。　　　　　　　　2.畫重點。 3.做摘要。　　　　　　　　4.寫下自己對學習內容的瞭解。 5.做大綱和構圖。　　　　　6.PQ4R法。

2. 教導學生「學習如何學習」(learning how to learn)的策略：

學習策略	基本概念
問題導向教學	1.問題導向教學係指教師在進行教學活動時，應先營造問題情境，引發學生的學習動機，並讓學生從探索過程中，獲得解決問題策略之教學歷程。 2.其係以學生為本位的教學方法，透過問題導向教學，將有助於學生主動建構本身知識及意義體系，並獲得有意義學習。而教師亦應實施多元教學評量，並給予學生適時回饋，以提升教學品質及效能。
提問式教學	1.在提問式教學中，師生同為提問之教學主體，打破過去囤積式教育中的師生為主客體之界限劃分，換言之，知識是師生互動溝通後的產物，其象徵一種師生心靈之間的視野交融，而非只是過去前人智慧的傳遞。 2.透過提問式教學，有助師生發展批判思考能力，教師可進行教學反省，學生則可進行主動學習，知識則是存在於教學歷程中的一個動態實體。

學習策略	基本概念
建構教學策略	1.係以學生為學習的主體，因為知識是由學生主動建構而成的，所以教育活動要強調學生個人的生活經驗。 2.教師應扮演學生知識體系的助構者，並且應對學生進行適性教學。 3.進行課程設計與安排時，是呈現過程導向的色彩，重視學生學習的歷程而非僅是結果，並要採取多元評量來瞭解學生真實能力。
概念獲得教學	1.鼓勵學生能用它自己的語言去解釋概念，而不是用教科書作者的語言去回答概念。 2.為了要消除迷思概念，教師應鼓勵學生質疑自己外部感官所查覺的事物，以便獲得更正確的概念。

3.**有效讀書方法**：

　　(1)過度學習。　　　　(2)善用練習方式。

　　(3)減少外在環境干擾。　(4)充分了解學習材料之涵義。

　　(5)利用檢核表。

　　(6)善用聯想法、讀書記憶法、軌跡記憶法、關鍵字記憶法、歸類法、故事法、關聯法與諧音法等記憶策略。

(五)**教師對學生在「認知型態」與「學習類型」個別差異之因應策略**

　1.**「認知型態」與「學習類型」之相關內涵**：

認知型態	(1)係指個人在面對問題情境時，會經由知覺、記憶、思維等內在心理歷程，表現出習慣性的外顯行為之特徵。 (2)榮格之分類：感覺型、直覺型、思維型、情感型。 (3)Witkin之分類：場獨立型、場依賴型。 (4)其他認知類型之分類尚包括「冒險型或謹慎型」、「分析考量型或主題概念型」、「拘泥型或變通型」、「聚斂思維型或擴散思維型」、「慎思型或衝動型」。
學習類型	(1)係指學生從事學習活動時，會經由知覺、記憶或思維等心理歷程，表現出帶有認知、情意、生理三種性質的習慣性特徵。 (2)會受到物理環境、學生本身情感性需求、學生社會性需求及學生生理需求的影響。 (3)係以教育心理學為研究取向，有別於認知類型的心理科學研究取向。 (4)學習類型之分類：環境面、生理面、情意面、社會面。

2.教師對學生在「認知型態」與「學習類型」個別差異之因應策略

(1)**「認知型態」與「學習類型」因每個學生個性而異**，教師本身應具備足夠的專業能力及敏感度，能夠瞭解每位學生的「認知型態」與「學習類型」，以實施適性教學策略。

(2)可採用多元評量，以了解每個學生的學習狀況與真實能力，以給予適切的教師回饋。

(3)在課程設計上，宜融入尊重關懷的人道精神，並營造教育愛的班級氣氛，且可進行合作學習，來實踐融合教育的精神。

(4)可採取主題式的統整課程，讓每位學生都參與課程討論，以提升學生的學習動機與興趣。

(六)有意義學習

1.有意義學習之相關概念：

(1)有意義學習強調在教學前必須要先依據學生起點行為，複習相關教材及提示相關教材重點，以提升學生學習效能與品質。

(2)換言之，當學生學習新知識時，應透過銜接學生舊經驗，以引起學生學習動機，使學生更容易將新教材融入其既有認知結構之中。

(3)有意義學習包括四種類型：抽象符號學習、概念學習、敘述學習與發現學習。

(4)在課程與教學領域，「新教材的設計與教學，須與學生的先備知識作連結」是導向有意義學習的要則。

2.有意義學習的實踐策略：

(1)首先，**根據Ausubel觀點**，學生如果要獲得有意義學習，必須善用前導組體策略，連結學生的新及舊學習經驗，獲取新的學習歷程。

(2)再者，**根據Bruner觀點**，教學必須要配合學生的認知發展層次，並建構具結構性的教學情境，透過螺旋課程設計，來使學生獲得有意義學習及正向學習遷移。

(3)此外，**根據Herbart的統覺論觀點**，學生對於新事物的學習，係立基於學生的舊經驗。

(4)綜上所述，在教學時，若可以遵守「新教材的設計與教學，需與學生的先備知識作連結」之原則，將有助學習者建構本身的知識及意義體系，並獲得有意義學習。

(七)相互教學法

1. **理論淵源**：Vygotsky的社會建構論。
2. **適用對象**：閱讀障礙學生、欲提升閱讀能力的學生、欲發展後設認知能力的學生。
3. **教學內容**：透過探究式的教學設計，營造啟發性的教學情境，讓學生可以順利發展閱讀力、推理力及思考力的教學策略。
4. **教學過程**：

(1)摘要（summarizing）。　(2)提問（questioning）。
(3)明晰概念（clarifying）。　(4)預測推理（predicting）。

5. **功能**：

(1)提升學生閱讀能力。　(2)提升學生高層次思維能力。
(3)發展學生的後設認知能力。　(4)提升學生人際智能。

七 認知主義取向的學習理論

(一)奧蘇貝爾的意義學習論

1. **有意義學習**：

(1)學習應配合學生的認知結構（即要領概念），才能進行有意義學習。
(2)例如：國中學生學槓桿原理時，若能對過去玩翹翹板的經驗相結合，並據此經驗來學習相通的槓桿原理，使新舊經驗相結合。

2. **前導組織**：

意義	1.教導學生新知識之前，先以學生的既有知識、經驗為基礎，對學生作引導式的說明，有助於新知識的學習。 2.教師將新單元所要學習的主要概念，與過去所學的相關概念融合於一段話中，呈現於新單元教學之前。
實例	1.在正式教新的單元之前，教師先將新的學習內容與學生舊的經驗融在一句話、一個故事、綱要等方式引導學生學習。 2.教師利用「電腦的CPU像人的心臟一樣」為例子，這是運用「相似性」前導組體設計原則。

3. **講解式教學**：以教師為中心，讓學生進行「接受學習」。
4. **教學步驟**：

(1)提供前導組織。
(2)呈現學習材料。
(3)以「漸進分化」及「統整調合」原則完

(二)布魯納的發現學習論

1.認知表徵發展階段：

動作表徵	三歲以下兒童以動作來認知生活世界，亦即靠動作來獲得知識。
形象表徵	兒童能以知覺經驗來記憶或在心中代表他們所知覺的事物，係指藉由對於物體的知覺記憶的心像，來獲得知識。
符號表徵	個人運用語言文字、符號等抽象符碼，認知生活世界及獲得知識。

2.螺旋式課程：

(1)配合學生認知發展，透過將知識概念逐漸加深及加廣的課程設計，強化學習情境的結構性，以讓學生獲得完整學習。

(2)教師應配合學生經驗發展，進行螺旋課程的課程設計，並維持學生的學習動機。

3.啟發式教學：

(1)以學生為中心，教師布置問題式教學情境，讓學生進行主動的探究學習，且重視學生所有問題線索。

(2)強調學生主動發現知識的可能性，重視學習情境的結構性。

(3)學生在學習時的所有答案都具有回饋價值。

4.名言：

(1)「任何一門學科，只要透過適當的教學方法，皆能教給每一位學生」。

(2)「毋需等待成熟，只要教材形式適合，兒童隨時可以學習」。

(3)「任何教材皆可透過某種形式教給任何的學生」。

5.以「認識楓葉鼠」為例，說明「認知發展階段論」在教學上之應用：

(1)**動作表徵**：教師可以將楓葉鼠帶來班級，使得兒童可以藉由實地的觸摸與觀看，來了解楓葉鼠的概念。

(2)**形象表徵**：教師可以藉由楓葉鼠的照片，或是請同學回憶自己腦海中關於楓葉鼠的記憶，來使兒童了解楓葉鼠。

(3)**符號表徵**：教師可以透過不同的楓葉鼠，讓學生透過體重、白血球數目等數字來了解健康的楓葉鼠相關數據。

(4)總之，根據Bruner「認知發展階段論」，學生具有主動探索學習的能力，教學設計要配合學生既有認知發展階段，進行加高一個層次的學習。

(三)**頓悟學習**

　　1.**理論基礎**：完形心理學。

　　2.**經典實驗**：關在籠子裡的大猩猩，運用木桿來吃香蕉。

　　3.**教育意涵**：

　　　(1)運用學習心像來獲得完整概念學習。

　　　(2)統整課程。

(四)**符號學習**

　　1.**提出學者**：拖爾曼（Toleman）

　　2.**經典實驗**：老鼠走迷宮的實驗。

　　3.**教育意涵**：

　　　(1)運用認知圖來強化學生的認知學習。

　　　(2)學生具有潛在學習的可能。

(五)**訊息處理論**

　　1.**學生的記憶系統**：感官記憶、短期記憶、長期記憶

　　2.**由「訊息處理論」觀點說明人類的學習過程**：

　　　(1)首先，教師必須提供可以使學生的外感官覺察的環境刺激，並且讓學生知覺到這是重要的訊息，來引起學生的注意

　　　(2)而這樣的刺激，亦必須要符應學生的個別需求與興趣，且要配合學生的認知結構發展層次，以使學生可以進行編碼來進入短期與長期記憶階段。

　　　(3)總之，當教師在進行教學，呈現教材刺激時必須要先引起學生的動機與注意，進而引導學生進行立基於舊經驗的訊息思維運作，以從而獲得新知識。

　　　(4)如要產生持久有效的學習，基本上必須要經過感官收錄、注意、短期記憶、複習、長期記憶等階段，且各階段之間會產生輸入、輸入編碼、儲存、解碼、檢索、輸出等心理表徵作用。

(六)**蓋聶的學習條件論**

　　1.**蓋聶的教學基本假設**：

　　　(1)主張「發展隸屬於學習」，認為教學具有階層性，亦即新學習經驗建立在舊學習經驗之上。

　　　(2)學習階層係指新學習係建立在舊學習經驗之上，且有效的教學設計係呈現具有邏輯性、次序性的階層組織，可以作為教學設計之基礎。

(3)根據蓋聶之觀點，若要有效達成教學目標，基本條件為建置具有合理學習階層的教學設計。

(4)學習條件包括內在條件與外在條件，學習的內在條件係指存在於學生本身，通常指稱學生的學習能力、學習動機、學習風格等；學習的外在條件係指存在學生本身之外，通常指稱教學環境、教學氣氛、教材內容等。

2.四大學習階段：

(1)動機階段。　　　　　　　　(2)理解注意階段

(3)獲得訊息編碼階段。　　　　(4)訊息儲存階段。

3.五大教學目標：

(1)心智技能。　　　　　　　　(2)認知策略。

(3)語文知識。　　　　　　　　(4)動作技能。

(5)態度。

4.八大學習階層：

(1)訊號學習。　　　　　　　　(2)刺激反應聯結的學習。

(3)連鎖作用。　　　　　　　　(4)語文概念的聯結。

(5)多重概念的辨別。　　　　　(6)概念學習。

(7)原則學習。　　　　　　　　(8)解決問題。

5.教學的外在事件及步驟順序：

(1)引起學生注意。　　　　　　(2)提示教學目標。

(3)連結舊有經驗。　　　　　　(4)提供教材內容。

(5)指導學生學習。　　　　　　(6)學生展現學習行為。

(7)教師適時給予教學回饋。

(8)評定學生的學習結果。

(9)加強記憶和學習遷移。

6.教學的內在事件及步驟順序：

(1)學生願意接受學習。

(2)學生產生學習期望與學習動機。

(3)學生提取儲存於長期記憶中的基礎知識。

(4)學生對於教學刺激進行分類。

(5)學生產生學習反應及學習行為。

(6)學生獲得教師給予的增強。

(7)學生獲得並維持再次產生學習行為的動機。

(七)建構主義的學習觀點

1.建構主義思想根源可追溯至Kant的知識論主張，並深受近代現象學、詮釋學、批判理論等理論影響，根據建構主義的觀點，學習是學生主動建構知識的歷程，學習者以個人概念為基礎，主動參與知識的社會建構歷程。

2.知識與意義體系是由主體主動建構，個人所建構的知識僅代表其生活經驗的呈現。

3.主張學生係為建構本身意義與知識體系的學習主體，並會主動進行學習。

4.**建構主義之教學活動特徵：**

(1)教育要以學生作為學習的中心，強調個人生活經驗與意義的建構，因為知識是學生自我組織而成的。

(2)教學必須要先進行科際統整，使學生能獲得較為整全的知識。

(3)教學宜以學生生活問題的解決為主要教材，學習才會有意義。

(4)將學生的生活經驗視為學生學習的起點，學習最好從學生真實的生活情境為出發點。

(5)教學評量宜採取多元取向的評量方式，以便真正評量出學習者的學習成就。

(6)重視過程導向而非其目標導向的課程設計，因為學生於過程中所獲得之學習方法價值高於學習結果。

(八)認知負荷理論

1.**認知負荷理論之基本概念：**

(1)代表學者為：Sweller、Valcke等。

(2)認知負荷理論係指當學習者面對外加的學習任務時，所產生的認知系統負荷程度，其通常決定於學習任務的難易度及個人認知結構的記憶廣度。

(3)換言之，係指個體在執行某種工作、作業或任務的過程中，個體所感受到的認知負荷狀態。

(4)認知負荷理論主張個人的運作記憶容量是有限的，當接收訊息超過短期記憶容量時，便會產生認知負荷。

(5)認知負荷理論主張個人的長期記憶是永久的，且具有無限的記憶容量，所以如何增進個人的長期記憶是重要課題。

2.認知負荷理論對中小學的教學之啟示：

(1)首先，教師在教學設計上，應配合學生的認知發展程度，並且進行適性教學策略，以降低學生的認知負荷，提高學習效能。

(2)再者，教師應提供具結構性的教材內容，並教導學生有效記憶策略，例如：意元集組策略、配對學習、自由回憶學習、字鉤法、關鍵字法等，以讓學生擁有專家的認知基模。

(3)此外，教師亦可以營造具啟發性的教學情境，讓學生可以主動進行認知思考，並且發展學生的後設認知能力，以使學生可以有效自我理解、自我質問及自我監控，提高個人認知層次。

(4)而教師亦可利用鷹架作用，來提升學生認知發展層次，並教導學生善用自我調整學習，來提升學習效果。

(九)合作學習理論

1.合作學習理論對團隊合作的基本看法：

(1)透過團隊合作，可改進過去傳統教學中的同儕競爭現象，改善教室互動關係及氣氛。

(2)師生之間必須進行互動，才能獲得有意義學習及提高教學效能。

(3)合作學習兼重認知、情意與技能之教學目標，所以透過團隊合作，有助促進學生的情意發展。

2.在教學上的具體應用：

(1)學校應營造民主開放的學習氣氛，以有效落實合作學習之精神。

(2)教師透過合作學習，可幫助學生透過鷹架作用，提升本身認知層次。

(3)教師宜採取「組間同質，組內異質」的分組原則，來進行合作學習之分組。

(4)教師要鼓勵學生勇敢表達自己看法，並採取多元評量瞭解學生真實能力。

(5)應營造開放多元的真實學習情境，並豐富教學資源，以幫助學生得到健全發展。

(6)在進行分組時，也應考量組成學生的性別比例、個別學習需求、個別學習風格等。

(十)情境認知理論

1.情境認知理論對團隊合作的看法

(1)情境認知理論係主張個人認知具有其特定之情境脈絡意義，換言之，個人認知要在團隊合作的情境下，才能彰顯其意義。

(2)情境認知學習理論之主要理論包括：「合法周邊參與」（Legitimate Peripherl Participation）理論與「觀察社會文化活動的三個面向」（observing sociocultural activities on three planes）理論。

(3)合法周邊參與理論含括「參與的合法性」、「周邊參與」與「合法的周邊地位」等主要概念。

(4)「觀察社會文化活動的三個面向」則指出社會文化活動具有社群、人際、個人等三個組成層次。

(5)綜上所述，情境認知理論認為「團隊合作」將能賦予個人認知意義。

2.在教學上的具體應用：

(1)強調情境因素對於學習的重要性，而情境係由人與人所組成的。

(2)應營造開放多元的真實學習情境，並豐富教學資源，以幫助學生得到健全發展。

(3)教師應關注學生人際關係及互動，以幫助學生順利提升認知層次。

重點四　人本主義取向的教育心裡學

一　人本主義取向的教育心理學

(一)基本概念

面向	內容說明
理論基礎	存在主義、現象學等。
教育觀點	1.強調人是不可分割的整體，主張幫助每個人了解自己的需求、慾望與動機等。 2.強調「教人」比「教書」重要，「適才」比「專才」重要，且重視師生一對一的溝通，重視小團體的學習 3.認為學生生而具有許多潛能，應由學生掌控自己的學習步調，以培養學生自作決定與獨立學習的能力。 4.進行以學生興趣為依歸的課程設計，並允許學生於無威脅的環境下學習。 5.對於班級經營很重視營造安全、溫暖、和諧的氣氛，並讓學生對於班級有隸屬感，學習有成就感。 6.避免使用分數或等第的正式教學評量
教育影響	1.教育實踐：適性教學、開放教育、夏山學校、人本教育等。 2.課程發展： (1)在課程設計上，以學生為本位，生活經驗為核心，希望可以讓學生開展潛能，並獲得情意滿足，以達到自我實現與自我超越的高峰經驗。 (2)希冀藉由理想課程發展模式之實踐，讓學生可以培養學生健全人格及獲得適性發展。 3.教學策略：合作學習、價值澄清法等。

(二)人本主義取向的教育心理學對教育人員的參考價值

1.在教學目標編制方面，教師應兼顧認知、情意與技能，以使學生得到知、情、意、行合一的全人化發展。

2.在教學方法應用方面，教師應採取以多元智慧為基礎的適性教學，並給予適性正向的教師回饋，以使學生進行主動的有意義學習。

3.在班級經營方面，教師應營造以愛與關懷為觀照基礎的班級氣氛，並形塑分享開放的學習文化，以使學生獲得高峰經驗。

4.在師生關係方面，師生之間應呈現「I-Thou」的互為主體師生關係，教師亦應扮演輔導者的角色，以滿足學生的情意需求。

5.在教學評量方面，教師應採用多元評量，以了解學生真實能力，並給予適時回饋，以促進學生獲得健全發展。

二　人本主義取向的教育心理學學者

學者	理論主張
馬斯洛 （Maslow）	1.Maslow的需求層次理論依序為： 生理需求→安全需求→愛及隸屬感→尊榮感→求知→求美→自我實現→自我超越。 2.生理需求、安全需求、愛及隸屬感、尊榮感為基本需求；求知、求美、自我實現、自我超越為成長需求。 3.根據Maslow的看法，教師欲使學生為求自我實現而努力，並企圖提高其求知的動機，則必先設法滿足：安全的需求、生理與自尊的需求、愛與隸屬的需求。 4.反對用外在手段約束學生學習，學生具有自發主動的學習成長潛力，教師主要任務在佈置良好的學習環境，讓學生自由選擇與決定。 5.人類生存的目的在於「自我實現的需求」。 6.「衣食足而後知榮辱」這句話，說明滿足生理需求的重要性。 7.Maslow指出人們滿足自我實現需求，仍會追求更高層次的「需求」，當個人達到這一層次時，便會出現「高峰經驗」。 8.實例：張老師在班級經營的過程中，特別關心學生的人際關係，希望同儕間能夠彼此的接納，張老師重視的是學生的「愛與隸屬的需求」。
康布斯 （Combs）	1.應改變學生的價值信念，以矯正學生的偏差行為。 2.教育目的在於滿足學生的情意需求，使其在知、情、意三方面獲得均衡發展。 3.全人教育理想，以全人教育為教育實踐目的。
羅傑斯 （Rogers）	1.以學生為教育中心，人本心理治療（Humanistic Psychotherapy）派的創始人。 2.教師應具備真誠一致、無條件積極關注與同理心等教學輔導技巧。 3.學習以自由為根本精神。 4.羅傑斯(Rogers)的個人中心治療，其治療目標是放在「提供當事人自我探索的機會，並完成自我實現的目的」。

三　適性教學

(一)適性教學（adaptive instruction）的基本概念

1. 適性教學包括「有教無類」及「因材施教」等核心概念，在「有教無類」方面，係指不管家境富貴或貧窮、個人天資聰明或愚笨等，人人都有受教育的權利。

2. 而「因材施教」係指由於每一個人的資質不一樣，同一種方法絕對無法適用於每一個學生，因此必須依學生的個別差異，採用不同的方法，才能真正讓學生受益。

3. **換言之，「適性教學」亦與「多元智能」、「以學生為中心」等教育理念息息相關，也都是教育機會均等的核心精神之一。**

(二)教師實踐適性教學理念之可行策略

1. 首先，每位教師都必須要有「有教無類」與「因材施教」的教學理念，並有將其實踐於教學實境中的認知。

2. 再者，教師宜根據學生個別差異，實施適性教學，並培養學生尊重包容的多元文化價值觀，以幫助學生得到適性發展。

3. 此外，宜發展特殊教育，並依據學生的家庭社經背景與個別需求，來實施適性輔導，以幫助其順利進行學習。

4. 而學校環境亦應朝向性別平等、多元文化等的友善校園營造，以發揮境教之作用。

5. 在學校編班上，亦應落實常態編班的規定，並且在課程與教學上，能夠根據每個學生的需求，進行銜接其生活經驗的適性教學，使學生獲得有意義學習。

6. 最後，應採用多元評量理念來給予學生適時適性的回饋，以使學生得到全人發展。

四　區分性教學

(一)區分性教學(Differentiated Instruction)之基本概念

1. 首先，**區分性教學又稱為差異化教學**，係指根據學生個別差異，例如：性別、起點行為、文化、語言、學習動機等，在異質性班級教學情境中，給予個別化教導的教學理念與策略。

2. 再者，區分性教學有助學生達成適性發展及開展多元智能，也有助提升教學品質及學習效果。

3.換言之，區分性教學希望可以讓每個學生都達到最大化的學習效果，擁有最適切的學習成功經驗。

(二)有效推廣區分性教學的可行方案

1.首先，應在師資培育課程及教師進修課程，納入區分性教學的理論與實際，並透過教學輔導教師、認知學徒制等概念，協助教師在教學情境中實施區分性教學。

2.再者，教師應根據學生個別差異實施適性教學，並應保留學生足夠的精熟學習時間，也應注重培養學生的尊重、容忍等人文關懷精神。

3.最後，教師應以學生為學習主體，並且實施多元評量，給予學生適性回饋及正向教師期待，以發揮區分性教學的最大效能。

五 學習風格

(一)Witkin將學習風格（learning style）分為**場地依賴型**及**場地獨立型**。

(二)場地依賴的教學策略

1.場地依賴型的學習風格：個體學習時的知覺判斷容易受周圍刺激的干擾。

2.教學策略：

(1)小組討論：透過團隊合作，可改進過去傳統教學中的同儕競爭現象，有助發展學生的表達、溝通、分享等基本能力，建構優質教學願景。

(2)合作學習：採取異質化的小組分組，並鼓勵組內合作，以使學生獲得鷹架學習、發展人際關係、培養團隊合作精神及滿足情意需求。

(三)場地獨立的教學策略

1.**場地獨立型的學習風格：**個體學習時的知覺判斷較少受周圍刺激的干擾，容易專注者。

2.**教學策略：**

(1)編序教學法：屬於個別化教學的教學策略，其係指依據操作制約學習理論，教學進度依學生個別差異而由其自訂，且在學習過程中，學生會受到立即增強，以提升學習動機與效果。

(2)精熟學習法：亦是個別化教學的教學策略，係由Bloom所提出，主張讓學生擁有達成學習精熟程度的足夠學習時間，且透過各種評量及補救教學，協助學生達成精熟學習。

重點五　個體的動機及態度

一　個體的動機

(一)動機的基本概念

基本概念	說明
定　　義	1.個體的某種內在心理狀態，可促使個體產生外在行為，並完成特定的生活目的。 2.促使個體展現行為之原動力。
內　　涵	1.本能。 2.需求（生理需求、心理需求）與驅力。 3.誘因（正誘因、負誘因）與刺激。 4.態度與興趣。 5.好奇和習慣。
生理性動機	1.係指個體與生俱來，以生物反應為基礎的動機。 2.例如：渴動機、餓動機、性動機。
心理性動機	包括：成就動機、權力動機、親和動機等。
成就動機	1.提出學者：麥可里蘭（McClelland）、亞金森（Atkinson）。 2.定義：個人追求達成某預期目標的內在心理傾向。 3.動力：追求成功及恐懼失敗。 4.教育應用： 　(1)教學上應使每個學生都有成功和失敗的經驗，教師應給予學生適當的成功經驗，來提升學生的成就動機與自我價值感，而多次失敗的經驗容易造成學生成就動機低。 　(2)「將成敗歸因於運氣」無助於學生成就動機的增強。 　(3)個人為了逃避努力後仍然失敗，造成自我價值的威脅，會採取自我跛足策略，以「求成避敗」。
權力動機	1.個體想要支配他人的慾望。 2.權力動機分為個人化權力動機、社會化權力動機。
親和動機	1.個體對於他人的親近需求。 2.例如：愛情、友誼。
內在動機	係指個體純粹為了活動本身的樂趣而去參與活動的動機，因為個體感覺活動是有趣的、參與的、滿足的或挑戰個人的。
外在動機	係指個體為了達到工作本身以外的某些目標才去參與活動的動機，例如，欲得到預定的獎賞、贏得某競賽、或達到某要求。

(二)動機理論

理論	說明
心理分析論	1. 人類動機行為源於攻擊與性兩種本能，也屬於一種潛意識的動機。 2. 人們需要尋找伴侶之原因在於滿足本身的性動機，以達到求生之目的。
行為主義	1. 動機源於增強作用的結果。 2. 個體的動機可以透過刺激與反應的連結予以強化。
期望論	1. 以**認知論**觀點解釋個人的行為動機。 2. 在某種情境下，個體之所以表現某種行為，是因為個體對情境的特徵有所認知。
需求層次論	1. 需求層次論由馬斯洛所提出，其將人類動機是為由多種需求所構成的層次性系統，低層次需求獲得部分滿足後，才會去追求更高層次的需求滿足。 2. 需求層次論（前四項為基本需求，後三項為成長需求） (1)生理需求；(2)安全需求；(3)隸屬與愛的需求；(4)自尊需求； (5)知的需求；(6)美的需求；(7)自我實現需求。 3. 強調滿足個人的內在需求，需求層次中含有內在學習動機，並且正視不同學習風格的存在。 4. 人們需要尋找伴侶之原因在於滿足本身的生理、心理、安全、愛與隸屬感之需求。
自我價值論	1. 自我價值論由卡芬頓（Covington）提出，係指個人在將自己的成功歸因時，若將自己的成功歸於能力，會比個人歸因於努力產生較高的自我價值感。 2. 自我價值感高會有較高的追求內在價值動力，也較容易成功。教師在進行教學時，可應用此理論對學生進行適當教育。 3. 換言之，自我價值感是個人追求成功的內在動力，但若是個人判斷難以追求成功時，便會以逃避失敗來代替。 4. 而不同年齡階段的學生對於能力或努力的歸因也有所不同，例如年齡較高的學生往往認同成功是能力歸因，這也導致其學習動機缺乏。 5. **由自我價值論之觀點，說明教師在教學上可用來激發學生學習動機的策略：** (1)學校教育存在兩個嚴重問題，第一個是能力高的學生未必有強烈的學習動機，第二個是學習動機隨著學生年齡增長而降低。

理論	說明
自我價值論	(2)所以，各級學校的教師都應在教學活動中，重視每位學生學習動機的引發，讓每位學生都能將成功歸因於努力，並且擁有高自我價值感。 (3)在教學歷程中，宜讓每位學生擁有適切的成功經驗，並適時給予正向教師回饋，幫助學生建立正向歸因。

二 學習動機

(一)學習動機的基本概念

1.學習動機係指能夠引起並維持學生學習活動，並使學生學習活動趨向教師設定的教學目標之內在心理歷程。

2.學習動機分為普遍型學習動機和偏重型學習動機，亦包括內在學習動機與外在學習動機。

3.學習動機對於教學品質及學習成效有決定性影響

(二)行為學派對學習動機的解釋及提升學生學習動機之策略

1.解釋：

(1)學習動機是刺激與反應產生聯結的結果，也是一種個人的內在驅力。

(2)學習動機可以視為一種個人的習慣行為。

(3)重視外在獎賞制度的控制，偏向功利取向。

2.策略：

(1)教師可以運用後效強化及區辨類化等原理，來強化學生學習動機。

(2)教師可以透過楷模學習、觀察學習及模仿學習等策略，來強化學生學習動機。

(3)學校教師可以先和學生約定希望達到的學習行為目標，例如：學生學習成績進步，然後再以雙方約定使用代幣的方式，例如：教師口頭鼓勵，或是給予小卡片，讓學生慢慢加強學習動機。

(4)教師可透過各種增強法則，例如：當學生有學習預期行為時，適時給予正向教學回饋，幫助學生建立學習動機的刺激與反應連結，以維持學生動機。

(三)認知學派對學習動機的解釋及提升學生學習動機之策略

1.解釋：

(1)學習動機是介於環境與個人間的中介歷程，亦即是學習者對知識的認知需求。

(2)學習動機是個體願意接受及注意外在認知訊息，並加以儲存轉化的內在心理運作歷程。

(3)主張滿足個人的認知需求。

2.**策略：**

(1)應建立學生合理歸因，且避免學生產生習得無助感。

(2)教師應給予學生正向的教師期待及教學回饋，並可透過同儕作用的鷹架支持，提升學生的認知發展層次及學習動機。

(四)**人本學派對學習動機的解釋及提升學生學習動機之策略**

1.**解釋：**

(1)學習動機是個人的內在需求。

(2)學習動機為個人內發的動力，具有個別差異。

(3)強調滿足個人的內在需求，需求層次中含有內在學習動機，並且正視不同學習風格的存在。

2.**策略：**

(1)教師必須要滿足學生的基本需求，讓其在生理、安全、隸屬感、尊榮感等基本需求，都獲得滿足。

(2)讓每個學生都擁有適切的學習成功經驗，並鼓勵學生進行求知及求美的行動，以得到自我實現及自我超越的高峰經驗

(3)教師應培養學生的內在學習動機，並根據學生的個別差異，實施適性教學及多元評量，來協助學生適性發展及獲得有意義學習。

(4)教師應給予學生正向的教師期待及教學回饋，並可透過同儕作用的鷹架支持，提升低成就學生的認知發展層次，且時時給予學生學習上的回饋，來保持其學習動機。

(五)**提升學生學習動機的整合性策略**

1.教師可營造良好的班級氣氛，以提高學生學習動機，並提供充裕的學習機會，讓學生能實際參與學習活動。

2.教師宜以學生需求為依歸，做好課程規劃的工作，同時建立完整的學習引導機制，使學生能利用其先備知識來吸收新知識。

3.教師應在教學過程中，提出系統性問題，以進行慎思性對話，並重視實際性的運用，讓學生能將教室中的學習，應用到一般的生活情境中。

4.教師宜強化合作性學習，增進學生智性上、情意面和社會面上的發展，同時教師們應組成多元智慧團隊，發展個人之專長。

5.教師應對學生懷抱適當的教學期望，以增進教學成效，並實施多元化評量，以測出學生真正的學習成果。

三 習得的無助

(一)「習得的無助」之相關意涵

　　1.提出者為Seligman，係指因為受到許多生活挫折，導致個人產生哀莫大於心死的心理狀態。

　　2.換言之，個人在心理上，會認為自己不具成功可能性，在情緒認知上，則充滿負向消極，且不具有動機及自我效能。

(二)支持「習得的無助」的經典心理學實驗

　　1.Seligman將兩隻小狗關在同一個籠子裡面，且設計好當燈泡亮起時，籠子的地板就會通電，但是甲狗會發現可以關掉電的方法，但是乙狗則不會，所以當每次燈光亮起通電時，甲狗不會被電到，乙狗則每次都要承受電擊痛苦，且會從掙扎到不逃避。

　　2.於是，Seligman將乙狗行為稱為「習得的無助」。

(三)可用來解釋「習得的無助」之學習理論機制：從動機理論的學習觀點，當學生把學習失敗結果歸因於一般性的、固定的、內控的因素；將學習成功結果歸因於特殊的、變動的、外控的因素時，便會產生「習得的無助」之心理現象。

(四)「習得的無助」與心理疾病關聯之說明

　　1.憂慮症也是一種「習得的無助」之象徵，因為憂慮症患者其認為本身是沒有成功的可能性，對於事物的看法採取悲觀消極的態度。

　　2.所以憂慮症患者即使知道自己的症狀及解決方式，其仍然不會去嘗試，因為他已經認定不管如何嘗試，都是沒有用的。

四　態度

(一)態度的基本概念

基本概念	相關說明
定義	1.個人面對社會事件時，根據認知與情感反應，對其產生的一種行為傾向。 2.係指個人對於人、事、物的思想與判斷，是一種評價性反應。 3.係根據個人經驗而系統化的一種內在準備狀態，對個人的反應具有指引性的影響。
成分	1.認知部份：是指個人對於人、事、物所擁有的信念、觀念或是看法。 2.情意部份：是指個人對於人、事、物的好惡與感情。 3.行為部分：是指個人對於人、事、物所採取的行動。
影響因素	由個人的態度並不一定可以有效預測行為，可能原因有四： 1.態度的強度。 2.情境因素。 3.個人的期望。 4.他人的影響。

(二)刻板印象、歧視、偏見

概　念	相關說明
刻板印象	因個人認知偏差或不周全，而影響態度的心理現象。
歧　視	個人在社會情境中，對他人所表現出的**排斥行為**。
偏　見	對他人的態度中所表現出的正向或負向之情感。

(三)相關理論

理論	相關說明
說服性溝通	1.具代表性的說服者：學者專家、重要他人、親密程度高的人。 2.影響說服訊息強弱的因素：證據多寡、訊息編碼接收度、溝通情境。 3.個人若預先知道反對立場的相關訊息，但若是注意力分散則容易被說服。
認知失調理論	1.提出學者：費斯汀絡（Festinger） 2.理論要點： 　(1)當個人對於某件事的相關認知失衡時，個人就會產生改變認知的驅力，以改變自己的態度。 　(2)用於青少年輔導時，可以營造讓青少年感到認知不協調的情境，以使青少年改變態度。 3.個案說明：以嫌犯認為公務員因職務之便收回扣又不犯法的說詞，說明「說了就相信」典範（"saying is believing" paradigm）的意義 　(1)首先，「說了就相信」典範係指個體如果無法為特定行為找到充分理由說服自己時，就有可能會改變自己的態度。 　(2)例如：當嫌犯提出公務員因職務之便收回扣又不犯法的說詞，雖然個體本身認為公務員因職務之便收回扣是犯法的，但是因為個體無法找到充分理由去反對嫌犯說詞，所以個體到最後可能會改變自己原先態度，認同嫌犯所說的公務員因職務之便收回扣又不犯法的說詞，這就是「說了就相信」典範。
學習理論	1.個人態度的形成及改變，可經由學習來獲得。 2.相關的學習理論觀點： 　(1)行為主義學習理論：古典制約、操作制約等。 　(2)認知心理學學習理論：訊息處理論、認知結構論等。 　(3)觀察學習理論。 　(4)人本心理學學習理論。 3.態度形成決定於個人的學習經驗，態度的情感成分，可能經由古典制約作用或操作制約作用來獲得。 4.觀察學習也會改變個體的態度，所以我們可以透過適當楷模示範及增強作用，來改變個人態度。

理論	相關說明
態度平衡理論	1. 提出學者：海德（Heider）。 2. 理論要點： 　(1)個人態度是否平衡取決於個人、他人與態度之間的交互作用。 　(2)若個人、他人與態度之間，任兩者之相乘結果為正，則表示個人的態度平衡。 　(3)反之，若個人、他人與態度之間，任兩者之相乘結果為負，則表示個人的態度不平衡。 　(4)若是個人態度不平衡，會產生心理緊張。
自我知覺理論	1. 提出學者：邊姆（Bem）。 2. 理論要點： 　(1)主張個人由自己的行為，來推論自己的態度。 　(2)自我知覺理論與傳統認為態度決定行為的觀點，完全相反。 　(3)當個人不明瞭本身態度情況時，會轉以旁觀者的角度來解釋自己的行為及推論本身態度。 3. 從自我知覺理論觀點，說明過度酬賞效果的發生原因： 　(1)過度酬賞效果之定義：當外在物質酬賞取代個體的內在動機，個體會因此對於原先所喜歡的活動或嗜好，失去興趣。 　(2)從自我知覺理論觀點，過度酬賞效果係因為個體對於自己的行為缺乏內在動機，也就是不瞭解本身態度與感受，這時候便會容易對於原先嗜好的活動，喪失興趣。 　(3)避免過度酬賞效果的外在條件：以完成某特定任務為獲得獎賞的依據、以個體表現出某種預期行為作為獎賞的依據。
態度功能理論	1. 提出學者：卡茲（Katz）。 2. 態度具有四種功能： 　(1)幫助瞭解世界的相關知識。 　(2)有助個體獲得酬賞及避免懲罰。 　(3)表達某種價值立場。 　(4)自我防衛心態的呈現。
態度免疫理論	1. 係指個體在接受說服性溝通時，應事先思考訊息的內容。 2. 亦即讓人們事先聽一小篇反對立場的論點，他們比較容易去抗拒以後聽到的類似訊息。 3. 從態度免疫理論觀點說明抗拒說服的策略： 　(1)抗拒說服的重要來源是個體過去與該說服內容的接觸經驗。 　(2)說服訊息如同病毒一般，若是個體的免疫力越強，就愈能夠抵抗病毒。 　(3)而個體可以採用支持性防禦與免疫性防禦來抗拒說服。

理論	相關說明
態度三成份論	1. 態度的三成份論係指態度包括了認知成份、情意成分與行為成分。 2. 認知部份：是指個人對於人、事、物所擁有的信念、觀念或是看法。 3. 情意部份：是指個人對於人、事、物的好惡與感情。 4. 行為部分：是指個人對於人、事、物所採取的行動。
推敲可能模式	1. 提倡學者：佩蒂（Petty）及卡西波（Cacioppo）。 2. 態度改變模式：「peripheral route」及「central route」。 3. 「peripheral route」： 　(1)個人只注意零碎切割的片面資訊，而無法對事件情況進行全盤瞭解。 　(2)這樣的態度改變歷程，效果較為短暫，因為並非經過個人慎思選擇的結果。 4. 「central route」： 　(1)個人透過慎思的認知歷程來全盤考量外在資訊，並進行選擇與判斷。 　(2)這樣的態度改變歷程，效果較為持久，且可以內化為個人的內在認知架構。
捷思系統模式	1. 提倡學者：柴肯（Chaiken）。 2. 態度改變模式：系統途徑及捷思途徑。 3. 系統途徑：當個人具有高動機時，會採取之態度改變模式。 4. 捷思途徑：當個人不具動機時，會採取之態度改變模式，偏向自動化歷程。

自我評量

一、何謂「可能發展區」（zone of proximal development, ZPD）？試從認知社會化的取向來看，那些因素會影響青少年的認知與思維發展？請分別加以探討說明之。【95年高考】

二、學習動機的自我價值論（self-worth theory）是美國教育心理學家卡芬頓（M. V. Covington）所提出，該理論在學校教學實際應用上甚具參考價值。請分別說明該一學習動機的理論要義及其在教育上的涵意。【96年高考】

三、試比較行為論與認知論對獎賞（reward）的看法，並說明其對教師在班級教學與經營之涵義？【96年地方三等特考】

四、試述美國著名認知心理學家斯頓柏格（Robert J. Sternberg）的「智力三維論」（triarchic theory of intelligence）內涵及其對學校教育的啟示。【97年高考】

五、近年來，皮亞傑（J.Piaget）理論有愈來愈多的爭議，後皮亞傑（post-Piaget）學派曾針對其自我中心觀點、階段論、認知能力及社會和文化因素提出不同的看法，試論述之。【97年地方三等特考】

六、國內學生習慣考試，偏重記憶式的學習，但在未來社會中，容易面臨被淘汰的命運。試論述教師應如何提升自己本身的批判思考能力及啟發學生的批判思考能力？【97年地方三等特考】

七、學生在學校 除了接受老師的教導之外，也可以藉由同儕的合作來增進學習效果。教育心理學家如何解釋同儕學習的歷程？試述主要的理論觀點。【98年高考】

八、有人說：「年輕人的學習能力比較好，可以學會很多新事物」。有人卻說：「家有一老，如有一寶」，表示年長者從經驗中 積智慧。請根據卡泰爾和何恩（Cattell & Horn）對智力的觀點來評論上述說法。【98年高考】

九、試述學習遷移的涵義、類型及學習遷移理論的轉變，並說明教師如何應用學習遷移之概念於教學情境中，以促進知識之學習與應用。【99年高考】

十、試比較皮亞傑（J. Piaget）的認知發展理論與維高斯基（L. S. Vygotsky）的社會認知發展理論之異同，並請分別說明各理論在教學上的應用。【99年高考】

十一、請比較「外在動機」（extrinsic motivation）與「內在動機」（intrinsic motivation）的不同，並舉例說明在教學上如何應用。【99年地方三等特考】

十二、試述美國嘉納德（Howard Gardner）提出多元智力（multiple intelligences）之內涵，並說明其在學校教育的啟示。【100年高考】

十三、何謂認知失調理論（cognitive dissonance theory）？請舉例說明生活中遇到認知失調的情形為何？減輕認知失調的方法有那些？【100年地方四等特考】

十四、試論述少數族群（如新住民）青少年在成長發展過程中，可能發生之自我認同的危機。【100年地方三等特考】

十五、試述E. Erikson的社會心理發展8階段理論中，第3階和第4階的內容重點和對教養工作的啟示。【101年高考】

重點試題解析範例

一、試論在社會科的教學上，教師對兩種不同學習風格（learning style）的學生，包括場地依賴（field dependence）與場地獨立（field independence），應如何展現不同的教學策略。【100年地方三等特考】

答：Witkin將學習風格分為場地獨立型及場地依賴型，按照題目規定說明如下：

(一)場地依賴的社會科教學策略

　　1.場地依賴型的學習風格：個體學習時的知覺判斷容易受周圍刺激的干擾。

　　2.社會科教學策略：

　　　(1)小組討論：透過團隊合作，可改進過去傳統教學中的同儕競爭現象，有助發展學生的表達、溝通、分享等基本能力，建構優質教學願景。

　　　(2)合作學習：採取異質化的小組分組，並鼓勵組內合作，以使學生獲得鷹架學習、發展人際關係、培養團隊合作精神及滿足情意需求。

(二)場地獨立的社會科教學策略

　　1.場地獨立型的學習風格：個體學習時的知覺判斷較少受周圍刺激的干擾，容易專注者。

　　2.社會科教學策略：

　　　(1)編序教學法：屬於個別化教學的教學策略，其係指依據操作制約學習理論，教學進度依學生個別差異而由其自訂，且在學習過程中，學生會受到立即增強，以提升學習動機與效果。

(2)精熟學習法：亦是個別化教學的教學策略，係由Bloom所提出，主張讓學生擁有達成學習精熟程度的足夠學習時間，且透過各種評量及補救教學，協助學生達成精熟學習。

參考書目：艾育（2013），心理學（含概要）主題式高分寶典（包括諮商與輔導），千華。

游恆山譯（2010），心理學，五南。

教育圓夢網（2013），94至102年教育行政高普特考解析，教育圓夢網。

二、試比較自我效能感（sense of self-efficacy）與自信（self-confidence）的不同，並說明Bandura（1977,1986）主張的正確自我效能評估的四個訊息來源及其應用。【100年高考】

答：自我效能感是心理學的重要構念，於此依照題目問題說明如下：

(一)自信及自我效能感之差異

1.自信：係指個體對於一般事物的一種態度。

2.自我效能感：

(1)自我效能，亦即個體所能勝任特定工作的程度。自我效能若是太低，則會產生習得的無助感與防衛機制等、負面的情緒等。

(2)自我效能係指個人對自己人格特質的綜合評價，以根據特定環境變化表現出適當行為。

(二)Bandura自我效能評估的四個訊息來源及其應用方式

1.自我效能評估的四個訊息來源：

(1)直接經驗。　(2)間接經驗。　(3)身心狀況。　(4)書本知識。

2.應用方式：

(1)教師應設計「難度加一」的學習目標，並給予學生適性教學，以使學生可以順利達到學習目標與獲得適性學習成功經驗。

(2)教師應積極肯定學生，並給予學生真誠關懷，且本身應以身作則，對事事充滿樂觀態度，以給予學生正向學習楷模。

(3)教師可以營造開放正向的班級氣氛，並鼓勵學生勇於表達自我及追求自我實現，以強化學生本身的自我效能。

參考書目：艾育（2013），心理學（含概要）主題式高分寶典（包括諮商與輔導），千華。

張春興（2013），教育心理學三化取向，東華。

第3章 輔導與諮商

頻出度B：依出題頻率分為：A 頻率高、B 頻率中、C 頻率低

各考試出題排行榜　　　普考　　　身障四等
　　　　　　　　　　　　身障三等　　　　地方四等

 重點一　輔導與諮商的基本概念（含倫理規範）

一 輔導的基本概念

基本概念	相關說明
定義	1.專業性的助人活動。 2.學校教育計畫中的一環。 3.協助個人瞭解、接納、肯定及發展自我的歷程。 4.布魯爾（J. M. Brewer）主張「輔導即教育」（Guidance as Identical with Education），認為教育和輔導是同義字，不可能有所劃分。
目標	1.預防。 2.矯治。 3.發展。
內涵	1.評估個體發展情況。 2.進行個體學習輔導。 3.為個體進行諮商、諮詢服務。 4.協助個體進行生涯輔導。 5.進行個體團體輔導。 6.進行個體行為輔導 7.安置個體於適當環境。 8.進行個體適應問題診斷與個案研究。 9.評鑑各式輔導成果。
輔導運動之父	帕森思（F. Parsons），協助個體進行就業輔導。

基本概念	相關說明
心理衛生諮商	1.主動協助個人因應環境壓力，以預防問題發生之諮商方法。 2.從方法而言，諮商比輔導更結構性，諮商四個階段之重要步驟如下： 　(1)涉入：建立關係、專注、傾聽、沉默。 　(2)探索：重述、開放式問句、情感反應。 　(3)了解：同理心、尊重、真誠。 　(4)行動：計劃、討論、行動。
自傳法	自傳法是輔導中的衡鑑方法之一： 1.自傳是個人生活史的陳述。 2.主題式自傳(例如，家庭關係)應用於特殊用途。 3.自傳分析需留意可能遺 的重要事件與重要他人。
個別評量	1.可以瞭解學生的個別差異及先備知識。 2.可以診斷學生的學習困難，給予適當協助回饋。
資訊服務	1.提供學生全方面發展的資料，例如：生涯規劃、兩性關係經營等。 2.有助學生達成全人發展的教育願景。
諮商服務	1.透過專業人員的協助，幫助適應不良的學生解決問題，進而獲得健康的身心發展。 2.教師透過動態的晤談，以了解學生的情況並提供協助的過程，有助學生認識自我及獲得自我成長。 3.屬於學校輔導服務中的核心部分。
定向服務	教師、諮商員及學校各方面的專業人員等人共同蒐集有關教育、職業及社會之資料，提供給學生升學、就業或尋求適應之參考，透過資料提供各方面的訊息。
安置服務	協助學生了解自己的專長及優缺點，配合就業機會，尋找適當的職業。
延續服務	1.又稱為追蹤輔導，係指繼續提供已畢業的學生所需之資料，協助其在新環境中適應良好。 2.另一方面也了解其就業或進修情況就其各方面的適應情形，提出報告，以為學校輔導工作改進之參考。
諮詢服務	學校輔導中心可以提供社區家長各種資訊服務和輔導活動，讓家長和學校、學生之間形成密切聯繫，以幫助學生成長。

二 輔導、諮商、心理治療

比較項目	輔導	諮商	心理治療
對象	正常個體	心理適應需加強的個體	心理異常的個體
實施者	可由教育工作者、父母實施	諮商心理師	精神科醫生、臨床心理師
實施方式	多以提供資料為主，強調預防及發展，不涉入情感。	有較多的情感涉入，且有對當事者的較深入談話診斷。	強調適應及治療，對當事者進行深入的分析。

三 學校輔導工作

(一)**發展性輔導**：提供學生完善教育環境，使學生順利發展自我。

(二)**預防性輔導**：藉由教育與輔導，提供學生正確的觀念與行為模式。

(三)**診療性輔導**：對已經產生適應問題的學生進行輔導。

(四)**初級預防、二級預防、三級預防**

　　1.**初級預防**：全體教師針對一般學生及適應困難學生進行一般輔導。

　　2.**二級預防**：教師針對瀕臨偏差行為邊緣之學生進行較為專業之輔導諮商。

　　3.**三級預防**：教師針對偏差行為及嚴重適應困難學生進行專業之矯治諮商及身心復健。

四 團體輔導

(一)**團體輔導基本概念**

基本概念	相關說明
團體輔導	透過團體互動的方式，協助個體習得人際互動的技巧，以發展個人的潛能，來獲得更好的適應。
團體輔導階段	1.初期階段：協助團體成員建立初步認識。 2.轉換階段：凝聚成員對團體的向心力。 3.工作階段：協助成員兼重體責任及個體性。 4.結束階段：讓成員能夠在真實生活中實踐。

(二)團體諮商技術

基本概念	相關說明
鼓勵	1.多用於想要協助案主改善團體諮商現況、提出相關可行方法、瞭解案主想法等。 2.實例：團體諮商師說：「剛才聽了小美的話，我覺得蠻有創見而且具體可行，不知各位的看法如何？」
催化	用以協助成員增加在團體中有意義的互動，包括協助成員釐清目標和討論行動計畫、協助成員帶動團體方向、教導成員將重點置於自己來談、以及協助成員表達等。

五 輔導倫理重點面向

(一)諮商關係。　　　　　　　(二)諮商權利。
(三)諮商機密。　　　　　　　(四)諮商收費。
(五)運用電腦及測驗資料。　　(六)轉介與結束諮商。
(七)諮商師的專業責任。　　　(八)諮商師的倫理及社會責任。
(九)諮詢。　　　　　　　　　(十)網路諮商。

六 保密是輔導工作者應遵守的基本原則，但在以下的情況下，得以解除

(一)隱私權為當事人所有，當事人有權親身或透過法律代表而決定放棄。
(二)在涉及有緊急的危險性，危及當事人或其他第三者。
(三)諮商師負有預警責任時。
(四)法律的規定。
(五)當事人有致命危險的傳染疾病等。
(六)評估當事人有自殺危險時。
(七)當事人涉及刑案時。

重點二　個體的壓力、心理疾病與偏差行為

一　個體的壓力調適

(一)由「生活事件」與「日常生活麻煩」之角度，說明壓力的特性

1. 壓力為每個人都會經歷之感受，Lazarus 及 Folkman 提出「生活事件」與「日常生活麻煩」會造成個體壓力，其中，生活事件包括轉學、家庭離異等，日常生活麻煩則係指學校作業、親子衝突等會引發個體煩惱與挫折知識見。

2. 生活事件所形成的壓力特性，係因為個體必須要調適新的生活環境。

3. 日常生活麻煩所形成的壓力特性，則係指個體日積月累的不舒服感受。

(二)下視丘在壓力發生時之功能

1. 當個體接受壓力時，下視丘會影響自律神經系統，造成個體的自律神經系統不平衡，進而產生躲避或攻擊行為。

2. 當個體面臨壓力時，下視丘會影響腦下垂體，進而使腎上腺分泌腎上腺素，以使個體心跳加快、血壓升高，以因應壓力情境。

(三)西爾（Hill）的「ABC-X壓力模式」

1. 首先，Hill提出「ABC-X壓力模式」用以解釋個人在面對工作與家庭等壓力的調適與因應。

2. 再者，「A」代表個人的壓力來源，亦即會對個人生活、工作與家庭造成影響的因素；「B」則代表當個人面對壓力來源時，能夠運用的各種資源。

3. 此外，「C」因素代表個人面對壓力來源時，透過認知評估所賦予的認知價值；而「X」因素則代表壓力程度，亦即個人的工作與家庭所處在的一種不穩定狀態之程度。

4. 當個人面對壓力來源時，透過認知評估及運用所有資源，可能會順利克服壓力，但也可能陷入壓力危機之中。

(四)「問題取向」的壓力因應策略

1. 首先，其係指以問題解決為核心的壓力因應策略，亦即當個體自我評估可以有效解決壓力之問題來源時，常採用的壓力因應策略。

2. 再者，個體通常會藉由消除外在壓力或調適內在心理狀態，來解決壓力造成的困擾。

　3.此外，在採用「問題取向」壓力因應策略時，可以尋求專家團體的建議，並確實採取解決問題的行動、主動且正向面對問題等。

　4.最後，當個體採用「問題取向」壓力因應策略時，會從各種角度分析壓力問題，進而積極找出解決問題之有效策略。

(五)「情緒取向」的壓力因應策略

　1.首先，其係指調整個體面對壓力情境時的情緒反應為核心的壓力因應策略，亦即，當個體覺得壓力環境不易改變時，所採用的壓力因應策略。

　2.再者，個體會藉由改變本身對壓力事物的認知評估，或是採用隔離、幻想、壓抑等自我防衛方式，阻絕壓力情境。

　3.此外，在採取「情緒取向」壓力因應策略時，包括：舒緩情緒、情緒調整、自我放棄、發洩情緒等可能結果。

　4.最後，當個體採用「情緒取向」壓力因應策略時，往往會產生「逃避」或是「樂觀主義」。

(六)壓力免疫法

　1.Meichenbaum的壓力免疫法（stress inoculation）是一種有效的減輕個體壓力的心理治療策略，屬於一種認知行為治療法，屬於透過認知重建來改變個體行為的壓力因應模式。

　2.基本假設在於個人行為會受到自我語言、內在認知、行為本身等因素的交互作用。

　3.認知結構的改變過程包括吸收（absorption）、置換（displacement）、整合（integration）。

　4.壓力免疫法的三個過程：

過程	基本概念
自我觀察	(1)幫助個體正確認識壓力來源及性質。 (2)協助個體建立新的壓力認知內在架構。
新的自我對話	(1)協助當事者學會處理壓力所需的認知及技能，達到認知重建的結果。 (2)例如：認知控制策略協助個體能夠保持專注力於工作任務。
運用和練習	(1)協助當事者可以將相關的壓力因應技巧在現實生活中進行運用及練習。 (2)也可以透過設置由淺至深的壓力情境，讓個體可以有效練習。

二　個體的心理疾病

(一)心理疾病

心理疾病	相關說明
注意力缺陷過動症	1.簡稱為ADHD。 2.個體出現注意力缺陷、活動量過度及容易衝動等。 3.許多醫師都會讓兒童服用藥名稱為利他能（ritalin）的藥物，利他能藥物的藥理性質屬於中樞神經興奮劑。
創傷後壓力症候群	1.「症候群」或「疾病」之相關說明 　(1)具有明顯的病徵，例如：對日常生活產生嚴重的疏離感、一再回憶創傷歷程，形成循環傷害、產生睡眠障礙。 　(2)持續長時間，且會對個人的身心造成傷害。 2.創傷後壓力症候群（PTSD）屬於一種焦慮症。 3.一般人面臨壓力情境下的焦慮反應，並不會持續維持一段相當長的時間，強度也會隨著時間過去或自己努力而減弱。 4.當壓力情境一直存在時，超乎人類所能承受的程度時，便會形成創傷後壓力症候群，又稱為「災難症候群」，通常源於經歷重大災難事件後的存活個體，患者常會出現過度緊張、焦慮、惡夢連連、不安等症狀，可以透過系統減敏感法、洪水法等，進行心理治療。 5.實例：小凱日前家中發生火災，當時他目睹父親嚴重燒傷，小凱出現強 恐懼、緊張、夢魘、麻木等症狀，且症狀持續已逾一個月。
青少年憂鬱症	1.貝克（A. Beck）認為憂鬱症患者對自己持負向的看法。 2.憂鬱的青少年經常會有自殺的念頭。 3.無聊也是憂鬱的症候之一。 4.憂鬱症通常也會胃口減低。 5.實例：小明是高三學生，最近常出現一些症狀且持續三週。這些症狀分別為情緒低落、食慾降低、失眠、上課無法集中注意力、不喜歡讀書及對未來有無望感。
學校恐懼症	1.提出者：艾德沃特（Atwater）。 2.青少年階段最常有的恐懼症之一，是對學習感到恐懼的情緒反應。
對立反抗疾患	1.高估他人故意挑釁的程度。 2.易將他人行為視為有預謀。 3.無法以他人的角度看事情。 4.堅持自己是對的而他人是錯的。

心理疾病	相關說明
分離焦慮疾患	實例：小寶自從自己心愛的小白兔死亡後，就一直擔心媽媽也會死掉，因此，開始拒絕上學，在家中也黏著母親不放。
極端化思考	1.屬於一種認知謬誤。 2.實例：小穎覺得自己是一個徹底的失敗者，因為她不是一個完美的學生。雖然她會彈鋼琴、美術也不錯，成績也都在班上前幾名，但總是沒有辦法做到最好。
抑鬱	1.依賴與情緒化等退化行為。 2.飲食與睡眠困擾。 3.學業成績異常退步。
精神分裂症	1.思考障礙。 2.疑心過敏。 3.有睡眠障礙。
一般適應症候群	1.一般適應症候群的耗竭階段之產生原因： 　(1)長期處在壓力威脅的情境之中，又無法解決壓力來源。 　(2)無法抗拒壓力的挑戰。 2.一般適應症候群的耗竭階段出現的生理及心理症狀 　(1)生理：會先出現警覺階段的生理反應，例如：腎上腺分泌增加，進而感到疲累、頭痛等，等到壓力仍持續存在，將會無法適應環境變異，甚至死亡。 　(2)心理：出現崩潰無助之感受。 3.防止進入耗竭階段的可行策略： 　(1)透過自驗預言，強化自我效能。 　(2)尋求專業輔導諮商。 　(3)建立良好人際關係網絡的社會支持。
焦慮症	係指個人隨時都會感受到焦急、憂慮、恐懼、不安等情緒狀態，是一種知覺上的反常現象，包括：一般性焦慮症、恐懼症、強迫症等。
一般性焦慮症	1.「一般性焦慮症」：係指當事者隨時都會對任何事物產生焦慮反應，並伴隨失眠、注意力渙散、心悸等現象。 2.誘發原因：「一般性焦慮症」多源於外在事物的刺激。 3.精神分析論之觀點：「一般性焦慮症」是因為個人潛意識中的本我衝動受到超我的拒絕，而產生的現象。 4.認知心理學之觀點：「一般性焦慮症」係因為當事者對外在事物的認知判斷，過於焦慮所導致。

心理疾病	相關說明
強迫症	1.「強迫症」：係指當事者的行為無法受自我意識控制，而這種強迫行為已對正常生活造成困擾。 2.誘發原因：「強迫症」：多源於個人自己的內在思想。 3.精神分析論之觀點：「強迫症」係為一種心理防衛機制，以避免因為潛意識衝動遭到本我拒絕時的痛苦。 4.認知心理學之觀點：「強迫症」係指當事者的訊息處理模式，往往會對恐懼訊息進行強迫處理，進而產生強迫行為。
潔癖	1.根據精神分析取向的觀點，Freud指出兒童在人格發展的肛門期（約兩歲到三歲），會因為排泄糞、解除膀胱壓力，而獲得慾望上的滿足；但是，如果在肛門期的時候，父母對於幼兒的排泄訓過於嚴苛，則個體在成年之後就有可能會形成一種附著現象，而會表現出潔癖、頑固、剛愎、吝嗇等特徵。 2.若是根據社會學習取向的觀點，Bandura強調觀察學習及自律行為；所以個人可能觀察他人行為，而得到模仿的效果，例如兒童小時候因為看到其重要他人有潔癖的行為，當兒童表現出類似行為時，就會得到各種增強物；到了長大的時候，個體便有可能出現延宕模仿，表現出經過強化的行為，即潔癖。 3.由行為取向的觀點來看，根據Skinner操作制約的原理，其指出個人行為是受到刺激的增強物而存在的；所以個人潔癖的形成，很有可能是因為當個人維持整潔的行為時，因為受到正增強的鼓勵，所以便會維持這樣的行為。
憂鬱	1.憂鬱的認知症候： 　(1)具有強烈的自我否定感。 　(2)具有強烈的自卑感。 　(3)具有強烈的絕望無力感。 2.憂鬱的情緒症候： 　(1)長期處於情緒低落。 　(2)想要透過自殺遠離人間。 　(3)對所有人際互動皆不感興趣。 3.憂鬱的動機症候： 　(1)習得的無助感。 　(2)沒有進行任何事情的主動動機。 4.憂鬱的生理症候： 　(1)睡眠障礙。 　(2)食慾降低。 　(3)疲倦無力。

心理疾病	相關說明
情感性疾患	1. 情感性疾患（mood disorders）係指個體存在一種極端的情緒現象，是一種常態性的、連續性的狀態。 2. 情感性疾患的類型： 　(1)憂鬱症：一個人如果長期陷入情緒低潮，就會出現憂鬱症的症狀，其原因是造成個體困擾的情緒無法獲得排解。 　(2)躁鬱症：躁鬱症又稱為兩極化情感症，也就是有時極端狂躁，也時則極端憂鬱。 3. 以心理學的觀點說明情感性疾患的成因 　(1)行為主義觀點：情感性疾患的產生原因係指個體在現實生活中，缺乏正增強，缺乏適性的成功經驗。 　(2)精神分析論觀點：情感性疾患的產生原因在於現實生活的不順，引發個體在潛意識或早期經驗中的失落感。 　(3)認知心理學觀點：情感性疾患源於個體對於生活採取一種消極的認知態度。 4. 情感性疾患的治療方式： 　(1)採用抗憂鬱藥物，有助於恢復患者腦部正常功能，在使用抗憂鬱藥物時，應注意患者的過往病史，並且注意患者是否有藥物過敏之現象，此外，亦需結合其他抗憂鬱之方法，以協助憂鬱症患者順利康復。 　(2)給予情感性疾患正向支持，並給予適性的稱讚與認同。 　(3)採用移情分析、自由聯想等心理治療策略來轉移當事者的負向情感及想法。
轉化症	1. 轉化症（conversion disorder）：一般多認為和個人的心理因素有關，過去常稱為歇斯底里症，在臨床特徵方面，個人多具有生理異常症狀（選擇性的感覺器官失調或運動神經失調），但卻檢查不出原因。 2. 轉化症的成因說明-行為心理學的觀點： 　(1)具有轉化症的病患，常常會對本身的生理異常症狀有過度重視或過度冷漠的反應，且症狀只在有他人存在的地方才會表現出來。 　(2)根據行為心理學的觀點，這是因為他人對該症狀的關注刺激，會增強轉化症病患的反應，導致轉化症病患表現生理異常症狀。
體化症	體化症（somatoform disorder）最早提出者為Freud，係指個人潛意識或童年經驗等心理因素，所引發的個人生理異常症狀。

心理疾病	相關說明
歇斯底里症	歇斯底里症（hysteria）是一種持續性的自律神經失調的症狀。
自閉症	1.自閉症（autistic disorder）的行為特徵： (1)產生重複性動作。 (2)與他人溝通困難。 (3)人際互動障礙。 2.目前自閉症的成因尚無法有精確性的看法，但可以確定的是生理因素是造成自閉症的主要來源： (1)遺傳、染色體變異。 (2)懷孕或生產的意外。 (3)腦部發育不全或受傷。 (4)病毒感染。 3.將自閉症治療視為一種狀態的改變，給予相關的藥物治療，例如：精神藥物、生化治療等。 4.採用結構化教學、藝術治療等，改善自閉症兒童的社交障礙。 5.自閉症患者因為無法順利產生鏡映神經元的作用，所以無法對他人行為產生同感或同情，未來可以藉由活化鏡映神經元作用，來治療自閉症患者。
畏懼症	1.畏懼症（Phobia）的成因（行為主義觀點）： (1)本來個體是不會害怕動物的，動物原本對學生而言，是一種中性刺激。 (2)但是由於個體受到嫌惡性刺激，讓個體將其與學校這中性刺激產生了聯結，連帶使動物對於個體也具有嫌惡性刺激的作用，便產生畏懼症。 2.畏懼症的成因（精神分析觀點）： (1)畏懼的對象與個體的潛意識及早期經驗有關。 (2)畏懼症的產生原因也可能因為個體的超我與本我不斷的衝突。 3.畏懼症的治療方法： (1)洪水法係指經飽足原則而消弱害怕的心理，即讓個案長期面對自認會引起恐懼的事物，卻未有恐懼的結果發生，至該行為會降低出現率；例如，為了降低小明對於蟑螂的恐懼，在短時間內把許多蟑螂呈現在小明週遭，使她漸漸地習慣蟑螂，不再感到害怕。 (2)謹慎處理當事人的抗拒作用，並藉此探討其潛意識的作用。 (3)透過諮商員的解釋，促使當事人逐步擴大自我了解的層次，重新展現適當行為。 (4)對於當事人移情作用、抗拒或潛意識壓抑的經驗，常透過詮釋的技術分析。

(二)**對於有心理疾病的學生之輔導策略**

　　1.**現實治療法的策略：**

　　　(1)應積極協助學生發展責任感、接受現實、發展成功認同、滿足自我需求。

　　　(2)藉由建設性爭論，讓學生可以自我反省，以達到價值澄清。

　　　(3)隨著學生的反應，以緊密問題持續追問學生，以使學生可掌握實際情況。

　　2.**精神藥物的使用：**

　　　(1)精神藥物是用以治療個體精神疾病的藥物，其類型可以分為抗帕金森氏症藥、抗焦慮的鎮靜及安眠藥、情緒穩定劑、抗憂鬱劑、抗精神病藥。

　　　(2)學生採用精神藥物時，除了要依據醫師指示長期使用之外，亦要特別注意可能產生的副作用。

三　個體的偏差行為

(一)**青少年常見之偏差行為包括參加幫派，作弊、偷竊、輟學、吸毒、援交、自殺等，其產生原因如下**

　　1.其為失敗的學習者。　　　2.為了尋找新的經驗。

　　3.要追求被尊重的感覺。　　4.遺傳、腦部功能異常和生化失衡等因素。

　　5.家庭因素或是社會因素。

(二)**個體偏差行為類型**

偏差行為	相關說明
抽煙	1.最常被青少年濫用的物質是菸草，菸草在十二歲至十七歲是使用的高峰期。 2.青少年抽菸是想讓自己看起來很成熟、有魅力。 3.除非家人和同儕戒菸，否則青少年很難戒菸。 4.青少年早期抽菸的習慣與自尊心、地位需求有關。
宗教狂熱活動	青少年從事宗教狂熱活動最常見的特徵： 1.缺乏親密朋友與支持性團體。 2.對生活幻滅，對酒精、藥物上癮。 3.具理想主義。 4.中產階級的家庭。 5.天真、容易受狂熱事物的吸引。

偏差行為	相關說明
青少年 自我設障行為	形成原因： 1.自我意識強。 2.低自我價值。 3.負面學術傾向。
自殺	1.青少年自殺成因： (1)受到遺傳因素影響，青少年本身人格特質較為悲觀，且個性較為內向或憂鬱。 (2)受到同儕團體的影響，青少年可能因為不當的青少年文化或是因為人際關係挫折，而產生自殺行為。 (3)青少年容易充滿浪漫幻想，且如果受到不當的宗教影響，也容易產生自殺的偏差行為。 (4)青少年的家庭若是不健全，也容易造成青少年的自殺行為。 2.在面對可能有自殺傾向的個案時，輔導老師通常會運用「不自殺契約」來要求學生不傷害自己。 3.雖然個案了解到簽署「不自殺契約」是為他好，但是仍應該與導師和家長聯繫，共同持續關懷個案，以免憾事發生。 4.教師處理具輕生之意的憂鬱學生之策略如下： (1)注意青少年的行為。 (2)增加青少排解憂慮與自殺意向的解決策略。 (3)給予青少年適當的社會支持。 (4)協求其他更專業之機關或輔導單位協助。 (5)應建立全方位的輔導網絡，結合家庭、學校及社會的所有力量，給予青少年正向支持。 (6)應給予青少年正確的學習楷模，並多鼓勵青少年表達自我想法，且給予積極關注與真誠關懷。 (7)應教導青少年人際交往技巧，並多注意在自殺高危險群的青少年，以防範於未然。
聚眾鬥毆	1.當學生聚眾鬥毆時，教師首先必須要先採用隔離與冷靜中立處理的態度，以緩和現場氣氛為優先考量，並視事件嚴重性尋求校方與警方之協助，且必須會合家長與校方共同處理鬥毆事件。 2.教師在事後則必須要深入了解鬥毆事件發生之原因，並且採取適當的輔導與保護措施，且進行追蹤輔導，並且注意學生的日常行為表現，且要與家長與校方建立完整之輔導網路，力求以情、理、法兼顧的策略來防止報復行為的產生。

偏差行為	相關說明
酗酒	1. 酗酒往往是現代人健康的最大影響因素，酗酒患者可能產生認知功能缺陷： (1)說話不清楚。　　　　　(2)肢體運作不協調。 (3)走路蹣跚。　　　　　　(4)眼球會快速抖動。 (5)記憶力受到損害。　　　(6)昏迷症狀。 2. 酗酒患者可能產生腦構造病變：酗酒患者的大腦可能會受到酒精損害，例如：腦中風而產生眼球肌肉麻痺、神智不清等症狀。
上癮	1. 一般而言，長期使用心理興奮劑的人，在心理上為了想一再獲得感官與精神上的滿足，乃重複接觸與使用這些藥物，稱為上癮（addiction）。 2. 從行為與大腦互動的觀點論述上癮的現象如下： (1)上癮是一種行為現象，如果個人具有上癮行為，則離開上癮物會覺得難過，使用上癮物則會感到愉快。 (2)當個體重複使用上癮物，便會在個體的記憶中樞留下深刻記憶，進而影響個體的行為、情緒、認知等。 (3)換言之，上癮也是一種記憶對個體大腦的影響，當個體產生上癮現象時，個體大腦內會產生一種「內啡因」（endorphins），使人感到愉悅舒適。 3. 介入或處理上癮的方式： (1)採用適當的心理諮商，解決上癮的心理依賴性問題。 (2)透過家人或重要他人的支持網路，協助上癮的個體可以順利接受相關治療。 (3)採取預防重於治療的措施，例如：學校要宣導正確的用藥觀念，也要加強親職教育的落實。 (4)必要時，應尋求專業機關的協助，例如：醫院，若有違法事宜，也應尋求強制性的措施。

(三)運用正向管教解決青少年偏差行為之具體策略

1. 正向管教係指運用正面態度及適當策略，例如：同理心、積極傾聽等，促使學生健全發展。

2. 正向管教不是只是消極的不使用體罰，而應將焦點放在促進學生正向成長。

3. 學生作錯事可以進行正向管教，但是要避免負向管教。

4.**強調正向管教的原因：**

(1)法律觀點：教育基本法規定人民為教育主體，且明確規定不得體罰學生，要積極保護學生的學習權、受教育權及人身安全。

(2)哲學觀點：學生為教育主體，每位學生都有向上向善的潛力，所以應該透過正向管教協助學生正向發展。

(3)人本心理學觀點：學生具有獨特的存在價值，應對學生給予尊重及信任，且透過嚴格處罰，只會造成學生的心理暗影，無助學生正向發展。

(4)教育專業觀點：教育相關人員應具備足夠的專業態度及知能，運用適性的正向管教策略，來協助學生健全發展。

5.**運用正向管教解決青少年偏差行為之具體策略：**

(1)學校教育人員本身具有正確的道德認知及價值觀，可以以身作則，讓學生獲得良好的楷模學習。

(2)學校教育人員本身具有良好的自我情緒管理，以避免因為憤怒情緒，對學生做出不理性的行為。

(3)學校教育人員本身應具備充足的輔導專業，以運用適性的輔導策略，協助學生正向發展。

(4)可帶領學生從事公益服務活動（如校園整潔、社區清潔、養護機構、養老院、捐款、認養、環保、生態保育、尊親敬長等正向活動）。

(5)教師可於課堂及活動中多加發掘學生「各面向優點」並予以回饋鼓勵，使其優點得以激發與擴展。

(6)教師可透過學校日或親職教育活動與家長溝通，對家長宣導正向管教理念與作法，建立輔導管教之共識。

(7)應瞭解青少年文化心態特質和行為關聯之複雜性，以建立多元化的輔導策略。

(8)可運用共同危險因子的概念，增進早期發覺及診斷危險癥兆與評估高危險行為的能力

(9)應提供適合高危險群青少年需求的輔導策略。

(10)學校應強化以家庭教育和生涯發展為重點的一級預防工作。

(11)結合家庭、學校、社區資源，建立可行的輔導網路。

重點三 輔導與諮商的理論及方法

一 心理分析學派（Psychoanalysis）

(一)**代表學者**：佛洛伊德（Freud, 1856-1939）。

(二)**重要考點**：

1. **基本觀點**：

(1)悲觀取向的命定論、求生避死、潛意識控制行為、自我未能適當協調本我與超我的衝突會對心理健康最有負面影響。

(2)認為當個人的動機受到阻礙時，便會設法在另外的活動上尋求滿足。

(3)認為個人的早期經驗是決定人格的重要關鍵，成年期的人格發展取決於五歲之前的性心理發展。

(4)認為潛意識為人格組成的核心，人生而具有求生避死的本能，也是人與生俱來的驅力。

2. **人格結構**：

人格結構組成	相關說明
本 我	1.受「快樂原則」支配。 2.非理性的、非道德的。
自 我	1.受「現實原則」支配。 2.可調和本我及超我。
超 我	1.可經由教育和學習獲得。 2.符合良心、理想、道德性、社會規範。

3. **意識層次**：

層 次	相關說明
意 識	個人可察覺的部分。
前意識	個人可喚起及記得的部分。
潛意識	1.決定個人行為之關鍵。 2.個人無法直接觀察，但可藉由夢的解析、催眠、自由聯想等來獲得。 3.儲存個人所有的經驗、記憶及被壓抑的事物。

4.防衛機轉：

(1)防衛機制是指自我用來保護自己的一些心理策略，以避開正常生活過程中所會面臨的焦慮和衝突，亦即個體為求減少因超我與本我衝突而生的焦慮，形成一些改變本質的行為。

(2)這些行為非出自個體的意識，而是出於潛意識的境界，其歷程是在潛意識中進行的，而目的是要否定或扭曲現實，因此自我防衛機制是可以減緩壓力所造成的情緒衝突。

(3)佛洛依德認為若過度使用防衛機制者會造成神經症，原因是花了太多心理能量去扭曲、偽裝，而很少努力去經營有意義的生活目標及良好的人際關係，使得個人的人格產生失調。

(4)佛洛依德認為人類常見的防衛機制：

防衛機轉	相關說明
攻擊作用	個體產生一種得不到就毀掉它的心理防衛機轉。
固著作用	個體的自我無法克服發展危機，導致人格發展停滯之情形。
壓抑作用	1.抑制本能衝動。 2.個體若過度壓抑，則會表現出緊張、退縮之行為。
反向作用	1.表現出和本身真正價值觀或態度相反的行為。 2.實例：以自大掩飾自卑。
投射作用	1.將自己不為社會所接納的慾念加諸他人，藉以減輕自己缺點所產生的焦慮。 2.實例： (1)當一個學生因為作弊而要接受處罰時，反而指責班上其他同學亦常常在考試時作弊。 (2)某教師對教書工作常有抱怨，他覺得很多教師對教書工作也有所不滿。
合理化	1.亦稱為文飾作用。 2.以自認為合理的理由，解釋其行為動機，以獲得認同。 3.實例： (1)教師體罰學生，卻說孩子不打不成器。 (2)吃不到葡萄，卻說葡萄酸才不吃。
昇華作用	1.將不為社會所認可的動機與慾望，以符合社會標準的行為來表現，藉以達成自己的願望。 2.實例：上課愛講話的學生，日後成為演講高手。

防衛機轉	相關說明
補償作用	1.以實際行為在某方面力求表現，以彌補自己某方面的缺點。 2.實例： 　(1)一位在運動場上失意的學生，可能改從課業方面求取表現。 　(2)「失之東隅，收之桑榆」。
退化作用	實例：今年已四歲的小明，自從弟弟出生以後，就變得經常會尿濕褲子。
替代作用	實例：小民因為沒有繳交功課，在學校被老師處罰，他回家之後就對弟弟亂發脾氣。
認同作用	實例：小孩常喜歡將自己打扮成蝙蝠俠、超人、小飛俠等來幫助弱小的人。
反向作用	實例：小明為維護他在老師心目中好學生的形象，因此對班上經常會找他麻煩，讓他非常討厭的同學，不僅沒有惡言相向，反而表現得特別友善。
轉移作用	實例：小孩在憤怒時若無法直接攻擊引起憤怒的對象（哥哥），便會將憤怒轉移到其他對象（洋娃娃）。
否認作用	實例：導師發現小玲的人際關係不佳，下課都沒有人要跟她玩，於是打電話給小玲的媽媽，希望媽媽可以從旁了解小玲的感受。媽媽問小玲跟同學的互動如何，她說：「不會啊！大家都對我很好。」，小玲的反應屬之。
移情作用	實例：小玉在心理輔導過程中，會不自覺地將她過去對母親的感受，轉到輔導老師的身上。
理智化作用	根據安娜・佛洛依德（A. Freud）的觀點，青少年不只嘗試更多相同的防衛，他們更會形成自我組織的新機轉，例如：使用更抽象、智能推理去合理化自己的行為。

5.**輔導與諮商目標**：
　(1)解決人的自我及本我間的內在衝突。
　(2)使個體潛意識能被觀察。
　(3)協助個人發展統整人格。

6.**輔導與諮商方法**：
　(1)以「夢的解析」、「自由聯想」等方式鬆弛當事人的精神。
　(2)謹慎處理當事人的抗拒作用，並藉此探討其潛意識的作用。

(3)透過諮商員的解釋，促使當事人逐步擴大自我了解的層次，重新展現適當行為。

(4)對於當事人移情作用、抗拒或潛意識壓抑的經驗，常透過詮釋的技術分析。

二　個體諮商學派（Individual psychology and Adlerian counseling）

(一)**代表學者**：阿德勒（A. Alder）。

(二)**重要考點**：

1.**基本觀點**：

(1)人具有社會性，會產生獨特的生活方式（生活型態）。

(2)積極的自我決定論。

(3)認為當個人的動機受到阻礙時，便會設法在另外的活動上尋求滿足。

(4)認為個人的早期經驗是決定人格的重要關鍵，認為生活格調大約形成在四歲到五歲之間。

(5)認為意識為人格組成的核心，而人與生俱來的內在趨力是追其卓越的特質。

(6)提出自卑情結的觀點，其認為當個人面對困難情境時，無力感與無助感會形成對自己失望的心態，而那就是自卑感。

2.**人格動力**：

(1)追求卓越。

(2)克服自卑。

3.**生活方式（生活型態）**：

(1)個人的人格，係指在社會化中形成一種獨特的生活方式。

(2)生活方式的本質在早期已確定，並主導個人行為。

4.**社會興趣(social interest)**：青少年覺知自己是社會的一份子，並以平等的態度關 他人福祉。

5.**諮商歷程順序**：

(1)建立諮商關係。

(2)探索生活方式的結構與動力（評量與分析）。

(3)頓悟與解釋。

(4)重新定位。

三　意義治療法（Logotherapy）

(一)**代表學者**：法蘭克（V. Frankl）。

(二)**重要考點**：

  1.**基本觀點**：

   (1)存在主義取向。

   (2)協助當事人發現生活中的生命意義。

   (3)人具有自由意志，來克服環境的種種限制。

  2.**諮商方法**：

   (1)讓當事人找到生命價值意義。

   (2)可使用不斷的討論、分析、說服。

   (3)透過「完成一件事」、「體驗一個價值」、「經驗痛苦，找出痛苦意義」等途徑，來消除當事者的生命空虛感。

   (4)矛盾意向法。

   (5)去反射法。

四　個人中心諮商法（Person-centered counseling）

(一)**代表學者**：羅吉斯（C.Rogers），又稱為案主中心治療法。

(二)**重要考點**：

  1.基本觀點：

   (1)非指導性諮商方式。

   (2)個體任何心理問題皆源於情緒的阻礙。

   (3)強調當事人與心理諮商師之間的良好關係。

   (4)對人性抱持積極的看法，相信人是可信賴。

   (5)開啟了諮商關係的良好典範，以尊重、關懷、接納等態度，來彼此溝通，是最安全的心理治療。

   (6)諮商者給予當事人的訊息：「我瞭解並在意你」。

   (7)同理心係指將對當事人內在世界的了解，傳遞給當事人。

   (8)認為個人對於自己的了解、認識與感受，統稱為自我觀念。

   (9)這種關係由個人在生活領域中所經驗到的一切，逐漸形成的，亦即為「現象場」。

2.人格結構：
　(1)個體：個人的整體，包括認知、行為及想法等。
　(2)現象場：個人經驗的所有內外在世界。
　(3)自我：是現象場的獨特部分，由主觀的知覺及種種有關「我」的感受
　　　及價值觀念所組成，為個體與環境交互作用的產物。
3.個體若只選擇符合自己價值體系的經驗，而限制其知覺範圍，久而久
　之，就容易出現不適應行為。
4.諮商方法：
　(1)營造適宜的諮商情境氣氛。　　　(2)建構信任的諮商關係。
　(3)強調諮商者的態度。　　　　　　(4)真誠一致。
　(5)無條件積極地關懷。　　　　　　(6)同理心。
　(7)使受輔導者在輔導過程中扮演主導角色。
　(8)輔導員的態度重於其技術，注重聆聽、接納、尊重、了解和回應

(三)同理心
1.同理心為心理學領域中的重要概念，同理心係指「心理學上指能站在對
　方的立場，設身處地去體會當事人感覺的心理歷程」。
2.同理心的表達方式：
　(1)瞭解對方的主觀想法，並站在對方立場進行思考。
　(2)採用對方的語言，以增加溝通及互動的可瞭解性。
　(3)真誠地與對方進行互動，且溝通符合真理性與正當性。
3.同理心的使用時機：
　(1)欲與對方建立更親密和信任的關係時。
　(2)欲蒐集更多資料，澄清對方的相關問題時。
　(3)欲增加對方自我探究及瞭解的層次時。
4.同理心的類型：
　(1)專注的同理心。　　　　　　　　　　　　(2)共鳴的同理心。
　(3)瞭解的同理心。　　　　　　　　　　　　(4)回饋的同理心。
5.同理心的深度區分：
　(1)初層次的同理心：助人者能夠瞭解對方的一般性感受及經驗；助人者
　　　能夠根據對方的外顯具體行為給予適切回饋。
　(2)高層次的同理心：助人者能夠瞭解對方隱含的深層感受及想法；助人
　　　者能夠明白對方的隱喻或暗示，並做出正確的判斷及回應。

(四)**個人不適應之問題行為分析**：若以Rogers的觀點來看，個人會產生不適應之問題行為之原因在於個人在生活經驗中，是常常受到他人責罵、批評與欺負，於是產生負面的自我觀念，進而影響到他的行為。

(五)**讓長大的人比較可以發揮其功能之養育方式**：若以Rogers的觀點來看，在個體成長的歷程中，應該多多給予鼓勵與稱讚，以幫助其建立正面的自我觀念，讓他對自己充滿自信與自尊，個人潛能得到充分發展，等個人長大後，自然可以發揮其應有之功能。

五　行為諮商法（Behavioral counseling）

(一)**代表學者**：艾森克（H. Eysenck）、渥爾培（J. Wolpe）、班度拉（A. Bandura）、克蘭波茲（J. Krumboltz）及索瑞森（C.Thoresen）等。

(二)**基本觀點**

　　1.理論基礎為行為主義的學習理論。

　　2.對人性持環境決定論的觀點，人性是享樂主義取向。

　　3.行為是制約學習的結果，任何行為若得到適當的增強，則會使行為重覆出現。

　　4.諮商方法：

　　　(1)將「關係」視為諮商成功的必要條件，但卻非充分的條件。

　　　(2)在初次晤談時，諮商員與當事人要共同討論諮商的意義與目的。

　　　(3)要求當事人訂立具體明確的契約，作為將來諮商的主要依據。

　　　(4)主要諮商技術包括系統減敏感法、強化、自我管理與認知重組等

(三)**輔導策略**

策略	相關說明
系統減敏感法	1.代表學者：臥爾坡（Wolpe），理論基礎為古典制約作用。 2.最重要的第一步驟是：鬆弛訓練。 3.主張以身體鬆弛作為交互抑制，以達成恐懼、焦慮的克服。 4.基本假設：焦慮反應是學習而來，是制約後的產物，可以藉著相反的替代活動來消除，即反制約作用。 5.實例：為了協助建樺克服考試的焦慮，老師一方面協助他分析在不同時間點及不同類型的考試下的焦慮程度，另一方面指導他肌肉放鬆的方法。在建樺的身體完全放鬆時，再引導他從引發焦慮程度最低的考試情境想像起，逐級而上。

策略	相關說明
洪水法	1.係指經飽足原則而消弱害怕的心理，即讓個案長期面對自認會引起恐懼的事物，卻未有恐懼的結果發生，至該行為會降低出現率。 2.實例：為了降低小明對於蟑螂的恐懼，在短時間內把許多蟑螂呈現在小明週遭，使她漸漸地習慣蟑螂，不再感到害怕。
行為改變技術	實例：為改正某位學生上課「愛講話」的行為，林老師先記錄分析該生的初始行為，確定目標，選擇合宜的獎賞，採漸進的方式改善行為，最後獲致了若干效果。
自我肯定訓練	1.減低當事人對社會情境的恐懼、退縮或過度的反應，訓練其以適宜的人際關係技巧。 2.實例：國二的小明難過或受到委屈時，很少表達自己的意見，甚至會哭泣或躲起來，自我肯定訓 的行為治療技術，何者對小明是較為適當的。
楷模學習	1.亦稱為示範法。 2.提供當事人是當楷模，藉由模仿學習與增強作用，減少恐懼心理。
內爆法	要求當事人想像會引起焦慮的刺激，且伴隨可怕的結果出現在腦海。
嫌惡治療法	每當個體出現不好的行為時，便給予嫌惡刺激，以消弱其行為出現頻率。
認知行為治療	1.可運用壓力免疫訓 。 2.訓練當事人覺察負向思考（例如：環境因素和個體行為的不當連結），並以正確認知思考取代的歷程。
代幣法	1.是將合宜和不合宜的行為及其相對應的獎賞和處罰先作明確、客觀的定義。 2.所定義的行為必須是容易觀察評估的。 3.根據的理論基礎，主要是效果律和聯結律。

(四)古典與操作制約之相關概念

1. **增強作用**：因增強物的提供，而使個體某種行為反應經過強化而保留的活動歷程。
2. **正增強**：因增強物出現而增加某種行為反應出現頻率的現象。
3. **負增強**：因增強物消失而增加某種行為反應出現頻率的現象。
4. **類化**：刺激反應間發生聯結之後，類似的刺激也將引起同樣的反應。

5.**消弱現象**：刺激反應間發生聯結之後，如增強停止，制約反應之強度將逐漸減低，最後終將停止反應。

六 理性情緒諮商法（Rational-emotive counseling）

(一)**代表學者**：艾里斯（A. Ellis），又稱為理性情緒治療法(rational emotive therapy)、認知行為治療法。

(二)**基本概念**：

1.**基本觀點**：

(1)人類具有理性信念及非理性信念，探討個體的理性信念系統，找出不合理或非理性的信念，並協助個體採取合理性的想法。

(2)人同時是理性和非理性的動物，可進行有理性的思考及非理性的思考。

(3)認知歷程會影響個體行為與情緒，但可以經由改變認知歷程來改變行為與情緒，具高度的教育性。

2.**哲學基礎**：斯多噶哲學(Stoic Philosophy)。

3.**A-B-C-D-E-F人格理論**：

(1)A（activating event）：正在發生的經驗事件。

(2)B（belief）：案主抱持的信念。

(3)C（emotional and behavior consequence）：案主信念引發的情緒結果。

(4)D（disputing intervention）：諮商者進行檢視干預。

(5)E（effect）：諮商後的成果及成效。

(6)F（new feeling）：諮商後，案主新得到的新感覺。

4.**目標**：

(1)改變當事人的非理性信念及自我摧毀傾向。

(2)引導當事人發展理性信念及接受事實。

(3)鼓勵當事人以正向態度面對生活。

5.**諮商方法**：

(1)協助當事人改變非理性信念，並以合理信念替代，以防止當事人產生情緒困擾。

(2)強調諮商者主動與當事者進行互動，包括：勸說、爭辯等。

(3)認知技術：認知的家庭作業、適當使用幽默感、駁斥非理性信念。

(4)情緒技術：理性取向的情緒想像、角色扮演、克服害羞的情緒、正向自我對話、正向想像法。

(5)行為改變技術：操作制約、系統減敏法。

(三)由艾理斯(A. Ellis)觀點看情緒困擾

1. 主張個人的情緒困擾源於個人的非理性信念，而這些非理性信念是個人從重要他人學習得來。

2. 換言之，由於個人會產生非理性信念，且透過自動提示（autosuggestion）和自我重複的過程，加強非理性信念，導致個人的情緒困擾變嚴重。

3. 認為大部分的情緒困擾起源於他人及自我的責備，所以，要解決情緒困擾，人們必須學習接納自己。

(四)由艾理斯(A. Ellis)觀點說明輔導有霸凌行為的國小學童之策略

1. 駁斥非理性想法：要指出有霸凌行為的兒童的「事件無法忍受」、「情境煩亂不堪」等等非理性想法，並加以駁斥。

2. 改變語言型態：協助有霸凌行為的兒童改變語言型態，用不同的思考方式來確立正向理性信念。

3. 家庭作業：要有霸凌行為的兒童，將自己認為的問題列出來，以找出兒童的非理性信念，予以駁斥。

4. 對有霸凌行為國小兒童，輔導人員應瞭解霸凌行為事件並非兒童情緒反應的原因，輔導重點應在於兒童的非理性信念，所以輔導者要進行適當的諮商介入，希望能使兒童產生正向的理性信念。

七 現實治療法（Reality therapy）

(一)代表學者：葛拉塞（W. Glasser）。

(二)重要考點：

1. 基本觀點：

(1) 強調「現實」、「責任」、「正確」及「錯誤」與個體生存的交互關係。

(2) 重視遺傳與環境對人的影響，不接受命定論的觀點。

(3) 協助當事人能更有效滿足自己的需求，並挑戰他們目前所做所為是否能滿足一己之需求。

(4) 專注當事人完整行為的瞭解。

2. 人的心理需求：愛與被愛、自我價值感。

3.生活型態：
(1)成功認同者：對人生抱持積極態度。
(2)失敗認同者：對人生抱持消極態度。

4.**諮商方法**：
(1)諮商者應透過教導方式，讓當事人了解「正確」與否的標準。
(2)應積極協助當事人發展責任感、接受現實、發展成功認同、滿足自我需求。
(3)設限：要讓當事人知道所有情境都具有種種限制。
(4)跟進：諮商者隨著當事人的反應，以緊密的問題持續追問當事人，以使當事人可掌握實際情況。
(5)建設性爭論：諮商者藉由爭論，讓當事人可以自我反省，達到價值澄清。
(6)語言震驚法：諮商者以諷刺、嘲笑等語氣，刺激當事人從不同角度思考。
(7)幽默。
(8)對質。

5.**WDEP系統**：
(1)「W」（Want）：案主本身需求。
(2)「D」（Do）：案主本身行為。
(3)「E」（Evaluation）：案主本身對自己的評估。
(4)「P」（Plan）：案主本身對自己的相關行動計畫。

(三)**從WDEP系統觀點，說明輔導人員促使案主改變的可行作為**
1.輔導人員幫助案主瞭解本身需求。
2.輔導人員幫助案主瞭解本身展現行為。
3.輔導人員幫助案主進行自我評估。
4.輔導人員幫助案主進行相關的自我行動計畫。

八　完形治療法（Gestalt therapy）

(一)**代表學者**：皮爾斯（F. Perls）。
(二)**重要考點**
1.**基本觀點**：
(1)理論基礎為存在主義及現象學。
(2)整體大於部分之和，夢是通往統整的捷徑。

(3)當事人抗拒接觸的形式：回攝、融合、投射、解離。

(4)重視當事人的洞察。

(5)未竟事務（unfinished business）觀點。

2.諮商方法：

(1)著重讓當事人在此時此刻去覺察他們正體驗到什麼及在做什麼，目的在統整個人時常存在的內在衝突。

(2)空椅法：運用兩張椅子，象徵衝突立場，當事人輪流坐在兩張椅子上，進行角色扮演及自我對話。

(3)「我負責」策略：例如，為培養小明的負責任態度，媽媽要小明在決定事情時，說出：「我要為自己剛剛說的話負責。」

(4)巡迴遊戲：在一個青少年團體中，團體領導者邀請一名容易對人出現疑心的成員，依序走到其他成員的面前，一一對著他們說：「我不能信任你，所以不敢跟你交朋友」。

(5)對話遊戲。

(6)「我有個秘密」策略。

九　溝通分析法（Transactional Analysis）

(一)代表學者：伯尼（E. Berne）

(二)重要考點：

1.自我的人格結構（P-A-C）：

(1)父母。　(2)成人。　(3)孩子。

2.認知導向的治療學派，非體驗或關係取向。

3.人需要得到身體和心理的撫慰，以便建立對環境的信任感和愛他們自己的基礎。

4.溝通分析取向的團體帶領者最像教師。

5.角色扮演是一個重要的諮商方法。

(三)四種人生態度

1.我不好-你好。　　2.我不好-你不好。

3.我好-你不好。　　4.我好-你也好。

✚　焦點解決短期心理諮商（Solution-Focused Brief Therapy，SFBT）

(一)基本精神

1.重視將輔導目標放在運用學生個人的資源，來協助他們改變。

2.強調「解決─建構（solution-building）」的概念。

3.案主的任何行為並非一定有原因。

4.案主的問題行為有協助諮商功能。

5.案主通常是解決本身問題的諮商專家。

6.從小處著手，注意例外情況。

7.抱持正面想法。

8.把每一次的諮商都當作最後一次。

(二)諮商技術

1.**目標問句**：有具體的目標。

2.**例外問句**：重視案主的過去成功經驗。

3.**假設問句**：水晶球問句（假設可看到未來情況）、奇蹟問句、擬人法問句（假如你是紅綠燈）、轉化問句（假設時間從未來到現在）、結局問句。

4.**量尺問句**：打分數的問法。

✚一　貝克（A. Beck）認知治療

(一)貝克認知治療之相關內涵：

1.結構取向的心理治療學派。

2.提出「自動化思想」（automatic thoughts）與「認知扭曲」（cognitive distortions）。

3.個人心 的內在溝通內容，可透過自省的方式獲得

4.個人產生心理異常或情緒困擾的原因在於個人具有扭曲的認知，來解釋外在的事情。

5.「災難化」係指當事者對面對事情，會產生一種負面的內在心理傾向

(二)採貝克認知治療的方式改善個人情緒之可行途徑

1.先注意案主常常出現的負面想法。

2.讓案主瞭解他常常出現的負面想法，以及因此所導致的行為改變。

3.透過合作、傾聽、專業態度、幽默等，來修正案主的扭曲認知。

4.鼓勵案主發展正向的認知。

十二 後現代主義取向的輔導與諮商理論

(一)後現代主義的特徵

1. 後現代主義係一連串質疑與超越現代主義與啟蒙思想的思潮，代表學者為Lyotard、Giroux等。
2. 反對後設敘述和巨型敘述，強調應顛覆傳統知識的本源，認為溝通是在於悖理邏輯與破除理體，而非建立共識。
3. 主張解中心化的哲學論述，重視邊際論述的多元聲音。
4. 強調異質性，認為包容、尊重與多元是其中心思想。

(二)後現代主義對諮商輔導的影響

1. 發展出新興的諮商輔導觀點，例如：(1)敘事諮商。(2)焦點解決短期諮商。
2. 諮商者與當事者間的關係是合作平等的。
3. 重視當事者的故事敘述、詮釋及意義，強調諮商者是扮演一種學習者的角色。

十三 輔導諮商技巧

輔導諮商技巧	相關說明
面質	1.「面質」又稱為對質，係指諮商員對當事者的思想行為有充分瞭解，並可指出當事者矛盾的地方，以協助當事者去承認自己的錯誤之處。 2.實例：輔導老師對當事人說：「你說過你要去做，那你什麼時候有做到呢？」
立即性	實例：王老師與高一的美華有良好的晤談關係，最近他發現美華特別依賴此一晤談關係，王老師覺得這樣不妥，於是與美華討論此種依賴關係。
行為演練	實例：小芳老師輔導一位人際衝突的學童，透過「引導想像」及「角色扮演」方式，習與衝突對象之對話。
澄清技巧	藉由團體領導者與成員之間的問答過程，使成員自由的、完整的表達，並對個人情況進一步評量、探索。
自我探索技巧	1.仔細傾聽。 2.晤談時以當事人本人為焦點。 3.協助當事人將談話內容具體化。

輔導諮商技巧	相關說明
建立正向治療 關係技巧	仔細地傾聽個案，並適時給予同理。
催化性技巧	初層次同理心、專注、反映、引導。
挑戰性技巧	高層次同理心、自我表露、立即性、面質。
行動性技巧	行為預演、建立契約、問題解決
結構化技術	諮商過程所有的細節都有明確界定，例如：費用、時間等。
自我管理策略	1.適用領域：臨床心理治療、教育、組織管理。 2.認知行為取向的治療策略。 3.基本要點： 　(1)個體透過內在語言的自我對話，來改變外在行為。 　(2)重視個體的自主管理與獨立性。 　(3)自我管理含括自我控制概念。 4.自我管理策略： 　(1)設定明確具體的行為目標。 　(2)透過自我觀察與自我紀錄，進行自我監控。 　(3)自我評估。 　(4)透過自我獎賞及自我懲罰，進行自我增強。
隔　　　離	1.定義：屬於一種行為改變技術，係指當個體出現不適當行為時，讓個體遠離行為發生情境，包括：人、事、物，以使個體的不適當行為出現頻率減少。 2.目的：制止個體的不適當行為，多應用教育情境中的班級經營。 3.隔離策略和處罰的相異處： 　(1)處罰尚包括施予式懲罰，概念範圍比隔離策略要廣。 　(2)隔離策略較為重視個體的自我反省及覺察。 4.隔離策略和處罰的相同處： 　(1)可制止個體的不適當行為。 　(2)皆可應用於班級經營中。
積極傾聽	1.諮商者以認真的態度來傾聽當事者的訴說，而不表示贊同與否的意見。 2.可以創造給予當事者安全感受的諮商環境，可以有效建立信任的諮商關係。

輔導諮商技巧	相關說明
簡述語意	1. 將當事者所表達的部分，諮商者用自己的話重新覆述一遍。 2. 目的在於讓當事者可以明白諮商者是否真的瞭解當事者要表達的意義及感受，可以有效建立信任的諮商關係。
情感反映	1. 諮商者將本身所感受的當事者情感部分，明白的告知當事者，包括：反映內容、反映感覺、反映行為意義、反映當事者未表達的情感部分。 2. 可以有效建立信任的諮商關係。

自我評量

一、請從精神分析取向、社會學習取向與行為取向解釋潔癖之成因。【94年普考】

二、請說明巴夫洛夫（Ivan Pavlov）的「古典制約理論」（classical conditioning）之主要內容，並根據此理論解釋懼學症的形成過程，以及說明此理論在心理治療上有何應用。【94年地方四等特考】

三、婚姻暴力受虐者不但為施虐者辯護，也為自己的遭遇承擔罪名，且持續待在這種不好的關係中。請以認知失調理論（cognitive-dissonance theory）與認知一致理論（cognitive-consistency theory）說明此現象。【95年普考】

四、何謂「系統敏感遞減法」（systematic desensitization）？請問如何使用系統敏感遞減法來治療一個患有「懼蛇恐懼症」的人？【96年普考】

五、何謂情感性異常症（Mood disorder）？試由心理生理、心理動力、人本論、行為論、認知以及文化取向，解釋情感性異常症。【96年地方四等特考】

六、請說明何謂社會恐懼症？由行為論的觀點說明它可能形成的原因及治療策略。【97年普考】

七、比較「一般性焦慮症（generalized anxiety disorder）」與「強迫症（obsessivecompulsive disorder）」差異。【98年普考】

八、壓力對個人生理和心理造成那些影響？生活中的壓力源有那些？面對壓力的調適方法有那些？你／妳最常使用的是什麼方法？效果如何？【100年地方四等特考】

九、試說明自我調整（self-regulation）之學習理論模式及其具體做法。【100
年地方三等特考】

十、試以班杜拉（Bandura）（1986）的觀察學習（observational learning）之
四個階段，解析為何學生在多年的英文學習後，仍無法開口對外國人講英
文之理由。【100年地方三等特考】

十一、一個人的情緒行為受先天遺傳與後天教養的影響，情緒商數（emotional
quotient, EQ）指的是什麼？情緒商數高的人會表現出那些特徵？我們
要如何提升我們的情緒商數？【101年地方四等特考】

重點試題解析範例

一、情緒激動時常會產生那些生理反應？我們要如何察覺個人的情緒特徵？如何有效的調適個人的情緒行為？【100年地方四等特考】

答：個人情緒激動時常會產生特定生理反應，茲說明如下：

(一) 個人情緒激動時的生理反應類型

　　1.個人情緒激動時，生理反應會受到交感神經系統的影響。

　　2.常見的生理反應如下：

　　　(1)血壓上升，心跳加速。　(2)瞳孔放大、肌肉緊張。

　　　(3)汗液增加，唾液減少。　(4)感覺噁心，身體發抖。

　　　(5)暈倒，身體產生雞皮疙瘩。

(二) 察覺個人的情緒特徵之方法

　　1.觀察每個人的臉部表情，但是要注意臉部回饋假說。

　　2.觀察每個人的肢體語言及非肢體語言。

　　3.觀察每個人的生理變化。

(三) 有效調適個人情緒行為的途徑

　　1.重要他人應給予當事者正向回饋及期待，並教導當事者多進行自我
肯定，向良好楷模學習，建立高自我價值。

　　2.協助當事者擁有社會技巧及認知策略，包括：認識自己情感、表達
自己情緒等。

　　　　3.教導當事者調整自己的生活作息，例如：充足睡眠、適度運動等。

　　　　4.教導當事者學會正面思考及時間管理，以避免因為未完成工作所帶
　　　　　來的負面情緒及壓力。

　　參考書目：艾育（2013），心理學（含概要）主題式高分寶典（包括
　　　　　　　　諮商與輔導），千華。

　　　　　　　　陳烜之（2007），認知心理學，五南。

二、班度拉（A. Bandura）是當代最重要的心理學家之一，試介紹其理論要點。並請說明其理論在社會、教育、諮商與心理治療上的應用。【101年普考】

答：Bandura提出社會學習論，於此按照題目的規定，依序說明如下：，

　(一)Bandura的社會學習論要點

　　　1.個人行為係經由環境與個人交互作用而產生。

　　　2.個人會經由自我觀察、自我評價、自我強化的歷程，來培養自律的
　　　　行為。

　　　3.自我效能係指個人對自己人格特質的綜合評價。

　　　4.強調楷模（重要他人）對個體人格發展的重要性。

　　　5.模仿學習：直接模仿、綜合模仿、象徵模仿與抽象模仿。

　(二)Bandura的理論在社會、教育、諮商與心理治療上的應用

　　　1.根據社會學習論觀點，說明青少年道德發展之重點

　　　　(1)青少年道德發展建立道德行為時，不需要直接經驗，只要經由觀
　　　　　察楷模，進行模仿，就能夠展現出預期的道德行為。

　　　　(2)其亦認為只要經由賞罰的學習歷程，就可以幫助學生建立道德
　　　　　行為。

　　　2.教育上的應用：

　　　　(1)教師應以身做則，兼具人師與經師之功能，並給予學生正向教師
　　　　　期待與適性回饋，以讓學生順利展現學習行為。

　　　　(2)教師可善用合作學習、角色扮演法、示範教學等，讓學生獲得觀
　　　　　察學習，也可透過表揚重要他人的優良表現，讓學生獲得楷模
　　　　　學習。

(3)教師在班級經營中，應善用社會性增強策略，並且給予學生適時增強，以讓學生進行自我調整學習。

(4)社會學習論可以做為培養學生自律行為的理論基礎，透過社會學習論之應用，可讓學生藉由自我觀察、自我評價、自我強化等過程，展現本身自律行為。

3.諮商與心理治療的應用-解釋潔癖成因：

(1)若是根據社會學習取向的觀點，Bandura強調觀察學習及自律行為。

(2)所以個人可能觀察他人行為，而得到模仿的效果，例如兒童小時候因為看到其重要他人有潔癖的行為，當兒童表現出類似行為時，就會得到各種增強物。

(3)到了長大的時候，個體便有可能出現延宕模仿，表現出經過強化的行為，即潔癖。

參考書目：艾育（2013），心理學（含概要）主題式高分寶典（包括諮商與輔導），千華。

教育圓夢網（2013），94至102年教育行政高普特考解析，教育圓夢網。

第六篇　教育測驗與統計重點精析

第1章　教育測驗

頻出度A：依出題頻率分為：A頻率高、B頻率中、C頻率低

各考試出題排行榜　高考　地方三等
普考　地方四等

重點一　測驗的意義

一　測驗、測量、評量與評鑑

	意義	特徵	實施方式
測驗 （test）	對於具代表性的樣本進行針對個人特質的系統性程序。	強調客觀性。	智力測驗、性向測驗等。
測量 （measurement）	透過測量工具，用數字描述個人特質或所測事物屬性。	不涉及價值判斷。	檢核表、問卷施測等。
評量 （assessment）	教師蒐集、整合與詮釋學生所有的學習表現，以擬定出適當的教學決定之歷程。	要進行價值判斷。	真實評量、變通性評量、實作評量等。
評鑑 （evaluation）	根據特定的價值規準，對於教育事務進行價值判斷的歷程。	要進行價值判斷。	形成性評鑑、總結性評鑑、安置性評鑑、診斷性評鑑等。

二　測驗的標準化

係指測驗在實施、計分與解釋程序上的一致性。

三　測驗的功能與特徵

(一)測驗的功能

面　向	內容
教　學	有助瞭解學生的先備知識、設置明確的教學目標、提升教學活動品質等。
教育行政	有助作為入學決定的工具、可作為決定教育計畫與政策的依據等。
輔導諮商	可幫助學生試探本身性向、了解自己、接受自己，以提升生活適應能力等。

(二)高品質測驗的特徵

1.具有高效度。　　　　　　　2.具有高信度。

3.具有適當常模。　　　　　　4.具有高實用性。

5.具有明確具體的測驗指導語。　6.具有清楚具體的計分說明標準。

四　測驗者分數的影響因素

影響因素	說明
主試者	主試者的性質、對測驗之瞭解程度、專業程度等，都會影響測驗分數的真實性。
計分程序	計分程序的客觀性與標準化與否，都會影響測驗信度，也會影響測驗分數的真實性。
測驗情境	測驗指導語、測驗環境的光線、噪音、通風性等，都會影響測驗分數的真實性。
測驗材料	測驗試題多寡會影響測驗信度，也會影響測驗分數的真實性。
受試者	受試者的性質、變異性、代表性等，都會影響測驗分數的真實性。

重點二　教育測驗的基本概念

一　信度

(一)基本概念

面　向	說　明
信度意義	1.信度可視為真正分數的變異量在實得分數總變異量所佔的比率。 2.受試團體在測驗分數的差異越大，異質性越高，則信度通常也會較高。 3.在原有條件（學生能力、難度、鑑別度等）都不變的情況下，測驗題目越多，則信度會越高。 4.一個原本為50題之心理測驗工具，如果將難易度及鑑別度均相當之題目增加一倍，使總題目數成為100題，將對該測驗工具的信度有最大貢獻。
信度功能	1.代表測驗分數具有一致性、穩定性及可預測性，可反映測量工具與程序。 2.測驗要能夠為同一位學生提供前後一致的測驗結果。 3.為測驗品質是否優良的指標。
信度係數	1.題目愈多，信度愈高。 2.難度中等的成就測驗，比難度高的或低的成就測驗有較高的信度。 3.愈能區分高、低成就者的測驗，題目信度愈高。 4.當分數的全距越低時，信度係數會越低。
信度指數	表示某一測驗的真實分數與觀察分數間關係程度的相關數值。
內容取樣誤差	1.測驗試題取樣上的適切程度會影響到信度。 2.內容取樣誤差的相對應信度計算方法，有複本方法、內部一致性方法（包含折半方法、庫李方法）。
時間取樣誤差	1.指同樣或類似的測驗在不同時間舉行，間隔時間的長短會影響到受試者本身情況與測驗情境，進而影響信度的穩定性。 2.時間取樣誤差的相對應信度計算方法，有重測方法和複本方法兩種。
評分者誤差	不同評分者評閱測驗時，會因個人主觀判斷上的差異性而影響到信度。評分者誤差的相對應信度計算方法，包含評分者方法。

面　向	說　明
系統性 測量誤差	學習、訓練、遺忘與生長等因素，會以固定的方式影響測驗分數，會一致性的高估或低估測驗分數。
信度校正	可以採用斯布公式校正。

(二)類型

類　型	說　明
再測信度	1. 重測信度是穩定性分析，又稱為穩定係數，係指同樣一份測驗題本，隔一段時間後，給同一群學生測驗兩次，再依據這兩次測驗分數，計算得到的相關係數。 2. 在性向測驗中，性向屬於一種需長時間觀察才會改變的個人心理特質，故在計算重測信度時，必須要有一定的時間間隔，所以其計算重測信度的重測時間宜最長。 3. 實例：台灣中部某國中一年甲班學生，接受兩次相同測驗，發現該兩次測驗分數的相關係數為.91。
複本信度	1. 係指同一份測驗有兩種以上的複本，將不同的複本施測於同一群人，在計算這兩份測驗分數的相關係數。 2. 不容易受到記憶及練習的影響，主要誤差來源是「內容取樣」。
折半信度	1. 將受測驗題目分成兩半，然後再以前半段之題目與後半段之題目做相關，若相關程度很高就代表折半信度很高。 2. 又稱為內部一致性係數，折半信度是內部一致性分析。 3. 教師若欲知其自編的測驗中各個試題是否測量相同的單一能力，應使用內部一致性係數。
庫李係數	1. 根據受試者對所有題目的反應分析題目間的一致性，適用於非對即錯題目。 2. 計算公式：$KR = \dfrac{n}{n-1}[1 - \dfrac{\Sigma pq}{S_x^2}]$
α係數	1. 測驗目的在分析題目間的一致性，屬於多重計分方式。 2. 計算公式：$\alpha = \dfrac{n}{n-1}[1 - \dfrac{\Sigma S_i^2}{S_x^2}]$
評分者信度	1. 評分者在不同時間中，對同一群人進行評分，然後計算每個評分者間的相關係數。 2. 唯一的誤差來源：評分者。

(三)測量標準誤

1. 係指個人測驗上實得分數和真正分數的差，稱為測量誤差。
2. 如果測量一個人相當多次，每次實得分數和真正分數的差會形成常態分配，這些測量誤差分配的標準差，即為測量標準誤。
3. 測量標準誤與信度呈現反比關係。

二 效度

(一)基本概念

面　向	說　明
效度意義	1. 一個教育或心理測驗所能測出其所欲測量的特質或能力的程度。 2. 一個心理測驗在評量上最重要的特徵。 3. 共同因素在總變異量中所佔的比率。 4. 若其他條件均相等，樣本的異質性越大，則效度會越大。
信度與效度之關係	1. 信度是指測驗結果的一致性和穩定性，而效度是指測驗能夠測量其所欲測量的特質之程度；兩者皆為良好測的特徵。 2. 信度是效度的必要條件而非充分條件，由此可知，測驗要有效度就必須要有信度。但是有信度並不表示有效度。 3. 因此信度與效度的關係：信度高，效度不一定高；信度低，效度一定低；效度高，信度一定高；效度係數一定不會大於信度係數的平方根。

(二)類型

類型	說　明
效標關聯效度	1. 又稱為統計效度或實徵效度，係指以測驗分數與效標分數之間的相關係數。 2. 在性質上具有預測性，包括：聚斂效度、區辨效度、同時效度與預測效度。 3. 當我們在蒐集效標證據，以進行效度考驗時，「預測力強」是我們在選取效標時最重要的考慮。 4. 「期望表」可以協助施測者掌握效標分數及測驗分數之關係，有助於受測者依據測驗結果進行教育決定，所以有助提高效標關聯效度。

類型	說明

預測效度	1. 係指測驗分數與未來的效標分數之間的相關係數。
	2. 實例：
	  (1)以美術性向測驗來甄選具美術天賦的學生進入資優班就讀，這一類型測驗最需要預測效度。
	  (2)對於教師特質的測驗，如果受試者分數越高，後來擔任教師工作表現也越好，則該測驗具有預測效度。

同時效度	1. 係指測驗分數與當前的效標分數之間的相關係數。 2. 最有可能產生「效標混淆」現象。
區辨效度	在進行測驗時，該測驗必須和無關的心理構念存在低相關，越低越好。
聚斂效度	在進行測驗時，該測驗必須和所欲測量的心理構念有高度相關存在，越高越好。
建構效度	1. 亦稱為構念效度，係指測驗能測量理論的概念或特質之程度。 2. 通常用因素分析法、多重特質多項方法矩陣加以驗證。 3. 可以透過內部一致性分析、實驗研究、相關研究、團體差異分析、因素分析等，來提高測驗的構念效度。
表面效度	測驗給人的第一個印象，帶有主觀色彩。

內容效度	1. 係指測驗內容的代表性程度。
	2. 測驗目的為「確定受試者目前對於測驗中所呈現的代表性樣本之表現程度」。
	3. 教師自編測驗及成就測驗最重視的效度，代表能夠充分呈現教材內容與教學目標。
	4. 提高內容效度方法
	  (1)利用雙向細目表。
	  (2)採取邏輯分析。
	  (3)邀請專家共同判斷。
	  (4)使用複本測驗。
	5. 成就測驗、標準參照測驗，經常使用「邏輯效度」或「專家效度」，也可稱為內容效度。

內在效度	1. 係指研究者所能有效掌控研究變項，以正確得到研究結果的程度。 2. 應避免受試者發展成熟因素、受試者死亡因素、統計迴歸效應、強亨利效應等研究干擾事件的發生。
外在效度	1. 係指研究結果的可推論性程度。 2. 應避免霍桑效應、受測者的抗拒作用等，以提高研究的可推論性。

類型	說明
增加效度	1.係指測驗剔除掉若干對依變項有影響的因素後，仍可對此依變項具有若干程度的解釋力。 2.可使用階層迴歸分析及半淨相關等統計策略，來提高「增加效度」。
交叉驗證	1.透過不同的測驗樣本對已存在的測驗效度再次進行驗證之過程，以瞭解該測驗效度之正確性。 2.應確保測驗樣本的代表性與異質性。
決策效度	係指該測驗能夠預測未來組織運作結果及個人工作結果，並作為與人事任用有關的決策參考依據，其多採用效標關聯效度執行之。

三　常模

(一)意義

1.常模是指某一特定團體中所有人員的測驗得分情形，也是個人測驗分數的比較對象。

2.個人的測驗分數比較「常模」後，可以知道個人在常模樣本中的相對位置。

3.常模並非事先決定的標準，是受測驗者的一種典型表現，透過各種常模類型，可以賦予測驗原始分數的解釋意義。

(二)類型

1.發展性常模：

(1)年級常模：適用於隨年齡成長而發展的特質。

(2)年齡常模：適用於隨年級而逐漸增加的特質。

2.團體內常模：

(1)標準分數常模。　　(2)百分位數常模。

3.學校平均數常模。

4.地區性常模。

5.全國性常模。

(三)在選擇測驗與解釋分數時，評鑑「常模」之注意事項

1.注意測驗常模的新近性，避免因過時而妨礙到測驗的信效度。

2.注意測驗的代表性，包括抽樣的方法、常模團體的特性、常模樣本的分配與數量等。

3.常模的適用性，例如：何時採用全國性常模，何時採用特殊團體常模等。

四　題庫

　　根據雙向細目表之教學目標與教學內容命題，且透過預試與試題分析，所建立起的一群試題，且每題再依照適合的年級層次編碼，是可用來組合成各種評量教學成果的工具。

五　古典測驗理論（classical test theory，CTT）

(一)古典測驗理論之基本假設

1.亦稱古典信度理論，主要目的是在估計某測驗實得分數的信度表現。
2.古典測驗理論主要是建立在真實分數模式上，亦即觀察分數等於真實分數與誤差分數之和。
3.假設每個個體都具可測驗的特質存在，且必須進行多次測驗，來推論潛在特質，如果只有一次測驗，則必定含有誤差。
4.把測驗問題單純化，假設潛在特質與誤差之間獨立，將潛在特質以外的干擾都歸於誤差，不必細加分析。

(二)古典測驗理論之優缺點：

1.理論模式發展時間久遠，具有相當規模，所採用的計算公式簡單容易瞭解。
2.適用於大部分的教育與心理測驗資料，為目前測驗學界使用最廣的測驗理論。
3.但是，古典測驗理論所採用的指標、信度、鑑別度等，都會因為接受測驗的受測者樣本而不同，缺乏一致性。
4.此外，以測量標準誤作為每位受測者的測量誤差指標，忽略受測者的個別差異性。
5.對於相同功能的非複本測驗無法提供比較，且其無法要求每位受測者在實際情境中的每次複本測驗反應獨立。
6.將在測驗原始得分相同的受測者，即表示其潛在特質估計值相同的假設並不合理。

六　試題反應理論（item response theory, IRT）

(一)基本概念

1.試題反應理論，亦稱為當代試題反應理論、項目反應理論，早期稱為潛在特質理論（latent trait theory）。

2.模式：

(1)單參數（one-parameterlogistic 或Rasch model）模式。

(2)雙參數（two-parameter logistic 或Birnbaum model）模式。

(3)三參數（three-parameter logistic 或guessing model）模式。

(二)重要概念

1.以「試題特徵曲線」及「測驗特徵曲線」來解釋受測學生在試題上的表現與其潛在能力之間的關係，其有助於更精確解讀學生所得到的測驗分數之意義。

2.特徵：

(1)單維性：表示一個測驗題目通常只用來測量同一個能力特質。

(2)局部獨立：表示考生對於每一個試題的作答反應之間是獨立的，包括：難度、鑑別度、猜測度，不會因為所選出接受測驗的受試者樣本的不同而不同。

重點三　各類心理與教育測驗

一　測驗的編制

(一)擬定測驗編制計畫

1.決定測驗的目的。

2.確定所要測量的學習成果。

3.以具體可觀察的行為來界定所預期的學習成果。

4.根據雙向細目表來作為編制測驗的藍圖，掌握測驗目標與測驗內容之關係。

(二)編制測驗試題初稿

1.依據雙向細目表，決定測驗題型，例如：是非題、選擇題、配合題、論文題、簡答題、申論題、和填充題等。

2.透過通順性、邏輯性的文字敘述，來編撰測驗試題。

3.測驗試題的選擇應是具有代表性的內容。

(三)預試與分析評鑑測驗試題品質

　　1.測驗試題品質的分析包括：(1)難度分析。(2) 鑑別力分析。

　　2.預試的過程要注意取樣的對象要具有代表性。

(四)依據測驗試題制訂之原則，編制測驗試題完稿

　　1.測驗試題編製完成後，應邀請學者專家加以檢視。

　　2.能明確測量出所預期之學習成果，而這些學習成果必須與教學目標
　　　一致。

　　3.信度應高，且須小心解釋測驗結果。

　　4.測驗指導語應清楚詳盡。

(五)測驗出版正式發行

　　1.應注意測驗的印刷品質。

　　2.應降低編制測驗的經濟成本。

二　測驗題目的命題原則

題　型	命題原則
配合題	1.配對項目組合以十組適宜。 2.同組題目要印在同一頁上。 3.需明確說明作答方法。 4.答案項目數量應多於問題項目。
選擇題	1.又稱為最佳題型，試題難度應適中，題目選項不應太多。 2.題目應增加誘答性，注意係數小且鑑別度大。 3.題目內容盡量扼要，以免受試者浪費時間。 4.適用於不同性質的教材，具有較高的鑑別作用。 5.如果題本的試題編排係按照試題難度排列，則將可以讓受試者從答對與會寫的成就感中，慢慢建立起自己答題的自信心。
是非題	1.易受猜測因素影響，避免使用具有暗示性字詞。 2.盡量採用正面肯定敘述，避免使用雙重否定的敘述。 3.學生作答迅速，計分方便且客觀。 4.試題的鑑別作用較選擇題差。
論文題	1.可測量學生的組織、統整與表達能力。 2.題目敘述應力求簡單明確。 3.應多出思考題目，難易程度應力求適宜。 4.施測前備妥答案範例及評分標準

三　測驗的試題分析

面向	說明
試題分析類型	1. 量的分析：難度、鑑別度和誘答力。 2. 質的分析：內容效度分析、有效命題評鑑。
項目分析的目標	1. 決定每個測驗題目的難度水準。 2. 決定每個測驗題目的信度。 3. 決定每個測驗題目的效度。
難度	1. 當試題的難度P值＝0.50時，其鑑別力達到最大。 2. 難度指數：P＝PH+PL／2 　　P：試題難度。 　　PH：高分組答對該題人數百分比。 　　PL：低分組答對該題人數百分比。
鑑別度	1. 試題難度適中，鑑別力較佳。 2. 教師進行試題分析，應保留「難度值低，鑑別度高的試題」。 3. 鑑別度指數是介於-1到+1 之間。 4. 如果有一個測驗題目，高分組的學生全部答對，低分組的學生也全部答對，該題目的「鑑別度」是0。 5. 鑑別度指數：D ＝PH －PL 　　D：試題鑑別度。 　　PH：高分組答對該題人數百分比。 　　PL：低分組答對該題人數百分比。
誘答項分析	1. 係指除了正確選項之外的三個選項可以讓作答者挑選的誘答程度。 2. 例如：四個選項的單選選擇題，就必須對正確選項之外的其他選項進行誘答性分析，以瞭解測驗試題的品質。
雙向細目表	1.「雙向」指的是「教學目標與教材內容」。 2. 功用：「編擬試題」、「提升測驗的內容效度」作為命題的依據、讓試題配合教材內容、讓試題配合教學目標。
診斷試題偏差	1. 來自不同族群，但能力相同的個人，如果在答對某個試題上的機率有所不同的話，則該試題便顯現出試題偏差現象。 2. 若從試題反應理論觀點（IRT），診斷試題偏差理論方法如下： 　(1)比較試題特徵曲線的參數。 　(2)比較介於試題特徵曲線間的面積。 　(3)比較反應模式與資料間的適合度。

四 測驗分類

分類標準	測驗形式	測驗內容
測驗功能	認知測驗	智力測驗、性向測驗、成就測驗。
	情意測驗	社會計量法、人格測驗、投射測驗、行為觀察。
測驗人數	個別測驗	比西量表、魏氏兒童智力量表。
	團體測驗	陸軍普通分類測驗。
測驗時間	速度測驗	測驗題目難度低，少見於教育測驗中。
	難度測驗	成就測驗。
測驗目的	形成性測驗	實施於教學過程中。
	總結性測驗	當已結束某課程單元時所實施。
測驗分數解釋	常模參照測驗	主要作為區分學生的成就水準，以作為教學決定之用。
	標準參照測驗	主要是了解學生的學習精熟水準，與診斷學生習習困難的地方。
測驗材料形式	文字測驗	適用於同文化的測驗對象。
	非文字測驗	適用於兒童、外國人等。
測驗評分方式	客觀測驗	是非題測驗、選擇題測驗。
	主觀測驗	口試測驗、論文測驗。
測量反應型態	最大表現測驗	智力測驗、性向測驗、成就測驗。
	典型表現測驗	興趣測驗、人格測驗、態度測驗。
教學診斷功能	預備測驗	通常在教學前實施。
	診斷測驗	通常是在教學中或是教學結束後實施。
標準化程度	標準化測驗	係指符合標準化程序的測驗，如智力測驗、性向測驗等。
	非標準化測驗	教師自編測驗，充滿主觀性。

五　測驗定義

測驗類型	說明
智力測驗	1. 比奈（Binet）最早發展。 2.「學業成就」適於作為智力測驗的效標。
團體智力測驗	1. 主要關注的是個體在團體內的智商PR值。 2. 英國學者瑞文所編的非文字推理測驗是一種團體智力測驗。
個別智力測驗	1. 個別智力測驗係用來檢測資賦優異或是心智功能低下的兒童之工具。 2. 魏氏兒童智力量表是魏克斯勒氏（Wechsler）所編製，是一種適用於兒童的個別智力測驗。
成就測驗	1. 成就測驗則主要是用來檢查學生學習結果是否與預定教學目標相符合，因此成就測驗的範圍必須與教學目標與教學內容相配合，且較具有教學上的效用。 2. 成就測驗則多使用在教學效果知評估與改進。
性向測驗	1. 性向測驗係指透過多個問題所構成用來鑑別學生的能力與性格格別差異的工具。 2. 主要類型：普通性向測驗、多元性向測驗、特殊性向測驗。
職業性向測驗	1. 係指可用來預測受試者未來可能適合職業與可能成就之測驗。 2. 通常包含幾個不同性質的分測驗，係以智力多因論為理論依據，並運用因素分析的方法編製。
社會計量法	1. 提出者：Moreno，是一種人際關係測驗。 2. 目的：研究個人在團體中被接納的程度，發現個人的人際關係，並了解團體本身的結構。
人格測驗	1. 人格測驗最適宜用 α 係數，這是因為 α 係數的最主要目的在分析問卷題目間的一致性。所以適合人格測驗使用。 2. 評定量表法的人格測量方法，最容易有月暈效應。
自陳量表	1. 係指依據所要測量的人格特性，編製許多問題，讓受試者依序回答，然後再根據受試者答案，去分析解釋受試者之人格類型與特質。 2. 測驗題目多採用逐題評定式，亦即由受試者在每題之後所列的「是」、「否」、「不一定」三者之中，選擇適合於自己的陳述作答。 3. 編製方法：內容效度法、效標記分法、因素分析法、人格理論法。 4. 特色：記分客觀、實施簡便。

測驗類型	說明
投射測驗	1.投射測驗是一種人格測驗,是指施測者將測驗的特性隱瞞,不使受測者產生防衛之心,並希望受測者能將真正的自我呈現在測驗上。 2.羅夏克墨漬測驗及句子完成測驗都是人格測驗中的投射測驗。 3.可能限制包括: (1)計分缺乏客觀標準。 (2)測驗結果不易解釋。 (3)測驗效度不易建立。
興趣測驗	興趣測驗屬於人格測驗,目的是在測量個人心儀或討厭某活動的傾向。
學科診斷測驗	1.設立的主要目的,是協助教師診斷學生在某些學科能力的強弱。 2.測量重點是以了解多數人共同的學習錯誤為主,但應該以低成就學生為施測對象。
總結性測驗	1.用於評定等第、證明精熟或評鑑教學效果的課堂測驗。 2.例如:台中市教師甄試欲自4000名中選取至少能解答教育專業科目測驗90%的受試者,進入複試,應採用標準參照測驗。
形成性測驗	具有了解學習進展情形,提供學習進步的回饋訊息以增強學習,和改進學習錯誤之功能。
安置性測驗	在教學前想了解「學生已達教學計畫中所欲達成的學習結果的程度為何?」,所實施的課堂測驗。
最大表現測驗	了解學生的最佳反應特徵,其種類有智力測驗、性向測驗和成就測驗等。
典型表現測驗	1.測量學生在正常情形下的典型表現,其種類有興趣量表、態度量表和人格量表等。 2.基本假定為所有的受測者都會誠實回答測量問題,所以在實際應用上,有其困難,因為通常每個人都會有偽裝作答的傾向。

測驗類型	說明
電腦適性測驗	1.標準參照測驗及常模參照測驗均可適用。 2.理論基礎為試題反應理論（IRT）。 3.適性測驗係指可以適應受測者個別需求的測驗形式，通常以電腦化測驗來加以進行，實施適性測驗，有助提升測驗編輯與施測的經濟效益，也有助於加強測驗的安全性，且可以真實反應學生的個別特質。
標準化測驗	1.係指在編制測驗時，依據科學方法及固定程序，來提升測驗的品質、信度、效度及代表性，希望可以讓測驗具有更高的價值與實用性。 2.換言之，在編制標準化測驗時，不論是在測驗指導語、測驗題目選擇、計分方式、測驗實施步驟等，都合乎科學性、系統性與一致性，可以有效減少測量的可能誤差。 3.在標準化測驗的實施過程中，信效度分析、鑑別度分析、難度分析、題庫建置等，都是常見的編制策略。 4.臺灣的基本學力測驗屬於標準化測驗。
基本學力測驗	1.從測驗的原理來看，國民中學基本學力測驗應該屬於性向測驗，但實際上為成就測驗。 2.在學理上屬於效標參照測驗，但在實際性質為常模參照測驗。 3.國民中學基本學力測驗所使用的基本學力分數，是採用六十分制計分。 4.想了解學生的國中基本學力測驗哪一科表現較好，最好應使用標準分數。
課程本位能力測驗	1.係指依據學生的課程能力標準，來決定教學測驗的內容與施測目標。 2.可分為注重答題效率、答題正確性及標準化課程本位能力測驗等三種類型。 3.實施方法包括：觀察、評量、主觀印象等。

六 重要課題

課題	說明
常模參照測驗與標準參照測驗之編制方法	1.常模參照測驗： (1)制訂目標：目標之陳述可採取一般目標。 (2)選擇內容：包含的學習範圍廣，但是關於每一學習結果的試題很少。 (3)安排題目：常採用選擇類型之測驗題目。 (4)強調測驗題之鑑別力。 (5)需注意測驗之信效度。 2.標準參照測驗： (1)制訂目標：目標必須非常明確具體。 (2)選擇內容：通常包含的學習範圍窄，但是關於每一學習結果的試題很多。 (3)安排題目較少採用選擇類型之測驗題目。 (4)強調測驗題可以描述學生特殊學習能力的表現狀況。 (5)需注意測驗之信效度。
常模參照測驗及效標參照測驗在選擇試題時的試題指標	1.常模參照測驗： (1)應善用難度分析與鑑別度分析，來選擇具代表性的高品質測驗題目，並可搭配雙向細目表。 (2)此外，也可透過信度與效度分析，並透過誘答性分析來提升測驗試題品質。 2.效標參照測驗： (1)效標參照測驗在選擇試題時，應關注鑑別度越高的試題，而難度則依據效標參照測驗之精熟水準而定。 (2)此外，也可透過信度與效度分析，並透過誘答性分析來提升測驗試題品質。
瑞文氏智力測驗與魏氏智力測驗之比較	1.瑞文氏智力測驗之基本概念 (1)提出學者：Raven。 (2)測驗目標：包括成人與兒童的智力發展。 (3)測驗題目安排：共有36題，採取由易而難之編制。 (4)測驗類型：屬於非文字的團體智力測驗。 (5)優點：較具經濟性與效益性。 2.魏氏智力測驗之基本概念。 (1)提出學者：Wechsler。 (2)測驗目標：包括成人與兒童的智力發展。 (3)測驗題目安排：有12個分測驗，其中5個為作業量表，6個為語文量表，另一個為抱負水準分測驗，係屬於點量表形式。 (4)測驗類型：屬於文字的個別智力測驗。 (5)優點：可深入診斷每位學生的智力發展。

課題	說明
自比性測驗格式	係指透過個別化的評量標準，來深入探究每個受測者的生活經驗脈絡，找出受測者的個別化潛能，以作為進一步適性輔導的參照標準。
多重切截分數	係指教育測驗中的一個決定是否接受的標準點，換言之，當受測者測驗分數超過多重切截分數時，就會被錄取，反之，若受測者測驗分數低於該多重切截分數時，就會被拒絕。

自我評量

一、請說明運用檔案評量（portfolio assessment）的原則。【91年原住民三等特考】

二、請說明「動態評量」（dynamic assessment）的意義與特質。【92年地方三等特考】

三、請從「使用目的、內容取樣、試題品質、施測程序、結果解釋」等五方面，比較標準化成就測驗與教師自編成就測驗的差異。【92年升官考】

四、請從測驗能力、內容取樣、試題準備、計分以及影響分數因素等五方面，比較客觀測驗與論文測驗。【94年高考】

五、請說明情意測量的意義及功能？並請比較情意測量中使用的塞斯通（Thurstone）態度量表及李克特（Likert）量表間的差異。【95年身心障礙三等特考】

六、有一測驗經施測後進行試題分析，其中有一題的各選項（A、B、C、D；C為正確答案）選答人數如下表所示。請計算此題的難度、鑑別度，並做選項的誘答力分析。表中高分組為依測驗總分排序結果的前27%考生，低分組為依測驗總分排序結果的後27%考生，難度、鑑別度的計算須顯示計算式、計算過程與計算結果。【95年原住民三等特考】

選　項	A	B	C	D
高分組	0	3	15	2
低分組	0	0	10	10

七、測驗的信度常會受到測量誤差大小影響。如果將測量誤差來源大致歸納為三類：時間取樣誤差、內容取樣誤差和評分者誤差。相對應於上述三種誤差來源的信度計算方法各有那些？【95年普考】

八、李芸編了一份測量同理心的量表，請問她可以如何檢驗這份量表所測的特質的確是同理心？請列舉方法並加說明。【96年高考】

九、在以古典測驗理論（classic testing theory）進行試題分析（item analysis）時，通常要計算每一個個別試題之難度（item difficulty）與鑑別度（item discrimination），並檢視試題選項（options）的分布，也就是誘答項分析（distractor/distracter analysis）。請回答下列有關試題分析的問題：

(一)請分別說明試題之難度與鑑別度的意義。

(二)請說明試題之難度與鑑別度的關係。

(三)何謂誘答項分析？請以四個選項的單選選擇題為例說明之。

【97年高考】

十、試以條列方式列出標準化成就測驗的編製步驟，由「擬定測驗編製計畫」到「測驗出版社正式發行」，所列出的步驟要周延，先後順序要正確，但不必解釋執行的細節或目的。【98年地方三等特考】

十一、隨著資訊科技的發展，目前已有很多測驗利用電腦施測，其中適性測驗（adaptive test）是一種較受重視的施測方式，試就適性測驗回答下列問題：

(一)適性測驗係依據何種理論？

(二)適性測驗的基本原理為何？

(三)適性測驗何以必須要用電腦施測？【99年地方三等特考】

十二、有一測驗編製者於其所編之性向測驗預試後，分別以傳統試題分析的方法及雙參數試題反應理論（2-PL IRT）的方法分別分析其試題之難度及鑑別度，因所採用之兩種方法之理論依據不同，分析結果當然會有差異。試就其差異回答下列問題：

(一)前述兩種方法所分析得到之試題難度及鑑別度之數值會分別落在多大的合理範圍？

(二)如果改變預試樣本的性質（如能力），則理論上上述兩種方法的難度值會有何改變？

(三)如果兩種方法分析所得皆 此測驗編製者感到滿意，則此兩種方法所得之難度及鑑別度會存在何種相關？【99年地方四等特考】

十三、 所謂標準參照測驗，一則清楚描述測驗所欲評量的內容領域，二則清晰描繪出所欲測量的建構，故其試題分析目的在檢驗試題是否能評量出學生在測驗表現所展現的所知與所能，已達到精熟水準或既定水準（通常以決斷分數區分精熟與否）。當教師使用標準參照測驗時，大多希望其教學是成功有效的，故此種測驗的試題分析目的在回答「試題能否測量到教學的效果」。

(一)試說明三種標準參照測驗所使用的鑑別度分析法。

(二)請簡單描述標準參照測驗的難度分析有何特色？【100年高考】

十四、 依據一般命題的基本原則，「每個試題必須獨立，不宜相互牽涉」，但有時問題的刺激材料可能是照片、表格、圖形、圖表等，也可能是一段短文或 音帶或 影帶，學生必須依據這類刺激材料回答一系列問題，這類問題稱之為「情境依賴」（content-dependent）試題，最常見的為解釋型作業（interpretive exercise）。

(一)試說明解釋型作業有何勝於選擇題的優點？

(二)指出一種最適用解釋型作業的情境。

(三)解釋型作業的限制或缺點為何？【100年地方三等特考】

十五、 請以射箭或打靶為例（紅心表示所欲測量之心理特質），作圖說明測驗之信度與效度的關係。【101年地方三等特考】

重要試題解析範例

一、何謂檔案評量（portfolio assessment）？檔案評量有何優點、缺點？如何實施檔案評量？【93年地方四等特考】

答：檔案評量為教學評量上之重要概念，茲依題意說明如下：

(一)檔案評量之意義

　　1.其係指有系統的蒐集學生的作品，透過長時間連續性的蒐集資料，來觀察學生在一個或多個學習領域內的努力、進步與成就。

　　2.檔案評量強調評量歷程是動態、多元且真實的。

(二)檔案評量之優缺點

　　1.優點：

　　　　(1)檔案可以保留詳細且複雜的學生成就圖像，而這些豐富的成就內涵是在一般的學生成績報告單中看不見的。

　　　　(2)檔案可以追蹤學生在經過一段學習時間後的成就，有無呈現出改善的情形，或毫無進展。

　　　　(3)檔案可以幫助學生學習反省與檢視自己的改善情形。

　　　　(4)檔案提供學生一個自我負責的良好情境，包括維護與追蹤自己的檔案資料及成就紀錄。

　　　　(5)檔案提供良好的機會與學生練習推理的流暢性，分析自己的作品，比較經過一段時間後的作品，推論自己的成長與需求，並學習評鑑性或批判性的思考技能。

　　　　(6)檔案對學生的學業自我概念、學術興趣、和自我需求提供重要的省思素材。

　　2.缺點：

　　　　(1)使用檔案評量與教師的專業能力息息相關。

　　　　(2)檔案有可能只是一種溝通方式，而並非是一種評量類型。

(三)檔案評量之實施步驟

　　1.先確定檔案評量的目的。

　　2.再訂定檔案的評判規準。

　　3.將檔案規準轉化為檔案項目。

　　4.執行與評鑑檔案內容。

參考書目：郭生玉（2004），教育測驗與評量，精華。

　　　　　　歐滄和（2002），教育測驗與評量，心理。

　　　　　　教育圓夢網（2013），94至102年教育行政高普特考解析，教育圓夢網。

二、投射法人格測驗依其反應類型，可區分為那幾類？【93年地方三等特考】

答：投射法人格測驗依其反應類型有不同種類，茲依題意說明如下：

(一)投射法人格測驗之意義

　　1.投射法人格測驗係指提供受試者一種適當的刺激情境，讓受試者能夠自由地反映自己內心的想法，施測者再根據受試者的反應去分析其潛在的人格特質。

　　2.此種測驗的內容不能公開，並且宜同時採用兩種以上的測驗類型，以比較與對照測驗結果。

(二)投射法人格測驗之類型

　　1.表達法：係指讓受試者由繪畫、遊戲等自由活動中，探究受試者的人格特性。

　　2.選組法：係指讓受試者根據某項既定的概念，來選擇外在的事物並加以排列，這樣可以分析受試者的自由意志與人格特質。

　　3.完成法：係指讓受試者自行完成不完整的故事與文句，從受試者的用語與故事安排來解析受試者的人格。

　　4.聯想法：係指呈現一連串不相連續的字或墨漬，來讓受試者進行自由聯想的活動，並且要讓他們說出來，例如羅夏墨漬測驗。

　　5.構造法：係指讓受試者根據其所看到的圖畫或是文章，自行編擬一套含有過去、現在與未來的故事脈絡，以從中獲知受試者的人格特質。

參考書目：余民寧（2002），教育測驗與評量：成就測驗與教學評量，心理。

　　　　　王文中（2004），教育測驗與評量：教室學習觀點，五南。

　　　　　艾育（2013），教育專業科目通關寶典，千華。

第2章　教育統計導論

頻出度C：依出題頻率分為：A 頻率高、B 頻率中、C 頻率低

各考試出題排行榜　高考　普考　3地方三等　4地方四等

重點一　教育統計學的基本概念

一 教育統計變數（Variable）的分類

(一)史帝文森（Stevenson）所提出的四種變數（量尺）

變項（量尺）	概念說明
類別變數 （Nominal）	1. 定義：使用特定文字符號表示事物的特異性，但是沒有次序大小之分。 2. 實例：血型、職業、電話號碼、性別、列聯相關等。 3. 特性： 　(1)不適合用於平均數和標準差的計算。 　(2)多應用於無母數統計。 　(3)質的變數。 　(4)間斷變數。
次序變數 （Ordinal）	1. 定義：可說明大小、高低、優劣的順序，但無法表示類別間的大小差異量。 2. 實例：中位數、百分等級、四分位數、名次等。 3. 特性：多應用於無母數統計。

變項（量尺）	概念說明
等距變數 （Interval）	1. 定義：可以說明類別間的大小差異量。 2. 實例：平均數、標準差、積差相關、溫度、標準分數等。 3. 特性： 　(1) 多應用於母數統計。 　(2) 測量的單位間有相等的間隔。 　(3) 無絕對零點。 　(4) 可進行加減的計算運作。
等比變數 （Ratio）	1. 定義：又稱為比率變數，具有絕對的零點，可以指出類別、大小、順序、差量及比率大小。 2. 實例：身高、年齡、體積、體重、差異係數等。 3. 特性： 　(1) 多應用於母數統計。 　(2) 具有絕對零點。 　(3) 可進行加減乘除的計算運作。

(二)其他常見的變數分類

質的變數	量的變數
間斷變數	連續變數
自變數	依變數

二　重要統計圖形

(一)盒鬚圖（box and whisker plots）

1. 是經常用來表示資料分布的統計圖，這種擬人像化的圖形，方形的盒子像一張臉，盒子中的一條直線像鼻樑，而盒子旁邊兩條延伸線像鬍鬚，因此，稱為盒鬚圖。

2. 盒鬚圖是一種用來表示統計資料的統計圖，換言之，其透過圖示法，來顯示描述統計量數的相對位置與數值。

3. 盒鬚圖可以顯示的描述統計量數包括：中位數、下四分位數、上四分位數、極端值、最大值、最小值等。

4.實例說明：

		X	Y
個數	有效的	42	42
	遺漏值	0	0
平均數		76.17	81.21
中位數		73.00	82.50
眾數		70	75
標準差		13.766	11.883
變異數		189.508	141.197
範圍		61	49
最小值		38	50
最大值		99	99
百分位	25	68.00	74.50
數	50	73.00	82.50
	75	86.25	91.25

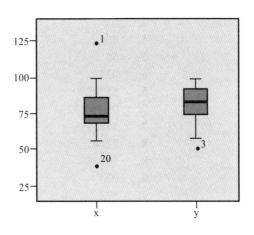

(1)盒鬚圖在處理與分析資料之功能：可將統計數值轉化為圖像，讓使用者更容易接受與瞭解；可以清楚表示各種統計數值的位置，例如：最大值、四分差、中位數、最小值、極端值。

(2)在盒中的一條直線表示「中位數」之描述統計量。

(3)X變數的盒鬚圖中：最大值：99；第一個四分位數：86.25；第二個四分位數：73.00；第三個四分位數：86.25；最小值：38。

(4)Y變數的盒鬚圖中：最大值：99；第一個四分位數：74.50；第二個四分位數：82.50；第三個四分位數：91.25；最小值：50。

(5)盒鬚圖上下鬍鬚兩端的小黑圈圈代表「極端值」。

(二)莖葉圖（stem and lesf displays）

　1.以莖葉圖展示資料之優點：

　(1)可完整保留原始資料內容訊息。

　(2)可以瞭解原始資料的分布情形。

　(3)可讓讀者容易檢視資料數據的意義。

2.**實例說明**：下圖係一位統計學老師某次隨堂考試其學生得分的資料所構成的莖葉圖：

```
----------------------------------------
        Stem & Leaf

          4.    23
          4.    6
          5.    00
          5.    56
          6.    023
          6.    5578899
          7.    0000111234
          7.    5888999
          8.    2244
          8.    566788
          9.    013
          9.    578

   Stem width:        10
----------------------------------------
```

(1)此次隨堂考試之最高分：98分；最低分：42分。

(2)此次隨堂考試分數之眾數：70分；中數：72.5分。

(2)依上圖判斷，此次隨堂考試分數之平均數大於眾數（右偏態）。

三　集中量數

類型	概念說明
平均數	1.所有數值的總和除以此群資料的總數之值，為統計上最常使用的集中量數。 2.可代表等距變數的集中情形。 3.可呈現一群受測者測驗分數的集中趨勢。 4.平均數若取來和中數作比較，則平均數： 　(1)較不穩定。 　(2)涉及推論統計的分析時較為有用。 　(3)比較容易計算。
中位數	1.一個數列中的中心項數值。 2.可表示次序變數的集中情形。
眾數	1.一群數值資料中出現次數最多的數值。 2.可表示類別變數的集中情形。

類型	概念說明
調和平均數	比率變數，成調和數列。
幾何平均數	比率變數，成等比數列。

四 變異量數

類型	概念說明
標準差	1.定義公式（SD：標準差；$\overline{X}$：平均數）： $$SD = \sqrt{\frac{\sum\left(X-\overline{X}\right)^2}{n}}$$ 2.計算公式（若為樣本群時，分母應為n-1，以避免低估）： $$S = \sqrt{\frac{\sum X^2 - \frac{\left(\sum X\right)^2}{n}}{n}}$$ 3.實例： 　(1)欲了解段考後全班學生某科成績的差異情形，可採用標準差或變異數。 　(2)甲班的教學評量平均數75，標準差為5，若每人分數均加10分，則新的變異數為25（因為加減多少分數，並不會影響原變異數，而標準差的平方為變異數）。
變異數	1.係為標準差之平方，會受到乘除某常數而變化，不會受到加減某常數而變化。 2.計算公式（S：變異數；$\overline{X}$：平均數）： $$s^2 = \frac{\sum(x_i - \overline{x})^2}{n-1}$$
離均差平方和	1.離均差平方和係為離均差的值平方後加總。 2.計算公式為 $\sum -X - \overline{X}$
變異係數	1.計算公式（S：標準差）： $$CV = \frac{s}{\overline{x}}100(\%)$$ 2.屬於描述統計方法。

類型	概念說明
四分位差	1.一群數值中的第三個四分位數減掉第一個四分位數之值。 2.不易受到極端數值的影響。 3.通常對應於使用中位數。
全距	1.一群數值中的最大值減去最小值之值。 2.容易受到極端數值的影響,故不穩定。

五　相對地位量數

類型	說明
量尺分數	1.量尺分數係指將原始分數加以轉換的標準分數,係指可以用來和其他群體作比較之分數。 2.量尺分數的平均數與標準化之變化,代表假設標準差為一個單位,透過某一分數與平均數之差,可瞭解此一分數是在平均數上下的幾個單位處。 3.換言之,透過量尺分數可以比較兩種不同心理測驗的分數。
百分等級	1.定義:百分等級是次序量尺,表示個人分數在其所屬團體中相對位置的統計量數,以PR表示。 2.實例:林同學在該校成就測驗的分數為百分等級70,表示陳生成績勝過該校70%的考生。 3.計算公式(X:原始分數,1:X所在組的真正下限,N:總人數,F:X所在組以下累積次數,I:組距,X所在組的次數): $$PR = \frac{100}{N}\left[\frac{(X-1)fp}{I} + F\right]$$ 4.計算公式(R:學生在班級團體中的名次,N為班級學生的總人數): $PR = 100 - 【(100R-50)/N】$
百分位數	1.定義:係指在某群體中,某等級位置的人的分數。 2.計算公式(PR:百分等級,1:p百分位數所在組的真正下限,N:總人數,F:p百分位數組以下累積次數,I:組距,p百分位數所在組的次數): $$P_P = 1 + \frac{\left(\frac{PR}{100} \times N\right) - F}{f_P} \times h$$

類型	說明
z分數 （標準分數）	1.定義：用原始分數的標準差為單位來表示高於或低於平均數的標準分數，其平均數為0，標準差為1。 2.特色：是一種等距量尺，z分數經由線性轉換成T分數時，百分等級不會改變。 3.實例：有一個班級進行80題的測驗，獲得平均分數為40分、標準差分數為3分，若其中一位學生得分是49分，則該學生的Z分數等於49－40/3＝3 。
T分數 （標準分數）	1.定義：McCall所創，屬於常模參照分數，其標準差設定為10，平均數設定為50。為最常用的一種標準分數。 2.計算公式（T：表示標準分數，Z：表示Z分數，X：表示原始分數，SD：表示標準差）： T＝10Z＋50 3.實例：某校語文科成就測驗平均數為72分，標準差為7分，若甲生的T分數為40分，則其原始分數為65分
標準九	1.定義：從1到9共九個分數，標準九的9分代表最高得分；而標準九的1分是最低的可能分數。 2.特色： (1)除了一分及九分以外，每一分數的範圍為0.5個標準差。 (2)標準九的平均數為5，標準差為2，且以半個標準差為單位。 3.實例：某生測驗得分為T分數40，換算成標準九為「三」。
C量表分數	將標準九修改成十等份，標準九中原來九分佔4%，C量表分數則將九分佔3%，十分佔1%。
魏克斯勒智力量表（WISC）	1.魏克斯勒智力量表（WISC）適用16歲以後，採點量表方式，分為語文量表與作業量表兩種形式。 2.計算公式：15Z+100。

(三)常態分配、正偏態及負偏態

偏態類型	概念分析
常態分配	根據符合常態分布的數據分布，比例為在平均值正負一個標準差內的數據佔68%；在平均值正負兩個標準差內的數據佔95%；在平均值正負三個標準差內的數據佔99.7%。
正偏態	1.稱為右偏態，其呈現出平均數大於中位數，而中位數又大於眾數的性質。 2.平均數、眾數及中數的位置由左至右為：眾數、中數、平均數。 3.實例：某班級自然與科技領域的期中考成績呈現正偏態，表示： (1)考題難度偏高。　(2)平均數大於眾數。 (3)成績呈正偏態。　(4)大部分人考不好。

偏態類型	概念分析
負偏態	1.稱為左偏態，其呈現出中位數大於平均數，而中位數又小於眾數的性質。 2.平均數、眾數及中數的位置由左至右為：平均數、中數、眾數。 3.實例：某公司的薪資分配為負偏態，則勞方宜採取眾數來作為薪資對他們較有利。

六 相關及迴歸

(一)各種相關係數

相關類型	概念分析
積差相關	1.定義：適用於當兩變數均為連續變項時 2.計算公式：$r = \dfrac{\sum Z_x Z_y}{n}$
等級相關	1.定義：適用於兩變數均為次序變數時。 2.計算公式：$r = 1 - \dfrac{6 \sum d}{n(n^2 - 1)}$
ψ相關	1.定義：適用於X變項與Y變項均為二分名義變項的資料。 2.計算公式：$\phi = \dfrac{BC - AD}{\sqrt{(A+B)(C+D)(A+C)(B+D)}}$
點二系列相關	1.定義：適用於當X與Y兩個變數之中，有一個變數是二分名義變數，而另別一個變數是等距變數或比率變數時。 2.計算公式：$r = \dfrac{\overline{X_p} - \overline{X_q}}{St} \cdot \sqrt{pq}$
肯德爾和諧係數	1.定義：求肯德爾和諧係數值時，要假定被評定的對象可依某一特性排出次序或等第。 2.計算公式：$\omega = \dfrac{R_i^2 - \dfrac{(R_i)^2}{n}}{\dfrac{1}{12} k^2 (n^3 - n)}$
淨相關	1.定義：表示兩個變數在它們與其它一個或多個變數的共同解釋力被移去後的相關程度的統計方法。 2.計算公式：$r_{12.3} = \dfrac{r_{12} - r_{13} r_{23}}{\sqrt{(1 - r_{13}^2)(1 - r_{32}^2)}}$

相關類型	概念分析
四分相關	1.定義：兩個變數均為連續變項，且為常態分配。 2.計算公式：$r_{tet} = \cos(\dfrac{180^o}{1+\sqrt{\dfrac{BC}{AD}}})$
列聯相關	1.定義：兩變數均分為兩個以上的類別時。 2.計算公式：$C = \sqrt{\dfrac{\chi^2}{N+\chi^2}}$

(二)迴歸

重要概念	內容說明
相關係數	1.表示兩個變項之間的關連強度，當相關係數越大，則兩變項之關連強度越強。 2.相關係數的正負號，正號表示兩變項正相關，負號則表示負相關。 3.相關不代表具有因果關係，而且兩變項具有相關，才可以進行預測。 4.相關係數之影響因素：樣本大小、樣本變異程度。
回歸係數	1.簡單直線回歸方程式：Y=a+bX，其中，b即是回歸係數，即斜率。 2.回歸係數之公式等於X變數和Y變數的共變數除以X變數之變異數。
淨相關係數	1.淨相關係數係指在計算兩個連續變項X_1與X_2的相關時，將第三變項（X_3）與兩個相關變項的相關r_{13}與r_{23}予以排除之後的純淨相關值，以$r_{12 \cdot 3}$來表示。 2.透過對淨相關係數的瞭解，可以推測各變項間的因果關係。 3.換言之，淨相關係數是用來表示兩個變數在他們與其他一個或多個變數的共同解釋力被移去時的純相關程度數值。
零階相關係數	1.當進行淨相關分析時，必須要處理一個以上的雙變項相關，所以需要區辯不同雙變項之間的相關，這種兩個變項之間的簡單相關係數，即稱之為零階相關係數。 2.換言之，零階相關係數就是兩個定距變項相關關係的皮爾森相關係數，即所有變數間的積差相關係數矩陣，是偏相關係數的一個特例。 3.目的是排除其他變數的影響，以測量兩個變數間的「淨關係」。

重要概念	內容說明
決定係數	了解預測變項對效標變項的解釋力。
預測變項	進行迴歸分析時，例如，研究者想用高中成績預測大學聯考成績，高中成績是用來預測的變項，就叫做預測變項。
效標變項	進行迴歸分析時，例如，研究者想用高中成績預測大學聯考成績，大學成績是用來被預測的變項，就叫做效標變項，
中央極限定理	能描述「樣本平均數的平均值接近母群平均數」的現象。

七　假設、估計及考驗

重要概念	內容說明
抽樣分配	抽樣分配係指一種樣本量的分配，亦即從同一母體中重覆抽出固定大小的樣本，為機率分配的一種。
系統抽樣	做研究時在進行抽樣中，若在母群裏按一定的間隔順序選取樣本之抽樣方法，通常母群變異情況越大，抽樣誤差越大。
信賴區間	1.代表公式：$\bar{x} - Z(1-\frac{\alpha}{2})\frac{\sigma}{\sqrt{n}} \leq \mu \leq \bar{x} + Z(1-\frac{\alpha}{2})\frac{\sigma}{\sqrt{n}}$ 2.實例：「95％信賴區間介於99.04分與102.96分之間」係指有95％的信賴水準可以證明該國中該年度新生平均智商落在（99.04，102.96）之間。
樣本平均數的標準誤	主要在呈現樣本大小在估計過程可能造成的誤差大小。
統計考驗的接受區	1.係指在進行統計考驗時，統計者往往會先訂出一個統計顯著水準α，來作為接受或拒絕統計假設之依據。 2.例如，在雙尾的統計考驗中，顯著水準的$\alpha/2$值對應臨界值的左右端，稱為拒絕區，中間部分則為接受區，當統計考驗所計算出的考驗值，落入接受區時，則吾人不拒絕虛無假設。
統計考驗力	1.機率為$1-\beta$。 2.係指正確拒絕虛無假設的機率，亦即當我們拒絕虛無假設時，而事實上虛無假設也是錯誤的。 3.統計考驗力的使用情境：通常是應用在施測者欲進行假設考驗，並且想了解犯第二類型錯誤機率時。 4.影響統計考驗力的因素：(1)母群體中的變異數。(2)樣本數大小。(3)α和β。(4)單側考驗與雙側考驗。(5)施測者本身因素。 5.實例：某量化研究中，將第一類型錯誤率α設為0.05，將第一類型錯誤率β設為0.10，則此量化研究的統計考驗力應為0.90（統計考驗力等於1 - 0.10 = 0.90）。

重要概念	內容說明
第一類型錯誤	第一類型錯誤係指當虛無假設為真時，我們卻拒絕虛無假設。
第二類型錯誤	第二類型錯誤是當虛無假設是假的時候，我們卻認為其是真的，即接受錯誤的虛無假設。
t考驗	1.定義：可以進行兩樣本平均數的分析，其主要目的在比較變異數相同的兩個母群之間平均數的差異，或比較來自同一母群之兩個樣本之間的不同。 2.實例，考驗男生與女生的國語成績平均數是否有顯著差異。

八　卡方考驗（適用類別次數的資料）

類型	內容說明
適合度考驗	1.針對某類別變項的觀察次數與理論次數，檢定兩者是否相等。 2.實例：擲硬幣N次，檢定其正反面的觀察次數與理論次數是否相等。
百分比同質性考驗	1.檢定被調查的K組受試者在N個反應中選擇某一變項的百分比是否有差異。 2.實例：檢定教師、學生及家長對於課後輔導的贊成百分比是否相等。
獨立性考驗	1.檢定兩類別變項之間是否獨立或有關聯性存在。 2.實例：工作類型與性別是否有關聯。
改變的顯著性考驗	1.檢定同一群受試者在同一變項的前後兩次反應之差異是否達顯著水準。 2.實例：檢定學生在進行英語教學前後，對英語的接受程度是否有改變的顯著性。

九　單因子變異數分析

(一)單因子變異數分析之定義

1.變異數分析：可以用來分析不同樣本間的顯著性，例如，研究者想探討「不同社經地位（含高、中、低三組）學生，其數學成績是否有顯著差異」。
2.單因子變異數分析係指只有一個自變項的變異數分析，並考驗此一自變項是否會造成顯著差異，分為獨立樣本與相依樣本變異數分析。

(二)單因子變異數分析之步驟

1.首先，必須要先建立研究假設及H0、H1。

2.其次，計算總變異、各種變異來源自由度、各種均方、F值等。

3.次之，依據相關資料編制變異分析摘要表。

4.最後，根據計算結果與數據，進行推論，決定是否接受H0。

＋　共變數分析

(一)共變數分析之意義

1.共變數分析簡稱ANCOVA，表示透過適當統計方法，將共變項的干擾因素予以排除之方法。

2.共變數分析的基本假設：

(1)隨機分派受試者到各實驗組，符合隨機分配的實驗設計。

(2)各組共變量不受實驗處理效果之影響。

(3)共變量之測量沒有實驗誤差存在。

(4)固定的共變量數值。

(5)符合「線性迴歸」、「組內迴歸係數同質性」、「變異數同質性」等假定。

(6)共變項與自變項之相關越低越好

(二)共變數分析在統計學上之用途

1.共變數分析可以利用統計控制來調整依變數的平均數，以減少無法控制的變異。

2.可以增加隨機化實驗的精確性、調整誤差來源、研究多重分數迴歸、降低實驗誤差與增加統計考驗力等。

3.可調整後測之平均數。

(三)使用共變數分析所需之統計方法

1.迴歸分析。

2.變異數分析。

(四)實例：當研究者在分兩組進行教學法的效果準實驗比較時，常把智力當成共變項。

重點二　描述統計、推論統計、實驗設計的區別

統計名詞	重要概念
描述統計	係指針對現有的統計資料進行整理、分析與呈現，包括：標準差、平均數等。
推論統計	透過樣本數值來推估母群體，可透過假設考驗、區間估計等方法為之。
實驗設計	1. 受試者內設計：利用同樣的受試者參加不同的實驗，以受試者本身作為控制實驗誤差的方法，稱為受試者內設計。 2. 受試者間設計：利用隨機抽樣隨機分派的方式使不同受試者接受不同的實驗，稱為受試者間設計。 3. 隨機分派：讓每個受試者都有公平的機會分派到實驗組或控制組中，也就是每個受試者都有同等機會接受任何一種實驗處理。 4. 交互作用：代表兩個自變項可能一起對依變項產生影響。

自我評量

一、有一位學生在全校同年級180名學生的五育成績排名由高而低為全校同年級第五名，請問此生在全校同年級的百分等級、Z分數、T分數各為何？【90年普考】

二、試述算術平均數（mean）、中位數（median）及眾數（mode）的適用時機。【91年原住民三等特考】

三、試述全距（range）、四分差（quartile deviation）、標準差（standard deviation）的適用時機。【92年升官考】

四、甲班教育統計的平均數為80，標準差為15，若每人的分數均加5分，則新的平均數、變異數各為何？【93年原住民四等特考】

五、從測驗結果報告的角度，來回答下列問題：
　　(一)分別解釋標準分數與百分等級這兩個詞的概念意義。
　　(二)比較上述兩個概念的異同。
　　(三)分別列出標準分數與百分等級常模建立的方法。【94年地方四等特考】

六、T分數是一種常見的量尺分數（scaled score），它的定義公式為何？假設某生在某次考試中的得分為60分（該次考試的團體平均數為50分、標準差為10分），則其T分數為何？你如何解釋該T分數的涵義？【95年地方三等特考】

七、你服務的高中想要推動檔案評量（portfolio assessment）達到兩項目的：一是做為學生畢業的門檻，一是協助學生自我成長。學校請你規劃檔案評量，並對實施提出具體建議。

(一)何謂檔案評量？說明檔案與一般資料簿有何不同？

(二)列出建置檔案評量的具體步驟，並討論各步驟應考量的重要因素。

(三)針對上述兩項目的，在規劃檔案評量時那些層面有差異？

【96年地方三等特考】

八、如果某校學生的身高平均數為165公分，標準差為10公分，體重平均數為55公斤，標準差為5公斤。小張身高與體重是175公分與65公斤。

(一)請以Z分數的概念來說明小張的身材在該校學生中是不是很平常？是身高還是體重比較不正常？

(二)如果該校學生的身高與體重分布狀況呈常態，那麼小張的身高與體重的PR值為多少？請以常態分配的圖形來協助回答。【96年高考】

九、請回答下列有關測驗效度的問題：

(一)試說明效標關聯效度（criterion-related validity）的意義。

(二)試舉兩種最常用於表示效標關聯效度的類型，並說明其意義。

(三)如果有三個測量相同特質（如性向）的測驗（測驗A、測驗B及測驗C）的效度資料如下：

效度類型	效度係數		
	測驗A	測驗B	測驗C
內容效度（Content validity）	.90	.90	.85
同時效度（Concurrent validity）	.90	.80	.85
預測效度（Predictive validity）（相隔一個月）	.50	.65	.60
預測效度（Predictive validity）（相隔六個月）	.45	.15	.55

上表中那一類型的效度及其相對應的效度係數不合理？請說明為何不合理？

(四)若刪除妳/你認為不合理的其中一種效度後，再根據以上資料，在三個測驗的其他條件都相同的情況下，如要用來預測某種行為，請將三個測驗的可接受程度由優至劣排序（如ABC、ACB或CBA等），並說明妳/你的排序理由。【97年高考】

十、請詳細說明「盒鬚圖（box-and-whisker plot）」的各主要部分的組成為何？並請以圖示說明。【100年地方三等特考】

十一、某心理學家欲進行一項研究，比較控制組與實驗組的平均數（依序為 $\overline{X}$，$\overline{Y}$）有無差異，假設每組各有25人，且觀察值近似常態分配，母群標準差 $\sigma = 5$。

(一)$\overline{X} - \overline{Y}$ 的標準誤為何？

(二)已知 $\alpha = .05$，試問：$H_0 : \mu_X = \mu_Y$ vs. $H_0 : \mu_X > \mu_Y$ 的拒絕區為何？

(三)如果 $\mu_Y = \mu_X + 1$，統計考驗力為何？

(四)假設上述考驗的p值為.07，試問該考驗是否會拒絕於 $\alpha = .10$ 的顯著水準？為什麼？【100年地方四等特考】

十二、學生的學業成績可能與父母關心程度及家庭社經地位有關。今若對100名高中生以量表測量他們父母的關心程度（X1，分數介於0到10分），家庭社經地位（X2，區分為高中低三組），由學生勾選，學業成績（Y）則是前學期的總平均分數（分數介於0到100分）。請問X1對Y，X2對Y，以及X1與X2合起來對Y的影響，分別要以什麼統計方法來分析？檢驗的重點在那 ？【101年高考】

十三、某公司以20題的「工作滿意度量表」測量約300名員工的工作滿意度，每一題有「非常不滿意」到「非常滿意」5個選項可勾選，5個選項分別計為1-5分，20題的總分即為個人的工作滿意程度。結果整體員工工作滿意分數的全距為79，平均數為73.6，標準差為7.8，中位數為77，四分差為6。請問如果數據正確的話，你會以那一種集中量數指標與離散量數指標，來向總經理報告公司員工工作滿意的情形呢？簡述理由為何？【101年高考】

十四、(一)何謂標準分數？其公式為何？

(二)將原始分數標準化之目的為何？

(三)舉例說明將偏態分布的分數加以常態化之目的為何？

【101年地方三等特考】

十五、(一)何謂變異數？其公式為何？

(二)從教育理論觀點而言，我們期望在班級團體的學科成績與大型升學考試科目成績上之兩種變異數的比較：

1.何者變異數越大越好，其理由為何？

2.何者變異數越小越好，其理由為何？

【101年地方三等特考】

十六、(一)請舉例說明正偏態（positively skewed）的意義。

(二)請舉例說明矩形分配（rectangular distribution）的意義。

(三)請舉例說明二項式分配（binomial distribution）的意義。

(四)請舉例說明二項式分配母群（population）的平均數與標準差分別為何？

(五)變異數分析的結果若達到統計的顯著性，可接著做事後比較，事後比較包含簡單比較與複雜比較，請解釋何謂簡單比較？

【101年地方四等特考】

重要試題解析範例

一、從測驗結果報告的角度，來回答下列問題：

(一)分別解釋標準分數與百分等級這兩個詞的概念意義。

(二)比較上述兩個概念的異同。

(三)分別列出標準分數與百分等級常模建立的方法。

【94年地方四等考試】

答：標準分數與百分等級皆為測驗與統計上之重要概念，茲依題意說明如下：

(一)標準分數與百分等級之概念意義

1.標準分數係以平均數為參照點，用標準差的數值表示每個測驗分數在所屬團體中的相對位置。其可分為直線標準分數與常態化標準分數兩種。

2.百分等級係指在一群分數中低於某一分數者所佔的百分率，可看出某一分數者在所屬團體中的相對位置。

(二)標準分數與百分等級之比較

1.兩者皆為相對地位量數，都是用來描述一個人在團體中所佔的地位之量數。

2.百分等級通常以整數來表示，最高為99，最低為0；標準分數則不一定是整數，範圍為 - ∞到∞。

3.百分等級為次序變數，標準分數則為一種等距變數。

(三)標準分數與百分等級之建立步驟

1.標準分數

(1)其使用情境為欲了解個人測驗結果的相對位置與進行所屬團體間的個別比較時。

(2)建立步驟（以Z分數為例）

A. 標準分數係指用以表示分配中任一數值的方法，以標準差為單位，說明該數值與平均值間的距離，利用這種轉換，而把原始分數化成標準分數，亦稱為Z分數 $Z = \dfrac{X - \overline{X}}{\sigma}$

（分母為母群體的標準差，X=原始分數，X̄=母群體的平均數）

B. Z分數之平均數為0，標準差為1。

C. 但是標準分數尚有T分數、標準九、CEEB分數等多種形式，其線性轉換的原理相同，不同的式各自的平均數與標準差之數值。

2.百分等級

(1)其使用情境為欲了解個人測驗結果的相對位置與進行所屬團體間的個別比較時。

(2)建立步驟：

A.將所有受試者的測驗分數依高低順序整理成次數分配表。

B.求各個測驗分數的累積次數。

C.求各個測驗分數之組中點的累積次數。

D.求各個測驗分數之組中的相對累積次數

E.求得每個測驗分數的百分等級。

參考書目： 朱經明（1989），教育統計學，五南。

高永菲（2001），心理與教育統計學，元照。

教育圓夢網（2013），94至102年教育行政高普特考解析，教育圓夢網。

二、何謂側面圖（profile）？較適用於何種類型之測驗？如何繪製與解釋分析？【92年地方三等特考】

答： 側面圖在測驗與統計上皆有其應用價值，茲依題意說明如下：

(一)側面圖之相關意涵

1.側面圖係指一種可以呈現測驗或統計結果的統計圖表。

2.其將多個分測驗施測後所得到的結果，先統計其個別所得的分數，再以起伏曲線或長短直線，繪於側面圖上。

3.其功能在可以呈現出受試者之間的個別差異，也可以看出受試者在各種能力上的差異。

4.側面圖在人格測驗、性向測驗以及興趣測驗上，最具應用的價值。

(二)繪製與解釋分析側面圖之途徑

1.在繪製方面：

(1)通常都必須要將各分測驗原始分數，對照常模換算成標準分數。

(2)亦即當測驗實施完畢後，必須把每項的原始分數，先記在答案紙正面各項的原始分數欄，再對照年級常模表換算為百分位數。

(3)再將各項的百分位數，在測驗的側面圖上，其各該項的橫軸上找出適當的位置點上一點，表示該項的相對位置。

(4)最後把各項橫軸上的點連結起來，就形成一個側面圖。

2.在解釋與分析方面，側面圖的解釋可以分為項目解釋與整體解釋，在此以學習測驗為例，略述如下：

(1)項目解釋：依照各項在橫軸上的位置，鑑別各該項成績的優劣。成績分為五個等級，即優等、中上、普通（中等）、中下、劣等，在這八項的測驗中，在些項目在優等或中上，有些項目在中等，有此項目在中下或劣等。從這些項目的等級，可知受試者在學習態度測驗中，那些項目較好？那些項目較差？指導教師就根據學生測驗結果的好壞給予指導。

(2)診斷解釋：將受試者八項的原始分數加起來，即為學習態度的總分數，再從各年級學習態度總分數與百分位數對照表（表五）中，將總分數換算為百分位數，如百分位數在0~0間為劣等，25~40間為中下，45~60間為中等，65~80間為中上，85~99間為優等。

參考書目： 張厚燦（1992），心理與教育統計學，五南。

余民寧（2005），心理與教育統計學，三民。

艾育（2013），教育專業科目通關寶典，千華。

112年 高考三級教育行政學

一、領導是發揮影響力的歷程,請說明僕人領導(servant leadership)的意涵,並提出實踐僕人領導的重要策略。

答 領導是發揮影響力的歷程,茲依題意說明如下:

(一) 僕人領導的意涵

1. 提出學者為格林理夫(Greenleaf),其係指領導者具有僕人風格與心理特質,能夠從服務角度出發,進行組織行為之領導。

2. 係指領導者能夠扶持、激勵與授權組織成員,其是一種表現為他人服務的行為與態度的領導方式。

3. 換言之,其又稱為僕性領導或服務領導,其強調領導權力是一種奉獻服務的精神,一位有效能的領導者,其必具備同理心、樂於助人、真誠關懷等特質。

4. 教育領導者若願意改變其領導心態,僕人領導才能發揮其積極性的功效。

(二) 實踐僕人領導的重要策略

1. 應培養教育領導者具備僕人領導所強調的特質,例如:敏銳感受力、同理心、真誠關懷、樂於助人等。

2. 教育領導者應全心全意對組織與成員著想,希望可以幫助組織解決困難及協助成員自我實現。

3. 應維持教育情境中的人際關係和諧,並且重視教育消費者的滿意度與需求。

4. 應建立教育行政組織中的溝通與服務平台,例如:單一作業窗口,以使服務領導可有效落實於教育實際情境中。

5. 教育領導者若願意改變其領導心態,服務領導才能發揮其積極性的功效。

6. 教育首長與學校主管應自我勉勵成為一位僕人領導者，力行尊重與關懷、傾聽與同理、激勵與授權，為學生、家長、同仁和社會服務，以提升行政效能與逐步邁向理想的教育目標。

▶ **參考書目**：吳清基、顏國樑、范熾文等。教育行政學新論。五南。

二、溝通為教育行政組織不可或缺的要素，請列舉教育行政組織溝通障礙的因素，以及化解教育行政組織溝通障礙的做法。

答 溝通為教育行政組織不可或缺的要素，茲依題意說明如下：

(一) 教育行政組織溝通障礙的因素

1. 心理障礙。
2. 地理空間障礙。
3. 語言障礙。
4. 知覺障礙。
5. 資訊不全或過多障礙。
6. 溝通管道不暢通。
7. 硬塞理論（例如：主任認為職員一無所知，要求依指示行事）。

(二) 化解教育行政組織溝通障礙的做法

1. 首先，平時應建立良好之組織人際關係及溝通管道，並可制訂教育行政溝通之標準程序，且兼顧所有溝通要素的有效運作。
2. 再者，宜善用正面溝通策略來協調學校相關成員的看法與行動，且可營造友善開放的教育組織氣氛，以建構自由無宰制的教育行政溝通情境。
3. 此外，在傳遞溝通訊息時，應善用雙面俱陳策略及多元管道，且訊息內容應明確具體，以發揮教育行政溝通之正向效果。
4. 另外，教育行政溝通管道應兼重正式、葡萄藤之非正式方式與上行、平行與下行等多維面向，使管道普及、短捷、內外兼備。
5. 教育行政溝通宜首重人之需求、尊榮感與信賴度，溝通媒介宜多元運用，兼用語文及非語文，且溝通之訊息應符合情、理、法。

6. 最後，應建置完善的教育評鑑與視導機制，以有效追蹤溝通訊息的執行情形。

▶ **參考書目**：吳清基、顏國樑、范熾文等。教育行政學新論。五南。

三、聯合國於2015年宣布「2030永續發展目標」（Sustainable DevelopmentGoals, SDGs），其中優質教育為其重要目標之一，請分析優質教育的意涵，並說明「實施優質教育，以實現永續發展目標」的重要途徑。

答 聯合國於2015年宣布「2030永續發展目標」，茲依題意說明如下：

(一) 優質教育的意涵

1. 公平機會：優質教育意味著每個人都應該有平等的機會接受教育，無論性別、種族、貧富差距或殘疾狀況。

2. 提高識字率：優質教育包括提供基本的識字和數字能力，幫助人們更好地參與社會和經濟活動。

3. 強調實用技能：除了學術知識，優質教育還應注重培養實用技能，讓學生具備應對現實生活挑戰的能力。

4. 促進創新思維：教育應鼓勵學生的創造力和批判性思維，培養解決問題的能力。

5. 強化教師素質：提升教師的專業水準和教學質量，使他們能夠更好地引導學生成長。

6. 推動包容性教育：優質教育應該包括所有學生，特別是弱勢群體和特殊需求學生，讓每個人都能受益。

7. 融入可持續發展教育：教育應該融入可持續發展的理念，培養學生的環保和社會責任感。

(二) 「實施優質教育，以實現永續發展目標」的重要途徑

1. 擴大教育投資：各國政府應該增加對教育領域的投資，確保教育經費充足且公平分配，以提供優質的教育資源和環境。

2. 促進包容性教育：要確保所有學生都有平等機會接受教育，特別是

弱勢群體和特殊需求學生，需要建立包容性的教育體系，提供適切支援。

3. 強化教師培育與專業成長：教師是優質教育的關鍵，要提高教師的專業素養和培訓，讓他們能夠更好地引導學生成長，激發他們的學習動力。

4. 整合可持續發展教育：將可持續發展的理念融入教育課程和學校活動中，培養學生的環保和社會責任感，讓他們成為可持續發展的倡導者。

5. 推動創新教學方法：採用現代化、創新的教學方法和科技手段，提升教學效果，激發學生的學習興趣和主動性。

6. 強調全球教育合作：各國應加強合作，共享教育經驗和資源，推動全球教育合作，以確保所有國家都能實現優質教育目標，促進永續發展的實現。

▶ **參考書目**：吳清基等。教育政策與永續發展。五南。
　　　　　　　教育部。永續發展教育手冊-臺灣指南。

四、請說明《私立高級中等以上學校退場條例》對私立學校解散清算後財產歸屬之處理方式，並提出未來私立學校應如何有效經營，以避免遭到退場的處境。

答 《私立高級中等以上學校退場條例》的制訂目的是為因應少子女化衝擊，維護學生受教及教職員工權益，茲依題意說明如下：

(一) 《私立高級中等以上學校退場條例》對私立學校解散清算後財產歸屬之處理方式

1. 依董事會決議，並報經學校法人主管機關核定，捐贈予本基金、中央機關或公立學校。

2. 歸屬學校法人所在地之直轄市、縣（市）。

3. 但不動產，歸屬於不動產所在地之直轄市、縣（市）。

(二) 未來私立學校避免遭到退場的處境之有效經營策略

1. 提供優質教育服務：專注於提供優質的教育服務是吸引學生和家長的關鍵。注重教學品質、師資培訓，並持續改進教學方法，確保學生能夠獲得有價值的學習經驗。

2. 關注市場需求：了解當地教育市場的需求和趨勢，根據需求調整課程設置和特色，以提供更符合學生需求的教育方案。

3. 規範財務管理：嚴格控制學校財務，確保經濟運作健康，避免浪費和不必要的支出，並制定長遠的財務計劃。

4. 聯繫社區與家長：積極與當地社區和家長建立緊密聯繫，參與社區活動，增加學校的知名度和信譽。

5. 推動數位化轉型：適應數位化轉型是提高學校競爭力的關鍵。投資數位教學工具、網路基礎設施，提供線上學習選項，滿足不同學生的需求。

6. 建立合作夥伴關係：與企業、非營利機構或其他學校建立合作夥伴關係，共享資源，開展聯合項目，擴大學校的影響力和多元發展。

▶ **參考書目**：吳清基、顏國樑、范熾文等。教育行政學新論。五南。
　　　　　　《私立高級中等以上學校退場條例》。

112年 高考三級教育測驗與統計

一、某教育學者認為，COVID-19疫情期間，大多數國民中小學校皆採行線上教學來代替實體教學。但是，線上教學的學習成效深受各種因素的影響與干擾，因此，他認為有必要重新制訂線上教學時，學習成績是否達到「及格」的通過標準。請問：你會建議他該如何設定此通過標準？請至少列舉五項步驟的建議。

答　在重新制訂線上教學學習成績「及格」的通過標準時，以下是五項建議的步驟：

(一) 制訂明確目標與評量標準

　　1. 必須先確定每門課程的學習目標，這些目標應該是可量化的，並且能夠在線上環境中評估。

　　2. 例如，某門數學課的目標可以是學生能夠解決特定類型的數學問題，然後，根據這些目標制定評量標準，確定學生需要達到的「及格」標準。

(二) 考慮學科特性和難易程度

　　1. 不同學科有不同的學習難易程度，因此通過標準應該根據不同學科的特性做適度調整。

　　2. 例如，某些科目可能需要更高的學習成果來達到「及格」，而其他學科可能在同樣的條件下容易達到。

(三) 考慮學生個別差異

　　1. 學生在線上學習環境中可能面臨各種挑戰，並且他們的學習能力和學習風格也會有所不同。

　　2. 因此，建議將通過標準設計為考慮個別差異，例如：針對特殊需求學生提供彈性安排或額外支援。

(四) 建立反饋機制：提供及時和具體的評估反饋，幫助學生了解自己的學習進度和需要改進的方向，有助於激勵學生積極參與學習。

(五) 提供多元評量方式：單一的評量方式可能無法全面反映學生的學習成果，故建議結合多元評量方式，如測驗、作業、專題報告、參與度等，來綜合評估學生在線上教學中的學習成效。

▶ **參考書目**：余民寧。教育測驗與評量。心理。

艾育。國考教育行政類專業科目重點精析。千華。

二、某市教育局舉辦一年一度的國小學生才藝競賽，並聘請兩位表演藝術專家針對10名進入總決賽的小學生才藝表演進行客觀的評分。這兩位專家針對這10名學生的評定名次如下表，請問：這兩位專家的評分間有無關聯性或一致性存在？

（查表的t值臨界值為：$t_{.975,8} = 2.306$）

學生	A	B	C	D	E	F	G	H	I	J
甲專家	2	8	5	7	4	6	1	9	3	10
乙專家	5	4	1	8	3	7	6	10	2	9

答 因為本題是專家的評定名次，屬於次序量尺，所以採用斯皮爾曼等級相關（Spearman's rank correlation），其計算公式為：$r = 1 - \dfrac{6\sum\limits_{i=1}^{n} d_i^2}{n(n^2-1)}$

其中，d代表評定等第之差，n是代表被評者人數

學生	A	B	C	D	E	F	G	H	I	J
甲專家	2	8	5	7	4	6	1	9	3	10
乙專家	5	4	1	8	3	7	6	10	2	9
評定等第之差（d）	-3	4	4	-1	1	-1	-5	-1	1	1
d^2	9	16	16	1	1	1	25	1	1	1

$$r = 1 - \frac{6}{10(10^2 - 1)}$$

$$= 1 - \frac{432}{990}$$

$$= 0.56$$

由計算結果得知斯皮爾曼等級的相關係數為0.56，這意味甲乙兩位專家的評分名次存在一定程度的正相關性。

▶ **參考書目**：余民寧。教育測驗與評量。心理。
　　　　　　　　艾育。國考教育行政類專業科目重點精析。千華。

三、某教育學者想知道某校六年級學生的平均身高，他自該校隨機抽取9名學生為樣本，並測得其身高分別為140、142、140、143、139、140、141、142、141公分（已計算出這9名學生身高的M=140.89，SD=1.26），請問：你會推估出該校六年級學生的平均身高之95%信賴區間（查閱t分配表，臨界值為±2.306）為何？請寫出計算過程並說明你的答案。

答 要推估該校六年級學生的平均身高之95%信賴區間，我們可以使用t分配表中的臨界值來計算。由於樣本數較小（n=9），我們應該使用t分配來估計。已知樣本數n=9，樣本平均數M=140.89，樣本標準差SD=1.26，並且信賴水準為95%。根據t分配表，95%信賴水準下的單尾臨界值為t=±2.306。

計算95%信賴區間的步驟如下：

1. 計算標準誤差 $= \frac{SD}{\sqrt{7}} - \frac{1.26}{\sqrt{9}} = 0.42$

2. 計算樣本平均數的95%信賴區間

信賴區間 $= 140.89 \pm (2.306 \times 0.42)$

$$= 140.89 \pm 1.97$$

3. 由此得知：該校6年級學生的平均身高之95%信賴區間為139.92公分到141.86公分。

▶ **參考書目**：余民寧。心理與教育統計學。三民。
　　　　　　　　艾育。國考教育行政類專業科目重點精析。千華。

四、請解釋下列專有名詞：(一)參數估計不變性（invariance of parameter estimation）(二)差異試題功能（differential item functioning）(三)可能值（plausible values）(四)效度量尺（validity scale）(五)試題特徵曲線（item characteristic curve）

答

(一) 參數估計不變性（invariance of parameter estimation）

參數估計不變性指的是在不同的情況或樣本中，對於特定參數的估計結果應該是相同或接近的，這表示在不同的樣本或測量條件下，使用相同的統計方法或模型，應該得到相似的參數估計結果，參數可以是母體平均數、標準差、相關係數等，而不變性則強調該估計結果在特定條件下具有一致性和穩定性，這對於進行跨樣本或跨研究的比較和推論非常重要。

(二). 差異試題功能（differential item functioning）

差異試題功能是用於評估測驗或問卷中試題的特性的統計方法，當試題在不同人群或樣本中顯示出不同的評量特性時，就稱為差異試題功能，這表示在不同的背景條件下，試題對於不同群體的反應可能存在差異，這可能導致測驗結果的偏誤，其評估目的是確保試題的公平性和穩定性，並提高評量工具的品質和可靠性。

(三) 可能值（plausible values）

可能值是在統計模型中使用的虛擬數值，用於填補缺失值或模擬未知數。在許多統計分析中，如果有缺失數據或未觀察到的變數，可能值可以用來代替這些缺失或未知的數據，以進行模型估計或推論；可能值的生成通常基於現有的數據特徵和分布，並且需要符合統計模型的前提條件，以確保生成的可能值具有合理性和可靠性。

(四) 效度量尺（validity scale）

效度量尺是用於評估測量工具的效度。效度量尺通常是一組測量指標或評估標準，用來評判測量工具是否能夠正確地測量所要衡量的特定概念或屬性。這些指標可以是預測效度、內部一致性、區辨效度等，而效度量尺的分析結果能夠幫助研究者確定測量工具的有效性和適用性。

(五) 試題特徵曲線（item characteristic curve）

　　試題特徵曲線是在測驗項目反應理論（item response theory，IRT）中使用的圖形，用來描述試題的特性和受試者的答題情況之間的關係；試題特徵曲線通常是一條S型曲線，顯示了不同程度的受試者對於試題的答對機率。這條曲線反映了試題的難易度和區分度，並且能夠幫助我們理解測驗項目的特性以及評估測驗的品質。

▶**參考書目**：余民寧。心理與教育統計學。三民。
　　　　　　艾育。國考教育行政類專業科目重點精析。千華。

112年 高考三級教育哲學

一、依據杜威（John Dewey）的觀點，好的思維方法來自健全的思維態度，而要有健全的思維態度，又依賴那些心理質素的養成？試說明之。

答 杜威認為好的思維方法來自健全的思維態度，茲依題意說明如下：

(一) 杜威的主要思想內涵

1. 形上學：主張整體、變動不拘與多元的世界觀。

2. 知識論：

(1) 知識發展係具有經驗連續性，且知識應合乎社會需求才有價值。

(2) 有效者即真，知識應具備解決問題之功能。

3. 折衷的道德理論（折衷嚴格主義及功利主義之道德觀）：

(1) 道德應包括知識、感情與能力等三種要素。

(2) 道德發展應兼具良善的過程與結果。

4. 價值論：有用者即真。

(二) 杜威認為個人要有健全的思維態度必須養成的心理質素

1. 開放性和好奇心：杜威認為，健全的思維態度必須建立在開放性和好奇心的基礎上。保持心靈開放，對新的事物和觀點保持好奇心，能夠激發學習的動機，主動尋求新知識和理解。

2. 批判性思維：健全的思維態度需要培養批判性思維能力。這包括挑戰既有觀念，獨立思考，能夠辨識偏見和謬誤，從多角度思考問題，進行合理的推理和判斷。

3. 自我反省：杜威認為自我反省是健全思維的重要基石。意味著不斷檢視自己的思想和行為，認識自己的優勢和不足，以便改進和成長。

4. 合作與溝通：健全的思維態度需要將思想和觀點與他人交流，並願意聆聽和尊重不同的意見。這有助於擴展視野，理解其他人的觀點，並在合作中實現共同的目標。

5. 學習與實踐：持續的學習和實踐是養成健全思維態度的關鍵。透過不斷學習新知識和經驗，並在實際生活中應用和反思，可以不斷改進和提升思維質量。

▶ **參考書目**：伍振鷟、林逢祺、黃坤錦、蘇永明。教育哲學。五南。
艾育。國考教育行政類專業科目重點精析。千華。

二、按照馬勒席爾（M. Mothersill）的界說，美的事物都具有那些特質？教育要如何運作，才能發展這些特質，並奠定美育基礎？

答 教育美學是重要的教育哲學議題，茲依題意說明如下：

(一) 按照馬勒席爾的界說，美的事物之特質

1. 正向的價值：美是一種好的事物，是一種正向的價值。它代表著優越、高尚和良好的品質，是人們追求和嚮往的目標。

2. 與快感相連：美的事物能引起我們愉快的感受，與快感有著密切的聯繫。它能夠觸動我們的情感，引起愉悅和喜悅。

3. 引發追求的動機：美的事物往往讓人感到喜愛和吸引，這樣的吸引力激勵著人們追求和追尋美的事物，並將之融入生活中。

4. 基於直接的感知過程：鑑賞美的過程依賴於直接的感知，通過視覺、聽覺、嗅覺等感官來體驗美的事物。這種感知過程使得美的感受更加直觀和真實。

(二) 發展上述美的事物之特質及奠定美育基礎的教育運作策略

1. 將藝術和文化教育納入學校課程中，讓學生接觸不同形式的藝術，如音樂、繪畫、舞蹈等，並了解不同文化的藝術表現形式。

2. 透過跨學科教學，將美學和藝術元素融入不同學科的教學中，如在語文課程中讀詩歌，讓學生感受文字之美，在科學課程中探索自然界的美妙和奧秘。

3. 實施藝術體驗活動，如美術展覽、音樂會、舞台劇等，讓學生親身參與和感受藝術之美，以擴展學生的視野，啟發他們的創造力。

4. 培養學生對藝術作品的賞析和批判性思維，鼓勵他們表達對作品的觀點和感受。這有助於提升學生的美學素養和表達能力。

5. 鼓勵學生進行創意表達和實踐，例如繪畫、音樂創作、舞蹈表演等，讓學生發現自己的才華和興趣。

6. 教師應成為美的事物特質之角色楷模，展現對藝術和美學的熱愛與理解，教師的榜樣對學生的美育影響尤其重要。

▶ **參考書目**：林逢祺。教育哲學－一個美學提案。五南。
　　　　　　　艾育。國考教育行政類專業科目重點精析。千華。

三、英國教育分析學家皮德思（R. S. Peters）提出三個教育的內在規準，依據這些規準，教育活動應當符合什麼規則才適當？如果有機會提出補充，你會提供什麼樣的規準，為什麼？

答 Peters提出合認知性、合自願性及和合價值性等三大教育內在規準，茲依題意說明如下：

(一) 依據Peters提出的三大教育規準，教育活動應符合之規則

　1. 合認知性

　　(1) 合認知性：亦即教育活動要能夠合乎真理，能夠促進學生的認知發展，而非流於迷信。

　　(2) 教育活動應當具有認知的合理性和智力的價值。這意味著教育不僅要提供學生具體的知識和技能，還應該培養他們的批判性思維和理解力，使他們能夠獨立思考和判斷。

　2. 合自願性

　　(1) 合自願性：教育活動之歷程必須顧及到受教者的身心發展歷程與自由意志。

　　(2) 教育活動應當尊重學生的自主權，遵循其自願參與的原則。教育不應強加於學生，而是讓他們有選擇的自由，能夠主動參與學習。

3. 合價值性
    (1) 合價值性：亦即教育是道德上可欲的一種活動，且教育是一種價值傳遞與創造的活動。
    (2) 教育活動應當強調對正向價值的重視和承認。這包括學生的價值觀、文化背景和道德信念等，教育應尊重這些價值，並鼓勵學生發展具有正面價值的品質。

(二) 其他可以補充的教育規準及理由
    1. 強調社會實踐能力：教育活動應該強調學生的社會實踐能力和應用能力，僅僅掌握理論知識是不夠的，學生需要能夠將知識應用於實際情境中，解決現實問題。
    2. 促進情緒智商：教育活動應該注重培養學生的情緒智商，包括情感管理、同理心和社會交往等，有助於建立積極的情感態度和良好的人際關係。
    3. 強化自主學習：教育活動應該鼓勵學生主動參與和自主學習，培養他們的學習興趣和學習能力，自主學習是終身學習的基礎，有助於學生在不斷變化的社會中持續成長和進步。
    4. 合乎永續發展的相關理念與實務作為，透過教育活動實踐各項永續發展目標。

▶ **參考書目**：伍振鷟、林逢祺、黃坤錦、蘇永明。教育哲學。五南。
　　　　　　　艾育。國考教育行政類專業科目重點精析。千華。

四、柏拉圖（Plato）以「洞穴隱喻」來類比人類的生存狀態，教師作為轉化型的知識份子，應如何自處，方能解放自身，並啟蒙學生。

🅰 教師理想圖像之一為轉化型的知識份子，茲依題意說明如下：

(一) Plato洞穴隱喻之要點及其對教育之啟示
    1. Plato洞穴隱喻之要點：
        (1) 人自始為無知，如同在洞穴裡，久不見天日，處於理性黑暗期。
        (2) 當哲學家接觸理性的真實世界，雖然經過陽光刺眼般的痛苦，但卻獲得廣闊舒服的由衷喜悅。

(3) 哲學家秉持淑世關懷，欲再入洞穴教導無知人類追求理性，卻被無知人類的恐懼、嫉妒所排斥，導致蘇格拉底的悲劇。

2. Plato洞穴隱喻對教育之啟示：

(1) 教師應具有人文情懷及道德勇氣，以開展學生理性為終身教育職志。

(2) 教師應具備批判反省能力，以避免受到教育歷程中的不當意識型態宰制。

(3) 教育為追求真理之歷程，是一種啟蒙理性之歷程。

(二) 教師作為轉化型的知識份子，解放自身及啟蒙學生之自處策略

1. 教師本身應擁有紮實的教育專業能力與態度，並具備質疑、解放、反省、重建的批判意識與實踐能力。

2. 教師應認可本身的專業性與社會責任，且具備道德勇氣，以揭露存在於教學情境中的不當意識型態與權力結構。

3. 教師可善用多元教育研究取徑，兼融經驗分析、詮釋理解及批判反省的研究典範觀點，來瞭解教育現象本質意義。

4. 教師可透過教育行動研究，並加強對教育現場的敏感性及進行教學反省，來提升本身批判思考能力。

5. 師生之間要進行不斷的對話與磋商，善用高層次同理心，追求互為主體的溝通。

6. 教師應培養學生開闊的胸襟，並要提升學生批判的能力，且在課程設計上要求重視邊際學科，打破學科的界線，落實多元文化的精神。

▶ **參考書目**：吳靖國。教育理論。師苑。
　　　　　　　艾育。國考教育行政類專業科目重點精析。千華。

112年　高考三級比較教育

一、捷克教育家 J. A. Comenius被譽為是國際教育的先驅，歐盟促進中小學國際交流與合作的計畫也以其姓氏命名，試申述其國際教育的理念。

答　捷克教育家 J. A. Comenius被譽為是國際教育的先驅，茲依題意說明如下：

(一) Comenius的教育思想

1. 西洋教育史上第一本有圖畫的教科書《世界圖解》（Orbis Pictus），主張泛智主義。

2. 提出六年為一階段的教育計畫，將一生的教育分為七個階段（七個學校）：

(1) 出生學校（0～1歲）：注重胎教。

(2) 母親學校（1～6歲）：母親即教師，家庭即學校，喻之為「春」。

(3) 國語學校：七到十二歲的「全民」，一律接受國語學校的教育，喻之為「夏」。

(4) 拉丁學校：教育對象為十三到十八歲時期的學生，側重七藝教學及判斷力培養，喻之為「秋」。

(5) 大學：教育對象為十九到二十四歲的青年，但僅讓「精選的優秀份子」入學，喻之為「冬」。

(6)最後2個階段的教育，未做說明。

3. 教學原則：

(1) 先母語，後外語的教學策略。

(2) 由易而難，由簡單至複雜，由具體到抽象，一般先於特殊，重視實物教學。

(3) 採蘇格拉底的「產婆術」，認為人性本善，教育應提供個人潛力「開展」的環境。

4. 在《大教授學》（The Great Didactic）提出教學方法：

(1) 提倡教師地位的重要性。

(2) 強調實物教學與感官經驗。

(3) 反對體罰，強調快樂的學習經驗。

(4) 大班教學，採「班長制」，為英國蘭卡斯特、貝爾所採用。

(二) Comenius對國際教育的理念

1. 提倡全民終生教育，是教育史上第一位明確指出「系統性學校制度」的教育學者。

2. 強調每個人都有接受教育的權利，無論其社會地位或背景，他主張將教育機會擴展到所有階層的人們，以提高整個社會的素質和知識水平。

3. 主張通過跨越國界的教育交流和合作，實現不同國家和文化之間的相互理解和和諧。他認為這種跨文化的交流可以幫助學生更好地了解不同文化的觀點和價值觀，並增進世界和平。

4. 主張教育應該培養學生實際應用的技能和知識，使他們能夠應對現實生活中的挑戰和問題。

5. 藉由國際性教育組織推動環球普及教育的構想，影響聯合國教科文組織之成立。

▶ **參考書目**：楊深坑。國際教育理念與實務之歷史回顧與前瞻。比較教育學刊第74期。

艾育。國考教育行政類專業科目重點精析。千華。

二、國際大型教育評比表現良好的國家，往往被視為是值得學習的對象，
然而 不同國家從中所借取的政策卻未必相同，試從不同的理論視角，
評析此一現象。

答 國際大型教育評比表現良好的國家，往往被視為是值得學習的對象，然而
不同國家從中所借取的政策卻未必相同，茲依題意說明如下：

(一) 政策學習

1. 政策學習論強調不同國家在評估和學習其他國家的政策時，會進行
比較和適應。

2. 這代表當借取國際大型教育評比表現良好的國家的政策時，會進行
反思，了解其政策成功的背後原因，並評估其是否適合本地條件，
以滿足當地的需要。

(二) 文化相對論

1. 文化相對論強調每個國家的教育體系和政策應該建立在其特有的文
化基礎之上。

2. 因此，當一個國家從其他國家借鑒政策時，必須納入本土文化因素
進行適應和調整。

3. 這可能導致在實施時，原本成功的政策在不同文化背景下效果有所
不同。

(三) 後殖民主義

1. 後殖民主義指出，國際大型教育評比往往使用西方主導的教育標準
和評量方法，這可能忽略了不同文化和社會背景下的教育價值觀和
本土知識。

2. 因此，被評比良好的國家的教育政策並不一定適合其他國家，因為
它可能建立在特定文化和歷史背景上，不易被其他國家所轉化。

3. 在後殖民主義的觀點下，國際大型教育評比往往強化了一些國家的
優越性和傳統大國的地位，這導致其他國家更傾向於模仿這些優越
的國家的政策。

▶ 參考書目：沈姍姍、洪雯柔。新比較教育學：理論與研究。元照。
艾育。國考教育行政類專業科目重點精析。千華。

三、實驗教育學生發放教育券（voucher）的議題近來引發討論，請說明教育券 在美國最初倡議的理念，並申述其在美國所引發的主要爭辯。

答 實驗教育學生發放教育券的議題近來引發討論，茲依題意說明如下：
(一) 美國最初倡議教育券的理念
　　1. 提供家長更多選擇權：教育券的主要目的是讓家長擁有更多選擇權，可以根據自己的價值觀、孩子的需求和優勢來選擇最適合的學校。
　　2. 促進教育競爭：教育券可以刺激教育市場的競爭，激勵學校提供更優質的教育服務，因為學校為了吸引學生和教育券，必須不斷改進教學品質、提供多樣化的課程和活動，以吸引家長和學生的選擇。
　　3. 提高教育效率：教育券可以提高教育資源的使用效率。由於家長可以自由選擇學校，學校必須更加注重學生的需求，提供更適切的教學方案，從而提高學生學習成效。
　　4. 促進教育創新：教育券的引入可以促進學校的多樣性和創新，學校可以根據家長和學生的需求，開發更具特色的教學方法和課程，提供更具吸引力的教育選擇。
(二) 教育券在美國產生的主要爭議
　　1. 公共教育資源分配：支持者認為教育券可以提供更多的教育選擇權，但反對者擔心這將導致公立學校的資源減少，影響其教學品質和學生學習環境，故主要爭議在於如何平衡公立學校和私立學校之間的資源分配。
　　2. 社會不平等：教育券可能加劇教育的不平等問題。私立學校或宗教學校可以選擇學生，可能導致一些學生因各種原因被排除在外，例如貧困、特殊需求或其他背景因素，這可能擴大教育社會差距，引起社會不公問題。
　　3. 教育品質與監管：支持者認為教育券可以促進學校提高品質，但反對者擔憂，如果私立學校和宗教學校沒有受到足夠的監管和評估，就有可能出現質量參差不齊的情況，影響學生的學習成果和教育體驗。

4. 教育市場的挑戰：教育券的實施面臨著教育市場的挑戰，包括學生流動性、學校競爭和公平機會。這些挑戰需要政策制定者仔細評估和應對。

▶ **參考書目**：楊思偉。比較教育。心理。
艾育。國考教育行政類專業科目重點精析。千華。

四、英格蘭的中等學校績效責任評量制度（accountability measure）係以該校學生之中等教育普通證書（General Certificate of Secondary Education, GCSE）的成績為主要依據，請說明主要的績效責任指標，並申論該績效責任評量制度對於我國教育改革的啟示。

答 英格蘭的中等學校績效責任評量制度係以該校學生之中等教育普通證書的成績為主要依據，茲依題意說明如下：

(一) 英格蘭的中等學校績效責任評量制度之主要績效責任指標

1. GCSE成績：學校的GCSE成績是最重要的評量指標之一，GCSE是英格蘭中等教育的重要考試，涵蓋多個科目，學生的考試成績將影響學校整體的評價和排名。

2. 學生學業進步情形：評估學校在學生學業進步方面的表現。它不僅關注學生是否達到預期的學習目標，還要比較學生的實際成績與預期成績的差異，如果學生在某些科目上的進步優於預期，則學校可能獲得更好的評估。

3. 學生出勤率：學生出勤率是另一個重要的指標。高出勤率通常代表著學生對學業有積極的參與和投入，並且學校有積極的管理和支持制度。

4. A-Level課程成績：學校的A-Level課程成績也被視為評估學校教學質量的重要依據。

(二) 英格蘭的中等學校績效責任評量制度對於我國教育改革的啟示

1. 強化學校績效評估：借鑒英格蘭的制度，我國可以建立更完善的學校績效評估機制，以學生的考試成績和進展為主要依據。透過客

　　觀、量化的評估，可以更準確地衡量學校的教學品質和學生成就，促進學校競爭和提高教學水平。

2. 注重學生學習進步情形：中等學校績效責任評量制度應不僅關注學生是否達到一定水平，更應考慮學生的學業進步，藉由比較學生的實際成績與預期成績的差異，能更全面地評估學校的教學效果，給予學校適當的鼓勵和支援。

3. 考慮多元教育成果：除了學術成績，也應考慮學生的綜合素養和才能發展，因此，我國的中等學校績效責任評量可以增加其他評估指標，如學生的出勤率、參與課外活動情況、社會責任感等，以綜合評估學校的教育成果。

4. 賦予學生家長更多選擇權：績效責任評量制度促進學校競爭，提供家長更多的教育選擇權，我國應倡導多元的學校選擇，提供不同教育特色的學校，讓家長能根據孩子的需求選擇最適合的教育環境。

▶ **參考書目**：吳清山、蔡菁芝。英美兩國教育績效責任之比較分析及其啟示。師大學報教育類第51期。
　　　　　　艾育。國考教育行政類專業科目重點精析。千華。

112_年 高考三級教育心理學

一、傳統的教學評量與現代的課堂學習成果多元評量有何差異？請舉例說明至少兩種多元評量方式。

答 現在的教學評量強調多元評量，以瞭解學生真實能力，茲依題意說明如下：

(一) 傳統的教學評量與現代的課堂學習成果多元評量之差異

　1.傳統教學評量：

　　(1) 以單一測驗形式為主，例如：筆試、口試或實作測驗。

　　(2) 強調學生對特定知識的記憶和應用能力，偏向於教師主導、學生被動。

　　(3) 重視結果，忽略學習過程中的個別需求和差異。

　　(4) 僅測量學生特定時間點的學習成果，缺乏全面性。

　2.現代課堂學習成果多元評量：

　　(1)採用多元評量方法，如專題報告、口頭演講、作品集、實地觀察、合作專案等，注重學生綜合能力的發展。

　　(2) 強調學生主動參與，自主學習和問題解決能力的培養。

　　(3) 關注學習過程中的個別需求和進步，提供更有針對性的教學和輔導。

　　(4) 考慮長期學習成效，透過持續評量和反饋，幫助學生發展持久的知識和技能。

(二) 多元評量方式之說明

　1.實作評量：呈現工作或問題給學生，要學生能以口頭、寫作、完成作品或解決問題方式的一種評量方法，透過實地操作的方式，瞭解學生「學以致用」的真實能力。

　2.動態評量：採取「前測－教學－再測」的評量程序，主要目的在於瞭解學生學習的認知過程，並給予適時回饋協助，以協助學生提升認知發展層次。

3. 檔案評量：有系統的蒐集學生的作品，透過長時間連續性的蒐集資料，來觀察學生在一個或多個學習領域內的努力、進步與成就。

▶ **參考書目**：張春興。教育心理學－三化取向。東華。

　　　　　　　艾育。國考教育行政類專業科目重點精析。千華。

二、何謂動機？動機如何分類？曉華的期末考及期末報告有將近10項，他可以用那些方式促進其準備考試或撰寫報告的動機？

答 動機為重要的教育心理學議題，茲依題意說明如下：

(一) 動機之定義

1. 個體的某種內在心理狀態，可促使個體產生外在行為，並完成特定的生活目的。

2. 促使個體展現行為之原動力。

(二) 動機之分類

1. 生理性動機：係指個體與生俱來，以生物反應為基礎的動機，例如：渴動機、餓動機、性動機。

2. 成就動機：

(1) 提出學者：麥可里蘭（McClelland）、亞金森（Atkinson）。

(2) 定義：個人追求達成某預期目標的內在心理傾向。

(2) 動力：追求成功及恐懼失敗。

3. 內在動機：係指個體純粹為了活動本身的樂趣而去參與活動的動機，因為個體感覺活動是有趣的、參與的、滿足的或挑戰個人的。

4. 外在動機：係指個體為了達到工作本身以外的某些目標才去參與活動的動機，例如，欲得到預定的獎賞、贏得某競賽、或達到某要求。

(三) 曉華增進準備考試或撰寫的動機之相關策略

1. 內在動機：

(1) 找到興趣點：尋找學科或主題中令他感興趣的部分，激發內在的好奇心和求知欲，讓他對學習和寫作保持熱情。

(2) 追求成就感：設定挑戰性的目標，並不斷超越自己，取得進步和成就感。

2. 外在動機：
    (1) 設立獎勵機制：給自己設立小獎勵，如完成一個章節後可以獎勵自己休息一下或做自己喜歡的事情，以增加動機。
    (2) 尋求同儕支持：和同學一起準備考試或撰寫報告，相互激勵和競爭，以獲得外在的支持和鼓勵。

▶ **參考書目**：張春興。教育心理學－三化取向。東華。
　　　　　　　　艾育。國考教育行政類專業科目重點精析。千華。

三、人本心理學取向的學習理論包括羅吉斯（Rogers）以及馬斯洛（Maslow）等理論背景，請說明此一取向的學習特徵及教師教學特質。

答 人本心理學取向的學習理論包括羅吉斯（Rogers）以及馬斯洛（Maslow）等理論背景，茲依題意說明如下：

(一) 人本心理學取向的學習特徵
    1. 學習者有內在的動機，會自主地追求知識和成長，重視個人的學習目標和自我實現。
    2. 學習者在積極參與學習過程中，主動探索和解決問題，並對學習內容產生興趣和投入。
    3. 重視每個學習者的獨特性和差異性，鼓勵個人發展和自我表達。
    4. 認為個體的情感在學習中扮演著重要角色，學習者的情感狀態會影響學習成效和學習動機。

(二) 人本心理學取向的教師教學特質
    1. 強調「教人」比「教書」重要，「適才」比「專才」，且重視師生一對一的溝通，重視小團體的學習
    2. 認為學生生而具有許多潛能，應由學生掌控自己的學習步調，以培養學生自作決定與獨立學習的能力。
    3. 進行以學生興趣為依歸的課程設計，並允許學生於無威脅的環境下學習。

4. 對於班級經營很重視營造安全、溫暖、和諧的氣氛，並讓學生對於班級有隸屬感，學習有成就感。

5. 教師尊重每個學習者的價值觀和觀點，創造一個接納並尊重差異性的學習環境。

6. 提供支持教師成為學習者的支持者和傾聽者，理解他們的需求並給予適當的支持和鼓勵。

7. 教師應該啟發學習者的內在動機，幫助他們發現學習的樂趣和意義，促進自主學習。

▶ **參考書目**：張春興。教育心理學－三化取向。東華。
　　　　　　　艾育。國考教育行政類專業科目重點精析。千華。

四、何謂社會情緒學習（Social Emotional Learning）？其內涵包含那五大面向？試說明針對國中學生可採用的社會情緒教學方法。

答 社會情緒學習是目前重要的學習理論觀點，茲依題意說明如下：

(一) 社會情緒學習之定義

1. 係指透過適當的教學策略，讓學生可以有效處理情緒、建立正向人際關係、解決問題、培養自我意識和增進自信等技能。

2. 社會情緒學習可以幫助學生提高學業成就和生活適應能力。

(二) 社會情緒學習的五大面向

1. 自我覺察（self-awareness）：指學生對自己的情緒、價值觀、信念和能力有深入的了解，學生能夠更好地認識自己的情緒反應、需求和動機，並能夠正視自己的優勢和弱點。

2. 自我管理（self-management）：指學生學會有效地處理自己的情緒，並能夠控制自己的行為和反應，學生能夠學會冷靜思考、應對壓力和挫折，並制定積極的解決問題策略。

3. 社會覺察（social awareness）：指學生關注和理解他人的情感和需求，並對周圍環境有敏感性，學生能夠培養同理心和尊重他人的價值觀，並建立積極的人際關係。

4. 人際技巧（relationship skills）：指學生學習建立健康、正面和支持性的人際關係，學生能夠有效地溝通、合作、解決衝突和建立信任，這對於成功地與他人互動至關重要。

5. 做出負責任決定（responsible decision-making）：指學生在面對各種情境時，能夠作出成熟、負責任且符合倫理的決策，學生能夠考慮不同的後果和影響，並選擇最適合的行動方案。

(三) 針對國中學生可以採用的社會情緒教學方法

1. 情緒教育課程：設計特定的情緒教育課程，讓學生學習情緒管理和表達技巧，了解自己的情緒反應，並學會情緒冷靜化和解決問題。

2. 同儕合作活動：組織學生參與同儕合作活動，讓他們在合作中學習溝通、協調和解決衝突的技巧，建立良好的人際互動模式。

3. 情緒回饋和反思：鼓勵學生在學業和日常生活中，對自己的情緒進行回饋和反思，幫助他們認識自己的情緒反應，並找到有效的情緒調節策略。

4. 角色扮演和情境模擬：透過角色扮演和情境模擬的方式，讓學生處於不同情境中，體驗情緒管理和解決衝突的技巧，並提供正面的反饋和指導。

5. 心理輔導和支持：提供學生心理輔導和支持，幫助他們處理情緒困擾和壓力，增強情緒調適能力，建立良好的心理健康。

6. 社區服務活動：鼓勵學生參與社區服務和義工活動，培養他們的社會責任感和同理心，並提供實踐情緒管理和人際技巧的機會。

7. 創造支持性學習環境：創建一個支持性的學習環境，讓學生感受到被接納和尊重，並鼓勵他們積極參與學習，培養積極的情緒和學習態度。

▶ **參考書目**：張春興。現代心理學。東華。
艾育。國考教育行政類專業科目重點精析。千華。

112年 普考教育概要

一、民主社會重視參與管理，教育行政組織成員都有機會扮演領導者與被領導者的角色。為提升教育行政效能，有效的「領導」與「被領導」原則分別為何？請說明之。

答 民主社會重視參與管理，教育行政組織成員都有機會扮演領導者與被領導者的角色，茲依題意說明如下：

(一) 有效的「領導」

　　1. 應有權變的領導觀，以因應不同情境而採取有效的領導模式。

　　2. 宜配合自身的領導特質、重視領導情境與被領導者的需求，藉由領導方式的多元化來促進教育目標的達成。

　　3. 宜充實領導相關知能，並使教育能因應時代變遷不斷的革新與發展，實現理想之教育藍圖。

　　4. 應以轉化型知識份子來自我期許，並發揮教育求真、求善、求美之理想性格，來獲得自我實現及自我超越。

　　5. 應妥善因應快速之環境變遷，有效扮演倡導型或經理型的領導者，才能使學校教育朝向健全、嶄新的方向發展。

(二) 有效的「被領導」原則

　　1. 必須要抱持透過組織來進行自我實現的理想。

　　2. 必須主動完成自己本分內的工作，並且樂於協助組織相關行政業務。

　　3. 必須積極參與在職進修或是發展第二專長等，以主動提升自己的組織存在價值。

　　4. 建立良好人際關係網絡，團體合作解決問題。

　　5. 組織成員可以視領導者為夥伴，但不應敵視領導者，也不可盲目服從領導者。

▶ **參考書目**：吳清基、顏國樑、范熾文等。教育行政學新論。五南。

二、教育是現代社會中重要的社會制度之一。和諧理論學派（consensus theorists）與衝突理論學派（conflict theorists）對於教育功能的看法分別為何？請說明之。

答 教育是現代社會中重要的社會制度之一，茲依題意說明如下：
(一) 和諧理論學派對於教育功能的看法
　　1. 教育的目的在使個人社會化及個性化。
　　2. 學校的功能為社會化及選擇，學校是價值觀達成共識的場所，培養學生具有共同的信念與價值觀；例如：學校試探學生性向與能 ，並輔導其進入 同升學進 。
　　3. 社會體系中每個人應善盡其角色義務，制度之功能即可充分發揮，社會亦能穩定發展。
　　4. 教室中師生的互動關係是建立在穩固的基礎上，以求得和諧關係的發展。
(二) 衝突理論學派對於教育功能的看法
　　1. 教育為社會再製、文化再製、文化創生及霸權再製的重要機制。
　　2. 關注教育過程中的階級意識。

3. 強調「社會變遷及強制的普遍性」為主要觀點。
　　4. 教育是社會再製與文化再製的合法化機制，而課程與教學中亦充滿不當的意識型態。

▶ **參考書目**：艾育。國考教育行政類專業科目重點精析。千華。

三、學校可視為一個社會中的次級團體，易形成其特別的文化體系。請說明學校組織文化的特質及內涵為何？以及如何營造優質的學校組織文化？

答 學校可視為一個社會中的次級團體，易形成其特別的文化體系，茲依題意說明如下：

(一) 學校組織文化的特質及內涵

　　1.學校組織文化係指由教育組織成員所共同擁有的價值與意義體系，其規範組織成員的行為與價值抉擇，包括了基本假設、價值信念及人工器物等層面。

　　2.學校組織文化的特質包括獨特性、規範性、共有性、動態性，也可以提升學校組織運作績效及增進學校組織成員的組織承諾與認同。

　　3.學校組織文化的內涵如下：

　　　(1) 第一個階層為外顯之成品，其可見度最高，係包括學校建築物、學校成員使用之語言等。

　　　(2) 第二個階層為價值理念，其係指學校成員對於處理事情的基本看法。

　　　(3) 第三個階層為基本假定，其可見度趨近於零，其為組織文化的本質，是學校組織成員與組織互動後，所產生的基本信念。

(二) 優質的學校組織文化之營造策略

　　1.校長可以自我提升自己的專業知能及人格魅力，多採用參照權及專家權。

　　2.開放性及分享性學習的學校文化。

　　3.合作參與的學校決策文化，學校成員向心力高。

　　4.學校成員可以多加利用進修管道進修，並具有學校專業學習社群。

　　5.校長採取高關懷高倡導的領導理念，兼顧學校成員需求和學校組織目標。

　　6.對於學校新進的行政人員，學校可訂定相關程序使新成員可以儘速融入學校文化，以協助學校行政效能的提升。

　　7.學校行政人員可透過最簡易的人造器物的層次，以彰顯學校文化的精神，並且形塑學校成員的文化觀與價值觀，以利學校行政運作的推行。

▶**參考書目**：吳清基、顏國樑、范熾文等。教育行政學新論。五南。

四、經濟合作發展組織（Organization for Economic Co-operation and Development,OECD）在2019年提出「OECD 2030學習羅盤」（The OECD Learning Compass 2030）。在此一學習架構中，學生對於塑造更好的世界及未來能有所貢獻所需要的轉型素養（transformative competencies）為何？請說明之。

答 學生必須具備適當的轉型素養，以創造更好的未來世界，茲依題意說明如下：

(一) 「OECD 2030學習羅盤」之內涵

1. 「OECD 2030學習羅盤」係由經濟合作發展組織（OECD）在2019年提出，主要是立基於《OECD 2030 未來教育與技能計畫》，進一步說明學生應該具有的轉型素養。

2. 「OECD 2030學習羅盤」提出當學生在知識、技能、態度與價值等層面皆具有轉型素養時，可以創造優質的未來教育，也可以促進個人和所有人類的健康福祉。

3. 「OECD 2030學習羅盤」的最終目的是實踐全體人類的幸福，並且包括預期、行動、反思等運作階段的不斷循環。

(二) 學生對於塑造更好的世界及未來能有所貢獻所需要的轉型素養

1. 學生必須具有適應及改造世界與未來的相關知識，包括學科知識、跨領域知識、程序性知識及瞭解如何成為專家的認知知識。

2. 學生必須在個人、人際之間、社會等皆具有良好的態度與價值觀，更重要的是要成為一位優質的世界公民。

3. 學生必須具有批判性思考、創造性思考、自我調節學習等認知技能，也必須要有責任感、換位思考、同理心等社會情緒技能，也必須要有學習運用新科技及新媒體的能力。

▶ 參考書目：艾育。國考教育行政類專業科目重點精析。千華。
　　　　　　吳清基、顏國樑、范熾文等。教育行政學新論。五南。

112年　普考教育測驗與統計概要

一、動態評量(dynamic assessment)是屬於另類評量方法的一種，請說明它的適用對象，以及若與傳統評量比較，動態評量具有那些優點特色可以彌補傳統評量的不足？

答 動態評量屬於另類評量方法的一種，茲依題意說明如下：

(一)動態評量的適用對象

1. 學習障礙或發展遲緩的學生：
   (1) 對於這些學生，傳統評量可能無法全面了解他們的學習潛力和特殊需求。
   (2) 動態評量通過觀察學生在學習過程中的反應和改變，能夠更好地評估他們的學習能力和進步。

2. 跨文化學生：
   (1) 傳統評量可能受限於語言和文化差異，影響評估結果的公正性。
   (2) 動態評量更加注重學生的學習過程和策略，而不僅僅是結果，有助於減少文化和語言因素對評估結果的影響。

(二) 與傳統評量比較，動態評量具有的優點特色

1. 個別化評量：
   (1) 動態評量是根據每個學生的特殊需求和學習背景進行的，能夠更準確地了解學生的學習狀況和潛力。
   (2) 相較於傳統評量，動態評量更具個別化，有助於提供針對性的教學和支持。

2. 強調學習過程：
   (1) 動態評量不僅關注學生的結果，更關心他們在學習過程中的表現和改變。
   (2) 這有助於發現學生的學習困難和潛力，並提供有針對性的教學支援。

3. 提供即時反饋：動態評量通常在學習過程中進行，能夠及時提供反饋給學生和教師，幫助他們調整學習策略和進一步改進學習成效。

4. 減少文化和語言偏見：動態評量著重觀察和引導學生的學習過程，相對於傳統評量更能減少文化和語言因素對評估結果的影響，提高評估的公正性。

▶ **參考書目**：余民寧。教育測驗與評量。心理。
　　　　　　　艾育。國考教育行政類專業科目重點精析。千華。

二、假設有一位心理學家想籌建一套測驗評量系統，作為未來升學或就業時的診斷評估與甄選之用，並擬由各種不同心理測驗工具所組成。請問：你會建議他該考量什麼因素作為挑選測驗工具之參考標準？

答 心理測驗工具可以作為個體未來升學或就業時的診斷評估與甄選之用，茲依題意說明如下：

(一) 測驗目的：確定測驗的目標是什麼？是用於升學申請、就業甄選，還是其他特定用途？不同目標需要不同的測驗工具來確保測驗的有效性和可靠性。

(二) 測驗工具具有信度與效度：

1. 挑選的測驗工具應具有良好的信度和效度。

2. 信度指測驗結果在不同時間和條件下的穩定性，而效度則指測驗是否能正確地衡量所要評估的特質。

(三) 標準化與常模

1. 標準化是確保測驗的一致性和公平性，使得測驗結果能夠進行比較和解釋。

2. 常模是基於大量樣本的統計資料，可提供參考群體的分數分布情況。

3. 選擇擁有完善標準化和常模的測驗工具有助於對個體的測量結果進行適當解釋。

(四) 文化普遍性：

1. 選擇的測驗工具應具有良好的文化普遍性，能夠適用於不同文化和語言背景的受試者。

2. 測驗應該避免偏向特定文化群體，以確保測評結果的公平性和代表性。

(五) 測試時間與費用：考慮測驗所需的時間和費用，特別是若要對大量人員進行測試時。

(六) 專業性考量：應評估測驗的開發者和發行商的專業背景和信譽，選擇由具有豐富經驗和專業知識的團隊開發的測驗工具，有助於確保評估品質和可靠性。

▶ **參考書目**：余民寧。教育測驗與評量。心理。
　　　　　　艾育。國考教育行政類專業科目重點精析。千華。

三、某國小六年級學生的英語文檢測成績，剛好呈現常態分配的結果；此時，平均數、中位數及眾數等三種集中量數的數值，剛好都會相等。由於該校地處都市與偏鄉的交界處，後來因為發生下列事故情境，導致該校英語文成績的次數分配開始產生變化：

情境(一)：由於當地政府正在積極整頓當地的交通問題，一時之間，交通陷入黑暗期，導致該校英語文成績優異的學生紛紛轉出至鄰近都市裡的學校就讀。請問：此時，該校英語文檢測成績的次數分配，將會呈現何種偏態的次數分配？在該種偏態的次數分配中，平均數、中位數及眾數等三種集中量數，何者的數值將會最大？

情境(二)：一段時間後，當地政府整頓交通問題完畢，當地交通變得十分通暢。該校校長為挽救該校的就學率，大力推動雙語教育政策，反而吸引鄰近都市與偏鄉學校中英語文高材生紛紛轉入該校就讀，甚至，連當初轉學出去的高材生也全部紛紛回籠轉學回來就讀。請問：此時，該校英語文檢測成績的次數分配，將會呈現何種偏態的次數分配？在該種偏態的次數分配中，平均數、中位數及眾數等三種集中量數，何者的數值將會最大？

情境(三)：經過上述兩種情境的干擾影響後，該校校長終將發現，在該校英語文檢測成績的次數分配中，有一種集中量數始終都會介於另兩種集中量數之間。請問：它會是何種集中量數？

答 茲依題意說明如下：

情境(一)：在當地政府整頓交通問題導致該校英語文成績優異學生轉出的
情況下，該校英語文檢測成績的次數分配可能呈現右偏態（正
偏態），這是因為轉出的優異學生使得低分數的次數增加，而
較高分數的次數減少。在右偏態的次數分配中，平均數之數值
將會是最大，右偏態示意圖如下：

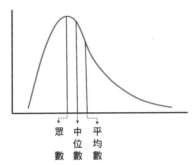

情境(二)：在當地政府解決交通問題，並推動雙語教育政策後，吸引高材
生紛紛轉入該校就讀的情況下，該校英語文檢測成績的次數分
配可能呈現左偏態（負偏態）。這是因為高材生的加入使得較
高分數的次數增加，在左偏態的次數分配中，眾數將會最大，
左偏態示意圖如下：

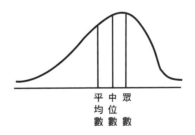

情境(三)：在經過上述兩種情境的干擾影響後，該校英語文檢測成績的
次數分配中，可能會存在一種集中量數介於另兩種集中量數之
間。這種集中量數是中位數，因為中位數受到極端值的影響較
小，相對於平均數和眾數，它更能反映成績整體的中心位置。

▶ 參考書目：余民寧。心理與教育統計學。三民。
　　　　　　艾育。國考教育行政類專業科目重點精析。千華。

四、某教授觀察到教育統計學的學習成績，似乎存在著性別差異，且多數文獻均顯示男性學生的成績遠優於女性學生的成績。請問：你會建議他採用何種統計分析方法來驗證所觀察到的現象，並說明此檢驗的步驟？

答 該教授可以使用獨立樣本t檢驗（t-test）來驗證所觀察到的性別差異，t檢驗是一種用於比較兩個群體平均數是否有統計上的差異的統計分析方法，t檢驗的步驟如下：

1. 資料收集：收集兩個性別（男性和女性）學生的成績資料，確保樣本數充足且符合相關統計假設。

2. 假設設定：建立兩個性別之間成績差異的假設，通常以下形式設定：

   H0（虛無假設）：兩性別學生的成績相等，即 μ 男 $= \mu$ 女

   H1（對立假設）：兩性別學生的成績不相等，即 μ 男 $\neq \mu$ 女

3. 假設檢定：使用獨立樣本t檢定進行假設檢定。該檢定將根據樣本資料計算出 t值，並透過t值與自由度來尋找臨界值。

4. 計算統計量：根據兩組樣本的平均值、標準差和樣本數來計算t值。

5. 決定顯著性水準：設定顯著性水準（通常為0.05或0.01），表示願意接受犯錯的機率。

6. 做出結論及結果解釋：比較計算出的t值和臨界值。若t值落在拒絕域（根據顯著性水準決定），則拒絕虛無假設，即表示兩性別學生的成績有顯著差異。若t值落在接受域，則接受虛無假設，即表示兩性別學生的成績無顯著差異。

▶ **參考書目**：余民寧。心理與教育統計學。三民。

　　　　　　　艾育。國考教育行政類專業科目重點精析。千華。

112年 普考心理學概要

一、試以痛覺閘門控制理論（Gate-control theory of pain）解釋說明為何痛覺刺激與實際痛覺並沒有直接關係？

答 痛覺閘門控制理論強調了疼痛處理是一個複雜的神經過程，並且受到多種因素的影響，茲依題意說明如下：

(一) 痛覺閘門控制理論（Gate-control theory of pain）之意義

1. 痛覺閘門控制理論是由梅爾茲克（Ronald Melzack）和華爾（Patrick Wall）於1965年提出的一個重要的疼痛理論。

2. 該理論認為疼痛是由多個因素交互作用所引起的，並且痛覺處理過程受到中樞神經系統中的「閘門」調控。閘門可以打開或關閉，影響痛覺傳遞的通路，進而調節對疼痛的感受和反應。

(二) 以痛覺閘門控制理論（Gate-control theory of pain）解釋說明「為何痛覺刺激與實際痛覺並沒有直接關係」

1. 痛覺閘門控制理論認為，在感受疼痛時，中樞神經系統的背角細胞會形成一個「閘門」。

2. 當外部痛覺刺激傳遞到背角細胞時，閘門可以打開，使疼痛信號傳遞到大腦，感受到實際的疼痛。

3. 反之，當閘門關閉時，即使有痛覺刺激，也無法完全傳遞疼痛信號，使得實際痛覺減輕或消失。

4. 痛覺閘門的開啟或關閉受多個因素影響，包括生理和心理因素。例如，心情壓抑、注意力轉移、情緒狀態、個體的經驗和認知等，都可以影響痛覺閘門的開啟程度。

5. 因此，即使有相同的痛覺刺激，不同的個體或情況下，實際痛覺感受也會有所不同。

▶ **參考書目**：張春興。現代心理學。東華。
艾育。國考教育行政類專業科目重點精析。千華。

二、Whorfian提出語言相對假說（Linguistic relativity hypothesis），試解釋此假說的主要論點，並說明與此理論相關的三個因素。

答 語言相對假說主要論點是語言影響人類的思維和文化，茲依題意說明如下：

(一) 語言相對假說（Linguistic relativity hypothesis）之主要論點

1. 根據此假說，不同的語言使用者因其所使用的語言結構和詞彙，其思考方式和文化觀點會有所不同，進而塑造了他們對世界的認知和感知方式。

2. 簡言之，語言的特點和表達方式影響著人們如何理解和感知世界。

(二) 語言相對假說（Linguistic relativity hypothesis）相關的三個因素

1. 不同的語言擁有不同的結構和語法規則，這些結構可以影響人們如何表達和理解事物，例如，一些語言可能強調時間的順序，而另一些語言可能更強調事件的持續性。這種語言結構的差異會影響人們對時間觀念的理解。

2. 語言中的詞彙可以影響人們如何描述和分類事物。某些語言中可能有更細緻的色彩詞，使個體能夠更精確地表達顏色的差異，因此，語言中詞彙的不同可以影響人們對事物的感知和認知。

3. 語言和文化是緊密相關的，文化背景會影響語言的演變和使用，而同時，語言也反過來影響文化，塑造了人們的價值觀、信仰和社會組織形式，不同的文化背景可能導致不同的語言表達方式和語言思維模式。

▶ 參考書目： 張春興。現代心理學。東華。
艾育。國考教育行政類專業科目重點精析。千華。

三、青少年的心理發展與兒童有著不同的特殊性，試列出並說明青少年期三個主要的適應問題。

答 青少年的心理發展與兒童有著不同的特殊性，茲依題意說明如下：
(一) 青少年心理發展相較於兒童期的特殊性
　1. 青少年期是身體和性別發展迅速的時期，青少年開始進入青春期，伴隨著生理上的變化，對於自己和他人的性別意識也逐漸形成。
　2. 青少年的認知能力逐漸提高，他們開始能夠進行更複雜的思考和推理，具備抽象思維和未來規劃的能力。
　3. 青少年期是尋求自我身份的關鍵階段，他們面臨對自我身份的認識和定位，並尋求與同儕和社會的歸屬感。
(二) 青少年期三個主要的適應問題
　1. 自我認同與身份尋求：
　　(1) 青少年在這個階段開始思考自己是誰、擁有什麼價值觀和興趣，這種身份尋求過程可能導致對於自我價值和存在感的不確定感。
　　(2) 青少年可能會尋求在同儕間獲得認同，這也可能帶來自尊和社交問題。
　2. 家庭關係與獨立性：
　　(1) 青少年期帶來家庭關係的轉變，他們開始渴望獨立和自主，同時可能與家長產生衝突。
　　(2) 家長和青少年之間的溝通和理解變得更加重要，以促進健康的家庭關係和順利的過渡期。
　3. 同儕壓力和社交關係：
　　(1) 在青少年的生活中，同儕間的影響力日益增強，他們可能受到同儕壓力的影響而作出一些冒險或不成熟的決定。
　　(2) 與同儕建立積極和支持性的社交關係有助於青少年的心理發展和適應。

▶ 參考書目：黃德祥。青少年發展與輔導。五南。
　　　　　　艾育。國考教育行政類專業科目重點精析。千華。

四、試述「社會角色論」與「演化論」對性別差異的論點，並比較兩者間的差異。

答 社會角色論與演化論對性別差異的解釋各自強調了不同的影響因素，茲依題意說明如下：

(一)「社會角色論」與「演化論」對性別差異的論點之說明

1. 社會角色論：

(1) 社會角色論認為性別差異是由社會文化因素造成的，主張性別角色和行為是社會所賦予的，而非生物固有的。

(2) 其認為，社會對男性和女性有不同的期待和規範，導致性別差異的產生，例如，男性被期待在社會中具有競爭性和支配性的特質，而女性被期待擁有溫柔和關懷他人的特質。這些社會角色和性別刻板印象可能限制了個人的發展和選擇。

2. 演化論：

(1) 演化論認為性別差異是出於生物進化的結果，基於遺傳和生物學因素。

(2) 演化論主張，男性和女性在生理和心理特質上有所不同，這些差異是為了適應不同的環境需求和生存策略而形成的，例如，男性在進化中發展出較強的力量和空間導向能力，以適應打獵和防衛的需求，而女性則發展出較強的情感和社交能力，以滿足照顧後代和維繫社會關係的需求。

(二)「社會角色論」與「演化論」對性別差異的論點之差異

1. 立論基礎：

(1) 社會角色論強調性別差異是來自社會文化因素的影響，主要源於社會化和角色期望。

(2) 演化論則主張性別差異是出於生物進化和適應需求，主要源自基因和生物學因素。

2. 性別角色建構：

(1) 社會角色論強調社會角色對性別差異的塑造，認為社會期望和文化觀念影響了性別角色的形成。

　　(2) 演化論則強調性別差異的基礎是生物學和遺傳因素，認為進化過程塑造了男性和女性在生理和心理特質上的差異。

　3. 性別差異的變化可能：

　　(1) 社會角色論強調性別差異的可塑性，認為社會和文化環境的改變可以影響性別角色和行為的變化。

　　(2) 演化論則強調性別差異的固定性，認為這些差異是進化過程中的適應結果，相對穩定。

▶**參考書目：** 張春興。現代心理學。東華。
　　　　　　　艾育。國考教育行政類專業科目重點精析。千華。

Notes

高普｜地方｜各類特考
共同科目

名師精編・題題精采・上榜高分必備寶典

1A011131	法學知識－法學緒論勝經	敦弘、羅格思、章庠	近期出版
1A021131	國文--多元型式作文攻略(高普版) 👑 榮登博客來暢銷榜	廖筱雯	近期出版
1A031111	法學緒論頻出題庫　　👑 榮登博客來暢銷榜	穆儀、羅格思、章庠	550元
1A041101	最新國文多元型式作文勝經	楊仁志	490元
1A961101	最新國文－測驗勝經	楊仁志	630元
1A971081	國文－作文完勝秘笈18招	黃淑真、陳麗玲	390元
1A851131	超級犯規！國文測驗高分關鍵的七堂課	李宜藍	近期出版
1A421131	法學知識與英文 (含中華民國憲法、法學緒論、英文) 👑 榮登博客來、金石堂暢銷榜	龍宜辰、劉似蓉等	近期出版
1A831122	搶救高普考國文特訓　👑 榮登博客來暢銷榜	徐弘縉	630元
1A681131	法學知識－中華民國憲法(含概要)	林志忠	近期出版
1A801121	中華民國憲法頻出題庫	羅格思	近期出版
1A811131	超好用大法官釋字工具書+精選題庫	林俐	近期出版
1A051131	捷徑公職英文：沒有基礎也能快速奪高分	德芬	530元
1A711131	英文頻出題庫	凱旋	近期出版

以上定價，以正式出版書籍封底之標價為準

千華數位文化股份有限公司
■新北市中和區中山路三段136巷10弄17號　■千華公職資訊網 http://www.chienhua.com.tw
■TEL: 02-22289070　FAX: 02-22289076　■服務專線：(02)2392-3558・2392-3559

高普｜地方｜原民
各類特考

一般行政、民政、人事行政

編號	書名	作者	定價
1F181131	尹析老師的行政法觀念課 ---- 圖解、時事、思惟導引 👑榮登金石堂暢銷榜	尹析	近期出版
1F141122	國考大師教你看圖學會行政學 👑榮登金石堂暢銷榜	楊銘	690 元
1F171131	公共政策精析	陳俊文	590 元
1F271071	圖解式民法 (含概要) 焦點速成＋嚴選題庫	程馨	550 元
1F281131	國考大師教您輕鬆讀懂民法總則	任穎	近期出版
1F351131	榜首不傳的政治學秘笈	賴小節	近期出版
1F591091	政治學 (含概要) 關鍵口訣＋精選題庫	蔡先容	620 元
1F831131	地方政府與政治 (含地方自治概要)	朱華聆	近期出版
1E251101	行政法 -- 獨家高分秘方版測驗題攻略	林志忠	590 元
1E191091	行政學 -- 獨家高分秘方版測驗題攻略	林志忠	570 元
1E291101	原住民族行政及法規 (含大意)	盧金德	600 元
1E301111	臺灣原住民族史及臺灣原住民族文化 (含概要、大意) 👑榮登金石堂暢銷榜	邱燁	730 元
1F321131	現行考銓制度 (含人事行政學)	林志忠	近期出版
1N021121	心理學概要 (包括諮商與輔導) 嚴選題庫	李振濤 陳培林	550 元

以上定價，以正式出版書籍封底之標價為準

千華數位文化股份有限公司
- 新北市中和區中山路三段136巷10弄17號
- TEL: 02-22289070　FAX: 02-22289076
- 千華公職資訊網 http://www.chienhua.com.tw
- 服 務 專 線：(02)2392-3558・2392-3559

高普｜地方｜各類特考

名師精編課本・題題精采・上榜高分必備寶典

教育行政

1N021121	心理學概要(包括諮商與輔導)嚴選題庫	李振濤、陳培林	550元
1N321131	國考類教育行政類專業科目重點精析 (含教概、教哲、教行、比較教育、教測統)	艾育	690元
1N381131	名師壓箱秘笈－教育心理學 👑 榮登金石堂暢銷榜	舒懷	590元
1N401131	名師壓箱秘笈－教育測驗與統計(含概要)	舒懷	近期出版
1N411112	名師壓箱秘笈－教育行政學精析	舒懷	640元
1N421121	名師壓箱秘笈－教育哲學與比較教育	舒懷	790元

勞工行政

1E251101	行政法(含概要)獨家高分秘方版	林志忠	590元
2B031131	經濟學	王志成	近期出版
1F091131	勞工行政與勞工立法(含概要)	陳月娥	近期出版
1F101131	勞資關係(含概要)	陳月娥	近期出版
1F111131	就業安全制度(含概要)	陳月娥	近期出版
1N251101	社會學	陳月娥	750元

以上定價，以正式出版書籍封底之標價為準

千華數位文化股份有限公司

■新北市中和區中山路三段136巷10弄17號　■千華公職資訊網 http://www.chienhua.com.tw
■TEL: 02-22289070　FAX: 02-22289076　■服務專線：(02)2392-3558・2392-3559

高普｜地方｜各類特考

名師精編課本‧題題精采‧上榜高分必備寶典

法律‧財經政風

書 號	書 名	作 者	定 價
1F181131	尹析老師的行政法觀念課----圖解、時事、思惟導引 👑 榮登金石堂暢銷榜	尹析	近期出版
1F141122	國考大師教你看圖學會行政學	楊銘	690元
1N021121	心理學概要(包括諮商與輔導)嚴選題庫	李振濤、陳培林	550元
1N251101	社會學	陳月娥	600元

勞工行政

書 號	書 名	作 者	定 價
1E251101	行政法(含概要)獨家高分秘方版	林志忠	590元
2B031121	經濟學	王志成	近期出版
1F091131	勞工行政與勞工立法(含概要)	陳月娥	近期出版
1F101131	勞資關係(含概要)	陳月娥	近期出版
1F111131	就業安全制度(含概要)	陳月娥	近期出版
1N251101	社會學	陳月娥	600元

戶政

書號	書名	作者	定價
1F651131	民法親屬與繼承編(含概要)	成宜霖等	近期出版
1F341122	統整式國籍與戶政法規	紀相	750元
1E251101	行政法(含概要)獨家高分秘方版	林志忠	590元
1F281131	國考大師教您輕鬆讀懂民法總則	任穎	近期出版
1N441092	人口政策與人口統計	陳月娥	610元

以上定價，以正式出版書籍封底之標價為準

■ **歡迎至千華網路書店選購**
服務電話(02)2228-9070
千華網路書店

■ **更多網路書店及實體書店**

 博客來網路書店　 PChome 24hr書店　 三民網路書店

 MOMO 購物網　金石堂網路書店　誠品網路書店
查詢實體書店

高普｜地方｜各類特考
頻出題庫系列

名師精編題庫·題題精采·上榜高分必備寶典

共同科目

1A031111	法學緒論頻出題庫 👑 榮登金石堂暢銷榜	穆儀、羅格思、章庠	550元
1A571131	國文（作文與測驗）頻出題庫 👑 榮登金石堂暢銷榜	高朋、尚榜	近期出版
1A581131	法學知識與英文頻出題 👑 榮登博客來暢銷榜	成宜、德芬	近期出版
1A711131	英文頻出題庫	凱旋	近期出版
1A801131	中華民國憲法頻出題庫	羅格思	近期出版

專業科目

1E161081	地方政府與政治(含地方自治概要)頻出題庫	郝強	430元
1E201131	行政學(含概要)頻出題庫	楊銘	近期出版
1E591121	政治學概要頻出題庫	蔡力	530元
1E601131	主題式行政法(含概要)混合式超強題庫	尹析	近期出版
1E611131	主題式行政學(含概要)混合式超強題庫	賴小節	近期出版
1E621131	政治學(含概要)混合式歷屆試題精闢新解	蔡力	近期出版
1N021121	心理學概要(包括諮商與輔導)嚴選題庫	李振濤、陳培林	550元

以上定價，以正式出版書籍封底之標價為準

千華數位文化股份有限公司

■新北市中和區中山路三段136巷10弄17號　■千華公職資訊網 http://www.chienhua.com.tw
■TEL: 02-22289070　FAX: 02-22289076　■服務專線：(02)2392-3558・2392-3559

麻辣大師 文化行政系列 {高普考 地方特考}

~ 完整收錄近年試題 · 名師精解 · 高分必備勝經 ~

千華影音函授

打破傳統學習模式，結合多元媒體元素，利用影片、聲音、動畫及文字，達到更有效的影音學習模式。

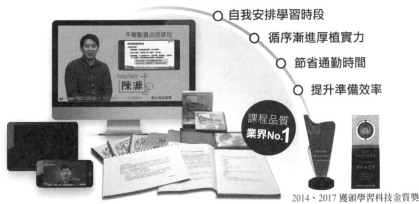

○ 自我安排學習時段

○ 循序漸進厚植實力

○ 節省通勤時間

○ 提升準備效率

課程品質
業界No.1

2014、2017 獲頒學習科技金質獎

自主學習彈性佳
· 時間、地點可依個人需求好選擇
· 個人化需求選取進修課程

補強教學效果好
· 獨立學習主題　· 區塊化補強學習
· 一對一教師親臨教學

嶄新的影片設計
· 名師講解重點　　· 簡單操作模式
· 趣味生動教學動畫 · 圖像式重點學習

優質的售後服務
· FB粉絲團、 Line@生活圈
· 專業客服專線

系統化 學習流程

四大關鍵階段
學習安排，
突破國考重重難關！

04 STEP 考前衝刺期
01 STEP 實力養成期
02 STEP 專業強化期
03 STEP 能力檢驗期

超越傳統教材限制，
系統化學習進度安排。

推薦課程

■ 公職考試　　　■ 特種考試
■ 國民營考試　　■ 教甄考試
■ 證照考試　　　■ 金融證照
■ 學習方法　　　■ 升學考試

影音函授包含：
· 名師指定用書+板書筆記
· 授課光碟 · 學習診斷測驗

頂尖名師精編紙本教材

超強編審團隊特邀頂尖名師編撰，
最適合學生自修、教師教學選用！

千華影音課程

超高畫質，清晰音效環
繞猶如教師親臨！

TTQS 銅牌獎

多元教育培訓
數位創新

現在考生們可以在「Line」、「Facebook」
粉絲團、「YouTube」三大平台上，搜尋【千
華數位文化】。即可獲得最新考訊、書
籍、電子書及線上線下課程。千華數位
文化精心打造數位學習生活圈，與考生
一同為備考加油！

面授

實戰面授課程

不定期規劃辦理各類超完美
考前衝刺班、密集班及猜題
班，完整的培訓系統，提供
多種好康講座陪您應戰！

i

遍布全國的經銷網絡

實體書店：全國各大書店通路

電子書城：

▶ Google play、✉ Hami 書城 …
Ⓟ Pube 電子書城

網路書店：

🌐 千華網路書店、📕 博客來
momo MOMO 網路書店…

書籍及數位內容委製
服務方案

課程製作顧問服務、局部委外製
作、全課程委外製作，為單位與教
師打造最適切的課程樣貌，共創
1+1＝無限大的合作曝光機會！

多元服務專屬社群 @ f ▶YouTube

千華官方網站、FB 公職證照粉絲團、Line@ 專屬服務、YouTube、
考情資訊、新書簡介、課程預覽，隨觸可及！

版權
艾育
之章

[高普考] 國考教育行政類專業科目重點精析

編　著　者：艾　育

發　行　人：廖　雪　鳳
登　記　證：行政院新聞局局版台業字第 3388 號
出　版　者：千華數位文化股份有限公司
　　　　　　地址／新北市中和區中山路三段 136 巷 10 弄 17 號
　　　　　　電話／ (02)2228-9070　　傳真／ (02)2228-9076
　　　　　　郵撥／第 19924628 號　千華數位文化公司帳戶
　　　　　　千華公職資訊網：http://www.chienhua.com.tw
　　　　　　千華網路書店：http://www.chienhua.com.tw/bookstore
　　　　　　網路客服信箱：chienhua@chienhua.com.tw

法律顧問：永然聯合法律事務所
編輯經理：甯開遠
主　　編：甯開遠
執行編輯：廖信凱
校　　對：千華資深編輯群
排版主任：陳春花
排　　版：林蘭旭

出版日期：2023 年 11 月 1 日　　　　第十四版／第一刷

本書如有勘誤或其他補充資料，
將刊於千華公職資訊網　http://www.chienhua.com.tw
歡迎上網下載。